国家哲学社会科学成果文库

NATIONAL ACHIEVEMENTS LIBRARY
OF PHILOSOPHY AND SOCIAL SCIENCES

责任编辑：杜文丽
封面设计：汪　莹

图书在版编目（CIP）数据

严复哲学思想研究 / 魏义霞著 . -- 北京 ：
人民出版社，2025. 5. -- ISBN 978 - 7 - 01 - 027333 - 4

Ⅰ . B256.5

中国国家版本馆 CIP 数据核字第 202541GT96 号

严复哲学思想研究
YANFU ZHEXUE SIXIANG YANJIU

魏义霞　著

人民出版社 出版发行
（100706　北京市东城区隆福寺街 99 号）

北京中科印刷有限公司印刷　新华书店经销

2025 年 5 月第 1 版　2025 年 5 月北京第 1 次印刷
开本：710 毫米 ×1000 毫米 1/16　印张：43.75
字数：592 千字

ISBN 978 - 7 - 01 - 027333 - 4　定价：129.00 元

邮购地址 100706　北京市东城区隆福寺街 99 号
人民东方图书销售中心　电话（010）65250042　65289539

《国家哲学社会科学成果文库》
出版说明

为充分发挥哲学社会科学优秀成果和优秀人才的示范引领作用，促进我国哲学社会科学繁荣发展，自 2010 年始设立《国家哲学社会科学成果文库》。入选成果经同行专家严格评审，反映新时代中国特色社会主义理论和实践创新，代表当前相关学科领域前沿水平。按照"统一标识、统一风格、统一版式、统一标准"的总体要求组织出版。

全国哲学社会科学工作办公室

2025 年 3 月

目　录

CONTENTS

第一章
特殊经历与学术轨迹

　　严复（1854—1921），字又陵、几道，雅号"严天演"或"天演严"，福建侯官人。严复是中国近代哲学家、戊戌启蒙思想家，更是名满天下的翻译家、西学家。严复既身处与其他戊戌启蒙思想家以及近代哲学家一样的历史背景、文化语境和政治局势，又具有不同于后者的特殊经历、教育背景和理论来源。如果说相同的历史背景、文化语境和政治局势注定了严复的哲学思想与其他近代哲学家拥有相同的立言宗旨和历史使命的话，那么，独特的人生经历、教育背景则赋予严复迥异于同时代哲学家的理论来源、知识结构和心路历程。正是由于这个原因，在近代哲学家中，严复的哲学成为不可多得的个案。了解严复特殊的个人阅历、教育背景和心路历程不仅有助于客观而深入地分析、把握严复哲学的初衷、分期和一以贯之的旨归，而且有助于理解、评价严复哲学的特质、意义和价值。

第一节　人生经历与心路历程

　　与其他近代哲学家特别是戊戌启蒙思想家相比，严复的经历和身份较为特殊。正是迥异于其他近代哲学家的人生经历、教育背景和多重身份为严复的哲学打上了先天印记，也在某种程度上注定了他在戊戌启蒙思想家中的卓尔不群。

一、独特的人生经历

严复 1854 年 1 月 8 日出生在一个中医世家，和大多数书香门第家的子弟一样从小诵读四书五经，后又进入私塾学习儒家文化。1866 年，他的人生轨迹发生逆转。严复的父亲病逝，他被迫辍学。1867 年，年仅 13 岁的严复进入左宗棠、沈葆桢创办而法国人协办并参与管理的福州船政学堂学习驾驶，成为福州船政学堂的第一届学生。严复在这里学习英语和代数、几何、算学、力学等航海技术和各种自然科学知识，并在建威舰和扬武舰上实习 5 年。严复于 1871 年毕业，成为福州船政学堂的第一届毕业生。1877 年 3 月，严复作为福州船政学堂的第一批公派留学生被派往法国留学，后来转入英国，在格林威治皇家海军学院 Rayal Navel College 学习航海专业。严复 1879 年 6 月毕业回国，被聘为福州船政学堂教习。严复 1880 年任北洋水师所属驾驶学堂洋文正教习，1889 年任北洋水师学堂会办，1890 年升为北洋水师学堂总办。1896 年，严复创办中国最早的俄语学校——俄文馆，并任总办。同年，严复帮助张元济在北京创办通艺学堂。1900 年，八国联军入侵天津，严复被迫迁居上海。严复在上海参加汪康年、唐才常发起的"中国议会"，被选为副议长。1900 年，严复创办名学会并任会长，同时着手翻译穆勒的《逻辑学体系：演绎和归纳》（严复翻译为《穆勒名学》）。1902 年，严复到北京任京师大学堂附设译书局总办。1905 年，严复在上海协助马相伯创办复旦公学，第二年任复旦公学校长。1906 年，严复被安徽巡抚恩铭聘为安徽师范学堂监督，第二年因恩铭被刺离开。1908 年，严复在北京任学部审定名词馆总纂。1912 年，严复任京师大学堂总监督。京师大学堂在同年 5 月改名为北京大学，严复被任命为北京大学校长，并于 11 月辞去校长职务。1913 年，严复发起孔教会，提倡尊孔读经。1915 年，严复被袁世凯聘为宪法起草员。与此同时，袁世凯成立筹安会，严复被列为筹安会发起人。1916 年，严复作为"筹安会六君子"支持袁世凯复辟帝制。1917 年，严复公开表示支持张勋复辟。1921 年 10 月 27 日，严复在福州三坊七巷之郎官巷的寓所离世。

与同龄人尤其是与其他戊戌启蒙思想家相比，严复登上中国近代思想启蒙的舞台时间要晚。在戊戌启蒙四大家[1]中，严复年龄最长。严复出生于 1854 年，与出生于 1873 年的梁启超相比大了近二十岁，与出生于 1865 年的谭嗣同相比也要大 9 岁，甚至比梁启超的老师——康有为还要大 4 岁。严复在四十多岁时遭遇中日甲午海战的失败而登上中国近代的政治舞台，谭嗣同和梁启超这些"晚辈"却捷足先登，已经在中国近代启蒙思想的舞台上崭露头角，康有为甚至已经完成了多部重要著作。康有为在 1895 年之前除了著有"思想界之一大飓风"[2]的《新学伪经考》（完成于 1891 年），还有"其火山大喷火也，其大地震也"[3]的《孔子改制考》（开始于 1892 年，完成于 1898 年）和《大同书》（据康有为自己说，《大同书》酝酿于 1884 年）。《教学通义》（1885 年）《康子内外篇》（1886 年）《毛诗礼征》（1886 年）《实理公法全书》（1888 年）等著作更是在 19 世纪 80 年代完成的。这些著作均引起较大反响，康有为也由此开始名声大振，并在广东多地办学授徒，梁启超等人便是在这一时期拜师康门的。谭嗣同在甲午战争之前亦多有著述，《思纬氤氲台短书》《石菊影庐笔识》等均完成于"北游访学"之前。即使是比严复小将近 20 岁的梁启超，被收入《梁启超全集》的《读书分月课程》也是 1892 年写的。严复在中国启蒙思想史上留下影响的论文最早发表于 1895 年 2 月至 5 月间，以《论世变之亟》《原强》《辟韩》《原强续篇》《救亡决论》为代表。这些时论文章作为严复对中国命运的思考是甲午海战的失败直接促成的结果。这个事实雄辩地证明，由于甲午战争的失败，他的人生轨迹和命运也由此而被改写。《论世变之亟》是严复在天津《直

1　戊戌启蒙四大家具体指康有为、谭嗣同、梁启超和严复，详见魏义霞：《戊戌启蒙四大家比较研究》，人民出版社，2015，第 4—6 页。

2　《清代学术概论》，《梁启超全集》（第五册），北京出版社，1999，第 3097 页。

3　《清代学术概论》，《梁启超全集》（第五册），北京出版社，1999，第 3097 页。

报》上发表的第一篇政论，也是他走向戊戌启蒙舞台的标志。《论世变之亟》的第一句话便是："呜呼！观今日之世变，盖自秦以来未有若斯之亟也。"[1]据此可知，由于深刻认识到救亡图存的迫在眉睫，严复对中国的前途命运忧心如焚，于是毅然决然地投入到关乎中华民族生死存亡的救亡斗争中。

即使没有甲午战争，康有为、谭嗣同和梁启超也一样会成为启蒙思想家，而严复却是由于甲午战争的失败而由理工科转变为启蒙思想家的。1879年，25岁的严复学成回国，在福州船政学堂任教，后来在北洋水师任洋文正教习、学堂会办和学堂总办，职务一路攀升，可谓事业顺遂，人生赢家。他走向思想启蒙的前台、从洋务救国转向思想救亡的直接原因是甲午战争，中国在甲午海战中的失败成为严复命运的拐点。可以肯定的是，如果没有甲午战争，严复绝不会成为启蒙思想家。他还将继续作海军教育和管理工作，或许终其一生都在做着科学救国、洋务强国之梦。鉴于严复登上中国近代启蒙思想的历史舞台时间较晚，我在《戊戌启蒙四大家比较研究》中对戊戌启蒙四大家的排序是康有为、谭嗣同、梁启超和严复，并在第一章"导言"[2]中特意阐明了这种排序的理由和原因。

如果说1840年的鸦片战争改变了中国自然的历史进程，使中国由一个主权完整的独立国家陷入了半殖民地深渊的话，那么，1894年的甲午战争则使中国在半殖民地的深渊中越陷越深。甲午海战的失败和《中日马关条约》的签订使中国濒临亡国灭种的境地，甲午战争给中国人带来的震撼和刺激是前所未有的，在某种程度上甚至远远超过了鸦片战争。这是因为，在甲午海战中打败中国的是一个蕞尔小国，发动鸦片战争的是英、法等西方列强。中国在甲午战争中败给了同属亚洲的日本，而日本在面积上是一个小国，在历史上一直落后于中国。正因为如此，甲午战争带给中国人强烈震撼和巨大危机感，也因而成

---

1 《论世变之亟》，《严复集》（第一册），中华书局，1986，第1页。
2 魏义霞：《戊戌启蒙四大家比较研究》，人民出版社，2015，第6—10页。

为中国人真正觉醒的开始。正如梁启超所言："吾国四千余年大梦之唤醒，实自甲午战败割台湾偿二百兆以后始也。"[1]甲午海战的失败将清政府的腐败无能暴露得一览无余，同时宣告了洋务派通过兴办洋务实现国富兵强希望的破灭。洋务派创办的海军在甲午海战中的毁灭也宣告了严复二十多年强国之梦的破灭，对于学习航海出身、身为北洋水师学堂总办的严复的刺激可想而知。面对曾几何时号称亚洲第一海军的北洋水师的全军覆没，他陷入极大的悲愤和绝望之中。严复在写给吴汝纶的信中描述说："（他——引者注）尝中夜起而大哭，嗟乎！谁其知之！"对于严复面对中日甲午海战惨败时的心情，王遽常在《严几道年谱》中写道："我割地赔款与日本平，国势日危，先生（指严复——引者注）腐心切齿，欲致力于译述以警世。"严复在对甲午战争失败常常"中夜起而大哭"的同时，深刻反思战败的根源，并苦苦寻求中国的思路。对此，他有话要说，于是从1895年2月开始在天津《直报》上发表系列政论，由此登上了思想启蒙的历史舞台。

至此可见，严复是在日益深重的民族危机的刺激下由工科转向文科的。正是震惊于甲午战争的惨败，他痛心疾首，常常"中夜起而大哭"。严复苦苦思索中国贫弱衰微、落后挨打的根源，于是走向时代的最前沿。在《中日马关条约》签订的前后也就是1895年2月至5月间，严复发表著名的《论世变之亟》《原强》《辟韩》《原强续篇》《救亡决论》，以思想启蒙的方式直接为救亡图存摇旗呐喊、奋臂高呼。他在文中反复分析中国积贫积弱、衰微不振的原因，寻求救亡图存的对策，提出了振聋发聩的救亡主张。救亡是中国近代社会的时代主题和第一要务，救亡的口号就是严复最先喊出的。发表于1895年5月的《救亡决论》便是中国近代救亡的"第一声"，文章以救亡为题，旨在唤醒中国人的忧患意识。他在文中反复告诫国人，列强环视、内忧外患的近代中国必须奋

---

1 《戊戌政变记》，《梁启超全集》（第一册），北京出版社，1999，第181页。

发图强，才能摆脱亡国灭种的厄运。救亡的口号一经严复喊出，便作为中国近代的时代号角，鼓舞着一代又一代的中国人苦苦求索、奋斗不息。

特殊的人生经历和教育背景使严复精通外语，航海专业的系统学习使他深谙西方的科学技术，并且对西方近代自然科学具有深入而系统的了解，深厚的自然科学素养和功底在戊戌启蒙思想家中无人比肩。严复在英国期间不仅系统学习英国的哲学和文化，而且实地考察英国的政教、法律和意识形态，亲自到法庭了解英国的诉讼程序和立法理念。清政府驻英国公使郭嵩焘在考察严复留学英国期间的学习情况后，给予了"更能探本溯源"的高度评价。无论所学专业还是留学英国都奠定了严复思想特殊的知识结构、西学素养和主要来源，对他的一生都产生了不可磨灭的重大影响。留学英国让严复有机会深入了解英国社会和西方文化，更为他的思想打上了厚重的英伦情结。

无论理工科的教育背景还是留学英国的人生经历都给严复哲学打上了特殊印记。这不仅通过严复哲学的理论来源、致思方向和研究范式体现出来，而且通过他的学术意趣和心路历程直观呈现出来。

二、特殊的心路历程

从 1895 年登上中国近代思想启蒙的历史舞台一直到 1921 年去世，严复从未停止过救亡图存的脚步。他的学术重心和思想主张始终与中国近代社会的现实需要、政治斗争和中国的前途命运休戚相关，归根结底都是为了有裨于"实政"，服务于迫在眉睫的救亡图存。在不同时期，有感于不同时事，严复对救亡图存的设想和提出的具体方案呈现出明显区别，有时甚至相互抵牾。这些变化和前后之间的差异直接通过他的学术精力、理论侧重和思想主旨表现出来。

在 1895 年刚刚登上历史舞台时，严复提出的救亡纲领的主旨是向西方学习。众所周知，他于 1895 年 2 月发表《论世变之亟》，由此拉开了思想启蒙的序幕。作为严复的第一篇时政论文，《论世变之亟》着重对中国与西方文化

进行剖析，得出的结论是西学优于中学。正是在这个意义上，他不止一次地
写道：

> 自由既异，于是群异丛然以生。粗举一二言之：则如中国最重三纲，
> 而西人首明平等；中国亲亲，而西人尚贤；中国以孝治天下，而西人以公
> 治天下；中国尊主，而西人隆民；中国贵一道而同风，而西人喜党居而州
> 处；中国多忌讳，而西人众讥评。其于财用也，中国重节流，而西人重
> 开源；中国追淳朴，而西人求欢虞。其接物也，中国美谦屈，而西人务发
> 舒；中国尚节文，而西人乐简易。其于为学也，中国夸多识，而西人尊新
> 知。其于祸灾也，中国委天数，而西人恃人力。若斯之伦，举有与中国之
> 理相抗，以并存于两间，而吾实未敢遽分其优绌也。[1]
>
> 尝谓中西事理，其最不同而断乎不可合者，莫大于中之人好古而忽
> 今，西之人力今以胜古；中之人以一治一乱、一盛一衰为天行人事之自
> 然，西之人以日进无疆，既盛不可复衰，既治不可复乱，为学术政化之
> 极则。[2]

一目了然，严复在这里对中国与西方文化的剖析涵盖了哲学、政治、经
济、法律、民俗和交往等诸多领域，共同证明中国在各个方面都不如西方。更
为重要的是，依据他的比较、分析，中国与西方的不同是必然的，因为背后隐
藏着不自由与自由的区别。正是由于西方自由而中国不自由，同样的思想在
西方行之有效而常通，在中国却行之有弊而常病。这用严复本人的话说便是：
"其（指西方学术——引者注）命脉云何？苟扼要而谈，不外于学术则黜伪而
崇真，于刑政则屈私以为公而已。斯二者，与中国理道初无异也。顾彼行之而
常通，吾行之而常病者，则自由不自由异耳。"[3]沿着这个思路，他认为，中国

1　《论世变之亟》，《严复集》（第一册），中华书局，1986，第3页。

2　《论世变之亟》，《严复集》（第一册），中华书局，1986，第1页。

3　《论世变之亟》，《严复集》（第一册），中华书局，1986，第2页。

在鸦片战争、甲午战争中的失败以及贫弱衰微、落后挨打的症结就在于不自由。这使自由显得至关重要，也使严复对以自由为宗旨的西方文化充满了向往。在这个背景下，严复对中西文化的剖析自然偏袒西学一方，这从他"未敢遽分其优绌"的对比中便可一目了然。

进而言之，严复之所以对"中西事理"即中国与西方文化反复进行对比分析，兴趣不在学术探讨，而是为了探究中国战败的原因、寻求救亡图存的出路。由于他将中国战败的原因归结为不自由，因而侧重从不自由与自由的文化精神所造成的中国与西方之间在学术精神、行为追求和现实处境等方面的天渊之别入手，比较、分析中国与西方学术的优劣，并且肯定西方文化优于中国文化。议论至此，严复沿袭了龚自珍、魏源开始的睁开眼睛看世界，向西方寻找真理的路径。不同的是，严复对中国落后根源的剖析与学习西方的内容将这一进程向前推进了一大步，所师之长技也不再限于洋务派推崇的坚船利炮代表的技术层面或早期维新派艳羡的制度层面，而在于西方的学术、文化，特别是作为其"独一无二之宗旨"的自由精神。基于上述认识，严复对西方文化羡慕不已，从而开始积极宣传、提倡西学。

严复对西学的提倡不是像梁启超那样以介绍为主，而是以翻译为主。于是，以翻译《天演论》为标志，严复将主要精力转向系统翻译、输入西学。他从1897年开始翻译、发表《天演论》，1914年出版《中国教育议》。在这十多年的时间里，严复的主要精力是通过翻译西方的学术著作，全面、系统地输入西学。就他对中国文化的态度而言，也从早期通过中学与西学比较突出二者之异，转向彰显二者之间的相合、相通和相同之处。在此过程中，通过中西互释，严复极力强调西方思想与"吾古人"相合。他肯定西学内容中国皆有，如西方哲学不出《老子》书中的十二字；并且，中学远远早于西方，如庄子的进化论早于西方"二千余岁"等等。

严复的思想仿佛是中国近代社会的晴雨表，随着国内外的政治事件而发生着变化。正如甲午战争是严复命运的拐点一样，1911 年 10 月爆发的辛亥革命直接促成了严复思想的蜕变。他早在 1895 年就率先提出"废君主"，而在面对推翻君主专制的革命运动时则转而拥护君主制。1911 年 10 月 10 日武昌起义成功，严复却在当天的日记中写道"武昌失守"，显然并不赞成革命党人的做法。原因在于，他具有自然进化的"天演"情结，将中国的前途出路寄托于点滴的社会改良，而反对革命的暴力手段。严复提出的"废君主"是在提高国民素质的基础上限制君主的权利，也就是像他留学的英国那样实行君主立宪，而不是废除君主制度本身。更为重要的是，基于对中国民力荼、民智卑、民德薄的考察和鉴定，严复甚至将君主立宪推向无限遥远的未来。他断言："然则及今而弃吾君臣，可乎？曰：是大不可。何则？其时未至，其俗未成，其民不足以自治也。"[1]在严复看来，当时的中国尚无望实行君主立宪，只能保留君主制。基于这种认识，在辛亥革命之后，他支持袁世凯称帝，成为"筹安会六君子"之一。[2]即使在袁世凯八十三天的皇帝梦破灭表示退位时，严复也真诚地极力挽留。既然如此，严复在袁世凯死后支持 1917 年的张勋复辟也就在预料之中了。严复的这些举动与他 1895 年在《直报》上发表的激进言论相去甚远，更由于他曾为"筹安会六君子"而被人诟病。中国近代社会政治局势的瞬息万变直接影响乃至决定着严复学术重心和致思方向的转变，最直接地反映在他对中国文化的态度和看法上。辛亥革命后提出的道德重建使严复的学术重心由注重格致之学和"开民智"的智育而转向注重德育，对诸子百家的偏袒也由先前的心仪道家而转向倾心儒家。1913 年，伴随着孔教会的建立，严复开始大声疾呼尊孔读经。

在国内政局使严复思想发生重大逆转的同时，第一次世界大战更是给了他猛烈的一击。西方一直是严复顶礼膜拜的老师，也是他效仿的榜样。一场历时

1　《辟韩》，《严复集》（第一册），中华书局，1986，第 34—35 页。

2　1915 年 8 月 14 日，杨度联合孙毓筠、李燮和、胡瑛、刘师培和严复联名发起"筹安会"，孙毓筠、李燮和、胡瑛和刘师培 4 人曾经是同盟会员，属革命党人。

四年的第一次世界大战使严复猛然醒悟："彼族三百年之进化，只做到'利己杀人，寡廉鲜耻'八个字。回观孔孟之道，真量同天地，泽被寰区。"[1] 残酷的现实打碎了他往昔对西学的所有美好幻想，系统翻译、输入西学的计划随之戛然而止。一战后的巴黎和会掀起帝国主义瓜分中国的又一轮狂潮，给严复的致命打击不言而喻。他由此哀叹自己对西学只是"一知半解"，从此变得郁郁寡欢，"心如死灰"。晚年的严复在终止原本庞大的西学翻译计划的同时，将主要精力倾注到对中国本土文化的赓续和阐扬上。为此，他在导扬中华民族的立国精神和以中国文化的"国性"培养中国人的国格的同时，将主要精力和学术重心由西学而转向了中学。

在戊戌启蒙四大家中，严复显得特立独行，乃至格格不入：第一，从学术关联和个人交往而言，康有为、谭嗣同和梁启超之间亦师亦友，联系十分密切，严复似乎游离于这个"铁三角"之外。第二，从戊戌变法和参与程度而言，严复在戊戌变法事件——1898年9月开始的"百日维新"中的表现与受到的影响与康有为、谭嗣同和梁启超差若云泥。就"百日维新"来说，康有为、谭嗣同和梁启超是发动者和领导者，并为此付出了沉重的代价。在慈禧发动的戊戌政变中，54人获罪。康有为、梁启超因此长期逃亡海外，谭嗣同则献出了年仅三十三岁的宝贵生命。即使是后来转向革命的章炳麟，也因为参加戊戌变法运动遭到清政府的通缉而被迫流亡日本。由此反观严复，1895年就发表文章公开主张"废君主"却没有直接参与戊戌变法，戊戌政变后更是"专心译书"，不问他事。甚至可以说，无论与康有为、梁启超相比还是与谭嗣同、唐才常相比，严复始终都没有站在政治斗争的最前沿。一个最明显的例子是，戊戌启蒙思想家都对教育极为重视。严复更是做过多所学校的教习或校长，而他任职的学校——从福州船政学堂、北洋水师到安庆师范学堂、北京大学都是官办，与

---

1 《与熊纯如书》，《严复集》（第三册），中华书局，1986，第692页。

谭嗣同、梁启超旨在培养维新人才的时务学堂性质截然不同，与康有为在广东各地的私人办学也相去甚远。正是由于这个原因，在戊戌启蒙四大家中，如果说康有为、谭嗣同和梁启超都是政治家或社会活动家的话，那么，严复尽管以启蒙思想家的身份出现，然而，他却从未直接参加过戊戌维新或辛亥革命等政治运动。在这方面，梁启超的说法提供了很好的注脚："晚清西洋思想之运动，最大不幸者一事焉，盖西洋留学生殆全体未尝参加于此运动。运动之原动力及其中坚，乃在不通西洋语言文字之人。坐此为能力所限，而稗贩、破碎、笼统、肤浅、错误诸弊，皆不能免。故运动垂二十年，卒不能得一健实之基础，旋起旋落，为社会所轻。就此点论，则畴昔之西洋留学生，深有负于国家也。"[1]梁启超揭露西洋留学生游离于政治斗争之外，致使其学不能充分发挥作用，也使中国的变法运动一直缺乏坚实的基础，故而"深有负于国家"。应该说，梁启超的揭露是符合事实的。诚然，梁启超肯定由中国留学生从西方选择回来的西方思想与中国思想界发生关系归功于严复："西洋留学生与本国思想界发生关系者，复（严复——引者注）其首也。"[2]尽管如此，梁启超对于留学生的上述批评用于评价严复对戊戌变法的参与度可谓中肯。第三，从学术观点和相互评价而言，无论康有为还是梁启超都对严复大加赞扬，谭嗣同也在不知情的情况下对严复发出过认可。事实上，谭嗣同与严复素无交往，只在信中提及过严复的《原强》一文。严复的《辟韩》于1895年3月发表在天津《直报》上，1897年3月上海《时务报》转载。谭嗣同读到了《时务报》上转载的《辟韩》一文并大为赞叹，疑为严复所作，并在信中向友人求证说："《时务报》二十三册《辟韩》一首，好极好极！究系何人所受作？自署观我生室主人，意者其为严又陵乎？望示悉。"[3]对于严复，自视甚高的康有为也不禁肃然起敬："严复

1《清代学术概论》，《梁启超全集》（第五册），北京出版社，1999，第3105页。

2《清代学术概论》，《梁启超全集》（第五册），北京出版社，1999，第3105页。

3《与汪康年书六》，《谭嗣同全集》，中华书局，1998，第499页。

者……译《天演论》，为中国西学第一者也。"[1] 康有为此言甚至成为严复是中国近代西学第一人之印证。至于梁启超，对严复的赞誉、崇拜更是溢于言表，无论《论中国学术思想变迁之大势》还是《清代学术概论》都不忘对严复大加推崇。更有甚者，"笔端常带感情"的梁启超在致严复的信中不无煽情地写道："天下之爱我者，舍父师之外，无如严先生。天下之知我而能教我者，舍父师之外，无如严先生。"[2] 令人大跌眼镜的是，与康有为、梁启超对严复的称赞、膜拜和态度评价形成强烈对比的是，严复对康有为、梁启超多有微词乃至大肆谩骂。例如，严复在写给朋友的信中不止一次地如是说：

> 嗟嗟！吾国自甲午、戊戌以来，变故为不少矣。而海内所奉为导师，以为趋向标准者，首屈康、梁师弟。顾众人视之，则以为福首，而自仆视之，则以为祸魁。……至于任公，妙才下笔，不能自休。自《时务报》发生以来，前后所主任杂志，几十余种，而所持宗旨，则前后易观者甚众，然此犹有良知进行之说，为之护符。顾而至于主暗杀、主破坏，其笔端又有魔力，足以动人。……敢为非常可喜之论，而不知其种祸无穷。……今夫亡有清二百六十年社稷者，非他，康、梁也。……而康乃踵商君故智，卒然得君，不察其所处之地位为何如，所当之沮力为何等，卤莽灭裂，轻易猖狂，驯至于幽其君而杀其友，已则逍遥海外，立名目以敛人财，恬然不以为耻。……而狂谬妄发，自许太过，祸人家国而不自知非，则虽百仪、秦不能为南海作辩护也。[3]
>
> 梁饮冰自执笔以还，宗旨不知几变，目下韬迹天津，云以著书为事，吾恐不能如前之謏闻动众矣。时人看研究会之汤、梁，真是一钱不值也。南北国会皆已成立，后来执持国枋，即此两群猪仔，中国安得太平！[4]

---

1 《与张之洞书》，《康有为全集》（第五集），中国人民大学出版社，2007，第314页。

2 《与严幼陵先生书》，《梁启超全集》（第一册），北京出版社，1999，第71页。

3 《与熊纯如书》，《严复集》（第三册），中华书局，1986，第631—632页。

4 《与熊纯如书》，《严复集》（第三册），中华书局，1986，第692页。

严复对康有为、梁启超的攻击乃至敌视一目了然，而这显然并非出于个人恩怨，而是出于对中国前途的考量和担忧。深入剖析和比较不难发现，严复与康有为、梁启超在救亡图存与思想启蒙的最终目标上是一致的，这也是康有为、梁启超之所以一再称颂严复的原因所在。严复之所以没有像康有为、梁启超称赞自己那样回赠两人，是严复思想的特殊性使然。严复思想的特殊性受制于他本人的人生经历、教育背景、知识结构和西学底蕴，既造成了严复有别于康有为、梁启超的独特的学术重心和理论来源，又通过严复本人的哲学理念、研究范式和致思方向表现出来。换言之，严复思想的独特性、特殊性与他个人的人生阅历和知识结构有关，更与留学英国、精通外文、深谙西学的教育背景、学术经历和以格致救国的致思方向密不可分。可以说，严复是思想最有个性的戊戌启蒙思想家，也是最孤独的戊戌启蒙思想家。无论理工科出身、留学生经历还是以西文译西学以及对中国与西方文化的比较都注定了严复的思想意趣和学术范式曲高和寡，既与中国社会"常隔一尘"，又在近代哲学家中鲜有知音。

尚须进一步澄清的是，严复与梁启超的关系有别于严复与康有为的关系。在戊戌变法之前，严复与梁启超有所交往，彼此的关系甚至可以说称得上相互欣赏。一边是梁启超迫不及待地向严复索要《天演论》译稿，以便先睹为快；一边是严复欣赏梁启超后生可畏，认同梁启超对中国近代社会环境、政治形势的分析和对变法图强的认识。梁启超（1873—1929）比严复（1854—1927）小19岁，由此可见严复对梁启超的赏识。梁启超作《论不变法之害》，其中有言："大地既通，万国蒸蒸，日趋于上，大势相迫，非可阏制。变亦变，不变亦变；变而变者，变之权操诸己，可以保国，可以保种，可以保教。不变而变者，变之权让诸人，束缚之，驰骤之，呜呼，则非吾之所敢言矣！"[1]他强调，变法是

---

[1]《变法通议·论不变法之害》，《梁启超全集》（第一册），北京出版社，1999，第14页。

必然的——无论想不想变，都必须变，变是中国近代社会的环境逼迫的结果。严复深以为然，并援引《左传·隐公十一年》的"无滋他族，实偪处此"为梁启超辩护。对此，严复在《原强修订稿》中写道："善夫吾友新会梁任公之言曰：'万国蒸蒸，大势相逼，变亦变也，不变亦变。变而变者，变之权操诸己；不变而变者，变之权让诸人。'《传》曰：'无滋他族，实逼处此。'愿天下有心人三复斯言而早为之所焉可耳。"[1] 梁启超的《论不变法之害》发表于 1896 年，严复的《原强》发表于 1895 年 3 月 4—9 日的天津《直报》上。后来，严复对《原强》进行了修改，修改后的《原强修订稿》与《原强》相比增加了将近一半的内容。严复在《原强修订稿》中写下了这段话，并且作为文章的结尾。结尾原本就含有结论之义，加之严复发出了"愿天下有心人三复斯言而早为之所焉可耳"的期许，从而将对梁启超的赏识表露无遗。从这个意义上说，严复后来对梁启超的谩骂、敌视出于政治见解的分歧，或多或少与梁启超受康有为的连带具有一定关系。尽管如此，与梁启超由早年的志同道合到后来的渐行渐远也从一个侧面反映出严复在戊戌启蒙思想家中的踽踽独行。

综观严复的心路历程可以发现，他苦心经营，从西方采撷的自由、民主和科学的种子并没有在中国开花结果。严复身为教育家，却找不到一个人来继承自己的学说。如果说早年的严复还有西学作为精神支撑的话，那么，晚年的他内心是孤独的、悲凉的。在写给熊纯如的信中，严复描述自己的晚景是"槁木死灰，惟不死而已"："还乡后，坐卧一小楼舍，看云听雨之外，有兴时稍稍临池遣日。从前所喜哲学、历史诸书，今皆不能看，亦不喜谈时事。槁木死灰，惟不死而已，长此视息人间，亦何用乎！以此却是心志恬然，委心任化。"[2]

---

1 《原强修订稿》，《严复集》（第一册），中华书局，1986，第 32 页。
2 《与熊纯如书》，《严复集》（第三册），中华书局，1986，第 714 页。

第二节　学术变化与思想分期

上述内容显示，严复在不同时期的学术重心相去甚远：他在1895年登上启蒙思想的舞台时热衷于中国与西方文化的比较，后来转向系统翻译、输入西学，再后来转向赓续中国文化的"国性"、提倡尊孔读经。对于严复来说，学术重心的转移不仅隐藏着对中学、西学的不同侧重和态度评价，而且使他的思想呈现出明显的差异性、阶段性。

一、学术变化

在严复的学术历程中，经历了由工科转向文科、由西学转向中学的学术递嬗。这两次巨大转向既展示了严复极为独特的教育背景、学术阅历和知识结构，又注定了他的哲学思想带有迥异于其他近代哲学家乃至戊戌启蒙思想家的独特气质和意蕴。

严复的思想是变化的，前后之间呈现出巨大反差乃至反转。如何理解严复的思想变化关系到严复思想的分期问题，同时也直接关系到对他的思想递嬗轨迹和基本脉络的把握，进而决定对严复思想的宏观透视和态度评价。任何一位哲学家的思想都不可能是一成不变的，自然会呈现出或这样或那样的变化。这一点在中国近代表现得尤为明显和突出。中国近代遭遇几千年未有之变局，无论思想启蒙的日新月异还是政治风云的波诡云谲都使中国近代社会时时出现变数，特殊的历史背景、文化语境、政治局面乃至价值旨趣先天注定了近代哲学的尚变善变，也催生了近代哲学家的思想转变。对于近代哲学家来说，思想变化是正常的，不变甚至没有明显变化反而不合时宜，因而显得"不正常"。

救亡图存的刻不容缓决定了近代启蒙思想随着社会风云和政治斗争的转向而变化，每一位近代哲学家的思想都必然随着现实需要随时转向乃至改弦更张。正因为如此，就连被梁启超说成是“太有成见”的康有为，其思想的变化也是有目共睹的：以观点为例，由人性无善无恶到人性有善有恶，再到人性皆善便是明证；以著作为例，《大同书》《诸天讲》从酝酿、修改到成书、出版经历漫长岁月似乎也印证了康有为思想的变化。对于近代哲学家来说，思想前后之间判若两人似乎成了惯例，谭嗣同和章炳麟便是这方面的典型。对于自己思想的转变之大，谭嗣同自述三十以后思想“前后判若两人”。他在写给自己的刎颈之交——唐才常的信中进行了如是描述和说明：“三十以前旧学凡六种，兹特其二。余待更刻。三十以后，新学灑然一变，前后判若两人。三十之年，适在甲午，地球全势忽变，嗣同学术更大变，境能生心，心实造境。”[1] 对于谭嗣同思想的变化多端，就连以“流质易变”著称于世的梁启超也不得不甘拜下风。梁启超是这样介绍、评价谭嗣同的哲学思想的：“君资性绝特，于学无所不窥，而以日新为宗旨，故无所沾滞；善能舍己从人，故其学日进。每十日不相见，则议论学识必有增长。少年曾为考据笺注金石刻镂诗古文辞之学，亦好谈中国古兵法；三十岁以后，悉弃去，究心泰西天算格致政治历史之学，皆有心得，又究心教宗。当君之与余初相见也，极推崇耶氏兼爱之教，而不知有佛，不知有孔子；既而闻南海先生所发明《易》《春秋》之义，穷大同太平之条理，体乾元统天之精意，则大服；又闻《华严》性海之说，而悟世界无量，现身无量，无人无我，无去无住，无垢无净，舍救人外，更无他事之理；闻相宗识浪之说，而悟众生根器无量，故说法无量，种种差别，与圆性无碍之理，则益大服。自是豁然贯通，能汇万法为一，能衍一法为万，无所挂碍，而任事之勇猛亦益加。作官金陵之一年，日夜冥搜孔佛之书。金陵有居士杨文会者，博览教乘，熟于佛故，以流通经典为己任。君时时与之游，因得遍窥三藏，所得日益精深。”[2] 谭嗣同的哲学思想以日新为宗旨，可谓时时变，日日变。章炳

1《与唐绂丞书》，《谭嗣同全集》，中华书局，1998，第 259 页。

2《谭嗣同传》，《梁启超全集》（第一册），北京出版社，1999，第 233 页。

麟哲学思想的变化通过《訄书》的"三易其稿"形象地展示出来,《訄书》的修订过程大致再现了他的心路历程:1900 年,章炳麟将自 1897 年以来撰写的 50 篇文章辑书出版,名为《訄书》,并在书中宣扬维新变法、唯物论和进化论。1902 年,他重订《訄书》,在政治上由变法维新转向反清革命,在哲学上仍然坚持唯物论和进化论。作为民主革命的启蒙思想家,章炳麟于 1903 年撰写《驳康有为论革命书》,同年 6 月因"苏报案"而被监禁 3 年。他在狱中大量研读《瑜珈师地论》《成唯识论》和因明典籍,思想发生大变。作为这一思想转变的结果,章炳麟 1914 年增删《訄书》,主要删除了书中有关革命和唯物论的内容,并将书名改为《检论》。由此可见,章炳麟的思想多次发生变化,由维新到革命,由唯物论到唯识论,由进化论到退化论等等。值得注意的是,尽管谭嗣同、章炳麟的思想均发生重大变化,然而,对于两人思想的分期问题,学术界的观点基本上是一致的,并且均找到了两人思想分期的明确分界点:谭嗣同的思想以甲午战争为界,分为前后两个时期,这也恰好与谭嗣同对自己思想演变轨迹的自述相吻合。章炳麟的思想巨变发生在 1903—1906 年的狱中三年,大致以 1906 年为界划分为前后两个时期。

在中国近代哲学家中,梁启超的思想以多变著称于世,无不体现出一个变字:在中西文化的选择上,从早年的中西文化和合到第一次世界大战后考察欧洲而转向力挺东方文化,直到成为公认的国学大家;在对中国文化的看法上,从老子、孔子和墨子"三位大圣""三圣"的三足鼎立转向建构"德性学"时对孔子的偏袒;在政治观上,从君主立宪到民主共和再到开明专制,更是令人眼花缭乱。梁启超在不同时期总是对以"今日之我"挑战"昨日之我"乐此不疲,思想变化之快、之大令人应接不暇,甚至让人感觉神出鬼没。梁启超思想的变化达到了令人无法忍受的地步,甚至在当时就被论敌攻击为"研究系阴谋家"[1]。

---

1 《外交欤内政欤》,《梁启超全集》(第六册),北京出版社,1999,第 3410 页。

问题的关键是，梁启超的思想虽然以多变著称于世，但是，他的思想变化并无明确的标识，因而并不能像对待谭嗣同或章炳麟那样以具体事件或时间（如甲午战争或1906年）来精确划界。至于康有为的思想变化，与梁启超接近，既呈现出明显的阶段性，又找不到精确的分界点。

对于严复思想的变化和分期，学术界已经达成了共识，那就是：严复的思想分为前后不同乃至截然对立的两个阶段：前一阶段宣传、提倡西学，后一阶段提倡尊孔读经，倒向中学。学术界的分歧主要集中在对严复前后期思想的关系认定以及由此导致的评价上：大多数学者指出，严复早年宣传西学走在时代前沿，晚年思想趋于保守而倡导尊孔读经，故而对严复的早期与晚期思想给予截然相反的评价。少数学者认为，严复早期与晚期的思想密切相关，乃至一脉相承，故而不可截然分开。深入剖析不难发现，学术界对于严复的思想在事实认定上趋于一致，在价值评判上分歧较大。毕竟严复早年致力于宣传、输入西学而晚年大声疾呼尊孔读经是不争的事实，故而学术界在对严复思想的事实认定上没有分歧。在评价上呈现出巨大分歧，具有严复自身的原因：当严复翻译西学时，走在了时代前列。当严复提倡尊孔读经尤其是在1918年放弃对西学的翻译而力挺"孔子之教化"、将西学的本质说成是"利己杀人，寡廉鲜耻"时，中国的新文化运动已经如火如荼地展开。此时的严复被置于新文化运动的对立面，也被抛到了时代后面。面对这种情况，究竟采取什么标准审视、评价严复的思想便成为至关重要的问题。显而易见，这个问题具有方法论意义，牵涉到向西方学习是否是评价近代哲学家的思想先进与否的标准问题，因而并不限于严复，而是关乎对康有为、梁启超代表的所有近代哲学家的审视和评价。就严复的思想来说，评价的标准不仅关乎严复本人对中学与西学关系的认识和整体评价，而且关乎严复宣传西学、提倡中学之间手段与目的的关系问题。

通过对中国近代历史背景、文化语境、政治局势、社会环境和近代哲学家的思想状况的回顾、梳理可以看到，特殊的政治局势和社会需要造成了近代哲学家思想善变的特征。在这个维度上，严复思想的变化亦在情理之中，与其他近代哲学家别无二致。更有甚者，如果以确切时间为划分标准，并且凸显不同时期的思想前后之间判若两人的话，那么，1895 年则是严复思想乃至命运的转折点。一言以蔽之，1895 年之前，他的所学以自然科学为主，秉持实业救国的理念；在此之后，严复转向以文化救亡，大量输入哲学、社会科学为主的西学。就前后判若两人并且具有明确分界来看，严复的心路历程与谭嗣同、章炳麟相似。如果说与其他近代哲学家相比尚有什么不同的话，那么，严复的特殊之处则在于：他的转变不是像谭嗣同、章炳麟那样由一种启蒙转向另一种启蒙，而是由洋务、实业救国直接转向了戊戌启蒙。就 1895 年以后作为戊戌启蒙思想家的严复来说，除了作为学术特质和特长的西学之外，与其他近代哲学家便没有本质区别了。例如，严复与其他近代哲学家的思想建构中西和合，既有别于之前的明清之际早期启蒙思想家以中学为主，又有别于之后的五四新文化运动者在价值上心仪西学。再如，严复与其他近代哲学家对三纲展开整体批判，将中国的启蒙思想推向了一个崭新的历史高度。一方面，近代哲学家宣传自由、平等和民主等西方近代价值理念，并以此展开对三纲的整体批判，故而与明清之际早期启蒙思想家对三纲的分别对待尤其是王夫之等人以"父为子纲"的天经地义质疑"君为臣纲"的正当性渐行渐远。另一方面，严复和其他近代哲学家异口同声地宣称，自由、平等和民主中国古已有之，提倡自由只用于国家而个人要减损自由。对于上述情况进行综合判断，严复代表了戊戌启蒙或近代哲学的水平和认知，与五四新文化运动者不可同日而语。

二、思想分期

正如严复哲学既有戊戌启蒙、近代哲学的共性，又有个人独具的个性一样，对于严复思想的分期问题，既要考虑严复思想的特质，又要兼顾中国近代哲学的时代特征和其他近代哲学家的情形，从而进行综合考量和判断。

可以肯定的是，与其他近代哲学家一样，严复学术重心的转变是围绕着救亡图存这个宗旨展开的，归根结底受制于对中国近代社会状况的分析和对中国国民状况的鉴定。在苦苦探寻救亡图存的具体途径和中国出路的过程中，他确立了"自强保种"的救亡路线和方针。"自强保种"的具体办法是全面提高中国人的素质，"鼓民力""开民智""新民德"由此成为改造中国的三大纲领。严复提出的改造中国三大纲领的基本思路是：社会是由个人构成的有机体，个人是社会的细胞。既然国家是由国民组成的，那么，国家的强弱兴衰便取决于国民素质的优劣高低。"鼓民力"主要改变吸食鸦片和妇女缠足的陋习，旨在强健中国人的身体素质，"开民智"和"新民德"皆离不开西学。随着对中国与西方文化比较的深入和中西文化的互释，严复意识到了文化的"国性"问题。特别是随着对西学的了解和第一次世界大战的持久、惨烈，他看清了西方文明"利己杀人，寡廉鲜耻"的本质和中国文化的价值。正是由于这个原因，晚年的严复大声疾呼尊孔读经，导扬中华民族的立国精神，呼吁以忠、孝、节、义培养中国人的"国性"。从学术上看，严复在不同时期将主要精力投入到不同领域，前后经历了提倡西学、中西互释与赓续中学等思想递嬗。深入剖析不难发现，他的学术兴趣和重心在不同时期的递嬗只是表面现象。从价值上看，严复以学术救亡图存的宗旨、目标没有变。救亡图存是严复矢志不渝的毕生追求，"自强保种"是他奋斗终生的根本目标。正因为如此，严复的所有主张都围绕着这一立言宗旨展开——变化的只是具体途径和方法，不变的是初衷和宗旨，可谓万变不离其宗：早期的中国与西方文化比较、中期的翻译西学如此，晚期的赓续中国文化的"国性"、提倡尊孔读经亦是如此。救亡宗旨的一以贯之证明了严复思想在价值上、目标上的连续性、一致性，同时也表明严复的思想与其他近代哲学家在理论初衷上如出一辙。

理工科出身的严复在1895年进行身份转向之后，作为启蒙思想家的他，思想变化并无明确分期。也就是说，找不到判然分明的具体时间或事件将他的思想划分为泾渭分明的不同阶段。在这种情形下，将严复的思想划分为前后两期似乎更具有对比性，也更能凸显他在不同时期学术重心的不同。在这个前提下尚须进一步澄清的是，无论在什么时期，严复都没有对中学与西学作对立观。即使在凸显中国与西方文化的差异并且倾向西方文化的早期，他在《论世变之亟》中也一面将中国文化的精神归结为不自由、将西方文化的精神归结为自由，一面承认二者在"于学术则黜伪而崇真，于刑政则屈私以为公"上原本相同。更为重要的是，基于这一理念，严复秉持的文化观既不是对西学亦步亦趋的西学观，也不是故步自封的中学观；而是超越中西的界限，"统新故而视其通，苞中外而计其全"的文化观。这是严复对待中西文化的基本态度，也是他救亡图存的文化纲领和基本原则。对此，严复本人有过详细的解释和说明：

> 然则今之教育，将尽去吾国之旧，以谋西人之新欤？曰：是又不然。英人摩利之言曰："变法之难，在去其旧染矣，而能择其所善者而存之。"方其汹汹，往往俱去。不知是乃经百世圣哲所创垂，累朝变动所淘汰，设其去之，则其民之特性亡，而所谓新者从以不固，独别择之功，非暖姝囿习者之所能任耳。必将阔视远想，统新故而视其通，苞中外而计其全，而后得之，其为事之难如此。

> 虽然，有要道焉，可一言而蔽也。今吾国之所最患者，非愚乎？非贫乎？非弱乎？则径而言之，凡事之可以瘳此愚、疗此贫、起此弱者皆可为。而三者之中，尤以瘳愚为最急。何则？所以使吾日由贫弱之道而不自知者，徒以愚耳。继自今，凡可以瘳愚者，将竭力尽气跂手茧足以求之。惟求之能得，不暇问其中若西也，不必计其新若故也。有一道于此，致吾于愚矣，且由愚而得贫弱，虽出于父祖之亲，君师之严，犹将弃之，等而下焉者无论已。有一道于此，足以瘳愚矣，且由是而疗贫起弱焉，虽出于夷狄禽兽，犹将师之，等而上焉者无论已。何则？神州之陆沈诚可哀，而

四万万之沧胥甚可痛也。[1]

在这里，严复重申了救亡图存的根本宗旨，同时放言只要是"可以瘳此愚、疗此贫、起此弱者"，就可以超越中西、新旧的界限。与此相一致，他在1912年主持京师大学堂时，提出的办学方针是不可全西，亦不可全中，而是要融合中西，"以成其大"。可以看到，严复的中西文化观除了深受有机体论影响之外，还因循渐进的原则，带有天演自然的印记。他明确声称："宗法之入军国社会，当循途渐进，任天演之自然，不宜以人力强为迁变，如敬宗收族固矣，而不宜使子弟习于倚赖；孝亲敬长固矣，而不宜使耄耋之人，沮子孙之发达。今夫慈善事业，行之不解其道，则济人者或至于害人。西哲如斯宾塞等，论之熟矣，顾今日慈善之事犹不废也。士生蜕化时代，一切事殆莫不然，依乎天理，执西用中，无一定死法，止于至善而已！"[2] 严复本人的这种心态和视野表明，以推崇西学还是中学为标准对他的思想作前后对立观不切合严复思想的实际状况，与严复的视界更是南辕北辙。不仅如此，与前后两期相比，分为三期更能恰当地再现严复思想的嬗变轨迹：早期进行中西比较而侧重中国与西方文化之异，中期系统翻译、输入西学而侧重中西互释，晚期转向导扬中国文化的"国性"，并提倡尊孔读经。这个分期是从严复的主要精力和学术侧重的角度立论的，并在前一期中隐藏着转向后一期的动因，因而更能统摄严复思想的宗旨以及一以贯之的一致性、连续性。

综观严复的思想轨迹和心路历程可以发现，他在不同时期的主要精力有别，大致可以归结为从中西比较到翻译西学再到转向中学。甚至可以说，严复在不同时期不惟关注热点和学术重心迥然相异，并且对中学、西学表现出不同偏袒。1895年的严复热衷于对中西文化进行比较，并在凸显中学与西学差异的前提下选择了"力主西学"。于是，他这样写道："四千年文物，九万里中

1　《与〈外交报〉主人书》，《严复集》（第三册），中华书局，1986，第560页。

2　《与熊纯如书》，《严复集》（第三册），中华书局，1986，第615页。

原，所以至于斯极者，其教化学术非也。不徒嬴政、李斯千秋祸首，若充类至义言之，则六经五子亦皆责有难辞。嬴、李以小人而陵轹苍生，六经五子以君子而束缚天下，后世其用意虽有公私之分，而崇尚我法，劫持天下，使天下必从己而无或敢为异同者则均也。因其劫持，遂生作伪；以其作伪，而是非淆、廉耻丧，天下之敝乃至不可复振也。此其受病至深，决非一二补偏救弊之为，如讲武、理财所能有济。盖亦反其本而图其渐而已矣！否则，智卑德漓，奸缘政兴，虽日举百废无益也。此吾《决论》三篇所以力主西学而未尝他及之旨也。"[1]此时的严复明确认定陷中国近代社会于贫困衰微、落后挨打境地的是中国学术，"六经五子"代表的儒家文化对于中国的亡国灭种更是难辞其咎。如果说秦始皇、李斯等人"以小人而陵轹苍生"的话，那么，"六经五子"则"以君子而束缚天下"，危害更深、更巨。沿着这个思路，严复明确断言，中学不如西学，故而"力主西学"，呼吁全面学习西学。他特意强调，自由、平等和民主是西方的思想，六经从来没有这方面的内容，这暴露出中国治道的致命缺陷。正是在这个意义上，严复宣称："夫自由、平等、民主、人权、立宪、革命诸义，为吾国六经历史之不言固也，然即以其不言，见古人论治之所短。今使其人目略识旁行之文，足稍涉欧、美之地，则闻闻见见，将无所遇而不然。彼中三尺童子皆知义务民直为何等物也。至于发明伦理治法之书，则于前数者之义为尤悉。士生今日，使朝廷禁其读西书、治新学则亦已矣。若必读西书，必治新学，而乃取前数者之说而绝之，曰：此非西士之言也，直康梁之余唾耳。此何异以六经四子授人，乃大怪其言仁义，曰：此非孔孟之说也，直杨墨之唾余耳。公等有不大笑轩渠者乎！"[2]基于上述认识，严复制定了庞大的翻译计划，开始系统输入西学。

随着对西学的大量翻译和了解的加深，严复的西学观、中学观都悄然发生

1 《救亡决论》，《严复集》（第一册），中华书局，1986，第53—54页。
2 《主客平议》，《严复集》（第一册），中华书局，1986，第118—119页。

着转变，并由中西比较转向中西互释。在对中学与西学的相互诠释中，他逐渐认识到了文化的"国性"问题，进而由侧重西学转向侧重中学。在对中学的推崇中，严复由以老子、庄子代表的道家为主转变为以"孔子之教化"代表中国文化。他的这种思想转变和立场转向历来被斥为落伍、倒退的表现，因而没有受到肯定评价，当然也没有引起足够重视。这种情况的出现原因固然颇多，择其要者，大端有二：一是以向西方学习作为评价近代哲学家思想先进与落后的标准，二是没有看到严复思想的连续性、一贯性。二者合而为一，便是忽视乃至遮蔽了严复思想一以贯之的"自强保种"的理论初衷。他所讲的"自强保种"就是凭借自己的才力心思"与妨生者为斗"，早年的具体办法是"鼓民力""开民智""新民德"，故而以输入西学为重心；晚年表现为以中国文化赓续中国的"国性"，培养中国人的"国性"。对于救亡图存，严复从来都没有动摇过，救亡方法和操作的不同才导致了上述差异。有了这个"前理解"，再回过头来审视严复的思想可以发现，他晚年的态度转变是顺理成章的，也是对早年思想的回归。

严复从来都没有对中学与西学作对立解，爱国则拉近了中学与西学之间的距离。对于他来说，无论守旧还是务新，初衷都别无二致——"要之其心皆于国有深爱"。这正如严复本人所言："窃谓国之进也，新旧二党，皆其所不可无，而其论亦不可以偏废。非新无以为进，非旧无以为守；且守且进，此其国之所以骏发而又治安也。故士之无益于群而且为之蟊贼者，惟不诚耳。倾巧险巇，于新旧二者之旨，本皆无所信从，而徒以己意为禽犊。遇旧则为墨守，逢新则为更张，务迎合当路要人，以苟一朝之富贵，则吾真未如之何也已。使皆出于诚，则心之不同，如其人面。旧者曰：非循故无以存我。新者曰：非从今无以及人。虽所执有是非明暗之不同，要之其心皆于国有深爱。惟新旧各无得以相强，则自由精义之所存也。"[1] 服务于救亡图存奠定了新与旧——西学与中

1《主客平议》，《严复集》（第一册），中华书局，1986，第119页。

学在严复眼中的圆融，也为他从侧重西学转向中学奠定了理论前提和情感基础。由于领悟到了文化的"国性"问题，严复认识到文化从根本上说不是知识而是德性。正如教育的宗旨是培养健全的人格一样，尊孔读经、赓续中国文化的"国性"是为了让中国人知道自己是中国人，成为中国人，进而自觉地爱自己的国群，将个人与国群的命运联系起来——这一点与严复翻译、介绍西学出于"自强保种"的立言宗旨相呼应，也证明了他的思想属于近代国学的一部分。正是由于这个原因，了解严复的国学，反过来可以更好地理解他翻译西学的初衷以及由输入西学向赓续中国文化"国性"的转变。

总而言之，严复的人生经历与学术轨迹极为特殊，无论在近代哲学家还是在戊戌启蒙思想家中都显得与众不同：第一，从专业上看，严复经历了工科到文科的骤然转身。独特的人生经历和教育背景使他40岁之前一直致力于自然科学，迫于1895年甲午海战的失败和《中日马关条约》的签订而中国濒临亡国灭种的危机才毅然决然地走向戊戌维新的历史前台。第二，从文化观上看，严复从艳羡西学转向弘扬中学。严复被誉为近代西学第一人，不惟指他对西学的翻译和输入，并且指他对西学尤其是英国思想的了解在近代哲学家中无人比肩。从工科转向哲学社会科学后，严复便开始宣传、翻译西学。1918年，历时四年的第一次世界大战使他认识到西方文明"利己杀人，寡廉鲜耻"的本质。严复由此转向中国文化，从而更坚定了尊孔读经的主张。第三，从中学观上看，严复经历了先道家而后儒家的递嬗。就对诸子百家的侧重而言，他早年倾慕老子、庄子代表的道家，晚年推崇孔子，提倡孔孟之道。这些特殊经历使严复的学术意趣和思想重心与其他近代哲学家渐行渐远，也对他本人的哲学产生了重大影响。

三、严复哲学研究在路上

严复是近代哲学家，带有近代哲学家与生俱来的某些气质和特征。与此同时，严复是个性鲜明的近代哲学家，无论与戊戌变法的疏离还是西学家的身份都使他在近代哲学家尤其是在戊戌启蒙思想家中显得有些"不合群"。与西方哲学热衷于"对世界的好奇"有别，中国哲学旨在为人寻找安身立命之所。从古希腊开始，西方哲学家大都是自然科学家。深切的人文关怀使中国哲学关注人与人的关系，中国哲学家主要集中在哲学社会科学领域，大多出身于历史学家、文学家、思想家或政治家。中国近代特殊的历史背景和文化语境凸显了哲学与政治的密不可分，近代哲学家大都是叱咤风云的政治家。与康有为、梁启超和孙中山等人的政治家身份相比，严复的政治家身份并不明朗。面对康有为的公羊学巨擘、梁启超和章炳麟的国学大师身份，严复的西学家、翻译家身份显得格格不入。这一切使严复哲学成为近代哲学的独特个案，也意味着全面深化、推进严复哲学研究意义重大——既有助于深刻领悟戊戌启蒙思潮内部的分歧，又有助于把握近代哲学的多样性和丰富性。

戊戌启蒙思潮作为政治范畴早已被纳入研究视野，甚至一度成为学术界研究的热点。相比较而言，戊戌启蒙思想家的哲学思想则没有引起广泛关注，更遑论全面、深入的研究了。至于近代哲学，则历来是中国哲学史研究的薄弱环节。伴随着 20 世纪 80 年代的文化热，近代哲学之前与之后的中国哲学从先秦诸子、魏晋玄学、宋明理学到现代新儒家逐一受到热捧。耐人寻味的是，无论传统文化的持续升温还是如火如荼的国学热潮均没有带动近代哲学的深入研究，包括严复在内的大多数近代哲学家的哲学思想并没有像先秦诸子、魏晋玄学、宋明理学或现代新儒学那样成为研究热点。这既不利于对近代哲学的宏观把握，也不利于对中国哲学史的整体研究。形成这种局面的原因固然很多，有三个原因颇具代表性：第一，对近代哲学的误解。有学者认为，中国近代没有哲学思想，近代哲学家的哲学思想充其量只是古今中外各色学说拼凑起来的大杂烩，既无哲学体系建构，又无理论深度或思想创新。对近代哲学的这一认定或评价与近代哲学的研究现状之间具有某种内在关联。稍加留意即可发现，研究近代思想的学者大多是政治学、史学或文学出身，中国哲学专业的学者相对较少。第二，资料收集、整理不到位。近代哲学家的著作出版遭遇种种困难，全集出版的时间较晚，康有为、章炳麟的全集甚至出现出版三集、六集而不得不搁浅的情况。至于严复的全集，比其他近代哲学家的全集出版还要晚。这一点无论与先秦经典的版本众多还是与现当代哲学家如陈独秀、李大钊、冯友兰、胡适、梁漱溟和熊十力等人文集或全集的捷足先登比较都更显突出。第三，资料多，难度大。近代哲学的相关资料可谓浩如烟海，除了谭嗣同的情况极为特殊之外，大多数近代哲学家都留下了大量文字。例如，《康有为全集》851万字，《梁启超全集》字数更是高达1500万之巨。《章太炎全集》超过600万字，《魏源全集》《王国维全集》同样卷帙浩繁。抛开相关资料不论，仅就主要近代哲学家的著作来说，资料量的巨大决定了阅读需要相当长的一段时间，这对于追求快出成果的当代学术界来说不能不说是一个不小的考验。如果说第一点出于不屑心理的话，那么，第二、第三点则滋长了畏难心理。具体原因不同，却都成为近代哲学研究的瓶颈。

就严复哲学的研究状况来说，与近代哲学研究的情形大致相当。1986年，五册的《严复集》由中华书局出版，为严复哲学研究提供了宝贵的第一手资料。遗憾的是，这套《严复集》共120万字，仅仅相当严复著述文字的四分之一。2009年，严复全集的收集、整理和出版获得国家清史编撰委员会的立项资助。2014年，严复诞辰160周年，23卷、630多万字的《严复全集》由福建教育出版社出版。2024年，借严复诞辰170周年之机，天津教育出版社出版了23册的《严复全集》。600多万字的《严复全集》是目前收录严复著作、论文和译作最全的第一手资料。第一手资料的齐全为加大对严复哲学的研究提供了方便条件，也成为推动严复哲学深入研究的有力契机。严复哲学内容丰富，对哲学的涉猎涵盖诸多领域，对严复哲学的研究存在进一步拓展的巨大空间。

严复多次声称自己平生喜欢哲学。事实上，他不仅善于哲学思考，而且拥有较为系统的哲学理念，形成了独特的哲学范式和哲学意趣。严复从 13 岁起就开始系统学习算术、几何、物理和机械等各种自然科学，也就是他所说的与形而上学即"出形气学"对应的"形气学"。拥有理工科出身和独特教育背景的严复习惯于循着自然科学的逻辑与范式界定、理解哲学，将哲学理解为"出形气学"。正因为如此，他热衷于"物理学之后"的形而上学，表现出浓郁的形而上学情结。严复的哲学贡献之一便是以形而上学定译 Metaphysics，结束了以大学、虚学、玄学或性理大全等等名词翻译、称谓哲学的局面。于是，依托进化论的天演哲学、提倡"即物实测"而由"元知"到"推知"的逻辑哲学和恪守本体与现象之分的不可知论成为严复哲学的主体内容。与执着于"出形气学"互为表里，严复在哲学上对宇宙"第一因"乐此不疲，并以此为标准判定中国哲学的经典、辨疏中国与西方哲学的关系。与此同时，他对本体与现象的关系兴趣盎然，由此建构了独特的哲学样式和哲学形态。中国近代盛行唯意志论，情感、意志、希望和信念备受推崇。孙中山将信念说成是决定胜败的唯一因素，进而信奉"有志者事竟成"。在这方面，他的名言是："吾心信其可行，则移山填海之难，终有成功之日；吾心信其不可行，则反掌折枝之易，亦无收效之期也。心之为用大矣哉！夫心也者，万事之本源也。"[1] 谭嗣同声称："心之力量虽天地不能比拟，虽天地之大可以由心成之、毁之、改造之，无不如意。"[2] 梁启超断言："境者心造也。一切物境皆虚幻，惟心所造之境为真实。"[3] 章炳麟认定世界是众生业力造成的，故而声称："此天然界本非自有，待现实要求而有。……纵令有纯紫之天然界，而以众生业力亦能变为纯青之天然界。"[4] 近代哲学家之所以推崇唯意志论，主要目的是为科学技术落后、在生存竞争中处于劣势的中国打气加油，激发民族自尊心和中国必胜的自信心。中国哲学历

---

1 孙中山：《孙文学说》，《建国方略》，中州古籍出版社，1998，第 58 页。
2 《上欧阳中鹄十》，《谭嗣同全集》，中华书局，1998，第 460 页。
3 《自由书·惟心》，《梁启超全集》（第一册），北京出版社，1999，第 361 页。
4 《建立宗教论》，《革故鼎新的哲理——章太炎文选》，上海远东出版社，1996，第 201—202 页。

来不追求纯粹的形而上学，中国近代哲学同样概莫能外。与此互为表里，中国的人生哲学出现较早，并且较为发达。与中国哲学的情形大相径庭，西方哲学肇端于对自然的好奇和对世界始基的追问。西方哲学的这一传统在后续的发展中愈演愈烈，在现代哲学中形成了人文主义与科学主义两条泾渭分明的哲学路径和范式。就中国与西方哲学的比较来说，西方哲学翻译为 Metaphysics 更为贴切，中国哲学则翻译为 Philosophy 更为合适。就中国近代哲学家的哲学意趣和哲学范式来说，严复的哲学侧重 Metaphysics，其他近代哲学家则侧重 Philosophy。相映成趣的是，严复使形而上学成为 Metaphysics 的定译，梁启超特意将哲学界定为爱智慧（Philosophy）。严复秉持经验论、反映论传统，强调先有外物之因，后有认识之果，推崇逻辑推理。独特的哲学理念、哲学意趣和哲学范式既显示了严复哲学的独特性，又证明了严复哲学研究的至关重要。

严复对哲学的热爱是刻在骨子里的，因而总是自觉不自觉地将自己的哲学理念贯彻、运用到各个领域。作为翻译家对语言哲学的偏好以及中国与西方语言文字的比较汇成了严复的语言哲学，作为教育家对教育的执着求索和形上思考使严复建构了教育哲学。凡是在他涉足的领域，他都进行哲学思考和探索，于是形成了诸多部门哲学。例如，在严复的人生履历上，出现多个教师职业，并且多次担任学校高管。他任职的学校大多属于公学，并且涵盖了工科学校、师范院校和综合大学等多种类型。从普通教师到学校校长，严复既有第一线的教学经验，又有学校高管的教育规划。教育家的亲身经历既为他积累了丰富的教育经验，又促使他对教育进行全局统筹和形上思考。严复对教育问题的思考和探索奠定在对人之存在和发展的哲学审视之上，甚至可以说，他将形而上学的哲学素养和意趣旨归贯注到教育领域，最终建构了别具一格的教育哲学。最明显的是，在教育理念上，严复提倡"自然之教育"与"人为之教育"并进，而"自然之教育"便包含人作为天演之一境而适应环境的天演哲学与"即物实测"的经验哲学。再如，在严复所处的近代，中国出现了一股不小的宗教热。包括严复在内的近代哲学家都参与其中，对宗教的关注和膜拜也成为区分近代哲学家与五四新文化运动者和现代新儒家的根本标识之一。五四前后，中国出现了废除宗教的呼声。其中呼声最高的是，蔡元培主张以美育代宗教，陈独秀设想以科学代宗教，梁漱溟声称以道德代宗教，冯友兰主张以哲学代宗教。与现代哲学家对宗教的态度差若云泥，从康有为、谭嗣同、梁启超到章炳麟都对宗教顶礼膜拜。与谭嗣同标榜自己"酷好谈教"类似，严复对宗教问题津津乐道。问题的关键是，严复与其他近代哲学家所讲的宗教从内容到形式都相去甚远。具体地说，严复凭借熟练的英文翻译宓克著的《支那教案论》，同时凭借深厚的西学素养界定宗教概念，划分宗教类型，追溯宗教起源，透过基督教的历史揭露基督教劣迹斑斑的传教史。正因为如此，尽管严复并没有像康有为那样以教治教，然而，他对基督教的拒斥却显得比康有为、谭嗣同更加有理有据。更为重要的是，严复从人之终极关怀的高度审视、界定宗教，强调宗教产生和存在的根本原因在于人对不可知的恐惧。这样一来，严复便将宗教提升到了宗教哲学的高度，所讲的宗教也不再囿于宗教的范围之内。不仅如此，由于将宗教的教旨、仪规都纳入研究视野，严复的宗教哲学避免了康有为、谭嗣同和梁启超等人的泛宗教误区。

无论严复哲学理念、哲学方式还是哲学意趣、哲学旨归的独特性都与他独特的人生经历、教育背景密不可分。在对严复哲学进行研究的过程中，只有结合他的教育背景和人生经历，才能深刻把握他的哲学理念、哲学诉求和哲学旨归。作为戊戌启蒙思想家，严复率先发出了"废八股"的呼声。有学者指出，严复十多岁就开始接受西式教育，经历了幼时诵经而后改学他学的教育背景和人生际遇，对四书五经的疏离使他可以对科举进行反思。严复先后于 1885 年、1888 年、1889 年（恩科）和 1893 年四次参加科举考试，均名落孙山。1898 年，光绪帝为变法开"特科"招揽人才，严复应试而不第。值得注意的是，严复1895 年提出"废八股"，指责八股取士"锢智慧""滋游手""坏心术"。尽管如此，他自己却在 1898 年参加了科举考试。由此可见，即使作为将批判的矛头对准八股取士的戊戌启蒙思想家，严复也没有放弃科举的机会。当然，严复参加科举考试与他抱怨出身不由科举则往往被人所轻有关，也直观暴露出在严复代表的戊戌启蒙思想家那里理论上的主张往往流于空谈而不付诸实践的误区。严复旨在"鼓民力"的禁止吸食鸦片如此，康有为等人对男女平等的提倡等等也不例外。分析至此，如果说从小接受西式教育而尚不足以证明严复率先对八股取士的反思的话，那么，他在哲学建构上以西学为主，在学术精力上侧重对西学的翻译和输入、在翻译西学上以英语（西文）译西学而不是像康有为、梁启超等人那样以日文转译西学等等则都可以在他的教育背景和人生经历中得到充分的解释。严复 13 岁时考入福州船政学堂，开始学习英文、驾驶。这使严复从小系统学习各门自然科学，并且精通英语。精通外语既为严复了解西方文化打开了一扇窗，又为他日后以西文译西学提供了有利条件。于是，精通外语、深谙西学成为严复的学术素养，这一点在戊戌启蒙思想家中显得尤为出类拔萃。

如果说精通西学只是为严复哲学打上了独特印记的话，那么，严复哲学的理论来源、主体内容和致思方向则脱胎于英国。历史总是在看似偶然中成就着必然，福州船政学堂原本是左宗棠与法国人合办的，严复作为第一批公费留学生先是被派到法国、后来被转派到英国。留学英国给严复以深刻影响，在某种程度上注定了他的思想底色和学术命运。一个不争的事实是，无论严复推崇的西学人物还是著作都以英国为重镇。英国是进化论的故乡。严复留学英国之日，也就是造就"严天演"之时。严复推崇的达尔文、赫胥黎和斯宾塞都是进化论的大家。在所有西方思想家中，严复首推斯宾塞。由于深受斯宾塞的影响，严复拥有明显的有机体情结。在他的视界中，社会是有机体，文化是有机体。正因为中国文化与西方文化都是各自独立的有机体，所以，中国文化有中国文化的体与用，西方文化有西方文化的体与用。无论中国文化还是西方文化的体与用都是各自文化有机体的组成部分，因而不可截然割裂。如果"中学为体，西学为用"的话，势必像对牛之体而责以马之用一样不惟徒劳无功反而贻害匪浅。在这个前提下，严复强调，人类文化都包含人伦日用方面的内容，故而可以"道通为一"。在"道通为一"的维度上，中国与西方文化是相通的。正是由于这个原因，中学与西学可以互释，这也意味着中西文明可以相互借鉴。在他看来，西方近代自然科学、哲学与自由、平等和民主代表的启蒙思想都与"吾古人"思想"甚合"，这为中学与西学的互释和中西文明的互鉴提供了可能。由上可见，正是留学英国的经历使严复心仪英国文化，在哲学上深受英国哲学家的经验论、反映论和实证主义以及不可知论的影响。加之本身就是工科出身，严复热衷于形而上学意趣的哲学，形成了以不可知论为旨归、带有英伦风格的哲学体系。

尚须进一步澄清的是，对于严复膜拜斯宾塞，蔡元培早已有过精准判断："《天演论》……又也引了斯宾塞尔最乐观的学说。……严氏(指严复——引者注)所最佩服的，是斯宾塞尔的群学。"[1] 蔡元培认定严复"最佩服"斯宾塞可谓深中肯綮，而严复对斯宾塞的"佩服"并不是只在蔡元培提到的"群学"。综观严复的思想可以看到，斯宾塞对严复的影响无处不在，远非其他西方思想家、哲学家所及。归纳起来，这主要集中在以下几个方面：第一，在翻译领域，严复对西学的翻译以《天演论》最著名、影响最大，《天演论》在某种程度上奠定、成就了严复西学家和翻译家的地位。严复对进化论的系统输入功不可没，他也由此被誉为近代系统输入进化论第一人或近代西学第一人。问题的关键是，在进化论以及天演哲学方面，严复首推斯宾塞。这一点在他首次向国人宣讲进化论的《原强》中就已经充分表露出来，之后一直如此。无论严复对进化的界定、对进化轨迹的勾勒还是对进化动因的解释都不脱斯宾塞的窠臼。例如，在对进化的理解上，严复笃信斯宾塞提出的由简入繁的进化轨迹和进化模式，并效仿

1　《五十年来中国之哲学》，《蔡元培全集》(第五卷)，浙江教育出版社，1997，第102—103页。

斯宾塞以由简入繁阐释天体、动植物和人类社会的进化过程。第二，在哲学领域，严复秉持实证主义，斯宾塞则是西方现代哲学中实证主义的创始人之一。正是依托穆勒、斯宾塞的实证主义和赫胥黎的不可知论，严复建构了始于"即物实测"、终于不可知论的哲学体系。相比较而言，斯宾塞对严复实证哲学的影响远在穆勒和赫胥黎之上。严复对斯宾塞的综合哲学顶礼膜拜，早在1895年的《原强》中就将斯宾塞"通天地人禽兽昆虫草木以为言，以求其会通之理，始于一气，演成万物"的学说誉为"真大人之学"。[1]严复对斯宾塞的"第一原理"兴趣盎然，由此建构了"质、力相推"的天演哲学，并基于对力的界定而最终走向了不可知论。值得一提的是，孔德与斯宾塞一样是西方现代哲学中实证主义的创始人，严复的实证哲学显然并没有将孔德纳入视野。第三，在宗教领域，严复与其他近代哲学家一样关注宗教问题。不同的是，他受斯宾塞的影响热衷于探究宗教的起源。在此过程中，严复虽然提到了孔德和斯宾塞，但是，他侧重且更倾向于斯宾塞的观点。第四，在社会学领域，严复不仅对斯宾塞的社会学大加赞赏，而且翻译了斯宾塞的《社会学原理》（严复翻译为《群学肄言》）。与实证哲学的情形如出一辙，严复对孔德与斯宾塞社会学的态度形成强烈对比。孔德是社会学的创始人，严复被誉为输入西方社会学的第一功臣。尽管如此，严复对孔德的社会学未置一词。第五，在政治领域，严复对斯宾塞将进化论运用到人类社会领域的做法佩服得五体投地，对斯宾塞的社会有机体论更是奉若神明。与此同时，严复提倡自由，发出了"民之自由，天之所畀也"[2]"以自由为体，以民主为用"[3]等振聋发聩的呼吁。严复对自由的宣传恪守小己自由与国群自由之辨，缘于斯宾塞对个人与社会关系的认识。事实上，严复对个人与群体关系的界定、处理都遵循斯宾塞的社会有机体论。第六，在

---

1 《原强修订稿》，《严复集》，中华书局，1986，第17页。
2 《辟韩》，《严复集》（第一册），中华书局，1986，第35页。
3 《原强修订稿》，《严复集》（第一册），中华书局，1986，第23页。

教育领域，严复对斯宾塞的推崇更是无以复加，甚至可以说，他的教育思想就脱胎于斯宾塞。众所周知，严复在中国近代首次提出德、智、体三育的教育方针，而这来自斯宾塞。斯宾塞于 1861 年出版《教育论》，明确提出了三育结合的主张，而《教育论》的书名就是《教育：智育、德育和体育》。严复在首次向国人介绍斯宾塞时就着重推出了斯宾塞的教育思想，并将斯宾塞的三育结合作为重点。严复写道："其（指斯宾塞——引者注）教人也，以濬智慧、练体力、厉德行三者为之纲。"[1] 显而易见，严复肯定斯宾塞的教育思想以"濬智慧、练体力、厉德行"为纲领，他本人则将三者作为"自强保种"的根本。于是，严复宣称："此三者，自强之本也。"[2] 此处的"三者"具体指体育、智育和德育，用严复对斯宾塞教育思想的概括是"濬智慧、练体力、厉德行"，用严复本人的话说就是"鼓民力""开民智""新民德"。

更为重要的是，斯宾塞对严复的影响并不限于具体观点和主张，而是浸透到世界观、价值观和方法论，严复的致思方式和价值旨趣深受斯宾塞的浸染。例如，由于恪守斯宾塞的渐进法则，率先提出"废君主"的严复却声称近代中国不惟不可以废弃君主，即使连君主立宪尚为时过早。而他每每议论都不忘将斯宾塞的观点奉为圭臬，下仅举其一斑：

> 善夫斯宾塞尔之言曰："民之可化，至于无穷，惟不可期之以骤。"而吾孔子亦曰："为邦百年，胜残去杀"；又曰："虽有王者，必世而后仁。"程子曰："有《关雎》、《麟趾》之风而后可以行周礼。"……故曰：欲知其合，先察其分。天下之物，未有不本单之形法性情以为其聚之形法性情者也。是故贫民无富国，弱民无强国，乱民无治国。[3]

> 斯宾塞尔曰："富强不可为也，政不足与治也。相其宜，动其机，培

1《原强修订稿》，《严复集》（第一册），中华书局，1986，第 17 页。
2《原强修订稿》，《严复集》（第一册），中华书局，1986，第 32 页。
3《原强修订稿》，《严复集》，中华书局，1986，第 25 页。

其本根，卫其成长，则其效乃不期而自立。"是故苟民力已荼，民智已卑，民德已薄，虽有富强之政，莫之能行。[1]

再如，斯宾塞提出了社会有机体论，认为人类社会是由个人构成的有机体，个人是构成社会这个有机体的细胞。将严复对斯宾塞的崇拜推向极致的，正是斯宾塞的社会有机体论。严复对斯宾塞的社会有机体论深信不疑，甚至形成了浓郁而执着的有机体情结。在严复那里，人类社会是有机体，人是有机体，文化也是有机体。社会有机体论被严复用于剖析中日甲午战争失败的原因，他因而最终得出了没有自由的奴隶面对自由国民不战而败的结论。严复援引李鸿章的话说："合肥（李鸿章是安徽合肥人——引者注）谓'以北洋一隅之力御倭人全国之师'，非过语也。"[2]严复将人有机体论运用到教育领域，提倡身体教育即体育与德智教育并行。文化有机体论被严复用于理解文化以及处理中国文化与西方文化的关系，于是才有了他对"中学为体，西学为用"的驳斥。凡此种种，不一而足。一言以蔽之，严复对斯宾塞的推崇与对斯宾塞思想的认可密不可分，同时也是严复对英国哲学和文化高度推崇的一个缩影。对于后者，无论严复对法国哲学家孔德的态度还是对翻译著作的选择都提供了佐证。显而易见，严复对斯宾塞的推崇与斯宾塞的思想本身有关，同时也与严复留学英国的经历不无关系。

综上所述，作为近代哲学家，严复的哲学建构带有近代哲学与生俱来的先天烙印和时代特征。这集中体现为回应中国近代的社会话题和现实呼唤，紧扣救亡图存与思想启蒙的时代主题。严复于1895年发表《救亡决论》，最先喊出了救亡的呼声。严复关注、探讨的核心话题与其他近代哲学家别无二致，无论诉诸宗教还是对三纲的批判以及对自由、平等和民主的宣传都是如此。正因为如此，只有将严复哲学置于中国近代的政治局势、历史背景与文化语境中予以

1　《原强修订稿》，《严复集》，中华书局，1986，第26页。
2　《原强修订稿》，《严复集》，中华书局，1986，第19页。

审视和解读，才能深刻体悟严复哲学与生俱来的时代特征以及与其他近代哲学家的一致性、相同性。与此同时，只有关注严复特殊的人生经历、教育背景、意趣诉求和理论渊源，才能直观感受严复哲学的个性风采以及与其他近代哲学家的不同性、差异性。时代造就了严复，严复完成了历史的重托。研究严复哲学必须将之置于中国近代特定的历史背景、文化语境和政治局势之中，同时与严复特殊的人生经历、教育背景和学术轨迹结合起来进行综合考察。只有这样，才能全面把握近代哲学、戊戌启蒙思潮的整体性、丰富性和多样性，同时直观感悟严复哲学的独特性、原创性和不可替代性。换言之，只有将中国近代社会的大背景与严复的个人际遇结合起来进行全面审视和综合考察，才能既看到严复哲学与生俱来的时代特征和近代风尚，又能体会严复哲学卓尔不群的个性风采和独特意蕴。

近代哲学与现当代哲学一脉相承，许多近代哲学的核心话题一直延续到当下。严复参与其中的许多话题给后人留下了有益的历史资鉴和启示，他的诸多言论和做法同样耐人寻味。这主要包括严复对中西文化关系的思考，以西学为参照对中国文化的解读，先是大力提倡西方文化而后力挺中国文化，随着从膜拜老子、庄子代表的道家文化而转向力主儒家文化开始大声疾呼尊孔读经等等。严复的哲学建构和对中西文化的思考包含着对中华优秀传统文化创造性转化、创新性发展的最初尝试，对中西文化的互释牵涉到对提升中华民族的民族认同、身份认同和文化认同的思考，对中国与西方文化的比较和互释无意中触及到了不同文明的互鉴。如此等等，不一而足。所有这些问题都是现在时，都有待进一步挖掘和研究。

严复哲学研究在路上，近代哲学研究在路上。

第二章
积弱探源与思想启蒙

　　严复在1895年2—5月间发表的《论世变之亟》《原强》《辟韩》《原强续篇》《救亡决论》中反复论证了一个主题：君主专制下的君主集权、国民无权造成了中国在中日甲午海战中"不战而败"的结局。如果说西方的富强是由于"以自由为体，以民主为用"的话，那么，中国的贫困衰微、落后挨打则是由于不自由。沿着这个思路，严复将自由视为西方政教、学术独一无二之宗旨，而这也奠定了严复启蒙哲学的主体内容和理论主旨：第一，在启蒙思想的侧重上，严复推崇自由，而不是像康有为、谭嗣同等人那样倚重平等。不仅如此，严复在对自由的追求中把批判的矛头指向君主专制，成为中国近代民主启蒙的杰出代表。第二，在启蒙思想的介绍上，严复以输入代表自由的西学为主，将翻译西方著作作为传播西学的主要手段和方式。

第一节　时代背景

　　在对中国与西方文化的比较中，严复侧重中西方之间的不自由与自由之别。在他输入的西学中，最引人注目、也最具有启蒙精神的是对自由的宣传和介绍。与将中国民众不自由、没有自主之权说成是中国致弱积贫的根本原因一脉相承，严复将自由奉为拯救中国的不二法门，进而大力介绍、宣传西方的自由和民主思想。

一、战败分析

在中国近代落后挨打的残酷现实面前，中国人被迫承认了中国积贫积弱的事实，不再以天朝大国自居。从鸦片战争开始，几代中国人都在苦苦探索中国的富强之路。由于对中国积贫积弱根源的认识各不相同，近代哲学家提出的富强措施彼此之间相去甚远。从魏源提出"师夷长技以制夷"开始，向西方寻找真理成为洋务派、早期维新派、维新派即戊戌启蒙思想家、革命派和五四新文化运动者的共同主张。在具体学习的内容和方式上，作为戊戌启蒙思想家，严复不同意作为洋务派的张之洞提出的"中学为体，西学为用"的主张。严复强调，文化是一个有机体，无论中国文化还是西方文化的体用都不可分割。既然如此，学习西方文化必须体用同时进行才能奏效。严复的观点将中国人学习西方的进程从技术、制度层面推向了学术和文化层面，代表了戊戌启蒙思想家有别于洋务派和早期维新派的新高度。

对于中国在甲午战争中的失败，严复在震惊、悲痛之余进行了深刻的反思，于是推出了下列论断：

> 是故西洋之言治者曰："国者，斯民之公产也，王侯将相者，通国之公仆隶也。"而中国之尊王者曰："天子富有四海，臣妾亿兆。"臣妾者，其文之故训犹奴虏也。夫如是则西洋之民，其尊且贵也，过于王侯将相，而我中国之民，其卑且贱，皆奴产子也。设有战斗之事，彼其民为公产公利自为斗也，而中国则奴为其主斗耳。夫驱奴虏以斗贵人，固何所往而不败？[1]

> 今夫国者非他，合亿兆之民以为之也。国何以富？合亿兆之财以为之

---

1 《辟韩》，《严复集》（第一册），中华书局，1986，第36页。

也。国何以强？合亿兆之力以为之也。……吾未见其民之不自由者，其国
可以自由也；其民之无权者，其国之可以有权也。……吾不知以无权而不
自由之民，何以能孤行其道以变其夫有所受之法也？……故民权者，不可
毁者也。必欲毁之，其权将横用而为祸愈烈者也。毁民权者，天下之至
愚也。[1]

基于对人权决定国权的认识，严复将国民的自由与中国的国权和富强联系
起来，呼吁赋予国民以自由之权。如果说中国饱尝不自由、不平等之祸苦的
话，那么，西方则饱尝自由、平等之福乐——西方富强的秘诀就在于自由、平
等。对此，他不止一次地写道：

自其自由平等以观之，则其（指"西洋"——引者注）捐忌讳，去烦
苛，决壅蔽，人人得其意，申其言，上下之势不相悬隔，君不甚尊，民不
甚贱，而联若一体者，是无法之胜也。[2]

其国政教之施，以平等自由为宗旨。[3]

按照严复的说法，西方的一切政治、法令都以自由、平等为宗旨，故而上
下联为一体。这是西方制胜的法宝，也是中国与西方的最大区别。循着这个思
路，严复得出结论：提倡自由、平等，赋予国民自由之权是中国摆脱苦难的必
由之路。

基于上述认识，严复积极提倡自由、平等和民主。他指出，平等是民主
的重要表现，甚至可以说，民主在本质上就表现为平等。这用严复本人的话
说便是："夫民主之所以为民主者，以平等。故班丹（亦译边沁）之言曰，人
人得一，亦不过一。此平等之的义也。"[4]在此基础上，严复指出，圣人开物成
务，目的就在于使人与人的关系在各方面都趋于平等。正是在这个意义上，他

---

1 《原富》按语，《严复集》（第四册），中华书局，1986，第917—918页。

2 《原强修订稿》，《严复集》（第一册），中华书局，1986，第22页。

3 《原强修订稿》，《严复集》（第一册），中华书局，1986，第24页。

4 《法意》按语，《严复集》（第四册），中华书局，1986，第957页。

宣称："窃尝谓，圣人之所以开物成务，一言蔽之，事在均其不齐而已。是故衣裳垂则均寒燠；宫室立则均雨旸，制文字则有以均古今，设庠序则有以均愚智。仓廪者，所以均丰歉也；城郭者，所以均安危也。甚至孝悌之教，刑赏之施，莫不有均之效焉。至于今世，则所以为均之具尤备，其力尤闳，其效尤为远且大也。火器用，而执兵者之羸壮均矣；汽电行，而地之远近均矣。钞号，均用财者之缓急也；保险，均人事之夷险寿夭也。光学，所以均目也；音学，所以均耳也。顾均者虽多，而其所欲均而未能者尚夥。民德之厚薄，民智之明暗，民力之贫富，与夫民品之贵贱，而皆所未逮者矣。大抵至治之世，其民势均而才殊。势均所以泯其不平，才殊而后有分功之用。夫而后分各足而事相资，而民乃大和。继今以往，治道质而言之，如是而已。后之君子，其诸于余言有取焉！"[1] 严复坚信，伴随着科技的发展，人们平等的能力日益提高，平等在社会各方面的表现也会越来越多。他特别强调，即使国民在德、智和力方面尚存在着不平等，最终也必将归于平等。原因在于，后世之道需要"分各足而事相资"，这种需要本身就决定了人类社会必将趋于平等。

二、宣传自由、权利思想

甲午战争之后，严复分析中国战败的原因时指出，西方之所以"胜我"并不是由于物质上、技术上的原因，而是由于文化上的原因，也就是缘于中国与西方文化的差异。他断言："苟求其故，则彼（指西方国家——引者注）以自由为体，以民主为用。"[2] 这就是说，自由、平等都是中国近代所需要的，相比之下，自由更是当务之急。这成为中国近代自由主义的先声，也使严复成为最早在中国系统介绍、传播西方自由思想的启蒙思想家。在他看来，国家自由（严复称为国群自由）与个人自由（他称为小己自由）息息相关，个人自由是

---

1 《原富》按语，《严复集》（第四册），中华书局，1986，第869—870页。
2 《原强修订稿》，《严复集》（第一册），中华书局，1986，第23页。

国家富强的前提保障，西方富强的源泉和制胜的法宝就是自由。对于自由，严复不止一次地断言：

> 西土计其民幸福，莫不以自由为惟一无二之宗旨。试读欧洲历史，观数百年百余年暴君之压制，贵族之侵陵，诚非力争自由不可。[1]

> 而自由之盛，政理之平，殆与其（指英国、法国和美国——引者注）富为比例。[2]

正是基于个人自由与国家自由的密切相关，严复热情洋溢地宣传和提倡自由。总的来说，他对自由的宣传、介绍具有自己的特色，应该引起高度重视。

首先，严复对自由的内涵予以探讨，在凸显自由之权的同时，侧重从国民与政府的关系维度界定自由。

对于近代的中国人来说，自由作为舶来品完全是陌生的字眼。在这种历史背景和文化语境下，对自由概念的厘定成为必要的问题。大致说来，自由有两种内涵：一是指具有宪法保障的政治上的自由，二是指人之内心状态；前者侧重行动上的权利，后者侧重精神上的解脱和道德上的境界。可以肯定的是，严复所讲的自由包括精神自由与行动自由两个方面。

就精神自由即内心自由而言，严复将自由界定、理解为坚持真理的怀疑精神。对此，他如是说："须知言论自繇，只是平实地说实话求真理，一不为古人所欺，二不为权势所屈而已。使理真事实，虽出之仇敌，不可废也；使理谬事诬，虽以君父，不可从也，此之谓自繇。亚理斯多德尝言：'吾爱吾师柏拉图，胜于余物，然吾爱真理，胜于吾师。'即此义耳。盖世间一切法，惟至诚大公，可以建天地不悖，俟百世不惑。未有不重此而得为圣贤，亦未有倍此而终不败者也。使中国民智民德而有进今之一时，则必自宝爱真理始。"[3] 据此可

1　《法意》按语，《严复集》（第四册），中华书局，1986，第981页。
2　《法意》按语，《严复集》（第四册），中华书局，1986，第983页。
3　《〈群己权界论〉译凡例》，《严复集》（第一册），中华书局，1986，第134页。

知，严复将精神自由与言论自由联系起来，肯定自由是遵从自己的内心，既不被古人所欺，也不被权势所屈。在这个意义上，严复所讲的自由与梁启超提倡的精神上、道德上的自由别无二致。

就行动自由即政治自由而言，严复将自由理解为实实在在的权利，关注政治自由。政治自由更多的不是指人的内心状态或道德境界，而是指人在行动上、政治上的自由权利。正是由于这个原因，处理个人与政府之间的权界成为政治自由的核心问题。基于这一思路，严复将自由的本质归结为在宪法上规定国民与政府的权限，并将穆勒的《论自由》（On Liberty，又译《自由论》）由开始时翻译为《自由释义》，在出版时改成《群己权界论》。严复指出："自由者，惟个人之所欲为。管理者，个人必屈其所欲为，以为社会之公益，所谓舍己为群是也。是故自由诚最高之幸福。但人既入群，而欲享幸福之实，所谓使最多数人民得最大幸福者，其物须与治理并施。纯乎治理而无自由，其社会无从发达；即纯自由而无治理，其社会且不得安居。"[1]

中国传统文化中的自由思想主要注重内心世界的自由，政治上、行动上的自由则是中国传统文化的弱项。严复的贡献恰恰是将自由与民主政治联为一体，在民主的框架内理解自由。难能可贵的是，严复强调，中国自古及今最缺少的就是政治上的自由，浩如烟海的治世之书从来不谈国民自由为何物。他指出："政界自由之义，原为我国所不谈。即自唐虞三代，至于今时，中国言治之书，浩如烟海，亦未闻有持民得自由，即为治道之盛者。"[2]基于这种认识，在兼顾精神自由与政治自由的基础上，相比较来说，严复更侧重政治自由。

其次，依据天赋人权论，严复强调人的自由与生俱来、不可须离，进而将自由说成是人的天赋权利。

---

1 《政治讲义》，《严复集》（第五册），中华书局，1986，第 1279 页。
2 《政治讲义》，《严复集》（第五册），中华书局，1986，第 1279 页。

严复侧重从民主启蒙的维度界定自由，故而将自由理解为人的天赋之权。正是在这个意义上，他反复宣称：

民之自由，天之所畀也。[1]

身贵自由，国贵自主。[2]

依据严复的理解，自由既然是人的天赋权利，便是与生俱来的。这意味着自由既不可侵犯，又不可须离。正如国家不能没有自主之权一样，国民不可没有行动自由。基于对自由的这种界定和理解，严复将自由归入民主的框架之内，在对自由的宣传、介绍中将自由与权利联系在一起，由提倡自由进而重视权利。

严复强调，自由不是空洞的口号，而是实实在在的权利。为了凸显自由的权利之义，他将自由写成"自繇"，并且呼吁将国民的自由之权写进宪法，具体办法是在宪法上明确规定国民与政府的权利和义务。按照严复的说法，自由是权利，权利与义务相伴而生、相互对待。如果像中国古代社会的臣民那样只有义务而没有权利的话，那么，义务便异化为"奴分"。这用他本人的话说便是："义务者，与权利相对待而有之词也。故民有可据之权利，而后应尽之义务生焉。无权利，而责民以义务者，非义务也，直奴分耳。"[3] 显而易见，严复强调权利与义务相互对待，旨在为国民争取自由。在他看来，古代的中国人没有自由之权，国君则集天地君亲师各种权力于一身。这造成了君臣上下之间的不平等，也使国民丧失了自由之权。基于这一思路，严复主张君主立宪，在中国推进自由。他建议，通过立法，一面限制君主的权利，一面赋予国民自由之权。为了将国民的自由之权落到实处，严复呼吁开议院，兴民权，在民主启蒙的路上孜孜以求。

---

1 《辟韩》，《严复集》（第一册），中华书局，1986，第35页。

2 《原强修订稿》，《严复集》（第一册），中华书局，1986，第17页。

3 《法意》按语，《严复集》（第四册），中华书局，1986，第1006页。

毫无疑问，在中国近代特殊的历史背景之下，国民行动上的自由即政治自由更具有现实性和针对性，也是近代中国最急需的自由。正是对政治自由的关注和呼吁使严复的启蒙思想侧重民主启蒙和政治启蒙，与同样向往自由的梁启超的自由思想和启蒙哲学渐行渐远。正因为对自由特别是政治自由的侧重，严复的思想启蒙在对三纲的批判中聚焦"君为臣纲"，因而具有了康有为等人侧重"夫为妻纲"无法比拟的激进性和现实性。

再次，严复对自由的介绍兼顾积极自由与消极自由，在宣传积极自由的同时，念念不忘消极自由，借此为小己自由与国群自由划界。

严复将自由界定为"惟个人之所欲为"，是从积极方面界定自由的。与此同时，他强调，自由是相对的，具有一定的界限。如果不对自由加以约束的话，则会由绝对自由而陷入强权世界。对于其中的道理，严复解释说："自入群而后，我自繇者人亦自繇，使无限制约束，便入强权世界，而相冲突。故曰人得自繇，而必以他人之自繇为界，此则《大学》絜矩之道，君子所恃以平天下者矣。穆勒此书（指《群己权界论》——引者注），即为人分别何者必宜自繇，何者不可自繇也。"[1] 依据严复的说法，人生活在群体之中。我自由，他人也自由。为了彼此互不妨碍，必须为自由设限。具体地说，自由以不妨碍他人自由为界。严复断言："侵人自由者，斯为逆天理，贼人道。其杀人伤人及盗蚀人财物，皆侵人自由之极致也。"[2] 他在这里明确指责侵犯他人自由是"逆天理，贼人道"的行为，剥夺他人生命或掠夺他人财物是侵人自由的极致表现。从这个意义上说，严复是从消极的角度界定自由的。

综合来看，严复所讲的自由兼积极自由与消极自由两个方面。在这个前提下尚须看到，两相比较，他更注重消极自由。一个明显的证据是，在对自由种类进行划分的基础上，严复始终强调个人自由以不侵犯他人自由为界。基于

---

[1]《群己权界论》译凡例，《严复集》（第一册），中华书局，1986，第132页。
[2]《论世变之亟》，《严复集》（第一册），中华书局，1986，第3页。

自由以不侵犯他人自由为界的认识，他将自由界定为自由为善而非自由为恶。于是，严复写道："是故刺讥谩骂，扬讦诽谤，仍为言行愆尤，与所谓言论自繇行己自繇无涉。总之自繇云者，乃自繇于为善，非自繇于为恶。"[1]据此可见，尽管严复一直侧重从政治或法律的角度界定自由，然而，他试图用道德为自由设限。具体地说，严复在强调自由为善而非自由为恶的基础上，将自由从法律引向了道德，让法律为自由划定权限，让道德谨守自由的权界。在他看来，自由从来就不是个人的事，如果世界上只有一个人的话，原本就不需要自由，当然也就不需要法律或道德。正因为人的自由与他人、种群密切相关，故而自由不是肆无忌惮、为所欲为。这用严复本人的话说便是："若定自由为不受拘束之义，彼民所得自由于政界者，可谓极小者矣。"[2]

在此基础上，严复特别强调，对于入群而后的人来说，个人自由即小己自由以不侵犯国群自由为界；否则，不惟国群难以自保而国群自由无从谈起，即使小己自身的自由也将不复存在。事实上，严复之所以选择翻译穆勒的《论自由》，就是因为书中讲的是自由的权限问题——"为人分别何者必宜自繇，何者不可自繇"。不仅如此，基于群己权界的思路，严复将小己自由与国群自由理解为先后缓急的制约关系，在小己自由"尚非所急"中突出国群自由的优先地位。例如，他一再强调：

> 特观吾国今处之形，则小己自由，尚非所急，而所以祛异族之侵横，求有立于天地之间，斯真刻不容缓之事。故所急者，乃国群自由，非小己自由也。求国群之自由，非合通国之群策群力不可。欲合群策群力，又非人人爱国，人人于国家皆有一部分之义务不能。欲人人皆有一部分之义务，因以生其爱国之心，非诱之使与闻国事，教之使洞达外情又不可得也。……但使人留意于种之强弱，国之存亡，将不久其智力自进，而有以

---

1 〔英〕约翰·穆勒：《群己权界论》，严复译，商务印书馆，1981，"译凡例"。
2 《政治讲义》，《严复集》（第五册），中华书局，1986，第1286页。

维其国于泰山之安。[1]

> 谓小己自由，非今日之所急，而以合力图强，杜远敌之觊觎侵暴，为自存之至计也。[2]

至此可见，严复之所以宣传消极自由，大声疾呼为自由划界，主要目的是防止个人以自身的小己自由妨碍国家的自由。这是严复与梁启超自由思想的相同之处，直观反映了戊戌启蒙思想家对于救亡图存与思想启蒙的困惑和两难。

最后，严复宣传的自由是西方启蒙思想的一部分，不仅是思想观念，而且指向变革现实的运动。严复的自由思想以社会有机体论、社会契约论和天赋人权论为理论武器，主要源于穆勒、孟德斯鸠、卢梭以及霍布斯等人的启蒙思想。正是由于这个原因，对于严复的自由思想来说，无论是天赋人权论还是社会有机体论、社会契约论都为平等、自由奠定了基础，并且直指君主专制制度本身。

早期维新派的代表人物如王韬、郑观应、陈炽和薛福成等人已经开始呼吁从制度方面学习西方，他们所讲的制度主要指议院制。由于没有认识到君主专制与社会形态和国家政体之间的密不可分，早期维新派寄予厚望的单纯的议院制不能充分发挥作用。与早期维新派相去甚远，严复所讲的议院制从天赋人权论和社会契约论的角度立论，开设议院只是自由的一个方面或一种手段。正因为如此，国民的自由之权成为议院制的前提，议院制成为国民实行宪法赋予的自由权利的渠道和途径。与此同时，以天赋人权论和社会契约论为理论武器，严复提出了"兴民权"的设想。作为"兴民权"的一个步骤和方面，"开议院"的目的是在政治制度上为平等、自由提供保障。

从康有为、谭嗣同和梁启超代表的戊戌启蒙思想家开始，"兴民权"就成为近代哲学家的共识，并且为大多数人津津乐道。在这方面，严复的心情尤为真切。对于严复来说，"兴民权"是实现自由的必由之路，也是推进变法维新

1《法意》按语，《严复集》（第四册），中华书局，1986，第981—982页。

2《法意》按语，《严复集》（第四册），中华书局，1986，第985页。

不可或缺的重要环节。出于"兴民权"的需要，他提议在中国开设议院，同时
又对开设议院顾虑重重、忧心忡忡。正是在这种矛盾和困惑中，严复不止一次
地声称：

> 设议院于京师，而令天下郡县各公举其守宰。是道也，欲民之忠爱必
> 由此，欲教化之兴必由此，欲地利之尽必由此，欲道路之辟、商务之兴必
> 由此，欲民各束身自好而争濯磨于善必由此。呜呼！圣人复起，不易吾
> 言矣！[1]

> 观此知欧洲议院之制，其来至为久远。民习而用之，国久而安之。此
> 其所以能便国而无弊也。今日中国言变法者，徒见其能而不知其所由能，
> 动欲国家之立议院，此无论吾民之智不足以与之也。就令能之，而议院由
> 国家立者，未见其为真议院也。[2]

在这里，严复一面力陈议院之益，声称从民之忠爱、教化之兴、地利之
尽、道路之辟、商务之兴到民之束身寡过都舍开设议院莫由，故而主张开设议
院；一面凸显欧洲与中国的具体国情之异，反对中国在当时开设议院。他给出
的理由是，要使议院真正发挥作用，必须先"开民智"，让民主观念深入人心。
欧洲的议院制度由来已久，国民早就习以为常，国家实行议院制度可以确保长
治久安。中国的言变法者只是看到议院制度在欧洲的种种功效，却不懂得议院
所以发挥功效在于国民的智力足以能够行使自由的权利。由于中国"民智已
卑"，即使开设议院也无法实行议院之实，最终只能使议院流于空设。

严复对开设议院的矛盾心理从一个侧面表明，他的自由思想与"鼓民
力""开民智""新民德"的三大纲领密切相关。一方面，严复将议院制的实施
寄托于国民素质的提高而带有改良色彩，与章炳麟等人以暴力、革命的手段
"开民智"的主张迥异其趣。另一方面，严复所讲的自由是从民主启蒙、限制

---

1 《原强修订稿》，《严复集》（第一册），中华书局，1986，第31—32页。
2 《原富》按语，《严复集》（第四册），中华书局，1986，第884页。

君权的维度立论的，与梁启超侧重从精神的维度界定自由不可同日而语。正是由于这个原因，无论严复所讲的"兴民权"还是"开议院"都直指实践领域。尽管离现实的社会改革和政治运动尚有一段距离，然而，他的主张在理论上却已经将批判的矛头指向了"君为臣纲"和君主专制。有了"兴民权"和"设议院"的舆论准备，在中国延续了二千余年的君主专制在理论上失去了存在的合理性与合法性，实行君主立宪也随之成为大势所趋。

第二节　对三纲的批判

在中国古代社会，三纲为维护上下尊卑的等级制度辩护。这意味着三纲与自由、平等和民主等近代价值理念格格不入，也注定了严复在提倡自由、平等的过程中始终将三纲作为批判的靶子。在对中国与西方文化的比较中，严复将二者的区别归结为不自由与自由。沿着这个思路，他进行了两方面的工作：一是大力宣传自由，输入西学；二是揭露中国不自由的现状，将批判的矛头指向三纲和礼教。在比较中西文化时，严复将"中国最重三纲，而西人首明平等"[1]列在首位。他的这个做法既凸显了三纲与平等的背道而驰，又将对三纲的深恶痛绝表达得淋漓尽致。出于同样的思路，在讲到西方宗教禁锢人的自由时，严复特意指出，三纲、礼教就是中国特有的宗教形态，它们对人的束缚甚于宗教。换言之，在束缚人的自由上，中国的三纲、礼教与西方的宗教所起到的作用相比有过之而无不及。对此，他进一步解释说，孟子曾经断言孔子作《春秋》而乱臣贼子惧，而《春秋》出现之后，乱臣贼子照样层出不穷。原因在于，真正让乱臣贼子感到惧怕的并不是《春秋》而是三纲尤其是礼教。宋明理学的威慑力是孔子的思想无法比拟的，是因为礼教对乱臣贼子起到了威慑作用。借

---

[1]《论世变之亟》，《严复集》（第一册），中华书局，1986，第3页。

此，礼教的无孔不入、威慑胆魄可想而知。这用严复本人的话说便是："孟子曰：'孔子作《春秋》而乱臣贼子惧。'虽然，《春秋》虽成，乱臣贼子未尝惧也，莽操懿温尚已，李唐一代之前后，六朝五代之间，篡弑放逐，何其纷纷也！必逮赵宋，而道学兴，自兹以还，乱臣贼子，乃真惧尔。"[1]依据严复的分析，中国之所以不平等，最根本的原因是三纲作祟。三纲是束缚中国人自由的精神枷锁，不仅违背自由、民主精神，而且造成了人与人之间严重的不平等，故而与平等、自由的民主精神背道而驰。分析至此，结论不言而喻：三纲与文明相悖，并且是导致中国贫困衰微的罪魁祸首。这表明，三纲没有存在的必要性与合理性，废除三纲势在必行。

一、批判"夫为妻纲"

在对三纲予以整体批判的同时，严复着力批判"夫为妻纲"。正是在对"夫为妻纲""男尊女卑"的质疑中，他从不同角度揭露宗法大家庭的种种弊端及其造成的妇女的不自由和夫妻关系、男女关系的不平等。对于"夫为妻纲"以及由此造成的妇女的悲惨处境，严复深有感触。他对此揭露说："中国妇人，每不及男子者，非其天不及，人不及也。自《烈女传》、《女诫》以来，压制妇人，待之以奴隶，防之以盗贼，责之以圣贤。为男子者，以此为自强之胜算。不知妇人既不齿于人，积渐遂不以人自待。其愚者犷悍无知，无复人理；其明者亦徒手饱食，禁锢终身，而男子乃大受其累矣。泰西妇女皆能远涉重洋，自去自来，故能与男子平权。我国则苦于政教之不明，虽有天资，无能为役。盖妇人之不见天日者久矣。"[2]依据严复的揭露和剖析，在中国古代社会中，存在着严重的男女不平等现象。男女之间的不平等不是天生的，而是人为的原因造成的。具体地说，中国古代社会对男子与女子区别对待，长期严重的男女不平

---

1 《法意》按语，《严复集》（第四册），中华书局，1986，第 949 页。

2 《论沪上创兴女学堂事》，《严复集》（第二册），中华书局，1986，第 468—469 页。

等造成了女子不如男子的局面。以《烈女传》和《女诫》为典型，中国历代压制女子，使女子处于奴隶地位——一面像防盗贼一样防之，一面要求其行为如圣贤一般无失。严复进一步揭露说，中国古代社会对女子的这般对待本是男子为自己算计，结果却适得其反：长期的非人对待使女子习以为常而不以人自待，最终成为男子的拖累——或犷悍无知、不懂道理，或饱食终日、禁锢自身。西方女子自由自主，绝殊于中国女子的处境使她们见识广博，聪明过人，可以独自远渡重洋，享有与男子同等的权利；反观中国女子，虽有天资却无法施展，根本原因是"夫为妻纲""男尊女卑"的压制。"夫为妻纲""男尊女卑"使中国女子不见天日，最终既毁了女子，又牵累了男子。

　　在对男女不平等的揭露中，严复特别抨击了作为中国特有的宗教——礼教对于中国妇女的钳制。对此，他如是说："欧洲之所谓教，中国之所谓礼。……乃至后世其用此礼也，则杂之以男子之私。己则不义，而责事己者以贞。己之妾媵，列屋闲居。而女子其夫既亡，虽恩不足恋，贫不足存，甚或子女亲戚皆不存，而其身犹不可以再嫁。夫曰事夫不可以贰，固也。而幽居不答，终风且暴者，又岂理之平者哉？且吾国女子之于其夫，非其自择者也。夫事君之不可不忠者，以委赞策名，发于己也。事亲之不可不孝者，以属毛离里，本乎天也。朋友之不可不信者，以然诺久要，交相愿也。独夫妇之际，以他人之制，为终身之偿，稍一违之，罪大恶极。……中国夫妇之伦，其一事尔。他若嫡庶姑妇，前子后母之间，则以类相从，为人道之至苦。"[1]在严复的视界中，西方的教与中国的礼异名而同实。就中国古代的礼来说，原本出于上下相安之道，是为人谋最大幸福的。后来，礼却发生异化，被男子利用而蜕变为压制女子的工具。原因在于，礼与"男尊女卑""夫为妻纲"沆瀣一气，成为束缚中国女子的精神枷锁。依据礼教的规定，男子可以妻妾成群，女子却只能从一而终。

即使夫妻之间并无深厚感情，妻子也要在丈夫死后守寡；即使孤独无依、无法生存，孀居的妇女也不得改嫁。严复指出，这样的夫妻关系是极不公平的。更何况中国的婚姻并不自由，女子嫁人并非是自己的选择。夫妻关系出于父母之命、媒妁之言，故而不可与君臣、父子或朋友关系等量齐观。一言以蔽之，事君之忠出于"委贽策名"而有"发于己"的意愿，事亲之孝本于天性，朋友之信出于承诺。唯独夫妻之间既不自愿也非天性，而是受他人摆布"强合"而成。在这种情形之下，却单独要求女子一方为此付出终身的代价，稍有违背，社会不容。严复强调，这种夫妻关系极不道德，这种极端的不公平现象一定要改。他甚至诅咒发誓说："过三十年而不大变者，虽抉吾眼拔吾舌可也。"[1]

严复对"夫为妻纲"和礼教的批判并没有限于夫妻或男女之间，而是直接引出对宗法大家庭的质疑和批判。严复基于自由、平等的价值理念审视"夫为妻纲"和礼教规范下的家庭关系、夫妻关系，进而对一夫多妻制提出质疑。在他看来，中国古代社会的一夫多妻制不仅造成了夫妻之间以及男女之间的严重不平等，而且使夫妻关系、家庭关系变得十分复杂。大家庭的存在更是对本已十分复杂的夫妻关系推波助澜，也将妇女的悲惨处境推向了极致。在《周易》的阳—阴二中，严复推出了一夫多妻制，以此为切入点力数大家庭的种种弊端。他这样写道：

中国多妇之制，其说原于《周易》，一阳二阴，由来旧矣。顾其制之果为家门之福与否，男子五十以后，皆能言之。大抵如是之十家，其以为苦境者殆九。而子姓以异母之故，貌合情离，甚或同室操戈，沿为数世之患；而吾国他日大忧，将在过庶，姑勿论也。虽然，欲革此制，必中国社会出于宗法之后，而后能之。否则无后不孝之说，鲠于其间，一娶不育，未有不再求侧室者也。其次，则必早婚俗变，男子三十，而后得妻。否

1《法意》按语，《严复集》（第四册），中华书局，1986，第1018页。

则，乾运未衰，而坤载先废。三则昏嫁之事，宜用自由，使自择对。设犹用父母之命，媒约之言，往往配非所乐，乌能禁别择乎！四则女子教育，必为改良。盖匹合之后，寡女必多，非能自食其力，谁为养之？窃谓多妇之制，其累于男子者为深，而病于女子者较浅。使中国旧俗未改，宗法犹存，未见一夫众妻之制之能遽革也。[1]

在这里，严复力陈大家庭之害，从男子五十岁之后的疲于奔命、异母兄弟的同室操戈到催生早婚习俗以及子女教育问题堪忧共同印证了大家庭的种种危害。从中可见，严复与康有为、谭嗣同等人一样认为中国的大家庭"貌合神离"，乃至兄弟阋墙，可谓后患无穷。值得注意的是，严复将宗法大家庭的主要受害者说成是男子而不是女子——"其累于男子者为深，而病于女子者较浅"，似乎有变味之嫌。尽管如此，他对变革一夫多妻制，以此解除大家庭弊端的企盼是毋庸置疑的。更为重要的是，与康有为提出的以"毁灭家族"、取消家庭的极端而虚幻的办法相比，严复主张从改变古代社会的性质入手来解决家庭问题，进而将大家庭问题与中国古代社会的宗法性质直接联系起来，具有其深刻和远见卓识之处。

稍加留意即可发现，严复对"夫为妻纲"和封建大家庭的批判都围绕着男女平等展开。这是因为，他认识到了男女平等的重要意义，故而对之十分重视。在严复看来，男女平等与社会进步之间具有密切关系，一个国家的文明强盛取决于国内男女平等实现的程度——"女权之大小"。循着这个逻辑，严复将实现男女平等的程度即女权与国家进化的高度相提并论，由此发出了如下断语："是故新学家言：观一国进化程度之高下，观其女权之大小、其地位之贵贱而可知。人谓女子地位弥隆，其教化之文明弥进。凡此为不易之说，即不佞亦无间然。"[2] 基于这种认识，严复出于对国家独立富强的期盼，想方设法改变中

1《法意》按语，《严复集》（第四册），中华书局，1986，第980页。

2《天演进化论》，《严复集》（第二册），中华书局，1986，第312页。

国女子的处境，如提倡兴办女学、通过教育提高女子的知识水平和提高女子的地位等等。

二、聚焦"君为臣纲"

早在 1895 年，严复就提出了"废君主"的主张。不仅如此，严复对三纲的批判以"君为臣纲"为重心，无论是对中国社会不自由的揭露还是对三纲的批判都将矛头指向了"君为臣纲"和现存的君主专制。

就对三纲批判的不同侧重而言，严复与明清之际的黄宗羲和同为戊戌启蒙思想家的谭嗣同一样，将焦点锁定在"君为臣纲"上。严复发表于 1895 年的《辟韩》一文将韩愈作为批判的靶子，就是专门针对"君为臣纲"和君主专制的。就对"君为臣纲"的批判而言，严复与早期启蒙思想家——黄宗羲和戊戌启蒙思想家——谭嗣同一样，是从反对君权神授的角度切入的。正是在这个意义上，严复一再宣称：

> 且韩子（指韩愈、下同——引者注）胡不云：民者，出粟米麻丝、作器皿、通货财以相为生养者也，有其相欺相夺而不能自治也，故出什一之赋，而置之君，使之作为刑政、甲兵，以锄其强梗，备其患害。然而君不能独治也，于是为之臣，使之行其令，事其事。是故民不出什一之赋，则莫能为之君；君不能为民锄其强梗，防其患害则废；臣不能行其锄强梗，防患害之令则诛乎？[1]

> 且韩子亦知君臣之伦之出于不得已乎？有其相欺，有其相夺，有其强梗，有其患害，而民既为是粟米丝麻、作器皿、通货财与凡相生相养之事矣，今又使之操其刑焉以锄，主其斗斛、权衡焉以信，造为城郭、甲兵焉以守，则其势不能。于是通功易事，择其公且贤者，立而为之君。其意固

---

1 《辟韩》，《严复集》（第一册），中华书局，1986，第 33 页。

曰，吾耕矣织矣，工矣贾矣，又使吾自卫其性命财产焉，则废吾事。何若使子专力于所以为卫者，而吾分其所得于耕织工贾者，以食子给子之为利广而事治乎？此天下立君之本旨也。是故君也臣也，刑也兵也，皆缘卫民之事而后有也；而民之所以有待于卫者，以其有强梗欺夺患害也。有其强梗欺夺患害也者，化未进而民未尽善也。是故君也者，与天下之不善而同存。……故曰：君臣之伦，盖出于不得已也！[1]

在严复看来，韩愈对"君为臣纲"的张目纯属无稽之谈，既违背事实，又有悖人伦。这是因为，从时间的先后顺序来看，先有民，后有君。这就是说，如果对君、臣分出个本末的话，也应该是以民为本而民本君末。这表明，"君为臣纲"不惟没有任何历史上的事实依据，反而是本末倒置的。通过对君权神授的反驳，严复得出了两个结论：第一，君主的出现并非出于神授而是基于人类相生相养的需要，这决定了君主的职责是为民"锄强梗，防患害"。从这个意义上说，民可以选君。第二，正如当初推选君主是为了"锄强梗，防患害"一样，如果君主不履行自己的职责，就应当被罢免。从这个意义上说，民可以废君。如果说民可以选君的结论剥了君主的神圣光环、急剧为君主去魅的话，那么，民可以废君的结论则在由谁废的问题上将"废君主"向前推进了一步。

严复的上述议论从表面上看与谭嗣同的观点大体相同，甚至与黄宗羲的观点也具有某些相似之处。通过比较可以发现，黄宗羲对"君为臣纲"的批判基于人性自私自利的人道关怀，而同为戊戌启蒙思想家的谭嗣同、严复则基于对自由、平等的价值诉求。在这个前提下尚须进一步看到，严复对"君为臣纲"的批判以天赋人权论和社会契约论为武器，而谭嗣同在写《仁学》时尚不知道卢梭的社会契约论为何物。据梁启超披露："《仁学》下篇，多政治谈。其篇首

---

1 《辟韩》，《严复集》（第一册），中华书局，1986，第 34 页。

论国家起原及民治主义（文不具引），实当时谭、梁一派之根本信条，以殉教的精神力图传播者也。由今观之，其论亦至平庸，至疏阔。然彼辈当时，并卢骚《民约论》之名亦未梦见，而理想多与暗合，盖非思想解放之效不及此。"[1]梁启超的这个披露从一个侧面表明，谭嗣同与严复对"君为臣纲"的批判基于不同的理论武器：由于不知社会契约论（"民约论"）为何物，谭嗣同民主启蒙的理论武器以国学为理论来源，主要发挥了庄子的"时为帝""递相为君臣""窃钩者诛，窃国者为诸侯"和黄宗羲的《明夷待访录》中的思想；严复对"君为臣纲"以及民主专制的批判以西方的启蒙思想为理论来源，主要借鉴了穆勒、孟德斯鸠、卢梭和霍布斯等人的思想，同时和合了老子、庄子等国学人物的思想。不同的理论武器和思想来源使谭嗣同、严复对"君为臣纲"和君主专制的批判从反对君权这一共同起点出发而渐行渐远，并分别沿着平等与自由两条不同的路径展开。大致说来，谭嗣同在对平等的向往中大声疾呼"冲决君主之网罗"，将理想目标锁定在消除国家的大同社会；严复则在对自由的推崇中推行君主立宪——一面限制君主的权利，一面赋予国民以自由之权。对自由的推崇和对西学的宣传在严复对君主专制的批判和解决君主专制的方案中具体表现出来，使严复的民主思想和启蒙哲学呈现出有别于谭嗣同的另一种形态和样式。

如果说严复利用社会契约论戳穿了君权神授的神话的话，那么，天赋人权论则为严复提供了批判君主专制的有力武器。依据天赋人权论，人之自由，天之所畀。与人的自由之权的神圣而不可侵犯相悖的是，在中国古代社会，由于君主专制，君主集天地君亲师各种权利于一身，国民则沦为无寸柄之权的奴隶。严复总结说："盖自秦以降，为治虽有宽苛之异，而大抵皆以奴虏待吾民。虽有原省，原省此奴虏而已矣；虽有燠咻，燠咻此奴虏而已矣。夫上既以奴虏待民，则民亦以奴虏自待。"[2]基于这种认识，在接下来的分析中，严复将重心

1《清代学术概论》，《梁启超全集》（第五册），北京出版社，1999，第 3103 页。

2《原强修订稿》，《严复集》（第一册），中华书局，1986，第 31 页。

集中在中国的君主专制及其造成的国民无自由之权上。他揭露说，中国是宗法社会，宗法社会的特点是亲亲而尊尊，主要表现就是君主集权而国民无权。在君主专制的政体下，中国长期以来君主"身兼天地君亲师之众责"，国民"无尺寸之治柄，无丝毫应有必不可夺之权利"。这是中国与西方之间的最大差异，也是其间一弱一强的根本原因。于是，严复这样写道："则知东西立国之相异，而国民资格，亦由是而大不同也。盖西国之王者，其事专于作君而已；而中国帝王，作君而外，兼以作师。且其社会，固宗法之社会也，故又曰元后作民父母。夫彼专为君，故所重在兵刑。而礼乐、宗教、营造、树畜、工商，乃至教育文字之事，皆可放任其民，使自为之。中国帝王，下至守宰，皆以其身兼天地君亲师之众责。兵刑二者，不足以尽之也。于是乎有教民之政，而司徒之五品设矣；有鬼神郊禘之事，而秩宗之五祀修矣；有司空之营作，则道理梁杠，皆其事也；有虞衡之掌山泽，则草木禽兽，皆所咸若者也。卒以君上之责任无穷，而民之能事，无由以发达。使后而仁，其视民也犹儿子耳；使后而暴，其过民也犹奴虏矣。为儿子奴虏异，而其于国也，无尺寸之治柄，无丝毫应有必不可夺之权利，则同。由此观之，是中西政教之各立，盖自炎黄尧舜以来，其为道莫有同者。"[1]

依据严复的分析，中国的君主专制之所以不合理，在于剥夺了国民的自由权利。这样一来，君主一方的权利急剧膨胀，最终异化为专制之君；臣民一方沦为只有义务而没有权利的奴隶，最终丧失了国民资格。严复在对君主专制的批判中认识到，权利与义务是对等的。中国的国民由于没有应有的权利，便没有爱国心，因而不能像西方之民那样为了自己的权利为国家而战。从这个意义上说，正是国民的无权最终导致了中国的丧权辱国，受制于西方列强。由此可见，严复在对"君为臣纲"和君主专制的批判中认定个人的权利与国家的前途、

---

1 《社会通诠》按语，《严复集》（第四册），中华书局，1986，第928—929页。

命运密切相关。正是由于这个原因，他对"君为臣纲"的批判既揭露其对个人
自由、平等的危害，又让其为中国近代社会的衰微和战败负责。在分析鸦片战
争和甲午战争失败的原因时，严复将主要原因归咎于君主即君主专制。诚如
梁启超在写给严复的信中所说："先生（指严复——引者注）谓黄种之所以衰，
虽千因万缘，皆可归狱于君主。"[1] 循着这个逻辑，严复将君主专制视为罪魁祸
首，与梁启超将中国的贫弱归咎于国民相去天壤。对于中国贫困衰微的原因，
梁启超的鉴定是："中国之弱由于民愚也。"[2]

总的说来，严复对君主专制的批判与自由密不可分，既决定了他将自由理
解为权利而与梁启超的自由观大相径庭，又决定了他对君主专制的批判围绕着
自由展开。这一理论侧重和具体途径将严复的启蒙哲学锁定在通过对自由进程
的推进来开展民主启蒙上，因而大致框定了严复救亡图存的具体方案和解决中
国问题的基本纲领。在后续的思想中，严复一直以民主启蒙为重心，无论翻译
《国富论》（严复翻译为《原富》）《论法的精神》（严复翻译为《孟德斯鸠法意》
或《法意》）《论自由》（严复翻译为《群己权界论》）《社会学原理》（严复翻译为《群
学肄言》）还是对西学的宣传以及中学互释都是围绕着这一中心、主旨展开的。

三、侧重民主启蒙

严复是戊戌启蒙思想家，在思想启蒙中侧重自由。在这个维度上，严复与
梁启超一起组成了自由派，与康有为、谭嗣同代表的平等派泾渭分明。在对三
纲的审视和批判中，严复对准"君为臣纲"。在这个维度上，严复与谭嗣同一样
成为中国近代民主启蒙的代表，与康有为等人聚焦"男女平等"不可同日而语。

综观严复的启蒙哲学可以发现，君主专制始终是他批判的重点。严复在
1895 年就提出了"废君主"的主张，在翻译西学时输入各种社会理论，着重

---

1 《与严幼陵先生书》，《梁启超全集》（第一册），北京出版社，1999，第 71 页。
2 《戊戌政变记》，《梁启超全集》（第一册），北京出版社，1999，第 181 页。

从社会性质的角度批判君主专制。通过对中国与西方国家的比较，他认识到中国与西方是两种不同性质的社会，不同的社会性质注定了中西之间不平等与平等的区别，中国作为宗法社会是不平等的。严复强调，西方平等而中国不平等是中国与西方列强之间形成强烈对比的根本原因和秘密所在。对于这一点，严复不厌其烦地宣称：

中国社会，宗法而兼军国者也。[1]

盖从众之制行，必社会之平等，各守其畛畔，一民各具一民之资格价值而后可。古宗法之社会，不平等之社会也。不平等，故其决异议也，在朝则尚爵，在乡则尚齿，或亲亲，或长长。[2]

夫欧亚之盛衰异者，以一其民平等，而一其民不平等也。[3]

严复认识到了中国与西方社会的区别在于一不平等、一平等，并且对中国社会存在的诸多不平等现象及其表现予以揭露和批判。依据他的说法，中国衰弱贫困的根源在于内部严重的不平等导致了中国民众长期以来处于无权的奴隶地位，处于奴隶地位而无任何权利的民众自然难以有国家观念、政治热情、责任心和义务感，自然不会自觉地爱国家。在这种情形下，当中国与西方列强相遇时，不战而败，失败是注定的结局。与其他戊戌启蒙思想家特别是梁启超不同的是，严复不仅肯定中国存在着诸多的不平等现象，从危害巨大的角度论证了中国实现平等的必要性和紧迫性，而且进一步指出中国的不平等是由中国的社会性质决定的。正因为如此，严复对不平等现象的揭露和抨击引申出对现实的政治体制和社会制度的质疑，批判的矛头也随之聚焦君主专制。这是严复走向民主启蒙的原因，也促使他在宣传、翻译西学时侧重社会学、政治学和法学，并且始终围绕着自由这一主题展开。

---

[1]《社会通诠》按语，《严复集》（第四册），中华书局，1986，第925页。
[2]《社会通诠》按语，《严复集》（第四册），中华书局，1986，第928页。
[3]《法意》按语，《严复集》（第四册），中华书局，1986，第962页。

严复认为，中国与西方的政治理念具有本质之别，其间最根本的不同在于：西方民主，中国专制。对于中国人来说，君主即"治人之人"是国民即"治于人者"推举出来的超乎想象，即使是圣贤也决不会想到。正是在这个意义上，他断言："中西政想，有绝不同者。夫谓治人之人，即治于人者之所推举，此即求之于古圣之胸中，前贤之脑海，吾敢决其无此议也。"[1] 基于对中国与西方的比较，严复一面批判"君为臣纲"，审视中国的君臣关系，进而揭露中国社会上下尊卑的不平等，一面倾慕、提倡西方以自由、平等为宗旨的君臣关系。于是，效仿西方，在中国实行君主立宪，将中国改造成一个君不甚尊、民不甚贱，上下联为一体，能够同仇敌忾的国家成为严复的宏图大愿。

更为重要的是，严复不仅从各个方面猛烈批判君主专制，而且提出了推翻君主专制的具体方案。在这方面，他建议，通过立法在宪法上规定君主的权界，将君主置于法律的规范之下。鉴于中国几千年有法存在，由于君主专制，专制君主可以凌驾于法律之上的现实，严复在君主立宪的问题上对孟德斯鸠有旧法可依即为立宪君主的说法大加斥责。在严复看来，孟德斯鸠的这个观点不符合中国的实际情况，中国几千年来尽管都有成法，君主却都是专制君主。对于其中的原因，严复揭露并解释说：

> 夫法度之朝无论已，上有宵衣旰食之君，下有俯思待旦之臣，所日孳孳者，皆先朝之成宪。其异于孟氏（指孟德斯鸠——引者注）此篇所言者超乎远矣！虽然，及其叔季，若东京之桓灵，若陈隋之宝广，乃至有明之世，其君或十余载不窥朝堂，阉人口衔天宪，宰辅以封事自通，则亦何以异于孟氏此篇之所言者？故使如孟氏之界说，得有恒旧立之法度，而即为立宪。则中国立宪，固已四千余年，然而必不可与今日欧洲诸立宪国同日而语者。今日所谓立宪，不止有恒久之法度已也，将必有其民权与君权，

---

1 《社会通诠》按语，《严复集》（第四册），中华书局，1986，第932页。

分立并用焉。有民权之用，故法之既立，虽天子不可以不循也。使法立矣，而其循在或然或不然之数，是则专制之尤者耳。有累作之圣君，无一朝之法宪，如吾中国者，不以为专制，而以为立宪，殆未可欤"[1]

依据严复的说法，判断君主立宪与君主专制的标准不应该像孟德斯鸠所说的那样以有法无法论，而应该以君主是否遵守法律以及国民是否享有宪法上赋予的权利论。这是因为，如果像孟德斯鸠所讲的那样有法度之朝即为立宪的话，那么，中国早在四千多年前就已经实现君主立宪了。问题的症结在于，中国之法是尊上抑下的，君主完全游离于法之外。在这种情况下，君主可以为所欲为，完全不受法的约束。正因为如此，中国纵然有君主立宪之名，亦无立宪之实。针对这种情况，严复有针对性地提出，君主立宪的实质是君民并用法，法是否对君主具有约束力是判断君主是否立宪的根本。循着这个思路，严复将在中国设立君主立宪，并在提高中国人德智体各方面素质的基础上设议院、兴民权奉为拯救中国的不二法门。

上述内容显示，严复是在自由、民主的语境和框架中审视、批判三纲的，无论对"夫为妻纲"的质疑还是对"君为臣纲"的批判都关注平等、自由与民主之间的内在联系。正是由于这个原因，严复对三纲的批判拥有前所未有的历史高度，因而与明清之际的早期启蒙思想家具有不同的价值依托，即使是与同为戊戌启蒙思想家的康有为、谭嗣同和梁启超相比，也拥有不同的侧重而显得卓尔不群。

第三节　改造中国的三大纲领

与宣传自由、平等是迫于救亡图存的刻不容缓一脉相承，近代哲学家提倡

1《法意》按语，《严复集》（第四册），中华书局，1986，第939—940页。

自由、平等的最终目标是为了摆脱中国受奴役、受蹂躏的处境，恢复中国的主权，实现中国与西方列强之间的平等。正因为如此，他们在自由的主体上更多地关注国群的自由以及国家与国家之间的平等问题。在这种历史背景、文化语境和现实需要下，近代哲学家宣传自由最主要的理论武器既不是社会契约论，也不是天赋人权论，而是将个人与国家、群体的关系说成是细胞与生物有机体的社会有机体论。这是戊戌启蒙思想家界定、宣传自由的共性，严复对自由的宣传和论证也不例外。

一、社会有机体论

社会有机体论是英国实证主义哲学家和社会学家斯宾塞提出的，斯宾塞恰恰是严复最为顶礼膜拜的西方哲学家。斯宾塞发明了进化论，并将进化理念运用到社会历史领域，提出了社会有机体论。严复最早将斯宾塞的思想系统输入中国，在《原强修订稿》中不仅介绍了达尔文的思想，而且着重介绍了斯宾塞的社会有机体论。如果说达尔文的贡献在于突出了生存竞争法则的话，那么，斯宾塞的贡献则在于强调生存竞争的法则适用于人类社会，并且找到了人类应对自然、适者生存的法宝——社会有机体论。严复对斯宾塞的这套理论佩服得五体投地，将斯宾塞誉为千古难逢的"真大人"，斯宾塞的思想尤其是社会有机体论也就成了"真大人之学"。于是，严复满怀赞叹地写道："斯宾塞尔者，亦英产也，与达氏同时。其书于达氏之《物种探原》为早出，则宗天演之术，以大阐人伦治化之事。号其学曰'群学'，犹荀卿言人之贵于禽兽者，以其能群也，故曰'群学'。夫民相生相养，易事通功，推以至于刑政礼乐之大，皆自能群之性以生。……殚毕生之精力，五十年而著述之事始藏。其宗旨尽于第一书，名曰《第一义谛》，通天地人禽兽昆虫草木以为言，以求其会通之理，始于一气，演成万物。继乃论生学、心学之理，而要其归于群学焉。夫亦可谓美备也已。……故学问之事，以群学为要归，唯群学明而后知治乱盛衰之故，而能有修齐治平之功。呜呼！此真大人之学矣！"[1]

受达尔文进化论的影响，严复肯定"人为天演中一境"[2]，作为生物进化的产物，人与所有生物一样无法逃遁生存竞争的法则。特别是受斯宾塞"通天地人禽兽昆虫草木以为言"的影响，严复模糊人与动植物之间的区别，强调自然界和人类社会都遵循生存竞争、适者生存的法则。这用严复本人的话说便是："动植如此，民人亦然。民人者，固动物之类也。"[3] 根据"物竞天择"的法则，人之生存说到底无非是种族与种族、国群与国群之间的生存竞争。这意味着人类之间的生存竞争是以国群为单位进行的，从而决定了个人必须依赖国家才能自保。分析至此，摆正个人与国家、社会的关系成为应对生存竞争的必要手段。对于这一问题，严复诉诸斯宾塞的社会有机体论。

依据社会有机体论，社会是一个生物有机体，社会的强弱兴衰取决于构成这一有机体的细胞——国民素质的优劣。受斯宾塞等人的影响，严复将由个人组成的社会、国家和群体等同于细胞构成的生物有机体，确信"一群之成，其体用功能，无异生物之一体"。循着这个逻辑，严复指出，国家的强弱兴衰取决于这一团体中国民素质的优劣。正是在这个意义上，严复一再重申：

> 凡物性质，视其质点之如何，自人为团体至于天生动植乃及人群莫不如此。是故，欲观其国，先观其民，此定例也。[4]

> 欲知其合，先察其分。天下之物，未有不本单之形法性情以为其聚之形法性情者也。是故贫民无富国，弱民无强国，乱民无治国。[5]

这就是说，国家、群体是由单个的个人组成的，个人是构成国家、群体的基本单位。作为有机体的国家、群体在性质、结构等方面的变化归根结底都是

1 《原强修订稿》，《严复集》，中华书局，1986，第16—18页。
2 〔英〕赫胥黎：《天演论》，严复译，中州古籍出版社，1998，第43页。
3 《原强修订稿》，《严复集》（第一册），中华书局，1986，第16页。
4 参见〔英〕斯宾塞：《群学肄言》，严复译，商务印书馆1981。
5 《原强修订稿》，《严复集》，中华书局，1986，第25页。

由个人决定的。沿着这个思路，严复一而再、再而三地断言：

> 盖群者人之积也，而人者官品之魁也。欲明生生之机，则必治生学；欲知感应之妙，则必治心学，夫而后乃可以及群学也。且一群之成，其体用功能，无异生物之一体，小大虽异，官治相准。知吾身之所生，则知群之所以立矣；知寿命之所以弥永，则知国脉之所以灵长矣。一身之内，形神相资；一群之中，力德相备。……生之与群，相似如此。[1]

> 群者人之拓都（英文 aggregate 的音译，集体、团体之意——引者注）也，而人者群之么匿（英文 unit 的音译，单位、个体之意——引者注）也，拓都之性情变化，积么匿之性情变化以为之。[2]

> 社会之变象无穷，而一一基于小己之品质。[3]

按照严复的说法，人类社会是由个人组成的，这与生物有机体由细胞构成别无二致。正因为如此，与生物有机体的强弱取决于每个细胞的强弱一样，国家、社会之强弱兴衰取决于该团体中每个人素质的高低优劣。循着这个逻辑和思路，严复一面强调人权与国权密不可分，一面要求为了国家的自由赋予国民以自由之权。道理很简单：如果作为构成社会细胞的个人没有自由、平等之权的话，那么，由没有自由、平等之权的个人组成的作为社会有机体的群体、国家便没有国权。为了国家的独立、自由，严复大声疾呼"鼓民力""开民智""新民德"，以此提高中国人的自治能力，为他们在宪法上享受平等、自由之权创造有利条件和前提保障。按照严复的说法，对于近代中国的救亡图存而言，振奋民德、同仇敌忾的秘诀在于使中国人具有爱国心——这用他本人的话说就是中国人"各私中国"。要做到这一点，必须赋予国民自由之权，以此改变中国民众的奴隶地位。对此，严复提出的具体办法是，在宪法上划定政府与国民的

---

1 《原强修订稿》，《严复集》（第一册），中华书局，1986，第17页。
2 〔英〕斯宾塞：《群学肄言》，严复译，商务印书馆，1981，第261页。
3 参见〔英〕斯宾塞：《群学肄言》，严复译，商务印书馆，1981。

权界，以此弥合上下之间的等级森严。

二、提高国民素质

社会有机体论既为严复找到了中国战败的原因，也让他看到了中国的出路所在：近代的中国之所以贫困落后、萎靡不振，根本原因是中国人体、智、德各方面素质太低；要振兴中华，就必须从体、智、德三方面入手，全面提高中国人的素质。社会有机体论让严复领悟了生存竞争的取胜之道，也为他找到了救亡图存的具体途径。严复断言："人欲图存，必用其才力心思，以与是妨生者为斗。负者日退而胜者日昌。胜者非他，智、德、力三者皆大是耳。三者大而后与境相副之能恢，而生理乃大备。"[1]为此，他提出了"鼓民力""开民智""新民德"三大主张，作为改造中国的基本纲领。严复指出，为了中国的独立和富强，必须全面提高中国人德、智、体各方面的素质。具体地说，国民素质的优劣主要取决于三个基本因素，即"血气体力""聪明智虑""德行仁义"。严复解释说："盖生民之大要三，而强弱存亡莫不视此：一曰血气体力之强，二曰聪明智虑之强，三曰德行仁义之强。是以西洋观化言治之家，莫不以民力、民智、民德三者断民种之高下，未有三者备而民生不优，亦未有三者备而国威不奋者也。"[2]在这里，"血气体力"指身体素质和健康状况，"聪明智虑"指认知水平和文化素养，"德行仁义"指道德水准和公德意识。严复认为，国民"血气体力""聪明智虑""德行仁义"强优的国家必然富强兴盛，三者劣弱的国家必然贫困衰微。正是由于这个原因，他声称："是故国之强弱贫富治乱者，其民力、民智、民德三者之征验也，必三者既立而后其政法从之。于是一政之举，一令之施，合于其智、德、力者存，违于其智、德、力者废。"[3]基于这种

---

1 〔英〕赫胥黎：《天演论》，严复译，中州古籍出版社，1998，第196页。
2 《原强修订稿》，《严复集》（第一册），中华书局，1986，第18页。
3 《原强修订稿》，《严复集》，中华书局，1986，第25页。

认识，严复将中国近代社会的贫弱衰微、落后挨打归咎于国民素质的低下。在他看来，正是中国"民力已荼""民智已卑""民德已薄"造成了中日甲午海战的失败，也预示了提高国民素质是救亡图存的不二法门。

凭借社会有机体论，严复不仅深入剖析中国贫困衰微的原因，而且为改变中国的状况提出了如下纲领："则中国今日之所宜为，大可见矣。夫所谓富强云者，质而言之，不外利民云尔。然政欲利民，必自民各能自利始；民各能自利，又必自皆得自由始；欲听其皆得自由，尤必自其各能自治始；反是且乱，……是以今日要政，统于三端：一曰鼓民力，二曰开民智，三曰新民德。夫为一弱于群强之间，政之所施，固常有标本缓急之可论。唯是使三者诚进，则其治标而标立；三者不进，则其标虽治，终亦无功；此舍本言标者之所以为无当也。"[1] 依据他的设想，从力、智、德三个方面提高中国人的素质是中国富强的关键，也是实现中国与西方国家平等的基本要求。循着这个逻辑，严复坚信，"鼓民力""开民智""新民德"是拯救中国的必由之路和救亡纲领。

严复将"鼓民力""开民智""新民德"奉为改造中国的三大纲领，并且分别对提高、改善中国人之力、智、德的现状提出了拯救方案。为了"鼓民力"，严复反对吸食鸦片和女子缠足。他对鸦片的危害具有切身感受，认识到吸食鸦片不仅损害人的身体，而且摧残人的精神。至于女子缠足，严复认为，这除了对于传种有害，还会对女子造成巨大的身体和精神伤害。严复大力提倡"开民智"，并且认定这是"富强之本"。近代哲学家对民智极为重视，强调民智关系到个人的素质，并且关系到中国的存亡。与其他近代哲学家的看法如出一辙，严复肯定民智是一个国家的富强之源——无论是个人权利的行使还是国家的进步都离不开民智作为前提条件。除此之外，他认为，民智的提高直接关系到平等的实现。正是在这个意义上，严复宣称："国之公民莫不有学，学不仅以治

---

1 《原强修订稿》，《严复集》（第一册），中华书局，1986，第27页。

人也，自治其身之余，服畴懋迁，至于水火工虞，凡所以承天时、出地宝、进人巧、驱百昌以足民用者，莫不于学焉，修且习之，治以平等为义矣。故官无所谓贵，民无所谓贱。"[1] 值得注意的是，与其他近代哲学家相比，严复对民智尤为重视。为了"开民智"，他一面呼吁废除科举制度和八股取仕，一面积极主张引进西方的教育机制，培养新型人才。严复在 1895 年就主张"废八股"，因而成为第一个公开挑战科举制度的人。他断言，"处今而谈"，"破坏人才之八股宜除"[2]。严复反对科举考试的理由便是，科举取仕"锢智慧""坏心术""滋游手"，通过这个渠道不惟不能选择、培养人才，反而扼杀了人的创造力而导致中国人才匮乏。与此同时，严复之所以对西方的教育体制兴趣盎然，就是为了引进新的人才培养模式，造就有利于国家富强的新型人才。在重视提高民力和民智的同时，严复承认"新民德"最难，并且对中国的民德提出了如下期望："是故居今之日，欲进吾民之德，于以同力合志，联一气而御外仇，则非有道焉使各私中国不可也。"[3]

严复进而指出，"鼓民力""开民智""新民德"必须"三者并重"，不可偏废。正因为如此，严复是第一个提出德智体全面发展的近代哲学家。具体地说，早在 1895 年，他就提出了国民之体、智、德"三者备"的主张。此后，"三者并重"一直是严复的一贯方针。对此，他不止一次地强调：

> 国与国而竞为强，民与民而争为盛也，非以力欤？虽然，徒力不足以为强且盛也，则以智。徒力与智，犹未足以为强盛也，则以德。是三者备，而后可以为真国民。[4]

> 曩读诏书，明定此后教育宗旨，有尚公、尚武、尚实三言。此三者，诚人类极宝贵高尚之心德。德育当主于尚公，体育当主于尚武，而尚实则

1 《大学预科〈同学录〉序》，《严复集》（第二册），中华书局，1986，第 292 页。

2 《救亡决论》，《严复集》（第一册），中华书局，1986，第 44 页。

3 《原强修订稿》，《严复集》（第一册），中华书局，1986，第 31 页。

4 《〈女子教育会章程〉序》，《严复集》（第二册），中华书局，1986，第 252—253 页。

惟智育当之。一切物理科学，使教之学之得其术，则人人尚实心习成矣。呜呼！使神州黄人而但知尚实，则其种之荣华，其国之盛大，虽聚五洲之压力以沮吾之进步，亦不能矣。[1]

不仅如此，严复把国民的德智体全面发展奉为近代社会的治世之道，由此断言无论治世之本还是治世之标皆围绕着去民之害而立民之益进行。他断言："是以今日之政，于除旧，宜去其害民之智、德、力者；于布新，宜立其益民之智、德、力者。以此为经，而以格致所得之实理真知为纬。本既如是，标亦从之。本所以期百年之盛大，标所以救今日之阽危，虽文、周、管、葛生今，欲舍是以为术，皆无当也。"[2]

关注国民的全面发展、德智体三育并重在严复的教育哲学中充分体现出来。如果说他提出的教育改革方针和大、中、小学课程的设置是为了"立其益民之智、德、力者"的话，那么，严复对当时中国教育弊端的揭露则是为了"去其害民之智、德、力者"。于是，他如是说："盖吾国教育，……尚有极重之弊焉，使不改良，将吾人无进化之望者，则莫若所考求而争论者，皆在文字楮素之间，而不知求诸事实。一切皆资于耳食，但服膺于古人之成训，或同时流俗所传言，而未尝亲为观察调查，使自得也。少日就傅读书，其心习已成牢锢，及其长而听言办事，亦以如是心习行之。是以社会之中常有一哄之谈，牢不可破，虽所言与事实背驰，而一犬吠影，百犬吠声之余，群情汹汹，驯至大乱，国之受害，此为厉阶。必将力去根株，舍教育改良无他法矣。"[3]基于对中国教育弊端的揭露，严复有针对性地提出了一系列具体措施。例如，鉴于中国教育偏重德育的状况，他提议加强智育和体育，在智育教育中使受教育者理性、感情同时发展。再如，为了培养学生"心智不偏"，严复呼吁在教育中归纳法与

1《论今日教育应以物理科学为当务之急》，《严复集》（第二册），中华书局，1986，第282页。

2《与梁启超书》，《严复集》（第三册），中华书局，1986，第514页。

3《论今日教育应以物理科学为当务之急》，《严复集》（第二册），中华书局，1986，第281页。

演绎法并重，同时注重美术教育。如此等等，不一而足。

三、"自强保种"

循着生存竞争、适者生存的思路，凭借社会有机体论，严复确立了"自强保种"的生存法则，并将之奉为拯救中国的救亡路线，因而不同意康有为提出的通过保教来保国保种的主张。

救亡的口号是严复率先提出的，而他的救亡路径就是通过提高国民素质而"自强保种"。求富求强、救亡图存作为中国近代的时代主题是鸦片战争之后所有有良知的中国人的共同梦想，从洋务派到早期维新派无一例外。他们提出的求富、求强的口号便寄予了中华民族伟大复兴的中国梦。就包括严复在内的戊戌启蒙思想家来说，虽然与洋务派、早期维新派一样秉持求富求强、救亡图存的宗旨，但是，他们的救亡策略和具体主张与后者相去霄壤。更有甚者，在戊戌启蒙思想家内部，救亡路线同样聚讼纷纭，言人人殊。例如，康有为提出通过保教来保国保种，进而呼吁立孔教为国教。谭嗣同推崇孔教，却强调教无可保。他的理由是："教无可亡也。教而亡，必其教之本不足存，亡亦何恨。教之至者，极其量不过亡其名耳，其实固莫能亡矣。名非圣人之所争。圣人亦名也，圣人之名若姓皆名也。即吾之言仁言学，皆名也。名则无与于存亡。呼马，马应之可也；呼牛，牛应之可也；道在屎溺，佛法是干屎橛，无不可也。何者？皆名也，其实固莫能亡矣。惟有其实而不克既其实，使人反瞀于名实之为苦。"[1] 基于上述认识，谭嗣同确立了"以心挽劫"的救亡路线。梁启超对新民寄予厚望，声称中国的救亡图存舍新民莫由。严复基于达尔文进化论和社会有机体论的逻辑，将"自强保种"奉为救亡的基本方针。

在对中国近代社会现实处境的分析中，近代哲学家不约而同地将贫、弱

---

[1]《仁学》，《谭嗣同全集》，中华书局，1998，第290页。

视为中国的大患，原贫、救贫也由此成为他们共同关注且念兹在兹的核心话题。严复也不例外，多次从不同角度揭露中国贫弱的种种表现及其根源，同时积极谋划中国的起贫疗弱之方。在这种背景下，严复 1912 年 12 月作《原贫》，1913 年 1 月作《论中国救贫宜重何等之业》，1913 年 4 月作《救贫》。不仅如此，严复在翻译、介绍西方的各种学说时特别突出救贫问题。可以看到，除了针对中国的政治、经济状况提出救贫主张之外，他还翻译亚当·斯密的经济学著作《国富论》为中国的富强提供资鉴。事实上，严复始终不忘运用西方的经济学说和社会理论剖析中国的贫弱现实，翻译西方的经济学著作就是为了求富求强。例如，他之所以翻译亚当·斯密的《国富论》，是因为经济学"关于中国之贫富""系乎黄种之盛衰"。对于缘何翻译《国富论》以及翻译的方式，严复如是说："夫计学者，切而言之，则关于（于疑为乎——引者注）中国之贫富；远而论之，则系乎黄种之盛衰。故不佞每见斯密之言于时事有关合者，或于己意有所枨触，辄为案论，丁宁反覆，不自觉其言之长而辞之激也。嗟夫！物竞天择之用，未尝一息亡于人间。大地之轮廓，百昌之登成，止于有数。智佼者既多取之而丰，愚懦者自少分焉而啬。丰啬之际，盛衰系之矣。且人莫病于言非也而相以为是，行祸也而相以为福，祸福是非之际，微乎其微，明者犹或荧之，而况其下者乎！殆其及之而后知，履之而后艰，其所以失亡者，已无艺矣，此予智者詈攫陷阱之所以多也。欲违其灾，舍穷理尽性之学，其道无由；而学矣，非循西人格物科学之律令，亦无益也。自秦愚黔首，二千岁于兹矣。以天之道，舟车大通，通则虽欲自安于愚，无进于明，其势不可。"[1]

问题到此并没有结束，正是出于对中国救贫的殚精竭虑，严复提出了从农、工、商、学各方面共同救贫的主张。于是，他反复说道：

> 为今日吾中国之大患者，其惟贫乎！何以知其然耶？曰：以其息贵而

---

[1]《译斯氏〈计学〉例言》，《严复集》（第一册），中华书局，1986，第 101—102 页。

庸贱，价廉而赋轻。至于轻而犹不胜，廉而莫之雇，斯吾民之可哀极矣。百万之产，此在欧美，至寻常耳，乃吾国数府之间，往往而绝。夫内地之民之为生，日数十钱，即可苟活，而有时且不可得，则藏富之说，徒虚语耳。是故吾国一切之弊，皆可自贫以求其因。其智之不渝，以贫故；其力之不奋，以贫故。问何污秽而不蠲，贫也；问何作伪而售欺，贫也。疠疫之所以流行，盗贼之所以充斥，官吏之所以贪婪，兵卒之所以怯弱，乃至民视其国之存亡若胡越之相视其肥瘠，外人入境甘为前驱，甚或挽其长留以为吾一日之慈母，无他，举贫之为患而已矣。此虽巧言饰说，苟用自夸，指一二挥霍侈靡之家，以为中国不贫之据，特晋惠肉糜之说而已，非事实也。故居今而言救国，在首祛此贫。惟能疗贫，而后有强之可议也，而后于民力、民智、民德可徐及也。[1]

然而救贫之方，何由出乎？将以农乎？将以工乎？将以商乎？曰三者皆宜修也。然而其事皆甚缓。必待是三者进，而后有以救贫，则索我于枯鱼之肆矣。且是三者，非能徒修也，其体在于学，而其用在道路之大通。微是二者，虽力讲百年而仍不进可耳。故今日救贫之大经，仍即地而求之，而其要在路矿。吾之为路矿，将以富用路矿之吾民也，非徒以富治路矿者也。世之人惟不知此，故其说无往而不左。[2]

严复认为，中国贫困衰微、落后挨打的根本原因在于贫，救贫是中国的当务之急，故而刻不容缓。甚至可以说，与救贫相比，中国人德、智、体素质的提高尚可"徐图"。据此可见，他对救贫的急切之情溢于言表，甚至慌不择路。严复声称："当前之厄，实莫亟于救贫。救贫无无弊之术，择祸取轻，徐图补苴之术可耳。"[3] 按照这个说法，救贫是中国的出路所在，无需计其利害，只要

1《读新译甄克思〈社会通诠〉》，《严复集》（第一册），中华书局，1986，第148—149页。
2《读新译甄克思〈社会通诠〉》，《严复集》（第一册），中华书局，1986，第149页。
3《读新译甄克思〈社会通诠〉》，《严复集》（第一册），中华书局，1986，第151页。

能够解救中国之贫就应该急采之。由此，严复救贫之心的急切可见一斑。

综上所述，严复对中国积弱的探源以及他的思想启蒙围绕着自由展开，而他对自由的界定与民主政治密切相关，在"以自由为体，以民主为用"中使自由与社会制度、政治体制联为一体。这奠定了严复启蒙哲学的理论格局和鲜明特色，那就是：以民主启蒙为核心。与此相联系，他对三纲的批判侧重"君为臣纲"，对中国出路的思考集中在改善现存的社会制度、提高国民素质上。这些既决定了严复启蒙哲学的主体内容，又决定了其思想特色。一方面，严复、梁启超都利用社会有机体论将个人与国家、群体的关系等同于细胞与生物有机体的关系，以此证明个人不能离开群体而生存，必须依赖国家而自保。与康有为、章炳麟认定喜群而恶独是人的本性相比，严复、梁启超用社会有机体论解释个人与群体的关系更具有现实性，突出了群体对于个人的强制性和优先性。另一方面，尽管严复、梁启超都依据社会有机体论指出中国贫弱的原因在于中国人的素质低下，然而，两人针对这一相同的诊断却开出了不同药方：梁启超寄希望于"道德革命"，由于怪罪国民无爱国之心、缺少责任感和义务观念，进而提出道德上的新民主张，将培养中国人的权利、义务和责任观念奉为拯救中国的"第一要务"；严复则基于民主启蒙的思路，大声疾呼在宪法上赋予国民自由之权，并在法律上、经济上建立相应的配套措施。

第三章
严译名著与输入西学

严复是中国近代最著名的西学家之一。这不仅指他在戊戌启蒙思想家中无人能望其项背的西学造诣，而且指严复对西学的系统输入和传播。就西学在中国的传播而言，严复功不可没。他介绍、宣传西学的方式以翻译为主，是中国近代著名的翻译家。严复曾经留学英伦，精通西文，坚持以西文译西学，直接从西方输入西学。严复对西学的输入与康有为、梁启超等人从日本学西学的做法截然不同，更是反对两人以日文转译西学。更为重要的是，严复对西学的翻译不是通常意义上的直译而是意译，并在对原著自由取舍、大量删节的基础上加入按语，阐明自己的观点。正是由于这个原因，严复对西学的翻译、介绍和输入在当时引起巨大的社会反响，甚至引领了一个独特的西学时代。

第一节　西学与严译名著

1894 年中日甲午战争爆发，并以中国的战败而告终。1895 年《中日马关条约》的签订使中国的民族危机更加深重，濒临被吞噬的边缘。由于受到严重的民族危机的震撼和刺激，严复走向戊戌启蒙的历史前台，最早发出了"救亡"的呐喊。他办报纸、译西学，宣传西方思想，正是"惊心动魄于保群进化之图"。正如严复自己所说："嗟夫！物类之生乳者至多，存者至寡，存亡之间，间不容发。其种愈下，其存弥难，此不仅物然而已，墨澳二洲，其中土人日益萧瑟，此岂必虔刘朘削之而后然哉？资生之物所加多者有限，有术者既多取之而丰，无具者自少取焉而啬，丰者近昌，啬者邻灭。此洞识知微之士所为惊心动魄于保群进化之图，而知徒高睨大谈于夷夏轩轾之间者，为深无益于事实也。"[1] 在他看来，"人为天演中一境"[2]。人是一种生物，作为生物进化的一个阶段与其他生物一样处于生存竞争之中。这意味着人要想保种保群，必须提高自身的生存竞争能力。对于中国近代的救亡图存来说，空谈大道理徒劳无益，而必须从实际入手提高对抗外敌的能力，其中的当务之急就是"通外情"——"尤以通外情为要务"。严复断言："为各国并立之国，则尤以通外情为要务；昧于外情则坐井而以为天小，扪籥而以为日圆，若是者国必危。"[3] 按照他的说法，"通外情"最好的办法就是大量翻译西书，系统输入西学。

一、原著选择

正是出于救亡图存的动机，严复大力提倡西学，将主要精力由中西文化比较转向全面输入西学。严复大声疾呼"通外情"，"通外情"的途径便是翻译西书，输入西学。于是，凭借精通外文的优势，严复翻译了一系列西方著作，形成了著名的"严译名著"。具体地说，严复翻译的西方著作主要有 10 种。现分列于下：

《天演论》，现通译为《进化论与伦理学》，赫胥黎著，1898 年 4 月湖北沔阳卢氏慎始基斋木刻版出版，1905 年商务印书馆铅印版出版。

《原富》，现通译为《国民财富的性质和原因的研究》，简称《国富论》，亚当·斯密著，1901—1902 年上海南洋公学译书院出版，1931 年商务印书馆重

---

1 〔英〕赫胥黎：《天演论》，严复译，中州古籍出版社，1998，第 76 页。
2 〔英〕赫胥黎：《天演论》，严复译，中州古籍出版社，1998，第 43 页。
3 《〈国闻报〉缘起》，《严复集》（第二册），中华书局，1986，第 453 页。

排出版。

《群学肄言》，现通译为《社会学原理》或《社会学研究》，斯宾塞著，1903 年上海文明译书局出版。

《群己权界论》，现通译为《论自由》或《自由论》，约翰·穆勒著，1903 年 4 月上海商务印书馆出版。

《社会通诠》，现通译为《社会进步简史》，或《政治简史》，爱德华·甄克斯著，1904 年 1 月上海商务印书馆出版。

《穆勒名学》，现通译为《逻辑学体系》，约翰·穆勒著，1905 年金陵金粟斋木刻出版。

《法意》，又称《孟德斯鸠法意》，现通译为《论法的精神》，孟德斯鸠著，1906 年商务印书馆出版。

《名学浅说》，现通译为《逻辑入门》，耶芳斯著，1909 年商务印书馆出版。

《支那教案论》，宓克著，1899 年 4 月上海南海公学译书院出版。

《中国教育议》，卫西琴著，1914 年天津庸言报馆和上海文明书局先后出版。

在严复翻译的上述 10 种西方著作中，前八部的影响尤其巨大而深远，被统称为"严译八大名著"或"严译名著"。例如，商务印书馆在 1981 年以"严译名著丛刊"为题，将这八部著作一起出版，"严译名著"的深入人心由此可见一斑。

西学大量东渐始于明末，并非是从严复开始的。即使中国人主动介绍、输入西学，翻译西书，严复也并非是最早的。就戊戌启蒙思想家来说，早在戊戌变法之前，康有为、梁启超已经从日本转译西书。从康有为作于 1898 年春的《日本书目志》中可见其译书的种类之广，数目之多。在这个前提下尚须进一步看到，特殊的学术经历、得天独厚的西学优势使严复对西学的输入和翻译将中国近代的西学东渐推向了一个新的阶段，甚至达到了前无古人的高度。诚如梁启超所言，十九世纪末的中国正处于"学问饥荒"的时代，对西方思想的输入带有饥不择食的仓促性，故而无组织、无选择，乃至良莠不分，泥沙俱下。与梁启超等人对西学的输入迥然相异，严复对西方著作的翻译经过一番遴选和拣择，以名著为主。严复使西洋留学生的思想与中国近代的社会现实和政治需要直接联系起来，对西学的翻译和输入成为中国启蒙思想的组成部分。正是由于这个原因，严复翻译的西方著作不仅为中国人所熟悉，而且发挥了救亡图存与思想启蒙的作用。

从原著的选择来看，严复翻译的八大名著对于当时西方的思想界来说并不是最新的。严复之所以选择它们进行翻译，其中的重要原因是他认为这些书是最好的——最适合中国近代的救亡图存。拿《国富论》来说，正如有人所评价的那样，亚当·斯密（严复翻译为亚丹·斯密或斯密亚丹）的贡献不是创新，而是综合。《国富论》综合了各种思想要素，既秉持功利主义和个人主义而在经济上追求自由贸易，又融合了国家主义、群体主义的要素。正因为如此，个人利益与国家利益成为《国富论》的主题，而这正是严复关注的群己关系。亚当·斯密在《国富论》中肯定利己的价值，指出国家富强的秘密在于个人价值的发挥。正因为如此，他提议在经济上保护个人的利益，同时将个人与国家联系起来，让个人与国家利益双赢，即个人与国家共同获利。《国富论》切合中国近代的时代主题，并且与严复对群己关系的认识相呼应。在处理个人与群体的关系上，严复反对赫胥黎"屈己为群为无可乐"的观点，而对亚当·斯密兼顾个人与群体利益的观点推崇备至。正是在这个意义上，严复不止一次地宣称：

> 计学者，首于亚丹·斯密氏者也。其中亦有最大公例焉。曰大利所存，必其两益；损人利己非也，损己利人亦非；损下益上非也，损上益下亦非。[1]

---

1 〔英〕赫胥黎：《天演论》，严复译，中州古籍出版社，1998，第187页。

　　然则人道所为，皆背苦而趋乐。必有所乐，始名为善，彰彰明矣，故曰善恶以苦乐之广狭分也。然宜知一群之中，必彼苦而后此乐，抑己苦而后人乐者，皆非极盛之世，极盛之世，人量各足，无取挹注，于斯之时，乐即为善，苦即为恶，故曰善恶视苦乐也。前吾谓西国计学为亘古精义、人理极则者，亦以其明两利为真利耳。由此观之，则赫胥氏是篇所称屈己为群为无可乐，而其效之美不止可乐之语，于理荒矣。且吾不知可乐之外，所谓美者果何状也。然其谓郅治如远切线，可近不可交，则至精之譬。又谓世间不能有善无恶，有乐无忧，二语亦无以易。盖善恶皆对待意境，以有恶、忧而后见，使无后二，则前二亦不可见。生而瞽者不知有明暗之殊，长处寒者不知寒，久处富者不欣富，无所异则即境相忘也。[1]

　　由此可见，在个人利益与国家利益的关系上，亚当·斯密提倡"两利"说——既保护个人利益，又反对由于个人主义的膨胀损害国家利益。严复既肯定"背苦而趋乐"是人的本性，又呼吁"群重己轻"。亚当·斯密的"两利"说成为严复的理论奥援，并促使他选择了《国富论》。与此同时，严复将经济学视为西方的富强之源，将西方的富强归功于经济学的发达。他宣称："晚近欧洲富强之效，识者皆归功于计学。"[2] 由此不难看出，严复选择《国富论》出于对中国富强的期盼，秉持救亡图存的初衷。对于这一点，严复在《译斯氏〈计学〉例言》中表露无遗。他写道："夫计学者，切而言之，则关于中国之贫富；远而论之，则系乎黄种之盛衰。故不佞每见斯密之言于时事有关合者，或于己意有所枨触，辄为案论，丁宁反覆，不自觉其言之长而辞之激也。"[3] 至于名学和自由在严复眼里是富强的保障，故而与中国的救亡图存密切相关。

1　〔英〕赫胥黎：《天演论》，严复译，中州古籍出版社，1998，第236—237页。
2　〔英〕赫胥黎：《天演论》，严复译，中州古籍出版社，1998，第187页。
3　《译斯氏〈计学〉例言》，《严复集》（第一册），中华书局，1986，第101页。

二、翻译方式

严复对西学的翻译带有自身的鲜明特色，主要表现为选择意译的方式进行，同时采取两项措施：一是对原著大胆取舍。例如，《天演论》是原书（《进化论与伦理学》）的序论和本论两章，《穆勒名学》的字数则不及全书的一半。二是加入大量按语。按语不惟是严复翻译的特色，而是完全成为他翻译的内容本身乃至决定了翻译的性质。据统计，严复的译作大约 170 万字，其中的十分之一是按语。以《国富论》为例，按语就有数万字，更是高达 300 多条。正是通过大量按语，严复在翻译过程中夹译夹议乃至以议代译，从而达到了"自著树"达不到的目的。严复这样做为了有裨于中国近代社会的"实政"，归根结底迫于救亡图存的刻不容缓。救亡图存是严复输入西学的宗旨、目的和动力，这用他本人的话说便是："夫士生今日，不睹西洋富强之效者，无目者也。谓不讲富强，而中国自可以安；谓不用西洋之术，而富强自可致；谓用西洋之术，无俟于通达时务之真人才，皆非狂易失心之人不为此。"[1] 进而言之，救亡图存的宗旨突出表现在严复对原著的选择取舍上，同时反映在他对西学的翻译方式上。

从翻译的方式来看，在秉持救亡图存的宗旨、以有利于"自强保种"这个标准选择西方著作的基础上，严复在翻译中进一步强化、突出救亡图存的宗旨和主题。为了更好地突出救亡图存的主题，他采取的翻译方式是意译而非直译。不仅如此，为了结合中国的实际处境抒发自己的观点，严复在翻译中加入大量按语。他翻译的著作大多属于旧籍，不以新奇为骛，而《进化论与伦理学》可以说是一个例外。此书之所以刚一出版就引起严复的关注，显然与书中的进化思想密切相关。严复翻译的《天演论》之所以产生巨大影响，

---

1 《论世变之亟》，《严复集》（第一册），中华书局，1986，第 4 页。

最重要的原因则是他根据救亡图存的需要对原著的"再加工",这一点从严复对原书的取舍、改造中淋漓尽致地反映出来。其实,并不限于《天演论》,严复的译作之所以大受欢迎,就是因为不忠实原著,而是根据中国的社会现实对原著进行"改写"。可以看到,即使是对于他声称最忠实于原著的《原富》,严复也进行过大量的删节;至于删节的标准还是一如既往地与中国近代社会的救亡图存相合——从这个意义上说,《原富》与严复的其他译作并无不同;不同的是,由于经济学与中国的贫富、兴衰密切相关,严复在翻译时凡是看到"斯密之言于时事有关合者,或于己意有所枨触,辄为案论,丁宁反覆,不自觉其言之长而辞之激也"——从这个意义上说,《原富》无论在突出"自强保种"的主题上还是在以"作"代译的方式上都与严复的其他译作相比有过之而无不及。

三、主题彰显

严复对西方原著的选择没有唯新是从,却有自己的共同标准,旨在彰显自由的主题。在对中国与西方文化的比较中,严复得出的结论是:不自由与自由的区别是造成中西之间强弱盛衰的根本原因。沿着这个思路,他对西学的介绍、宣传和翻译围绕着救亡图存的宗旨展开,始终贯穿着自由的主题。换言之,严复之所以宣传、介绍西学,是心仪西学的自由精神。正是由于这个原因,与其说严复对西学的推崇是出于对自由的渴望,不如说归根到底取决于中国近代社会救亡图存的现实需要。正因为如此,严复选择了约翰·穆勒的《论自由》(严复翻译为《群己权界论》)、亚当·斯密的《国富论》(严复翻译为《原富》)和孟德斯鸠的《论法的精神》(严复翻译为《法意》)等著作,从政治、经济和法律等不同维度共同彰显自由的主题。例如,孟德斯鸠的《论法的精神》作为西方启蒙思想的巨作秉持自由主义原则,提倡民权,揭露君主专制的本质。严复对此书的翻译用工甚巨,前后共用了 10 年的时间。通过翻译西方著作，严复从政治、经济和法律等各个维度共同突出自由宗旨，成为中国近代系统输入西方自由思想的第一人。

严复对自由的宣传、输入受制于中国近代的救亡图存和社会需要，因为他认为自由是拯救中国的不二法门。例如，严复在翻译穆勒的《论自由》时，最初将书名翻译为《自由释义》，出版时改书名为《群己权界论》，旨在侧重从群体、政府与个人的权界维度来界定自由。严复对译书书名的修改含有深意，具体包括两个方面：第一，严复看到了自由的弊端，强调自由也有责任和界限——对于政府与个人的权利来说，设置政府的公权力与个人的私权利之间的界限尤为重要。第二，在严复介绍西方思想时，西方的资本主义已经由自由发展阶段进入到帝国主义阶段。在帝国主义阶段，殖民主义、对外扩张成为主要手段，强权政治、霸权主义开始泛滥。在这种背景下，严复试图通过自由的权界强调，如果肆无忌惮则入强权世界。对于中国与西方列强之间的关系来说，也有一个权界问题。

四、整体规划

救亡图存的宗旨与对自由的彰显共同证明，严复翻译的西方著作并非各不相涉，而是具有内在的一致性。更为重要的是，严复将文化视为一个有机整体，无论是对西方著作的选择还是翻译都关注各种学科之间的相互关联，力图使各个学科组成一个有机系统。深受有机体论影响的严复特别强调文化是一个有机体，故而对为学程序非常重视。他对西学的输入便本着学理顺序展开，同时兼顾各个组成部分之间的内在联系。具体地说，严复之所以先翻译《天演论》，是因为他坚信研究人或人类社会必须从生物学讲起，只有明白了生物学，才能洞察社会科学，也就是他所讲的群学。对于其中的奥秘，严复解释说："群者人之积也，而人者官品之魁也。欲明生生之机，则必治生学；欲知感应之妙，则必治心学，夫而后乃可以及群学也。且一群之成，其体用功能，无异生物之一体，小大其异，官治相准。"[1] 当然，严复视界中的群学是一个大学科，包括社会学却不限于社会学，而是包括政治、法律、经济和历史等多种社会科学。这用他本人的话说便是："群学之目，如政治，如刑名，如理财，如史学，皆治事者所当有事者也。"[2] 正是出于从生物学讲起的考虑，严复在《天演论》之后才陆续翻译社会学、经济学和法学等其他方面的著作。耐人寻味的是，赫胥黎的《进化论与伦理学》出版于1894年，斯宾塞三卷本的《社会学原理》最先出版于1876年，大大早于《进化论与伦理学》。严复于1881年读到《社会学原理》，却没有着手进行翻译，而是从1897年开始，经过6年时间将之翻译为《群学肄言》。严复之所以先翻译刚出版不久的《进化论与伦理学》，不仅因为书中的"物竞""天择"有裨于中国近代的"实政"，而且因为先讲生物学再讲社会学的为学程序。斯宾塞的《社会学原理》是讲社会进化的著作，作为《综合哲学体系》的一部分，从《生物学原理》讲到了社会学。由生物学讲社会学的致思方向和为学程序不仅使严复成为系统输入西学的第一人，而且成为引进西方社会学的第一人。严复认为，社会学与政治学、经济学、宗教学和法学密不可分。对于社会的进化来说，道德、宗教、政治和法律必不可少。由此不难想象他对宗教和法律的重视，至于对《论法的精神》《支那教案论》《中国教育议》的翻译也就在情理之中了。

进而言之，严复对西学的翻译不仅具有独特的理念，而且具有自己的原则，那就是：坚持以西文直接翻译西方著作。根据有机体理论，严复始终强调，作为文化这个有机体的一部分，语言与其文化之间是不可分割的有机体。正因为如此，要了解一国的文化，必须通晓其国的语言。为此，他一再大声疾呼习外文，甚至断言对于二十世纪的中国人来说，不通外文则不能成学。学习西文，就是为了精通西学。根据这一原则，严复一面极力反对康有为、梁启超

---

1 《原强修订稿》，《严复集》（第一册），中华书局，1986，第17页。
2 《西学门径功用》，《严复集》（第一册），中华书局，1986，第95页。

等人从日本转译西学的做法，一面身体力行，以西文直接从西方翻译西学。对于语言与学术以及学术与翻译之间的关系，严复的总体看法是："吾闻学术之事，必求之初地而后得其真，自奋耳目心思之力，以得之于两间之见象者，上之上者也。其次则乞灵于简策之所流传，师友之所授业。然是二者，必资之其本用之文字无疑也。最下乃求之翻译，其隔尘弥多，其去真滋远。今夫科学术艺，吾国之所尝译者，至寥寥已。即日本之所勤苦而仅得者，亦非其所故有，此不必为吾邻讳也。彼之去故就新，为时仅三十年耳。今求泰西二三千年孳乳演迤之学术，于三十年勤苦仅得之日本，虽其盛有译著，其名义可决其未安也，其考订可卜其未密也。乃徒以近我之故，沛然率天下学者群而趋之，世有无志而不好学如此者乎？"[1]

直接以西文翻译西学使严复对西方思想的输入相对而言能够接近原著的精神，也对中国的学术界产生了空前影响。正是由于这个原因，蔡元培在《五十年来中国之哲学》中并没有在输入西学方面给予从日本转译西学的康有为、梁启超一席之地，而是对严复赞赏有加。蔡元培写道："最近五十年，虽然渐渐输入欧洲的哲学，但是还没有独创的哲学。所以严格地讲起来，'五十年来中国之哲学'一语，实在不能成立。现在只能讲讲这五十年中，中国人与哲学的关系，可分为西洋哲学的介绍与古代哲学的整理两方面。五十年来，介绍西洋哲学的，要推侯官严复为第一。"[2]由此可见，因习日本文理解西学而沾沾自喜的梁启超不在蔡元培所讲的"介绍西洋哲学"之内，严复则成为"第一人"。这是因为，蔡元培将近五十年"中国人与哲学的关系"分为两种情况：一是输入，二是整理；在输入西学方面，推崇严复为第一人；在整理古籍方面，推崇康有为和谭嗣同。

尚须进一步澄清的是，严复翻译、输入西学的上述几个方面是相互作用

1　《与〈外交报〉主人书》，《严复集》（第三册），中华书局，1986，第561页。
2　《五十年来中国之哲学》，《蔡元培全集》（第五卷），浙江教育出版社，1997，第102页。

的。正如救亡图存的宗旨决定了严复对自由的彰显一样，无论他对西方著作的选择还是翻译过程中的取舍、改造都围绕着"自强保种"的宗旨而展开。这些决定了严复翻译西书、输入西学的不变宗旨，也使他对西学的翻译带有自身独特的意蕴和风采。对于严复的翻译，傅斯年的说法可谓一语破的：严复不曾对原作者负责任，他只对自己负责任。正是这种只对自己负责任的做法使严复的翻译形成了自己的独特风格，同时也创造了洛阳纸贵的神话。

第二节　《天演论》与进化论的系统输入

在严复翻译的 10 种西方著作中，《天演论》的影响无疑是空前的。《天演论》原书名为《进化论与伦理学》，原作者是英国的哲学家和进化论者赫胥黎。赫胥黎自称"达尔文的斗犬"，《进化论与伦理学》是他在牛津大学的演讲集，可以视为达尔文《物种起源》的通俗读本。严复翻译的《天演论》从 1897 年起陆续在《国闻报》上分期刊登，1898 年 4 月正式出版。此后，《天演论》相继有木刻、铅印和石印等不同版本问世，以至于十年后出现了 30 多个版本。仅商务印书馆版的《天演论》自 1905 至 1927 年间就刊印 24 版，可谓是盛况空前。从根本上说，严译《天演论》成功的秘诀并不在于传播进化论，而在于围绕中国近代救亡图存的宗旨对进化论所进行的取舍、创新和改造。

一、对进化论的选择和改造

早在严复之前，进化论就已经传入中国。1859 年，达尔文的科学巨著——《物种起源》出版。不久，中国的报纸就以"西洋博士新著一书"为题予以了介绍。至于进化论著作的翻译，《天演论》之前就已经在中国出现。问题的关键是，这些并未引起特别关注。进化论在中国近代引起高度关注并产生巨大影响乃至汇成一股时代思潮是从严复开始的，主要归功于严复翻译的《天演论》。从这个意义上说，严复不啻为进化论系统输入中国的第一功臣。这一切的原因在于，正如严复翻译西学是出于反帝救亡的政治斗争和现实需要一样，《天演论》的翻译集中体现了这一宗旨，紧扣救亡图存、"自强保种"的时代主题。《天演论》并不是赫胥黎原书的忠实译本，而是删除了后半部分、只保留了前半部分，这从书名上便可一目了然。不仅如此，《天演论》也不是原书的直译而是意译——确切地说，是有选择、有侧重、有发挥、有评论，根据中国近代社会的现实需要而"取便发挥"的"达旨"。对此，严复在《天演论》自序中开宗明义地指出："译文取明深义，故词句之间时有所倒附益，不斤斤于字比句次，而意义则不倍本文。题曰达旨，不云笔译，取便发挥。"[1]根据这一原则，他在《天演论》的每篇译文之中或之后大都加有按语，或注释原文，补充原书中的观点；或抒发己见，对原著提出异议。为了阐明自己的看法，按语有时甚至比原文还要长。据统计，《天演论》的按语达30多条，字数占全书的三分之一。难怪青年时以一边嚼着茴香豆一边读《天演论》为乐趣的鲁迅在读了马君武翻译的《进化论与伦理学》之后，两相比较得出结论：严复"作"了一部《天演论》。严复曾直言不讳地声明，他的译作完全服从于政治斗争的需要，当初之所以选择《进化论与伦理学》就是出于这一初衷。这用严复本人的话说便是："赫胥黎氏此书之旨，本以救斯宾塞尔任天为治之末流，其中所论，与吾古人有甚合者，且于自强保种之事，反复三致意焉。夏日如年，聊为迻译，有以多符空言，无裨实政相稽者，则固不佞所不恤也。"[2]据此可见，有裨"实政""自强保种"是《天演论》的突出特征，它的一切都受制于中国当时的社会现实和政治需要。事实上，并不限于《天演论》，严复介绍、传播进化论并不是进行学术研究，而是出于政治斗争的需要。与翻译《天演论》是为了"自强保种"一样，救亡图存的现实需要促使严复对进化论进行了大胆的取舍、改造和创新。

1〔英〕赫胥黎：《天演论》，严复译，中州古籍出版社，1998，第26页。
2〔英〕赫胥黎：《天演论》，严复译，中州古籍出版社，1998，第16页。

首先，严复对达尔文的进化论进行了取舍和侧重。这主要表现在对生存竞争、适者生存的凸显与对遗传变异的淡漠上。

众所周知，达尔文的进化论又称自然选择学说，主要包括过度繁殖、生存竞争、遗传变异和适者生存四个方面的内容。其中，最能打动严复的是生存竞争（struggle for existence，严复翻译为"物竞"）和适者生存（natural selection，又称"天然淘汰""自然淘汰"，严复翻译为"天择"）理论，而过度繁殖和遗传变异并没有引起严复太多的兴趣。可以作为佐证的是，严复起初是这样向国人介绍达尔文其人其学的："达尔文者，英之讲动植之学者也。……垂数十年，而著一书，曰《物种探原》。自其书出，欧美二洲几于家有其书，而泰西之学术政教，一时斐变。论者谓达氏之学，其一新耳目，更革心思，甚于奈端氏（牛顿——引者注）之格致天算，殆非虚言。……其书之二篇为尤著，西洋缀闻之士，皆能言之；谈理之家，摅为口实，其一篇曰物竞，又其一曰天择。"[1]1895 年 3 月，严复在天津《直报》上发表《原强》一文，文中介绍了达尔文及其学说。他指出，正是达尔文的进化论引起了西方学术政教的一时蜇变，进化论是"近五十年来，西人所孜孜勤求，近之可以保身治生，远之可以经国利民之一大事"[2]。正因为如此，进化论在欧美各国影响巨大，引发的思想革命足以与牛顿力学相媲美。简言之，达尔文的进化论有两篇尤为重要：一篇是"物竞"即生存竞争，另一篇是"天择"即适者生存。稍加思考即可发现，严复对达尔文的进化论的介绍并没有关注过度繁殖和遗传变异，而是聚焦生存竞争和适者生存。这是严复的一贯做法，同时表明了他对达尔文的进化论的取舍。正是循着生存竞争、适者生存的思路，严复确立了"自强保种"的救亡路线和方针。

必须提及的是，达尔文自然选择学说的四个方面是相互支撑的，离开了过度繁殖，也就无法理解生存竞争的紧迫性和残酷性。正是由于这个原因，尽管

---

[1]《原强修订稿》，《严复集》（第一册），中华书局，1986，第15—16页。

[2]《原强修订稿》，《严复集》（第一册），中华书局，1986，第15页。

严复在 1895 年的介绍中只是突出生存竞争和自然选择，然而，他在后来的《天演论》中着重介绍并阐述了过度繁殖学说。对此，严复如是说：

英国计学家（即理财之学）马尔达有言：万类生生，各用几何级数。（几何级数者，级级皆用定数相乘也。谓设父生五子，则每子亦生五孙。）使灭亡之数，不远过于所存，则瞬息之间，地球乃无隙地。人类孳乳较迟，然使衣食裁足，则二十五年其数自倍，不及千年，一男女所生，当遍大陆也。生子最稀莫逾于象，往者达尔文尝计其数矣。法以牝牡一双，三十岁而生子，至九十而止。中间经数，各生六子，寿各百年，如是以往，至七百四十许年，当得见象一千九百万也。

又赫胥黎云：大地出水之陆，约为方迷卢者五十一兆。今设其寒温相若，肥确又相若，而草木所资之地浆、日热、炭养、亚摩尼亚莫不相同。如是而设有一树，及年长成，年出五十子，此为植物出子甚少之数，但群子随风而飏，枚枚得活，各占地皮一方英尺，亦为不疏。如是计之，得九年之后，遍地皆此种树，而尚不足五百三十一万三千二百六十六垓方英尺。此非臆造之言……

夫草木之蕃滋，以数计之如此，而地上各种植物以实事考之又如彼，则此之所谓五十子者，至多不过百一二存而已。且其独存众亡之故，虽有圣者莫能知也，然必有其所以然之理。此达氏所谓物竞者也。竞而独存，其故虽不可知，然可微拟而论之也。设当群子同入一区之时，其中有一焉，其抽乙独早，虽半日数时之顷，已足以尽收膏液，令余子不复长成，而此抽乙独早之故，或辞枝较先，或苞膜较薄，皆足致然。设以膜薄而早抽，则他日其子又有膜薄者因以竞胜，如此则历久之余，此膜薄者传为种矣。此达氏所谓天择者也。[1]

---

1 〔英〕赫胥黎：《天演论》，严复译，中州古籍出版社，1998，第 75—76 页。

在这里，严复介绍了赫胥黎的过度繁殖理论，同时将之与达尔文的思想联系起来。更为重要的是，严复将生物的过度繁殖与经济学家马尔萨斯（严复翻译为马尔达）的人口论混为一谈，着重说明人口的过度繁殖。显而易见，严复这样做的目的是突出人类的生存竞争，旨在重申他一贯的以生物进化讲人类进化的初衷。

其次，在介绍、翻译赫胥黎的进化论的过程中，严复对其进行了创新和改造。一言以蔽之，严复赞同赫胥黎"与天争胜"的思想，反对他用良心、同情心解释社会进化的做法。

赫胥黎是达尔文学说的坚决捍卫者和积极拥护者，他的进化思想与达尔文本人的思想大同小异。大致说来，赫胥黎的进化论与达尔文的差别主要表现在对进化动因的理解上：达尔文强调外界环境的作用，以至于达尔文的进化论又被称为自然选择学说；赫胥黎突出人在生物进化中的作用，宣称"人治天行，同为天演"[1]。无论"天演"还是"天择"都证明了达尔文对自然力量的推崇，赫胥黎则把人为的努力与自然的造作一起视为生物进化的动力。严复欣赏的正是赫胥黎肯定人在生物进化中的作用，这也是他选择赫胥黎的著作进行翻译的原因之一。按照严复的说法，斯宾塞的思想大旨任天，与中国汉初黄老哲学的"明自然"相仿佛；赫胥黎的思想大多如此，惟《进化论与伦理学》不然。严复专门对斯宾塞与赫胥黎的思想予以比较，最终选择了《进化论与伦理学》。正是在这个意义上，严复断言："于上二篇，斯宾塞、赫胥黎二家言治之殊，可以见矣。斯宾塞之言治也，大旨存于任天，而人事为之辅，犹黄老之明自然而不忘在宥是已。赫胥黎氏他所著录，亦什九主任天之说者，独于此书非之如此，盖为持前说而过者设也。"[2] 赫胥黎的《进化论与伦理学》出版于1894年，甫一出版就引起了严复的注意。《天演论》最迟开译于1895年——有学者

1 〔英〕赫胥黎：《天演论》，严复译，中州古籍出版社，1998，第103页。
2 〔英〕赫胥黎：《天演论》，严复译，中州古籍出版社，1998，第104页。

考证可能开译于 1894 年，于 1898 年 4 月正式出版。严复之所以没有翻译达尔文 1859 年出版的《物种起源》，而在《进化论与伦理学》刚一出版就着手翻译，重要原因之一就是赫胥黎突出人在生物进化中的作用，在《进化论与伦理学》中宣传"与天争胜"的思想。当时，为《天演论》作序的吴汝纶就明确指出了这一点："赫胥黎氏起而尽变故说，以为天不可独任，要贵以人持天。以人持天，必究极乎天赋之能，使人治日即乎新，而后其国永存，而种族赖以不坠，是之谓与天争胜。……严氏一文之，而其书乃骎骎与晚周诸子相上下，然则文顾不重耶？抑严子之译是书，不惟自传其文而已，盖谓赫胥黎氏以人持天，以人治之日新卫其种族之说，其义富，其辞危，使读焉者怵焉知变，于国论殆有助乎？"[1]

严复同样对赫胥黎的思想有所取舍，甚至有所批判。例如，他并不同意赫胥黎关于伦理过程与宇宙过程对抗，进而用人的良心、同情心的"善相感"来解释社会进化的观点。严复反驳说："赫胥黎保群之论，可谓辨矣。然其谓群道由人心善相感而立，则有倒果为因之病，又不可不知也。盖人之由散入群，原为安利，其始正与禽兽下生等耳，初非由感通而立也。夫既以群为安利，则天演之事将使能群者存，不群者灭；善群者存，不善群者灭。善群者何？善相感通者是。然则善相感通之德，乃天择以后之事，非其始之即如是也。其始岂无不善相感通者？经物竞之烈，亡矣，不可见矣。赫胥黎执其末以齐其本，此其言群理所以不若斯宾塞氏之密也。"[2] 在严复看来，人与动物甚至植物一样处于生存竞争之中，个人组成社会正是出于生存竞争的需要。生存竞争的法则决定了"能群者存，不群者灭；善群者存，不善群者灭"，于是才有了人类良心、同情心的"善相感"。这表明，人类的良心和同情心决非先天具有、与生俱来，而是出于合群、保群的需要产生的，是经过自然选择之后才逐渐发展起来的。

1〔英〕赫胥黎：《天演论》，严复译，中州古籍出版社，1998，第 1—3 页。
2〔英〕赫胥黎：《天演论》，严复译，中州古籍出版社，1998，第 177 页。

既然如此，赫胥黎用人的良心和同情心来解释社会历史的进化显然犯了本末倒置的错误——"执其末以齐其本"，远不如斯宾塞讲社会进化思维缜密，令人信服。

再次，对于斯宾塞的进化论，严复做了更大幅度的取舍和选择——所取的是斯宾塞用生存竞争来解释人类社会进化的部分，所舍的是斯宾塞的社会达尔文主义，特别是让人放弃一切努力、听任自然安排，面对外族侵略束手待毙的主张。

综观严复的思想可以发现，他对斯宾塞的热情远远大于达尔文。一个明显的证据是，在对进化论的宣传和介绍中，严复更倾向于从生物进化入手讲社会进化的斯宾塞的思想。有鉴于此，严复在《原强》中介绍达尔文之后，马上介绍了斯宾塞及其思想，并誉之为"真大人之学"。斯宾塞不仅在达尔文之前发明了进化论，而且将生物进化引入社会历史领域，用生物进化的法则论证人类社会的进化和种族与种族之间的关系。按照斯宾塞的说法，人类社会的进化与生物界一样完全受生存竞争法则的支配，而优等民族理所当然地成为统治者，劣等民族被征服、被奴役、被灭绝也纯属本该如此。循着这个逻辑，他公然声称，对待民众的贫穷、疾病和愚昧不必去管，一切都应任其自然淘汰。只有这样，才能提高全人类的素质，任何人为的改变都会破坏自然的和谐。这种理论的尽头是社会沙文主义，悍然声称种族与种族之间的生存竞争是生物进化使然，战争、疾病是优胜劣汰的一部分。严复虽然对斯宾塞将进化运用到社会领域的做法赞叹有加，但是，斯宾塞的社会沙文主义是严复所不能认同的。正因为如此，在翻译进化论著作时，严复选择了赫胥黎而放弃了斯宾塞。这主要出于两点考虑：第一，与纯学术的《物种起源》相比，作为进化论通俗读本的《进化论与伦理学》更适合大众的接受和理解。第二，与斯宾塞的进化论相比，赫胥黎的思想更适合捍卫被压迫民族的立场。

站在被压迫民族的立场上，严复接受斯宾塞的进化论和社会学既不是为了证明帝国主义侵略有理，也不是渲染中国沦亡无可挽回的自暴自弃。恰好相反，严复的目的是通过生存竞争让中国人振作起来、自强不息，通过艰苦卓绝的努力奋斗来改变中国贫弱衰微、落后挨打的处境。正因为如此，尽管对斯宾塞推崇有加，严复在介绍、宣传中始终将斯宾塞的思想限定在社会学、社会有机体论和宗教学等领域，在界定、翻译进化论时以赫胥黎的思想为主，有意无意地回避斯宾塞的进化论。在这方面，严复选择翻译赫胥黎的《进化论与伦理学》而没有翻译斯宾塞作为《社会学研究》（严复翻译为《群学肄言》）基础的《生物学原理》就是明证。

二、进化论与救亡图存

上述内容显示，严复对进化论的宣传、翻译是有选择、有侧重的，对于进化论大家从达尔文、赫胥黎到斯宾塞的进化论均有批判和改造。这印证了严复输入进化论的初衷，而其一以贯之的宗旨和标准则是中国近代的救亡图存。达尔文的进化论以 1859 年《物种起源》的出版为标志，其系统输入中国则是从严复开始的。严复选中达尔文的生存竞争学说，是为了唤醒中国人的忧患意识。他热衷于赫胥黎的《进化论与伦理学》，则是由于赫胥黎"与天争胜"的思想可以为中国近代抗侮御辱的反帝斗争鼓动起自信、自尊和进取精神。严复倾慕斯宾塞，旨在强调生存竞争不仅适用于自然界，而且适用于人类社会，种族与种族之间的生存竞争与动植物相比有过之而无不及。正是通过对进化论的侧重、取舍和创新，严复极好地突出了"自强保种"的主题，也使进化论成为中国近代救亡图存最主要的理论武器。

首先，严复反复用外来物种克灭土生物种的事例警惕西方列强对中国的吞食和瓜分，旨在唤醒中国人的忧患意识。

自从鸦片战争开始，中国就被沦为半殖民地的深渊，乃至濒临亡国灭种的危险。尽管如此，无论顽固派还是广大民众都没有意识到亡国灭种的危险，因而或者盲目自大，对惊心动魄的民族危机视而不见；或者政治麻木，对国家的命运漠不关心。严复在输入进化论的过程中突出生存竞争、优胜劣汰的生物进化铁律，就是为了给濒临亡国灭种危险的中国人敲响警钟。可以看到，在介绍生存竞争学说的过程中，严复特别突出外来物种克灭土生物种的现象，并用这一现象极力反驳赫胥黎的观点。赫胥黎认为，在生物界，每一物种与其他物种都处于相互竞争之中，那些生存下来的生命类型经历了生存竞争、优胜劣汰的筛选，便成为最适应环境的物种。因此，这些物种在它们所生存的环境和条件之中是"最适者"[1]。严复不同意赫胥黎"物不假人力而自生，便为其地最宜之种"的说法，而是以植物、动物和人类等不同物种反复证明，所谓的"最宜之种"是仅就本土从前所有物种而言的。一旦有外界新的物种闯入，又会发生新一轮的生存竞争。竞争的结果并不一定是本土物种获胜，而是"往往年月以后，旧种渐湮，新种迭盛"。对于这个问题，严复非常重视，故而列举许多事实加以说明和阐发。下仅举其一斑：

> 赫胥黎氏于此所指为最宜者，仅就本土所前有诸种中标其最宜耳。如是而言，其说自不可易。何则？非最宜不能独存独盛故也。然使是种与未经前有之新种角，则其胜负之数，其尚能为最宜与否，举不可知矣。

> 大抵四达之地，接壤绵遥，则新种易通。其为物竞，历时较久，聚种亦多。至如岛国孤悬，或其国在内地，而有雪岭、流沙之限，则其中见种物竞较狭，暂为最宜，外种闯入，新竞更起。往往年月以后，旧种渐湮，新种迭盛。此自舟车大通之后，所特见屡见不一见者也。譬如美洲从古无马，自西班牙人载与俱入之后，今则不独家有是畜，且落荒山林，转成野种，聚族蕃生。澳洲及新西兰诸岛无鼠，自欧人到彼，船鼠入陆，至今遍地皆鼠，无异欧洲。俄罗斯蟋蟀旧种长大，自安息（Parthia，今译伊

---

[1]〔英〕赫胥黎：《进化论与伦理学》，科学出版社，1973，第3页。

朗——引者注）小蟋蟀入境，克灭旧种，今转难得。苏格兰旧有画眉最善鸣，后忽有斑画眉，不悉何来，不善鸣而蕃生，克善鸣者日以益稀。澳洲土蜂无针，自窝蜂有针者入境，无针者不数年灭。至如植物，则中国之番薯蓣来自吕宋，黄占来自占城，蒲桃、苜蓿来自西域，薏苡载自日南，此见诸史传者也。南美之番百合，西名"哈敦"，本地中海东岸物，一经移种，今南美拉百拉达往往蔓生数十百里，弥望无他草木焉。

余则由欧洲以入印度、澳斯地利动植尚多，往往十年以外遂遍其境，较之本土，繁盛有加。夫物有迁地而良如此，谁谓必本土固有者而后称最宜哉？

嗟乎！岂惟是动植而已，使必土著最宜，则彼美洲之红人、澳洲之黑种，何由自交通以来岁有耗减？而伯林海之甘穆斯噶加，前土民数十万，晚近乃仅数万，存者不及什一，此俄人亲为余言，且谓过是恐益少也。物竞既兴，负者日耗，区区人满，乌足恃也哉?! 乌足恃也哉?! [1]

在严复的视界中，本土固有的物种并不就是"最宜者"，并非就能在本土永世长存。动植物如此，人种也不例外。正如植物界的番百合原产地在地中海，一经移植便在南美洲反客为主一样，动物界鸠占鹊巢的现象屡见不鲜。伊朗蟋蟀、苏格兰画眉就是外来物种克灭土生物种的典型，至于欧洲人将原本属于欧洲的马、鼠等动物引入美洲、澳洲，如今的美洲、澳洲成为马、鼠天下的例子更是颠覆了所谓"本土最宜之种"的说法。严复认为，动物和植物界这些外来物种克灭土生物种的例子足以令同处天演之境的人类警醒，因为人与动植物一样逃遁不了生存竞争、优胜劣汰的进化法则。事实上，外来人种克灭土著人种的事件并非危言耸听，而是已经发生并且正在发生，甚至将来还会发生。严复强调，自从舟车大开之后，美洲、澳洲土著居民的生存状况令人堪忧，他

1〔英〕赫胥黎：《天演论》，严复译，中州古籍出版社，1998，第89—90页。

们世代生存的家园被白种侵略者霸占，自身则沦为殖民者的奴隶；并且人数急剧减少，濒临灭绝。分析至此，严复特别指出，在中国近代内忧外患的多事之秋，外强环视使中国岌岌可危，美洲印第安人、澳洲毛利人的处境就是中国人的一面镜子。

在严复看来，中华民族是本土的固有人种，西方列强则属于外来的物种，西方列强与中国人是新种克灭旧种的生存竞争关系。中国人要生存必须把握生存竞争的主动权，"自强保种"，与西方列强进行殊死搏斗。当时的中国如果不及时变法图强，与妨生者为斗，等待中国的将是如印地安人和毛利人一样的下场。严复的说法突出了中华民族与帝国主义的矛盾，揭露了帝国主义吞食中国的野心，增强了中国人忧国忧民的爱国意识。当时的顽固派自恃中国地广民众、历史悠久而妄自尊大，对日益深重的民族危机视而不见、麻木不仁。严复的议论给他们敲响了警钟，"区区人满，乌足恃也哉?!"就是针对他们而言的。

其次，严复指出，生物进化的动力是生存竞争，中国要生存必须"自强保种"。

严复对进化论的介绍、宣传之所以侧重"物竞""天择"，就是为了强调生存竞争、优胜劣汰是生物进化的主要动力。人作为生物要生存，就必须进行生存竞争，与妨生者为斗。他解释说："物竞者，物争自存也；天择者，存其宜种也。意谓民物于世，樊然并生，同食天地自然之利矣。然与接为构，民民物物，各争有以自存。其始也，种与种争，群与群争，弱者常为强肉，愚者常为智役。"[1]这就是说，生物进化在生存竞争中进行，竞争的方式主要有两种：一是物种与物种之间的竞争，二是物种与外界环境的斗争。竞争成败的规律是强大者、优胜者、能适应环境者得以繁衍生息，弱小者、劣败者、不适应环境者被淘汰、灭种。循着这个逻辑，只有强大者、优胜者，才有生存的权利，自强

---

1 《原强修订稿》，《严复集》（第一册），中华书局，1986，第16页。

成为保种、生存的不二选择。沿着这个思路，在宣传达尔文进化论时，严复突出了"自强保种"的主题。

达尔文的进化论的核心理念是自然选择学说，注重外部环境对生物的选择而非生物与外界的竞争。按照这套理论，动植物能否幸存完全依赖外界条件的恩赐，是自然的外界条件在选择生物而不是相反。这样一来，达尔文便把生物的进化完全说成是大自然的杰作，视为一个自然而然的过程。从这个角度看，严复把进化翻译为"天演"即自然进化是十分准确且符合达尔文的原意的。

接下来的问题是，用达尔文的自然选择学说来解释进化，生物在进化过程中完全是消极被动的，能否进化，如何进化，以至于是存留还是被淘汰完全取决于外界环境。对于这一点，将达尔文的自然选择学说与拉马克的"用进废退"相比较则看得一清二楚。以长颈鹿的进化为例，达尔文的解释是，长颈鹿的祖先存在着个体差异，有的颈和前肢长一些，有的颈和前肢短一些。这些差异使不同个体在相同的条件下面临不同的处境，生存的机遇大不相同。这是因为，颈和前肢长的个体能吃到树上高处的叶子，在缺乏青草的时期容易得到食物而生存下来，并且繁衍后代，颈和前肢短的个体在生存竞争中不容易吃到充分的食物而逐渐被淘汰。这样一代一代地选择下去，经过漫长的年代，在自然界进化成了现在这样的长颈鹿。显而易见，在达尔文看来，生物是在无意之中自然而然地发生这样或那样的变异的。生物产生变异之后，又是由自然选择来决定其生存或淘汰的，长颈鹿的长颈和长肢就是由于自然选择并经过世代积累形成的。与达尔文的观点迥异其趣，拉马克认为，长颈鹿经常努力地伸长颈和前肢去吃高处的叶子，它的颈和前肢便会由于经常使用而得以进化而发达，因而才会变长。这表明，长颈鹿的长颈和长的前肢是由于"用进废退"逐代向前发展而形成的，动物的变异是由动物本身的意志所决定的。

从生物学的角度去评判达尔文的自然选择与拉马克的"用进废退"孰是孰非是另一码事，问题的关键是，严复宣讲进化论的鹄的并不是要向国人讲述生物学或进化论，而是为了救亡图存。严复身处列强环视、民族危机迫在眉睫的中国近代，输入进化论的初衷是解决中国人的生存问题。按照自然选择的说法，"人为天演中一境"，在进化中同样是消极被动、没有主动性可言的。再引申一步，是不是可以说：中国近代的衰微贫弱、亡国灭种是自然选择的结果，命该如此；中国人在与西方列强的生存竞争中无能为力，甚至只能坐以待毙！如果是这样，便违背了严复介绍和宣传进化论的初衷。变消极的适应进化为积极的促进进化是严复把达尔文进化论中国化所要做的首要工作。为此，他一面将生存竞争、外力视为生物进化的动力，一面强调人、精神在进化中的作用。

问题到此并没有结束，与凸显人在进化中的作用互为表里，严复将"自强保种"确立为救亡图存的宗旨和策略。为了更好地"自强保种"，他将个人与国家连为一体，千方百计地提高中国的竞争实力。具体地说，严复将"鼓民力""开民智""新民德"奉为改造中国的三大纲领，旨在全面提高中国人的素质。与此同时，他引进西方的经济、法律思想和政治学说，作为救贫、起弱、疗愚的具体办法。

再次，与突出精神、意识在进化中的作用一脉相承，在介绍、宣传进化论的过程中，严复有意识地提升人的地位和价值，突出人与动物在适应环境方式上的根本区别。

严复指出，动植物对外部环境的适应是消极被动的，人可以主动地适应进化。他断言："物形之变，要皆与外境为对待，使外境未尝变，则宇内诸形，至今如其朔焉可也。惟外境既迁，形处其中，受其逼拶，乃不能不去故以即新。故变之疾徐，常视逼拶者之缓急，不可谓古之变率极渐，后之变率遂常如此而不能速也。即如以欧洲政教、学术、农工、商战数者而论，合前数千年之变，殆不如挽近之数百年。至最后数十年，其变弥厉。故其言曰：耶稣降生二千年时，世界如何？虽至武断人不敢率道也。顾其事有可逆知者：世变无论如何，终当背苦而向乐。此如动植之变，必利其身事者而后存也。"[1]严复将牛顿力学引入进化论，将生物的进化说成是外部环境即外力逼拶的结果。在这个前提下，他对人类进化的阐释从两个不同方向展开：一方面，严复认为，人与动植物一样处于生存竞争之途，进化的快慢或程度取决于外力的大小。另一方面，严复强调，人与动植物的进化存在巨大差异，因而不可同日而语。严复认为，动植物的进化过程通过适应性的点滴积累，在速度上极其缓慢。这用严复本人的话说便是："天演之学，肇端于地学之殭石、古兽，故其计数，动逾亿年，区区数千年、数百年之间，固不足以见其用事也。"[2]与动植物不同，人具有"精神志气"、才智知识，在进化中表现出动植物所无法比拟的优越性。这突出表现在两个方面：第一，人类进化的速度不仅远非动植物能及，而且将愈进愈快。奥秘在于，人能够把从环境中获取的经验和技能转化为知识，通过语言传授给他人。这样一来，人便可以用很短的时间获取对周围世界的认识，并且可以通过了解历史，推测其发展趋势，作为适应和改造环境的行为指导。知识的增长与智力的提高加强了人对环境的适应，也使人类可以改造外部环境。与此同时，人能够有意识地使用自己的生理器官积极地促进进化，特别是人脑的使用极大地加快了人类的进化过程。第二，人能主动地向外部摄取大量信息，根据环境的变化来改变自己。正是由于人可以根据外部环境的变化调节自己的行为，故而在进化中获取主动权。正是在这个意义上，严复断言："天下惟知情实者，然后有驭物之能，而祸败庶几免耳。"[3]

严复进而指出，人不仅能适应环境，而且能改造环境。这使人类在进化中具有了得天独厚的优势，也使他看到了中国的希望。在讲述自己游历欧美的感受时，严复感叹地说道："吾游欧美之间，无论一沟一塍一廛一市，莫不极治

1〔英〕赫胥黎：《天演论》，严复译，中州古籍出版社，1998，第211页。

2〔英〕赫胥黎：《天演论》，严复译，中州古籍出版社，1998，第211页。

3《〈学生会条规〉序》，《严复集》（第一卷），中华书局，1986，第122页。

缮葺完。一言蔽之，无往非精神之所贯注而已。反观吾国，虽通衢大邑，广殿高衙，莫不呈丛脞抛荒之实象。此真黄白二种，优劣显然可见者也。"[1]通过身临其境，严复切身感受到了西方人在改造自然中发挥的巨大能动性，由此认识到通过人的行动和改造，自然界处处被打上了人类的烙印。这雄辩地证明，人的生存环境可以依照人的目的和要求得到改善。严复坚信，西方人能做到的，中国人也一样能够做到。西方人在进化中表现出来的动植物无法比拟的优越性为中国人树立了榜样，也坚定了严复"自强保种"的决心和信心。在这方面，严复提出了一套应对进化之方，强调在中国近代的社会形势下，中国"必不因四海为夷狄，而绝不考其行事，而谋所以应付之方"。中国只有先了解西方，摄取最大的信息量，才能据此制定出自己的进化方略。严复预言：中国虽然"今日为㒦国"，但是，只要中国人奋发图强、积极进取，一定会"终为外人所严惮"。

严复的议论旨在告诉中国人，中国近代的社会远远落后于西方，民族危机空前严重。尽管如此，中国人只要发愤图强，就可以保种生存，赶上时代的步伐。进而言之，为了使中国在进化中迎头赶上而立于不败之地，严复提出了两个具体办法：第一，提高中国人生存竞争的能力，与妨生者为斗。严复宣称："人欲图存，必用其才力心思，以与是妨生者为斗。负者日退而胜者日昌。胜者非他，智、德、力三者皆大是耳。三者大而后与境相副之能恢，而生理乃大备。"[2]由此说来，生存的第一要义是凭借自身的"才力心思"与妨生者进行生存竞争，自强成为生存、保种的不二法门。于是，严复意味深长地说道："是故天演之秘可一言而尽也。天惟赋物以孳乳而贪生，则其种自以日上，万物莫不如是，人其一耳。进者存而传焉，不进者病而亡焉。"[3]第二，利群、善群，

1《法意》按语，《严复集》（第四册），中华书局，1986，第985页。
2〔英〕赫胥黎：《天演论》，严复译，中州古籍出版社，1998，第196页。
3〔英〕赫胥黎：《天演论》，严复译，中州古籍出版社，1998，第195页。

在合群中保种。生物进化是以种群为单位进行的，这意味着种群不仅是生物的生存方式，而且是防御外敌的基本单位。生物之间的生存竞争也是以种群为单位进行的，竞争的结果取决于生物合群、善群的程度。生物进化论使严复意识到："天演之事将使能群者存，不群者灭；善群者存，不善群者灭。"[1]沿着这个思路，他从进化论中推出了合群、善群的"自强保种"之方。

通过合群、善群"自强保种"是严复赞同斯宾塞以生物学讲社会学的原因，也决定了他对斯宾塞的社会有机体论的推崇备至。正因为如此，在《天演论》中，严复详细介绍了斯宾塞的思想，在指出斯宾塞与赫胥黎的思想相异而赫胥黎对斯宾塞的思想每每攻击的前提下，偏袒斯宾塞的思想。于是，严复连篇累牍地写道：

> 夫斯宾塞所谓民群任天演之自然，则必日进善不日趋恶，而郅治必有时而臻者，其竖义至坚，殆难破也。何以言之？一则自生理而推群理。群者，生之聚也。今者合地体、植物、动物三学观之，天演之事，皆使生品日进，动物自子孑蠉蠕，至成人身，皆有绳迹可以追溯，此非一二人之言也。学之始起，不及百年，达尔文论出，众虽翕然，攻者亦至众也。顾乃每经一攻，其说弥固，其理弥明。后人考索日繁，其证佐亦日实。至今外天演而言前三学者，殆无人也。

> 夫群者，生之聚也。合生以为群，犹合阿米巴（极小虫，生水藻中，与血中白轮同物，为生之起点）而成体。斯宾塞氏得之，故用生学之理以谈群学，造端比事，粲若列眉矣。然于物竞、天择二义之外，最重体合。体合者，物自致于宜也。彼以为生既以天演而进，则群亦当以天演而进无疑。而所谓物竞、天择、体合三者，其在群亦与在生无以异，故曰任天演自然，则郅治自至也。虽然，曰任自然者，非无所事事之谓也，道在无扰

1〔英〕赫胥黎：《天演论》，严复译，中州古籍出版社，1998，第177页。

而持公道。其为公之界说曰："各得自由，而以他人之自由为域。"其立保种三大例，曰："一、民未成丁，功食为反比例率；二、民已成丁，功食为正比例率；三、群己并重，则舍己为群。"用三例者，群昌；反三例者，群灭。

今赫胥氏但以随其自至当之，可谓语焉不详者矣。至谓善恶皆由演成，斯宾塞固亦谓尔。然民既成群之后，苟能无扰而公，行其三例，则恶将无从而演，恶无从演，善自日臻。此亦犹庄生去害马以善群、释氏以除翳为明目之喻已。

又斯宾氏之立群学也，其开宗明义曰："吾之群学如几何，以人民为线面，以刑政为方圆，所取者皆有法之形。其不整无法者，无由论也。今天下人民国是，尚多无法之品，故以吾说例之，往往若不甚合者。然论道之言，不资诸有法固不可，（按此指其废君臣、均土田之类而言）。学者别白观之，幸勿讶也"云云。而赫氏亦每略其起例而攻之，读者不可不察也。[1]

在对人类进化的看法上，严复偏袒斯宾塞与反对赫胥黎将良心、同情心说成是社会进化的动力息息相关，此外还有一个重要原因，即赫胥黎攻击斯宾塞的社会有机体论。这是严复所不能容忍的，因为严复具有浓郁的有机体情结，对斯宾塞的社会有机体论更是顶礼膜拜。深入剖析不难发现，严复之所以推崇斯宾塞的社会有机体论，看中的是从社会有机体论中可以推导出群重己轻、合群保种的结论。严复认为，合群是斯宾塞以生物学讲社会学的最大功劳，故而在个人生存与保群合群上推崇斯宾塞而反对赫胥黎。对此，严复在《天演论》中通过按语如是说："赫胥黎氏之为此言，意欲明保群自存之道，不宜尽去自营也。然而其义隘矣。且其所举泰东西建言，皆非群学太平最大公例也。太平

1〔英〕赫胥黎：《天演论》，严复译，中州古籍出版社，1998，第422—423页。

公例曰：'人得自由，而以他人之自由为界。'用此则无前弊矣。斯宾塞《群谊》一篇，为释是例而作也。"[1]

上述内容显示，严复对《天演论》的翻译和对进化论的系统输入具有明确的目的性。这具体包括三个方面：第一，突出生存竞争的法则，引起中国人对西方列强瓜分中国的忧患意识。严复宣传进化论，目的在于唤起国人的忧患意识。这用他本人的话说便是："其种愈下，其存弥难，此不仅物然而已，墨澳二洲，其中土人日益萧瑟，此岂必虔刘朘削之而后然哉？资生之物所加多者有限，有术者既多取之而丰，无具者自少取焉而啬，丰者近昌，啬者邻灭。此洞识知微之士所为惊心动魄于保群进化之图，而知徒高睨大谈于夷夏轩轾之间者，为深无益于事实也。"[2]第二，在愁云惨雾的一片阴霾中，凭借"自强保种"为中国人点燃光明和希望。按照严复的说法，人是生物中的一种，与其他生物一样遵循自然选择和生存竞争的原则。既然优胜劣败的生物进化规律同样适用于人类社会的进化和种族的进化，那么，只要中国人发奋图强，把握进化的主动权，就能够掌握中国的前途和命运。第三，秉持合群进化的理念，通过群己关系凝聚中国人的精神和斗志。借助进化论，严复力图告诉人们："盖惟一群之中，人人以损己益群为性分中最要之一事，夫而后其群有以合而不散而日以强大也。"[3]一目了然，他借助进化论阐释的问题都是中国近代社会所急的。严复对这些问题的回答既有忧患又有希望，在挑战与机遇并存中提出了具体的应对措施和方案。

达尔文进化论在中国近代的系统输入以严复翻译的《天演论》为标志，而严复对进化论的输入并不限于《天演论》，当然也不局限于赫胥黎的思想。归纳起来，严复宣传、输入的进化论以达尔文、赫胥黎和斯宾塞的思想为主，是

1〔英〕赫胥黎：《天演论》，严复译，中州古籍出版社，1998，第187页。
2〔英〕赫胥黎：《天演论》，严复译，中州古籍出版社，1998，第76页。
3〔英〕赫胥黎：《天演论》，严复译，中州古籍出版社，1998，第394页。

对三人思想的和合。一个不争的事实是，严复对达尔文、赫胥黎和斯宾塞的思想都既有吸纳，又有驳斥。具体地说，对于达尔文的进化论，严复借鉴了生存竞争、适者生存的思想，同时批判达尔文对人为力量的轻视。对于赫胥黎的进化论，严复赞同"与天争胜"的观点，同时严重质疑赫胥黎本地物种为最宜物种的观点。对于斯宾塞的进化论，严复在折服于斯宾塞将进化理念运用于人类历史进化的同时，对其中的沙文主义无法苟同。通过分析可以看到，严复对达尔文、赫胥黎和斯宾塞进化思想的取舍、臧否遵循统一的原则，都紧扣中国近代的救亡图存与思想启蒙展开，并秉持这一宗旨对三人的思想进行创新解读、自由发挥和大胆改造。

经过严复的介绍、翻译和改造，达尔文进化论与中国近代的救亡图存结下了不解之缘，原本属于生物学的进化论也由此与中国的前途、命运休戚相关。正是由于这个原因，进化论在中国近代并不限于生物学。正如严复所言："夫进化之事众矣，广而言之，则一切众生皆有进化之事。"[1]进化论的影响所及不仅涵盖了自然科学和社会科学，而且牵涉到世界观、方法论、价值观和人生观等诸多领域。对于达尔文进化论的作用和影响，梁启超的说法是极好的注脚。他在《清代学术概论》中这样写道："欧洲19世纪中叶，英人达尔文之《种源论》，法人雷能之《耶稣基督传》，先后两年出版，而全欧思想界为之大摇，基督教所受影响尤剧。夫达尔文自发表其生物学上之见解，于教宗何与，然而被其影响者，教义之立脚点破也。"[2]在严复的视界中，进化论更是无所不包。对此，他如是说："天演之义，所苞如此。斯宾塞氏至推之农商工兵语言文学之间，皆可以天演明其消息所以然之故。苟善悟者深思而自得之，亦一乐也。"[3]鉴于《天演论》的巨大影响，蔡元培在总结"五十年来中国之哲学"时提到了

1　《天演进化论》，《严复集》（第二册），中华书局，1986，第310页。
2　《清代学术概论》，《梁启超全集》（第五册），北京出版社，1999，第3074页。
3　〔英〕赫胥黎：《天演论》，严复译，中州古籍出版社，1998，第60页。

严译《天演论》，特别提到了《天演论》的广泛影响。蔡元培写道："他译的最早、而且在社会上最有影响的，是赫胥黎的《天演论》（Huxley: Evolution and Ethics and other Essays）。自此书出后，'物竞'、争存、优胜劣败等词，成为人人的口头禅。"[1]除此之外，蔡元培还注意到了《天演论》中所包含的其他方面的内容："《天演论》……也引了斯宾塞尔最乐观的学说。大家都不很注意，……严氏所最佩服的，是斯宾塞尔的群学。"[2]一目了然，蔡元培肯定《天演论》中援引了斯宾塞的学说，表明了严复对斯宾塞的青睐。胡适更是直接将《天演论》与西方哲学联系起来，并且由此将严复誉为"介绍西洋近世思想的第一人"。胡适写道："严复是介绍西洋近世思想的第一人，……严复译赫胥黎的《天演论》在光绪丙申（一八九六），在中日战争之后，戊戌变法之前，……这是他的卓识。自从《天演论》出版（一八九八）以后，中国学者方才渐渐知道西洋除了枪炮兵船之外，还有精到的哲学思想可以供我们的采用。"[3]无论梁启超还是严复都强调进化论的影响是全方位的，蔡元培、胡适则分别从哲学、文学的角度揭示了严译《天演论》的价值和意义。鉴于这种情况，仅仅从生物学或进化论的角度理解严复的《天演论》或对进化论的输入是远远不够的。严复翻译的《天演论》和对进化论的系统输入带给中国人的震动、影响涉及到从自然科学到社会科学，从哲学观、方法论、价值观、人生观、政治观到法制观等各个领域和方面。

第三节　体用之辨与系统输入西学

严复是近代著名的西学家，无论对西学的介绍、输入还是翻译、研究都在

---

1 《五十年来中国之哲学》，《蔡元培全集》（第五卷）浙江教育出版社，1997，第102页。
2 《五十年来中国之哲学》，《蔡元培全集》（第五卷）浙江教育出版社，1997，第102—103页。
3 《五十年来中国之文学》，《胡适全集》，安徽教育出版社，2007，第274页。

戊戌启蒙思想家中首屈一指。深入剖析可以看到，严复的卓越贡献并不限于对西学的输入和研究，而在于独特的西学观和中学观。

一、体用一物的有机体方案

早在呼吁学习西方之时，严复就提出了系统而非枝节的输入西学方案。原因在于，严复对斯宾塞的有机体论推崇有加，不仅将人与社会的关系视为细胞与生物有机体的关系，而且对一国之政教学术作有机体观。对此，他强调："一国之政教学术，其如具官之物体欤？有其元首脊腹，而后有其六府四支；有其质干根荄，而后有其支叶华实。使所取以辅者与所主者绝不同物，将无异取骥之四蹢，以附牛之项领，从而责千里焉，固不可得，而田陇之功，又以废也。晚近世言变法者，大抵不揣其本，而欲支节为之，及其无功，辄自诧怪。不知方其造谋，其无成之理，固已具矣，尚何待及之而后知乎，是教育中西主辅之说。特其一端已耳。"[1]事实上，严复将中国文化、西方文化都视为有机体，进而坚决反对割裂文化的体与用。针对洋务派的"中学为体，西学为用"，严复强调体用一物，针锋相对地提出了体用合一的主张。他声称："善夫金匮裘可桴孝廉之言曰：体用者，即一物而言之也。有牛之体，则有负重之用；有马之体，则有致远之用。未闻以牛为体，以马为用者也。中西学之为异也，如其种人之面目然，不可强谓似也。故中学有中学之体用，西学有西学之体用，分之则并立，合之则两亡。议者必欲合之而以为一物。且一体而一用之，斯其文义违舛，固已名之不可言矣，乌望言之而可行乎？"[2]按照严复的说法，既然中学、西学都是一个有机体，那么，它们便各自具有自己的体与用。正如中学有中学的体用一样，西学有西学的体用。文化是有机体，文化的体用便不可分离。既然如此，无论以中学为体、西学为用还是以西学为体、中学为用，都将

---

[1]《与〈外交报〉主人书》，《严复集》（第三册），中华书局，1986，第559—560页。
[2]《与〈外交报〉主人书》，《严复集》（第三册），中华书局，1986，第558—559页。

使中学与西学由于体用分离而两败俱伤。这一认识奠定了严复的西学观、中学观和中西学术观，同时也决定了他对西学的输入和选择。在这方面，与文化有机体理念密切相关，严复对西学的输入力图体用兼备，从自然科学到经济学、法学、逻辑学、社会学再到宗教学、教育学，可谓无所不包。

归纳起来，严复对西学的宣传、输入主要集中在自然科学、哲学和自由、平等和民主代表的启蒙思想三个方面：第一，以进化论、牛顿力学为代表的自然科学。对于西方近代的自然科学，严复对进化论的系统翻译、输入引人瞩目，此外还有对牛顿力学的介绍和研究。可以看到，严复以牛顿力学的三大定律阐发自己的思想，并将之与《周易》《庄子》等中国经典相互诠释。除此之外，严复对以太亦多有介绍和运用，特别是对以太具有迥异于他人的理解和界定。康有为将以太理解为儒家所讲的不忍人之心，谭嗣同将以太与仁相提并论，孙中山把以太说成是太极，章炳麟则认为以太与阿屯（atom，现通译为原子）是同一种存在。严复对以太主要有两种界定和理解：一是将以太理解为气，称为"清刚之气"，与力相提并论；二是将以太理解为道，与老子的"有生于无"相互诠释。严复关于以太的说法并不统一，却很独到。第二，涵盖不同时期、不同国家的西方哲学。严复热衷于古希腊哲学和以英国经验论、不可知论为代表的西方近现代哲学，同时介绍了德国、法国和荷兰等多国的哲学人物和哲学思想。严复对于英国哲学的系统传入中国功不可没，对培根（严复翻译为贝根）、霍布斯（严复翻译为郝伯思）、洛克的经验论，贝克莱的感觉主义和休谟的不可知论多有提及，对赫胥黎、斯宾塞的不可知论以及穆勒的逻辑学更是翻译和介绍兼而有之。除此之外，严复对康德（严复翻译为汗德）、谢林（严复翻译为飔林）、费希特（严复翻译为佛特或佛对）、黑格尔、叔本华（严复翻译为寿朋好儿）代表的德国哲学也有提及和研究——他的不可知论借鉴了康德的本体与现象之分，对黑格尔的历史哲学更是推崇备至。事实上，《述黑格儿惟心论》是严复仅有的一篇介绍西方哲学家的文章。严复对待黑格尔的态度与章炳麟等其他近代哲学家呈现出明显不同，章炳麟在《俱分进化论》中专门批判黑格尔而推崇叔本华（章炳麟翻译为索宾霍尔）。与此同时，严复还多次提及法国的笛卡尔（严复翻译为特加尔或特嘉尔）、伏尔泰（严复翻译为福禄特尔）等人的哲学思想和教育理念。他对笛卡尔更是倾慕有加，笛卡尔的哲学成为严复心学的主要来源。严复同样没有冷落用外国文字写就不朽著作《知性改进论》（严复翻译为《外籀哲学》）的荷兰哲学家斯宾诺莎（严复翻译为斯平讷查）。第三，以自由、平等和民主为代表的启蒙思想。对于西方的政治思想，严复介绍说："欧洲论治最古之书，有柏拉图之《民主主客论》，与亚理斯多德之《经国论》，为泰西言治之星宿海昆仑墟。至〔自〕百数十年来，英奇辈出，皆有论著，若郝伯思、若洛克，若孟德斯鸠，若卢梭，若恭德，若边沁，若穆勒，若托克斐，若浑伯乐，皆蔚成一家之言，为言治者所取法。最后则有麦音，斯宾塞尔，伯伦知理诸家，为近世之泰斗。"[1]在严复提到的西方思想家中，从古希腊的柏拉图、亚理士多德到近代的启蒙思想家，再到现代的斯宾塞和伯伦知理等社会学、政治学大家，可谓人物众多。与诸多人物相伴而来的则是令人目不暇接的各种政治理论和社会学说，其中影响最大且与严复所讲的自由、民主关系最为密切的则非社会有机体论、天赋人权论和社会契约论莫属。社会有机体论是由严复率先引入中国的，已经成为学术界的共识。天赋人权论和社会契约论则为中国人找到了论证自由、平等和民主的新型武器。

值得注意的是，严复对西学的输入涵盖了从自然科学到社会科学的所有学科，牵涉的学说、人物更是不胜枚举。尽管如此，严复对西学甚至对自己推崇人物的学说并非照单全收，而是围绕着救亡图存的宗旨，根据中国的具体情况和现实需要进行选择、取舍乃至大胆改造。以进化论为例，严复没有翻译恪守自然选择的达尔文的进化论而是选中了突出人在进化中的作用的赫胥黎的思

---

1 《读新译甄克思〈社会通诠〉》，《严复集》（第一册），中华书局，1986，第147页。

想，同时在翻译中用大量事实驳斥赫胥黎的本地物种是最宜物种的说法。严复的这些做法目的只有一个，那就是：以进化论的生存竞争、适者生存为中国人敲响警钟，以此唤起中国人的忧患意识。再如，严复接受了卢梭等人的天赋人权论，却不同意卢梭对平等的看法。正是由于这个原因，严复并没有翻译卢梭的著作，反而特意作《〈民约〉平议》反驳卢梭的观点。针对卢梭设想的"自由状态"，严复在文中一针见血地批评说："卢梭之说，其所以误人者，以其动于感情，悬意虚造，而不详诸人群历史之事实。……然则统前后而观之，卢梭之所谓民约者，吾不知其约于何世也。"[1]在严复看来，卢梭设想的社会状态之前的"自由状态"没有任何根据而纯属臆造。更为重要的是，严复恪守对积极自由与消极自由的区分，认为卢梭所讲的自由永远都不可能实现，进而全面否定了卢梭所追求的自由和平等。卢梭认为，"民生自由，其于群为平等"。严复反驳说，卢梭讲的平等永远都不可能实现。原因在于，新生婴儿没有任何生活能力，一切皆赖成人，这决定了婴儿与成人之间不可能平等；及其长成，也会因为体力、智力等各方面的差异而导致更多的不平等。至于人与人之间的关系，由于共同生存在社会之中，彼此之间贵贱、贫富等方面的不平等更是不可避免。正是在这个意义上，严复反复声称：

> 且稍长之儿，其不平等，尤共见也。若强弱，若灵蠢，若贤不肖，往往大殊，莫或掩也。一家之中，犹一国然。恒有一儿，严重威信，不仅为群儿之领袖也，即其长者异之。乌在其于群为平等乎？他日卢梭之论等差原始也，亦尝区自然之殊异，与群法之等威而二之矣。乃不知群法等威，常即起于自然之殊异。均是人也，或贵焉，或贱焉，或滋然而日富，或塌然而日贫，此不必皆出于侵陵刮夺之暴，亦不必皆出于诡谲机诈之欺也。无他，贤不肖智愚勤惰异耳，谁非天赋之权利也哉？[2]

---

1 《〈民约〉平议》，《严复集》（第二册），中华书局，1986，第340页。
2 《〈民约〉平议》，《严复集》（第二册），中华书局，1986，第336页。

今者其书（指《社会契约论》——引者注）之出百数十年矣，治群学者，或讨诸旧文，或求诸异种，左证日众，诚有以深知其说之不然。[1]

值得注意的是，尽管严复对卢梭的观点含有微词，然而，有一点可以肯定，那就是：严复赞同社会契约论和天赋人权论。正是借鉴包括卢梭思想在内的天赋人权论和社会契约论，严复从人权的角度理解平等和自由，并把自由界定为人与生俱来的权利，而不是像梁启超那样将自由界定为内心的道德境界或精神状态。退一步说，严复对《社会契约论》的"平议"本身在客观上起到了介绍、宣传卢梭思想的作用——在某种程度上甚至可以说，严复的"平议"是卢梭在中国近代产生广泛影响的原因之一。

就严复输入的西学来说，与自然科学、逻辑学相比，社会契约论、社会有机体论和天赋人权论的启蒙意义更大。如果说严复对于卢梭的观点尚存异议的话，那么，他对孟德斯鸠则推崇有加。严复不仅翻译了孟德斯鸠的《论法的精神》（严复翻译为《孟德斯鸠法意》，或名《法意》），而且作《孟德斯鸠传》介绍孟德斯鸠的生平、建树，宣传、评介孟德斯鸠的思想。由此看来，严复对孟德斯鸠的膜拜和热情非同一般。严复一生既翻译其著作又为之作传的只有亚当·斯密和孟德斯鸠两个人，两人也因严复既翻译其书又为之作传而为中国人所熟悉。除了卢梭和孟德斯鸠之外，严复的社会契约论还借鉴了霍布斯和洛克的思想。例如，严复断言："郝伯思（现通译为霍布斯、下同——引者注）谓国家未立之初，只是强欺弱世界，必自拥戴一人为君，情愿将己身所享自由呈缴国家，易为循令守法，而后有相安之一日云云。果如此言，是未立国家之际，人人自立自由，各不相管，如无所统摄之散沙，而其对于外物，全视本人力量如何，强则食人，弱则人食。此论似之，但惜其非事实耳。……此（指柳宗元的《封建论》——引者注）与郝伯思、洛克所主，真无二致之谈，皆不悟

---

1 《〈民约〉平议》，《严复集》（第二册），中华书局，1986，第340页。

人群先有宗法社会。"[1] 在严复那里，与对待伯伦知理的态度一样，严复虽然对霍布斯的观点有所提及，但是，他并没有对之进行专门宣传或评介。

就严复的政治思想、启蒙哲学而言，影响最大的当属穆勒、斯宾塞、亚当·斯密和孟德斯鸠。斯宾塞是严复最推崇的西方学者，在不可知论、社会学、宗教学和教育学等诸多领域都给严复以巨大影响，社会有机体论更是让严复佩服得五体投地。在宗教学方面，严复深受斯宾塞的影响，同时介绍了孔德的思想。至于穆勒，更是由于严复既翻译《论自由》又翻译《逻辑学体系》而为中国人所熟悉。穆勒是最先使用功利主义一词的哲学家和伦理学家，除了自由思想，穆勒的功利主义和亚当·斯密的功利主义一样成为严复启蒙哲学的主要来源。除了穆勒之外，另一位功利主义的代表人物——边沁也是严复不止一次提及的对象。除了这些近现代的启蒙思想家之外，文艺复兴时期的人文主义者——彭波那齐（严复翻译为滂庞讷子）也进入了严复的视野。严复对上述人物思想的翻译和介绍给当时中国的学术界带来了一股清新之风，思想启蒙的作用和价值不容低估。

二、"轴心时代"的古希腊哲学

严复与康有为、梁启超等近代哲学家一样意识到了人类文明在"轴心时代"的异地而出，进而将古希腊哲学与先秦哲学相提并论。正是由于这个原因，严复对西学的输入和介绍并不限于西方的近现代思想而是包括古希腊哲学。

凭借得天独厚的西学素养，严复提到的古希腊人物之多、学说之繁令人惊叹。仅以《天演论》为例，他在按语中一而再、再而三地写道：

> 至于希腊理家，德黎称首，生鲁厘二十四年。德，首定黄赤大距逆筴日食者也。亚诺芝曼德生鲁文十七年。毕达哥拉斯生鲁宣间。毕，天算鼻

---

1 《政治讲义》，《严复集》（第五册），中华书局，1986，第 1261 页。

祖，以律吕言天运者也。芝诺芬尼生鲁文七年，创名学。巴弥匿智生鲁昭六年。般剌密谛生鲁定十年。额拉吉来图生鲁定十三年，首言物性者。安那萨哥拉，安息人，生鲁定十年。德摩颉利图生周定王九年，倡莫破质点之说。苏格拉第生周元王八年，专言性理道德者也。亚理大各，一名柏拉图，生周考王十四年，理家最著号。亚理斯大德生周安王十八年，新学未出以前，其为西人所崇信，无异中国之孔子。（苏格拉第、柏拉图、亚理斯大德者，三世师弟子，各推师说，标新异为进，不墨守也。）此外则伊壁鸠鲁生周显二十七年。芝诺生周显三年，倡斯多噶学，而以阿塞西烈生周报初年，卒始皇六年者终焉。盖至是希学之流亦稍涸矣。[1]

希腊理家额拉吉来图有言："世无今也，有过去有未来，而无现在。譬诸濯足长流，抽足再入，已非前水。是混混者未尝待也。方云一事为今，其今已古，且精而核之，岂仅言之之时已哉？当其涉思，所谓今者固已逝矣。"（赫胥黎他日亦言人命如水中漩洑，虽其形暂留，而漩中一切水质刻刻变易。一时推为名言。仲尼川上之叹，又曰回也见新，交臂已故。东西微言，其同若此。）[2]

额拉颉来图生于周景五十年，为欧洲格物初祖。其所持论，前人不知重也，今乃愈明而为之表章者日众。按额拉氏以常变言化，故谓万物皆在"已"与"将"之间，而无可指之。今以火化为天地秘机，与神同体。其说与化学家合。又谓人生而神死，人死而神生，则与漆园"彼是方生"之言若符节矣。

苏格拉第，希腊之雅典人。生周末元、定之交，为柏拉图师。其学以事天、修己、忠国、爱人为务，精辟肫挚，感人至深，有欧洲圣人之目。以不信旧教，独守真学，于威烈王二十二年为雅典王坐以非圣无法杀之。

1〔英〕赫胥黎：《天演论》，严复译，中州古籍出版社，1998，第273—274页。
2〔英〕赫胥黎：《天演论》，严复译，中州古籍出版社，1998，第249—250页。

天下以为冤。其教人无类、无著作。死之后，柏拉图为之追述言论，纪事迹也。

柏拉图，一名雅里大各，希腊雅典人。生于周考五十四年，寿八十岁。仪形魁硕。希腊旧俗，庠序间极重武事，如超距、搏跃之属，而雅里大各称最能，故其师字之曰柏拉图。柏拉图，汉言骈胁也。折节为学，善歌诗。一见苏格拉第，闻其言，尽弃旧学，从之十年。苏以非罪死，柏拉图为讼其冤。党人讐之，乃弃乡里，往游埃及，求师访道十三年。走义大利，尽交罗马贤豪长者。论议触其王讳，为所卖为奴。主者心知柏拉图大儒，释之。归雅典，讲学于亚克特美园。学者裹粮挟贽，走数千里，从之问道。今泰西太学称亚克特美，自柏拉图始。其著作多称师说，杂出己意；其文体皆主客设难，至今人讲诵弗衰。精深微妙，善天人之际。为人制行纯懿，不愧其师，故西国言古学者称苏、柏。

什匿克者，希腊学派名，以所居射圃而著号。倡其学者，乃苏格拉第弟子名安得臣者。什匿克宗旨以绝欲遗世、克己励行为归，盖类中土之关学。而质确之余，杂以任达。故其流极，乃贫贱骄人，穷丐狂保，黍刻自处，礼法荡然。相传安得臣常以一木器自随，坐卧居起，皆在其中。又好对人露秽。白昼持烛，遍走雅典。人询其故，曰："吾觅遍此城，不能得一男子也。"

斯多噶者，亦希腊学派名，昉于周末考、显间。而芝诺称祭酒，以市楼为讲学处。雅典人呼城阓为斯多亚，遂以是名其学。始于希腊，成于罗马，而大成于西汉时。罗马著名豪杰皆出此派。流风广远，至今弗衰，欧洲风尚之成，此学其星宿海也。以格致为修身之本。其教人也，尚任果，重犯难，设然诺，贵守义相死，有不苟荣、不幸生之风。西人称节烈不屈男子曰"斯多噶"，盖所从来旧矣。

雅里大德勒（此名多与雅里大各相混，雅里大各，乃其师名耳。）者，柏拉图高足弟子，而马基顿名王亚烈山大师也。生周安王十八年，寿六十二岁。其学自天算格物以至心性、政理、文学之事，靡所不赅，虽导源师说，而有出蓝之美。其言理也，分四大部：曰理、曰性、曰气，而最后曰命，推此以言天人之故。盖自西人言理以来，其立论树义，与中土儒者较明、最为相近者，雅里氏一家而已。元明以前，新学未出，泰西言物性、人事、天道者，皆折中于雅里氏，其为学者崇奉笃信，殆与中国孔子侔矣。洎有明中叶，柏庚起英，特嘉尔起法，倡为实测内籀之学，而奈端（今译牛顿——引者注）、加理列倭（今译伽利略——引者注）、哈尔维（Willian Harvey，今译哈维，英国解剖学家，血液循环的发现者——引者注）诸子，踵用其术，因之大有所明，而古学之失日著。谠者引绳排根，矫枉过直，而雅里氏二千年之焰，几乎熄矣。百年以来，物理益明，平陂往复，学者乃澄识平虑，取雅里旧籍考而论之，别其芜颣，载其精英，其真乃出，而雅里氏之精旨微言卒以不废。嗟乎！居今思古，如雅里大德勒者，不可谓非聪颖特达，命世之才也。

德谟颉利图者，希腊之亚伯地拉人。生春秋鲁哀间。德谟善笑，而额拉吉来图好哭，故西人号额拉为哭智者，而德谟为笑智者，犹中土之阮嗣宗（阮籍，驾车任意而行，路尽则大哭——引者注）、陆士龙（陆云，有笑疾——引者注）也。家雄于财。波斯名王绰克西斯至亚伯地拉时，其家款王及从者甚隆谨。绰克西斯去，留其傅马支（古神巫号）教主人子，即德谟也。德谟幼颖敏，尽得其学。复从之游埃及、安息、犹大诸大邦，所见闻广。及归，大为国人所尊信，号"前知"。野史稗官多言德谟神异，难信。其学以觉意无妄，而见尘非真为旨，盖已为特嘉尔嚆矢矣。又黜四大之说，以莫破质点言物。此则质学种子，近人达尔顿（John Dalton，今译道尔顿——引者注）演之，而为化学始基云。[1]

1〔英〕赫胥黎：《天演论》，严复译，中州古籍出版社，1998，第370—373页。

伊壁鸠鲁，亦额里思人。柏拉图死七年，而伊生于阿底加。其学以惩忿窒欲、遂生行乐为宗，而仁智为之辅。所讲名理、治化诸学，多所发明，补前人所未逮。后人谓其学专主乐生，病其恣肆，因而有豕圈之诮，犹中土之讥杨、墨，以为无父无君，等诸禽兽，门户相非，非其实也。实则其教清净节适，安遇乐天，故能为古学一大宗，而其说至今不坠也。[1]

据此可见，古希腊哲学是严复关注的焦点之一，他对古希腊哲学的审视和解读令人瞩目：第一，严复在此列出了众多古希腊哲学家的名字，其中有泰勒斯（Thales，严复翻译为德黎）、阿那克西曼德、毕达哥拉斯、克塞诺芬尼、巴门尼德、阿那克西美尼、赫拉克利特（严复翻译为额拉吉来图）、阿那克萨戈拉、德谟克利特（严复翻译为德谟颉利图）、伊壁鸠鲁、苏格拉底、柏拉图和亚里士多德，还有斯多阿学派的芝诺和怀疑派的阿尔克西劳（Arkesilaos，严复翻译为阿塞西烈）等。第二，严复对人数众多的古希腊哲学家的思想分别予以介绍和解读，在关注和追溯他们的学术传承的同时，展示古希腊哲学的学术派别和总体概貌。第三，严复关注古希腊与西方近代思想的一脉相承，天文学家伽利略、物理学家牛顿和道尔顿、生物学家哈维、哲学家笛卡尔和赫胥黎等人的出现在薪火相传中拉近了古希腊哲学与近现代思想之间的距离。第四，严复将古希腊的思想与中国哲学相对照，孔子、墨子、杨朱、庄子、阮籍和陆云等人的出现在一定程度上消除了中国人对古希腊哲人及其思想的陌生感。严复的介绍和解读对于古希腊哲学走进中国近代哲学的视野无疑具有推动作用，同时也印证了他对古希腊哲学的高度关注。

进而言之，之所以不厌其烦地摘录上述原文，主要原因有二：第一，学术界对于严复介绍、传播西方近现代思想多有关注，并且给予高度评价；相比较而言，严复对古希腊哲学的介绍和研究历来鲜有提及。上述引文显示，古希腊

1〔英〕赫胥黎：《天演论》，严复译，中州古籍出版社，1998，第394页。

哲学也是严复宣传、介绍的西学的一部分，理应受到与严复翻译、输入的西方近现代思想一样的重视和关注。第二，更为重要的是，上述引文均出于《天演论》：从时间来看，《进化论与伦理学》属于现代著作；从内容来看，《进化论与伦理学》主要探究进化论与伦理问题。显而易见，古希腊哲学无论时间还是内容都与《进化论与伦理学》没有直接关联。既然如此，严复为什么在《天演论》中频频讲到古希腊，在按语中运用巨大篇幅连篇累牍地介绍古希腊哲学？不了解这一点，便无法深刻把握严复输入西学的动机，当然也就不能体悟传播、翻译西学的严复为何成为国学家。戊戌启蒙思想家与五四新文化运动者的区别并不在于是否接受西学，而是在于将西学视为学问还是价值。在这个根本问题或曰原则分歧上，严复与其他近代国学家一样，讲西学是为了弘扬中学而不是像陈独秀等人那样强调为了欢迎西方的德先生和赛先生就必须抛弃中国的传统文化而另起炉灶。严复以及其他近代哲学家之所以宣传、传播西学，理论初衷是以西学为中学注入新的内容，以此推动中国本土文化的内容转换和现代化。在此过程中，无论是为中华民族寻找精神家园的寻根意识还是以中学树立中国人的民族自尊心和文化认同感的立言宗旨，都使近代国学家在对中国本土文化的关注中将目光聚焦在先秦时期。理由很简单，先秦哲学既是中国哲学、文化的活水源头，又足以证明中国文化超迈全球。在这种历史背景和文化语境下，古希腊哲学作为与先秦学术对比、观照的首选自然而然地成为他们关注的热点。在这方面，康有为、梁启超和章炳麟都是如此，严复自然也不例外。上述引文直观展示了严复对古希腊哲学的津津乐道，也从一个侧面表明严复与其他近代国学家对先秦哲学的关注无论在理论初衷还是在致思方向上都别无二致。

三、严译西学的特色特质

无论严复对西学的介绍还是对西学的翻译都在当时产生了巨大影响，他的西学家身份由此而来。对于严复翻译西学的成就，吴汝纶在《天演论》序中评价说："……赫胥黎氏之指趣，得严子（指严复、下同——引者注）乃益明。自吾国之译西书，未有能及严子者也。"[1]最早对中国近代思想史进行研究的梁启超对于严复的翻译之功更是不吝溢美之词。例如，他在《中国近三百年学术史》中写道："严又陵（复）。他是欧洲留学生出身，本国文学亦优长，专翻译英国功利主义派书籍，成一家之言。"[2]在《清代学术概论》中，梁启超揭示了严复翻译西学的特质，同样对严复的贡献给予了肯定。正是在这个意义上，梁启超如是说："……'梁启超式'的输入，无组织，无选择，本末不具，派别不明，惟以多为贵。……盖如久处灾区之民，草根木皮，冻雀腐鼠，罔不甘之，朵颐大嚼，其能消化与否不问，能无召病与否更不问也，而亦实无卫生良品足以为代。时独有侯官严复，先后译赫胥黎《天演论》，斯密亚丹《原富》，穆勒约翰《名学》、《群己权界论》，孟德斯鸠《法意》，斯宾塞《群学肄言》等数种，皆名著也。虽半属旧籍，去时势颇远，然西洋留学生与本国思想界发生关系者，复其首也。"[3]梁启超承认自己对于新思想的输入做出了卓越贡献，并以"新思想界之陈涉"自居。尽管如此，面对严复对西学的输入，梁启超坦言与严复相比自愧弗如。

对于严复对西学的翻译和输入既要看到他的学术贡献，又要予以恰当的历史定位。可以肯定的是，严复对西学的输入具有弥补学术空白的价值。诚然，就中国人输入西方的政治、法律思想来说，严复之前就已经开始了。以法律思想为例，林则徐在1839年开始组织人节选翻译瑞士人瓦达尔编著的《各国律例》，而这成为中国人主动输入西方国际法的开始。至于西方传教士，更是在这方面开展了大量工作。例如，西方经济理论传入中国以美国传教士丁韪良传入的《富国策》为开端，艾约瑟编译的《富国养民策》较为系统地介绍了亚当·斯密的学说。与此同时，美国传教士翻译出版了一批关于西方历史、地

---

1 〔英〕赫胥黎：《天演论》，严复译，中州古籍出版社，1998，第1页。

2 《中国近代三百年学术史》，《梁启超全集》（第八册），北京出版社，1999，第4442页。

3 《清代学术概论》，《梁启超全集》（第五册），北京出版社，1999，第3105页。

理、教育、法律和政治理论的书籍。由此可见，即使是西方的社会理论也不是严复率先输入中国的。在这个前提下尚须进一步看到，严复对西学的翻译和系统输入具有筚路蓝缕的开创之功。这主要表现在以下几个方面：第一，与传教士对西学的传播和中国人的被动接受具有本质区别，严复对西学的介绍、输入围绕着中国近代的社会环境和现实需要展开，并根据救亡图存的宗旨对西方思想予以甄别、选择，有时甚至进行大胆创新和改造。第二，与康有为、梁启超等近代哲学家借助日文、日学转译西学不同，严复直接以西文译西学。这样做不仅省略了中间环节，而且避免了不必要的麻烦，尤其是摆脱了日译误读的干扰和日记西学的窠臼。第三，文化的体用之辨使严复对西学的选择和输入注重体用合一，从而关注系统性，对西学的翻译注重学科之间的连贯性和整体性。第四，严复对西学的输入包括翻译并不拘泥于原义，而是根据中国的现实需要对西学进行"取便发挥"。正是由于这个原因，严复对西学的翻译不惟采取意译的方式进行，并且加入大量按语阐释自己的观点。借此，严复将对西学的翻译演绎为西学与中学互释的过程。正因为如此，严复对西学的输入和翻译既是对西学进行中国化改造的过程，也是对中国本土文化进行创新解读和内容转化的过程。第五，与上述四点密不可分，严复对西学的输入产生了无可比拟的深远影响，进化论甚至影响了几代中国人。

尚须进一步澄清的是，严复是翻译家，同时也是拥有自己的哲学理念和意趣诉求的思想家。正因为如此，他对西学的翻译、介绍不仅影响了中国的思想界，而且影响了他本人——严复介绍、翻译的西方学说成为他本人思想的西学渊源。可以看到，无论是哲学思想还是政治主张，严复的观点都带有深厚的西学烙印。从这个意义上说，他介绍、输入西方思想既是对中国思想界的启蒙，又是为自己寻找理论武器和思想来源。对于严复来说，这两个方面同时进行，相互印证。例如，在中国近代，自由、平等渐渐成为主流话语，戊戌启蒙思想家对自由、平等的宣传正是反映了这一时代诉求。不同的是，康有为、谭嗣同所讲的自由、平等主要以中国思想为理论来源，故而一面将之说成是孔子、孟子和庄子等人代表的孔学中人的主张，一面阐发《春秋》《周易》中的相关资源。严复并不否认中国具有自由、平等和民主思想的资源——在这方面，严复的看法与康有为、谭嗣同相同，区别只是将老子、庄子代表的道家人物说成是中国自由、平等和民主思想的代言人而已。尽管如此，特殊的学术经历和素养使严复可以融合中西，从根本上说，被严复搬来为自由、平等辩护的主要武器是西方近代以来的启蒙思想。为此，他介绍、借鉴了西方启蒙运动的先驱和代表人物霍布斯、洛克、孟德斯鸠、卢梭、穆勒和边沁等人的社会思想。

从历史定位上看，严复将西学的翻译推进到了一个新的高度，甚至远非其他戊戌启蒙思想家可以比拟。尽管如此，严复的西学观依然处于戊戌启蒙的水平，对西学的输入带有中国近代哲学"不中不西，即中即西"的时代特征。这具体包括两个方面：第一，从价值旨趣上看，严复介绍、输入西学正是为了促进中国本土文化的内容转换和现代化，根本目的是以西学证中学。从根本上说，严复宣传、输入西学并不是为了以西学取代中学，而是为了以西学这个"他者"彰显中学这个"我者"。这是他的理论初衷，同时也注定了严复与五四新文化运动者的全盘西化相去霄壤。如果说发表于1895年2月的《论世变之亟》对中西文化进行比较的话，那么，时隔不久，发表于同年5月的《救亡决论》则以西学为标准来判断、匡定和评价中学。例如，严复批判汉学，是因为"其事繁于西学而无用"；批判宋学，是因为"其高过于西学而无实"。对此，他解释说：

> 超俗之士，厌制艺则治古文词，恶试律则为古今体；鄙摺卷者，则争碑版篆隶之上游；薄讲章者，则标汉学考据之赤帜。于是此追秦汉，彼尚八家，归、方、刘、姚、恽、魏、方、龚；唐祖李、杜，宋祢苏、黄；七子优孟，六家鼓吹。魏碑晋帖，南北派分，东汉刻石，北齐写经。戴、阮、秦、王，直阄许、郑，深衣几幅，明堂两个。钟鼎校铭，珪琮著考，秦权汉日，穰穰满家。诸如此伦，不可殚述。然吾得一言以蔽之，曰：无

用。非真无用也，凡此皆富强而后物阜民康，以为怡情遣日之用，而非今日救弱救贫之切用也。其又高者曰：否否，此皆不足为学。学者学所以修己治人之方，以佐国家化民成俗而已。于是侈陈礼乐，广说性理。周、程、张、朱，关、闽、濂、洛。学案几部，语录百篇。《学蔀通辨》，《晚年定论》。关学刻苦，永嘉经制。深宁、东发，继者顾、黄，《明夷待访》、《日知》著录。褒衣大袖，尧行舜趋。訑訑声颜，距人千里。灶上驱虏，折箠笞羌。经营八表，牢笼天地。夫如是，吾又得一言以蔽之，曰：无实。非果无实也，救死不赡，宏愿长赊。所托愈高，去实滋远。徒多伪道，何裨民生也哉！故由后而言，其高过于西学而无实；由前而言，其事繁于西学而无用。均之无救危亡而已矣。[1]

深入剖析严复的这段议论可以发现，他之所以对中学责之深，是因为对中学爱之切：一方面，严复指责中学无用、无实是通过中学与西学的比较进行的。在这个维度上，他选择学习西学、输入西学。另一方面，严复输入西学与指责中学无用、无实一样，始终围绕着救亡图存展开。文化有机体论决定了严复救亡图存的依据是中学而不可能是西学，而他讲西学的出发点、落脚点是补益中学。更有甚者，以西学家面目示人的严复"极恨西学"。他在信中坦言："渠生平极恨西学，以为专言功利，致人类涂炭。鄙意深以为然。"[2]据此可见，严复之所以"极恨西学"，具有深层原因，那就是：他对西学专讲功利导致世界生灵涂炭"深以为然"。从这个意义上说，严复对西学评价不高，更不可能将之奉为自己的价值观、人生观。第二，从具体途径上看，受制于救亡图存的立言宗旨，严复对西学的宣传、翻译并不忠实原著，而是具有以翻译、介绍西学之名行中学之实的强烈意图和动机。对此，蔡元培的介绍和评价可以作为一个注脚："严氏介绍西洋哲学的旨趣，虽然不很彻底，但是他每译一书，必有

---

1 《救亡决论》，《严复集》（第一册），中华书局，1986，第44页。
2 《与熊纯如书》，《严复集》（第三册），中华书局，1986，第623页。

一番用意。译得很慎重，常常加入纠正的或证明的案语，都是很难得的。"[1] 这是严复翻译西学的特色，同时也决定了他不惟成为西方著作的翻译家，更为重要的是因为翻译西学而成为启蒙思想家。正是由于翻译、介绍西学以及对西学的改造和利用，西方思想成为严复思想的理论来源和内容构成。这些不仅使严复以西学家的身份出现，而且造就了严复的启蒙哲学与同为戊戌启蒙思想家的康有为、谭嗣同和梁启超等人在理论来源、主体内容、思想特色和话语结构上的迥然相异。

综上所述，凭借对西学的宣传尤其是系统翻译和输入，严复将西学东渐的进程推向了一个崭新的历史高度。西学东渐的历史可以追溯到明朝末年，近代的西学东渐带有前所未有的特征。这集中体现在两个方面：第一，从西学的内容看，与明末开始传入的以天文学、数学和基督教为主要内容相比，近代东渐的西学内容越来越广——从实用技术到自然科学再到社会科学，五花八门，包罗万象。第二，从中国人接受西学的方式看，与明末基督教的传入由耶稣会士"主讲"、中国人被动接受的情形差若云泥，近代哲学家开始"走出去"，"主动"接受西学，带有一定性质的选择性。更为重要的是，他们宣传、介绍西学从根本上说不是出于个人的学术兴趣，而是迫于救亡图存与思想启蒙的现实需要，并且皆利用西学建构自己的哲学体系。从这个意义上说，近代启蒙思想家都是"新学家"（梁启超语）。新学家即西学家，宣传、利用西学是近代启蒙思想家的共识——任何近代启蒙思想家均无一例外。在宣传、借鉴西学方面，严复与其他近代哲学家是一样的；不一样的是，与其他近代哲学家通过自悟、自学或接触西方传教士而对西学一知半解、耳食之谈相去天壤，严复对西方的自然科学、社会科学具有系统而深入的学习和了解。他精通外文，西学造诣极高。严复对西学的翻译、输入将西学东渐推进到了一个新阶段，既展示了中国人学习

---

1 《五十年来中国之哲学》，《蔡元培全集》（第五卷），浙江教育出版社，1997，第104页。

西学的主动性，又在整体规划上注重西学的全面性。严复对西学的宣传、输入无论方式还是内容都是前所未有的，也是其他近代哲学家不可比拟的。正是由于这个原因，对于严复翻译、输入西学的功劳、意义和影响，从吴汝纶、梁启超到蔡元培、胡适都给予了高度评价。例如，梁启超将严复誉为"清季输入欧化之第一人"[1]。梁启超下此断言，依据是严复翻译的西方著作和输入的西学对中国思想界的空前影响。梁启超写道："惟侯官严几道（复），译赫胥黎《天演论》、斯密亚丹《原富》等书，大苏润思想界。十年来思想之丕变，严氏大有力焉。顾日本庆应至明治初元，仅数年间，而泰西新学，披靡全国。我国阅四五十年，而仅得独一无二之严氏。"[2]对于严复的翻译成就以及对中国的重大影响给予充分肯定是必须的，甚至可以说给予严复再高的评价都不为过。在这个前提下尚须注意的是，宣传尤其是翻译、输入西学使严复成为中国近代最著名的西学家和彪炳史册的翻译家。如何界定严复哲学家、中学家（国学家）与西学家、翻译家之间的关系不仅决定着对严复身份的定位，而且影响着对严复翻译方式的评价。只有深刻把握严复翻译、输入西学的目的与手段、学问与价值的关系，才能更好地理解严复对西学的翻译和输入，从而更好地把握严复哲学的特质和诉求。无论严复输入西学的方式还是对西方原著的选择都含有深意，旨在有利于中国近代的救亡图存与思想启蒙。他采取意译方式、以大量按语夹杂其中更是最大程度地实现了自己的翻译初衷，同时也为严复的西学翻译烙上了鲜明而厚重的个性风采。这些成为严复介绍和输入西学的特色，也在一定程度上框定了他的西学家与国学家这两种身份的关系。

---

1 严群为商务印书馆"严译名著丛刊"作序说，"梁任公谓几道先生为清季输入欧化之第一人"。
2 《论中国学术思想变迁之大势》，《梁启超全集》（第二册），北京出版社，1999，第619页。

第四章
导扬国性与尊孔读经

随着翻译的深入以及对西学理解的加深，严复认识到文化的"国性"问题。特别是在 1918 年第一次世界大战历时四年而战事正酣之际，严复意识到西方文明进化到最后只剩下"利己杀人，寡廉鲜耻"八个字，于是毅然放弃了对西学的翻译。与此同时，他越来越感悟到"孔子之教化"的价值，开始大力导扬中华民族的立国精神，提倡尊孔读经。可以看到，在大约 1911—1921 年间，严复将导扬中华民族的立国精神，赓续中国文化的"国性"和培养中国人的人格奉为主要目标。与早年热衷于中西文化比较和忙于翻译、输入西学不同，严复晚年即生命的最后十年把主要精力倾注到弘扬中学上，尤其是一改从前对"六经五子"的批判而大力提倡尊孔读经。这既是严复学术重心和价值意趣的转变，也为严复哲学的分期、评价等带来了重要影响。

第一节　国性与国粹

严复、康有为、谭嗣同、梁启超、孙中山和章炳麟拥有共同的身份，可以将他们统称为近代哲学家。如果说近代哲学家是他们的第一身份的话，那么，他们还各自拥有"第二"身份。近代哲学家的"第二"身份千差万别，直观而生动地展示了他们各不相同的学术志向、思想渊源和学术贡献。例如，严复是西学家，康有为是公羊学家，谭嗣同是激进的维新派，梁启超是"思想界的革命家"，孙中山是革命家，章炳麟是国学家。凡此种种，不一而足。如果说近代哲学家表明了他们思想的一致性的话，那么，"第二"身份则凸显了他们思想的个性特质。以国学家为例，国学一词作为主流话语是从1905、1906年开始的，主要标志是章炳麟、邓实等人创办国学杂志和国学讲习所。两人大张旗鼓地高喊"整理国故""保存国粹"，章炳麟因而成为近代哲学家中首屈一指的国学家。梁启超国学大师的身份也是毋庸置疑的，这从1929年1月梁启超逝世时友人送的挽联中即可见其一斑。其中，钱玄同写的挽联是："思想革命的先觉，国学整理之大师。"[1]与章炳麟、梁启超以国学家名世迥然不同，严复作为著名的翻译家以西学家的面目示人。给人最直接的印象是，严复以宣传、翻译和输入西学为务，并不关注国学。他的思想与国学无涉，甚至与国学相左。其实，这是一种误解。这种误解从抽象维度上说缘于对中学与西学做对立观，从具体维度上说因为没有把握严复思想的整体性、连贯性而无法洞察严复宣传、输入西学的初衷和目的。

一、"回照故林"

严复对西学的宣传、输入具有清醒的目的和明确的目标，那就是：以宣传西学的方式解读、创新中学，弘扬、赓续中学。这是严复宣传、翻译西学一以贯之的初衷和宗旨，贯彻严复翻译的始终。在1897年开始翻译《天演论》时表达为引导人多读"吾国古书"，在1911年提倡以西学开启民智时表达为"非为物理科学游说，且非为新学游说"而以西学"回照故林"。严复早在1897年开始翻译西学时就确立了以翻译西学之名行为中国文化代言之实的宗旨。对于

1　天津《益世报》刊登的钱玄同为梁启超写的挽联是"文字收功神州革命，生平自许中国新民。"胡适在日记中说这条挽联是他写的，钱玄同在日记中也记录了自己写的挽联："思想革命的先觉，国学整理之大师。"参见卢毅：《近代学人日记的史料价值》，载《中国社会科学报》2010年6月1日。

这一点，他在《天演论》的"自序""例言"中反复三致意焉。于是，严复不止一次地如是说：

> 赫胥黎氏此书（指《进化论与伦理学》——引者注）之旨，本以救斯宾塞任天为治之末流，其中所论，与吾古人有甚合者，且于自强保种之事，反复三致意焉。夏日如年，聊为迻译，有以多符空言，无裨实政相稽者，则固不佞所不恤也。[1]

> 译文取明深义，故词句之间时有所颠倒附益，不斤斤于字比句次，而意义则不倍本文。题曰达旨，不云笔译，取便发挥。[2]

明确了翻译西学的最终目的无外乎引导人多读中国古书，那么，如何翻译以及译文是否与原著相符也就不是问题了。明白了严复翻译、宣传西学的初衷，也就懂得了他为何不采用通俗易懂的白话文而采用"佶屈聱牙"的文言文翻译西学，同时也懂得了他为何对自己的译文是否与原著相符不以为意，甚至面对他人对自己不能"自著树"而选择翻译"拾人牙慧"却又不能直译的嘲讽颔之不答的原因了。

以西学推动中学的内容转换和现代化，进而弘扬中学是严复始终如一的不变初心。这一点从开始翻译西学始，一直贯彻落实到他对西学的介绍、宣传和翻译之中。例如，1911年，严复在《论今日教育应以物理科学为当务之急》中坦言自己宣讲西学的目的和宗旨是以西学"回照故林"。他声称："不佞今夕之谈，非为物理科学游说，且非为新学游说。新学固所最急，然使主教育者，悉弃其旧而惟新之谋，则亦未尝无害。盖教育要义，当使心德不偏。故所用学科，于思理、感情、内外籀，皆不可偏废。中国旧学，德育为多，故其书为德育所必用。何况今日学子，皆以更新中国自期。则譬如治病之医，不细究病人性质、体力、习惯、病源，便尔侈谈方药，有是理乎？姑无论国粹、国文，为

1　〔英〕赫胥黎：《天演论》，严复译，中州古籍出版社，1998，第16页。
2　〔英〕赫胥黎：《天演论》，严复译，中州古籍出版社，1998，第26页。

吾人所当保守者矣。故不佞谓居今言学，断无不先治旧学之理，经史词章，国律伦理，皆不可废。惟教授旧法当改良。诸公既治新学之后，以自他之耀，回照故林，正好为此。"[1] 一目了然，严复在这里开宗明义地声明，自己讲物理学并不是为物理学"游说"，也不是为物理学代表的新学即西方学说"游说"。之所以认为中国近代亟需西学，是因为教育的目标在于使受教育者"心德不偏"，情感理性、归纳演绎兼备无缺。鉴于中国历来重视德育而轻视智育，故而宣讲物理学以开发民智。值得注意的是，严复申明，如果只讲西学而放弃中学的话，必将有害无益。正如治病必须先了解病人的体质一样，当今之学必须先治中学即旧学。而之所以治西学，最终目的是为了以西学传扬、创新旧学、中学。基于这种思路，严复将"经史词章，国律伦理"皆视为"不可废"者而纳入"旧学"之中，同时使用国粹、国文概括旧学、称谓旧学，并且明言国粹、国文属于应该"保守者"之列。

《论今日教育应以物理科学为当务之急》是一篇演说稿，题目是编者后加的。深入思考不难发现，严复演讲的主旨并不像标题所示"以物理科学为当务之急"，而是在于为中学、旧学"游说"。诚然，严复一直倡导科学救国，即以"西学格致救国"。他在这里明确声称自己"非为物理科学游说，且非为新学游说"，治新学、西学非先治旧学、中学不可。据此可知，严复讲西学的最终目的在于为国粹"游说"，为中学"游说"：第一，严复申明自己的物理学讲座根本目的"非为物理科学游说"却还要宣讲物理学，是因为他认识到教育的目的是培养健全人格，使人"心德不偏"。为了达到这个目的，在学科设置上既要有物理学代表的自然科学，又要有人文、社会科学。总之，务使哲理感情、归纳演绎相得益彰，不可偏废。第二，严复声称宣讲物理学的目的"非为新学游说"，是因为他认为治西学或新学必须先治旧学、中学——"居今言学，断无

1《论今日教育应以物理科学为当务之急》，《严复集》（第二册），中华书局，1986，第284页。

不先治旧学之理"。正如医生治病要根据病人的具体情况开出药方一样，中国的教育和学问要因循中国的具体情况，先治中国固有之旧学，而这主要包括国粹、国文。严复强调，在先治旧学的基础上再治新学，才是为学次第。这是因为，对于严复来说，治新学的目的在于光大旧学——"以自他之耀，回照故林"。这就是说，新学、西学是手段，旧学、中学才是目的。

进而言之，严复之所以念念不忘采纳西学来"回照故林"，既是为了使中国的固有学术跟上时代的步伐，又是为了彰显中国文化的"国性"，并以此培养中国人的人格。他着重指出："大凡一国存立，必以其国性为之基。国性国各不同，而皆成于特别之教化，往往经数千年之渐摩浸渍，而后大著。但使国性长存，则虽被他种之制服，其国其天下尚非真亡。此在前史，如魏晋以降，五胡之乱华，宋之入元，明之为清，此虽易代，顾其彝伦法制，大抵犹前，而入主之族，无异归化，故曰非真亡也。独若美之墨西、秘鲁，欧之希腊、罗马，亚之印度，非之埃及，时移世异，旧之声明文物，斩然无余。夷考其国，虽未易主，盖已真亡。今之所谓墨西、秘鲁、希腊、罗马、印度、埃及，虽名存天壤之间，问其国性，无有存者，此犹练形家所谓夺舍躯壳，形体依然，而灵魂大异。庄生有言：'哀莫大于心死。'庄生之所谓心，即吾所谓灵魂也。人有如此，国尤甚焉。"[1] 按照这个说法，一国之所以立，必须具有其所以立之根基，这个根基就是"国性"；各国之"国性"各不相同，却都是其国特别之教化的结果，归根结底得益于数千年的历史积淀和世代传承。严复解释说，"国性"之所以是国家存立之根基，原因在于：正如人有灵魂一样，国家也有灵魂，国家之灵魂便是"国性"。庄子云"哀莫大于心死"（《庄子·田子方》），人无灵魂，虽生犹死。正如人最大的悲哀是心死而没有灵魂一样，国家丧失了"国性"，名虽犹存而国实亡。在这方面，墨西哥、秘鲁、希腊、罗马、印度和埃

---

1 《读经当积极提倡》，《严复集》（第二册），中华书局，1986，第330页。

及等国的命运便是明证。循着这个思路，国之存亡系于"国性"，只要"国性"尚存，即使被他族所制，国家尚有希望。借此，严复向人们昭示，在中国近代受制于西方列强的情形下，中国也不要灰心。只要中国的文化薪火相传，"国性"得以长存，中国就不会灭亡。这样一来，传扬中国文化、保存中国的"国性"成为救亡图存的不二法门，也成为严复大声疾呼保守旧学、固守国粹的根本原因。

二、导扬中华民族精神

严复认为，各国的"国性"都是"特别"的，中国的"国性"必须为中国所固有。奥秘在于，"国性"之所以成为一国之性，就在于"国性"是一个国家世代教化和历史积淀的结果。对此，人们不禁要问：中国的"国性"具体内容是什么？以中国文化的"国性"养成中国人什么样的人格？严复给出的回答是："盖忠之为说，所包甚广，自人类之有交际，上下左右，皆所必施，而于事国之天职为尤重。不缘帝制之废，其心德遂以沦也。孝者，隆于报本，得此而后家庭蒙养乃有所施，国民道德发端于此，且为爱国之义所由导源。（西字爱国曰：'巴特里鄂狄'，本于拉丁语之所谓父。）人未有不重其亲而能爱其祖国者。节者，主于不挠，主于有制，故民必有此，而后不滥用自由，而可与结合团体。耻诡随，尚廉耻，不戁不竦，而有以奋发于艰难。至于义，则百行之宜，所以为人格标准，而国民程度之高下视之。但使义之所在，则性命财产皆其所轻。故蹈义之民，视死犹归，百折不回，前仆后继，而又澹定从容，审处熟思，绝非感情之用事。"[1] 严复将中华民族的立国精神归结为忠、孝、节、义四端，以此为核心将中国文化的"国性"和经典的要义统合起来。在他看来，忠、孝、节、义是六经的宗旨，也是中华民族之立国精神即"国性"。正因为

1《导扬中华民国立国精神议》，《严复集》（第二册），中华书局，1986，第 343—344 页。

如此，中国人的人格培养要以忠、孝、节、义为圭臬。忠、孝、节、义皆为古代范畴，严复对它们进行了新的界定。依据他的界定，忠的范围甚广，并不专指臣下对君主而言；人与人的交往都以忠为原则，忠之要义在忠于国家。孝源于对父母养育之恩的知恩图报，是道德之发端；孝并非专指孝顺父母，而是要由孝顺父母扩展为热爱祖国。节不单指妇之德，男女皆应有节；节的基本含义是不屈不挠，有制有节，富有合作精神。义之所在是国家、民族之大义，基本要求是视生命财产为轻，为了大义而奋不顾身。经过严复的解读和诠释，忠、孝、节、义作为人类最基本的道德精神既是中国文化的"国性"，也成为中华民族的立国精神。

严复进一步指出，所幸忠、孝、节、义作为中华民族之特性，"久为吾国先民所倡导，流传久远，而为普通夫妇所与知"。当务之急是将忠、孝、节、义奉为"立国精神"，导扬渐渍而使之深入人心，成为中国人践履的准则和习惯。为了实现这一目标，他深入思考，全局谋划，提出了一套具体措施和操作步骤。现摘录如下：

> 今者幸此四端（指忠、孝、节、义——引者注），久为吾国先民所倡导，流传久远，而为普通夫妇所与知。公等以为吾国处今，以建立民彝为最亟，诚宜视忠孝节义四者为中华民族之特性。而即以此为立国之精神，导扬渐渍，务使深入人心，常成习惯。文言曰：贞者，事之干也。必以此四者为之桢干，夫而后保邦制治之事，得所附以为施。以言其标，则理财而诘戎；以言其本，则立法而厉学。凡兹形式之事，得其君形者存，庶几出死入生，而有以达最后之祈响。准斯而行，实于民国大有裨益。谨依〇法第〇条提议，并拟办法若干条如左，寅候付议公决：

> 一、标举群经圣哲垂训，采取史书传记所纪忠孝节义之事，择译外国名人言行，是以感发兴起合群爱国观念者，编入师范生及小学堂课本中，以为讲诵传习之具。

一、历史忠孝节义事实，择其中正逼真者，制为通俗歌曲，或编成戏剧，制为图画，俾合人民演唱观览。

一、各地方之忠孝节义祠堂坊表，一律修理整齐，以为公众游观之所。每年由地方公议，定一二日醵赀在祠举行祭典，及开庙会。

一、人民男妇，不论贵贱贫富，已卒生存，其有奇节卓行，为地方机关所公认，代为呈请表章者，查明属实，由大总统酌予荣典褒章。

一、治制有殊，而砥节首公之义，终古不废。比者政体肇变，主持治柄之地，业已化家为官。大总统者，抽象国家之代表，非具体个人之专称，一经民意所属，即为全国致身之点。斯乃纯粹国民之天职，不系私昵之感情，是故言效忠于元首，即无异效忠于国家。至正大中，必不得以路易"朕即国家"之言相乱也。此义关于吾国之治乱存亡甚巨，亟宜广举中外古今学说，剖释精义，勒成专书，布在学校，传诸民间，以祛天下之惑。

一、旧有传记说部，或今人新编，西籍撰箸，其有关于忠孝节义事实者，宜加编译刊布，以广流传。[1]

显而易见，严复提出的通过忠、孝、节、义导扬国性的具体措施富有中国特色，大量借鉴了中国历史上的传统做法，同时融入了外国经验。从中可见严复赓续中国文化"国性"的良苦用心。

深入思考严复的规划和设想，可以得出几点认识：第一，严复所讲的"标举群经圣哲垂训，采取史书传记所纪忠孝节义之事""历史忠孝节义事实，择其中正逼真者"令人不禁联想起章炳麟将国学分为语言文字、典章制度和人物事迹三个部分，加之严复对国文应当保守的言论可见严复与章炳麟普及国学设想的大同小异。第二，严复建议将群经垂训所载忠、孝、节、义以及外国人之

1《导扬中华民国立国精神议》，《严复集》（第二册），中华书局，1986，第344—345页。

言行编入师范生和小学的教科书，从小培养"合群爱国观念"。这既印证了导扬中国文化的"国性"旨在培养中国人的人格的初衷，又显示了严复作为教育家从教育的角度传承、普及中国文化的思考。第三，严复提议的"各地方之忠孝节义祠堂坊表，一律修理整齐，以为公众游观之所"与文化普及和以中国文化将中国人培养成中国人的宗旨相互印证，其中的"公众游观之所"显然借鉴了国外对公众开放公共设施和场所的经验。第四，与注重教育相互印证，严复认识到了榜样的作用和力量。他建议，所有人不分男女、无论贫富贵贱，凡有"奇节卓行"都予以表彰。第五，严复的构想在注重中国特色、历史传承的同时，注重采西补中。无论对"合群爱国观念"的培养还是对"西籍撰箸"的收集都表明，严复对忠、孝、节、义的导扬并不限于中国典籍或中国人物，而是特意强调选择、翻译"外国名人言行"和"西籍"。这不禁使人联想到严复早在建构文化有机体论时就提到的对中外古今的兼容并包。在他看来，不限中西，不论古今，只要有益于中国近代的振衰疗弱，就采纳之、借鉴之。与读经是为了培养中国人的国格一样，以忠、孝、节、义导扬立国精神关乎每一个中国人，是一场全民运动，只有深入普及到国民的日常生活之中才能落到实处。

严复的上述设想和主张与他保存国粹、保守国文的主张一脉相承，紧扣中国近代救亡图存的立言宗旨：第一，严复反复强调，塑造中国人的人格必须从儿童做起，宗旨则是使人"感发兴起合群爱国观念"。这表明，国粹、国文在严复那里从来都不仅仅是学问，对国粹、国文的情感之依赖远远大于理性之审视或评判。国粹内含着中国的国格，承载"国性"的中国文化之存亡与国家的命运息息相关。第二，严复指出，与专门之学截然不同，读经、培养人格对所有的中国人来说皆概莫能外，故而以通俗易懂、形式多样为佳。在这方面，通俗歌曲、戏剧和图画等普通百姓喜闻乐见的形式更具有用武之地。这从一个侧面解释了对习外文大声疾呼的严复为什么将国文视为国粹的一部分，对由中国古文写成并传承的群经倍加推崇，同时执着于经之原貌而不可删改。

严复对中国文化"国性"的凸显和对立国精神的导扬既是对救亡图存的回应，又坚定了文化地域性和民族性的立场。

第二节　尊孔与读经

在对中国固有文化的追溯和思考中，严复认定"孔子之教化"代表中国文化的"国性"，也是中华民族精神的象征。中国人固当保守之，并传承之。严复呼吁："嗟呼诸公！中国之特别国性，所赖以结合二十二行省，五大民族于以成今日庄严之民国，以特立于五洲之中，不若罗马、希腊、波斯各天下之云散烟消，泯然俱亡者，岂非恃孔子之教化为之耶！孔子生世去今二千四百余年，而其教化尚有行于今者，岂非其所删修之群经，所谓垂空文以诏来世者尚存故耶！"[1] 在此基础上，他进一步强调，孔子去今尚远，"孔子之教化"主要存在于群经之中。为了固守"国性"，也为了养成中国人的人格，必须尊孔读经。

一、倡导读经

严复指出，经的价值在于通过历代的传承铸就了中国文化的"国性"，中国之所以成为中国，就在于以经为"本原"。群经使中国"国性长存"，尤其在近代这个"世变大异，革故鼎新之秋"，读经更显然尤为重要，势在必行。严复强调，人之言行只有合于经者，才能够在内忧外患的多事之秋找到精神家园，于是精神有所安顿和寄托而心安，继而号召天下。这就是说，群经是中国人的精神支柱和情感依托，只有在读经的基础上输入外学才不失中国文化的根基。正是在这个意义上，严复宣称："然则我辈生为中国人民，不可荒经蔑古，固不待深言而可知。盖不独教化道德，中国之所以为中国者，以经为之本原。

---

[1]《读经当积极提倡》，《严复集》（第二册），中华书局，1986，第330页。

乃至世变大异，革故鼎新之秋，似可以尽反古昔矣；然其宗旨大义，亦必求之于经而有所合，而后反之人心而安，始有以号召天下。即如辛壬以来之事，岂非《易传》汤武顺天应人与《礼运》大同、《孟子》民重君轻诸大义为之据依，而后有民国之发现者耶！顾此犹自大者言之，至于民生风俗日用常行事，其中彝训格言，尤关至要。举凡五洲宗教，所称天而行之教诚哲学，征诸历史，深权利害之所折中，吾人求诸《六经》，则大抵皆圣人所早发者。显而征之，则有如君子喻义，小人喻利，欲立立人，欲达达人，见义不为无勇，终身可为惟恕。又如孟子之称性善，严义利，与所以为大丈夫之必要，凡皆服膺一言，即为人最贵。今之科学，自是以诚成物之事，吾国欲求进步，固属不可抛荒。至于人之所以成人，国之所以为国，天下之所以为天下，则舍求群经之中，莫有合者。彼西人之成俗为国，固不必则吾之古，称吾之先，然其意事必与吾之经法暗合，而后可以利行，可以久大。盖经之道大而精有如此者。"[1]

依据严复的分析，对于近代的中国来说，读经是迫切的，也是必要的、正当的：第一，群经是中国文化的"国性"所在，中国人之言行的合法性要到群经中寻找论证依据。以1911年的辛亥革命和1912年的民国建立来说，无不以《周易》的"汤武革命，顺乎天而应乎人"、《礼运》的大同说和《孟子》的"民为贵，社稷次之，君为轻"为理论武器。第二，群经巨细兼备，既有国家更替之大，又有百姓日常之微。正是由于这个原因，群经承载着经世治国之道，也是百姓安身立命之本。对于中国人来说，无论《论语》的"君子喻于义，小人喻于利""己所不欲，勿施于人"还是《孟子》的性善说、义利之辨和"富贵不能淫，贫贱不能移，威武不能屈"的大丈夫，只要服膺一言而行之，即可以养成高贵人格。第三，群经包含"人之所以成人，国之所以为国，天下之所以为天下"的道理，甚至可以说，这些准则在群经之外根本找不到。正因为如此，

1《读经当积极提倡》，《严复集》（第二册），中华书局，1986，第330—331页。

群经具有最大程度的普适性，并且与世界各国的宗教训诫、西方的风俗和科学的进步高度契合。总之，无论从哪个角度看，群经都不可荒废。特别是对于中国人来说，人人都必须读经。

结论至此，读经成为赓续中国文化"国性"、养成中国人人格的必经之路和基本办法，故而势在必行，刻不容缓。不仅如此，为了号召、鼓励中国人读经，严复一面从正面论证读经的迫切性、必要性和正当性，一面批判、反驳蔑经的言论和做法。他强调，蔑经、废经不读的后果非常严重——不仅造成是非无标准，道德无发源，而且还会由于人格的丧失导致国将不国。正是在这个意义上，严复断言："吾闻顾宁人之言曰：有亡国，有亡天下。使公等身为中国人，自侮中国之经，而于蒙养之地，别施手眼，则亡天下之实，公等当之。天下兴亡，匹夫有责，正如是云。公等勿日日稗贩其言，而不知古人用意之所在也。"[1]

进而言之，既然蔑经、废经不读的后果极为严重，必须扭转这种局面。为了扭转这种局面而倡导人积极读经，严复对当时蔑经的各种借口、理由加以梳理和归纳，最终归结为三种情况："夫经之关系固如此矣。而今人耸于富强之效，乃谓教育国民，经宜在后。此其理由，大率可言者三：一曰苦其艰深；二曰畏其浩博；三曰宗旨与时不合。由此三疑，而益之以轻薄国文之观念，于是蔑经之谈，阒然而起，而是非乃无所标准，道德无所发源，而吾国乃几于不可救矣。"[2]在探究蔑经根源的基础上，严复有针对性地逐一予以驳斥，力图从根源处扭转、杜绝蔑经的局面。对此，他论证并解释说：

> 夫群经乃吾国古文，为最正当之文字。自时俗观之，殊不得云非艰深；顾圣言明晦，亦有差等，不得一概如是云也。且吾人欲令小儿读经，固非句句字字责其都能解说，但以其为中国性命根本之书，欲其早岁讽

---

[1]《读经当积极提倡》，《严复集》（第二册），中华书局，1986，第333页。

[2]《读经当积极提倡》，《严复集》（第二册），中华书局，1986，第331页。

诵，印入脑筋，他日长成，自渐领会。且教育固有缮绳记性之事，小儿读经，记性为用，则虽如《学》、《庸》之奥衍，《书》、《易》之浑噩，又何病焉？况其中自有可讲解者，善教者自有权衡，不至遂害小儿之脑力也。果使必害脑力，中国小子读经，业已二千余年，不闻谁氏子弟，坐读四子五经，而致神经瞀乱，则其说之不足存，亦已明矣。彼西洋之新旧二约，辣丁文不必论矣，即各国译本，亦非甚浅之文，而彼何曾废。且此犹是宗教家言，他若英国之曹沙尔、斯宾塞、莎士比儿、弥勒登诸家文字，皆非浅近，如今日吾国之教科书者，而彼皆令小儿诵而习之，又何说耶？

若谓经书浩博，非小、中、大学年之所能尽，此其说固亦有见。然不得以其浩博之故，遂悉废之，抑或妄加删节，杂以私见，致古圣精旨坐此而亡。夫经学莫盛于汉唐，而其时儒林所治，人各一经而已。然则经不悉读，固未必亡，惟卤莽灭裂，妄加删节，乃遂亡耳。夫读经固非为人之事，其于孔子，更无加损，乃因吾人教育国民不如是，将无人格，转而他求，则亡国性。无人格谓之非人，无国性谓之非中国人，故曰经书不可不读也。若夫形、数、质、力诸科学，与夫今日世界之常识，以其待用之殷，不可不治，吾辈岂不知之？但四子五经，字数有限，假其立之课程，支配小、中、大三学年之中，未见中材子弟，坐此而遂困也。

至谓经之宗旨与时不合，以此之故，因而废经，或竟武断，因而删经，此其理由，尤不充足。何以言之？开国世殊，质文递变，天演之事，进化日新，然其中亦自有其不变者。姑无论今日世局与东鲁之大义微言，固有暗合，即或未然，吾不闻征诛时代，遂禁揖让之书，尚质之朝，必废监文之典也。考之历史，行此者，独始皇、李斯已耳。其效已明，夫何必学！总之，治制虽变，纲纪则同，今之中国，已成所谓共和，然而隆古教化，所谓君仁臣忠，父慈子孝，兄友弟敬，夫义妇贞，国人以信诸成训，岂遂可以违反，而有他道之从？假其反之，则试问今之司徒，更将何以教我？此康南海于《不忍》杂志中所以反覆具详，而不假鄙人之更赘者矣。是故今日之事，自我观之，所谓人伦，固无所异，必言其异，不过所谓君者，以抽象之全国易具体之一家，此则孔孟当日微言，已视为全国之代表，至其严乱贼、凛天泽诸法言，盖深知天下大器，而乱之为祸至烈，不如是将无以置大器于常安也。苟通此义，则《六经》正所以扶立纪纲，协和亿兆，尚何不合之与有乎！[1]

与时人蔑经的理由一一对应，严复对蔑经的驳斥集中围绕着三个问题展开：第一，中国群经是文言文写成的，蔑经不读是苦于中国文字的艰深。严复反驳说，对于中国人来说，"吾国古文"是"最正当之文字"，根本就不存在所谓的"艰深"问题。况且，读经作为"中国性命根本"要从幼儿开始，并非要求他们对群经句句能解。与此同时，从世界各国的惯例来看，无论西方通行的《圣经》还是拉丁文本皆非浅显之文，至于今日中国教科书中令儿童诵习的斯宾塞、莎士比亚等人的文字亦非浅近。这说明，对于读经来说，"吾国古文"不是问题，外来的艰深文字尚且可学，耳濡目染的中国文字对于中国人来说又何难之有！第二，中国书籍浩如烟海，蔑经不读是畏其浩博。严复承认中国经书浩博，并非经过小学、中学和大学的学习就能学尽具有一定道理。在这个前提下，他强调指出，这并不能成为蔑经或删节经书的借口，并申述了两点理由：从历史上看，即使在中国经学最盛的汉唐之时，儒者也是人各一经而非悉读。这表明，读经的关键是遵循本义，最忌妄加删节。从现实上看，即使抛开历史不谈，仅就现实而言，读经必不可缺，甚至比以往任何时期都更为必要而迫切。这是因为，对于濒临亡国灭种的近代中国来说，"教育国民不如是，将无人格，转而他求，则亡国性。无人格谓之非人，无国性谓之非中国人"。鉴于这种致命后果，严复强调读经必不可废。他提议，在学习形、数、质、力等

---

1 《读经当积极提倡》，《严复集》（第二册），中华书局，1986，第331—333页。

自然科学以备应用的同时，将字数有限的四书五经列入小学、中学和大学的课程之中。第三，对于蔑经不读是因为群经宗旨与时不合，严复反驳说，世界在进化，变中有不变者。具体地说，变的只是器而已，道中有不变者。西学所讲十之八九属于器，故而日益进化；中学所讲是教化风俗的形而上之道，故而具有恒久的价值。孔子、孟子的言论和群经内容是中国人的安身立命之本，也是人类应该共同遵守的人伦。对于其中的奥秘，严复论证并解释说："吾国儒先有言，形而上者谓之道，形而下者谓之器。夫西人所最讲、所最有进步之科，如理化，如算学总而谓之，其属于器者九，而进于道者一。且此一分之道，尚必待高明超绝之士而后见之，余人不能见也。故西国今日；凡所以为器者，其进于古昔，几于绝景而驰，虽古之圣人，殆未梦见。独至于道，至于德育，凡所以为教化风俗者，其进于古者几何，虽彼中夸诞之夫，不敢以是自许也。惟器之精，不独利为善者也，而为恶者尤利用之。浅而譬之，如古之造谣行诈，其果效所及，不过一隅，乃自今有报章，自有邮政，自有电报诸器，不崇朝而以遍全球可也，其力量为何如乎？由此推之，如火器之用以杀人，催眠之用以作奸，何一不为凶人之利器？今夫社会之所以为社会者，正恃有天理耳！正恃有人伦耳！天理亡，人伦堕，则社会将散，散则他族得以压力御之，虽有健者，不能自脱也。此非其极可虑者乎？且吾国处今之日，有尤可危者。往自尧舜禹汤文武，立之民极，至孔子而集其大成，而天理人伦，以其以垂训者为无以易，汉之诸儒，守阙抱残，辛苦仅立，绵绵延延，至于有宋，而道学兴。虽其中不敢谓于宇宙真理，不无离合，然其所传，大抵皆本数千年之阅历而立之分例。为国家者，与之同道，则治而昌；与之背驰，则乱而灭。故此等法物，非狂易失心之夫，必不敢昌言破坏。乃自西学乍兴，今之少年，觉古人之智，尚有所未知，又以号为守先者，往往有末流之弊，乃群然怀鄙薄先祖之思，变本加厉，遂并其必不可畔者，亦取而废之。然而废其旧矣，新者又未立也。急不暇择，则取剿袭皮毛快意一时之议论，而奉之为无以易。……则不如一切守其旧者，以为行己与人之大法，五伦之中，孔孟所言，无一可背。"[1]据此可见，严复推崇的天理人伦主要指孔子、孟子所讲的伦理道德。他有时称之为五伦，有时称之为"君仁臣忠，父慈子孝，兄友弟敬，夫义妇贞"。严复特别强调，对于这些伦理道德，"国人以信诸成训"，因而作为中国的"国性"而不可更改，并终身行之。

上述内容显示，在逐一驳斥蔑经的理由、提倡读经的过程中，严复恪守一以贯之的原则：第一，与培养"国性"、造就中国人成为中国人的资格相一致，严复强调读经从儿童开始，贯注在小学、中学和大学之中而不间断地诵读、传承。经典教育从儿童做起，并且终身学习而不可荒废。第二，他反复强调，读经要尊重经典之原貌，不可"妄加删节"。从中可见严复对群经的尊重、恪守和执著，与他翻译外国著作时的随意删节、夹译夹议甚至以议代译更是形成强烈对比。严复对待西方原著与中国群经态度的巨大反差耐人寻味，其中隐含着他的良苦用心以及对中学与西学的不同态度。经过严复的论证，无论世界各国的宗教还是西方的哲学、道德乃至自然科学都与六经相合。不仅如此，西学所讲的内容皆是中国圣人最早发现的，群经的存在即证明了中学比西学早并且比西学好。议论至此，严复得出结论，六经的微言大义并不过时反而与当今宗旨具有诸多相合之处，故而应该发扬光大。与其对西学"急不暇择，则取剿袭皮毛快意一时之议论，而奉之为无以易"，倒不如"一切守其旧者，以为行己与人之大法"。当然，这样做的主要办法就是尊孔读经。

二、群经之义

严复认为，要读经就要尊崇孔子，反之亦然，要推崇孔子就要读经。原因在于，孔子与群经不可分割，"孔子之教化"并非空悬的，而是存在于群经之

---

1 《论教育与国家之关系》，《严复集》（第一册），中华书局，1986，第167—168页。

中。面对严复的说法，人们不禁要问：既然"孔子之教化"存在于群经之中，那么，是否可以反过来说群经都蕴含着"孔子之教化"？如果答案是肯定的，那么，严复似乎与康有为、谭嗣同一样将诸子百家都整合、还原为孔子之学一家、进而以孔子作为中国文化的象征。毋庸讳言，对于这一点，目前从严复留下的文本中尚找不到确切的证据。既然是这样，是否可以判定他提倡的群经就专指四书五经？如果真的如此，严复为什么不直接称之为四书五经或像先前那样称之为"六经五子"而是要称之为"群经"？显然，厘清严复所讲的群经之义直接决定着对严复尊孔读经的理解和评价。

诚然，与对孔子的思想认定和态度变化互为表里，严复对四书五经的态度前后之间呈现出巨大反差。在1895年对中国与西方文化进行比较时，严复不惟没有将四书五经奉为中国的立国之本，反而鉴于对科举考试"锢智慧""滋游手""坏心术"的认定，将批判的矛头指向四书五经。令他不能容忍的是，出于应对科举制度下八股考试的功利目的，中国人从幼童开始就读四书五经。这用严复本人的话说便是："垂髫童子，目未知菽粟之分，其入学也，必先课之以《学》《庸》《语》《孟》，开宗明义，明德新民，讲之既不能通，诵之乃徒强记。"[1] 他认为，幼儿由于懵懂无知，不可能理解经书中的内容而只能强行背诵。这极大地禁锢了中国人的智力发育，使中国人养成了死记硬背的毛病。正因为世代背诵四书五经，所以才造成中国无学无才的局面。这是中国教育的失败和弊端所在，也是中国近代贫弱衰微的深层根源。严复认为，四书五经对于这个结果起到了一定的作用，故而对导致中国近代的衰亡难辞其咎。在这个意义上，严复甚至声称："四千年文物，九万里中原，所以至于斯极者，其教化学术非也。不徒嬴政、李斯千秋祸首，若充类至义言之，则六经五子亦皆责有难辞。嬴、李以小人而陵轹苍生，六经五子以君子而束缚天下，后世其用意虽

---

1 《救亡决论》，《严复集》（第一册），中华书局，1986，第40页。

有公私之分，而崇尚我法，劫持天下，使天下必从己而无或敢为异同者则均也。因其劫持，遂生作伪；以其作伪，而是非淆、廉耻丧，天下之敝乃至不可复振也。此其受病至深，决非一二补偏救弊之为，如讲武、理财所能有济。盖亦反其本而图其渐而已矣！否则，智卑德漓，奸缘政兴，虽日举百废无益也。此吾《决论》三篇（指严复在 1895 年发表在天津《直报》上的《原强》《论世变之亟》《救亡决论》——引者注）所以力主西学而未尝他及之旨也。"[1] 严复对"六经五子"的态度与对孔子的态度互为表里，此时的他对于孔子如是说："至于孔子，则生知将圣，尤当无所不窥。于是武断支离，牵合虚造，诬古人而厚自欺，大为学问之蟊障。且忧海水之涸，而以泪益之，于孔子亦何所益耶！往尝谓历家以太阳行度盈缩不均，于是于真日之外，更设平日，以定平暑，畴人便之，儒者亦然。故今人意中之孔子，乃假设之平圣人，而非当时之真孔子。世有好学深思之士，于吾言当相视而笑也。"[2] 按照严复的说法，孔子已经异化而被奉为圣人，故而离"真孔子"越来越远。

　　与早年对四书五经和孔子的态度判若云泥，晚年的严复称赞孔子思想和四书五经历久弥真而历久弥珍。于是，他写道："鄙人行年将近古稀，窃尝究观哲理，以为耐久无弊，尚是孔子之书。四子五经，故〔固〕是最富矿藏，惟须改用新式机器发掘淘炼而已；其次则莫如读史，当留心细察古今社会异同之点。古人好读前四史，亦以其文字耳。若研究人心政俗之变，则赵宋一代历史，最宜究心。中国所以成于今日现象者，为善为恶，姑不具论，而为宋人之所造就什八九，可断言也。"[3] 据此可见，与对待读经的态度相一致，晚年的严复称赞孔子的思想是经得起历史考验的真理，中国人必须惟尊孔子。尊孔必须读孔子之书，"四子五经"是对孔子思想的传扬，也是中国文化的宝藏。更具

---

1 《救亡决论》，《严复集》（第一册），中华书局，1986，第 53—54 页。
2 《救亡决论》，《严复集》（第一册），中华书局，1986，第 51 页。
3 《与熊纯如书》，《严复集》（第三册），中华书局，1986，第 668 页。

有戏剧性的是，此时的严复特别强调读经从儿童抓起，具体办法就是他早年深恶痛绝的强行背诵。他解释说，"吾人欲令小儿读经，固非句句字字责其都能解说，但以其为中国性命根本之书，欲其早岁讽诵，印入脑筋，他日长成，自渐领会"。在此时的严复看来，只有趁儿童年幼无知之时令其诵读经书，才能先入为主地将群经印入脑中。只有这样，才能让他们对群经内容终生不忘，从而为他们打上中国人的印记。当然，严复此时提倡尊孔读经是以孔子作为中国文化的象征而非宗教的教主，而这决定了他眼中的群经是中国文化的经典而非宗教的圣经。在这个意义上，严复此时对四书五经的推崇与康有为存在本质区别。

尚须提及的是，严复提倡尊孔读经时，所读之经是"群经"。他倡导诵读的群经中包括四书五经，并且以四书五经为主。对于这一点，透过严复对读经的解释和要求便可一目了然。饶有意味的是，严复在早期对中国与西方文化进行比较时对经书的称谓是"六经五子"，在晚年提倡读经时使用的称谓却是"群经"。只一"群"字，寓意深刻，值得玩味和深究。

一方面，可以肯定的是，严复提倡诵读的"群经"中自然包括四书五经。就六经来说，严复认为，六经皆经孔子手定，并凸显《周易》《春秋》在六经中的地位。更能说明问题的是，严复一面肯定孔子作《周易》，一面对《周易》推崇备至。除此之外，严复对《诗》《书》多次提及。就四书来说，严复对《大学》津津乐道，除了《大学》所讲的格致是严复的志向之外，《大学》的八条目高度契合严复的为学体系、故而被严复拿来与斯宾塞的综合哲学相提并论。严复对《论语》多次提及，对《孟子》更是表现出明显的推崇。早在 1895 年批判陆王心学是"心成之说"时，严复就对孟子与陆九渊、王守仁区别对待，一面批判陆王心学闭门造车、贻害匪浅，一面称赞孟子的义利之辨。在转向导扬"国性"、尊孔读经时，严复对《孟子》更是顶礼膜拜。

另一方面，严复提倡的中国人必读的群经包括四书五经却不止于或等于四书五经。一个明显的证据是，正如上述引文所示，严复在"孔子之书""四子五经"之后，紧接着就提出了"莫如读史"。严复酷爱读史书，对《史记》的钟爱更是公开的秘密。事实上，他不惟读前四史，尤其喜欢读宋史。除了儒家的四书五经和史书之外，群经中尚包括儒家之外的其他经典，最主要的莫过于道家的《老子》《庄子》。综观严复的思想可以看到，他在中国典籍中尤为偏袒《周易》《老子》《庄子》。严复在翻译西学时以"三书"疏导、诠释西学，并将"三书"视为中国哲学的代表作。在严复的中西互释中，足以代表中国学术与西学抗衡的则是《周易》《老子》《庄子》，无论天演哲学、形而上学还是自由、平等、民主代表的启蒙哲学均是如此。就学术倾向来说，严复评注的中国经典并不包括《周易》，而只有《老子》《庄子》，从中足以窥见他的喜好。严复对《庄子》的痴迷更是溢于言表、终身不辍，并且曾经不止一次地表白自己喜读《庄子》。除此之外，严复所讲的群经中还应该包括《墨子》等书。诚然，他并没有专门对墨子的思想进行研究，对墨子思想尤其是兼爱的认可却是不争的事实。更有甚者，面对孟子对墨子的攻击，严复极力回护墨子，并在对墨子标举社会主义、反对贫富分化中将墨子以及老子、庄子对儒家仁义、礼法的抨击一起视为解决现代社会疾病的借鉴。至此可见，如果将《史记》代表的史书和《老子》《庄子》《墨子》排除在外，将不能全面理解严复所讲的群经的含义。当然，这些经典之间具有先后顺序和时间次第之别：就先后顺序来说，童蒙入门当先读"四子五经"，随着阅历、知识的扩展和理解能力的提高，再逐步加入其他经典——当然，从大众启蒙而非个人喜好的角度说，就培植中国文化的"国性"和塑造中国人的国格而言，最急者则莫若四书五经。

对于严复来说，凸显文化的"国性"与导扬中华民族精神、提倡尊孔读经之间具有内在的一致性，共同显示了严复在文化观上的民族主义立场。由于认识到文化的"国性"问题，他将国家存续的希望寄托于承载"国性"的文化上，因而由侧重开发民智而"自强保种"转向导扬中华民族的立国精神而尊孔读经。

尽管严复救亡图存的立言宗旨没有变，然而，在学术上却表现出对中学与西学、智育与德育以及道家与儒家的不同侧重。转变后的严复坚称，中华民族的立国精神寓于群经之中，群经主要凝聚了孔子的思想。由此，他由导扬中华民族精神而提倡尊孔读经。问题的关键是，无论从严复导扬中国文化"国性"的初衷还是从提倡尊孔读经的目的上看，都不可对严复晚年对孔子的推崇与康有为等量齐观。

第三节　孔子与群经

严复在晚年之所以提倡尊孔读经，是为了通过诵记群经，以"孔子之教化"来导扬中国文化的"国性"，养成中国人的人格。众所周知，严复在早年曾经倾向道家，并且反对康有为对孔子的神化。晚年的严复在写给朋友的信中坦言，年近七十的自己与康有为的观点十同八九。这往往给人一种错觉：严复晚年提倡尊孔读经就是推崇康有为提倡的孔教，甚至像康有为那样主张立孔教为国教。事实上，严复的说法只是表明在对中国文化即诸子百家的侧重以及以孔子代表中国文化的问题上与康有为的观点趋同，并不意味着认同康有为的所有主张。正因为如此，不可对严复与康有为的观点等量齐观：严复早年虽然承认孔子的思想是宗教，但是，他极力反对康有为立孔教为国教特别是凭借保孔教来保国保种的做法和主张。严复晚年虽然提倡尊孔读经，但是，他却不再将孔子的思想称为孔教，而是称为"孔子之教化"。不难发现，严复使用"孔子之教化"称谓孔子思想旨在凸显孔子思想的教化内涵和功能。显而易见，严复这样做最直接的目的是消除康有为所讲的"孔子之教"对孔子思想宗教性的张扬，旨在将孔子的思想与宗教相剥离。严复提倡"孔子之教化"表明，孔子思想是作为中国传承了几千年的文化基因即"国性"存在的，而不是像康有为那样试图恢复孔教之教旨。正是由于这个原因，全面把握、领悟严复晚年的尊孔读经既涉及到如何认识严复对孔子思想的界定以及与康有为思想的关系，又牵涉对严复提倡尊孔读经的评价。

一、肯定孔子言灵魂

就对孔子思想的界定而言，严复早年认定孔子的思想是宗教。不仅如此，此时的严复与康有为一样将孔子之学称为孔教。严复认为，宗教皆言灵魂或死后之事，孔子的思想是宗教就是因为孔子言灵魂和死后之事。基于这种认识和理解，严复在《法意》按语中特意揭露、反驳孟德斯鸠对孔子思想和孔教的误解。对此，严复如是说：

> 寡哉！孟氏（指孟德斯鸠、与下‘孟’同——引者注）之言宗教也。由此观之，孟氏特法家之雄耳，其于哲学，未闻道耳。能言政俗，而不能言心性，即此章之论，举其大者，有数失焉：谓利害不关真伪，其失一也；以孔教不言灵魂，其失二也；以佛为主灵魂不死之说，其失三也；谓景教主灵魂不死，而独违其弊，其失四也。……且孔教亦何尝以身后为无物乎？孔子之赞《易》也，曰精气为物，游魂为变。《礼》有皋复，《诗》曰陟降，季札之葬子也，曰：体魂则归于地，魂气则无不之，未闻仲尼以其言为妄诞也。且使无灵魂矣，则庙享尸祭，所煮蒿悽怆，与一切之礼乐，胡为者乎？故必精而言之，则老子之说吾不知，而真不主灵魂者独佛耳！其所谓喀尔摩，与其所以入涅槃而灭度者，皆与诸教之所谓灵魂者大殊。至孟谓景教主灵魂不死之说，而独违其弊，则尤不知所言之何所谓也。[1]

在严复看来，孟德斯鸠可谓法学巨擘而不能称为哲学家，因为孟德斯鸠了解政治、风俗却不懂得人之心性。正是由于这个原因，孟德斯鸠的观点错误百

---

[1] 《法意》按语，《严复集》（第四册），中华书局，1986，第1016页。

出，就大的错误来说就有四个方面，分别是利害与真伪无关、孔教不言灵魂、佛教主张灵魂不死与基督教主张灵魂不死。在此基础上，严复着重驳斥了孟德斯鸠有关孔教不言灵魂的说法。严复指出，教起于信，专事灵魂、天神之事。孔子的思想既然是宗教，那么，孔子必须言灵魂，关注死后世界。反之亦然，孔子的思想属于宗教，所以才可以称为孔教。

尚须提及的是，严复用以证明孔子思想是宗教的证据除了《礼》《诗》之外，主要是《周易》——"孔子之赞《易》也，曰精气为物，游魂为变。《礼》有皋复，《诗》曰陟降，季札之葬子也，曰：体魂则归于地，魂气则无不之，未闻仲尼以其言为妄诞也"。稍加留意即可发现，严复的思路和做法与康有为在强调宗教的本质是言灵魂的前提下以《周易》证明孔子言灵魂、孔子的思想是宗教惊人一致。按照康有为的说法，《周易》为孔子晚年所作，专言"性与天道"，与《春秋》一样属于"择人而传"的高级之教。问题的关键是，《春秋》讲人道，证明了孔教是人道教。《周易》讲天道，证明了孔子是宗教家。正因为如此，梁启超断言康有为认定《周易》是专言灵魂界之书。当然，严复以《周易》证明孔子言灵魂的思想前提是像康有为那样承认孔子的思想是宗教，故而称之为孔教。这一点与章炳麟在"先秦诸子非宗教"的前提下否认孔子是宗教家相去甚远。不仅如此，严复将六经归功于孔子，并且在六经中突出《周易》《春秋》的地位。这一点使人不禁联想起康有为的那句"'六经'皆孔子作"和《春秋》《易》是孔子晚年所作，故而属于孔子的高级之学。可以说，正是这些奠定了严复对孔子的评价，也为他晚年提倡尊孔读经提供了思想前提和心理准备。

二、反对立孔教为国教

尽管严复承认孔子的思想是宗教，然而，他坚决反对立孔教为国教。在这个问题上，严复的立场始终不渝，并且与康有为的观点截然对立。严复并不像康有为那样试图通过保教来保国保种，而是对宗教与教育、科学作对立解。严复认为，教育的目的在于"去宗教之流毒"，故而与宗教背道而驰。从这个意义上说，宗教不能救亡图存，甚至可以说，承认孔子思想是宗教、称之为孔教含有某种消极意味。正是由于这个原因，严复、康有为尽管都认定孔教是宗教，然而，两人对待孔教的态度却天悬地隔。康有为推崇孔教的言外之意是，国学的基本形态是宗教，也就是孔子创立的孔教。与中国固有之学即孔学[1]对应的西方文化主体是基督教，以孔教称谓中国本土文化是为了让孔子与耶稣分庭抗礼，以期达到以教治教的目的。不难看出，康有为首创孔教概念具有面对近代基督教的强势入侵审视、整合中国本土文化的意义，大声疾呼立孔教为国教带有急功近利的成分。1898 年 4 月 12 日，康有为在北京成立保国会，保国会的宗旨是"保国、保种、保教"。保国会在北京、上海两地设立总会，在各省、府、县设立分会。严复不同意康有为试图立孔教为国教、凭借孔教来保国保种的做法，在 1898 年 6 月连续作《有如三保》《保教余义》《保种余义》等系列文章辨别和厘定保教、保国与保种之间的关系。通过反复辨梳，他得出了两个结论，从两个不同维度反驳了康有为的做法。

首先，严复通过对中国宗教状况的考察得出结论，孔教远非中国的国教，即使保教也轮不到保孔教。

严复承认孔子思想是宗教，并且使用了康有为首创的孔教概念，同时从中国的风土人情、宗教信仰等不同维度对孔教进行审视和考察。他指出，孔教在历史上形态各殊，正如西汉之孔教异于先前的孔教一样，东汉之孔教异于西汉的孔教，而宋代之后的孔教更是异于之前的孔教。仅就清代来说，孔教的各派之间"异若黑白"，却皆自称得孔子之真。这种情况让人无所适从，弄不懂究竟什么才是孔教。更有甚者，孔教在现实中不为中国人所信。在这种情况下，若以孔教作为中国的国教，必将导致西人视中国人为"无教之人"、

1　在康有为那里，孔学、孔子之学、孔子之教和孔教异名而同实，因为康有为教学相混。

进而将中国人等同于非洲、澳洲没有开化的土著人的后果。经过上述剖析，综合孔教教义、传播历史与中国近代社会的现实需要，严复坚决否定孔教是中国的国教。

为了彻底坐实孔教并非中国的国教，严复从正面否认孔教是国教的同时，从侧面指出中国所行宗教与孔教不相干。对于这个问题，他连篇累牍地论证并解释说：

> 中国孔子以前之古教，不可考矣。自秦以后，乃有信史。据史以观，则知历代同奉孔教以为国教。然二千年来，改变极多。西汉之孔教，异于周季之孔教；东汉后之孔教，异于西汉之孔教；宋后之孔教，异于宋前之孔教。国朝之孔教，则又各人异议，而大要皆不出于前数家。故古今以来，虽支派不同，异若黑白，而家家自以为得孔子之真也。夫孔教之行于中国，为时若此之久，为力若此之专，即中国人之斤斤与外人相持，亦均以新法之有碍孔教为辞，若欲以国殉之者。旅顺、威海、胶州之割，关税、厘金、铁路、矿产之约，举国视之不甚措意，偶有言及者，如秦人道越人之肥瘠。独至春间，独逸营兵狼藉即墨孔庙之事，乃大哗愤。士夫固然，商贾行旅之徒，亦颇汹汹。欧人视之，相与骇笑，以为此与印度当日屈伏于英，曾不为耻，忽闻营中所给火药中有豕膏，以为此即破其教门，乃相率而叛，其情节正同也。虽然，西人即作是言，亦因此可以见支那信教之深，于国于种，未尝无益。且其言果确，则西人亦安得视我为无教之人，而夷之于非、澳之土族哉！[1]

> 往见西人地图，每地各以色为标识，表明各教所行之地。……问其何以为佛教？曰：验人之信何教，当观其妇人孺子，不在贤士大夫也；当观其穷乡僻壤，不在通都大邑也；当观其闾阎日用，不在朝聘会同也。今支

1《保教余义》，《严复集》（第一册），中华书局，1986，第83—84页。

那之妇女孺子，则天堂、地狱、菩萨、阎王之说，无不知之，而问以颜
渊、子路、子游、子张为何如人，则不知矣。支那之穷乡僻壤，苟有人
迹，则必有佛寺尼庵，岁时伏腊，匍匐呼吁，则必在是，无有祈祷孔子者
矣。至于闾阎日用，则言语之所称用，风俗之所习惯，尤多与佛教相连缀
者，指不胜屈焉。据此三者，尚得谓之非佛教乎！问其何以为土教？则
曰：遍地球不文明之国所行土教，有二大例：一曰多鬼神，二曰不平等。
支那名山大川，风雷雨露，一村一社各有神。东南各省则拜蛙以为神，河
工之官则拜蛇以为神，载之祀典，不以为诞。时宪书者，国家之正朔也。
吉神凶神，罗列其上，亦不以为诞。此非多鬼神而何？官役民若奴隶，男
役女若奴隶，盖律例如此也，此非不平等而何？据此二者，尚得谓之非土
教乎！是二说也，欧人所云然，支那人即欲辨之。恶得而辨之？平心思
之，则实有尸之者矣！ [1]

在这里，严复循着宗教与风俗固结的思路从宗教的信教群体、普及程度与
对教徒生活方式的影响三个方面剖析了中国人的宗教信仰，得出的结论是：中
国人或者皈依佛教，或者信仰土教——总之，无论哪种情况，都与孔教相去
甚远。

在此基础上，严复进一步从风俗与宗教的固结角度探究了孔教不能像佛教
或土教那样深入人心，行乎穷乡僻壤，进而影响民众日常生活的原因，同时印
证了他关于孔教不是中国国教的观点。正是在这个意义上，严复不止一次地分
析说：

合一群之人，建国于地球之面。人身，有形之物也，凡百器用与其规
制，均有形之事也。然莫不共奉一空理，以为之宗主。此空理者，视之而
不见，听之而不闻，思之而不测。而一群之人，政刑之大，起居之细，乃

1《保教余义》，《严复集》（第一册），中华书局，1986，第84—85页。

无一事不依此空理而行。其渐且至举念之间，梦寐之际，亦无心不据此空理而起也。此空理则教宗是矣。自非禽兽，即土番苗民，其形象既完全为人，则莫不奉教，其文化之浅深不同，则其教之精粗亦不同。大率必其教之宗恉适合乎此群人之智识，则此教即可行于此群中；而此群人亦可因奉此教之故，而自成一特性。故风俗与教宗可以互相固结者也。[1]

孔教之高处，在于不设鬼神，不谈格致，专明人事，平实易行。而大《易》则有费拉索非之学，《春秋》则有大同之学。苟得其绪，并非附会，此孔教之所以不可破坏也。然孔子虽正，而支那民智未开，与此教不合。虽国家奉此以为国教，而庶民实未归此教也。既不用孔教，则人之原性，必须用一教，始能慰藉其心魂。于是适值佛法东来，其小乘阿食一部，所说三涂六道，实为多鬼神之说，与不开化人之脑气最合，遂不觉用之甚多，而成为风俗。盖民智未开，物理未明，视天地万物之繁然淆然而又条理秩然，思之而不得其故，遂作为鬼神之说以推之，此无文化人之公例矣。然则支那今日实未尝行孔教，即欧人之据目前之迹以相訾謷者，与孔教乎何与？今日支那果何从而明孔教哉！[2]

依据严复的分析，孔教包含哲学和大同之学，"平实易行"，且"不可破坏"。问题的关键是，宗教的流行与教之高低无关而与民智的高低成正比。中国"民智未开"，孔教便曲高和寡。这就是说，孔教不行于中国不是由于孔教本身低劣，而是因为孔教既"不设鬼神"，又"专明人事"，因而不适合中国人的智力程度。一言以蔽之，孔教是宗教却不适于中国的民智状况，故而不符合当时的社会需要。正是由于这个原因，佛教传入中国便受到欢迎乃至成为国教。如此说来，即使中国近代社会的贫困衰微因教而起，也不应该归咎于孔教。

---

1 《保教余义》，《严复集》（第一册），中华书局，1986，第83页。

2 《保教余义》，《严复集》（第一册），中华书局，1986，第85页。

其次，严复指出，人作为"天演中一境"是一种生物，人类社会遵循生存竞争的生物法则。这表明，保国保种的关键是与"妨生者"进行生存竞争而与保教无关；不惟孔教，一切宗教都不能够保国保种。

循着达尔文进化论的逻辑，严复将中国近代社会的救亡图存置于生存竞争、适者生存的视域下进行审视和思考。他断言："支那古语云：天道好生。吾不解造物者之必以造万物为嗜好也。其故何耶？此姑不论。但论其既好生物，则必有生而无死，而后可谓之好生。若云有生无死，则地不能容，故不容不死。不知同此一器，容积既满，则不能再加，必减其数而后可。此我等之智则然，此所以成其为局于形器之人也。若造物则当不如是，使造物而亦如是，则其智能与吾等耳，吾何为而奉之哉！今若反之曰：上天好杀。正惟好杀，故不能不生。盖生者正所以备杀之材料，故言好生则不当有死，言好杀则不能不生。同一臆测，顾其说不强于好生之说耶？吾作此说，非一人之私言也。英达尔温氏曰：'生物之初，官器至简，然既托物以为养，则不能不争；既争，则优者胜而劣者败，劣者之种遂灭，而优者之种以传。既传，则复于优者中再争，而尤优者获传焉。如此递相胜不已，则灭者日多，而留者乃日进，乃始有人。人者，今日有官品中之至优者也，然他日则不可知矣。'达氏之说，今之学问家与政事家咸奉以为宗。盖争存天择之理，其说不可易矣。"[1]严复指出，中国人认为天有好生之德，实在匪夷所思。如果天好生的话，那么，便应该有生而无死。既然有死，便反证了天无好生之德。如果说有生无死则地球容不下，等于说地球犹如一个容器，容器满了不可再加而必须有死的话，那么，这充其量只是吾等智能而已。这显然在逻辑上讲不通。严复进而指出，既然天有好生之德在逻辑上讲不通，那么，何不反其道而行之，说：上天好杀。正因为上天好杀所以才不得不生，生是为了以备其杀。严复强调，既然天道好生与天道好杀

---

1 《保种余义》，《严复集》（第一册），中华书局，1986，第85—86页。

都是假设,上天好杀更符合逻辑,自己认同后者。在此基础上,他进而声称,这并不是自己的一管之私见,达尔文进化论证明了这一点。正因为如此,当今世界,无论学问家还是政治家都奉生存竞争、适者生存为圭臬。分析至此,严复指出,国家与国家、种族与种族之间处于生存竞争之中,所谓的保国保种也就是与外国、外族进行生存竞争。正如人欲图存必须凭借自身的才力心思"与妨生者为斗"一样,保国保种的方式是"自强",与保教无关。不仅如此,撇开与保国保种的关系,单就保教而言,教之所以流行与民智互为表里——归根结底取决于民智的高低。既然宗教固结而成风俗,那么,保教也就毫无意义。经过严复的分析、论证,不惟通过保教来保国保种不可能,甚至连教本身亦不可保。

基于对保教与保国保种关系的分析,严复极力反对康有为通过保孔教来保国保种的做法,同时反对康有为出于神化孔子、提升孔教地位的动机而以孔教言国学。正因为如此,严复反复从不同角度驳斥康有为的观点。下仅举其一斑:"今日更有可怪者,是一种自鸣孔教之人,其持孔教也,大抵于〔与〕耶稣、谟罕争衡,以逞一时之意气门户而已。不知保教之道,言后行先则教存,言是行非则教废。诸公之所以尊孔教而目余教为邪者,非以其理道胜而有当于人心多耶?然天下无论何教,既明天人相与之际矣,皆必以不杀、不盗、不淫、不妄语、不贪他财为首事。而吾党试自省此五者,果无犯否,而后更课其精,如是乃为真保教。不然,则孔教自存,灭之者正公等耳,虽日打锣伐鼓无益也。且孔子当日,其拳拳宗国之爱为何如?设其时秦、楚、吴、越有分东鲁之说,吾意孔子当另有事在,必不率其门弟子,如由、求、予、赐诸人,向三家求差谋保;而洙、泗之间,弦歌自若,一若漠不相关也者;又不至推六经诸纬,委为天心国运可知。且《记》〔《语》〕称'毋意,毋必,毋固,毋我',则必不因四国为夷狄,而绝不考其行事,而谋所以应付之方。然则以孔子之道律今人,乃无一事是皈依孔子。以此而云保教,恐孔子有知,不以公等为功臣也。且外人常谓以中土士夫今日之居心行事而言，则三千年教泽，结果不过如是，自然其教有受弊根苗，所以衍成今日之世道。然则累孔教，废孔教，正是我辈。只须我辈砥节砺行，孔教固不必保而自保矣。"[1]

至此可见，严复与康有为对孔子思想是宗教的判定如出一辙，对待孔教的评价却大相径庭。这不仅表现为康有为呼吁立孔教为国教，而且表现为两人对宗教的理解和态度。康有为反复证明孔子的思想是宗教，出于以教治教的目的，背后隐藏的是对宗教的顶礼膜拜，故而在肯定孔教是宗教的基础上为立孔教为国教奔走呼号。在严复那里，承认孔子思想是宗教便注定了对孔子思想的否定评价，因为他对宗教持否定态度。严复声称，宗教与自由相悖，认定孔子的思想是宗教便含有孔子及儒家思想倡导礼和三纲五常，对于禁锢中国人的心智、妨碍中国人的自由难辞其咎的意思。在强调科学与宗教相悖、反对通过保教来保国保种上，严复与梁启超站在了一起。这使两人惺惺相惜，梁启超写给严复的回信充分体现了这一点。梁启超在信中曰："来书又谓教不可保，而亦不必保。又曰保教而进，则又非所保之本教矣。读至此则据案狂叫，语人曰：不意数千年闷胡芦，被此老一言揭破！不服先生之能言之，而服先生之敢言之也。国之一统未定，群疑并起，天下多才士；既已定鼎，则黔首戢戢受治。茶然无人才矣。教之一尊未定，百家并作，天下多学术；既已立教，则士人之心思才力，皆为教旨所束缚，不敢作他想，窒闭无新学矣。故庄子束教之言，天下之公言也。此义也，启超习与同志数人私言之，而未敢昌言之……《天演论》云：'克己太深，而自营尽泯者，其群亦未尝不败'。然则公私之不可偏用，亦物理之无如何者矣。今之论且无遽及此，但中国今日民智极塞，民情极涣，将欲通之必先合之。"[2]

---

1 《有如三保》，《严复集》（第一册），中华书局，1986，第82页。
2 《与严幼陵先生书》，《梁启超全集》（第一册），北京出版社，1999，第72页。

三、标榜"孔子之教化"

严复在晚年提倡尊孔读经时，不再认定孔子的思想是宗教，而是刻意淡化孔子思想的宗教意蕴。与此同时，他不再使用早年一直使用的孔教一词来称谓孔子的思想，而是改称"孔子之教化"。这表明，严复此时对孔子思想的界定、理解发生了巨大变化，写给熊纯如的信印证了他的这一思想转变。严复在信中写道："西国文明，自今番欧战，扫地遂尽。……往闻吾国腐儒议论谓：'孔子之道必有大行人类之时。'心窃以为妄语，乃今听欧美通人议论，渐复同此，彼中研究中土文化之学者，亦日益加众，学会书楼不一而足。"[1]在这个语境中，严复不是在宗教的维度上立论的，而是在"中土文化"的维度上立论的。与此相一致，他不是将孔子的思想称为孔教，甚至不是称为孔子之教，而是代之以"孔子之道"。事实上，严复始终突出孔子的哲学思想。即使在早年承认孔子思想是宗教时，他也把哲学视为孔子思想的主要内容，以此断言孔子思想高深而不适合中国的国情。在翻译西学时，严复肯定孔子注重逻辑哲学，归纳与演绎兼备。例如，在《天演论》的"自序"中，严复一面肯定六经皆出自孔子，一面断言《周易》侧重演绎法，《春秋》侧重归纳法。严复的这些说法都彰显了孔子思想的哲学意蕴和文化品性，也为他将孔子奉为中国文化的象征奠定了基础。正因为有了这些前提和基础，严复在晚年提倡尊孔读经时以孔子作为中国文化的象征而非宗教的教主。

尚须进一步澄清的是，晚年的严复不再像戊戌维新时期那样不遗余力地反对康有为的主张，反而表现出与康有为思想的趋同。例如，严复晚年在写给朋友的信中坦言："鄙人年将七十，暮年观道，十八、九殆与南海相同，以为吾国旧法断断不可厚非。……即他日中国果存，其所以存，亦恃数千年旧

---

1 《与熊纯如书》，《严复集》（第三册），中华书局，1986，第690页。

有之教化，决不在今日之新机，此言日后可印证也。"[1] 在这里，严复表示自己的观点与康有为相同者十之八九，由此不可推定尊孔读经的严复与康有为一样主张立孔教为国教。就这段话表面的意思来说，严复与康有为相同者是将中国的存亡与中国的教化即严复后期思想中一再大声疾呼的"国性"联系起来，试图通过保守中国之教化赓续"国性"而保国保种。信中所使用的"数千年旧有之教化"恰好证明了严复将孔子的思想理解为教化而非宗教，这与他使用"孔子之教化"称谓孔子思想可以参观、互释。严复不主张立孔教为国教是由他对宗教的否定态度决定的，并不代表他对孔子思想持否定态度或者排斥孔子，甚至并不影响他对孔子的尊崇。正是在尊孔，凭借"孔子之教化"凝聚中国人的精神，塑造中国人的国格上，严复晚年的观点与康有为大同小异。

　　综上所述，严复对导扬中华民族的立国精神、传扬中国文化的"国性"与尊孔读经的提倡集中在晚期，在他的学术生涯中时间较晚且短，在影响上也远远比不上他早期对西学的宣传、翻译和输入。尽管如此，导扬、传承"国性"与尊孔读经是严复思想的最后归宿，并且是在经历了西学之后的最后选择。正因为如此，导扬国性与尊孔读经关系到对严复思想脉络的宏观透视和整体评价，对于全面把握、深刻领悟严复的思想至关重要：第一，学术界大都将严复的思想划分为早期宣传西学、后来尊孔读经两个阶段，并对这两个阶段做对立观。于是肯定严复宣传西学时期站在时代前沿，思想是进步的；晚年导扬立国精神尤其是提倡尊孔读经是落后的，是思想跟不上时代步伐的表现。这个评价在思维方式上犯了非此即彼的逻辑错误，具体表现是要么提倡西学，要么死守中学——二者势不两立，因为宣传西学是进步的，坚守中学则是落后的。第二，退一步说，即便对中学与西学做对立观，因为严复晚年呼吁尊孔读经而将

1《与熊纯如书》，《严复集》（三），中华书局，1986，第661—662页。

他的思想说成是前后各不相涉乃至对立的两截也难免生硬之嫌。这种分法显然没有看到严复早年宣传、翻译西学的动机，因而无法看到中学与西学在严复那里相反相成，二者之间是目的与手段的辩证统一。第三，以尊孔读经对严复思想的截然二分斩断了严复思想的连贯性和整体性，致使严复思想呈现出"断崖式"撕裂。事实上，早在翻译《天演论》之初，严复就在"自序"中坦言，自己译西书的目的是为了有裨于中国近代救亡图存的"实政"，采用文言文是为了借助翻译引导人多读中国古书。甚至可以说，翻不翻译并不重要，因为西学与吾古人思想"甚合"，读吾古人之书即可了然其中的道理。既然如此，翻译西书只是手段、方式，赓续中华民族的精神血脉才是初衷、目标。第四，对于严复早年提倡西学、晚年尊孔读经应该予以辩证理解，既要看到他在不同时期学术重心的转移和对西学、中学的不同偏袒，又要洞彻严复思想递嬗的一脉相承。一方面，不肯定严复对西学的翻译、输入之功，既无法凸显严复在戊戌启蒙思想家乃至近代哲学家中对西文、西学的淹博以及由此而来的西学特质，又无法厘定近代哲学家在立言宗旨、内容构成和致思方向上与古代哲学的区别。另一方面，不肯定严复对文化"国性"的张扬和对尊孔读经的提倡，便无法理解他迥异于其他戊戌启蒙思想家的独特经历，更无法深刻认识严复以及其他近代哲学家学习西方与五四新文化运动者之间在致思方向、价值旨趣上的本质区别。诚然，严复在不同时期对四书五经的看法差若云泥：在 1895 年呼吁"废八股"时，他指出幼儿智慧尚未形成，背诵经典"锢智慧"。在提倡尊孔读经时，严复恰恰要求幼儿在牙牙学语、懵懂无知之时背诵经书以便将之浸入脑髓。从表面上看，严复的主张相互抵牾；从深层上看，变的只是手段，目标始终如一。深入剖析不难发现，严复在早期、晚期对四书五经的看法针对不同问题，沿着不同思路展开：早年将四书五经视为知识，晚年则将之奉为信仰。以严复提倡的三育作比喻，前者侧重智育，后者侧重德育，讲的不是同一个问题。晚年的严复大声疾呼尊孔读经，是因为他体悟到文化具有"国性"，正是中国文化将中国人塑造成了"中国人"。严复的思想前后之间从具体内容上看迥然相异甚至相去霄壤，呈现出对西学与中学的不同侧重，从立言宗旨上看则一以贯之。换言之，严复秉持救亡图存的理论初衷没有变，弘扬国粹、保守国文的目的没有变。正因为如此，他早年翻译西学不忘以中学为宗旨，晚年导扬中华民族的立国精神、提倡尊孔读经得益于对西学的了解而认识到了文化的"国性"和西方文明以及进化的本质。与此同时，严复是从西学家转向国学家的，他的经历令人深思。在中国近代救亡图存迫在眉睫、亟需文化自信抵御外侮之时，严复以及近代哲学家对中国文化的坚守是否应该以进步与保守作为唯一的标准进行衡量和评判？

第五章
思想特色与价值诉求

　　特殊的学术经历、心路历程直观地展示了严复对中学与西学的不同侧重：就对中学的态度而言，从早期进行中国与西方文化比较对中学的批判到后来中西互释时对中学的创新解读和内容转换，再到后期尊孔读经时对中学的导扬，前后之间出入很大。西学的命运与中学恰成此消彼长之势：早期中西比较时对西学热情洋溢的宣传，后期尊孔读经时对西方文化"利己杀人，寡廉鲜耻"的概括淡化西学的在场。一方面，特殊的教育背景、学术经历铸就了严复特殊的心路历程，也先天地注定了严复哲学的独特气质，故而在理论来源、主体内容、基本形态和思想特色等诸多方面均与同时代的康有为、谭嗣同和梁启超等人呈现出巨大差异。另一方面，严复翻译、输入西学是否与坚守中学势不两立？介绍、宣传西学是否证明严复的思想以西学为价值旨归？要回答这些问题，必须先澄清如下问题：严复翻译西学的目的何在？严复翻译西学以何种方式进行？严复眼中的西学与中学究竟是何关系？可以肯定的是，如何看待严复不同时期对中学、西学的不同侧重既关乎对严复学术重心的理解，又关乎对严复哲学宗旨或主线的把握。正是由于这个原因，这些问题不仅涉及严复哲学的分期问题，而且决定着对严复思想的定位和评价。对于这些问题的解答离不开对严复哲学的理论特色、学术方法和价值旨归的深入探究。

第一节 输入西学与理论特色

中国近代是西学大量东渐的时代，利用西方传入的新学说、新观念建构自己的理论体系是近代哲学家的共同做法。从这个意义上说，他们都是新学家，亦即西学家。在这个前提下尚须进一步看到，由于个人阅历、学术兴趣和知识结构等诸多原因，中学、西学的成分或比例在每一位近代哲学家那里的情形大不相同。就理论来源而言，康有为、谭嗣同的思想以中学为主，严复的思想以西学为主，梁启超的思想则介于中学与西学之间。就对西学的选择和借鉴而言，康有为、谭嗣同的西学思想基本上限于自然科学领域，以电、力、以太、脑等物理学、生理学和解剖学为主；严复、梁启超的西学思想除了达尔文的进化论之外，主要以社会有机体论、天赋人权论和社会契约论代表的人文、社会科学为主。就输入西学的方式而言，严复、康有为和梁启超都既有宣传，又有翻译。就翻译西学的方式而言，严复以西文（英文）译西学，输入英记西学；康有为、梁启超则以日文转译西学，输入日记西学（东学）。与其他近代哲学家相比，严复的西学功底和造诣无人能出其右。西学深刻影响了他的哲学理念和哲学范式，严复哲学建构的西学成分也远远大于其他近代哲学家。

一、英文特长和西学优势

严复 13 岁进入福州船政学堂就开始系统学习英文和各种自然科学知识，后来又被派往英国留学三年。期间，他完成了航海专业的各门课程，同时深入了解英国的社会状况、风土人情、哲学和文化，因而对西方文明具有较为具体、完整和清晰的了解。留学英国的经历造就了严复的西文特长和西学优势，他的教育背景和得天独厚的学术素养在戊戌启蒙思想家中是独一无二的。对于这一点，将严复与康有为进行比较则看得更加清楚、直观。梁启超在为康有为作传时专门辟有《康南海之哲学》一章，并将康有为的哲学概括、归结为"天禀"派，理由就是康有为"不通西文，不解西说，不读西书"。梁启超这样写道："先生者，天禀之哲学者也。不通西文，不解西说，不读西书，而惟以其聪明思想之所及，出乎天天，入乎人人，无所凭藉，无所袭取，以自成一家之哲学，而往往与泰西诸哲相暗合，得不谓理想界之人杰哉？"[1] 毋庸置疑，梁启超对康有为及其哲学是赞叹称奇的，所以用了"理想界之人杰"一语。尽管如此，梁启超在称赞康有为的天赋非同寻常的同时，也在无意间道出了康有为的一个秘密——"不通西文，不解西说，不读西书"。事实上，"不读西书"是康有为的公开秘密，他本人对此不惟毫不隐讳，反而洋洋自得，以此显示自己的思想与西学暗合。例如，在盛赞子思、庄子的思想与达尔文、赫胥黎的进化论相合之时，康有为便自诩说："二生（指达尔文和赫胥黎——引者注）之说，在欧土为新发明，然鄙人二十余年未读一字西书，穷推物化，皆在天人自然之推排，而人力抗天自为之，已与暗合，与门人多发之。"[2] 无论梁启超的披露还是康有为的自诩都暴露出康有为不通西文、不谙西学的知识结构和学术意趣，从日本转译西书便从一个侧面印证了这一点。不习西文、不通西学注定了康有为对中学与西学（包括先秦诸子与西方哲学）的比较想象多于实证，比附、玄想多，论证、分析少。这种情况在谭嗣同那里也相当明显——不过，谭嗣同并没有像康有为那样热衷于对以先秦诸子为首的中学与西学进行比较。谭嗣同与康有为的哲学建构一样主要借鉴了西方的自然科学，代表了戊戌启蒙思想家学习西学的第一阶段。由此反观严复对西学的谙熟和以西文翻译西学有助于直观感受严复哲学的理论特质，进而深刻体悟严复哲学在思想来源、研究范式和意趣旨归上的卓尔不群。

严复精通西文，对西学——特别是英国哲学和文化具有较为深入的了解。

---

[1]《南海康先生传》，《梁启超全集》（第一册），北京出版社，1999，第488页。

[2]《英国游记》，《康有为全集》（第八集），中国人民大学出版社，2007，第23页。

优越的语言条件和深厚的西学素养使严复有条件、有能力直接以西文翻译西学，而不必再像康有为、梁启超那样从日本转译西学。这样做的结果不仅仅是省略了中转"贩卖"的周折，更重要的是直通西学而避免了诸多歧义。事实上，严复对由日文转译西学带来的不便深恶痛绝，对由于转译而产生的诸多歧义和舛误更是无法容忍。这些正是他下定决心直接以西文翻译西学的原因和动力所在。与此同时，深厚的西学功底使严复可以对中学与西学进行参观、互视和互释，在以西学为参照审视、解读中学的过程中深刻领悟文化的"国性"。

如果说通西学使严复与康有为的学术兴趣和理论重心大不相同的话，那么，在介绍、传播西学上，严复与梁启超并无不同。梁启超本人对于自己的定位是"新思想界之陈涉"，这雄辩地证明他自己自视为西学家。不仅如此，梁启超对康有为"不通西文，不解西说，不读西书"的评价显然具有比较之意，即使不是说自己并不像康有为那样对于西学"三不"，至少具有在当时对西学"三不"不合时宜之意。原因在于，梁启超将近代哲学界定为"不中不西即中即西"，对近代哲学家的定位则是"新学家"。令人深思的是，严复与梁启超同样对西学津津乐道，学术界却给予两人不同的学术定位和身份：严复最引人注目的身份是西学家，梁启超则成为公认的国学家。反差如此之大是不正常的，其中隐藏着对严复思想的误解和误读。深入探究严复翻译西学的初衷、方法，藉此领会严复的为学之方和思想特色，在此基础上进一步窥探、洞察他的致思方向和价值旨趣是走出误区的第一步。

通过比较可以看到，严复与梁启超对西学的介绍、宣传是相同的，具体方法和理论侧重却大相径庭。一言以蔽之，就对西学的输入而言，如果说梁启超以宣传家的身份出现，以报刊为媒介，以普及、传播为旨趣的话，那么，严复则以学问家的身份出现，以翻译学术著作为寄托，对学术精英进行启蒙。正因为如此，与梁启超侧重对西学的介绍、评述不同，严复注重对西学的"学术研究"。梁启超对介绍、评述西方人物的思想乐此不疲，推出了系列的"西儒学案"。严复凭借自身的西学素养和语言优势，以翻译西方的学术著作为主要手段，制定了囊括所有哲学社会科学和人文学科的庞大翻译计划。显而易见，严复介绍、宣传西学的方式与梁启超具有明显差异，而两人之间的差异充其量只是方式、方法之分，并无初衷、目的之别。

二、以西文译西学

严复输入西学最主要——也是在近代哲学家中最独特的手段和途径是以西文译西书，而他翻译西方著作的最大特点是采取意译而非直译的方式进行。严复在翻译过程中不仅对原著进行大胆取舍、删节，而且时常在译文中夹杂按语，边译边议。严复的这种翻译方式极为独特，在中外翻译史上可谓空前绝后。毫不夸张地说，如果不是为了研究严复本人的思想，很少有人会为了研究赫胥黎、斯宾塞、亚当·斯密、孟德斯鸠或穆勒（约翰·密尔）的思想去读《天演论》《社会通诠》《原富》《法意》《群己权界论》。换句话说，如果为了了解、研究赫胥黎、斯宾塞、亚当·斯密、孟德斯鸠或穆勒（约翰·密尔）的思想去读严复翻译的《天演论》《社会通诠》《原富》《法意》《群己权界论》是达不到目的的。不惟《天演论》是严复作的而非译的，严复的其他译作无不如此。正是由于这个原因，严复的译作与他的论作一样属于严复的"原创"，因而成为研究、解读严复思想不可或缺的第一手资料。这种情况直观而形象地展示了严复思想的理论特色——借西学宣讲中学，以西学推进中学。

分析至此，具有戏剧性的一幕出现了：严复不遗余力地反对康有为、梁启超等人以日文转译西学，理由是转译会导致原义尽失。从这个意义上说，严复本人提倡以西文译西学就是为了最大程度地还原西学的原貌。现在的问题是，经过他的大胆选择、肆意删减、夹译夹议乃至以议代译一系列操作，严复的译作不惟没有还原、保留原著的原貌，反而与原著之间出入极大。作为著名的翻译家，他提出了信达雅的翻译原则和标准，至今仍然被奉为翻译的圭臬。如果连信都做不到，严复的翻译是否违背了自己的标准？又是否达到了自己的预期目标？这种局面的出现究竟是严复自己始料未及的事与愿违还是早有预谋的心想事成？深入剖析可以判断，答案恐怕是后者。

为了解答这个问题，有必要先对信达雅进行简要的分析。信要求忠于原义，达要求畅达原文要旨，雅要求语言雅正、驯雅。由此可见，信达雅从事实、价值与后果三个维度立论，表达了对译作真善美的要求。真是基础，反映在严复对翻译的要求上便是以西文译西学，以此避免原义尽失而离题万里乃至漏洞百出。这解释了他反对康有为、梁启超等人以日文转译西学的原因，却解释不了严复本人的译作与西学的出入。为了解释这个问题，必须进入到达这一境界。早在翻译《天演论》时，严复就明言声称自己的译作是根据中国近代社会的现实需要"取便发挥"的"达旨"，是否与原文相合自己并不在意。至于雅，严复的主要办法是采用文言文达此目的。至于严复是否达到了雅的目的，为《天演论》作序的吴汝纶的评价深中肯綮。吴汝纶指出："赫胥黎氏起而尽变故说，以为天不可独任，要贵以人持天。以人持天，必究极乎天赋之能，使人治日即乎新，而后其国永存，而种族赖以不坠，是之谓与天争胜。……严氏（指严复、下'严子'同——引者注）一文之，而其书乃骎骎与晚周诸子相上下，然则文顾不重耶？抑严子之译是书，不惟自传其文而已，盖谓赫胥黎氏以人持天，以人治之日新卫其种族之说，其义富，其辞危，使读焉者怵焉知变，于国论殆有助乎？"[1]胡适同意吴汝纶对《天演论》的翻译"骎骎与晚周诸子相上下"的评价，并且深入分析了严复的用意。胡适写道："我们在这里应该讨论的是严复译书的文体。《天演论》有'例言'几条，……当时自然不便用白话；若用白话，便没有人读了。八股式的文章更不适用。所以严复译书的文体，是当日不得已的办法。我们看吴汝纶的《天演论序》，更可以明白这种情

1〔英〕赫胥黎：《天演论》，严复译，中州古籍出版社，1998，第1—3页。

形。……严复用古文译书，正如前清官僚戴着红顶子演说，很能抬高译书的身价，故能使当日的古文大家认为'骎骎与晚周诸子相上下'。……严复译的书，有几种——《天演论》，《群己权界论》，《群学肄言》——在原文本有文学的价值，他的译本在古文学史也应该占一个很高的地位。……这种文字，以文章论，自然是古文的好作品；以内容论，又远胜那无数'言之无物'的古文：怪不得严译的书风行二十年了。"[1]对于严复来说，既然信达雅代表着对真善美的追求，那么，真是更大可能地接近文本，善则是价值所在。康有为、梁启超由于以日文转译西学导致与西学的偏离是不必要的，也是可以避免的，因而必须杜绝。根据中国的"实政"对西学进行取舍、发挥乃至改造是必须的，因为救亡图存作为根本目标是坚定不移的。

对于严复的翻译来说，事实之真服务于价值之善，如果不能畅达"要旨"，宁可弃之不译。既然如此，严复对西学的翻译进行大幅删减、夹译夹议乃至以议代译也就顺理成章了。在严复看来，救亡图存是中国近代的当务之急，也是他翻译西学的最终动机和最高目标。救亡图存的理论初衷决定了严复即使在翻译西学之时也绝非惟西学之马首是瞻，而是根据中国近代社会的政治斗争和现实需要对原著的内容进行大胆的取舍、选择和创新。以他翻译的西方八大名著中影响最大的《天演论》为例，原名《进化论与伦理学》，引起严复兴趣的是书中生存竞争、与天争胜的思想，他因而只翻译了该书的前半部分（即进化论）而不是全书（不包括伦理学），故而取名《天演论》。仅从书名上看，严复选择和取舍的力度便可想而知。不仅如此，为了更好地抒发自己的观点，严复的翻译采取了意译这种便于最大程度地自由发挥的方式，并且边译边议，夹译夹议。在翻译过程中，他通过按语表达自己对书中内容的态度和理解，有时按语甚至比译文还要长。难怪鲁迅在读了严复翻译的《天演论》和其他译本的《进

1《五十年来中国之文学》，《胡适全集》（第二卷），安徽教育出版社，2007，第274—277页。

化论与伦理学》之后，比较并评价说，严复不是"译"了而是"作"了一部《天演论》。事实上，并不限于《天演论》，严复所有翻译著作的特色和产生巨大反响的原因恰恰在于自己的"创作"。

严复之所以"作"《天演论》，根本目的是"自强保种"。经过信达雅，严复开诚布公地宣示了自己系统翻译和输入西学的目的和宗旨，自信满满地凭借以西文译西学服务于救亡图存的最终目标。正是围绕着"自强保种"这个救亡方针，为了让国人更好地理解、接受西学——确切地说，是接受生存竞争、适者生存的生物进化法则，严复在按语中加入了自己的评议和导读，援引的证据和经典则主要是中学。

面对严复的做法，人们不禁要问：严复为什么要"作"《天演论》？他是如何"作"《天演论》的？严复本人在《天演论》的"自序"中明白无误地解答了这些问题。现摘录如下：

> 英国名学家穆勒约翰有言："欲考一国之文字语言，而能见其理极，非谙晓数国之言语文字者不能也。"斯言也，吾始疑之，乃今深喻笃信，而叹其说之无以易也。岂徒言语文字之散者而已，即至大义微言，古之人殚毕生之精力以从事于一学，当其有得，藏之一心，则为理；动之口舌，著之简策，则为词，固皆有其所以得此理之由，亦有其所以载焉以传之故。呜呼，岂偶然哉！

> 自后人读古人之书，而未尝为古人之学，则于古人所得以为理者，已有切肤、精怃之异矣，又况历时久远，简牍沿讹？声音代变，则通段难明；风俗殊尚，则事意参差。夫如是，则虽有故训疏义之勤，而于古人诏示来学之旨，愈益晦矣。故曰读古书难。虽然彼所以托焉而传之理，固自若也。使其理诚精，其事诚信，则年代国俗无以隔之。是故不传于兹，或见于彼，事不相谋而各有合。考道之士，以其所得于彼者，反以证诸吾古人之所传，乃澄湛精莹，如寐初觉，其亲切有味，较之觇毕为学者，万万

有加焉。此真治异国语言文字者之至乐也。

……

近二百年，欧洲学术之盛，远迈古初。其所得以为名理、公例者，在在见极，不可复摇。顾吾古人之所得往往先之，此非傅会扬己之言也，吾将试举其灼然不诬者以质天下。

大抵古书难读，中国为尤。二千年来，士徇利禄，守阙残，无独辟之虑。是以生今日者，乃转于西学得识古之用焉。此可与知者道，难与不知者言也。[1]

严复确信，天下之道是超越时空的，正如不会由于年代久远而相隔一样，不会由于国俗而相隔。正因为如此，通外文、外学之后反观中国本土文化往往可以洞彻其中的微言大义，这也成为通外文的最大乐趣所在。近二百年，西方学术突飞猛进、盛极一时。西学的原理、公例是颠簸不破的真理。在精通外文、了解西学之后，严复发现，西方的学术与"吾古人"之言原本是相通的，正所谓不谋而合。这表明，中国古学不惟不过时，反而大大早于西方——"吾古人之所得往往先之"。既然如此，何不借助对西学的翻译让"吾古人"之言复明于世！至此可见，"试举其灼然不诬者以质天下"是严复介绍、宣传西学的目的所在——与其说严复翻译西学是为了输入西学，不如说是为了借翻译之名宣传中学。例如，严复选中了《进化论与伦理学》，是因为书中的内容有助于"自强保种"，符合中国近代救亡图存的时代呼唤和现实需要。除此之外，还有一个重要原因，那就是："其中所论，与吾古人有甚合者"。这用严复本人的话说便是："赫胥黎氏此书（指《进化论与伦理学》——引者注）之旨，本以救斯宾塞尔任天为治之末流，其中所论，与吾古人有甚合者，且于自强保种之事，反复三致意焉。夏日如年，聊为迻译，有以多符空言，无裨实政相稽

1〔英〕赫胥黎：《天演论》，严复译，中州古籍出版社，1998，第14—16页。

者，则固不佞所不恤也。"[1]值得注意的是，如果说严复选择翻译的原著必须符合救亡图存和与"吾古人"言论"甚合"两个条件的话，那么，在二者之中，他似乎更在意前者。正因为如此，在严复的表述中，与"吾古人"思想相合在先。

深入剖析不难发现，与"吾古人"相合是严复选择翻译西方著作的必要条件：第一，与"吾古人"相合为他的夹译夹议提供了前提。严复的翻译不仅采取意译的方式，而且夹杂大量按语。他通过按语解读、疏导书中的内容，或赞成、或反驳书中的观点。与"吾古人"相合是严复中西互释的前提，也成为按语的素材来源。第二，西学内容越是与"吾古人"相合，越是有助于救亡图存。严复认为，越是在亡国灭种的多事之秋，越是要挺立民族精神。只要作为精神血脉的文化长存、国性不灭，中国就会死而不亡。第三，严复对西学的翻译醉翁之意不在酒，最终目的不是了解西学而是让人体悟中国古人的智慧和中国文化的历久弥新。循着这个逻辑，与中国古人言论"甚合"既是严复选择西方著作进行翻译的原因，也成为他夹译夹议乃至以作代译的目的所在。以《天演论》为例，依据严复自己的说法，他翻译《天演论》是为了宣传中学，"举其灼然不诬者以质天下"。而严复宣传中学却不直接从中学入手，是因为人们不读中国古书而借口古书难读，并且西学盛极一时，所以才不得不"转于西学得识古之用"。考察严复的思想不难发现，并不限于《天演论》，他翻译西方著作的初衷均离不开让人"多读中国古书"。这正如严复在《与梁任公论所译〈原富〉书》中所言："且不佞之所从事者，学理邃赜之书也，非以饷学僮而望其受益也，吾译正以待多读中国古书之人。"[2]

总而言之，如果说严复对西学的翻译遵循信达雅三原则的话，那么，信达雅则将严复翻译西学的真善美诉求表达得淋漓尽致。就通常意义而言，忠实原

---

1 〔英〕赫胥黎：《天演论》，严复译，中州古籍出版社，1998，第16页。

2 《与梁启超书》，《严复集》（第三册），中华书局，1986，第516—517页。

文谓之信，文辞通顺谓之达，用词得当谓之雅。就严复的具体操作而言，信之真注重选题，指以西文译西学，力求"寻之本地探其真"。雅之美诉诸古文，古文作为"吾古人"垂训之文字最为雅驯、雅正。达之善注重通达致用，回应中国近代的历史使命和时代呼唤，围绕着救亡图存与思想启蒙展开。三者之中，达以致用是灵魂、是中心，同时也是目的本身。信、雅围绕着达这一宗旨展开，正如真和美都是为善服务的。在严复的价值天平上，善之目标永远是第一位的，如果没有目标之善，美——雅也就不复存在。对于这一点，严复对苦乐与美之关系的辨析提供了注脚："且吾不知苦乐之外，所谓美者果何状也。"[1] 具体到严复对西学的翻译来说，如果不能达到善的目的，无论信还是雅都将流于空谈，甚至连翻译本身也失去了意义。对于这一点，早在提出信达雅之翻译标准之时，严复就明白无误地宣称："译事三难：信、达、雅。求其信已大难矣，顾信矣不达，虽译犹不译也，则达尚焉。"[2] 正是在对信达雅的贯彻中，严复根据中国近代社会的现实需要"取便发挥"出了"达旨"。"达旨"既是严译著作影响空前的成功密码，又证明严复完成了自己翻译西学的初心。

三、以作代译

严复对西学的翻译既然追求"取便发挥"的"达旨"，便不可能忠实原作。这最直观地表现为他对原著进行大篇幅的删节，并且选择了意译的方式。与直译相比，意译自由发挥的空间更大，更便于译者表达和抒发自己的思想。将严复的自由发挥展示得淋漓尽致的还是译作中出现的大量按语，有些按语甚至比原文还要长。按语既是严复对原书内容的提揭、解读和诠释，也是他对自己观点、诉求的阐释和论证。如果说意译尚属于翻译的话，那么，大量按语则突破了翻译的范畴而带有论作的性质。可以看到，为了便于中国人的了解和接受，

---

1 〔英〕赫胥黎：《天演论》，严复译，中州古籍出版社，1998，第236—237页。
2 〔英〕赫胥黎：《天演论》，严复译，中州古籍出版社，1998，第26页。

严复在翻译西方著作的过程中往往根据自己对原著的理解加以重新创作，有时甚至将原著中所使用的概念、术语和所举的例子置换成中国哲学惯用的概念、术语或例子。这表明，严复对西学的翻译从来就没有想到过要忠实原著。姑且不论他在按语中对原著观点的引申、发挥或反驳，退一步说，单就严复对原著的大胆取舍而言，就已经加入了自己的好恶和创造，更遑论比比皆是的过度诠释了。在这方面，《天演论》并不是个案。严复的所有翻译著作都通过意译、并采取夹译夹议的方式进行，甚至都遵循着以作代译的方式。

以作代译是严复翻译西学的惯用模式，这种做法使他"翻译"出来的《名学浅说》成为纯然的"原创"。不了解"内情"者往往误以为是严复的原作，丝毫看不出是对西方著作的翻译。例如，对于概念的准确性，严复是这样翻译的：

> 有时所用之名之字，有虽欲求其定义，万万无从者。即如中国老儒先生之言气字。问人之何以病？曰邪气内侵。问国家之何以衰？曰元气不复。于贤人之生，则曰间气。见吾足忽肿，则曰湿气。他若厉气、淫气、正气、余气，鬼神者二气之良能，几于随物可加。今试问先生所云气者，究竟是何名物，可举似乎？吾知彼必茫然不知所对也。然则凡先生所一无所知者，皆谓之气而已。指物说理如是，与梦呓又何以异乎！今夫气者，有质点有爱拒力之物也，其重可以称，其动可以觉。虽化学所列六十余品，至热度高时，皆可以化气。……出言用字如此，欲使治精深严确之科学哲学，庸有当乎？今请与吾党约，嗣后谈理说事，再不得乱用气字，以祛障蔽，庶几物情有可通之一日。他若心字天字道字仁字义字，诸如此等，虽皆古书中极大极重要之立名，而意义歧混百出，廓清指实，皆有待于后贤也。[1]

---

[1]〔英〕耶芳斯：《名学浅说》，严复译，商务印书馆，1981，第18—19页。

众所周知，气作为一个哲学概念在西方出现的时间远远比中国早，却没有像在中国哲学中那样成为最基本的哲学概念之一。早在古希腊时期，阿那克西美尼（公元前 586—公元前 524）就提出气是世界万物的始基。在西方哲学中，气尽管出现较早，并且被奉为世界万物的始基却没有成为主要的哲学概念。在中国哲学中，战国中期的庄子（公元前 369—公元前 286）提出了"通天下一气耳"的命题，并没有对气之概念进行界定或阐释。直到东汉，气才成为一个重要的哲学范畴。东汉时期的王充（27—97）提出了系统的元气自然论，气论也由此成为古代唯物论的旗帜，以气名世的哲学家从唐代的刘禹锡、柳宗元到北宋的张载再到明代的罗钦顺、王廷相一直到明末清初的王夫之、颜元和清代的戴震，可以列出一长串的名字。显而易见，严复所讲的气是全然的中国哲学概念，这从他所举的"邪气""元气""间气""湿气"以及"他若厉气、淫气、正气、余气，鬼神者二气之良能"便可一目了然。至于严复所举的"心字天字道字仁字义字"，无一不是极富中国哲学意蕴的范畴。吊诡的是，严复在翻译概念的确定性时偏偏偷换了概念。事实上，偷换概念的做法和富有中国哲学意蕴的概念出现在他译作的按语中屡见不鲜。例如，严复在《群学肄言》的按语中如是说："中国所谓天字，乃名家所谓歧义之名，最病思理，而起争端。以神理言之上帝，以形下言之苍昊，至于无所为作而有因果之形气，虽有因果而不可得言之适偶，西文各有异字，而中国常语，皆谓之天。"[1]

在严复的所有译作中，他声称对于原著不能——或者说，没有"傎倒附益"的则非亚当·斯密的《国民财富的性质和原因的研究》（简称《国富论》，严复翻译为《原富》）莫属。即使如此，他的大胆取舍、删节和主观随意性依然随处可见。对于这一点，严复本人对翻译所作的"例言"已经初露端倪。他声称："是译（指《原富》——引者注）与《天演论》不同，下笔之顷，虽于

---

[1]《群学肄言》按语，《严复集》（第四册），中华书局，1986，第 921 页。

全节文理，不能不融会贯通为之，然于辞义之间，无所傎倒附益。独于首部篇十一释租之后，原书旁论四百年以来银市腾跌，文多繁赘，而无关宏旨，则概括要义译之。其他如部丁篇三，首段之末，专言荷京版克，以与今制不同，而所言多当时琐节，则删置之。又部甲后有斯密及罗哲斯所附一千二百二年至一千八百二十九年之伦敦麦价表，亦从删削。……夫计学者，切而言之，则关于中国之贫富；远而论之，则系乎黄种之盛衰。故不佞每见斯密之言于时事有关合者，或于己意有所枨触，辄为案论，丁宁反覆，不自觉其言之长而辞之激也。"[1]

归纳起来，严复在"例言"中阐明了三个问题：第一，《原富》与《天演论》不同，虽有微调但总的说来遵循原貌。正因为如此，严复认定《原富》对于原作"辞义之间，无所傎倒附益"。第二，严复坦言对《国富论》的原有内容进行删减，如对甲部第十一章以及此部的麦价表、丁部第三章等都弃之不译。第三，严复承认对《国富论》既有删减，又有增益。凡是作者之言与中国现实相合或对自己有所触动的，则加以按语。更为重要的是，所加的按语不仅篇幅长，而且慷慨激昂。据此可知，严复即使对于他本人声称最忠实于原著的《原富》（《国富论》）也进行过大量的删节和增益；至于删节或增益的标准还是一如既往的与中国近代社会的救亡图存相合——从这个意义上说，《原富》和包括严复特意提到的与《原富》"不同"的《天演论》在内的其他译作并无不同。更有甚者，由于经济学与中国的贫富、兴衰密切相关，严复在翻译《国富论》时凡是看到"斯密之言于时事有关合者，或于己意有所枨触"，都会情不自禁地"辄为案论，丁宁反覆"，以至于"不自觉其言之长而辞之激也"——从这个意义上说，《原富》无论在突出"自强保种"还是在以作代译上都与严复的其他译作相比有过之而无不及。梁启超对严复翻译的《原富》做出了高度评价：

1 《译斯氏〈计学〉例言》，《严复集》（第一册），中华书局，1986，第101页。

"严氏（指严复——引者注）此书（指严复翻译的《原富》——引者注）复经数年之心力，屡易其稿，然后处世，其精美更何待言！"这是对严复翻译《原富》的肯定，其中也包含对严复夹译夹议乃至以作代译的认可。

对于严复的译作来说，与原著之间出入较大并非偶然现象，甚至出现误以为中国书而看不出是译作的情况也并不奇怪。与其说这是读者理解力不够，不如说这是严复追求的境界——至少在他的预料之中。原因在于，严复在翻译过程中，根据自己的需要对原著内容进行更改，也就是他所说的"用己意更易"。他在《名学浅说》的"序"中曾经开诚布公地写道："中间义恉，则承用原书，而所引喻设譬，则多用己意更易。盖吾之为书，取足喻人而已，谨合原文与否，所不论也。朋友或訾不佞不自为书，而独拾人牙后慧为译，非卓然能自树者所为，不佞笑颔之而已。"[1]在这里，严复直言不讳地宣称自己的翻译不在于是否与原著相合——"谨合原文与否，所不论也"。这使人不禁联想起他在翻译之初就声明《天演论》是根据中国近代社会的现实需要"取便发挥"的"达旨"，至于是否与原著相合，"佞所不顾也"。严复在此"故伎重演"，重申了自己的原则——不考虑是否与原文相符。难怪当时就有人惊呼：严复的翻译只为他自己负责，从未对原作者负责。综观严复的译作可以真切地感受到，此言不虚。

问题的关键是，从与原文不符的角度看，严复的翻译已经背离了翻译的宗旨。按照通常理解，这与他提出的信达雅的"翻译"标准南辕北辙，甚至是颠覆了这一标准。深入思考不难发现，严复一面强调翻译要追求信达雅的境界，把之奉为翻译的准则；一面公开声称自己的翻译不顾及是否与原著相合，二者之间并不矛盾。这是因为，严复翻译西书的目的不是单纯的传播知识，而是为了"喻人"，从根本上说并不在于介绍西学。分析至此，人们不禁要问：既然严复的初衷不在西学，那么，何不自行著述而要拾西人牙慧？这种疑惑从一开

---

[1]《名学浅说》序，《严复集》（第二册），中华书局，1986，第 265—266 页。

始就有，以至于时人对严复的翻译发出了"独拾人牙后慧为译，非卓然能自树者所为"的嘲讽。面对世人的疑惑乃至嘲讽，严复不做争辩，只是报以"笑颔之"。他的"笑颔"既否认了自己翻译西学的行为是在拾西人"牙后慧"，又不服非能自著树。奥秘在于，在严复看来，自己"拾人牙后慧"（译西书）就是在"自树"，只不过是采取了以译书代"自树"的方式而已。进而言之，他之所以选择译西学的方式"自树"就是为了借助西学大行其道的时代风尚，以西学的方式——或者说，借助西学而解读、诠释中学，以此推动中国本土文化的内容转换和现代化，以文化认同、身份认同和民族认同服务于刻不容缓的救亡图存。严复意识到直接宣讲中学是达不到目的的，无论西学的盛鼎一时还是中国的落后挨打都促使他采取了以翻译、输入西学之名而行宣讲中学之实的做法。领悟了这一点，也就理解了严复的良苦用心，进而引发对严复的西学家、翻译家与中学家、国学家的身份予以深入思考。

四、以西学"回照故林"

严复翻译、输入西学的初衷是以西学解读、诠释中学，为中学注入新的价值理念，以此推动中国本土文化的内容转换和现代化。无论翻译西学的宗旨还是以作代译的方式都表明，严复翻译、输入西学的过程是重新诠释西学的过程——这从一开始就注定了他对西方著作的翻译不可能是直译而只能是意译。毫不夸张地说，严复的所有译作都具有以翻译之名行阐释自己观点之实的意图。以进化论为例，他对贯通宇宙人生各个层面的天演哲学的理解是《周易》由天道、地道而人道和《中庸》"致广大而尽精微"的思维方式、价值旨趣，将进化论翻译为天演论也与中国古代哲学中"万物一体"的天道观和人生观一脉相承。这也从一个侧面反衬了严复对进化论的宣传、翻译不是以其创始人——作为生物学家的达尔文的思想为主，而是对将生物进化论运用到社会历史领域的赫胥黎和斯宾塞津津乐道，尤其是对作有《综合哲学》《生物学原理》、以生物学讲群学的斯宾塞顶礼膜拜。与此同时，严复的翻译更是以西学为媒介——或者说，以翻译、宣传和解读西学的方式诠释中学的过程。可以看到，他对西学的取舍和诠释始终以中学为疏导，并且通过西学与中学的互释进行。换言之，在严复那里，翻译、输入西学与重新解读、诠释中学是一个过程的两个方面，甚至可以说是同步进行的。无论从初衷还是结果来看，中学始终都是目的所在。正是在以中学疏通、诠释西学的过程中，严复以特殊的方式解读、创新并宣传了中学，也完成了对中国本土文化的内容转换和现代化。在此过程中，他既为中国本土文化注入了自由、平等和民主等近代价值理念，也证明了从天演哲学、逻辑哲学、不可知论到以自由、平等和民主为核心的启蒙哲学，中国都一应俱全。在这方面，严复将老子、庄子与孟德斯鸠、卢梭等人的自由、平等和民主思想对接，对《周易》《老子》《庄子》与赫胥黎、斯宾塞和穆勒的哲学互释等等都是明证。

上述内容显示，严复对西学的翻译是以特殊的方式进行的：从形式上看，翻译的方式不是直译而是意译；从宗旨上看，翻译的初衷不单是为了介绍西学，更重要的是为了发明中学。一言以蔽之，严复对西学的翻译从根本上说不是作为"翻译者"而是作为"创作者"的身份出现的。在这个维度上，与其说对西学的翻译彰显了严复西学家、翻译家的身份，毋宁说印证了他的国学家的身份。正是国学家的身份及其使命决定了严复翻译、输入西学的方式，同时也隐藏着他的译作深受国人欢迎的原因。反过来，甚至可以说，严复在翻译西方著作时就选择了国人易于接受的形式。他之所以使用文言文、采取意译以及夹译夹议的方式翻译西方著作，就是为了便于国人接受。在回顾中国文学五十年的进化历程时，胡适谈到了严复的译作。作为"文学革命"的倡导者，胡适提倡白话文而极力排斥文言文（"古文"）。与对语言的关注相一致，胡适对严译著作的评价也是从语言——"古文"的角度切入的，并且道出了采用古文与严译西方名著流行之间的内在联系。胡适从语言的角度切入，探究严译著作的影响视角独特，是可以肯定的。尽管如此，他没有认识到一个重要问题，那就是：严复之所以偏爱"古文"，以至于采用文言文而没有采用白话文进行翻译，是出于保存国粹的考虑。对于严复来说，国文是国粹的一部分，故而在"宜当保守之列"。正如始终限于语言领域一样，胡适并没有涉及严复的意译方式和通过按语表达自己观点的夹译夹议乃至以作代译。不过，胡适承认严译著作的流行具有内容方面的原因——"以内容论，又远胜那无数'言之无物'的古文"，归根结底与紧扣时代主题、彰显救亡图存的立言宗旨密不可分。胡适在《四十自述》中对自己受《天演论》物竞天择、适者生存影响的回顾也印证了这一点。其实，严复在《天演论》"自序"中明确表示，自己对于"自强保种"反复三致意焉，如有空言无裨于现实则弃之不译。接下来的问题是，既然严复的所有翻译都是为了"自强保种"的需要，既然西方文化使西方"胜我"，那么，他为什么不直接取法西学对中学取而代之——像他人误解的那样成为全盘西化论者，而是要"曲线救国"——以西学回护中学？原因在于，严复认为，文化具有"国性"，中国本土文化作为中国几千年历史积淀的结晶是中国人安身立命的价值依托和情感慰藉，承载着中华民族的立国精神，模塑了中国人的人格，也是中国人之所以成为中国人的资格。正因为如此，越是在濒临亡国灭种的多事之秋，越是要赓续中国文化的"国性"。这是严复一面翻译西学、一面将之中国化的秘密所在。

综观严复的学术历程可以看到，1895 年前后的他专注于对中国与西方文化的比较，之后转向翻译、输入西学。如果说严复通过中国与西方文化比较得出的结论是西学以自由为宗旨、西学优于中学的话，那么，他在 1897 年开始翻译《天演论》时则已经认识到中学不仅与西学相合，而且早于西学，进而立志以西学为中学正名。对此，严复采取的具体办法是在翻译西方著作时以中学疏导西学，学术重心也随之由宣传、提倡西学而转向解读、弘扬中学，并且形成了一系列国学研究成果。作为思想转变的结果和精神的最后归宿，晚年的严复提倡尊孔读经，将导扬中华民族的立国精神、赓续中国文化的"国性"、培养中国人的国格作为自己的奋斗目标和心灵皈依。

第二节　中西互释与具体途径

严复有对西方著作的翻译、输入，也有对中国经典的点评、诠释。这两方面不是各不相涉的，而是相互诠释的；不是独立进行的，而是作为一个过程的两个方面同时进行的。在他看来，中国与西方哲学是相通的。西方有哲学，中国也有哲学，《周易》《老子》《庄子》是中国哲学的经典和代表。基于这种认识，在翻译、解读和诠释西方哲学时，严复总是联想到中国哲学，老子、庄子、孔子、墨子、孟子为首的先秦诸子、国学人物和以《周易》为首的六经四书等国学典籍经常被提起。无论在《〈老子〉评语》《〈庄子〉评语》中还是在翻译西方名著时，严复都多次赞叹中学与西学的相合相通。在他的视界中，中学与西学不是某些方面的偶然相合，而是从哲学理念、思维方式、民主政治到自然科学等各个领域皆相通相合，原本就没有任何隔阂。正是认定中学与西学相合相通，严复才乐此不疲地对二者进行互释。

一、以中学疏导西学

众所周知，严复对西学的翻译是采取意译的方式进行的，而意译的方式给他的翻译带来了最大程度的自由诠释和借题发挥的余地。严复翻译西学的最大特点是，通过大量按语而边译边译、夹译夹议乃至以议代译。借助这些形式，严复在译作中加入大量的中学内容，以中学疏导、解读和诠释西学。例如，在翻译孟德斯鸠的《论法的精神》（严复翻译为《孟德斯鸠法意》或《法意》）时，严复就表达了这样的思想："呜呼！拘于墟，囿于习，束于教，人类之足以闵叹，岂独法制礼俗之间然哉？吾国圣贤，其最达此理者，殆无有过于庄生。即取其言，以较今日西国之哲家，亦未有能远过之者也。故其著说也，必先为逍遥之游，以致人心于至广之域，而后言物论之本富，非是之生于彼此。"[1]他明确表示，中国古代贤哲言礼法政事，以庄子为最。即使拿西方近代哲学家来说，论理鞭辟入里也未有远过庄子者。这个说法给予庄子至高评价，也在承认西方的政治思想与庄子思想相通的同时，以庄子的思想与孟德斯鸠的法理思想相对接。严复之所以翻译孟德斯鸠的《论法的精神》，一个重要原因是，孟德斯鸠作为西方启蒙思想家宣扬自由、平等和民主思想，而所有这些在严复看来都与庄子以及中国古代贤哲的思想相吻合。沿着这个思路，严复在翻译孟德斯鸠的《论法的精神》的过程中，多次通过按语将老子、庄子的思想与孟德斯鸠的自由、平等和民主思想相提并论。

出于同样的动机，在《穆勒名学》中，严复反复用孟子、庄子等中国哲人的观点解读、诠释穆勒、笛卡尔（严复翻译为特嘉尔或特加尔）、培根（严复翻译为贝根）和洛克等西方哲学家的思想。这样的例子在严复的译作中俯拾即是：

> 原书："品与量皆物之德也，而皆基于吾心所受于彼之丛感，而其名以立，然则虽谓为其物致感之能无不可也。……万物固皆意境，惟其意境，而后吾与物可以知接，而一切之智慧学术生焉。故方论及于万物，而明者谓其所论，皆一心之觉知也。"

> 复按：观于此言，而以与特嘉尔所谓积意成我，意恒住故我恒住诸语合而思之，则知孟子所谓"万物皆备于我"一言，此为之的解。何则？我而外无物也；非无物也，虽有而无异于无也。然知其备于我矣，乃从此而黜即物穷理之说，又不可也。盖我虽意主，而物为意因，不即因而言果，则其意必不诚。此庄周所以云心止于符，而英儒贝根亦标以心亲物之

---

1 《法意》按语，《严复集》（第四册），中华书局，1986，第987—988页。

义也。[1]

　　昔读《庄子·天道篇》言轮人扁事，尝恍然自失而不知其理之所以然，今得穆勒言，前疑乃冰释矣。又吾闻凡擅一技、知一物而口不能言其故者，此在智识谓之浑而不晰。今如知一友之面庞，虽猝遇于百人之中犹能辨之，独至捉笔含豪欲写其貌，则废然而止。此无他，得之以浑，而未为其晰故也。使工传神者见之，则一晌之余可以背写。盖知之晰者始于能析，能析则知其分，知其分则全无所类者，曲有所类。此犹化学之分物质而列之原行也。曲而得类，而后有以行其会通，或取大同而遗其小异，常、寓之德（常德即固有属性，原文为 essential property，寓德即偶有属性，原文为 accidental property——引者注）既判，而公例立矣。此亦观物而审者所必由之涂术也。[2]

　　意相守例发于洛克，其有关于心学甚巨，而为言存养省察者所不可不知也。心习之成，其端在此；拘虚束教，固习笃时，皆此例所成之果。而《庄子》七篇，大抵所以破此例之害者也。……中国人士，经三千年之文教，其心习之成至多，习矣而未尝一考其理之诚妄；乃今者洞牖开关，而以与群伦相见，所谓变革心习之事理纷至沓来，于是相与骇愕而以为不可思议。夫西学之言物理，其所以胜吾学者，亦正以见闻多异，而能尽事物之变者，多于我耳。[3]

在这里，严复不仅以法国笛卡尔的怀疑论和英国培根的经验论为穆勒的思想作注释，而且将西方的哲学思想与中国先秦时期的哲学家的观点直接联系起来。按照严复的说法，笛卡尔的"我思故我在"就是孟子所讲的"万物皆备于我"，庄子所讲的"心止于符"与培根主张知识源于感官接触外物的经验同义。

---

1 《穆勒名学》按语，《严复集》（第四册），中华书局，1986，第 1037 页。
2 《穆勒名学》按语，《严复集》（第四册），中华书局，1986，第 1046 页。
3 《穆勒名学》按语，《严复集》（第四册），中华书局，1986，第 1050 页。

与此同时，严复还用穆勒的逻辑哲学破解《庄子·天道》篇记载的轮扁之事"得之于心"却"口不能言"的尴尬，并将洛克强调认识源于感觉的经验论、反映论与《庄子》内七篇相互参观、发明。

对于严复在翻译西学过程中的中西互释，可以从两个完全不同的方向去理解：一方面，就互释的结论来看，他推导出西学优于中学的理由就在于西学"言物理"由于"见闻多异，而能尽事物之变"。这可以视为严复早期进行中西文化比较而肯定西学优于中学的余绪。另一方面，就思想的主旨来看，他已经转向以西学讲中学，侧重中国与西方之学的相通相合，故而与早期比较时对二者之异的侧重不可同日而语。

二、以西学解读中学

在翻译西方著作的过程中，严复一面以中学疏导、解读西学，一面以西学解读、诠释中学。借助后者，他为中学注入西学要素，以此推动中国本土文化的内容转换和现代化。可以看到，正如在翻译西方著作时习惯于援引中学加以疏导、解读一样，严复在评点中学时喜欢以西学予以参考和观照。严复解读《周易》《老子》《庄子》最突出的特点是以西释中，具体办法便是将书中的哲学思想与达尔文进化论，牛顿的机械力学，穆勒、斯宾塞、赫胥黎的不可知论，孟德斯鸠、卢梭的自由、平等和民主思想相对接。

《周易》时常被严复拿来与西学进行互释，以西学的视角审视、诠释《周易》成为他解读《周易》不可或缺的重要维度。严复断言《周易》的哲学是不可知论，进而在阐释自己的不可知论时以《周易》作为证据，并且将之与穆勒、斯宾塞和赫胥黎等人的哲学思想相互杂糅。

严复一再强调《周易》注重演绎法，并且将《周易》定位为"因果之书"。这个说法与他将《周易》和《老子》《庄子》一起奉为中国哲学的"三书"密切相关，也先天地注定了《周易》与穆勒逻辑学的亲缘性。正是由于这个原因，严复在肯定穆勒"从形数而推者所得不出形数"为"透宗之论",并且坦言这个观点并不被学者所认同的前提下,以《周易》为穆勒辩护。《穆勒名学》原书曰:"本形数而推者,其所得终不出于形数;欲徒从形数而得他科之公例者,其道莫由也。"对此,严复借助按语如是说:"此为科学最微至语,非心思素经研练者读之未易猝通。其谓从形数而推者所得不出形数,尤为透宗之论。学者每疑其言,而谓果如此云,则格物之力学,其术几天(天疑为无——引者注)往不资形数,又如《周易》,正以形数推穷人事,岂皆妄耶?不知力学所以得形数而益精者,以力之为物固自有形数之可言;一力之施也有多寡之差,有方向之异,有所施之位点,故直线可为一力之代表,而一切形数公例皆可为力公例,则二者同其不摇矣。此易见者也。至于《周易》,其要义在于以畸偶分阴阳;阴阳德也,畸偶数也。故可以一卦爻为时、德、位三者之代表,而六十四卦足纲纪人事而无余。由此观之,穆勒之言固无可议也。"[1]

与此同时,严复还以牛顿力学来理解《周易》的一阴一阳之道。在他那里,《周易》与牛顿力学的三大定律一一契合。例如,对于《周易》与牛顿力学第三定律即作用力与反作用力定律的相合,《穆勒名学》载:

> 原书:"即如陨石,以力理言,石之摄地与地之摄石正同,孰分能所?即当物尘感我之时,吾之官知宜称所矣,然我之神明方且炽然起与物尘相接,自不得纯受无施;假使无施,即同冥顽,何由觉物?……总之一果之间,任分能所,所之有事正不异能;为分别者,取便说词,实则无所非能,无能非所。如言东西,别在眼位,非定相也。万化之情,无往不复,是故方其为施,即有所受。"

> 复按:此段所论亦前贤所未发,乃从奈端(现通译为牛顿——引者注)动物第三例悟出。学者必具此法眼,而后可以读《易》。[2]

---

1 《穆勒名学》按语,《严复集》(第四册),中华书局,1986,第1051—1052页。
2 《穆勒名学》按语,《严复集》(第四册),中华书局,1986,第1052页。

据此可知，按照严复的说法，穆勒所讲的认识主体（能）与认识客体（所）的相互作用就是牛顿力学第三定律即作用力与反作用力定律。穆勒用牛顿力学的第三定律解释感觉的形成是发前人所未发，而这一思想端倪就蕴涵在中国的《周易》之中。甚至可以说，读《周易》要从牛顿力学的三大定律切入，不懂得这些定律便无法把握易学精髓。议论至此，严复对《周易》与牛顿力学三大定律密切关系的凸显可见一斑。

除此之外，严复从不同角度论证牛顿力学第一定律即在没有外力的作用下动者恒动、静者恒静与《周易》思想的相合相通。下面即是一例："夫西学之最为切实而执其例可以御蕃变者，名、数、质、力四者之学是已。而吾《易》则名、数以为经，质、力以为纬，而合而名之曰《易》。大宇之内，质、力相推，非质无以见力，非力无以呈质。凡力，皆乾也；凡质，皆坤也。奈端动之例三，其一曰：'静者不自动，动者不自止；动路必直，速率必均。'此所谓旷古之虑。自其例出，而后天学明、人事利者也。而《易》则曰：'乾其静也专，其动也直。'后二百年，有斯宾塞尔者，以天演自然言化，著书造论，贯天地人而一理之，此亦晚近之绝作也。其为天演界说曰：'翕以合质，辟以出力，始简易而终杂糅。'而《易》则曰：'坤，其静也翕，其动也辟。'至于全力不增减之说，则有自疆不息为之先；凡动必复之说，则有消息之义居其始，而《易》不可见、乾坤或几乎息之旨，尤与热力平均，天地乃毁之言相发明。此岂可悉谓之偶合也耶？"[1] 在这里，严复明确肯定《周易》与牛顿力学第一定律相合，同时将之与斯宾塞《综合哲学》中的《第一原理》进行互释。在严复看来，作为实证主义哲学家，斯宾塞之所以将自然界的生物进化法则直接贯彻到社会历史领域，提出社会有机体论，运用的就是牛顿力学原理。不仅如此，斯宾塞所讲的由天体演化到生物进化再到人类进化就是《周易》的天地人三才之道，

---

1 〔英〕林胥黎：《天演论》，严复译，中州古籍出版社，1998，第15—16页。

至于贯穿其中的"质、力相推"而由简入繁的进化轨迹恰恰就是《周易》所讲的阴阳消息和由太极之一到天地之二再到四象、八卦和万物的推演过程。更为重要的是，严复在这里并不单单是以牛顿的机械力学、斯宾塞的社会有机体论诠释《周易》，而是以二者为代表证明《周易》与西学相合，乃至囊括全部西学。逻辑很简单，"西学之最为切实而执其例可以御蓄变者，名、数、质、力四者之学是已"，而《周易》则将名、数、质、力皆囊括其中——"名、数以为经，质、力以为纬，而合而名之曰《易》"。从这个意义上说，《周易》与西学相合是必然的，因为全部西学——从名、数到质、力都包括在《周易》之中。

在评点《老子》时，严复多次将老子所讲的道与西方哲学的"第一因"（Summum Genus）相提并论，以此证明中国与西方哲学探究的问题别无二致，对宇宙本原和哲学问题的解答如出一辙。下仅举其一斑：

> 以道为因，而不为果。故曰，不知谁之子。使帝而可名，则道之子矣，故又曰众甫。众甫者，一切父也，西哲谓之第一因。[1]

> 老谓之道，《周易》谓之太极，佛谓之自在，西哲谓之第一因，佛又谓之不二法门。万化所由起讫，而学问之归墟也。[2]

> 有可视，有可听，有可搏；使其无之，将莫之视，莫之听，莫之搏矣。夷、希、微之称，乌由起乎？然则道终不可见、不可闻、不可搏乎？曰：可！惟同于夷、希、微者能之。前有德国哲家谓耶和华之号，即起于老子之夷、希、微，亦奇论创闻也。[3]

依据严复的解读和诠释，《老子》的哲学建构以道为因，以万物为果。道由于自为因，故而不为果；道由于为万物之因，故而为"第一因"。这表明，道与中国本土文化中的《周易》之太极，佛教之自在、不二法门，西方哲学之

1《〈老子〉评语》，《严复集》（第四册），中华书局，1986，第1077页。
2《〈老子〉评语》，《严复集》（第四册），中华书局，1986，第1084页。
3《〈老子〉评语》，《严复集》（第四册），中华书局，1986，第1080页。

"第一因"在本质上是同一存在。不仅如此，从道之夷、希、微的角度看，道又可以称为无，意为无穷小。这表明，道实际上就是西方近代物理学所讲的以太，而不是基督教崇拜的上帝。正是严复对道的上述界定和诠释赋予了《老子》哲学全新的内容，同时也打开了老子与西方诸多哲学家思想的相通之路。

对于严复来说，《庄子》与西学的密切性、相合性与《老子》相比有过之而无不及。正因为如此，他在评点《庄子》时多次将庄子的思想直接与西学对接，甚至在很多地方用英文加以解读和评注。于是，严复不止一次地写道：

> 依乎天理，即欧西科哲学家所谓 We must live according to nature。（此批在"依乎天理"一句上。）[1]

> 大疑，即欧西科学家所谓之 Agnosticism。（此批在"可不谓大疑乎"一句上。）[2]

严复的上述评注将庄子与赫胥黎、斯宾塞等不可知论大家的思想直接联系起来，并且拉近了庄子与西方自然科学之间的距离。Agnosticism 是英国哲学家赫胥黎首创的概念，现在通译为不可知论。严复则将 Agnosticism 归为科学，由此将赫胥黎视为"科学家"，也就是"欧西科学家"。在严复的视界中，无论庄子的哲学还是天演学说都与赫胥黎、斯宾塞息息相通，不谋而合之处比比皆是。事实上，赫胥黎与斯宾塞的思想有两个相同点：第一，两人在哲学上都崇尚实证，秉持不可知论。第二，赫胥黎、斯宾塞都将进化论运用到社会历史领域，用以分析伦理道德和历史进化。通过严复对庄子与赫胥黎、斯宾塞思想的相互诠释，不可知论、天演学说自然成为庄子思想的题中应有之义。

在严复那里，中学与西学是相通相合的，因而可以相互注解、相互启发乃至相互诠释。这一点是他反复强调习外文、通外学后对中国文化可得神解的原因，也成为严复习外文、通外学的动力和乐趣所在。事实上，从翻译西方著作

1《〈庄子〉评语》，《严复集》（第四册），中华书局，1986，第 1108 页。

2《〈庄子〉评语》，《严复集》（第四册），中华书局，1986，第 1143 页。

开始，严复就已经进行中西互释了。在《天演论》的按语中，他反复断言：

> 此篇（指《天刑》篇——引者注）之理，与《易传》所谓乾坤之道鼓万物而不与圣人同忧，《老子》所谓天地不仁，同一理解。老子所谓不仁，非不仁也，出乎仁不仁之数，而不可以仁论也。斯宾塞尔著《天演公例》，谓教学二宗皆以不可思议为起点，即竺乾所谓"不二法门"者也。其言至为奥博。[1]

> 三世因果之说，起于印度，而希腊论性诸家，惟柏拉图与之最为相似。柏拉图之言曰："人之本初，与天同体，所见皆理而无气质之私。以有违误，谪遣人间，既被形气，遂迷本来。然以堕落方新，故有触便悟，易于迷复，此有凤根人所以参理易契也。因其因悟加功，幸而明心见性，洞识本来，则一世之后，可复初位，仍享极乐。使其因迷增迷，则由贤转愚，去天滋远，人道既尽，乃入下生。下生之中，亦有差等，大抵善则上升，恶则下降，去初弥远，复天愈难矣。"其说如此。

> 复意希、印两土相近，柏氏当有沿袭而来。如宋代诸儒言性，其所云明善复初诸说，多根佛书。顾欧洲学者辄谓柏氏所言，为标己见，与竺乾诸教，绝不相谋。二者均无确证，姑存其说，以俟贤达取材焉。[2]

在这里，严复直接肯定赫胥黎的《进化论与伦理学》（严复翻译为《天演论》）、斯宾塞的《生物学原理》（严复翻译为《天演公例》）与《易传》《老子》的思想相合，并且明确肯定柏拉图论性与宋明理学家的观点如出一辙。证据在于，无论柏拉图的理念论还是宋明理学家的天命之性都肯定先天之善，因而都将认识和人生的价值锁定在"明善复初"上。在严复看来，柏拉图和宋明理学家之间的思想相通是必然的，因为他们的观念同出一源——在渊源上均脱胎于佛教。更为重要的是，借助庄子的"道通为一"，严复主张宇宙之道是相通的，

1〔英〕赫胥黎：《天演论》，严复译，中州古籍出版社，1998，第303页。

2〔英〕赫胥黎：《天演论》，严复译，中州古籍出版社，1998，第320—321页。

中学与西学也是相通的。这是严复对庄子"道通为一"命题的创新解读，也代表了严复在文化观上的一贯主张。即使在早年对中国与西方文化进行比较并且彰显二者之异的时候，严复也毫不怀疑中学与西学之道的相通。随着对西学了解的加深，他更坚定了这一信念，也更深化了这一认识。这些都奠定了严复从翻译西学——以西学为重心转向导扬中学的思想前提，也从一个侧面印证了他早期、中期和后期思想一以贯之的一贯性、连续性。

总的说来，严复的中西互释既是将西学中国化而为我所用的过程，也是对中学进行全新解读和诠释的过程。他正是凭借中西互释对西学进行大胆改造和自由发挥，同时推动了中学的内容转换和现代化。而所有这一切拥有相同的宗旨和动机，那就是：服务于中国近代的救亡图存与思想启蒙。在这个维度上甚至可以说，严复中西互释的结论是预设的，互释的过程旨在为自己的结论提供证明。

第三节　互释结论与价值诉求

通过在翻译过程中以中学疏导、诠释西学与在诠释中学时以西学解读、创新中学，严复在中西互释中充分了解了西学，也深刻体悟了中学。通过对西学与中学的相互诠释，他越来越意识到文化的"国性"问题，并且发现了中国文化的优长之处，从而坚定了中学立场。正是在中学与西学的相互诠释中，严复得出结论：从哲学、自然科学到自由、平等和民主代表的启蒙思想，西学所有者，中学一应俱全，无一欠缺，并且远远早于西学。

一、"不必远求哲学于西人"

严复认为，中国哲学时间早，内容全，讲得好。这就是说，中国哲学在时间上早于西方，西方哲学所讲的内容超不出中国哲学的范围。严复对形而上学情有独钟，将不可知论、逻辑哲学视为哲学的主体内容。与此同时，他将《周易》《老子》《庄子》称为中国哲学的"三书"，并且多次在"三书"与西学的互释中证明中国有哲学，这些文本的年代则雄辩地证明了中国哲学早于西方。在读到《老子》第一章的"同谓之玄，玄之又玄，众妙之门"时，严复不禁感叹："西国哲学所从事者，不出此十二字。"[1]对于庄子哲学，严复也发出过类似评价。更为重要的是，他强调，《庄子》讲哲学比西方早，并且讲得比西方好。沿着这个思路，严复甚至声称，领悟到了庄子哲学的要义，便不必再向西方外求哲学。这用他本人的话说便是："故吾尝谓中国学者，不必远求哲学于西人，但求《齐物》、《养生》诸论，熟读深思，其人已断无顽固之理，而于时措之宜，思过半矣。"[2]

在严复的视界中，中国历来都不缺少逻辑哲学。《周易》《老子》将太极、道奉为宇宙"第一因"，由太极、道推演世界万物的过程运用的就是以演绎法为主的逻辑哲学。不仅如此，严复指出，中国的逻辑哲学内容丰富、形式多样，归纳、演绎无所不包。他在1895年对中国与西方文化进行比较尤其是凸显二者之异时，指出中国重演绎法、西方重归纳，以至于将倚重演绎法说成是中国与西方学术的区别。尽管此时的严复对中国重视演绎法含有微词，然而，他肯定中国具有演绎法代表的逻辑哲学却是毋庸置疑的。后来，严复发现的中国逻辑哲学越来越多，其中既包括演绎法，又包括归纳法。他指出，《老子》注重演绎法，同时强调老子的演绎法植根于归纳法之上。从这个意义上说，老子的逻辑哲学兼具演绎法与归纳法：一方面，老子的"道生一，一生二，二生三，三生万物"与黑格尔将历史的演变说成是绝对精神正、反、合的展开一样，是由一般原理推导出个别结论，都属于演绎法。另一方面，无论老子之道还是黑格尔之绝对精神都源于具体事件，是基于对历史事件的归纳而得出的结论。正

1　《〈老子〉评语》，《严复集》（第四册），中华书局，1986，第1075页。
2　《政治讲义》，《严复集》（第五册），中华书局，1986，第1254页。

因为如此，老子和黑格尔的演绎法都是由归纳法得来的，故而成为不刊之论。

严复认为，如果说老子的哲学以演绎为主、辅以归纳的话，那么，孔子的《春秋》则是不折不扣的归纳法。这表明，除演绎法外，中国还有归纳法。严复将朱熹的格物致知说视为归纳法的代表，既丰富了中国逻辑哲学的内容，又决定了对朱熹的推崇。不仅如此，在严复那里，孔子对于六艺的著作权也证明了孔子归纳、演绎兼备。严复声称："今夫六艺之于中国也，所谓'日月经天，江河行地'者尔。而仲尼之于六艺也，《易》、《春秋》最严。司马迁曰：'《易》本隐而之显，《春秋》推见至隐。'此天下至精之言也。始吾以谓本隐之显者，观《象》、《系辞》以定吉凶而已；推见至隐者，诛意褒贬而已！及观西人名学，则见其于格物致知之事，有内籀之术焉，有外籀之术焉：内籀云者，察其曲而知其全者也，执其微以会其通者也；外籀云者，据公理以断众事者也，设定数以逆未然者也。乃推卷起曰：'有是哉！是固吾《易》、《春秋》之学也。迁所谓本隐之显者，外籀也；所谓推见至隐者，内籀也。其言若诏之矣。'二者即物穷理之最要涂术也，而后人不知广而用之者，未尝事其事，则亦未尝谙其术而已矣！"[1]

二、自然科学当仁不让

如果说哲学是严复的个人爱好和学术兴趣的话，那么，自然科学则是时代需要和现实所迫。一个明显且不争的事实是，西方列强以洋枪洋炮打败了中国的土枪土炮，科学技术、军事工业也由此成为国家富强的基本表征。正因为如此，相对于哲学来说，严复对自然科学的热情更为迫切和现实。他将自然科学说成是富强的基础，早在 1895 年就发出了这样的断语："求才为学二者，皆必以有用为宗。而有用之效，征之富强；富强之基，本诸格致。"[2] 这个断语预示

---

1 〔英〕赫胥黎：《天演论》，严复译，中州古籍出版社，1998，第 15 页。
2 《救亡决论》，《严复集》（第一册），中华书局，1986，第 43 页。

了严复对西方近代自然科学的推崇备至，也使他成为中国近代科学救国（即以西方的格致之学救亡图存）的代表人物。总的说来，严复奋力高呼"开民智"、废八股、黜科举，引进西方的教育体制和人才培养模式，均或多或少地与提倡自然科学密切相关。透过这些主张，足以窥见他对西方近代自然科学的羡慕之情和求之若渴。

通过中学与西学的互释，严复得出结论：在自然科学方面，中学与西学相比毫不逊色，中国的自然科学尤其是进化学说源远流长。早在先秦时期，中国的进化学说就已经异彩纷呈，蔚为大观。中国哲学的代表作——《周易》《老子》《庄子》都讲天演，因而都可以归结为进化论的著作。具体地说，严复将进化论翻译为天演论旨在强调世界的进化是一个自然而然的过程，世界及万物的产生、进化完全是其自身"质力杂糅、相济为变"的结果，并无上帝的创造。这用他本人的话说便是："造物立其一本，以大力运之。而万类之所以底于如是者，咸其自己而已，无所谓创造者也。"[1]

经过严复的解读和诠释，进化论从自然进化的角度看，与《周易》的乾坤之道以及老子、庄子所讲的"道法自然"如出一辙；从进化的动力是事物内部吸引力与排斥力的相互作用（乾坤、阴阳二力）以及进化轨迹是由简单向复杂的过程看，与《周易》的太极、四象、八卦和《老子》的"道生一，一生二，二生三，三生万物"若合符契；从进化的过程表明万物都在进化之途、总是处于进化（完善）之中的角度看，与《周易》终于《既济》《未济》二卦不谋而合。当然，《易传》起于男女，终于父子、君臣的人伦构架不啻为斯宾塞基于个人组成群体的社会有机体论。鉴于如此种种界定和解读，严复不止一次地宣称：

天演学说滥觞于周秦之间，中土则有老、庄学者所谓明自然。自然

1〔英〕赫胥黎：《天演论》，严复译，中州古籍出版社，1998，第42页。

者，天演之原也。征之于老，如云"天地不仁，以万物为刍狗"。征之于庄，若《齐物论》所谓"寓庸因明"，所谓"吹万不同，使其自己"；《养生主》所谓"依乎天理、薪尽火传"。谛而观之，皆天演之精义。而最为深切著名者，尤莫若《周易》之始以乾坤，而终于既未济。至泰西希腊，则有德谟吉来图诸公，其学说俱在，可以覆案。虽然，今学之见于古书，大抵茫茫昧昧，西爪东麟，无的然画然之可指，譬犹星气之浑然。故天演之称为成学专科，断于十九世纪英国之达尔文为始。达尔文独以天演言生理者也，而大盛于斯宾塞尔。斯宾塞尔者，以天演言宇宙一切法者也。[1]

通此二家（指达尔文和斯宾塞——引者注）之说，而后进化天演可得而言。……必欲远追社会之原，莫若先察其么匿之为何物。斯宾塞以群为有机团体，与人身之为有机团体正同。人身以细胞为么匿，人群以个人为么匿。最初之群，么匿必少。言其起点，非家而何？家之事肇于男女，故《易传》曰："有男女然后有夫妇，有夫妇然后有父子，有父子然后有君臣，有君臣然后有上下，有上下然后礼义有所错。"此吾国之旧说也，而亦社会始有之的象也。[2]

依据严复的解读和诠释，《周易》由太极推演出天地万物的模式，以自然进化和乾坤、阴阳二力对进化动力的理解以及对个体与群体关系的界定都与西方天演论大家的观点不谋而合。这就是说，《周易》的思想与赫胥黎的天演论、斯宾塞的社会有机体论都是相通的。

严复在《庄子·至乐》篇的"种有几"一段中发现了进化论，并且赞叹不已。他这样写道："此章所言，可以之与挽近欧西生物学家所发明者互证，特其名词不易解释，文所解析者，亦未必是。然有一言可以断定者，庄子于生物功用变化，实已窥其大略，至其细琐情形，虽不尽然，但生当二千余岁之前，

1《进化天演》，《严复集补编》，福建人民出版社，2004，第135页。

2《进化天演》，《严复集补编》，福建人民出版社，2004，第136—137页。

其脑力已臻此境，亦可谓至难能而可贵矣。"[1] 据此可知，严复认定庄子是中国"生物学"的大家，庄子的进化学说已经洞彻了生物进化的真谛，故而足以彪炳史册。严复甚至认为，进化论是庄子思想的主要内容，《庄子》内七篇都是讲进化的。他声称："大抵七篇之中，皆近古天演家至精之说也。"[2] 对于庄子的进化论，严复的评价是不仅讲得多、讲得好，而且讲得早。庄子的进化学说在时间上远远早于作为西方近代自然科学的达尔文进化论——精确地说，早于西方"二千余岁"，并且是"至精之说"。与此同时，在严复看来，以进化论讲社会学的社会有机体论并不是西方人的专利而是中国人的发明，《老子》的"天下神器"说就是最早的社会有机体论。依据严复的解读，老子所讲的"天下神器"就是将社会理解为一个有机体，翻译为西语就是"有机体"的意思。基于这种解读和诠释，对于《老子·第二十九章》的"将欲取天下而为之，吾见其不得已。天下神器，不可为也。为者败之，执者失之"数句，严复写下了这样的评语："天下非不可为也，知其神器，由袭明之术，斯可为矣；反因通之道，则败失从之矣。老子以天下为神器，斯宾塞尔以国群为有机体，真有识者，固不异人意。"[3]

上述内容显示，在严复的视界中，中国具有悠久的自然科学传统。在这方面，除了中国的进化学说足以让西方相形见绌之外，中国的力学较之西方同样遥遥领先。例如，《周易》的阴阳之道即是力学的集中表达，囊括了牛顿力学的三大定律。不仅如此，严复断言，"名、数以为经，质、力以为纬，而合而名之曰《易》"。从这个意义上说，《周易》涵盖了西方的自然科学和逻辑哲学。与此同时，严复认定庄子的"通天下一气耳"就是通天下一"力"耳，因为气就是力。至于《老子》《庄子》书中的自然科学思想更是包罗万象，比比皆是。

---

1 《〈庄子〉评语》，《严复集》（第四册），中华书局，1986，第1130页。

2 《法意》按语，《严复集》（第四册），中华书局，1986，第988页。

3 《〈老子〉评语》，《严复集》（第四册），中华书局，1986，第1087页。

以《庄子》为例，书中就囊括了形形色色的自然科学。对此，严复连篇累牍地点评曰：

> 厉风济，则众窍为虚，非深察物理者不能道。凡有窍穴，其中含气，有风过之，则穴中之气随之俱出，而成真空，医家吸入器，即用此理为制。故曰：厉风过，则众窍为虚……（此批在"厉风济，则众窍为虚"一句上。）[1]

> 凡物之非彼非此者，曰罔两。魑魅罔两，介于人鬼物魖之间者也。问景之罔两，介乎光影明暗之间者也，此天文学者所谓暗虚者也。室中有二灯，则所成之影皆成暗虚，必两光所不及者，乃成真影。前之罔两，既非人鬼，又非物魖；后之罔两，既非明光，又非暗影；此命名之义所由起也。（此批在"罔两问景"一段上。）[2]

> 今科学中有天文地质两科，少年治之，乃有以实知宇宙之博大而悠久，回观大地与夫历史所著之数千年，真若一映。庄未尝治此两学也，而所言如此，则其心虑之超越常人，真万万也。所谓大人者非欤！（此批在"客，大人也"一段上。）[3]

> 秋毫小矣，乃至其端，乃至其端之万分未得处一焉，此算学家所谓第三等微分也。（此批在"秋毫之端万分未得处一焉"一句上。）[4]

上述评注显示，严复的《〈庄子〉评语》将他对中国的自然科学源远流长、内容丰富的认定表达得淋漓尽致。具体地说，被严复拿来为庄子思想作注脚的自然科学涵盖了物理学、医学、天文学、地质学和数学等诸多学科，所涉及的具体内容更是林林总总，五花八门。

---

1 《庄子〉评语》，《严复集》（第四册），中华书局，1986，第1106页。

2 《庄子〉评语》，《严复集》（第四册），中华书局，1986，第1108页。

3 《庄子〉评语》，《严复集》（第四册），中华书局，1986，第1142—1143页。

4 《庄子〉评语》，《严复集》（第四册），中华书局，1986，第1137页。

三、自由、平等和民主思想早于西方

自由、平等和民主是中国近代的价值理念和核心话题，对自由、民主的追求是近代哲学家有别于明清之际早期启蒙思想家的标志之一。作为在中国近代最早系统输入自由思想的启蒙思想家，严复对自由的关注和宣传引人注目，自由也由此成为他的启蒙思想的核心话题和主体内容。严复认为，自由是西方制胜的法宝，也是文明社会的象征。在早年对中国与西方文化进行比较时，他就指出，中西文化的所有差异一言以蔽之就是自由：西方"以自由为体，以民主为用"，西学的根本精神是自由；而中国文化的本质是等级、专制，从社会制度、学术思想到日常生活处处都表现出不自由。不自由是导致中国在甲午海战中战败的根本原因，也是陷中国近代社会于贫弱衰微、落后挨打境地的罪魁祸首。随着对西学和中学的进一步了解，严复逐渐改变了从前的看法，转而认为中国的自由、平等和民主思想由来已久，内容丰富，足以与孟德斯鸠、卢梭等人的思想相媲美，并且大大早于西方。具体地说，早在先秦时期，中国的自由、平等和民主思想就已经形成，老子和庄子的思想便是其中的翘楚。在《〈老子〉评语》《〈庄子〉评语》中，有关老子、庄子提倡自由、平等和民主的评注比比皆是，不一而足。按照严复的说法，中国的自由、平等和民主思想丰富多彩，形式多样，既包括与孟德斯鸠等人类似的以君主立宪反对君主专制，伸张民权，任民自治，又包括与卢梭不谋而合的对阶级社会之前绝对自由、平等的"自然状态"的向往。经过上述分析和论证，结论不言而喻，西方所有的自由、平等和民主思想，中国都应有尽有，并且大大早于西方。

上述内容显示，尽管遵循不同的思路和逻辑，严复在中学与西学的关系问题上与康有为殊途同归。在两人看来，中学与西学相通相合，中学早于西学。对于严复来说，无论不可知论、逻辑哲学、自然科学还是以自由、平等和民主为核心的启蒙哲学，中国都早已有之，并且先于西方几千年。议论至此，严复

与康有为一样走向了"西学中源"说。

"西学中源"的说法最早出现在明末清初，并非严复所处的近代才有。起初，随着明末耶稣会士来华和西方自然科学的传入，人们发现，中国人发明的火药、指南针和造纸术等经过丝绸之路，中经阿拉伯人传到了西方，西方人却不知道这些都是中国发明的。后来，人们又发现，西方传教士带到中国来的数学脱胎于中国古代的天文术。再后来，"西学中源"说的范围一再被扩大，内容却大都限于自然科学领域。到了近代，情况发生了根本变化。"西学中源"说的内容急剧扩大，拓展到自由、平等和民主代表的启蒙哲学、宗教哲学和人文社会科学领域。康有为不仅将西方的自然科学和基督教（他称之为耶教）说成是墨学西传的结果，而且强调西方的自由、平等、博爱和民主思想以及政治、法律、哲学等等都是孔子思想的题中应有之义，原本就存在于孔子所作的六经之中。

依据严复早年的分析，西学是讲人事的，与百姓的日常生活密切相关。既然学术所讲无非都是日用常行，那么，无论哪个国家，民智如何，大体内容难免具有相合之处。这借用庄子的话说就是"道通为一"。循着这个逻辑，严复强调，尽管中学在某些细枝末节上与西学相似、相合，也不足以沾沾自喜；正如"祖父之愚，固无害子孙之智"一样，祖父之智，亦无裨子孙之愚。正是在这个意义上，他声称："虽然，中土创物之圣，固亦有足令西人倾服者。远之蚕桑司南，近之若书椠火药，利民前用，不可究言。然祖父之愚，固无害子孙之智，即古人之圣，亦何补吾党之狂。争此区区，皆非务实益而求自立者也。"[1] 在严复看来，更为关键的是，西学是一个独立于信仰的有机系统，不仅有系统之理，而且有与之配套的操作之术。由此反观中国学术便不得不承认，中学绝无与西方类似的教学分离的知识系统，更遑论成为西学之源了。

---

[1] 《救亡决论》，《严复集》（第一册），中华书局，1986，第53页。

在此基础上，严复进一步指出，在西方的知识框架和文化语境中，学与教是分离的：学属于知识，教属于信仰。以西学来审视中学，吾国固有的道德、政治和礼乐皆不脱教之藩篱，根本就没有所谓的学——"取西学之规矩法戒，以绳吾'学'，则凡中国之所有，举不得以'学'名"。对于这个问题，严复论证并解释说：

> 是故西学之与西教，二者判然绝不相合。"教"者所以事天神，致民以不可知者也。致民以不可知，故无是非之可争，亦无异同之足验，信斯奉之而已矣。"学"者所以务民义，明民以所可知者也。明民以所可知，故求之吾心而有是非，考之外物而有离合，无所苟焉而已矣。"教"崇"学"卑，"教"幽"学"显；崇幽以存神，卑显以适道，盖若是其不可同也。世人等之，不亦远乎！是故取西学之规矩法戒，以绳吾"学"，则凡中国之所有，举不得以"学"名；吾所有者，以彼法观之，特阅历知解积而存焉，如散钱，如委积。此非仅形名象数已也，即所谓道德、政治、礼乐，吾人所举为大道，而诮西人为无所知者，质而言乎，亦仅如是而已矣。若徒取散见错出，引而未申者言之，则埃及、印度，降以至于墨、非二洲之民，皆能称举一二所闻，以与格致家争前识，岂待进化若中国而后能哉！[1]

据此可见，严复早年反对"西学中源"说。有了早期的反对，经过多年的实证和抉择，严复最终转向了"西学中源"说。正因为如此，严复的"西学中源"说不仅因为"实证"而更具有说服力，而且因为先反对、后信奉的"现身说法"而意味深长。

追溯历史可以发现，"西学中源"说由来已久，即使在近代也非严复首创。尽管如此，严复"西学中源"说的意义不容忽视：第一，抛开"西学中源"说

1《救亡决论》，《严复集》（第一册），中华书局，1986，第52—53页。

在学理层面上是否正确不论，单就价值倾向、学术范式和操作途径来说，严复的观点与以中学优于西学为借口、故而以中学排斥西学的盲目自大相去甚远，与康有为等人一面以西学为参照，一面强调这些思想原本是孔子思想的题中应有之义、或是自己独自悟出来的同样不可同日而语。康有为在自传中披露，自己在19世纪80年代就已经悟出人自猿猴变出。梁启超宣称，康有为在进化论传入中国之前就根据《春秋》独创出三世进化的历史哲学。如此等等，不一而足。由于不懂西学，特别是缺乏对西方人文、社会科学的系统了解，包括康有为在内的说法难免牵强；对孔子思想与西方政治、法律、逻辑学和心理学相通相合的论述也难以摆脱牵强附会的窠臼。"不通西文，不解西说，不读西书"是康有为讲"西学中源"说的"硬伤"，也使他的可信度大打折扣。与其他近代哲学家尤其是戊戌启蒙思想家相比，严复精通外文、深谙西学，在学贯中西的比较研究中，通过中学与西学的互释，一面肯定西学具有某些优长之处，一面宣布西方的思想与"吾古人"的思想原本相合。这既打开了中国人接受西学的心理之门，又借此机会推动了中国本土文化的内容转换和现代化。第二，就个人经历而言，严复是由批判转而力挺"西学中源"说的。众所周知，早年的严复极力攻击西方自然科学源于中学的"西学中源"说，至于作为西学宗旨的自由是作为不自由代表的中学的题中应有之义在严复看来更是天方夜谭。例如，他在1895年发表在天津《直报》上的《救亡决论》中这样写道："晚近更有一种自居名流，于西洋格致诸学，仅得诸耳剽之余，于其实际，从未讨论。意欲扬己抑人，夸张博雅，则于古书中猎取近似陈言，谓西学皆中土所已有，羌无新奇。如星气始于奥区，勾股始于隶首；浑天昉于玑衡，机器创于班墨；方诸阳燧，格物所宗；烁金腐水，化学所自；重学则以均发均悬为滥觞，光学则以临镜成影为嚆矢；蜕水蜕气，气学出于亢仓；击石生光，电学原于关尹。哆哆硕言，殆难缕述。此其所指之有合有不合，姑勿深论。第即使其说诚然，而举划木以傲龙骧，指椎轮以訾大辂，亦何足以助人张目，所谓诟弥甚耳！夫西学亦人事耳，非鬼神之事也。既为人事，则无论智愚之民，其日用常行，皆有以暗合道妙；其仰观俯察，亦皆宜略见端倪。第不知即物穷理，则由之而不知其道；不求至乎其极，则知矣而不得其通。语焉不详，择焉不精，散见错出，皆非成体之学而已矣。今夫学之为言，探赜索隐，合异离同，道通为一之事也。是故西人举一端而号之曰'学'者，至不苟之事也。必其部居群分，层累枝叶，确乎可证，涣然大同，无一语游移，无一事违反；藏之于心则成理，施之于事则为术；首尾赅备，因应釐然，夫而后得谓之为'学'。"[1]严复是由早年的驳斥而后转向坚信"西学中源"说的，这意味着他的"西学中源"说经过多年思考、不同于人云亦云的随声附和或不谙西学的"道听途说"。正是由于这个原因，严复的"西学中源"说既显得具有说服力，又带有"现身说法"的"实证"力。

更为重要的是，如果说严复早期反对的主要是西方自然科学源于中国的说法的话，那么，他的中西互释则证明，并不限于自然科学，包括自由、平等、民主和哲学思想在内，中国学术在方方面面皆早于西方。从表面上看，严复得出了与康有为一样的结论，只不过是康有为的证据以孔子、孟子、墨子和庄子的思想为主，严复则以《周易》《老子》《庄子》作为主要证据而已。深入思考不难发现，与康有为一再洋洋得意的"自悟"不同，严复的"西学中源"说奠定在他由西学转向中学的特殊经历之上，与他得出中学优于西学的结论一样是长期"实证"和理性选择的结果，因而显得颇有说服力。问题的关键是，尽管严复、康有为是侧重从一西一中两个不同方向和维度理解、诠释中学的，然而，两人以中国本土文化攀援、比附西方文化的致思方向却惊人一致。在这方面，严复、康有为的区别仅仅在于：严复把主要精力用于外部印证——以西学反观中学，套用他本人的话说即"回照故林"；"不通西文，不解西说，不读西书"的康有为执著于对中国文化的内部挖掘，套用他本人的话说即"自悟"。

---

1 《救亡决论》，《严复集》（第一册），中华书局，1986，第52页。

这就是说，两人的思想只限于方式方法的不同，以中学比附、攀援西学的初衷和思路完全一致。以庄子的思想与西方自然科学的相通为例，严复眼中的庄子与西方自然科学相合并不是偶然的，因为严复原本就是以西方的自然科学解读庄子的。例如，对于被他一再搬来证明庄子思想虚幻化的《庄子·知北游》篇的"通天下一气耳"，严复通过训气为力将之实化，在"通天下一气耳"一句上批注说："今世科学家所谓一气常住，古所谓气，今所谓力也。"[1] 这样一来，"通天下一气耳"便演绎成了通天下一"力"耳，意思也由此转换成了万物都是由进化而来的，进化的动力就是力；宇宙万物之所以成为现在的样子，"咸其自己而已"，无所谓造物者。循着这个思路，"通天下一气耳"成为天演哲学的一部分，并且彰显了进化的因果法则——对于宇宙万物及其进化来说，力是因，万物是果。由此，因果律成为庄子哲学的题中应有之义。这用严复的解释便是："种瓜得瓜，种豆得豆，有果必有因也。"[2] 经过严复的解读和诠释，庄子认为宇宙及其万物皆由进化而来，都是"质力杂糅，相剂为变"的结果。据此可见，庄子在严复那里之所以与西方近代的自然科学相合，是由于严复以自然科学对庄子思想进行创新解读乃至过度诠释。与其说包括牛顿力学、达尔文进化论在内的自然科学是庄子思想中的固有内容，不如说是严复为之注入的新内容——或者说，是严复以西学为模本对庄子思想进行的内容转换和更新。在以西方思想对先秦诸子进行创新解读、过度诠释，进而以中学攀援西学上，严复的做法与康有为如出一辙。所不同的只是，深厚的西学造诣使严复的比附让人看起来显得"有理有据"而已。严复以中学攀援、比附西学的做法通过与梁启超、章炳麟等人的比较则显得更加突出，也因而看得更加清楚。与严复一再彰显中学与西学的相合相通迥异其趣，梁启超和章炳麟基于国学为一国所固有的理念，在对本国历史、语言的强调中彰显中国文化的地域性和民族性，而不再

---

1 《〈庄子〉评语》，《严复集》（第四册），中华书局，1986，第1136页。

2 《〈庄子〉评语》，《严复集》（第四册），中华书局，1986，第1143页。

像严复或康有为那样突出中西文化的相通乃至相同。当然，严复晚年认识到了文化的"国性"问题，在凸显中西文化之同上与康有为、谭嗣同渐行渐远，在坚持中国文化的自主性、民族性和地域性上与梁启超、章炳麟趋同。

综上所述，严复拥有迥异于其他近代哲学家的教育背景、学术经历和西学素养，热衷于以西学为参照反观、解读和诠释中学。他在大力翻译、输入西学的同时，利用西学建构自己的哲学体系。问题的关键是，救亡图存的立言宗旨决定了严复介绍西学不是为了学问而学问，而是为了有裨于"实政"，具体途径便是以西学推动中国本土文化的内容转换和现代化。在这一立言宗旨上，严复与其他近代哲学家并无不同。正是救亡图存的宗旨和动机决定了严复对西学的取舍、选择和诠释，进而影响、决定了他翻译、输入西学的方式。可以看到，无论介绍还是翻译西学，严复都没有唯西学之马首是瞻。他不是对西学按部就班，而是对西学进行大胆取舍、改造、过度诠释乃至借题发挥。在此过程中，严复在形式上对中学与西学相互诠释，在价值上以西学彰显中学。他对西方著作的翻译在语言上采用"吾古人"使用的文言文，在形式上选择意译的方式，在方法上借助按语夹译夹议乃至以议代译，因而将严复以西学彰显中学的致思方向和价值旨趣推向了极致。这表明，以西学反观中学是严复思想的理论特色，通过中学与西学的互释为中学注入新的思想要素，进而推动中学的内容转换和现代化是他的具体途径和方法；以西学"回照故林"，弘扬中学则是严复坚定不移的致思方向和价值旨归。这一点早在他登上中国近代历史舞台时就已经确立，在肯定中学"少是而多非"的《救亡决论》中已经表露无遗。此时的严复声称："《记》曰：'学然后知不足。'公等从事西学之后，平心察理，然后知中国从来政教之少是而多非。即吾圣人之精意微言，亦必既通西学之后，以归求反观，而后有以窥其精微，而服其为不可易也。"[1]这明白无误地证明，

1　《救亡决论》，《严复集》（第一册），中华书局，1986，第49页。

即使是批判中国学术"少是而多非",严复也是出于爱之深、责之切,他批判中学并不意味着否定或反对中学。恰好相反,"知不足"而找到中国学术的短板是为了进行补益,以此更好地弘扬、赓续中国文化。正是由于这个原因,被视为近代西学第一人的严复在学术意趣和价值诉求上是一位国学家,只不过翻译家的身份、西学家的素养为他的国学理念及研究打上了独特印记而已。与其他近代哲学家——尤其是康有为、谭嗣同等人不同的是,严复对国学的解读、诠释以及对中国本土文化的坚守源于对西方文化的全面把握和深入了解,采取的手段和方法是以西学解读、诠释中学。当然,正如特殊的教育背景和深厚的西学素养影响了严复的国学研究一样,他的哲学理念和哲学范式都拥有鲜明的个性特征和独特意蕴。

第六章
学术贡献与历史定位

严复是中国近代最早系统宣传、提倡和翻译西学的杰出代表，乃至被誉为中国近代西学第一人。梁启超赞誉严复是"清季输入欧化之第一人"，蔡元培在《五十年来中国之哲学》中对严复的评价更是耳熟能详："五十年来，介绍西洋哲学的，要推侯官严复为第一。"[1] 严复宣传、翻译的进化论和自由思想在当时引起了巨大轰动，使他成为影响最大的戊戌启蒙思想家。这表明，严复不仅精通西学，而且对于西学在中国的传播、普及作出了巨大贡献，是一位名副其实的西学家。严复的西学家身份是毫无疑问的，并且得到了广泛认同和充分肯定。问题的关键是，作为西学家的严复同时又是一位国学家。他从一开始就公开声明，自己翻译西学是为了印证中学。以西学"回照故林"的宗旨表明，严复以坚守、光大中国本土文化为己任，在价值旨归上是一位国学家。既然如此，严复究竟是西学家、国学家还是启蒙思想家？三者之间是何关系——是三位一体、相得益彰还是相互钳制乃至相互对立？三种身份奠定了严复的理论贡献和历史定位，同时关乎对他的思想评价。

---

1 《五十年来中国之哲学》，《蔡元培全集》（第五卷），浙江教育出版社，1997，第102页。

第一节 西学家与个性十足的国学家

由于深厚的西学素养和传播西学的巨大贡献，严复被誉为中国近代西学第一人，甚至被视为全盘西化的先驱，也因此失去了成为国学家的资格。面对这种情形，人们不禁要问：严复介绍、宣传西学是否与坚守中学势不两立？介绍西学是否就意味着严复的思想以西学为价值旨归，并且与中学无关甚至相互冲突？要回答这些问题，必须先澄清如下问题：严复翻译西学的目的何在？西学与中学究竟是何关系？可以肯定的是，严复介绍、宣传西学是出于强烈的救亡图存的动机和意图，翻译《天演论》和其他西方著作亦是如此。从这个意义上说，严复宣传、翻译西学与康有为等人呼吁通过保教来保国保种在理论初衷上如出一辙，不同之处只是具体方法和途径而已。严复的西学成就是毋庸置疑的，却与全盘西化扯不上关系。原因在于，在严复代表的近代哲学家看来，中学是本，西学是用，学习西学是为了创新、传承中学，而绝非排斥、抵制中学。在严复的视界中，中学与西学只有地域上的东西之分，而无价值上的新旧之别。只有到了五四新文化运动者那里，与中学、西学对应的旧学、新学称谓才具有了价值上的落后与先进之分，这也是他们掀起新文化运动、以与传统文化决裂的原因所在。与胡适代表的新文化运动者主张全盘西化迥异其趣，严复从来都没有提出过西化主张。恰好相反，他宣传、翻译西学是为了弘扬中学。从理论初衷和立言宗旨的角度看，严复在骨子里是中学家，而不是西学家；从价值上倾心国学而非外学的角度看，作为西学家的严复充其量只是学问家，国学家才是严复更根本的身份。就西学家与国学家的关系而言，西学家造就了中学家的严复，使他成为别具一格的国学家。

一、西学与国学并行不悖

对于严复的学问，梁启超曾经给出了这样的概括和评价："严氏（指严复——引者注）中学西学，皆为我国第一流人物。"稍加思考不难发现，这既是对严复学问的肯定，也是对严复的身份定位。梁启超这句话的潜台词是，正如严复是名满天下的西学家、翻译家一样，严复是当之无愧的中学家、国学家。饶有趣味的是，严复西学家、翻译家的身份得到了充分的认同和认可，严复中学家、国学家的身份却没有得到充分认同。严复之所以被排除在国学家之列，具有两个主要原因：第一，从理论重心和学术精力来说，作为中国近代系统输入西学第一人，严复的理论重心和主要功绩便是介绍西学，翻译西书，与康有为、谭嗣同代表的其他戊戌启蒙思想家以中学为重心的理论侧重相去甚远。从文化建构和社会影响来看，如果说康有为推出了一个孔教时代的话，那么，严复则推出了一个西学时代。基于国学与西学对立的思维惯式，作为西学家的严复自然失去了成为国学家的资格。第二，从话语结构或对中国本土文化的称谓来看，梁启超、章炳麟等公认的国学大师都热衷于使用国学、国粹等概念来称谓中国传统文化。严复在极个别的情况下使用国粹、国学概念，使用更多的则是中学概念。综观其思想可以看到，与其他近代哲学家从内容上称谓中国本土文化有别，严复习惯于从地域上以中学称谓中国本土文化，以此与西学或西洋、西土相对应。中学与西学的称谓一样从形式上看属于事实判断，与国学、国粹带有价值判断的称谓大不相同，尤其是不能像国粹那样直白地表达对中国本土文化的褒扬和敬意。尽管如此，有一点是毋庸置疑的：严复以中学称谓中国本土文化旨在突出中学与西学有别，表明中国本土文化不同于西学代表的异质文化则是题中应有之义。在这个意义上，严复使用的中学概念与梁启超在《论中国学术思想变迁之大势》中用中国学术称谓中国本土文化，以示与西方文化的区别并无不同。更为重要的是，就严复对待中学与西学的态度而言，以西学"回照故林"表达了对中学的深深敬意和无限眷恋。正是由于这个原因，他所讲的中学从根本上说不是学问或知识，而是价值皈依和精神寄托，对中国学术的中学称谓内含着价值判断的意蕴。有鉴于此，不应该以严复是西学家为由，剥夺其成为国学家的资格；更不应该以是否使用国学或国粹概念称谓中国本土文化作为判断国学家的标准，以此标准把严复拒之门外。

在严复那里，西学家与国学家不惟不相矛盾，反而相互促进，相得益彰。如果说国学家的宗旨促使严复通过宣传西学来推动中国本土文化的内容转化和现代化的话，那么，西学家的严复则通过借助西学"回照故林"使他的国学个性鲜明。

二、炽热的国学诉求

作为国学家，严复对中国本土文化的取舍、审视和整合与其他近代国学家别无二致，共同彰显了近代国学有别于古代的时代特征、文化语境和社会需要。众所周知，国学一词古已有之，指国家设立的官学，与民间之学相对应。近代意义上的国学指一国固有之学，与外入之学或异质文化相对应。现代意义上的国学始于近代，就是从康有为、谭嗣同和严复等人开始酝酿、形成的。近代国学是近代国学家面对西学的入侵而对中国本土文化的薪火相传，他们围绕着救亡图存的宗旨第一次全面审视、整合中国本土文化，在内容上对之进行现代转换和现代化。这就是说，以西学这个他者彰显中国本土文化这个我者，吸收西学以坚守中学是近代国学的现实需要和时代特征，也是其基本途径和具体方法——正是这些拉开了近代国学与古代国学的学术分野。在这个背景下审视严复的思想便会发现，正如康有为、谭嗣同、梁启超和章炳麟是国学家一样，严复也是国学家。严复对中国本土文化的审视、整合与其他近代国学家别无二致，对中国本土文化的推崇也与后者如出一辙。

首先，近代国学家对中国本土文化的审视具有浓郁的寻根意识，不约而同地将目光投向先秦哲学和先秦诸子。严复同样概莫能外。

可以肯定的是，严复对中学的关注始终以先秦诸子为主：第一，就国学经典来说，他明确指出中国哲学的主要经典是《周易》《老子》《庄子》，《〈老子〉评语》和《〈庄子〉评语》便是严复研究中国哲学的代表作。在翻译西学或阐发自己的哲学时，严复总是念念不忘《周易》《老子》《庄子》。第二，就国学人物来说，严复对中国哲学的研究以老子、庄子、杨朱、孔子、墨子、孟子和荀子为主。此外，他还提到过柳宗元、刘禹锡、周敦颐、张载、朱熹、陆九渊和王守仁等人。在这有限的国学人物中，严复关注最多——特别是对其思想予以诠释的无疑是先秦诸子。在先秦诸子中，严复对老子、庄子顶礼膜拜。

进而言之，寻根意识和寻找中华民族精神家园的渴望不仅使近代国学家对中国本土文化的审视聚焦先秦，而且决定了对先秦哲学的至高评价。同样，在严复看来，春秋战国无疑是中国学术最鼎盛的时期，同时也是足以与西方学术相媲美的时期。就先秦的整体状况来说，严复断言："春秋战国方术之多，不减古欧之希腊。"[1] 就先秦的国学人物来说，严复肯定西方哲学不出老子的"同谓之玄，玄而又玄，众妙之门"这十二字，声称庄子的天演哲学早于西方"二千余岁"。

其次，特殊的历史背景和文化语境使近代国学家对先秦诸子的推崇、诠释以西学为参照，将先秦诸子的思想置于全球文化的视界中，与印度文化、西方文化进行比较成为时代风尚。严复对先秦诸子的审视和解读也不例外。

康有为对先秦诸子的考察并不限于中国固有文化的视野之内，而是将之置于全球文化的背景之下，与印度、希腊和波斯相映照，特别是出入于古希腊的众多哲学人物和学派之间。正是在这个意义上，他写道：

1《〈庄子〉评语》，《严复集》（第四册），中华书局，1986，第1147页。

大地之运，草昧既开，二千余年至周末时，而文明日兴，民智日辟。在印度，则有婆罗门九十六道。凡地教、水教、火教、风教、方教、时教、声教、色教、因教、明教、能教、所教、执教，其后为四大教，自优波尼沙土时，则弭曼萨作法诠义，知识诠义，发声常住之说。吠檀多、商羯磨发宇宙心理，轮回解脱之说。至僧佉为数论师，发神我结合，重习轮回之说。尼夜耶发精神活动，解脱苦乐，业因正知之说。时论师为明身体之活动，轮回之解脱说。吠陀发轮回说。迦那陀为卫世师，发原子之入会，因缘之关系，同异性和合之说。摩挐发精神报应，轮回解脱之说。耆那则与佛尤近。数论、时论、尼犍、耆那，佛氏号四大外道而辟之，若孟子之辟杨、墨矣。耆那教至今犹在印度，其徒二十五万人，若佛教几绝无人，但不传教入中土，故人不知之，此犹孔子一统，而老学犹存矣。希腊、波斯，则有祚乐阿士对之教，必亦诸子并出。是时诸子杂出，立说者二十余人，自腓利细底首传印度四《韦陀》，波斯祚乐阿士对反腓尼基之学，其说主一神生而有一动一静，而生五行，颇同吾太极生两仪之说。兑剌士继之，首创三百六十五日为年，以水为万物之本，犹中土天一生水之义也。其弟子阿那吉满大创言月无光，为日所照，以万物自有根本，隐而不露，无穷无尽。巴拉国拉士主诚意省身，修威仪，信轮回，并教男女以天文地理，动植之物皆出于数。仁诺注内士善诗，独尊上帝，以为人心皆同，故日以周游劝教为事。把门义兑以人物皆生于暖气，人智分有定无定二者。阿那基内美士创黄黑道，以气为万物之本。希拉基督士亦以气为物本，而根于火，以变化生物皆出于火，其理至精矣，非世诈伪，高尚不仕。阿那哥拉士为索格底之师，以万物皆有元质，无终始而有聚散，至无而会至有，至小而成至大，然元质尚有主宰之者。敌恶知内士以万物皆有吸拒，以物生于气，气生于魂，魂出于活，活出于灵明。恩比多吉立士则明地水火风四元，而主仁明轮回。敌魔基督士发天地皆虚，一切惟心之说。百罗发有疑无信之教。地傲皆内士以苦行名于世，若陈仲子。爱比去路以纵身欲穷天理，若杨朱。仁诺主明理行善，安命守道，与朱子近。及索格底出，则为道德之宗。其弟子伯拉多，再传亚利士滔图，皆守其说。而亚利士滔图兼及物理学，而攻诡辨之教，怀疑之教，与孟子略同矣。[1]

据此可见，康有为对先秦诸子的关注视野是开阔的，比较的维度是多重的，既有各派之间的相互关系和传承谱系，又有具体观点和人物比较。在此过程中，他将先秦诸子置于全球多元文化的视野内予以观照，与先秦诸子和中国哲学对比的有中国所熟知的佛教，还有流行于波斯和中亚地区、并不广为人知的琐罗亚斯德教（Zoroastrianism，又称"祆教""火教""拜火教"等）。就先秦诸子与印度哲学的比较来说，被康有为提及的印度哲学和宗教五花八门，名目繁多，印度哲学的流派和人名同样不胜其繁。就先秦诸子与西方哲学的比较来说，既有哲学观点的比较，又有人物的比较，时间跨度从作为西方哲学古典形态的古希腊哲学一直延续到近现代哲学。在被康有为提及的古希腊哲人中，有他赞誉甚高的苏格拉底、柏拉图和亚里士多德，也有他很少提及的泰勒斯、阿那克西曼德、毕达哥拉斯、克塞诺芬尼、巴门尼德、阿那克西美尼、赫拉克利特、阿那克萨戈拉、恩培多克勒、德谟克利特、皮浪、第奥根尼、伊壁鸠鲁和斯多阿学派（Stoics，又译为斯多葛、斯多噶学派）的芝诺等，人物之多，视野之广令人叹为观止。

利用由印度文化和古希腊文化组成的全球文化的大背景，康有为着意反衬中国本土文化中孔教与诸教的关系，旨在说明思想传承的过程是各个学派相互争盛的过程：正如古希腊哲学洋洋大观、千流百派皆归于苏格拉底一样，孔子就是中国的苏格拉底，诸子学说皆不出孔子范围；战国时诸子纷纷创教，都是为了改孔子制，因而都出于与孔子争教的目的。在这个前提下，康有为将犬儒

---

1 《孟子微》，《康有为全集》（第五集），中国人民大学出版社，2007，第493—494页。

学派的主要代表——第奥根尼的苦行思想与陈仲子相提并论，将伊壁鸠鲁的快乐主义与杨朱的为我之说混为一谈。由于斯多阿学派早期将美德与幸福统一起来，主张顺应自然法则而生活，康有为将其创始人芝诺的思想与南宋朱熹的"去人欲，存天理"相互比附。同样，由于亚里士多德作为苏格拉底的学生捍卫师说而攻击异端，康有为将之比喻为作为孔子嫡传而攻击杨朱和墨子学说的孟子。值得注意的是，康有为的比较不仅突出孔教的创教背景和在力辟异端中传教的历史，而且奠定了为孔子思想注入西方思想要素的前提。

在中国近代，对中学与西学的比较与其说出于个人的学术兴趣，不如说迫于全球多元文化的历史背景和学术语境。这就是说，中国近代的国学研究必须基于全球视野处理中国文化与西方文化的关系，这种历史背景、文化语境和现实需要决定了对中西文化进行比较是近代国学家的共同做法。正是由于这个原因，除了康有为之外，梁启超等人也热衷于以先秦哲学与古希腊哲学为中心对中西哲学进行比较。梁启超对先秦哲学的考辨与康有为一样具有全球视野，并且对以先秦诸子为主的中国哲学与以古希腊哲学为主的西方哲学进行了宏观透视。下仅举其一斑：

> 呜呼！世运之说，岂不信哉！当春秋、战国之交，岂特中国民智，为全盛时代而已；盖征诸全球，莫不尔焉，自孔子、老子以迄韩非、李斯，凡三百余年，九流百家，皆起于是。前空往劫，后绝来尘，尚矣。试征诸印度：万教之狮子厥惟佛。佛之生，在孔子前四百十七年，在耶稣前九百六十八年，（此侯官严氏所考据也，见《天演论》下第三章案语。今从之。）凡住世者七十九岁。佛灭度后六百年而马鸣论师兴，七百年而龙树菩萨现。马鸣、龙树，殆与孟子、荀卿同时也。八百余年而无著、世亲、陈那、护法诸大德起，大乘宏旨，显扬殆罄，时则秦、汉之交也。而波你尼之声论哲学，为婆罗门教中兴巨子，亦起于马鸣前百余年。（波你尼之说，以言语为道本，颇似五明中之声明，又与柏拉图之观念说相

类。其时代传说不同，大率先波腾阇梨二百年。）此印度之全盛时期。更征诸希腊：七贤之中，德黎 Thales 称首，生鲁僖二十四年。亚诺芝曼德 Anaximandros，倡无极说者也，生鲁文十七年。毕达哥拉 Pythagoras，天算鼻祖，以律吕言天运者也，生鲁宣间。芝诺芬尼 Xeponphanes，创名学者也。生鲁文七年。巴弥匿智 Parmenides，倡有宗者也，生鲁昭六年。额拉吉来图 Herakleitos，首言物性，而天演学之远祖也，生鲁定十三年。安那萨哥拉 Anaxagoras，讨论原质之学者也，（额、安二哲皆安息人。）生鲁定十年。德谟颉利图 Demokritos，倡阿屯论（即莫破质点之说也。）者也，生周定王九年。梭格拉底 Sokrates，言性理道德，西方之仲尼也，生周元王八年。柏拉图 Plato，伦理、政术之渊源也，生周考王十四年。亚里士多德 Aristoteles，古代学派之集大成也，生周安五十八年。此外则安得臣 Anisthune（今译安提斯泰尼或安提西尼——引者注），什匿派（犬儒派——引者注）之大宗，倡克己绝欲之教者也，生周元间。芝诺 Zenor，斯多噶派之初祖，而泰西伦理风俗所由出也，生周显三年。伊壁鸠鲁 Epikuros，幸福主义之祖师也，生周显廿七年。至阿克西拉 Arkesilaos，倡怀疑学派，实惟希腊思想一结束。阿氏生周报初年，卒始皇六年，是时正值中国焚坑之祸将起，而希学支流，亦自兹稍涸矣。由是观之，此前后一千年间，实为全地球有生以来空前绝后之盛运。兹三土者，地理之相去，如此其辽远，人种之差别，如此其淆异；而其菁英之磅礴发泄，如铜山崩而洛钟应，伶伦吹而凤皇鸣。于戏！其偶然耶，其有主之者耶，姑勿具论；要之此诸哲者，同时以其精神相接构相补助相战驳于一世界遥遥万里之间，既壮既剧，既热既切。我辈生其后，受其教而食其赐者，乌可以不歌舞之！乌可以不媒介之！

以地理论，则中国、印度同为东洋学派，而希腊为西洋学派；以人种论，则印度、希腊同为阿利扬族学派，而中国为黄族学派；以性质论，则中国、希腊同为世间学派，而印度为出世间学派。（希腊之斯多噶派、伊壁鸠鲁派、怀疑派，虽亦讲求解脱主义，然犹世间法之解脱也。中国之老、庄亦然。）[1]

在这里，梁启超提到了众多的佛教大德和古希腊哲学家。其中的古希腊"七贤"之说并非始于梁启超，泰勒斯即被誉为"七贤"之一。即便如此，梁启超的提法还是使人不由想起了中国的先秦七子，佛教的马鸣、龙树与孟子、荀子同时出现总是让人联想到康有为对孟子、荀子是孔门之马鸣、龙树的赞誉。至于梁启超的苏格拉底是西方仲尼之说，更是与康有为将苏格拉底与孔子相提并论遥相呼应。

与其他近代国学家一样，严复将中国本土文化置于全球多元文化的视界中，将先秦诸子与佛教、古希腊哲学互为背景予以介绍，同时进行比较。这个广阔视野预示着他的中国与西方文化比较与康有为、梁启超等人一样以先秦诸子和先秦哲学为重心，并且是中、印、西三者的视界融合。事实正是如此，严复在《天演论》的按语中便一而再、再而三地将先秦诸子代表的中国思想与古希腊代表的西方思想相互观照和比较。下仅举其一斑：

> 世运之说，岂不然哉！合全地而论之，民智之开，莫盛于春秋战国之际：中土则孔、墨、老、庄、孟、荀以及战国诸子，尚论者或谓其皆有圣人之才；而泰西则有希腊诸智者，印度则有佛。

> 佛生卒年月，迄今无定说。摩腾对汉明帝云："生周昭王廿四年甲寅，卒穆王五十二年壬申。"隋翻经学士费长房撰《开皇三宝录》，云：生鲁庄公七年甲午，以春秋恒星不见，夜明星陨如雨为瑞应，周匡王五年癸丑示灭。《什法师年纪及石柱铭》云：生周桓王五年乙丑，周襄王十五年甲申灭度。此外有云佛生夏桀时、商武乙时、周平王时者，莫衷一是。独唐贞

---

1 《论中国学术思想变迁之大势》，《梁启超全集》（第二册），北京出版社，1999，第578—579页。

观三年刑部尚书刘德威等。与法琳奉诏详核，定佛生周昭丙寅，周穆壬申示灭。然周昭在位十九年，无丙寅岁，而汉摩腾所云二十四年亦误，当是二人皆指十四年甲寅而传写误也。今年太岁在丁酉，去之二千八百六十五年，佛先耶稣生九百六十八年也。挽近西士于内典极讨论，然于佛生卒终莫指实，独云先耶稣生约六百年耳。依此，则费说近之。佛成道当在定、哀间，与宣圣为并世，岂夜明诸异与佛书所谓六种震动、光照十方国土者同物欤？鲁与摩竭提东西里差仅三十余度，相去一时许，同时观异，容或有之。[1]

　　至于希腊理家，德黎称首，生鲁厘二十四年。德，首定黄赤大距逆筞日食者也。亚诺芝曼德生鲁文十七年。毕达哥拉斯生鲁宣间。毕，天算鼻祖，以律吕言天运者也。芝诺芬尼生鲁文七年，创名学。巴弥匿智生鲁昭六年。般剌密谛生鲁定十年。额拉吉来图生鲁定十三年，首言物性者。安那萨哥拉，安息人，生鲁定十年。德摩颉利图生周定王九年，倡莫破质点之说。苏格拉第生周元王八年，专言性理道德者也。亚理大各，一名柏拉图，生周考王十四年，理家最著号。亚理斯大德生周安王十八年，新学未出以前，其为西人所崇信，无异中国之孔子。（苏格拉第、柏拉图、亚理斯大德者，三世师弟子，各推师说，标新异为进，不墨守也。）此外则伊壁鸠鲁生周显二十七年。芝诺生周显三年，倡斯多噶学，而以阿塞西烈生周赧初年，卒始皇六年者终焉。盖至是希学之流亦稍涸矣。[2]

　　额拉颉来图生于周景五十年，为欧洲格物初祖。其所持论，前人不知重也，今乃愈明而为之表章者日众。按额拉氏以常变言化，故谓万物皆在"已"与"将"之间，而无可指之。今以火化为天地秘机，与神同体。其说与化学家合。又谓人生而神死，人死而神生，则与漆园"彼是方生"之

1〔英〕赫胥黎：《天演论》，严复译，中州古籍出版社，1998，第273页。
2〔英〕赫胥黎：《天演论》，严复译，中州古籍出版社，1998，第273—274页。

言若符节矣。[1]

　　伊壁鸠鲁，亦额里思人。柏拉图死七年，而伊生于阿底加。其学以惩忿窒欲、遂生行乐为宗，而仁智为之辅。所讲名理、治化诸学，多所发明，补前人所未逮。后人谓其学专主乐生，病其恣肆，因而有豕圈之诮，犹中土之讥杨、墨，以为无父无君，等诸禽兽，门户相非，非其实也。实则其教清净节适，安遇乐天，故能为古学一大宗，而其说至今不坠也。[2]

　　一目了然，严复不仅将释迦与孔子也就是他所说的"宣圣"相提并论，而且对先秦诸子与古希腊哲学家予以对照，并且一一列出了众多的古希腊人物——泰勒斯（Thales，严复翻译为德黎）、阿那克西曼德、毕达哥拉斯、克塞诺芬尼、巴门尼德、阿那克西美尼、赫拉克利特（严复翻译为额拉吉来图）、阿那克萨戈拉、德谟克利特（严复翻译为德谟颉利图）、伊壁鸠鲁、苏格拉底、柏拉图和亚里士多德，还有斯多阿学派的芝诺和怀疑派的阿尔克西劳（Arkesilaos，严复翻译为阿塞西烈）等。

　　至此可见，严复的做法与康有为、梁启超等人将先秦诸子与众多的古希腊哲学家相提并论，将孔子比作苏格拉底的致思方向完全一致。更为重要的是，与其他近代国学家一样，严复对以先秦诸子为代表的中学与西学进行比较是迫于近代文化多元的历史背景和文化语境，目的是在全球多元文化的视界中为中国文化争得一席之地。正因为如此，严复中西比较的结论——西学源于中学，中学是中国人的精神依托和安身立命之本是从康有为、谭嗣同到梁启超的一致主张。不仅如此，深厚的西学素养使严复对先秦诸子尤其是老子、庄子与西方思想的比较更为深入和全面，在戊戌启蒙思想家中无人比肩。就与先秦诸子比较的西方人物而言，康有为对先秦诸子的比较从西方搬来了康德、斯宾塞、傅立叶、边沁和达尔文、赫胥黎等近现代哲学家、思想家，却始终没有深入展开。严复选择的与先秦诸子比较的西方人物除了古希腊哲学家之外，主要以西方近现代启蒙思想家、哲学家为主——不仅深入展开，而且更有助于推动中国本土文化的内容转换和现代化。

三、独特的国学理念

严复具有自己的国学理念，其核心价值和理论宗旨在于突出中国本土文化的地域性和民族性。这使严复的国学理念极富特色，无论在方向立场上还是在具体途径上都不可与同时代哲学家等量齐观：第一，就方向立场来说，严复在坚守民族性的原则上与康有为、谭嗣同等人的大同理想、世界主义南辕北辙。继康有为、谭嗣同以孔教称谓中国本土文化之后，严复代之以中学概念。与康有为、谭嗣同基于全球大同的世界主义立场，强调孔教与佛教、耶教（基督教）相通、相同而刻意回避其间的差异性，以至于设想大同社会同一语言、同一文化而取消汉字截然不同，严复在对文化传承的关注中始终突出中国文化的地域性和民族性。他之所以以中学称谓中国文化，是为了突出中国本土文化的地域性、民族性和自主性，进而将中学与中国文化的"国性"、国格联系起来，与他以西学光大中学（"回照故林"）的做法一样流露出对中国本土文化的眷恋和深情。第二，就具体途径来说，严复以西学证中学。这使严复在坚守民族性的方式上与梁启超、章炳麟等人迥异其趣。具体地说，梁启超的国学分两条大路：一条是德性学之路，一条是文献学之路；前者印证了道德上新民的意趣诉求，后者与他的历史学情结相互印证。章炳麟则将国学划分为语言文字、典章制度和人物事迹，侧重从语言文字的普及、简化入手光大国学。

严复在对中国历史的注重中突出文化的历史传承，进而彰显文化的"国性"问题。这就是说，他试图通过弘扬国学，塑造中国人的人格和中国文化的"国性"，进而彰显中国的国格。伴随着西学翻译的深入和对西学了解的加深，严复意识到了不同民族的思想、文化不仅仅是学问，更是价值观念、思维方式和处世态度。作为一种生活样式，文化与人格、国格密不可分。正如教育的宗旨是培养健全的人格一样，对待中国传统文化的态度直接决定着中国人的人格和中国的国格。基于这一理念，严复翻译、宣传西学却没有迷失在欧风美雨之中，而是始终保持清醒的头脑。正是由于这个原因，他坚持以中学疏导、诠释西学，借助西学为中学正名。

与彰显中国文化的"国性"息息相通，严复突出中国文化的地域性、民族性和自主性。这有效避免了在与世界文化接轨的过程中迷失自己，甚至忘掉了自己。这一点通过严复对语言的理解充分体现出来，通过严复与康有为、谭嗣同等人的比较可以看得更加清楚。随着严复对孔子以及群经地位的提高，国文成为国粹的题中应有之义，中国的语言文字受到高度重视。从这个意义上说，严复对孔子和六经的推崇与康有为相比有过之而无不及。最简单的道理是，康有为虽然极力推崇孔子，并宣称"'六经'皆孔子作"，但是，他却只是领悟孔子的微言大义而不注重读六经文本；更何况康有为主张大同社会同一语言文字，作为象形文字的汉字到那时已经被西方的字母文字所代替。皮之不存，毛将焉附？当记载六经的汉字已经不复存在，六经何在？作为孔子思想载体的六经已经不复存在，孔子的思想何在？难怪有人一针见血地抨击说，康有为提倡的孔教是"康教"而非孔教。一言以蔽之，中国近代国学的实质即面对西学这个他者以彰显国学这个我者，如何在世界多元文化的语境中为中国传承了几千年的文化学脉争得一席之地，在吸收异质文化的同时坚守中国文化的民族性显得十分迫切和至关重要。由康有为、谭嗣同等人迷失在世界大同之中而忘掉自己来反观严复的国学理念——尤其是他对语言文字的看法，可以更加直观地体悟其中的民族情感和历史情愫。可以看到，严复不惟没有因为习外文而同化语言或取消汉字，反而呼吁加强国文的传承，将保存国文视为保存国粹的一部分。

严复将国文与国粹并举，一起归为中国人"所当保守"之列。从这个维度上可以说，严复与梁启超、章炳麟等人一样将中国特有的语言文字视为国学的题中应有之义。一方面，出于学习西方文化的需要，严复呼吁中国人要习西文，甚至断言对于 20 世纪的中国人来说，不通西文则不能"成学"。可以说，严复的这一主张在戊戌启蒙思想家中是独树一帜的。一个明显的证据是，梁启超所讲的文字学和章炳麟所讲的小学并不包括学习外文。另一方面，正如治西学是为了"回照故林"、补益国学一样，严复指出，通西文和西学之后，读中国书可得神解，能够更好地洞察其微言大义。这个观点使严复对中国语言文字的提倡与梁启超、章炳麟等人专注于中国的语言文字不尽相同，以西文与中文相互对照以及以西方思想与中国典籍相互诠释成为严复解读中国经典、进行国学研究的具体方法和基本特征。

正因为有了中国本土文化的民族之维，秉承以中国本土文化彰显中国文化"国性"的宗旨，严复越熟悉西学，越是对中学可得神解，进而愈发觉得中学可贵。由此，他最终得出结论：中学在哲学、自然科学和民主政治等各个方面都毫不逊色于西学，并且大大早于西学。平心而论，就纯粹的学理层面而言，严复用以证明中学早于西学的证据与康有为一样难免攀援、简单类比之嫌，其效果却不可与康有为等人的言论等量齐观。究其原因，除了严复将宗教与国学剥离，开始从学术的角度界定国学之外，还在于严复早年是作为倾慕西学的西学派出现的。正因为如此，他对中学（国学）的推崇在表面上或形式上拥有其他近代哲学家所没有的现身说法的典型意义。更为重要的是，严复对中学与西学相通的证明和对中学的推崇建立在对西学的谙熟之上，故而给人一种有理有据、头头是道的满足感——这一点，正是康有为等人所缺少的。例如，梁启超将康有为的哲学界定为"天禀"派，主要理由便是康有为"不通西文，不解西说，不读西书"。对此，梁启超如是说："先生者，天禀之哲学者也。不通西文，不解西说，不读西书，而惟以其聪明思想之所及，出乎天天，入乎人人，无所凭藉，无所袭取，以自成一家之哲学，而往往与泰西诸哲相暗合。"[1]

值得一提的是，严复不仅具有独特而成熟的国学理念，而且推出了国学研究的物化成果，《〈老子〉评语》《〈庄子〉评语》便是其中的代表作。深厚的西学素养和造诣使严复对中国文化的理解独辟蹊径，在以西释中的过程中使其国学研究别开生面，有力地推动了对传统文化的创新解读和内容转换。可以看到，无论严复对《周易》代表的六经的诠释还是对《老子》《庄子》的解读都在看似信手拈来、漫不经心中援引、注入了诸多西学要素。在中西文化的视界圆融中，严复的国学研究尽显个性风采。

上述内容显示，严复所使用的中学概念就是他对国学的界定，所使用的国粹、国文概念则与梁启超、章炳麟等人的国粹、国学、国故概念以及对语言文字的重视相差无几。当然，严复在世界文化多元的视界中对中国文化的坚守则远非康有为和谭嗣同所及。与此同时，严复虽然没有过多地使用国学概念，但是，他对中学的界定以及对中学与西学、中学与哲学、宗教与中学关系的认识共同展示了自己的国学理念。在此过程中，严复对文化"国性"的强调更是将他的国学理念推向了一个新的高度。在这方面，严复强调的学术的根基作用侧重国学的基本内容和学术结构，对宗教的理解侧重国学的性质，"国性"则侧重国学的宗旨和价值旨趣。三者分别从内容、性质和宗旨等不同方面大体框定了国学概念的内涵。不仅如此，出于救亡图存的初衷，近代国学家强调中西文化的相通性和相同性，以此激发中国人的自信心和自尊心。如果说康有为、谭嗣同是以中学攀援西学的话，那么，严复则是以西学攀援中学。如果说康有为、谭嗣同鉴于教案迭起和中国人的信仰危机而侧重从作为燃眉之急的宗教入手的话，那么，严复则基于对西方富强和知识结构的考察而试图从作为学术根基的哲学入手。正是在严复与康有为等人一西一中不同方向的中西攀援之后，

---

1 《南海康先生传》，《梁启超全集》（第一册），北京出版社，1999，第488页。

梁启超、章炳麟不再攀援，而是开始从中国学术、吾国固有的角度界定国学，国学的内容也从宗教、学术转向历史、语言等文化传统。经过近代哲学家的努力，近代国学开始着眼于从中华民族自身的历史传承中揭示中国人是从哪里来的，以此唤起中国人对民族命运、国家前途的高度关注和忧戚。在中国近代国学的发展史上，严复的国学观作为承前启后的中间环节起到了不可忽视的重要作用。他的国学研究不仅具有物化的研究成果，以《〈老子〉评语》《〈庄子〉评语》以及对《周易》、六经的解读为代表；而且视角独特，成为中国近代国学研究中不可或缺的一环。由于是从外学（西学）转向国学（中学）的，独特的视角和经历注定了严复国学思想的不可替代性和独特性。严复国学研究的贡献不仅仅在于对《周易》《老子》《庄子》等经典文本的物态研究，更重要的在于通过对国学概念的界定以及相关概念的厘清，将中国近代的国学理念推到了一个新的高度，为国粹、国学概念进入主流话语拓清了道路。

第二节　西学家与最具影响力的戊戌启蒙思想家

严复是国学家，也是最具有启蒙精神、启蒙效应最大的戊戌启蒙思想家。他最早在中国宣传西方的自由思想，最早对中西文化进行比较，首次系统输入进化论，首次直接以西文系统翻译西方的人文、社会科学。凡此种种，不一而足。其中的任何一项都足以让一个人名垂青史，而这些都可以或多或少地归功于严复。对于这些，学术界早有关注和论述，在此不再赘述。其实，严复思想的启蒙意义在于从西方搬来了众多中国人所陌生的新思想、新观念，令人耳目一新，有力推动了中国近代西学东渐由被动接受到主动选择的转变。更重要的在于，严复改变了中国人的思维方式和知识结构，而这方面历来没有受到应有的重视和肯定。有鉴于此，有必要从科学建制、知识结构的角度深入探究严复启蒙思想的意义和价值。

早在反对"中学为体、西学为用"之时，严复就已经提出文化是一个有机整体，作为有机体的各个部分之间密切协作、相互作用。循着这个逻辑，他关注知识结构，不论是翻译西学还是引进西方的教育体制，设立大、中、小学课程都注重知识结构、科目设置以及各个学科的协调问题。同样的道理，严复的中学概念作为对中国本土文化的整体称谓，参照了西方的学科分类和知识体系，浓缩着他对知识结构、学科建构的基本看法。就主体内容来看，中学语境中的国学不再以宗教为基本形态，而是侧重名学即以逻辑推理方法为主的哲学。例如，在写给友人的信中，严复坦言自己平生最爱哲学。哲学情结决定了他对中学、西学的内容侧重，也是严复翻译的八大西方著作中即有两部名学（《穆勒名学》和《名学浅说》）的原因所在，同一学科翻译两部著作在严复那里纯属特例。严复所讲的西学与中学相对应的主要内容不再是宗教（基督教，严复有时称之为"西教"），而是由"即物实测"开始，运用逻辑方法推演出来的哲学、经济学、法学和以平等、自由和民主为核心的政治哲学。这些反映了严复迥异于康有为的学科分类理念，其中最引人注目的是对逻辑学地位的提升以及对宗教学、经济学、法学和社会学等相关学科的厘定。严复的中学概念与康有为孔教概念的最大区别在两人对自由、平等的论证中形象地展示出来：在康有为的孔教视界中，孔教的宗旨是仁，自由、平等是仁的题中应有之义；孔子的思想以自由、平等为主要内容，仁是孔教、佛教和基督教的共同宗旨。在严复的中学视界中，中国的哲学大家老子、庄子就是讲自由、平等的，两人的思想与孟德斯鸠、卢梭等人所讲的自由、平等和民主思想英雄所见略同。

一、夸大逻辑学的作用

严复突出逻辑学在文化中的位置，调整了国学的基本内容和学科结构。严复彰显哲学的根基作用和地位，与他对逻辑学的界定和理解密不可分。对于逻辑，严复有过经典论述："逻辑此翻名学。其名义始于希腊，为逻各斯一根之转。逻各斯一名兼二义，在心之意、出口之词皆以此名。引而申之，则为论、为学。故今日泰西诸学，其西名多以罗支结响，罗支即逻辑也。如斐洛逻支之为字学，唆休逻支之为群学，什可罗支（psychology，今译心理学——引者注）之为心学，拜诃逻支之为生学是已。精而微之，则吾生最贵之一物亦名逻各斯。（《天演论》下卷十三篇所谓'有物浑成字曰清净之理'，即此物也。）此如佛氏所举之阿德门，基督教所称之灵魂，老子所谓道，孟子所谓性，皆此物也。故逻各斯名义最为奥衍。而本学之所以称逻辑者，以如贝根言，是学为一切法之法，一切学之学；明其为体之尊，为用之广，则变逻各斯为逻辑以名之。学者可以知其学之精深广大矣。逻辑最初译本为固陋所及见者，有明季之《名理探》，乃李之藻所译，近日税务司译有《辨学启蒙》。曰探，曰辨，皆不足与本学之深广相副。必求其近，姑以名学译之。盖中文惟'名'字所涵，其奥衍精博与逻各斯字差相若，而学问思辨皆所以求诚、正名之事，不得舍其全而用其偏也。"[1]

　　严复强调，凡是研究、学术都可以宽泛地称为逻辑。这表明，他所理解的逻辑学是在最宽泛的意义上立论的，不仅扩展了逻辑学的范围，而且提升了逻辑学的地位。正是鉴于对逻辑学的这种界定，严复十分重视逻辑推理方法，将之视为学术之基。与推崇以归纳、演绎为主的逻辑推理方法一脉相承，他认为，逻辑学是一切学术的根基，西方学术昌盛、政治清明乃至崇尚自由均源于此。严复的这个认识与他将西方的富强最终归结为学术上"黜伪而存真"相互印证，也在对归纳法的重视中强调经验的作用。如果说康有为以宗教作为国学的基本形态使其知识结构以信仰为主的话，那么，严复以学术为基本形态则流露出崇尚科学、实证的认识原则和为学路线。在严复的知识构架中，逻辑推理方法与自然科学和哲学一脉相承，形气学是自然科学，超出形气学者即是哲

　　1《穆勒名学》按语，《严复集》（第四册），中华书局，1986，第 1027—1028 页。

学，贯通自然科学与哲学的则是逻辑学。

二、厘定宗教的地位

严复从不同角度对宗教概念予以界定，在宗教与学术剥离的前提下，扭转了康有为、谭嗣同等人以宗教作为中西学术的基本形态，进而以孔教言国学的局面。

在中国近代，西方传教士是随着列强的洋枪洋炮一起涌入中国的。这意味着基督教在中国近代的传播作为殖民侵略的一部分，与明末耶稣会士的传教活动具有本质区别。与此同时，基督教也使近代哲学家认识到了宗教凝聚人心的巨大作用，进而将拯救中国的希望寄托于宗教。在这种背景下，中国近代出现了一股宗教热。康有为作于1898年春的《日本书目志》打破了中国原有的经、史、子、集的学科划分，采用西方的学科分类方法将不同书目划分为生理、理学、宗教、图史、政治、法律、农业、工业、商业、教育、文学、文字语言、美术、小说和兵书十五门。其中，宗教与理学、政治、法律是分别列出的，属于独立的一门，哲学和逻辑学（康有为称之为"论理学"）、心理学、伦理学以及物理学、理化学、天文学、气象学、地质学、生物学、人类学、动物学和植物学一起归到了"理学门"。在"理学门"中，与哲学一起出现的还有形形色色的自然和社会学科。哲学的地位与"宗教门"中宗教的从容、独立形成强烈反差，也流露出康有为对宗教的膜拜和对哲学的轻慢。不仅如此，康有为的学科分类是混乱的。其中最明显的是，他对哲学与宗教界限的认识模糊不清：一方面，康有为所列的二十二种日本宗教书中包括《宗教哲学》《有神哲学》《基督教及哲学》《妖怪玄谈》。另一方面，他在"宗教门"中同样列有《宗教哲学》二册，其中的一册从价格上推测与哲学书中的《宗教哲学》是同一本书，价格均为一角贰分。

严复对哲学的界定是明确的，因而避免了康有为在学科分类上轻视哲学而重视宗教的偏颇。这具体包括两个方面：第一，就学科内涵来说，严复一面将物理学代表的自然科学称为形气学，一面指出"出形气学"即是哲学。第二，就学科分类来说，严复将学问分为"专门之用"与"公家之用"，在此基础上将哲学说成是"公家之学"[1]。严复的界定使哲学与其他学科区别开来，既给予了哲学应有的地位，又在一定程度上避免了哲学概念的混乱和歧义。严复对宗教概念的界定和厘清不仅奠定了他对宗教的态度，而且从学理上划清了一般信仰与宗教信仰的界限。如果说严复对哲学的重视注定了《周易》《老子》《庄子》成为国学中的"显学"的话，那么，宗教在国学中的暗淡地位则为格致之学的登场提供了有利条件。

与此同时，严复确立了"自强保种"的救亡路线和方略，也堵塞了凭借宗教保国保种的可能性和必要性。康有为提高宗教的地位，将宗教上升为"一级学科"是为了提升孔教的地位。他贬低哲学是因为认定哲学是虚学，无裨于现实。康有为提出保教就是保国保种，以孔教称谓中国本土文化是出于现实斗争的需要，也是救亡图存的一部分。严复尽管与康有为一样秉持救亡图存的宗旨，然而，他的具体办法不是像康有为那样来保教，而是通过教与学的分离来达此目的。

单就学理方面来看，由于在论证孔教的过程中牵涉到孔子与先秦诸子的关系以及儒家与诸子百家之间的关系，康有为的孔教概念作为对中国本土文化的整合影响是巨大的，对于改变中国的学科分类模式具有启发意义。具体地说，中国哲学和文化重综合，与西方重分析的传统明显不同，更与西方近代自然科学的分门别类迥异其趣。伴随着西学的大量东渐以及大量西书的翻译，图书分类和学科划分势在必行。在这个背景下，康有为率先依照西方的学科分类观念打破中国原有的经、史、子、集的分类传统，对所译图书分门别类，同时以此

1《西学门径功用》，《严复集》（第一册），中华书局，1986，第94页。

为参照，重新审视、梳理中国本土文化的"学术源流"。作为一种全新的尝试并且是最初阶段，康有为的开创之功不可抹杀。同样毋庸讳言的是，由于孔学、孔教以及由此而来的宗教概念的模糊和歧义丛生，康有为对孔学的内涵界定尤其是对孔教的理解难免自相矛盾。这些矛盾不仅掩盖甚至淹没了康有为学科分类的价值，而且给他本人思想的整体性、连贯性造成冲击。这既引起了他人的批评和攻击，又影响对康有为的孔教概念的接受和认同。

在康有为的泛宗教论以及由此而来的孔教概念的歧义丛生和争议不绝于耳的背景下，严复对教与学关系的厘定以及对宗教的探究就显得尤为重要。严复断言："宗教为物，其关于陶铸风俗者，常至深远。"[1] 他肯定宗教对于国民道德和教化的影响至深至远，因而对宗教十分关注。可以看到，严复多次从不同方面深入剖析宗教存在的根源及其本质，既揭露了宗教本身不可克服的致命误区，又解释了宗教长期存在以及不可灭绝的原因。在此基础上，通过对宗教的起源、种类、沿革历史和分布、基督教的流派和传播以及中国宗教状况的审视，严复反驳了通过保教来保国保种的做法。

无论对逻辑学地位的提高还是对宗教学的界定都使严复所讲的国学更侧重学术内涵，社会学、经济学和法学等诸多人文、社会科学的加入在增强国学内涵的同时，也使其内部结构更趋完善。作为新的学科分类的初步尝试，康有为的学科分类带有明显的混乱和矛盾性。这突出表现在他将社会学、经济学归入"政治门"[2]，社会学中没有具体书目。在《日本书目志》中设有"法律门"，"法律门"是独立的。康有为对法的认识却是模糊的，将宪法与一般族谱类比便是明证。《日本书目志》中没有经济门，只有"商业门"。"商业门"主要讲贸易，中外通商，而经济学则涉及国计民生，彼此之间具有重大差异。严复重视经济学，故而在《天演论》之后就翻译亚当·斯密的《国富论》。严复关注经济学

---

1 《法意》按语，《严复集》（第四册），中华书局，1986，第 1014 页。
2 《日本书目志》卷五，《康有为全集》（第三集），中国人民大学出版社，2007，第 327 页。

与他呼吁国民在宪法上享有自由之权密不可分，正如严复之所以坚持把自由写成"自繇"就是为了突出自由是一种实实在在的权利。他所讲的自由不仅包括政治上的参政议政，而且包括经济上的权利。严复将经济学翻译为"计学"就是出于这一考虑，这一点在他翻译《国富论》时就表露无遗："夫计学者，切而言之，则关于中国之贫富；远而论之，则系乎黄种之盛衰。故不佞每见斯密之言于时事有关合者，或于己意有所枨触，辄为案论，丁宁反覆，不自觉其言之长而辞之激也。"[1]严复选择的《国富论》作为西方启蒙思想的代表作秉承功利主义的原则，以追求最大多数人的最大幸福为旨归。严复重视法律更是为了从国家的根本大法——宪法上保障国民的权利，从而将自由落到实处，而避免使自由流于空谈。例如，为了让国民享受自由之权，严复呼吁在中国开议院，正是对宪法的重视使他所讲的议院制与前人具有了本质区别。众所周知，在中国开设议院的主张并不是严复最先提出的，而是由早期维新派率先提出的，并且已经成为他们的共识。郭嵩焘、陈炽、薛福成和王韬等人都将议院说成是英、美等国的立国之本，富强之源。郑观应更是将中国的病根说成是上下不通，并把设议院奉为去除这一病症的根本途径。在这方面，康有为、谭嗣同和梁启超等其他戊戌启蒙思想家的观点也大致相同。问题的关键是，由于法律知识的欠缺，或者说，疏于法律——特别是宪法上的保障，早期维新派关于开议院的设想并无实质内容而最终流于形式。这是因为，议院制能否充分发挥作用，归根结底取决于政治制度，离不开宪法的保障。如果没有宪法上为国民行使自由权利提供前提和法律依据，议院将形同虚设。与早期维新派和康有为、谭嗣同等人不同，严复将议院与君主立宪直接联系起来。他重视宪法对于君主立宪的决定作用，一再强调君主立宪的实质不是有无法律可依，而是君主是否可以凌驾于法律之上。只要君主可以凌驾于法律之上，纵然有法可依，仍旧是君主专制

---

1 《译斯氏〈计学〉例言》，《严复集》（第一册），中华书局，1986，第 101 页。

而非君主立宪。正是由于这个原因，只有通过宪法在立法上一面限制君主的权利，一面赋予国民以自由之权，才能真正实现君主立宪。这一强调使严复将议院制落到了实处，也使议院成为国民行使自由权利的有效渠道。这反映在学科结构上是严复对法律学科的重视，随之而来的便是对法律学科的界定和定位。

上述内容显示，严复对宗教内涵的厘清和对宗教学地位的匡定不惟表达了对宗教地位和作用的理解，而且牵涉对哲学和经济学、法学和社会学等众多人文学科、社会科学的定位和理解。正因为如此，严复对宗教地位的厘定既是他的学科分类理念的贯彻，又表现出对国学内部结构的调整。借此，严复否定了借助包括孔教在内的宗教保国保种的可能性，同时凭借多种学科的加入夯实了"自强保种"的具体途径。

第三节　西学家、国学家与启蒙思想家

与其他近代哲学家相比，严复的学术经历、心路历程和理论侧重都别具一格。这不仅包括他由西向中的学术轨迹，而且包括他对中学、西学的理解。在晚年倡导尊孔读经时，严复仍然称中学与西学为旧学与新学，而此时的严复无论对中学、旧学还是西学、新学的理解和认定都发生了重大变化。就中学的具体内容而言，他由原来推崇老子、庄子转向推崇孔子、孟子以及四书五经。就学术侧重而言，严复由推崇名学以及格致救国转向侧重道德即文化的"国性"和人格。伴随着上述转变，严复一反早年对康有为的否定态度，转而对康有为称赞有加。于是，严复在信中坦言："鄙人年将七十，暮年观道，十八、九殆与南海相同，以为吾国旧法断断不可厚非。……即他日中国果存，其所以存，亦特数千年旧有之教化，决不在今日之新机，此言日后可印证也。"[1]前后思想

---

1 《与熊纯如书》，《严复集》（第三册），中华书局，1986，第661—662页。

之间的张力使严复的思想变得复杂起来，严复早年投身启蒙、晚年反对启蒙的截然二分法便成为对严复的主导评价。在这个评价框架下，中学与西学是截然对立的——严复早年的思想是先进的，宣传西学；晚年的思想趋于保守，鼓吹中学。考察严复思想的演变轨迹、理论宗旨和价值旨趣可以看到，正如中学与西学并行不悖、相互诠释一样，赓续国学与启蒙思想同样相互促进、相得益彰。严复做到这一切的秘诀是，集西学家、国学家和启蒙思想家于一身，三种身份不是严复在不同阶段的不同身份，而是其中的某一身份在哪一时期表现得更为突出而已。原因在于，西学家、国学家和启蒙思想家对于严复来说是三位一体的，从来都未尝分离，更没有相互矛盾或截然对立。

一、西学家与国学家

在严复那里，西学与中学不是对立的，而是互释的。正因为如此，严复以西学家的面目示人，并不妨碍他成为国学家。恰好相反，严复的西学家身份不是断送了国学家的资格，而是成就了国学家的事业。严复历来被视为西学的翻译者和宣传者，这一点使严复当仁不让地成为西学家和戊戌启蒙思想家，也由此与国学家无缘。从学问的角度看，严复的西学家身份是确凿无疑的，他确实将大部分精力倾注到对西学的介绍、宣传和翻译上。不仅如此，奠定严复启蒙思想家地位的也是这方面的思想。问题的关键是，严复介绍、宣传西学是目的还是手段？从价值旨趣和精神皈依的角度看，严复究竟倾向于西学还是中学？再有，严复对中学与西学关系的理解就像五四新文化运动者——陈独秀等人那样非此即彼、势不两立，因而是西学家就不能同时成为国学家吗？深入剖析不难发现，因为严复是西学家而否认其为国学家，是出于这样的思维惯式：西学与中学（国学）是两种不同形态的文化，正如宣传西方文化就要对中国文化进行批判一样，弘扬国学就要坚守中国传统文化而排斥西方文化。如果事实并非如此，那么，对于严复思想与国学的关系就必须重新予以认定和评价。

　　从中国近代的学术风尚和近代国学的时代特征来看，特殊的历史背景和文化语境决定了国学作为对中国本土文化的整体审视和现代转化并不排斥西学，反而是在吸收西学的诸多元素，并以西学为参照中进行的。西学在中国近代的出现既是中学的"他者"，也是中学的借鉴对象和理论来源，故而与明末之时不可同日而语。迫于救亡图存的刻不容缓，近代哲学家在古今中外各种思想中寻找理论武器。由于将中国的贫困衰微归咎于中国传统文化，他们对西方文化羡慕不已；为了推动传统文化的创新和内容转换，近代哲学家将中国文化置于全球多元文化的视界中，第一次以西学为参照，以救亡图存为宗旨，全面审视、梳理中国本土文化。这不仅涉及诸子百家的关系问题，而且涉及对中国本土文化的学科分类、主体内容、理论意蕴和基本特征等诸多基本问题的认定。正是这些问题催生了近代的国学思潮。这表明，以西学推动中国本土文化的内容转换和现代化，为之注入自由、平等和民主等价值理念是近代国学的基本特征和时代要求。既然如此，借口严复讲西学而将之排除在国学家之外是不合逻辑的，并且有悖近代的历史事实。近代国学的出现是为了应对以基督教为代表的西学，这决定了近代的国学以西学为参照却不可能完全撇开西学。从这个意义上说，讲西学不仅不妨碍严复成为国学家，反而为其成为国学家提供了有利条件。以此衡量之，严复是当之无愧的国学家。除此之外，正是基于对以西学为主的异质文化的理解，严复领悟到了文化的国性问题，从而将中国近代的国学理念提升到了一个新的高度。独特的国学理念和深厚的西学素养助力了严复的国学研究，并且使他的国学理念和国学研究独具一格，别有韵味。

　　从严复的学术经历和理论宗旨来看，他的思想既呈现出明显的阶段性，又拥有目的上的一致性。一方面，严复的学术兴趣和理论重心在不同时期具有明显的差异，特别是在1918年更是发生巨大转变。晚年的严复由早年的热衷西学转向提倡尊孔读经，以此阐扬中华民族的立国精神，培养中国人的"国性"。应该说，这个转变直接影响着严复对中国本土文化的看法，表现出来的对孔子和群经的尊崇与早期思想呈现出巨大反差，甚至形成了强烈对比。例如，1895 年严复指责幼儿读经"锢智慧"，晚年呼吁一定要在儿童牙牙学语、懵懂无知之时趁早背诵经典，以便使经典嵌入脑中。不仅如此，相对于翻译西学的意译和随意删改，严复强调对群经不可更改一字。严复后期的这些观点一直被学界视为思想由激进退居保守的表现，对之评价也是消极的。就这些思想在当时的影响来说，影响力自然也是他大力宣扬西学、批判中学时所无法比拟的。另一方面，严复的思想始终秉持救亡图存的宗旨，具有一以贯之的价值诉求。早在翻译西方著作时，他便将西方的自由、平等、民主和进化思想与中国古代的老子、庄子等人的思想相对接。除此之外，严复还作《〈老子〉评语》《〈庄子〉评语》对中国固有文化予以重新解读和内容转换。尊孔读经从另一个角度看也是严复向中学的回归，以另一种方式实现他以翻译西学的方式来弘扬中学的愿望。在这方面，正如不能将作为西学家的严复与作为中学家的严复作对立解一样，不应将严复晚年尊孔读经对中学的坚守与之前以翻译西学讲中学的方式和初衷割裂开来。更为重要的是，判断一种思想是否属于国学，关键是看建构的文化形态以中国本土文化还是以西方文化为价值旨趣。沿着这个思路回过头来领悟严复的思想可以发现，其中贯穿着一以贯之的内在路径和不懈追求：早期通过中西比较发现了中学的不足，中期中西互释促进中学的内容更新，后期提倡尊孔读经回归中学。分析至此，结论不言而喻：对于严复来说，讲西学是方式、方法或途径，以西学促进中学的内容转换和创新是手段，光大、弘扬中学才是目的本身。如此看来，严复的价值追求是始终不渝的，正如严复是国学家是毋庸置疑的。

二、西学家与戊戌启蒙思想家

西学家的身份不仅成就了严复的国学，而且使他的启蒙思想极富特色。具体地说，中国近代的思想启蒙一部分源于中国古代思想，大部分——从坚船利炮、军事工业和科学技术代表的格致之学到自由、平等、博爱代表的民主思想再到进化观念等等都源于西方。西学家的身份使严复在输入西学的过程中走向了戊戌启蒙思想家的前列，也使他成为最著名、最具影响力的戊戌启蒙思想家之一。

自由、平等是中国近代启蒙思想的核心话题，这一点注定了近代启蒙与明清之际早期启蒙思潮的学术分野。进而言之，近代哲学家对自由、平等的呼吁是相同的，每个人的论证方式却迥然相异：康有为侧重从中学内部挖掘自由、平等思想的理论来源，将自由、平等说成是孔子思想的题中应有之义；相比之下，严复对自由、平等的宣传和介绍主要是打着西学的旗号进行的，具体内容以西方的启蒙思想家霍布斯、孟德斯鸠、卢梭和斯宾塞等人的思想为蓝本，主要武器是社会有机体论、社会契约论和天赋人权论。这些都是彻头彻尾的西方舶来品，与康有为打着孔子托古改制的幌子，本着《春秋》等儒家经典，以今文经公羊学发挥微言大义的做法相去甚远。不仅如此，如果说"师夷长技以制夷"在魏源和洋务派那里主要停留在军事工业、工艺技巧方面，在早期维新派那里深入到制度层面的话，那么，严复则把之推进到了人文和社会科学领域。正因为如此，严复的启蒙哲学意义非同凡响，社会影响和启蒙效应也是空前的。而这一切是作为西学家的严复成就的，离开深厚的西学造诣和素养，这一切是无法做到的，甚至是难以想象的。

自由、平等是中国近代的时代主题，康有为、谭嗣同等戊戌启蒙思想家都是自由、平等的倡导者和宣传家。耐人寻味的是，他们的许多观点比严复要彻底和决绝，而其思想的启蒙效应却远远比不上严复。以平等为例，康有为、谭嗣同对平等的论证和提升是空前的，康有为曾经在公开场合自诩自己在中国首倡民权和平等："中国之人，创言民权者仆也，创言公理者仆也，创言大同者仆也，创言平等者仆也。"[1] 谭嗣同则一面断言"仁为天地万物之源"，一面断

---

[1]《答南北美洲诸华商论中国只可行立宪不能行革命书》，《康有为全集》（第六集），中国人民大学出版社，2007，第321页。

言"仁以通为第一义","通之象为平等"。无论是康有为对"男女平等各自独立"的大声疾呼以及为此取消家庭的极端做法,还是谭嗣同在本体哲学领域对平等的论证都将平等提升到了登峰造极的地步。面对两人对平等不遗余力的论证和拔高,严复对平等的宣传也只能相形见绌。尽管如此,在社会效果上,康有为、谭嗣同的启蒙思想从理论上看远没有达到严复的高度和深度,在影响上更是望尘莫及。究其原因,重要的一条就是缺少必要的西学支持:为了倡导自由、平等和民主,康有为宣称孔子的所有学说都可以概括为一个字,那就是仁;仁的基本内涵是自由、平等和自主,孟子所讲的井田制和仁政开西方议院制和民主制的先河。尽管康有为一再强调孔子的思想与西学相通、相合,然而,由于他本人不通西学,康有为的这些观点从一开始就遭到来自各方面的猛烈攻击,以至于有人抨击康有为提倡的孔教"貌孔夷心"。其实,稍加留意即可发现,这些攻击从一个侧面印证了康有为对孔子思想的内容转换,注入的内容是西方的自由、平等、博爱和民主观念——在这方面,无论是做法还是内容与严复均完全相同。具有戏剧性的是,康有为备受来自各方面的攻击和谩骂,严复却获得一致喝彩。深究其中的原因,秘密即在于一个不谙西学,一个精通西学。正如康有为得不到认同,根本原因是缺少像严复那样的西学家的头衔和身份一样,严复以西学诠释、解读中学被认同,被追捧,就是因为他拥有公认的西学家的身份。分析至此,结论不言而喻:无论从建构还是效果上看,都是西学造诣特别是西学家的身份成就了作为启蒙思想家的严复。

三、戊戌启蒙思想家

无论西学家还是国学家都是就严复哲学的理论来源、内容构成或立言宗旨而言的,就思想高度而言,严复的哲学介于古代与现代哲学之间。严复的启蒙哲学既高于明清之际的早期启蒙思潮,又没有达到五四时期新文化启蒙的高度。正是由于这个原因,就历史定位来说,严复属于戊戌启蒙思想家。

首先，严复的启蒙哲学以自由、民主为口号，带有明显的近代特征，与明清之际的早期启蒙思潮不可同日而语。

一方面，可以肯定的是，严复的启蒙哲学吸纳了中国本土的思想要素。正如他认定老子、庄子等人的自由、平等和民主思想丰富多彩、形式多样一样，严复在借鉴孟德斯鸠、卢梭、穆勒和斯宾塞等人的自由思想、社会契约论、天赋人权论和社会有机体论时已经将他们的思想融入其中，作为自己的理论来源。更为重要的是，严复对自由、平等的提倡从质疑三纲切入，对准"君为臣纲"，明显接续了早期启蒙思想家尤其是黄宗羲、王夫之等人的话题。

另一方面，在肯定严复的启蒙哲学继承了中国古代思想特别是明清之际早期启蒙思潮的同时尚须进一步看到，他比后者前进了一步。这集中表现为将三纲作为一个整体予以审视和批判，不再像早期启蒙思想家那样一面批判"君为臣纲"，一面为"父为子纲"进行辩护。不仅如此，严复宣传的自由与权利密切相关，在提倡自由的同时呼吁"废君主"，并且在宪法上、制度上提供相应的措施。这些既将中国的启蒙进程推向了一个崭新的高度，也拉开了与明清之际早期启蒙思潮的距离。

作为戊戌启蒙思想家，严复与革命派和新文化运动者的思想具有本质区别。一言以蔽之，严复的启蒙思想没有逃脱虚幻、软弱的窠臼，带有戊戌启蒙的共有特征。戊戌启蒙的显著特征在于空想和虚幻，无论康有为、谭嗣同提出的取消国家还是同化人种的规划都是如此。作为戊戌启蒙思想家，严复同样偏于纸上谈兵，疏于实践操作。对于这一点，严复对自由、平等和君主立宪等根本问题的认识和对待便是明证。例如，严复1895年提出"废君主"，成为中国呼吁废除君主制度的第一人。令人大跌眼镜的是，他基于对中国人素质的考察对君主立宪予以保留。理由是：君主立宪以国民素质之优为前提，是否实行君主立宪取决于国民德、智、体各方面的素质；只有国民素质普遍提高，有了自治能力之后，才有可能实行君主立宪。沿着这个思路，严复借口当时的中国国民素质低下，将君主立宪推向了无限遥远的未来。这一点是戊戌启蒙思想家的通病，自诩首倡民权、平等的康有为也不例外。对于个中原因和良苦用心，康有为解释说："然皆仆讲学著书之时，预立至仁之理，以待后世之行耳，非谓今日即可全行也。仆生平言世界大同，而今日列强交争，仆必自爱其国，此《春秋》据乱世所以内其国而外诸夏也。仆生平言天下为公，不可有家界，而今日人各自私，仆必自亲其亲、自私其子，此虽孔子，亦养开官夫人伯鱼，而不能养路人也。仆言众生皆本于天，皆为兄弟，皆为平等，而今当才智竞争之时，未能止杀人，何能戒杀兽？故仆仍日忍心害理，而食鸟兽之肉、衣鸟兽之皮，虽时时动心，曾斋一月而终不戒。此阿难戒佛饮水，而佛言不见即可饮，孔子所以仅远庖厨也。仆生平言男女平等、婚姻自由、政事同权，而今日女学未至、女教未成，仆亦不遽言以女子为官吏也。仆生平言民权、言公议，言国为民公共之产，而君为民所请代理之人，而不愿革命民主之事，以时地相反，妄易之则生大害，故孔子所以有三世三统之异也。"[1]时之未至，不能躐等。这是康有为的说辞，也代表了严复的心声。

与此同时，正如康有为一面在理论上呼吁众生平等不杀生，一面在现实生活中杀生食肉一样，最早将鸦片的毒害提升到危害国民素质的高度予以批判而大声疾呼废除吸食鸦片的严复在现实生活中却是一位不折不扣的瘾君子。即使到了老病交加之时，严复也不能摆脱鸦片的诱惑。对此，他在写给友人的信中多次说道：

> 复回京后，于新历十二月初旬，又一病几殆，浑身肌肉都尽，以为必死矣，嗣送入协和医院，经廿二日而出，非日愈也，特勉强可支撑耳。但以年老之人，鸦片不复吸食，筋肉酸楚，殆不可任，夜间非服睡药尚不能睡。嗟夫！可谓苦己！恨早不知此物为害真相，致有此患，若早知之，虽

---

1 《答南北美洲诸华商论中国只可行立宪不能行革命书》，《康有为全集》（第六集），中国人民大学出版社，2007，第321页。

日仙丹，吾不近也。寄语一切世间男女少壮人，鸦片切不可近。世间如有魔鬼，则此物是耳。[1]

复近所以与雅片（指鸦片——引者注）脱离者，非临老忽欲为完人，缘非如此，则稠痰满肺右部，凝结不松，无从为治故耳。刻虽尚有不快，然叨庇稍差，俟百日以后，若尚如此，当行复吸也。[2]

可以作为佐证的是，主张自由、平等的严复不仅重谈中国几千年流传的"女祸"论，而且凭借自己的见识为其提供了新的证据："中国女祸烈矣！而欧洲尤然。大抵一战之兴，一朝之覆，无不有女子焉，为之执枢主重于其间。近古之事，如法路易十五之彭碧多、都巴丽，路易十六之马利安他涅，皆会成革命之局者也。而俄罗斯前之加达林，与今之达格玛，其致祸之烈，尤所共见者矣。"[3]

其次，严复的启蒙哲学带有戊戌启蒙思潮的阶段特征和时代烙印，对一些基本问题的认识与其他戊戌启蒙思想家高度一致。

严复是最早在中国大声疾呼"以自由为体，以民主为用"和"废君主"的戊戌启蒙思想家。这些呼吁以及对西方启蒙思想的系统输入和对民主启蒙的关注等都使严复的思想在戊戌启蒙思想家中呈现出某种激进的色彩和面向。尽管如此，就理论宗旨、思想意蕴和价值追求来说，严复与其他戊戌启蒙思想家别无二致。例如，严复对自由、平等含有微词，除了强调小己自由并非所急之外，大谈中国已经实现了自由、平等，乃至比西方更自由、更平等。有了这些言论，在中国推进平等、自由便不惟没有必要，反而变得有害了。至此，严复与其他戊戌启蒙思想家一样，以呼吁赋予国民自由之权始，以收回国民的自由之权终。

---

1 《与熊纯如书》，《严复集》（第三册），中华书局，1986，第 704 页。
2 《与熊纯如书》，《严复集》（第三册），中华书局，1986，第 705 页。
3 《法意》按语，《严复集》（第四册），中华书局，1986，第 980 页。

尚须进一步澄清的是，严复的做法与孙中山呼吁将自由用到国家身上，而不可用到个人身上不可同日而语。孙中山有过中国太自由，不再需要自由的言论。表面看来，孙中山的言论与严复极为相似。深入剖析可以看到，孙中山出于对个人自由的提防，故而一面肯定三民主义就是自由、平等、博爱，一面以民族主义称谓自由而不直接使用自由主义。如此看来，孙中山是为了强调自由是为国家、民族争自由，而万万不可用到个人身上去。正因为如此，孙中山与严复基于国民素质低下而无自治能力，故而没有资格享受自由具有本质区别。严复提出"鼓民力""开民智""新民德"的三大纲领与梁启超的新民说一样，目的是提高中国人的素质。这是两人提倡自由的前提，也是以此肯定中国国民素质低下，甚至将中国的贫困衰落归咎于国民的证据。正是这些成为戊戌启蒙思想家与革命派的根本分歧，孙中山的权能说直观反映了与严复、梁启超的区别。作为戊戌启蒙思想家，这些误区是严复思想的历史局限，乃至是摆脱不了的宿命。

上述内容显示，国学家划定了作为西学家的严复与五四新文化运动者之间的界限。如果说新文化运动者将中学视为落后、腐朽的代名词，将西学奉为科学、民主的象征而惟西学之马首是瞻的话，那么，与新文化运动者一样向西方学习的严复却坚守中国文化的民族立场。戊戌启蒙思想家划定了严复与孙中山、章炳麟等革命派之间的界限。具体地说，无论是对君主立宪的向往还是依据社会有机体论对国民素质的要求都将严复的思想定格在社会改良上。严复的社会改良思想不仅与孙中山等人建立资产阶级共和国的梦想天差地别，而且与章炳麟等人在革命中开启民智的设想格格不入。西学家则划定了严复与同为戊戌启蒙思想家的康有为、谭嗣同等人之间的界限。对于严复来说，国学家、西学家与戊戌启蒙思想家三位一体，三种身份之间既相互区别、各有侧重，又相互促进、相得益彰。国学家、西学家与戊戌启蒙思想家共同展示了严复思想的真实状况，造就了严复思想的独特意蕴和精神面貌。其中，追求自由的启蒙思想家的身份使严复介绍、翻译西学，成为戊戌启蒙思想家中最著名的西学家和翻译家；深厚的西学造诣使严复对中国典籍和中国本土文化的诠释独辟蹊径，成为最富有个性的国学家；而严复无论作为国学家还是作为西学家从现实需要和理论初衷来看，都服务于惟救亡图存是务的启蒙思想家。

总而言之，对严复西学家、国学家和启蒙思想家的身份应该有一个公允评价；只有这样，才能深入把握、理解严复思想演变的轨迹，客观地认识、处理其思想的分期问题。对于严复思想的价值既要充分肯定，又不可过分拔高；只有这样，才能走近真实的严复，最大程度地还原严复哲学的本来面貌。严复是国学家，是以西学讲解、诠释中学的国学家；严复是启蒙思想家，是直接以西方的启蒙思想启中国之蒙的戊戌启蒙思想家。正是由于这个原因，对于严复来说，无论是作为国学家还是启蒙思想家，都离不开西学家的支持。西学家使作为国学家的严复所讲的国学个性十足，异彩纷呈；使作为启蒙思想家的严复的启蒙思想不再限于对西学的一知半解、耳食之谈，而是具有了系统性、知识性和学术性。当然，无论是国学家还是启蒙思想家都为严复的西学打上了自己的印记，最终将严复塑造成具有国学情结、践履启蒙使命的西学家和翻译家。

第七章
哲学理念与哲学范式

严复多次声称自己平生最爱哲学，哲学思想在他的思想中占有至关重要的位置。这不仅是因为严复是戊戌启蒙思想家中最具有哲学情结和哲学造诣的哲学家，而且是因为他在近代哲学家中率先较为系统地引进西方哲学理念和逻辑方法建构哲学体系。严复一面系统输入进化论并率先对天演哲学予以阐释，一面推崇、吸收以英国哲学为主体内容的不可知论。这既改变了康有为、谭嗣同等人借助西方的自然科学而不是哲学建构哲学体系的局面，又建构了以经验论—不可知论为逻辑构架的哲学样式。

第一节　天演哲学

留学三年的学术经历和深厚的西学造诣给严复的思想以深刻影响，这在他的哲学思想中充分体现出来。西学之中，对严复影响最大的无疑是进化论。这是因为，严复翻译的《天演论》曾引起中国思想界的轰动，影响了整整几代中国人。更为重要的是，进化论为严复本人的哲学建构提供了全新的逻辑框架和价值依托，甚至超越生物学或自然科学而上升为世界观和方法论，进而作为天演哲学成为严复哲学的组成部分。

一、世界万物的由来和演变

严复秉持进化理念，坚信世界万物皆进化而来。对此，他论证并解释说："所谓质力杂糅、相剂为变者，亦天演最要之义，不可忽而漏之也。前者言辟以散力矣，虽然，力不可以尽散，散尽则物死，而天演不可见矣。是故方其演也，必有内涵之力以与其质相剂，力既定质，而质亦范力，质日异而力亦从而不同焉。故物之少也，多质点之力。何谓质点之力？如化学所谓'爱力'是已。及其壮也，则多物体之力。凡可见之动，皆此力为之也。更取日局为喻：方为涅菩星气之时，全局所有，几皆点力。至于今则诸体之周天四游，绕轴自转，皆所谓体力之著者矣。人身之血，经肺而合养气，食物入胃成浆，经肝成血，皆点力之事也。官与物尘相接，由涅伏（俗曰脑气筋）以达脑成觉，即觉成思，因思起欲，由欲命动，自欲以前，亦皆点力之事。独至肺张心激，胃回胞转，以及拜舞歌呼手足之事，则体力耳。点体二力互为其根而有隐见之异，此所谓相剂为变也。"[1] 按照这种说法，"质力杂糅、相济为变"是天演的"最要之义"，也道出了世界以及万物的由来。具体地说，世界上只有两种存在——一种是质，一种是力，两者相互依赖：没有质，力就不存在；没有力，质也显现不出来。质与力是统一的，力是质的属性，质是力的依托。从这个意义上说，"力既定质，而质亦范力"。这表明，宇宙、万物、人类以及人类的思维和生理活动等等都是质与力相互作用的结果。一言以蔽之，宇宙万物的进化就是一个通过"质、力相推"而不断聚质、散力的过程。于是，严复断言："大宇之内，质、力相推，非质无以见力，非力无以呈质。凡力，皆乾也；凡质，皆坤也。奈端动之例三，其一曰：'静者不自动，动者不自止；动路必直，速率必均。'此所谓旷古之虑。自其例出，而后天学明、人事利者也。而《易》则曰：

---

1 〔英〕赫胥黎：《天演论》，严复译，中州古籍出版社，1998，第59—60页。

'乾其静也专，其动也直。'后二百年，有斯宾塞尔者，以天演自然言化，著书造论，贯天地人而一理之，此亦晚近之绝作也。其为天演界说曰：'翕以合质，辟以出力，始简易而终杂糅。'而《易》则曰：'坤，其静也翕，其动也辟。'至于全力不增减之说，则有自疆不息为之先；凡动必复之说，则有消息之义居其始，而《易》不可见、乾坤或几乎息之旨，尤与热力平均，天地乃毁之言相发明。此岂可悉谓之偶合也耶？"[1]

议论至此，人们不禁要问：既然整个世界都是进化而来的，那么，进化的起点是什么？最初的世界究竟什么样？在论证世界万物的进化时，严复将气说成是世界进化的元点，强调整个世界"始于一气"。从这个意义上说，严复奉气为天地万物和人类的共同本原，肯定万物都是气进化来的。事实上，早在1895年的《原强修订稿》中，他对此就有明确表述："通天地人禽兽昆虫草木以为言，以求其会通之理，始于一气，演成万物。"[2] 在这里，严复所讲的气由于融入了西方近代自然科学的要素而具有不同于中国古代哲学的崭新内涵，与中国古代哲学中的气或元气显然并不是同一个概念。原因在于，凭借深厚的西学知识，严复把气与以太、力代表的西方近代自然科学概念直接联系起来，进而使气与"质力杂糅、相济为变"相互印证。对于这个问题，可以从两个不同方面去理解：第一，严复将气界定、诠释为以太，宣称"最清气名伊脱者"[3]，此处"伊脱"就是以太；同时指出万物之所以"始于一气"，是因为气本身就是力。这用严复本人的话说便是："此与彗星之去疾来迟，皆大宇刚气（译名以太）与诸体互摄，各生阻力之验。"[4] 从万物"始于一气"、气即以太的角度看，严复肯定万物以气为本原其实就是奉以太为本原，以太、气也就是严复所讲的"质、力相推"的质。第二，严复肯定气即力。他将气与牛顿力学所讲的力

1 〔英〕赫胥黎：《天演论》，严复译，中州古籍出版社，1998，第15—16页。
2 《原强修订稿》，《严复集》，中华书局，1986，第17页。
3 〔英〕赫胥黎：《天演论》，严复译，中州古籍出版社，1998，第338页。
4 《穆勒名学》按语，《严复集》（第四册），中华书局，1986，第1049页。

联系起来，将牛顿力学的第三定律所讲的作用力与反作用力诠释为两种性质相反、相互作用的力，进而说成是气的基本性质。这就是说，严复认为，气中包含着吸引力与排斥力，并以之取代古代哲学家用以解释世界的阴阳之气。在这方面，他一面批判中国古代哲学所讲的气内涵模糊，让人不知所云；一面力图给气下一个清晰的定义，借此将力注入到气之内涵之中。正是在这个意义上，严复声称："今夫气者，有质点有爱拒力之物也，其重可以称，其动可以觉。虽化学所列六十余品，至热度高时，皆可以化气。"[1]经过严复的诠释，气集质与力于一身，本身就是质与力的结合。

至此可见，气这一范畴虽然为中国古代哲学所固有，但是，严复却赋予气前所未有的崭新内涵。这样一来，气便成为严复天演哲学的基本范畴。就严复的天演哲学而论，如果说气是以太关乎气的本原地位，与他用以太解释老子所讲的道具有异曲同工之妙的话，那么，气内部的吸引力与排斥力——"爱拒力"则使之成为世界进化的动力。正因为气是以太与力的结合，所以，气才承载着世界万物的进化，故而对严复的天演哲学至关重要。

在严复的哲学中，气之所以能够成为宇宙之始，主要在于气本身就是质与力的结合。作为质与力的结合，气成为有能力、含热量、会运动的存在，力成为有实体、有依托的主宰。由此，气与力相互作用，推演出整个宇宙。严复宣称："所谓翕以聚质者，即如日局太始，乃为星气，名涅菩刺斯，布濩六合。其质点本热至大，其抵力亦多，过于吸力，继乃由通吸力收摄成殊，太阳居中，八纬外绕，各各聚质，如今是也。所谓辟以散力者，质聚而为热、为光、为声、为动，未有不耗本力者。此所以今日不如古日之热，地球则日缩，彗星则渐迟，八纬之周天皆日缓，久将进入而与太阳合体。又地入流星轨中则见陨石。然则居今之时，日局不徒散力，即合质之事，亦方未艾也。余如动植之

1〔英〕耶芳斯：《名学浅说》，严复译，商务印书馆，1981，第18页。

长，国种之成，虽为物悬殊，皆循此例矣。"[1]在严复看来，所谓"天演"，归根结底就是一个"翕以聚质，辟以散力"的过程。太阳系及天体的演化如此，动植物的进化亦然，国家、人种的进化当然也概莫能外。例如，他以太阳系为例解释说，太始之时，由于质点的"抵力"（即排斥力）大于"吸力"（即吸引力），整个太阳系只是一团布满六合的星气；后来，由于"吸力"不断增加而"各各聚质"，形成了太阳和围绕太阳运行的八大行星，这是"翕以聚质"。与此同时，质点在凝聚的过程中，"为热、为光、为声、为动，未有不耗本力者"；待其能量消耗殆尽，物体即归于消灭，这是"辟以散力"。一言以蔽之，既然整个宇宙以及世界万物的产生和存在都是"翕以聚质，辟以散力"的过程，那么，造化之功当首推质与力。在此基础上，严复力图把吸引力与排斥力的相互作用说成是天演一以贯之的法则，从中可见他的天演哲学对牛顿力学第三定律的发挥和运用。

二、进化的轨迹

既然世界是进化的而不是静止即一成不变的，那么，世界将朝着什么方向进化？进化的整体趋势是什么？这些问题都可以在严复对进化轨迹"始于简易，终于错综"的概括和归纳中找到答案。

严复认为，宇宙万物和人类社会的进化并不是杂乱无章的，而是有迹可寻的。世界的产生和变化遵循一定的法则。这个法则呈现了世界进化的轨迹，表明自然万物和人类社会的进化是一个由简单到复杂、由野蛮向文明的过程。基于这种认识，严复将进化的轨迹概括为"始于简易，终于错综"。这是严复从他所认定的中国哲学的讲进化之书——《周易》《老子》《庄子》中体悟到的，更是对斯宾塞的致敬。正如严复在集中阐发天演哲学的《天演论》中所言：

---

1 〔英〕赫胥黎：《天演论》，严复译，中州古籍出版社，1998，第58—59页。

斯宾塞尔之天演界说曰："天演者，翕以聚质，辟以散力。方其用事也，物由纯而之杂，由流而之凝，由浑而之画，质力杂糅、相剂为变者也。"……

所谓由纯之杂者，万化皆始于简易，终于错综。日局始乃一气，地球本为流质，动植类胚胎萌芽，分官最简。国种之始，无尊卑、上下、君子小人之分，亦无通力合作之事。其演弥浅，其质点弥纯，至于深演之秋，官物大备，则事莫有同，而互相为用焉。

所谓由流之凝者，盖流者非他，（此"流"字兼飞质而言，）由质点内力甚多，未散故耳。动植始皆柔滑，终乃坚疆；草昧之民，类多游牧；城邑土著，文治乃兴，胥此理也。

所谓由浑之画者，浑者忙而不精之谓，画则有定体而界域分明。盖纯而流者未尝不浑，而杂而凝者又未必皆画也。且专言由纯之杂，由流之凝，而不言由浑之画，则凡物之病且乱者，如刘柳元气败为痈痔之说，将亦可名天演。此所以二者之外，必益以由浑之画而后义完也。[1]

严复对进化轨迹的概括与将进化理解为"质力杂糅、相济为变"一脉相承，亦可以视为对"翕以聚质，辟以散力"的具体展开和运用。按照他的说法，进化之始，万物处于低级阶段，构造也很简单；后来，万物越进化越高级，本身的构造也随之变得越来越复杂。这就是说，万物的进化是一个"始于简易，终于错综"的过程，具体表现为"由纯而之杂，由流而之凝，由浑而之画"。对此，严复从天体、动植物和人类社会等各个方面进行了论证。

在严复的视界中，纯指单一，杂指复杂。"由纯而之杂"表明，宇宙呈现出由简单到复杂的演化趋势。例如，太阳系开始时只是一团气，后来进化为太阳和围绕着太阳运动的八大行星（在当时，冥王星还没有被发现）；动植物

1〔英〕赫胥黎：《天演论》，严复译，中州古籍出版社，1998，第58—59页。

在胚胎阶段"分官最简"，后来则在进化中"官物大备"。人类社会之初，"无尊卑、上下、君子小人之分，亦无通力合作之事"，后来才出现了社会分工和阶级。这表明，人类社会是由简单向复杂进化的，故而越进化越文明、越进化越高级。以上这些共同证明，从太阳系代表的天体演化到动植物乃至人类社会的进化都遵循着"由纯而之杂"的法则，"由纯而之杂"便是它们进化的共同轨迹。

依据严复的说法，流指流动，凝指固定。"由流而之凝"同样是自然界和人类社会进化的轨迹。例如，"地球本为流质"，后来逐渐"由流而之凝"；动植物开始时"皆柔滑"，后来才"终成坚强"。再如，上古"草昧之民，类多游牧"，后来"城邑土著，文治乃兴"，这便是"由流而之凝"。

在严复的天演哲学中，浑指"忨而不精之谓"，画指"有定体而界域分明"。"由浑而之画"与"由纯而之杂""由流而之凝"相互印证，对于进化轨迹至关重要。原因在于，如果没有"由浑而之画"的话，那么，便无法保证万物的进化向着越进化越高级的方向进行，甚至可能会出现越进化越混乱的局面。正是"由浑而之画"使万物的进化呈现出从彼此之间界线模糊不清到界线泾渭分明的过程，从而保证了世界万物由低级向高级的进化。

近代哲学家都赞同进化[1]，对进化轨迹的理解却大相径庭。大致说来，康有为、谭嗣同将进化理解为由繁杂到简捷的过程，并由此推出了简化汉字，在大同社会取消国家、同一语言文字的设想。梁启超认为，自然界的事物因循由简入繁的轨迹进化，人类社会的存在却不能用进化去衡量或概括。章炳麟在1906年之前肯定世界万物是进化的，并将进化的轨迹概括为由简入繁。通过比较可以看到，严复对进化轨迹的理解与康有为、谭嗣同针锋相对，与梁启超、章炳麟较为接近。在这个前提下尚须进一步澄清的是，严复与梁启超特别

---

1 章炳麟在1906年之后公开鼓吹退化属于个案，并且，他在此之前同样宣传、推崇进化。

是章炳麟的进化论存在本质区别，不可对彼此的观点等量齐观：第一，在进化的动力上，严复侧重从生物与外界环境的关系上理解进化。因此，他将生存竞争、适者生存说成是进化法则，以便使进化论更好地服务于中国近代的救亡图存。章炳麟则将唯意志论运用到进化领域，以生物的意志解释进化。正因为将进化的原因归结为意志，并且认定人之本性中含有争强好胜等意志，章炳麟肯定人类社会之恶、苦无法在进化中消除反而愈演愈烈，最终由宣传进化而转向鼓吹退化。正是以乐进化、苦也进化，善进化、恶也随之进化为理由，他才在 1906 年之后鼓吹退化。第二，在理论来源上，严复的进化论是赫胥黎、斯宾塞和中国哲学的和合，章炳麟的进化论则杂糅了达尔文进化论、拉马克的"用进废退"理论和唯意志论等各种思想要素。总的说来，严复对进化轨迹由简单到复杂的描述更接近进化论的原意，同时坚定了他将《周易》《老子》《庄子》奉为中国哲学"三书"的信心。严复之所以推崇《周易》《老子》《庄子》，一个重要的理由便是：它们都讲进化，在由道、太极推演出纷繁复杂的万物的过程中，将世界的产生和存在都归结为"始于简易，终于错综"的进化过程。

三、人之进化

严复对进化论津津乐道，归根结底并非出于对生物进化的兴趣而是迫于刻不容缓的救亡图存。这一现实需要和理论初衷在使严复所讲的进化论冲破生物学的界限而上升为世界观、方法论的同时，也预示了人以及人类社会的进化在严复天演哲学中的不可或缺。事实上，严复的天演哲学就是为了"贯天地人而一理之"，不惟讲世界万物的进化，更讲作为"天演中一境"的人的进化。

首先，严复对人之进化极为关注，从生命的起源入手，专门探讨人类的进化问题。

对于生命的起源，严复将之归结为细胞。对此，他解释说："至如动植之伦，近代学者，皆知太初质房为生之始，其含生藩变之能，皆于此而已具。"[1]
严复在这里所讲的"质房"现在通译为细胞，与以太、力一样属于舶来品，是
源自西方近代的自然科学概念。按照他的说法，包括自然界和人类社会在内的
整个宇宙无时无刻不处于进化之中。正是在进化过程中，世界上的存在由单细
胞进化为动植万类，然后由动物进化出了人类。人类出现之后，同样处于不断
的进化之中——由刚刚人猿揖别、生活在原始森林中的"山都木客"进化为面
部和全身长满长毛而未开化的"毛民猺獠"；再经历漫长的过程，进化为今日
之人类。

在严复那里，无论探究世界进化还是生命进化，都是为了更好地思考、阐
释人类及人类社会的进化。基于对世界进化的认识和对生命起源的追溯，他得
出了两个结论：第一，人类是自然进化的产物，与动植物一样遵循生物进化的
法则。第二，作为进化过程中的一个阶段，人是从生物逐步进化来的。人猿同
祖，基督教关于上帝抟土造人的说法纯属无稽之谈。对此，严复说道："古者
以人类为首出庶物，肖天而生，与万物绝异，自达尔文出，知人为天演中一
境，且演且进，来者方将。而教宗抟土之说，必不可信。"[2]综观严复的思想可
以发现，这两个结论是他秉持进化理念对人类由来的说明，也是他"自强保种"
主张的哲学依据。其中，第一个结论促使严复将生存竞争、适者生存的进化法
则运用、贯彻到人类社会和历史领域，用人种与人种、国家与国家之间的生存
竞争唤起中国人的忧患意识；第二个结论促使严复在循着生存竞争、适者生存
的逻辑谋求中国救亡图存出路的过程中不是寄希望于上帝而是寄希望于人的才
力心思，呼吁中国人信凭自身的力量拯救中国的前途、命运。

其次，严复的天演哲学与斯宾塞的综合哲学体系一样"贯天地人而一理
之"，在对精神力量的崇尚中鼓动人参与进化的热情和希望。

---

[1]《原强修订稿》，《严复集》（第一册），中华书局，1986，第18页。

[2]〔英〕赫胥黎：《天演论》，严复译，中州古籍出版社，1998，第43页。

在严复看来，宇宙万物都是进化的产物，其生成和进化都是"质力杂糅、相剂为变"的结果。这表明，万物之所以成为现在的样子，是质与力的相互作用形成的。换言之，无论万物的产生还是进化都是自然而然的，根本没有什么造物主在主宰。于是，严复断言："有生之物，始于同，终于异，造物立其一本，以大力运之。而万类之所以底于如是者，咸其自己而已，无所谓创造者也。"[1] 循着这个思路，严复在具体说明宇宙的演变时，把万物的生成和进化都归结为"质、力相推"，并由此建构了一套从天体演化到社会进化的天演哲学。按照他的说法，混沌鸿蒙之际，在质与力的相互作用下，"质、力相推"使世界由简单向复杂、由低级向高级不断进化。在这里，质就是气，力就是牛顿力学所讲的机械力。严复认为，机械力、能量和热量等是物质本身的固有属性，并把宇宙万物的进化归结为质与力的相互作用。

进而言之，严复所讲的力主要来源于西方近代的物理学，也就是牛顿力学。正因为如此，对于力的性质和属性，他习惯于循着牛顿力学第三定律的思路将之解释为吸引与排斥、热与冷、离心与向心等两种方向相反、性质对立的力量。严复指出，向心力、吸引力、热力使各个质点相互聚集，产生万物；离心力、排斥力、冷力使各个质点分解，万物消解或转化为他物。正是由于两种性质相反的力相互作用，气处于永无休止的运动和变化之中；正是由于气的不断聚集和扩散，或发生凝聚，或出现爆炸，于是才先演化出宇宙天体，之后便进化出包括人在内的世界万物。

需要说明的是，被严复推崇和夸大的力虽然是从牛顿力学代表的西方近代自然科学那里借鉴来的，但是，力在严复的哲学中并不限于机械力，同时也是一种精神力量——爱力、心力或精神志气等。在探讨生物进化的动力时，严复不仅承认生物在外力的逼迫下发生变化，而且将生物自身的内力作为进

1〔英〕赫胥黎：《天演论》，严复译，中州古籍出版社，1998，第42页。

化的动力。具体到人类的进化上，他的论证从两个方向展开：一方面，严复根据达尔文进化论认识到"人为天演中一境"，无法逃遁生存竞争、优胜劣汰的生物进化法则。另一方面，他始终强调人所优于万物者就在于具有聪明才智，并且不无感慨地说："夫人道之所最贵者，非其精神志气欤？"[1]在此基础上，严复宣称，人的聪明才智和精神意识具有巨大的能动性。这意味着人可以凭着自己的主观意志与妨碍自己生存者斗争，进而在生存竞争中掌握主动权，乃至主宰自身的命运。正是在这个意义上，他断言："自力学之理而明之，则物动有由，皆资外力。今者外力逼迫，为我权借，变率至疾，方在此时。智者慎守力权，勿任旁夺，则天下事正于此乎而大可为也。即彼西洋之克有今日者，远之亦不过二百年，近之亦不过五十年已耳，则我何为而不奋发也耶！"[2]

至此可见，严复的天演哲学突出了进化的理念，以全新的方法解释了世界万物尤其是人从哪里来、到哪里去，更重要的是为中国人提供了一种全新的观察世界、审视自身的思维方式、价值旨趣和行为原则。严复所讲的进化论以生存竞争、优胜劣汰的忧患意识始，以中国人奋发图强而"大可为"的希望终。这是严复天演哲学的旨趣所在，也是他的天演哲学对"天、地、人、形气、心性、动植之事而一贯之"的原因所在。在这方面，严复对斯宾塞佩服得五体投地，盛赞"其说尤为精辟宏富"。这是因为，斯宾塞的天演学说并不像达尔文的进化论那样侧重生物界，而是将"天演"的规则由达尔文进化论的生物界上溯到天体演化，下贯到人类社会。这用严复本人的话说便是："斯宾塞尔者，与达（指达尔文——引者注）同时，亦本天演著《天人会通论》（System of Synthetic Philosophy，《综合哲学体系》，第一卷为《第一原理》，第二卷为《生物学原理》，第三卷为《心理学原理》，第四卷为《社会学原理》，第五卷

1《法意》按语，《严复集》（第四册），中华书局，1986，第1012页。
2《原强修订稿》，《严复集》（第一册），中华书局，1986，第27页。

为《伦理学原理》——引者注），举天、地、人、形气、心性、动植之事而一贯之，其说尤为精辟宏富。其第一书开宗明义，集格致之大成，以发明天演之旨；第二书以天演言生学；第三书以天演言性灵；第四书以天演言群理；最后第五书乃考道德之本源，明政教之条贯，而以保种进化之公例要术终焉。呜乎！欧洲自有生民以来，无此作也。"[1]如果说上达到天体演化使严复找到了以进化为依托的世界观和方法论，从而使进化论从达尔文那里的生物学上升为天演哲学的话，那么，下贯到人类社会则使严复找到了救亡图存的有力武器。两相比较，后者更为重要。正如严复所言："天演之义，所苞如此。斯宾塞氏至推之农商工兵语言文学之间，皆可以天演明其消息所以然之故。苟善悟者深思而自得之，亦一乐也。"[2]

总的说来，严复对生物进化论多有关注和彻悟，提及的进化论也不限于达尔文、赫胥黎和斯宾塞的思想。在《天演论》的按语中，严复这样写道："物竞、天择二义发于英人达尔文。达著《物种由来》（现在通常译为《物种起源》，下文中的'达氏书'也是指这部著作——引者注）一书，以考论世间动植物类所以繁殖之故。先是言生理者，皆主异物分造之说。近今百年格物诸家稍疑古说之不可通，如法人兰麻克、爵弗来，德人方拔、万俾尔，英人威里士、格兰特、斯宾塞尔、倭恩、赫胥黎，皆生学名家，先后间出。……然其说未大行也。至咸丰九年，达氏书出，众论翕然。自兹厥后，欧美二洲治生学者，大抵宗达氏。而矿事日辟，掘地开山，多得古禽兽遗蜕，其种已灭，为今所无。于是虫鱼禽互兽人之间，衔接迤演之物，日以渐密，而达氏之言乃愈有征。故赫胥黎谓古者以大地为静居天中，而日月星辰，拱绕周流，以地为主。自歌白尼出，乃知地本行星，系日而运；古者以人类为首出庶物，肖天而生，与万物绝异。自达尔文出，知人为天演中一境，且演且进，来者方将。……盖自有歌白尼而

1〔英〕赫胥黎：《天演论》，严复译，中州古籍出版社，1998，第43页。

2〔英〕赫胥黎：《天演论》，严复译，中州古籍出版社，1998，第60页。

后天学明，亦自有达尔文而后生理确也。"[1] 在这里，严复提到的生物学家人物众多，法国的拉马克（严复翻译为兰麻克）、英国的威尔士（严复翻译为威里士）和欧文（严复翻译为倭恩）等人尽在其中。总的说来，严复所讲的进化论是达尔文、赫胥黎和斯宾塞思想的和合。严复对斯宾塞和赫胥黎的哲学思想推崇备至，他的天演哲学则以斯宾塞的思想——特别是《第一原理》（严复翻译为《第一义谛》）为主要来源和基本框架。具体地说，严复天演哲学最主要的理论来源和思维方式是进化论，同时融合了哥白尼的日心说和牛顿力学等自然科学要素。正是借助进化论和牛顿力学，严复探究了宇宙的由来和生物的起源，同时阐述了进化的动力、法则和轨迹，形成了一套较为完整的天演哲学。严复以"天演宗哲学家"自居，可见天演哲学对于他是何等重要。正是由于这个原因，严复的哲学是天演哲学，"严天演"或"天演严"也成为他的雅号。以进化论为理论蓝本，严复建立了一套有别于中国古代哲学的哲学体系，那就是他的天演哲学。

第二节　经验哲学

并不用深谙欧洲哲学即可发现，如果说欧洲大陆盛行唯理论的话，那么，英伦诸岛则盛行经验论。严复的哲学深受英国哲学的影响，在认识论上的表现便是沿袭了英国的经验论传统，肯定人的认识是对外部世界的反映。于是，经验论与"即物实测"构成了严复认识哲学的主体内容。

一、物因而意果

留学英国的经历给严复的哲学以深刻影响，这在他的认识哲学领域表现为

---

[1]〔英〕赫胥黎：《天演论》，严复译，中州古籍出版社，1998，第42—43页。

秉持经验论传统。严复肯定人的认识是对外界事物的反映，离开了外物，也就不可能有认识的产生——没有外物作为认识的基础，也就无所谓认识。在人的认识与外界事物的关系问题上，严复十分赞同穆勒（Mill，现通译为密尔）的观点。穆勒认为："万物固皆意境，惟其意境而后吾与物可以知接，而一切之智慧学术生焉。故方论及于万物，而明者谓其所论皆一心之觉知也。"对此，严复在按语中解释并发挥说："案观于此言，而以与特嘉尔所谓积意成我，意恒住故我恒住诸语合而思之，则知孟子所谓'万物皆备于我'一言，此为之的解。何则？我而外无物也；非无物也，虽有而无异于无也。然知其备于我矣，乃从此而黜即物穷理之说，又不可也。盖我虽意主，而物为意因，不即因而言果，则其意必不诚。此庄周所以云心止于符，而英儒贝根亦标以心亲物之义也。"[1] 引文中的"意"，原文是 feeling，即感觉。严复与穆勒一样将外物说成是感觉产生的原因，并且肯定穆勒对认识的看法与笛卡尔（严复翻译为特嘉尔）的"我思故我在"、孟子的"万物皆备于我"如出一辙，与培根（严复翻译为贝根）强调直接经验、庄子主张"心止于符"主旨相同。一方面，严复肯定万物依赖人即"我"而得以呈现，离开了人这一认识主体，万物便不能被感觉、被认识。另一方面，严复将外界事物界定为因，将人的认识即感觉界定为果。在此基础上，他进而声称，如果"不即因而言果"的话，那么，"其意必不诚"。这一说法表明，严复坚信认识源于人的感官接触外物获得的感觉，既凸显了直接经验的至关重要，又贯彻了经验论、反映论的原则。

对于严复来说，物因意果，人之认识是对外界事物的反映。万物是认识的前提和原因，离开了外物，则难以保证人之认识的真实和有效。他强调，外物的存在必然经历一定的时间，同时也必然占有一定的空间。人对事物的认识归根结底就是认识事物所经历的时间、所占有的空间以及事物的内部属性。正

---

1 《穆勒名学》，商务印书馆，1981，第 69 页。

是在这个意义上，严复断言："物德有本末之殊，而心知有先后之异。此如占位、历时二事，物舍此无以为有，吾心舍此无以为知。占位者宇，历时者宙。体与宇为同物，其为发见也，同时而并呈；心与宙为同物，其为发见也，历时而递变。并呈者著为一局，递变者衍为一宗；而一局、一宗之中，皆有其井然不纷、秩然不紊者以为理，以为自然之律令。自然律令者，不同地而皆然，不同时而皆合。此吾生学问之所以大可恃，而学明者术立，理得者功成也。无他，亦尽于对待之域而已。是域而外固无从学，即学之亦于人事殆无涉也。"[1]归纳起来，严复的这段议论阐明了三个问题，大致框定了认识的对象和主旨：第一，事物的属性有本末之分，人对事物属性的认识必须分出先后。时间（严复称为"历时"）、空间（严复称为"占位"）是事物最基本的属性，离开时间、空间，万物便不复存在。正是由于这个原因，人对事物的认识必须先认识事物的"占位、历时二事"。他甚至强调，离开对事物"占位""历时"的把握则无所谓认识——"吾心舍此无以为知"。这是反映论的深化。第二，"占位""历时"表明，事物的存在是复杂的，既与其他事物同时存在构成错综复杂的空间关系，又在不同时间发生变化而与从前大不相同。人认识事物就是透过事物纷繁复杂的关系，从中归纳出规律。第三，明确对待之域是学问的命脉所在，超出这个范围，便无所谓学术。

二、"元知"与"推知"

确立了认识对象，明确了认识目标，认识途径便提到了议事日程。严复认为，人们对外物的认识源于感觉经验，所有的认识都开始于人的感官接触外物获得的直接经验。对于这个问题，严复援引穆勒的观点宣称："人之得是知也，有二道焉：有径而知者，有纡而知者。径而知者谓之元知，谓之觉性；纡而知

1《穆勒名学》按语，《严复集》（第四册），中华书局，1986，第 1036 页。

者谓之推知，谓之证悟。故元知为智慧之本始，一切知识，皆由此推。"[1]

首先，严复认为，人认识事物的具体途径有二：一为"元知"，二为"推知"。在此基础上，他对"元知"和"推知"进行了界定。

严复所讲的"元知"，也就是直接经验。这种认识是人凭借感官直接接触事物获得的，他称之为"径而知者"。严复所讲的"推知"，也就是间接经验。他认为，对于认识的产生来说，"元知"与"推知"都不可或缺。由于认识产生于人与外界的直接接触，"元知"具有基础作用。这就是说，只有直接经验才是一切认识的开始，严复援引穆勒的话语方式将之表述为"元知为智慧之本始"。基于这种认识，严复对人凭借感官接触外界事物获得的直接经验给予高度重视和充分肯定，并且探究了感觉形成的心理基础和具体过程。对此，他如是说："官与物尘相接，由涅伏（俗曰脑气筋）以达脑成觉，即觉成思。"[2] 按照严复的分析，认识不是源于内心的先验之知，而是源于感官接触外界事物所形成的感觉。正是在人与外物的实际接触中，感官受到外界事物的刺激；当人遍布周身的神经（英文写作 nerve，严复翻译为"脑气筋"或"涅伏"）把这种刺激传递给大脑时，便由此形成了感觉。这便是认识的开始。

值得注意的是，在重视直接经验、强调认识开始于"元知"的基础上，严复重视"推知"的作用。他对西方逻辑方法的引进既从一个侧面表明了对"推知"的重视，又为"推知"提供了有力保障。

其次，严复论证了"元知"与"推知"的关系，既区分了二者的不同性质和作用，又阐明了二者的相互依赖。

一方面，严复秉持经验论、反映论的思路审视人之认识的过程和途径，强调"元知"是"推知"的基础，"推知"也是由"元知"推导出来的。正是在

1《穆勒名学》，商务印书馆，1981，第5页。

2〔英〕赫胥黎：《天演论》，严复译，中州古籍出版社，1998，第59—60页。

这个意义上，他指出，"一切知识皆由此推"，"人具觉性，而知识从之推演"。

另一方面，严复并没有因为重视"元知"而过度看中直接经验而忽视乃至否认"推知"即间接经验的作用和价值。具体地说，严复意识到了直接经验的局限性，进而把克服感性认识肤浅性和片面性的任务寄托于"推知"。在这个问题上，严复同意穆勒的这个观点："元知止于形色，至于远近虚实，则皆待推而知。"[1]在穆勒看来，人的感官接触外物获得的充其量只是对事物形状、颜色等表面现象的认识，至于"远近虚实"之类的本质则只能凭借"推知"获得。与穆勒的观点如出一辙，严复认为，只有由"元知"上升到"推知"，才能突破感官的局限，从而使人的认识更上一层楼。有鉴于此，严复对穆勒的下面这段话深信不疑："故名学所讲，在于推知。谓其学为求诚之学，固也；顾其所重，尤专在求。据已知以推未知，征既然以睹未然。"[2]孤立地看这段话，与其说严复关注"元知"，不如说更看中"推知"。不仅如此，正是由于对"推知"的重视——或者说，出于对"推知"作用的肯定，严复在奋力疾呼"即物实测"的同时，对逻辑推理方法十分重视。尽管如此，综合分析严复的思想可以看到，他"元知"与"推知"并重，并且强调"元知"的基础作用。深入思考不难发现，重视"元知"与严复推崇"即物实测"一脉相承，也表明了他的经验论、反映论立场和思路。

三、批判"心成之说"

从反映论、经验论出发，严复坚决反对先验论和任何形式的天赋观念。依据经验论、反映论，一切认识都是后天的，都源于人的后天经验，不可能存在先验之知。由此可见，经验论、反映论与先验论是对立的，严复对经验论、反映论的恪守便预示着对先验论的排斥和抵制。事实正是如此，为了伸张经验论

---

1 《穆勒名学》，商务印书馆，1981，第6页。

2 《穆勒名学》，商务印书馆，1981，第7页。

的原则和立场而反击先验论，严复捍卫洛克的"白板"说，认定人的大脑在人出生之初犹如白板一块，上面没有任何印记、符号。人的一切认识或知识都是在后天的学习获得的，归根结底都是后天习得的结果。基于这种认识，严复宣称："智慧之生于一本，心体为白甘，而阅历为采和，无所谓良知者矣。"[1] 依据这个说法，人心犹如没有着色的丝帛或没有调味的清水，不带有任何标记，正如丝帛所有的颜色或水的所有味道都是后加上去的一样，人心中的所有内容都是后天加进去的。事实上，人在呱呱坠地之时，大脑是空白的，无所谓认识或知识；人在后天的实践和学习中拥有了认识和知识，也把这些输入了大脑。循着这个逻辑，严复坚决反对先验论，并利用各种学说来反观、批判中国哲学中以良知、良能说为代表的先验论。对此，他不止一次地断言：

> 此节所论即辟良知之说。盖呼威理（即英国哲学家 Willian Whewell，1794—1886——引者注）所主，谓理如形学公论之所标者，根于人心所同然，而无待于官骸之阅历察验者，此无异中土良知之义矣。而穆勒非之，以为与他理同，特所历有显晦、早暮、多寡之异；以其少成，遂若天性，而其实非也。此其说洛克言之最详。学者读此，以反观中土之陆学，其精粗、诚妄之间若观火矣。[2]

> 良知良能诸说，皆洛克、穆勒之所屏。[3]

严复在断然反对先验论的过程中，将批判的矛头对准了陆王心学。在他看来，陆九渊和王守仁把知识说成是与生俱来、不必通过后天学习获得的东西，致使认识成为脱离实际的"心成之说"。这种认识源于自己一厢情愿的玄想，"直师心自用而已"，结果只能是"强物就我"，必然导致荒谬——不仅无实，而且无用。正是在这个意义上，严复声称："惟是申陆王二氏之说，谓格

---

1 《穆勒名学》按语，《严复集》（第四册），中华书局，1986，第1050页。
2 《穆勒名学》按语，《严复集》（第四册），中华书局，1986，第1049页。
3 《穆勒名学》按语，《严复集》（第四册），中华书局，1986，第1051页。

致无益事功，抑事功不俟格致，则大不可。夫陆王之学，质而言之，则直师心自用而已。自以为不出户可以知天下，而天下事与其所谓知者，果相合否？不径庭否？不复问也。自以为闭门造车，出而合辙，而门外之辙与其所造之车，果相合否？不龃龉否？又不察也。向壁虚造，顺非而泽，持之似有故，言之若成理。其甚也，如骊山博士说瓜，不问瓜之有无，议论先行蜂起，秦皇坑之，未为过也。盖陆氏于孟子，独取良知不学、万物皆备之言，而忘言性求故、既竭目力之事，惟其自视太高，所以强物就我。后世学者，乐其径易，便于惰窳敖慢之情，遂群然趋之，莫之自返。其为祸也，始于学术，终于国家。"[1] 在严复的这个视界中，陆九渊、王守仁就是中国古代先验论的典型，不察事实而闭门造车，最终将认识说成是人主观自生的东西。严复强调指出，陆九渊、王守仁的做法导致了荒谬的认识，同时也暴露出既懒惰又狂妄的认识态度。更有甚者，这种主张必将给国家和学术造成重大危害。这用严复本人的话说便是："其为祸也，始于学术，终于国家。"在此基础上，他呼吁，学术要发展，中国要富强，必须建构全新的认识模式和知识系统，以此破除陆王心学为首的先验论。

至此可见，如果说严复以进化论为蓝本的天演哲学旨在揭示、阐明世界万物的由来、演变和存在方式的话，那么，经验论和"即物实测"则为他提供了认识、把握世界的致思方向和具体途径。

四、"即物实测"

依据经验论、反映论的原则，严复认为，认识的具体途径和关键所在就是杜绝先验论。他强调，为了达到这一目的，必须确立一种新的认识原则，那就是：抛开先验的因素，通过接触外界事物获得直接经验。对此，严复称之为

---

1 《救亡决论》，《严复集》（第一册），中华书局，1986，第44—45页。

"即物实测"。

严复十分重视人凭借感觉器官接触外物获取的第一手材料，以此凸显直接经验对于认识的基础作用，并将之概括为"即物实测"。可以看到，严复提倡"即物实测"，大声疾呼读自然界和人类社会这些无字之书。

首先，严复所讲的"即物实测"既是认识的方法和途径，也是认识的原则和方向。

归纳起来，"即物实测"主要包括如下两层含义：

其一，"即物实测"是一种向外求知的认识途径和原则，与以"元知"为基础的认识路径和认识方法相印证。

严复呼吁人读宇宙这本大书，以自然、社会为第一课堂，在实地考察中获取第一手资料。对于这一点，他反复声称：

> 且其（指西方教育——引者注）教子弟也，尤必使自竭其耳目，自致其心思，贵自得而贱因人，喜善疑而慎信古。其名数诸学，则藉以教致思穷理之术；其力质诸学，则假以导观物察变之方，而其本事，则筌蹄之于鱼兔而已矣。故赫胥黎曰："读书得智，是第二手事，唯能以宇宙为我简编，民物为我文字者，斯真学耳。"[1]

> 吾人为学穷理，志求登峰造极，第一要知读无字之书。倍根言："凡其事其物为两间之所有者，其理即为学者之所宜穷。所以无大小，无贵贱，无秽净，知穷其理，皆资妙道。"此佛所谓墙壁瓦砾，皆说无上乘法也。赫胥黎言："能观物观心者，读大地原本书；徒向书册记载中求者，为读第二手书矣。"读第二手书者，不独因人作计，终当后人；且人心见解不同，常常有悞，而我信之，从而悞矣，此格物家所最忌者。而政治道德家，因不自用心而为古人所蒙，经颠倒拂乱而后悟者，不知凡几。诸公若

1《原强修订稿》，《严复集》（第一册），中华书局，1986，第29页。

问中西二学之不同，即此而是。又若问西人后出新理，何以如此之多，亦即此而是也。[1]

循着"即物实测"的原则和思路，严复断言："新知必即物求之。"[2]基于这种认识，他呼吁人们走出书斋去读宇宙这本大书，借此获得真知和新知。严复进而指出，西学之所以优于中学，关键在于"见闻多异"，从根本上说也就是肯在"即物实测"上下工夫。对此，他论证并解释说："中国人士，经三千年之文教，其心习之成至多，习矣而未尝一考其理之诚妄；乃今者洞牖开关，而以与群伦相见，所谓变革心习之事理纷至沓来，于是相与骇愕而以为不可思议。夫西学之言物理，其所以胜吾学者，亦正以见闻多异，而能尽事物之变者，多于我耳。"[3]依据严复的剖析，既然中西学术的优劣之分源于中国多"心习"而西方多"见闻"，那么，中国若想迎头赶上，就必须改变固有做法而崇尚"即物实测"的认识之路和为学之方。

其二，"即物实测"追求"必验之物物事事而皆然"，要求人们获得认识必须经过事实的反复检验。

严复断言："理之诚妄，不可以口舌争也，其证存乎事实。"[4]按照他的说法，西方的学术之所以昌明，秘诀就在于本着"即物实测"的原则，先是在接触实际中获得认识，然后再将认识放回到自然、社会中反复加以验证，"必验之物物事事而皆然，而后定之为不易"。严复强调，正因为有了向外求知的认识方向与反复验诸事实的实证精神，"即物实测"便为人们探索真理提供了双重保障。西方学术真理多而谬误少，并且能够经受住时间的考验，就是得益于"即物实测"。中国古代的定论之所以漏洞百出，根本原因在于背离"即物实测"而缺乏事实印证。

---

1 《西学门径功用》，《严复集》（第一册），中华书局，1986，第93—94页。
2 〔英〕耶芳斯：《名学浅说》，严复译，商务印书馆，1981，第64页。
3 《穆勒名学》按语，《严复集》（第四册），中华书局，1986，第1050页。
4 《译斯氏〈计学〉例言》，《严复集》（第一册），中华书局，1986，第99页。

其次，严复强调，"即物实测"是西方科学普遍采用的方法，既是西方学术昌盛的制胜法宝，也是西方造福于民的秘密所在。

严复对于中国与西方之间的差异进行过集中比较，其中有这样一段话："其（指"西洋"——引者注）为事也，一一皆本诸学术；其为学术也，一一皆本于即物实测，层累阶级，以造于至精至大之涂，故蔑一事焉可坐论而不足起行者也。"[1] 据此可见，严复不仅将"即物实测"视为西方学术的基本原则和富强之本，而且将之视为西方与中国学术的根本差异。他甚至断言，与"一理之明，一法之立，必验之物物事事而皆然，而后定之为不易"的西方学术相比，中国无所谓"学"。严复之所以对中国学术下此断语，原因在于：他既不认同陆王心学，也不满意汉学或宋学即宋明理学。具体地说，严复尽管对汉学、宋学不满的具体理由有别，然而，他审视、评价汉学与宋学的具体做法却别无二致，那就是：以西学衡量中学，认定汉学和宋学皆不符合西学的规范，这个规范就是"即物实测"。对此，严复如是说："客谓处存亡危急之秋，务亟图自救之术，此意是也。固知处今而谈，不独破坏人才之八股宜除，与〔举〕凡宋学汉学，词章小道，皆宜且束高阁也。即富强而言，且在所后，法当先求何道可以救亡。……然而西学格致，则其道与是适相反。一理之明，一法之立，必验之物物事事而皆然，而后定之为不易。其所验也贵多，故博大；其收效也必恒，故悠久；其究极也，必道通为一，左右逢原，故高明。方其治之也，成见必不可居，饰词必不可用，不敢丝毫主张，不得稍行武断，必勤必耐，必公必虚，而后有以造其至精之域，践其至实之途。迨夫施之民生日用之间，则据理行术，操必然之券，责未然之效，先天不违，如土委地而已矣。且西士有言：凡学之事，不仅求知未知，求能不能已也。学测算者，不终身以窥天行也；学化学者，不随在而验物质也；讲植物者，不必耕桑；讲动物者，不必牧畜。其

---

1 《原强修订稿》，《严复集》（第一册），中华书局，1986，第 23 页。

绝大妙用，在于有以炼智虑而操心思，使习于沈者不至为浮，习于诚者不能为妄。是故一理来前，当机立剖，昭昭白黑，莫使听荧。凡夫洞〔恫〕疑虚猲，荒渺浮夸，举无所施其伎焉者，得此道也，此又《大学》所谓'知至而后意诚'者矣。且格致之事，以道眼观一切物，物物平等，本无大小、久暂、贵贱、善恶之殊。庄生知之，故曰道在屎溺，每下愈况。王氏窗前格竹，七日病生之事，若与西洋植物家言之，当不知几许轩渠，几人齿冷。且何必西士，即如其言，则《豳诗》之所歌，《禹贡》之所载，何一不足令此子病生。而圣人创物成能之意，明民前用之机，皆将由此熄矣。率天下而祸实学者，岂非王氏之言欤？"[1]沿着这个思路，严复呼吁对中国学术进行改造，改造的基本思路和主要方法便是像西方学术那样贯彻"即物实测"的原则。

在严复看来，"即物实测"既保证了认识源于直接经验的经验论、反映论立场和原则，又决定了因循"即物实测"而来的认识的有效性和实用性。这就是说，只有在坚持"即物实测"的前提下使认识、知识摆脱了"心成之说"的窠臼而成为学术，学术才能成为富强之源。由于认为"与实物径按"是中国学术所缺，严复将"即物实测"说成是中国与西方学术的根本差异，进而提出正是这一差异导致了中国与西方之间的强弱对比。基于这种认识，严复将"即物实测"与他提出的改造中国的三大纲领之一——"开民智"直接联系起来，进而大声疾呼将"即物实测"灌输到中国的教育理念之中。为此，他写道："约而论之，不过谓人生世间，无论身之所处，心之所为，在在皆受治于自然之规则者。欲知此规则，有自然之教育，有人为之教育。人为教育分体、德、智三者，而智育之事最繁。以中国前此智育之事，未得其方，是以民智不蒸，而国亦因之贫弱。欲救此弊，必假物理科学为之。然欲为之有效，其教授之法又当讲求，不可如前之治旧学。道在必使学者之心，与实物径按，而自用其明，不

---

1 《救亡决论》，《严复集》（第一册），中华书局，1986，第44—46页。

得徒资耳食，因人学语。"[1]依据严复的提议，中国的智育必须贯彻"即物实测"的原则。事实上，中国之所以民智低下，国势衰微，归根结底都源于智育的方法不当。若改变这一局面，舍"即物实测"莫由。在这里，严复对中国前途的忧心忡忡溢于言表，也表明他对"与实物径按"的"即物实测"寄予厚望。

五、注重知识系统

严复强调，认识从"即物实测"开始，先是感官接触外物获得"元知"，然后是"推知"，由此不断日积月累，加之运用归纳、演绎等逻辑推理方法将认识推而广之，最终形成系统的知识体系。

首先，与肯定"元知"的地位和作用互为表里，严复凸显"即物实测"在知识系统中的基础地位。

严复对斯宾塞顶礼膜拜，具有浓郁的有机体情结。正是由于这个原因，严复不仅像斯宾塞那样将社会视为一个有机体，而且将有机体的理念运用到了极致，贯彻到他的认识论和中西文化观等诸多领域。随着西学的大量东渐，尤其是西方学科分类理念和方法的传入，中国原有的学科分类系统受到冲击。在这种历史背景和文化语境下，近代哲学家纷纷建构新的学科体系和知识系统。严复对为学次第和西学"门径功用"的阐释便反映了他对知识体系以及学科分类的理解。

严复强调，人的认识具有先后顺序，这个顺序真实再现了认识的逐步深入过程。这用他本人的话说便是："大抵学以穷理，常分三际。一曰考订，聚列同类事物而各著其实。二曰贯通，类异观同，道通为一。考订或谓之观察，或谓之演验。观察演验，二者皆考订之事而异名者。盖即物穷理，有非人力所能变换者，如日星之行，风俗代变之类；有可以人力驾御移易者，如炉火树畜之

---

1 《论今日教育应以物理科学为当务之急》，《严复集》（第二册），中华书局，1986，第285页。

类是也。考订既详，乃会通之以求其所以然之理，于是大法公例生焉。此大《易》所谓圣人有以见天下之会通以行其典礼，此之典礼，即西人之大法公例也。中西古学，其中穷理之家，其事或善或否，大致仅此两层。故所得之大法公例，往往多悮，于是近世格致家乃救之以第三层，谓之试验。试验愈周，理愈靠实矣，此其大要也。"[1] 按照严复的说法，认识的过程分三步走：第一步名曰"考订"，也就是通过"即物实测"接触具体事物，获得一物之理。这是认识的第一步，也框定了人之认识的方向是向外格物穷理。"考订"又可以称为"观察"或"演验"，是对分散之理进行"考订"，目的是积累同类事物的事实资料。第二步名曰"贯通"，目的是对异类事物而观其同，以期臻于"道通为一"。第三步名曰"试验"，目的是对此前的认识进行验证。为了确保"考订"和"贯通"的正确而无偏差，必须加以"试验"。严复特意强调，对于认识的三个步骤来说，亟待加强的就是作为第三步的"试验"。原因在于，缺乏"试验"是中西古学舛误颇多的症结所在。正因为如此，近代格致学家才提倡"试验"来挽救这一局面。"试验"之所以具有功效，奥秘在于："试验"越周详严密，结果就越真实可靠。依据严复的设想，通过"考订""贯通"和"试验"的层级积累、推演和检验，便可以形成一个详备而系统的知识体系。

严复对知识系统的认识服务于"自强保种"的初衷，同时深受西方学科分类理念的影响。对于这一点，他对西学"门径功用"的认识提供了佐证。现摘录如下：

> 学问之事，其用皆二：一、专门之用；一、公家之用。何谓专门之用？如算学则以核数，三角则以测量，化学则以制造，电学则以为电工，植物学则以栽种之类，此其用已大矣。然而虽大而未大也，公家之用最大。公家之用者，举以炼心制事是也。故为学之道，第一步则须为玄学。玄者悬

---

[1]《西学门径功用》,《严复集》(第一册), 中华书局, 1986, 第93页。

也，谓其不落遗际，理该众事者也。玄学一名、二数，自九章至微积，方维皆丽焉。人不事玄学，则无由审必然之理，而拟于无所可拟。然其事过于洁净精微，故专事此学，则心德偏而智不完，于是，则继之以玄著学，有所附矣，而不囿于方隅。玄著学，一力，力即气也。水、火、音、光、电磁诸学，皆力之变也。二质，质学即化学也。力质学明，然后知因果之相待。无无因之果，无无果之因，一也；因同则果同，果钜则因钜，二也。而一切谬悠如风水、星命、禨祥之说，举不足以惑之矣。然玄著学明因果矣，而多近果近因，如汽动则机行，气轻则风至是也，而无悠久繁变之事，而心德之能，犹未备也，故必受之以著学。著学者用前数者之公理大例而用之，以考专门之物者也。如天学，如地学，如人学，如动植之学。非天学无以真知宇之大，非地学无以真知宙之长。二学者精，其人心犹病卑狭鄙陋者，盖亦罕矣！至于人学，其蕃变犹明，而于人事至近。夫如是，其于学庶几备矣。然而尚未尽也，必事生理之学，其统名曰拜欧劳介，而分之则体用学、官骸学是也。又必事心理之学，生、心二理明，而后终之以群。群学之目，如政治，如刑名，如理财，如史学，皆治事者所当有事者也。凡此云云，皆炼心之事。至如农学、兵学、御舟、机器、医药、矿务，则专门之至溢者，随有遭遇而为之可耳。夫惟人心最贵，故有志之士，所以治之者不可不详。而人道始于一身，次于一家，终于一国。故最要莫急于奉生，教育子孙次之。而人生有群，又必知所以保国善群之事，学而至此，殆庶几矣。[1]

一目了然，严复对西学"门径功用"的揭示从功用的角度切入，回应了学以致用、救亡图存的时代呼唤。严复将学问之用划分为"专门之用"与"公家之用"，并且强调"公家之用最大"，进而从"公家之用"的维度将学问概括为"炼心制事"。

---

[1] 《西学门径功用》，《严复集》（第一册），中华书局，1986，第94—95页。

在这个前提下，严复的"为学之道"依次循着"玄学""玄著学""著学""群学"以及"专门之至溢者"的顺序展开。其中，"玄学"的主要功用是"审必然之理"，主要包括逻辑学和数学；"玄著学"的主要功用是"知因果之相待"，具体包括力学即"水、火、音、光、电磁诸学"和质学即化学；"著学"的主要功用是"考专门之物"，具体包括天文学、地理学、人学、动物学和植物学；"群学""皆治事者所当有事"，具体包括政治学、法学、经济学和历史学；"专门之至溢者"的主要功用在于"随有遭遇而为之"，主要包括农学、兵学、制船、机械、医学和矿务学等。在这里，严复循着功用的逻辑梳理了哲学社会科学、人文学科、理科、工科和医学等各门学科之间的关系，还原了他心目中的西学体系。在此过程中，严复以"炼心制事"为主线，不仅观照了人的德智不偏、全面发展，而且揭示了学术为富强之基的根本原因。在肯定学术"始于一身，次于一家，终于一国"的"门径功用"中，严复既将"审必然之理"视为学术的至高点，又将学术最终落脚在各种专门实用之学上，从而突出了"自强保种"、救亡图存的主题。

其次，严复极力推崇斯宾塞的为学次第，对学问"门径功用"的理解深受斯宾塞的影响。

综观严复的思想不难看到，他最推崇的西方哲学家非斯宾塞莫属。对于这一点，蔡元培早有评论。事实证明，蔡元培的评价深中肯綮。斯宾塞对严复的影响是全面而深刻的，其中就包括学科分类理念在内。严复宣称："近世斯宾塞尔言学次第，亦以名数二学为始基，而格物如力质诸科次之，再进而为天文地质，所以明宇宙之广大悠久也。再进而治生学，言动植之性情，体干之部置，于以知化工之蓄变，由此而后进以心灵之学，言因习之不同，刚柔之异用。最后乃治群学，而以德行之学终焉。生今之日，为学而自揣其躬若此，庶几可谓纯备者矣。"[1] 稍加留意即可发现，严复介绍的斯宾塞的"为学次第"与

---

1 《原富》按语，《严复集》（第四册），中华书局，1986，第 905 页。

他对学问"门径功用"的理解大同小异。依据严复的介绍，斯宾塞关于为学程序的看法是：从数学、逻辑学入手，然后是物理、化学、天文和地理学代表的自然科学，再后是生理学、心理学，最后是群学代表的社会科学。这里的"群学"指社会科学，因而是宽泛的。正是由于这个原因，"群学"不惟包括社会学，同时包括政治、经济、法律和历史等诸多学科。严复对斯宾塞的观点深表认同，这一点在他对研究"群学"的知识准备的说明中可见一斑。

严复断言："是故欲为群学，必先有事于诸学焉。不为数学、名学，则吾心不足以察不遁之理，必然之数也；不为力学、质学，则不足以审因果之相生，功效之互待也。名数力质四者之学已治矣，然吾心之用，犹仅察于寡而或荧于纷，仅察于近而或迷于远也，故必广之以天地二学焉。盖于名数知万物之成法，于力质得化机之殊能，尤必藉天地二学，各合而观之，而后有以见物化之成迹。名数虚，于天地征其实；力质分，于天地会其全，夫而后有以知成物之悠久，杂物之博大，与夫化物之藩变也。"[1] 在这里，严复对数学、逻辑学相提并论，认定二者的作用都在于"察不遁之理，必然之数"。与此同时，他对物理学、化学相提并论，认定二者的作用都在于"审因果之相生，功效之互待"。有了数学、逻辑学和物理学、化学对万物内部固有规律即"不遁之理，必然之数"和联系即"因果之相生，功效之互待"的揭示尚且不够，还需要天文学和地理学的加盟，以此来克服人之感官以及感性认识的局限。正是凭借各种学科的相互作用，人才能有效地探究广袤无垠的宇宙，洞彻世界万物。循着这个逻辑，严复认为，逻辑学与包括数学、物理、化学、天文学和地理学在内的自然科学都是社会科学的基础；只有先通诸学，才能研究社会科学也就是严复所讲的"群学"。他强调，只有这样的知识系统才能够学以致用。建构系统的知识体系是中西学术的差异，也是中西强弱的根源。

---

1 《原强修订稿》，《严复集》（第一册），中华书局，1986，第 17 页。

严复认为，中国学术没有贯彻"即物实测"的原则，大都属于"心成之说"。西方学术则建立在"即物实测"的基础上，并且通过层层累积，最终形成了完整的知识系统。始于"即物实测"的系统知识使西方的学术与治事成为一个有机整体，也使学术可以学以致用，对于国家富强、社会进步发挥巨大作用。

大致说来，严复对为学次序的梳理和阐释旨在论证两个问题：第一，社会科学以自然科学为基础，自然科学对于社会科学至关重要。这个观点与"即物实测"的经验论、反映论相互印证，反映了严复对自然科学的重视。第二，无论自然科学还是社会科学都以数学、逻辑学为入门之基。在各种学科构成的知识体系中，逻辑学贯穿其中，成为自然科学和社会科学的共同方法。这一点反映了严复对逻辑方法的青睐，也从一个侧面流露出他的泛逻辑倾向。

上述内容显示，严复的认识论秉持经验论、反映论的立场，以英国的经验哲学为主要来源，注重"即物实测"。事实上，严复吸收了培根、霍布斯、洛克等人的经验论和反映论，同时也杂糅了贝克莱的感觉主义以及休谟、穆勒、赫胥黎和斯宾塞等人的不可知论。由此不难想象，理论来源的斑驳复杂在预示严复认识哲学内涵丰富的同时，也在一定程度上注定了其多重、复杂的性质。

第三节　逻辑哲学

在严复那里，"即物实测"表明了认识的方向、原则和立场，与对"元知"的强调一脉相承。为了确保由"元知"到"推知"的准确无误，也为了将感官接触外物获得的经验上升为知识，必须运用正确的推理方法。这种正确的认识、推理方法就是逻辑方法。这在某种程度上决定了严复对逻辑学的重视和青睐。

严复虽然认为一切认识皆源于"元知"，但是，他并不否认"推知"的作用。恰好相反，严复强调，如果一切皆亲历诸身的话，那么，人类的认识将流于周而复始的循环而无大的进步。正是在这个意义上，他断言："人之所以为万物之灵，而世之所以有进化之实者，以能不忘前事，而自得后事之师也。不然，必至之而后知，必履之而后艰，将如环然，常循其覆辙而已，乌由进乎？"[1] 这就是说，认识虽然源于直接经验，"元知"虽然对于认识不可或缺，但是，这并不意味着认识只能囿于直接经验。对于人来说，大多数认识源于间接经验。这个事实表明，由"元知"上升到"推知"是必然的，这个环节也从一个侧面印证了逻辑学的不可或缺。基于这种认识，严复对逻辑学乐此不疲，翻译西方的逻辑思想、阐发自己的逻辑主张和挖掘中国的逻辑传统构成了严复逻辑思想的主体内容。由此，严复成为近代哲学家中逻辑学家的代表，逻辑观也成为他的哲学观、世界观、认识论和方法论的重要组成部分。

一、介绍西方逻辑学

严复所推崇、输入的逻辑学是西方逻辑学，主要以穆勒的逻辑学为代表。无论是对西方逻辑学的翻译、介绍还是宣传、推崇都使严复当之无愧地成为中国近代系统输入西方逻辑学的第一人。这一点与系统输入进化论一样既构成了严复翻译家的功绩，又奠定了严复哲学家的地位。在他翻译的八大西方著作中，有两部是逻辑学（这两部著作是《穆勒名学》和《名学浅说》）。逻辑学的这种殊荣是其他学科无法比拟的，严复对逻辑学的推崇也由此可见一斑。

严复之所以翻译穆勒的《逻辑学体系》（严复翻译为《穆勒名学》），是因为穆勒十分重视"推知"，突出逻辑方法在认识中的作用。穆勒宣称："故名学所讲，在于推知。谓其学为求诚之学，固也；顾其所重，尤专在求。据已知以推未知，征既然以睹未然。"[2] 逻辑学赖以推理的前提虽然源于"即物实测"获得的直接经验，但是，人的认识却不可能始终局限在直接经验所给予的范围之

---

1 《法意》按语，《严复集》（第四册），中华书局，1986，第963页。
2 《穆勒名学》，商务印书馆，1981，第7页。

内。逻辑方法的可贵之处恰恰在于突破感官"即物实测"甚至是个人认识的局限，从而使认识得以不断扩大和提升。正是由于这个原因，穆勒强调，逻辑学的价值在于"据已知以推未知，征既然以睹未然"，故而以"推知"为重。显而易见，严复对逻辑推理的重视受到了穆勒的影响。

中国具有自己的逻辑学传统，这一传统与西方、印度的逻辑系统迥然相异。为了便于中国人对西方逻辑的理解，严复多次对逻辑学进行界定和说明。具体地说，他从语义学的角度介绍了逻辑一词的由来，试图通过追本溯源，廓清逻辑在西方文化语境中的原初义和引申义。正是在这个意义上，严复写道：

> 逻辑此翻名学。其名义始于希腊，为逻各斯一根之转。逻各斯一名兼二义，在心之意、出口之词皆以此名。引而申之，则为论、为学。故今日泰西诸学，其西名多以罗支结响，罗支即逻辑也。如斐洛逻支之为字学，唆休逻支之为群学，什可罗支（psychology，今译心理学——引者注）之为心学，拜诃逻支之为生学是已。精而微之，则吾生最贵之一物亦名逻各斯。（《天演论》下卷十三篇所谓"有物浑成字曰清净之理"，即此物也。）此如佛氏所举之阿德门，基督教所称之灵魂，老子所谓道，孟子所谓性，皆此物也。故逻各斯名义最为奥衍。而本学之所以称逻辑者，以如贝根言，是学为一切法之法，一切学之学；明其为体之尊，为用之广，则变逻各斯为逻辑以名之。学者可以知其学之精深广大矣。逻辑最初译本为固陋所及见者，有明季之《名理探》，乃李之藻所译，近日税务司译有《辨学启蒙》。曰探，曰辨，皆不足与本学之深广相副。必求其近，姑以名学译之。盖中文惟"名"字所涵，其奥衍精博与逻各斯字差相若，而学问思辨皆所以求诚、正名之事，不得舍其全而用其偏也。[1]

严复的这段议论集中展示了他的逻辑学理念，主要论点可以概括为四个方

---

1 《穆勒名学》按语，《严复集》（第四册），中华书局，1986，第 1027—1028 页。

面：第一，在罗格斯的译名上，严复坚持将罗格斯翻译为名学而不是翻译为论理学或逻辑学。在这方面，严复尤为反对康有为、梁启超等人从日本转译包括逻辑学在内的译名或西学的做法。第二，严复强调，逻辑学始于古希腊，词根是罗各斯（严复翻译为逻各斯）。只有从分析罗各斯的本义、引申义入手，才能更好地理解逻辑学。第三，在严复看来，罗各斯的本义是名，包括思想和表达所用的概念。罗各斯的引申义是论、学，包括所有思想和学说。第四，严复强调，罗各斯的含义"最为奥衍"，这意味着逻辑学无所不包，体用兼备而体尊用广。这用他本人的话说便是，"其（指逻辑学——引者注）为体之尊，为用之广"。就体而言，"吾生最贵之一物亦名逻各斯"。罗各斯既然为人所"最贵"，其体也就最尊。至于罗各斯究竟为何物？严复举例说，佛教之阿德门、基督教之灵魂、老子之道和孟子之性统统可以归结为罗各斯之体。就罗各斯之用而言，举凡"为论""为学"皆是罗各斯的运用。正如罗各斯之体精深奥赜一样，罗各斯之用广泛博大。基于这种认识，严复援引培根（严复翻译为贝根）的观点，将逻辑学誉为"为一切法之法，一切学之学"[1]。总之，严复从逻辑一词的词根入手，强调逻辑学应该"从 Logos 字祖义著想"。与这个思路相一致，对于经济学的译名，严复如是说："再者计学之名，乃从 Economics 字祖义著想，犹名学之名，从 Logos 字祖义著想。"[2] 据此可知，严复对于学科的翻译秉持一个基本原则，那就是：从词根入手探究本义。对于这一点，无论他将逻辑学翻译为名学而不是逻辑学还是将 Economics 翻译为计学而不是经济学都是如此。

　　进而言之，严复认为，Logos 即研究、学问之义，与中国文化语境中的正名之名字义相近。据此，他强调，逻辑一词含义"奥衍"，内容博大精深，故将逻辑学翻译为名学。"从 Logos 字祖义著想"决定了严复理解的逻辑学含义

1　《穆勒名学》，商务印书馆，1981，第 2 页。
2　《与梁启超书》，《严复集》（第三册），中华书局，1986，第 517 页。

甚广，这一点在他将逻辑学翻译为名学的思考中已经露出端倪。正因为如此，严复赞同培根称逻辑学"为一切法之法，一切学之学"的做法。从这个意义上说，严复具有泛逻辑倾向，极力提升逻辑学的地位，扩大逻辑学的范围，并且神化逻辑学的作用。换言之，逻辑学在他那里不是当下所理解的哲学的一个分支，而是与哲学并列的"一级学科"；甚至可以说，逻辑学比哲学更优先、更重要。与此相印证，严复断言西方的诸多学科——从语言学、社会学、心理学到生物学皆以罗各斯为源，都奠基于逻辑学之上。

事实上，在严复那里，逻辑学并不限于逻辑学所在的这一门学科，而是涵盖、奠定所有学科。自然科学需要逻辑推理的层层累积，社会科学以及自由、平等和民主都奠定在逻辑学之上。正是由于这个原因，对于严复1900年在上海创办名学会讲名学，王遽常的介绍和评价是："一时风靡，学者闻所未闻，吾国政治之根柢名学理论者，自此始也。"（《严几道年谱》）王遽常将严复的逻辑学说成是政治的"根柢"，而这是符合严复对政治的理解的。1905年，严复应"海上青年"之邀宣讲"政治"，在具体讲授政治之前特意声明，自己所讲的政治都是依据归纳法（"内籀之术"）而来的。这用他本人的话说便是："吾党之言政治，大抵不出内籀之术。"[1]严复认为，方法、途径（"涂术"）至关重要，对学问具有决定性的影响。他断言："诸公知学问之事，往往因所由涂术不同，其得果因而大异。"[2]严复确信，逻辑学是所有学问的正确"涂术"，因而成为"一切法之法，一切学之学"。

在对逻辑学的界定和定位上，严复遵循穆勒的观点彰显逻辑学与哲学之别。穆勒恪守逻辑学与哲学的界线，并在这个前提下提高逻辑学而贬低哲学。对此，他阐明了自己的理由："不俵所以严名、理（与'理学'同义，指哲学——引者注）二学之界者，正以为吾名学之精确不易故耳。……然而名学固无待于

---

1 《政治讲义》，《严复集》（第五册），中华书局，1986，第1250页。

2 《政治讲义》，《严复集》（第五册），中华书局，1986，第1247页。

理学，而理学欲无待于名学则不能也。盖理学之无待于名学者，惟其言觉性、元知，事取内观，辨证道断者耳；自此以降，但有原、委之可言，证、符之足论，则必质成于名学，而一听名学之取裁焉。由是观之，则名学之视理学，犹其视他诸学矣，不能以一日之长让理学，亦不得谓名学于理学近而于他学远也。故名学之不可混于理学，犹其学之不可混于他学。理学与他学容有未定之疑义也，名学以无疑决他学之有疑，不容有疑义也。是书所标之名理，所举之义言，无一非论定者，则不佞所能自信者也。"[1]

按照穆勒的观点，逻辑学与哲学之间具有严格的界限，彼此不可混淆：第一，就地位而言，逻辑学与哲学的地位不同，两相比较，逻辑学的地位更为重要。逻辑学不依赖哲学，而哲学则离不开逻辑学。这是因为，哲学的内容除了意识、"元知"之外，皆有待于逻辑学的推演。第二，就关系而言，逻辑学与哲学的关系无异于逻辑学与其他学科的关系，这种关系表明了逻辑学具有哲学无法比拟的作用和价值。不能说哲学与逻辑学近而其他学科与逻辑学远，因为逻辑学作为"一切法之法，一切学之学"对于各门学科的作用是一样的。在与逻辑学的关系上，哲学与其他学科无异，故而不可与逻辑学等量齐观，这一点是由逻辑学的地位决定的。第三，就特性而言，哲学与其他学科一样"容有未定之疑义"。正是"以无疑决他学之有疑"的特点决定了哲学在不容置疑的逻辑学面前相形见绌。这就是说，逻辑学的特点就在于"精确不易"，正是这一点奠定了逻辑学首屈一指的作用和无可比拟的地位。对于穆勒的这些观点，严复照单全收，并无异议。不仅如此，沿着这个思路，严复将西方学术界定为"黜伪而存真"，并试图通过引进西方逻辑学改造中国学术。严复的这个认识使逻辑学成为求真的科学方法，与他将西方的富强、民主和自由最终归结为学术上"黜伪而存真"相互印证，也预示了他对逻辑方法的高度关注和极力推崇。

---

1 《穆勒名学》，商务印书馆，1981，第 12 页。

二、凸显逻辑方法的作用

在严复的视界中，逻辑学之所以拥有至高无上的地位，全拜逻辑方法所赐。人的认识离不开逻辑方法，逻辑方法是正确而有效的。凭借逻辑推理，不仅可以保证认识的正确性，而且可以扩大知识的范围，建构严谨而系统的学科体系。

严复指出，逻辑方法的运用对于人的认识不可或缺——学问家的认识如此，普通人甚至儿童的认识也概莫能外。对于这个问题，他论证并解释说：

> 而于格物穷理之用，其涂术不过二端。一曰内导；一曰外导。此二者不是学人所独用，乃人人自有生之初所同用者，用之，而后智识日辟者也。内导者，合异事而观其同，而得其公例。粗而言之，今有一小儿，不知火之烫人也，今日见烛，手触之而烂；明日又见镭，足践之而又烂；至于第三次，无论何地，见此炎炎而光，烘烘而热者，即知其能伤人而不敢触。且苟欲伤人，且举以触之。此用内导之最浅者，其所得公例，便是火能烫人一语。其所以举火伤物者，即是外导术。盖外导术，于意中皆有一例。次一案，二一断，火能烫人是例，吾所持者是火是案，故必烫人是断。合例、案、断三者，于名学中成一联珠，及以伤人而人果伤，则试验印证之事矣。故曰印证愈多，理愈坚确也。名学析之至细如此，然人日用之而不知。须知格致所用之术，质而言之，不过如此。特其事尤精，因有推究精微之用，如化学、力学，如天、地、人、动、植诸学多内导。至于名、数诸学，则多外导。学至外导，则可据已然已知以推未然未知者，此民智最深时也。[1]

严复将人的认识说成是外物与人共同作用的结果，将认识过程、方法概括

---

1 《西学门径功用》，《严复集》（第一册），中华书局，1986，第94页。

为"内导"与"外导"两种途径和方式。沿着这个思路，他反复从不同维度阐明了逻辑方法的作用。

严复认为，逻辑方法为人提供了格物穷理的途径。如果说"即物实测""读无字之书"保证了认识方向的正确性，进而杜绝了先验论的话，那么，逻辑方法则是人认识事物的不二法门。尤其是"内导"与"外导"的运用显示了人对纷繁复杂的外界事物的驾驭能力，二者相互作用对于认识的形成和深化不可或缺。严复强调，由"内导"向"外导"再现了认识的轨迹，学至"外导"便可以"据已然已知以推未然未知"，民智由此可以大开。这表明，逻辑方法可以使人的认识由已知推出未知，进而扩大知识的范围和领域。对于逻辑学的这个作用和功能，严复如是说："是故名学者，论人心知识之用于推知者也。自本已知以求未知之涂术，至于旁通发挥，凡以佐致知之功者，皆名学之所有事者也。"[1] 据此可知，严复肯定逻辑学的作用就在于"推知"，凭借逻辑方法可以从已知推出未知。触类旁通，助力致知，正是逻辑学的价值和魅力所在。由于确信人运用逻辑方法可以由已知推出未知，从而扩大知识的范围，严复强调，逻辑学所讲都在"推知"。

严复强调，逻辑学的运用尤为精妙，各门科学既依赖逻辑学，又对逻辑方法具有不同侧重。大致说来，化学、力学、天文学、地理学、人学、动物学和植物学等学科多运用"内导"，名学、数学等学科多运用"外导"。问题到此并没有结束，逻辑学可以与各种知识相互推演和印证，通过层层积累形成系统的知识体系。按照严复的说法，西方的学术之所以成为学术，拥有两个前提保障：一是本着"即物实测"的原则"黜伪而存真"，这一点保证了西方学术的有实有用；二是凭借逻辑方法层层推演，环环相扣，这一点便使西方学术形成了体用完备的知识体系。中国学术的弊端是无体系，故而在严格意义上不得称

---

1 《穆勒名学》，商务印书馆，1981，第10页。

之为"学"。

在此基础上，严复进而指出，西方学术体用兼备，自成体系，得益于逻辑学，正如逻辑方法的欠缺导致中国学术不成体系一样。严复引入西方的逻辑方法，就是针对他对中国学术无体系的现状分析，旨在矫正中国学术的弊端。正是在这个意义上，严复断言："语焉不详，择焉不精，散见错出，皆非成体之学而已矣。今夫学之为言，探赜索隐，合异离同，道通为一之事也。是故西人举一端而号之曰'学'者，至不苟之事也。必其部居群分，层累枝叶，确乎可证，涣然大同，无一语游移，无一事违反；藏之于心则成理，施之于事则为术；首尾贱备，因应釐然，夫而后得谓之为'学'。……是故取西学之规矩法戒，以绳吾'学'，则凡中国之所有，举不得以'学'名；吾所有者，以彼法观之，特阅历知解积而存焉，如散钱，如委积。此非仅形名象数已也，即所谓道德、政治、礼乐，吾人所举为大道，而诮西人为无所知者，质而言乎，亦仅如是而已矣。"[1]

归纳起来，严复在此阐明了三个主要观点：第一，学术必须探赜索隐，"道通为一"。正是由于这个原因，凡是语焉不详、选择不精、东鳞西爪或零散错漏者，都因为不成体系而不得谓之学。第二，西方对学一丝不苟，通过"即物实测"，运用逻辑推理而层层积累，最终经过反复验证而确乎不拔。这种学藏于心即理，用于事即术。这样一来，理与事、学与术首尾呼应，体用兼备。第三，秉持这个判断标准，严复断言中国无学，因为中国所有只是对阅历、知识的积累和储存而已，如散钱一般。严复特别强调，不惟中国的形、名、象、数之学如此，即使是被引以为傲的哲学社会科学——如"道德、政治、礼乐"从根本上说皆概莫能外。

议论至此，严复将对中国学术的失望与对西方学术的艳羡表达得淋漓尽致。他大声疾呼引进西方的逻辑方法，旨在改变中国学术的现状，建构"道通

---

[1] 《救亡决论》，《严复集》（第一册），中华书局，1986，第52—53页。

为一"的中国学术体系。无论严复断言西方的学术昌盛和国家富强取决于逻辑方法还是将改变中国的希望寄托于逻辑学都流露出对逻辑方法的顶礼膜拜以及对逻辑学的推崇备至。

三、归纳法与演绎法并重

严复将归纳法和演绎法视为最主要的逻辑方法，对逻辑方法的肯定主要是对二者作用的认可和推崇。对于西方的逻辑学，他介绍并解释说："及观西人名学，则见其于格物致知之事，有内籀之术焉，有外籀之术焉：内籀云者，察其曲而知其全者也，执其微以会其通者也；外籀云者，据公理以断众事者也，设定数以逆未然者也。"[1] 依据严复的这个介绍和阐释，归纳法和演绎法构成了西方逻辑学的基本方法。其中，归纳法是由部分推出全体，即由个别推出一般的逻辑方法；演绎法则是由全体推出部分，即由一般推出个别的逻辑方法。在这里，严复把归纳法翻译为"内籀之术"，把演绎法翻译为"外籀之术"。不难看到，此处的"内籀之术""外籀之术"也就是严复所说的"内导"和"外导"。换成当下通用的术语，"内籀之术"即归纳法，也就是严复所讲的"内导"，"外籀之术"即演绎法，也就是严复所讲的"外导"。正是在这个意义上，严复写道："此术西名为 Deductive，而吾译作外籀。盖籀之为言紬绎，从公例而得所决，由原得委，若紬之向外，散及万事者然，故曰外籀。……内籀西名 Inductive。其所以称此者，因将散见之实，统为一例，如以壶吸气，引之向里者然。"[2]

进而言之，严复特意申明，自己之所以采取"内导""外导"或"内籀之术""外籀之术"这样的译名，是为了与日本人的翻译区别开来，因而具有抵制梁启超等人从日本采用归纳法、演绎法等译名的意图。事实上，严复在已经知道"'内籀'东译谓之'归纳'。……'外籀'东译谓之'演绎'"的前提下，

1〔英〕赫胥黎：《天演论》，严复译，中州古籍出版社，1998，第15页。
2〔英〕耶芳斯：《名学浅说》，严复译，商务印书馆，1981，第64页。

分别以"内籀之术""外籀之术"称谓、翻译归纳法和演绎法，就是为了在译名上与日本译法分庭抗礼。严复的这个做法与他一再反对从日本转译西学相一致，因为严复认为沿用日本译名是导致对西学理解歧义丛生的根本原因。在严复看来，撇开日本人使用的归纳法、演绎法而采用"内籀之术""外籀之术"，更能彰显这两种逻辑方法的特点和作用。由此可见，严复以"内籀之术""外籀之术"称谓、翻译归纳法和演绎法内含着对这两种推理方法的界定，背后隐藏着对西方学术的理解。这个问题大而化之，便是如何学习西学的问题。在这个问题上，康有为、梁启超走的是向东学习之路，开拓了日记西学的模式。严复走的是向西学习之路，支撑起英记西学的模式。与英记西学的模式相印证，严复介绍的逻辑方法以培根、穆勒和培因等英国哲学家的思想为主。

严复在界定归纳法、演绎法的基础上，进一步阐明了二者之间的关系。他指出，归纳法和演绎法是最基本的逻辑方法，故而对二者非常重视。他承认归纳法和演绎法在不同学科中的比重具有差异，同时强调这只是数量之差而非有无之别。总的说来，归纳法和演绎法都不可偏废，因为任何学科都离不开归纳法和演绎法。严复声称："自古学术不同，而大经不出此二者。科学之中，凡为数学，自几何以至于微积，其中内籀至少，而外籀独多。至于理、化、动、植诸科，则内籀至多，而外籀较少。"[1]在此基础上，严复从不同角度诠释、说明了归纳法与演绎法的作用，并且从三个不同维度进一步论证了两者之间的关系。

首先，与认定一切认识源于直接经验相一致，严复强调，归纳法与演绎法之间具有先后之别。

严复指出，人在认识和推理的过程中必须坚持归纳法在先、演绎法在后的原则。对此，他解释说："方其始也，必为其察验，继乃有其内籀外籀之功，而其终乃为其印证，此不易之涂术也。'内籀'东译谓之'归纳'，乃总散见之

---

1 《论今日教育应以物理科学为当务之急》，《严复集》（第二册），中华书局，1986，第280页。

事，而纳诸一例之中。……'外籀'东译谓之'演绎'。外籀者，本诸一例而推散见之事者也。"[1] 这就是说，人的认识始于对外物的"即物实测"，先有对外物的观察，以此形成对个别事物的认识；接下来才有可能从散见之事中归纳出一般的公例，这显然是归纳法的功劳；再接下来，便是将公例运用到对具体事物的认识之中，这个由"一例而推散见之事"的过程是演绎法的功劳。

严复对先运用归纳法、后运用演绎法的逻辑推理程序非常重视，将之奉为逻辑推理的基本原则。他反复申明，如果先运用演绎法的话，那么，即使推理过程无误也保证不了结论的正确。为了解释其中的道理，严复援引穆勒的三候（three operations）说进一步阐述了演绎法始于归纳法的推理原则。穆勒宣称："故外籀之术有三候焉：始于内籀之实测，一也。继用联珠之推勘，二也。终以实行之印证，三也。"[2] operation 是运算、作用之义，严复翻译为"候"。候有预测、占验之义，如中国古代的候天（天象）、候物（物候）、候星（星象）和候气（节气）等。这个翻译透露出一个重要信息，那就是：严复在穆勒认定演绎法是一种推演、运算的基础上向前推进了一步，强调演绎法必须通过预测、占验等实证环节才能确保推理的正确。在穆勒看来，演绎法的操作包括三个环节，也就是严复所讲的"三候"。其中，第一候是始于归纳法，以此保障演绎法奠定在"即物实测"的基础上；第二候以三段论进行推理，确保推理的正确性；第三候诉诸实行，加以检验。对于演绎法这三个层层递进且环环相扣的"三候"，严复通过按语进行了评价和发挥。于是，他这样写道："此篇所言第三候之印证，浅人骛高远者往往视为固然，意或惮于烦重而忽之。不知古人所标之例所以见破于后人者，正坐阙于印证之故。而三百年来科学公例，所由在在见极，不可复摇者，非必理想之妙过古人也，亦以严于印证之故。是以明诚三候，阙一不可。阙其前二，则理无由立；而

---

1 《论今日教育应以物理科学为当务之急》，《严复集》（第二册），中华书局，1986，第280页。

2 《穆勒名学》按语，《严复集》（第四册），中华书局，1986，第1053页。

阙其后一者，尤可惧也。"[1] 简单地说，严复同意穆勒的"三候"法，肯定演绎法必须基于归纳之实测，必须同时保障推理过程无误的观点，并且强调离开这两个条件，演绎法便失去了存在的理由。至于穆勒关于演绎法推出的结论必须经过"实行"予以"印证"，更是被严复奉为不刊之论。

深入分析可以发现，在"三候"之中，严复对第三候格外重视。在对穆勒"三候"说的发挥中，严复不仅从第三候切入，而且强调"三候"中缺少了第三候，结果尤为"可惧"。从强调先归纳、后演绎，一切逻辑方法都始于归纳法之运用的角度看，严复重视归纳法与重视经验一脉相承，而他强调演绎法"终以实行之印证"则与强调一切认识皆本于"即物实测"之间具有某种内在联系。

其次，严复强调，归纳法与演绎法并非各不相干，而是互为表里，相得益彰。

严复断言："公例无往不由内籀，不必形数公例而独不然也。于此见内外籀之相为表里，绝非二途。"[2] 在他看来，归纳法与演绎法绝非毫不相干的两种方法，而是同一个推理过程的两个方面。正因为如此，正如演绎法离不开归纳法一样，归纳法也依赖演绎法。

一方面，严复指出，演绎法所运用的"公理""公例"源于对感性经验的归纳。对此，他表述为"公例无往不由内籀"。严复不仅强调演绎法必须依赖归纳法，而且揭示了其中的奥秘。他写道："穷理致知之事，其公例皆会通之词，无专指者。惟其所会通愈广，则其例亦愈尊。理如水木然，由条寻枝，循枝赴干，汇归万派，萃于一源；至于一源，大道乃见。道通为一，此之谓也。"[3] 按照严复的说法，归纳法是人类思维走向成熟的标志，也是人类的能力提高的表现；正是在归纳法由具体上升到抽象概念、由个别认识推演出公例的

---

1 《穆勒名学》按语，《严复集》（第四册），中华书局，1986，第 1053 页。

2 《穆勒名学》按语，《严复集》（第四册），中华书局，1986，第 1050 页。

3 《穆勒名学》按语，《严复集》（第四册），中华书局，1986，第 1042 页。

过程中，人类的认识不断精进。对此，严复举例解释说："禽兽、孩提智力之浅，正坐不知会通，心无公例已耳。而其中灵者如犬、如马、如狐、如雁，所能推证者已多。使其能言，则有公名，既有公名斯有公例，有公例斯有学术。而设外境所遭又有以相逼者，智力之进可以无涯。"[1] 这就是说，禽兽、儿童之所以智力低下，是因为不会运用归纳法，因而不懂得会通。如果能正确运用归纳法，则可以增加新的知识；如果仅用演绎法而抛弃归纳法，便不会有新知识。奥秘在于，归纳法将人引向新的认识、实践领域，演绎法则始终局限于人的思辨范围之内。这用严复本人的话说便是："夫外籀之术，自是思辨范围。但若纯向思辨中讨生活，便是将古人所已得之理，如一桶水倾向这桶，倾来倾去，总是这水，何处有新智识来？"[2] 如此说来，无论人类智识的提高还是新知的迭出都凭借归纳法，演绎法离开归纳法也徒有思维的形式。为了拓展新知，演绎法必须依赖归纳法。

另一方面，严复认为，归纳法固然重要却不可"专用"，因为它必须依赖演绎法印证其概括的正确性，从而使认识得以巩固和提高。穆勒强调归纳法"不足专用"，并给出了如下理由："众因成果，现象斯繁，欲籀其例，则内籀之术不足专用，而格物家所操持，于是有外籀之术。"[3] 严复极为赞同穆勒的这个观点，并且鉴于归纳法与演绎法的互为表里，强调二者都是认识最主要的途径，一个都不能少。拿当时中国的教育来说，必须归纳法与演绎法并重，使二者不可偏废；只有归纳法与演绎法兼顾，才能使受教育者"心德不偏"，全面发展。于是，严复说道："盖教育要义，当使心德不偏。故所用学科，于思理、感情、内外籀，皆不可偏废。"[4]

再次，在肯定归纳法与演绎法并重而不可偏废的前提下，严复更为重视乃

---

1 《穆勒名学》按语，《严复集》（第四册），中华书局，1986，第 1045 页。

2 〔英〕耶芳斯：《名学浅说》，严复译，商务印书馆，1981，第 65 页。

3 《穆勒名学》按语，《严复集》（第四册），中华书局，1986，第 1053 页。

4 《论今日教育应以物理科学为当务之急》，《严复集》（第二册），中华书局，1986，第 284 页。

至凸显归纳法的地位和作用。

严复宣称："然而外籀术重矣，而内籀之术乃更重。……故曰：今生为学，内籀之术，乃更重也。"[1] 这明白无误地表明，就归纳法与演绎法的比较而言，严复更为推重归纳法。值得注意的是，严复强调归纳法比演绎法更为重要，与其说缘于他对二者关系的思考，不如说主要基于对中西学术的比较以及由此而来的对中国学术的诊断和担忧。依据严复的比较和分析，中国学术历来偏于演绎而疏于归纳，特别是中国的教育，历来演绎法太多而归纳法太少。沿着这个思路，严复断言："盖吾国教育，……更自内外籀之分言，则外籀甚多，内籀绝少。而因事前既无观察之术，事后于古人所垂成例，又无印证之勤，故其公例多疏，而外籀亦多漏。"[2] 这就是说，中国的教育之所以失败便由于归纳法绝少，由此导致的直接后果便是缺乏对事实的观察，并造成了由归纳法推出的公例缺少具体的实证。与此同时，公例缺乏事后的印证，无法确保演绎法的正确，最终导致逻辑推理漏洞百出。针对中国的学术弊端，严复在肯定归纳、演绎并重而不可偏废的前提下，强调两相比较则归纳法更为重要。

对于严复的逻辑思想，学术界存在一个误解：严复重视归纳法而轻视演绎法。全面考察、分析严复的逻辑理念和逻辑哲学则不难看出，他并不轻视——当然更没有排斥演绎法。恰好相反，严复对演绎法非常重视。对于这一点，无论他大声疾呼归纳法与演绎法并重还是强调归纳法要经过演绎法的印证都是明证。在这方面，严复甚至断言："始悟科学正鹄在成外籀之故。"[3] 他所强调的只是演绎法离不开归纳法，必须以归纳法为基础。原因在于，演绎法所依据的公理、前提必须由归纳法得出才能保证其真实、客观和有效。离开了归纳法，演绎法无法保障其推理结论的正确性。更为重要的是，在现实的维度上，严复对

---

1 〔英〕耶芳斯：《名学浅说》，严复译，商务印书馆，1981，第64页。

2 《论今日教育应以物理科学为当务之急》，《严复集》（第二册），中华书局，1986，第281页。

3 《穆勒名学》按语，《严复集》（第四册），中华书局，1986，第1047页。

归纳法的重视和提倡是为了扭转中国学术的现状而将之引上正途。正如严复所言："穆勒言成学程途虽由实测而趋外籀，然不得以既成外籀，遂与内籀无涉；特例之所苞者广，可执一以御其余。此言可谓见极。西学之所以翔实，天函日启，民智滋开，而一切皆归于有用者，正以此耳。旧学之所以多无补者，其外籀非不为也，为之又未尝不如法也，第其所本者大抵心成之说，持之似有故，言之似成理，媛姝者以古训而严之，初何尝取其公例而一考其所推概者之诚妄乎？此学术之所以多诬，而国计民生之所以病也。中国九流之学，如堪舆、如医药、如星卜，若从其绪而观之，莫不顺序；第若穷其最初之所据，若五行支干之所分配，若九星吉凶之各有主，则虽极思，有不能言其所以然者矣。无他，其例之立根于臆造，而非实测之所会通故也。"[1] 据此可知，与其说严复重视归纳法而轻视演绎法，毋宁说他试图通过强调演绎法必须依赖归纳法以使逻辑推理遵循"即物实测"的原则，借此确保所有推理运用的证据归根结底都源于"即物实测"。由于将中国与西方学术的区别说成是中国学术的弊端在于演绎法多、归纳法少而大多是"心成之说"，严复对归纳法反复三致意焉。他的这种做法给人留下了重视归纳法而轻视演绎法的印象，而这只不过是严复针对中国学术状况提出的补偏救弊之方而已，并不代表他的全部逻辑思想或逻辑理念。

四、挖掘中国逻辑思想

西方逻辑学系统输入中国是从严复开始的，这一点被学术界津津乐道。事实上，他在介绍、输入西方逻辑学的同时，关注中国本土的逻辑学传统，热衷于从不同角度反复解读、阐发中国的逻辑思想。

首先，严复肯定中国具有自己的逻辑学，并且对中国的逻辑思想进行解读

1《穆勒名学》按语，《严复集》（第四册），中华书局，1986，第 1047 页。

和定性。

严复认为，中国的逻辑学传统源远流长，最早可以追溯到先秦时期。对于中国的逻辑学在先秦时期"已有"，严复提出了如下论证："夫名学为术，吾国秦前，必已有之，不然，则所谓坚白同异、纵横捭阖之学说，末由立也。孟子七篇，虽间有不坚可破之谈，顾其自谓知言，自白好辩，吾知其于此事深矣。至于战国说士，脱非老于此学，将必无以售其技。"[1]依据严复的分析，中国早在先秦时期就具有了自己的逻辑学。依据他的推测，如果不是深谙逻辑之术，便没有名家离坚白与合同异的争辩和纵横家的纵横捭阖，因为这些都奠定在逻辑学的基础之上。《孟子》一书虽然时有逻辑漏洞，但是，孟子自诩为"知言"，并且反复表白自己"好辩"，据此可知孟子懂得逻辑学的重要。至于战国时期的说客，如果不精通逻辑学的话，那么，便难以兜售、贩卖自己的主张。凡此种种共同指向同一个结论，那就是：逻辑学在先秦时代已经存在，并且运用成熟。

在确信中国拥有逻辑学传统的基础上，严复对中国的逻辑思想进行审视和定性。对于这个问题，他的总体看法是：中国的逻辑学推尊公例，偏重演绎法。可以作为佐证的是，严复将《周易》《老子》《庄子》奉为中国哲学的三大经典，并且认为《周易》和《老子》都倚重演绎法。通过对中国逻辑思想的梳理和挖掘，他得出结论："吾国向来为学，偏于外籀，而内籀能事极微。"[2]例如，《周易》运用的是纯然的演绎法，《周易》的哲学则属于"外籀之学"。正是在这个意义上，严复断言："《大易》所言之时、德、位皆品也，而八卦、六爻所画、所重皆数也。其品之变依乎其数，故即数推品，而有以通神明之德，类万物之情。此易道所以为外籀之学也。"[3]在严复的视界中，《老子》及老子的思想以演绎法为主。从这个意义上说，《周易》与《老子》相似，都是中国哲

1〔英〕耶芳斯：《名学浅说》，严复译，商务印书馆，1981，第46页。

2〔英〕耶芳斯：《名学浅说》，严复译，商务印书馆，1981，第64页。

3《穆勒名学》按语，《严复集》（第四册），中华书局，1986，第1048页。

学注重演绎法的代表。与此同时，严复强调，老子身为史官，了解、熟悉各种历史事实。这使老子拥有得天独厚的优越条件，所凭借的公例从历史事件中归纳而来。正是由于这个原因，老子的演绎法根植于归纳法之上，故而与黑格尔的历史哲学相似。

其次，对于中国的逻辑学，严复在不同场合或具体情境中的表述略有差异。尽管如此，他认定中国历来演绎法偏多而归纳法偏少则是相同的。

在对中学与西学进行比较时，严复将中国哲学中的逻辑方法归结为演绎法。众所周知，西学与中学互释是严复思想的主要特征，具体到逻辑学领域也不例外。在翻译、引进西方逻辑学的过程中，他习惯于以西方的逻辑学与中国的学术相对接。例如，在翻译穆勒的逻辑学时，严复联想到中国的逻辑思想，于是写下了这样的按语："此段所指之自然公例，即道家所谓道，儒先所谓理，《易》之太极，释子所谓不二法门；必居于最易最简之数，乃足当之。后段所言，即《老子》为道日损，《大易》称易知简能，道通为一者也。"[1]依据严复的这个解读和诠释，穆勒的逻辑思想与中国古代哲学尤其是《周易》《老子》的思想具有异曲同工之妙。具体地说，道家所讲的道、儒家所讲的理和《周易》所讲的太极皆是"最易最简之数"，归根结底都属于公例。演绎法是由公例推出个别结论，儒道两家的哲学都由公例推出万物，因而都属于演绎法。基于这种认识，中国重演绎法、西方重归纳法成为严复对中国与西方哲学和文化的基本判定，也成为他所揭示的中西强弱的主要根源。沿着这个思路，严复在宣传、传播西学的过程中，大力输入以归纳法为主的西方逻辑思想。

尚须澄清的是，严复承认演绎法是中国逻辑学的主流，却没有断然否认中国存在归纳法。可以看到，在中国文化的视域内，严复对《周易》与《春秋》的逻辑方法进行比较，以期彰显儒家的归纳法。他声称："仲尼之于六艺

1 《穆勒名学》按语，《严复集》（第四册），中华书局，1986，第1051页。

也，《易》、《春秋》最严。司马迁曰：'《易》本隐而之显，《春秋》推见至隐。'此天下至精之言也。始吾以谓本隐之显者，观《象》、《系辞》以定吉凶而已；推见至隐者，诛意褒贬而已！及观西人名学，则见其于格物致知之事，有内籀之术焉，有外籀之术焉：内籀云者，察其曲而知其全者也，执其微以会其通者也；外籀云者，据公理以断众事者也，设定数以逆未然者也。乃推卷起曰：'有是哉！是固吾《易》、《春秋》之学也。迁所谓本隐之显者，外籀也；所谓推见至隐者，内籀也。其言若诏之矣。'"[1]按照严复的说法，孔子对六经于《周易》和《春秋》"最严"，两者则一个属于归纳法，一个属于演绎法。对此，严复援引司马迁的观点辩护说，司马迁认定"《易》本隐而之显"，表明《周易》的逻辑方法属于演绎法；司马迁认定"《春秋》推见至隐"，表明《春秋》的逻辑方法属于归纳法。孔子在六经中青睐《周易》和《春秋》证明，孔子的思想兼具演绎法与归纳法。

在严复看来，并不限于孔子，朱熹与孔子一样归纳法与演绎法并重，因为朱熹主张通过格物致知来即物穷理。严复分析并解释说："宋儒朱子，以读书穷理解格物致知。察其语意，于内外籀原未偏废。盖读书是求多闻。多闻者，多得古人所流传公例也。穷理是求新知，新知必即物求之。故补传云：在即物以穷其理，至于豁然贯通。既贯通，自然新知以出，新例以立。且所立新例，间有与古人所已立者龃龉不合，假吾所立，反复研证，果得物理之真，则旧例不能以古遂可专制。固当舍古从今，而人道乃有进化。"[2]依据严复的分析，朱熹"以读书穷理解格物致知"表明，他强调归纳法与演绎法不可偏废。奥秘在于，格物即归纳法，致知即演绎法。

至此可见，严复认为，中国逻辑学中演绎法与归纳法并存。如果说《周易》《老子》侧重演绎法的话，那么，作为儒家经典的《春秋》则侧重归纳法。或

1〔英〕赫胥黎：《天演论》，严复译，中州古籍出版社，1998，第15页。
2〔英〕耶芳斯：《名学浅说》，严复译，商务印书馆1981，第64页。

者说，中国的归纳法主要在儒家：就国学经典来说，以《春秋》为代表；就国学人物来说，以孔子和朱熹为代表。

深入分析严复的逻辑思想可以得出几点认识：第一，严复之所以将逻辑学译为名学，取始于孔子的"必也正名乎"的正名之名。他认为，名之概念含义奥赜，内容丰富，足以与西方的 logos 相对应而成为一切学科的方法。这一点与严复赞同培根将逻辑学视为"一切法之法，一切学之学"相印证，同时也表明严复具有明显的泛逻辑倾向。第二，严复将逻辑学译为名学与先秦之时作为一个学派的名家并无必然联系，他眼中的中国逻辑学并不以先秦名家——惠施、公孙龙等人的思想为主。第三，对于梁启超、胡适等人用以代表中国逻辑学成就的墨子和墨家逻辑，严复并无提及。之所以出现这种情况，与严复从正名之"名"的角度审视中国的逻辑学有关。在他看来，所谓名学并不是专指先秦时期的名家的思想，与墨子以及后期墨家更无牵涉。严复在讲逻辑学时提到了惠施、公孙龙，却没有提及墨子或墨子后学。这从一个侧面表明，严复并不像康有为、梁启超等人那样将惠施、公孙龙视为墨子后学，当然也不关注墨子、后期墨家以及他们的逻辑思想。第四，基于对中国重演绎而轻归纳的鉴定，出于归纳与演绎不可偏废的认识，严复一改近代哲学家推崇陆王而贬损程朱的做法。可以看到，严复赞同朱熹的归纳法、演绎法兼顾，并因而对朱熹的为学之方多有肯定。这一点与严复指责陆王的思想是"心成之说"正好遥相呼应。

严复对西方逻辑学的介绍、宣传和翻译产生了重大影响，在改变中国人的认知模式的同时，提供了一种前所未有的认识世界、改造社会的全新方法。透过严复对中国逻辑思想的考察和解读可以发现，他坚信中国具有悠久的逻辑学传统，道家和儒家都讲逻辑学。严复对逻辑学的宣传之所以大获成功，不仅在于输入了前所未有的新概念、新学说，而且在于较好地处理了外来文化与传统文化的关系。这样一来，严复既通过西学回应了思想启蒙的主题，又借助西学推动了传统文化的内容转换和现代化，从而为中华民族的救亡图存提供文化自信和精神动力。

上述内容显示，天演哲学、经验哲学和逻辑哲学构成了严复哲学的主体内容，共同呈现了严复的哲学理念和哲学范式。其中，天演哲学表明，严复的哲学建构从对世界的"好奇"开始，与他本人对形而上学的青睐相呼应。经验哲学侧重认识领域，强调人的认识源于感官接触外物获得的经验，也就是"即物实测"。在严复那里，正如天演论并不限于生物学而是上升到了世界观和方法论的高度一样，逻辑学并不限于认识论而是作为"一切法之法，一切学之学"代表了一种哲学理念和范式。正是由于这个原因，严复将达尔文进化论演绎成了天演哲学，将逻辑学演绎成了逻辑哲学。天演哲学肯定世界万物和人都由进化而来，逻辑哲学着重处理由感官接触外物获得的经验，经过归纳和演绎的逐层推理，最终形成系统的学科知识。天演哲学、经验哲学与逻辑哲学三而一、一而三，既层层递进，又相互印证，全面展示了严复的哲学理念和哲学范式。不仅如此，正是在天演哲学、经验哲学与逻辑哲学的相互作用下，严复由经验论、反映论走向了不可知论，表达了"唯意可知"的心学意趣和哲学诉求。

第八章
哲学意趣与哲学旨归

严复在吸收西方哲学建构哲学体系的过程中，对哲学概念本身进行界定和厘清。在使形而上学取代玄学、理学等其他译名成为 metaphysics 的定译的同时，以超形气学突出哲学的形而上学意蕴和特征。严复哲学极富英伦气质，故而在中国近代哲学中独树一帜。就西学渊源来说，令严复声名远播的无疑是进化论，改变严复哲学范式的非逻辑学莫属，影响严复哲学意趣的则是不可知论。严复哲学属于 metaphysics 即"物理学之后"的哲学形态，无论内容构成还是致思方向都有别于梁启超 philosophy 即"爱智慧"的哲学路径和范式，与康有为、谭嗣同的仁学或章炳麟的唯识学更是相去甚远。

第一节　不可知论

推崇经验的认识方法和"即物实测"的认识原则使严复坚持经验论、反映论的立场，注重认识源于感官接触外物获得的直接经验。循着经验论、反映论的思路，严复坚持人之认识源于对外物的感觉，并因而将认识限定在人之感觉所给予的范围之内。由于笃信可知者止于感觉，他最终陷入了不可知论。在严复的认识哲学中，除了培根、霍布斯和洛克的经验论、反映论之外，还有斯宾塞和穆勒的实证主义，贝克莱、赫胥黎等人的感觉主义以及康德、休谟的不可知论等等。严复的哲学作为上述各种学说杂糅的结果，走向不可知论似乎是必然的结局。严复认识哲学的主要来源是穆勒、斯宾塞和赫胥黎等人的思想，而三人在哲学上都秉持不可知论。当然，严复推崇的笛卡尔、康德和《周易》《老子》《庄子》哲学以及佛学在他的眼中同样属于不可知论。这些既是严复不可知论的理论来源，又成为他界定、论证不可知论的主要证据。

一、自在辨正

从致思方向上看，严复的不可知论与康德划分现象与本体、休谟否认因果的客观性相似，因而与中国本土的不可知论迥异其趣，而更接近西方近现代哲学中的不可知论。从内容构成上看，严复的不可知论主要是对穆勒、赫胥黎、斯宾塞等人的哲学与佛学思想的和合。

严复对不可知的论证以自在为切入点，而他对自在的诠释则是借助佛学对穆勒关于自在思想的诠释和发挥。对于自在，严复在《穆勒名学》的按语中如是说：

原书："本体者自在之物也，则词又可以言自在。自在也，因果也，合之相承，并著为四伦，凡此皆词之所表者。"

复按：培因《名学》之论词蕴也，承穆勒氏之说，而废其所谓自在者。曰：凡词含自在之义者，多隐括椭简而不可见。至于谛而析之，则未有不尽于并著、相承二者。如云"某所有私会在焉，将以图不轨"者，意谓当此之时，有一种人合群以谋其私也。此其义甚繁，然析之则亦不过并著与相承二者而已。又如云"骒骎不存"，此犹云有一种兽，前之见于某所者，今也则亡，而为其地所不出者。此虽不用"存"字，义亦自见也。又如云"格物畴人于以太有无尚所聚讼"，然此无异言光热诸力映射空中，须否以太以为傅附也。此其词虽云有无，犹云因果耳。又如言问上帝有无，实问宇宙第一原因，与其时时监观主宰之事。此虽言有无，又因果也。故曰自在一门虽不设可也。培因又谓类分万物，设最大一门使无所不冒者，亦为虚设。盖天下惟对待可言，而人心经异而后有觉。今名家所谓庇音，以统凡有名之物者，果何物耶？盖一言其物为无对，即无可言，而莫能指。故言无对、太极，而犹设言诠者，其于言下已矛盾矣。此吾所谓对待公例者也。穆勒曰：培因之立万物对待公例也，吾无间然。顾其云吾心生一正觉，必待他一正觉与为相形，而后有觉，则未敢谓然也。盖人心之觉固不待二有、二正而后形，但一有一无，或一正一负，斯可见矣。故郝伯思言：使吾心仅有一觉境绵延无尽，则浸假必至于无所觉知。然使少间，则不必别易他境，其觉固自若也。此如觉热，不必即变而入寒，但使中间有两无所觉之一境，即可还复觉热。此其言是也。太极、庇音之对待为无物，以无对有，政亦可觉，此亦人心之所有事者也，何以言其虚设而矛盾乎？又如自在一论，虽常可以因果、并著为言，然自在实与因果、并著有异。盖培因之意以自在为无可言，故遂以此伦为可废。然"在"实与"有"同义，既有矣，斯能为感致觉，既感既觉，斯有可言，何可废乎？……复案《易》言太极无极，为陆子静所不知，政亦为此。朱子谓非言无极无以明体，非言太极无以达用，其说似胜。虽然，仆往尝谓理至见极，必将不可思议。[1]

自在是佛学术语，与 being 一样成为西方哲学的主要概念。作为实证主义的创始人和不可知论者，穆勒将本体视为自在之物，并将存在、因果、时间和空间并列为事物以及一切认识的四个方面。对此，他称之为"四伦"。对于自在，严复承认培因（Alexandria Bain，1818—1867，英国逻辑学家和心理学家。）继承了穆勒的观点，同时指出两人在自在问题上存在分歧。在这个问题上，严复力挺穆勒关于自在的说法，并且着力批判了培因否认自在的主张。

---

1 《穆勒名学》按语，《严复集》（第四册），中华书局，1986，第 1038—1040 页。

培因主张废弃自在，与他主张言思止于有对之域的认识密不可分。在培因看来，自在之义含糊不清，择其要者，不外乎二义：第一，以自在指时间、空间和因果诸义。在这种情况下，自在可以在不同语境中置换成内涵确定的时间、空间或因果等概念。这样一来，自在便没有了存在的必要，因而完全可废。第二，以自在为万有之大全，囊括天下所有存在。在这种情况下，自在作为无对之词，不可被名言。既然不可被名言，自在便形同虚设。

对于培因的观点，严复反驳说，认识并不像培因所说的那样"经异而后有觉"。在这个问题上，霍布斯（严复翻译为"郝伯思"）的说法令人信服。霍布斯认为，人的感觉可以绵延无尽，至于无所知觉。这表明，人不必借助对待之物就可以达到对此物的认识，正如不必进入寒境就可以认识热一样。在严复看来，霍布斯的观点与穆勒的看法不谋而合，正可以驳斥培因关于自在无对便不可名言的错误认识。严复总结说，自在即便为无对之词，亦不可废。这主要具有两方面的原因：第一，从概念上看，自在虽然与时间、空间和因果密切相关，但是，它与后者具有区别。既然如此，便不可以时间、空间或因果等概念对自在取而代之。第二，从功能上看，自在本身是有而不是无，其义与西方哲学中的庞因（being）、中国哲学中的无极、道和佛学的涅槃等同义。正如言无极是为了明体一样，自在一词存在的意义和功能正在于指称万物的本体，而并非培因所说的那样"莫能指"。

总的说来，自在在严复哲学中至关重要，既在某种程度上注定并彰显了他的实证主义倾向，又是不可知论的基本范畴和意蕴主旨。

二、本体与现象、无对与有对

对于严复来说，确立了自在的存在和必要，便夯实了本体的存在。在此基础上，他恪守本体与现象之分，一面毫不迟疑地肯定现象之域可知，一面毅然决然地将万物本体归于不可知之域。这用严复本人的话说便是："窃尝谓万物本体虽不可知，而可知者止于感觉。"[1] 严复在这里将世界划分为本体与现象两个层面，认为现象层面有形，可以被感觉，属于可知之域；本体层面超出了感觉的范围，便属于不可知。这就是说，人对事物的认识止于现象，事物的本体是不可知的。对此，他以力为例进行了解释和论证：一方面，严复坚持力的大小可以认识，牛顿力学坚定了他的这一观点，也为他精确地计算力之大小提供了科学依据。正是在这个意义上，严复写道："力学所以得形数而益精者，以力之为物固自有形数之可言；一力之施也有多寡之差，有方向之异，有所施之位点，故直线可为一力之代表，而一切形数公例皆可为力公例，则二者同其不摇矣。此易见者也。"[2] 另一方面，严复坚称，对于力，人所能认识的充其量只是大小、多寡和方向等对待之域的力之现象而已，对于超出现象的"力之本始"等问题则"必不可知"。借此，他强调，人对万物的认识与对力的认识类似，万物可知，动静可觉，神思可推，而万物、动静、神思背后的"真相"却始终不得而知。换言之，"万物质点、动静真殊、力之本始、神思起讫"之类的问题无法用感觉经验来证明，故而是不可知的。

　　沿着这个思路，严复一面宣称超出现象的本体是不可知的，一面将世界划分为对待之境与无对之境，进而将认识的范围限定在人所能感觉到的对待之境。他断言："知者，人心之所同具也；理者，必物对待而后形焉者也。是故吾心之所觉，必证诸物之见象，而后得其符。……故论理者，以对待而后形者也。"[3] 严复之所以将认识限定在对待之境，是因为他坚称认识起于感觉，感觉是唯一的认识门径，而人的感官所能接触到的都是事物的有形之现象。这决定了人的认识都被限定在感觉给予的范围之内，不可能超出经验之外。这就是说，人所认识的都是有形象、有对待、可以被感知的存在。基于这种认识，严

1　《穆勒名学》按语，《严复集》（第四册），中华书局，1986，第1036页。
2　《穆勒名学》按语，《严复集》（第四册），中华书局，1986，第1051页。
3　《〈阳明先生集三种〉序》，《严复集》（第二册），中华书局，1986，第238页。

复对穆勒"本形数而推者，其所得终不出于形数；欲徒从形数而得他科之公例者，其道莫由"的观点推崇备至，誉之为"透宗之论"。严复声称："此为科学最微至语，非心思素经研练者读之未易猝通。其谓从形数而推者所得不出形数，尤为透宗之论。"[1]严复之所以对穆勒的"本形数而推者，其所得终不出于形数"称赞有加，是因为这一观点将认识锁定在对待之域，划分了可知与不可知的界限。依据这个标准，认识只限于有形的对待之域，超出对待之域者必不可知。显而易见，这正是严复不可知论的基本主张。

对待与无对之分与现象与本体之分具有相似之处，不仅相互贯通，而且都是严复不可知论的基础。与恪守本体与现象之别一脉相承，严复对无对待（无对）与有对待的分别非常重视，试图通过对无对的界定和诠释厘清不可知的范围和内涵，进而将认识的范围最终限定在有对之境。对于这个问题，严复如是说：

> 此节所指皆对待之名，而无对之论几不齿及。审其用意，以既明对待，则无对者不言而喻。然不止此。盖自名理言之，天下无无对之名也。今如但言浅近，则父、子，夫、妇诸名为异名之对待，朋友一名为同名之对待，而无所对待者如水、风、草、木诸名，不并举而可论者是也。顾培因氏及诸名家则谓不然。人心之思，历异始觉。故一言水，必有其非水者；一言风、草、木，必有其非风、非草、非水者，与之为对，而后可言、可思，何有无对独立者乎？假使世间仅此一物，则其别既泯，其觉遂亡，觉且不能，何况思议？故曰：天下无无对独立者也。往者释氏尝以真如为无对矣，而景教（本为耶稣教之一宗，今取之以名其全教；名家固有此法）则以上帝为无对矣；顾其说推之至尽，未有不自相违反者。是以不二之门，文字言语道断，而为不可思议之起点也。今穆勒氏所言，固先指

1《穆勒名学》按语，《严复集》（第四册），中华书局，1986，第 1051 页。

其粗近，而未暇遂及其精微。然透宗之义，学者又不可不略明也。[1]

严复指出，穆勒只言对待之名，而没有论及无对之名。并且，他承认穆勒在此只是"指其粗近"，尚"未暇道及其精微"。尽管如此，严复还是称赞穆勒此说已为"透宗之义"。他之所以如此评价穆勒的观点，理由有二：第一，既明对待，无对者可以不言而喻。第二，天下无无对之名，正如无对待之自在与有相对一样。同样基于这两个理由，严复不同意培因等人关于言思只限于有对之域、只有通过物与非物的相异才能后觉的说法。培因认为，认识就是对事物进行分别，正如水与非水相别，对水的认识凭借对水与非水的分别进行一样。同样的道理，无对之物由于没有与之对待者，便无法被分别，故而无法被认识。严复针锋相对地指出，人之言思不必有对待，佛教的真如、基督教的上帝都是无对者。有对与无对的区别意义只在于：有对的有形世界是可以通过感官而感知的，无对的本体只能"存而不论"，归于不可知而已。

分析至此，严复始终坚持人的认识只能在感觉所给予的范围之内，超出感官或无法感觉者都应该归入不可知的范围。问题的关键是，超出感觉的除了万物的本体，还有关于世界本质之类的形而上学问题。同样从"可知者止于感觉"的认识出发，严复断言，"宇宙究竟""造化真宰""天地元始"是不可被感觉的，诸如此类的问题也是不可知的。由此可见，严复走向不可知论与对感觉的过分偏袒密切相关，他的不可知论带有实证主义共有的排斥形而上学的倾向。

三、不可知与"不可思议"

严复的不可知论是对以英国哲学为首的西方哲学、佛学和《周易》《老子》《庄子》代表的中国哲学的和合。佛学与西方哲学一样是主要的理论来源，这一点通过严复对不可知与"不可思议"的论证充分体现出来。

---

[1]《穆勒名学》按语，《严复集》（第四册），中华书局，1986，第 1033 页。

首先，严复对不可知的论证从对世界的本体与现象以及万物的无对与对待讲起，在吸收不可知论和实证主义要素的同时，和合了佛学等其他思想要素。这表现在对不可知内涵的理解上便是，严复将不可知界定、理解为佛学所讲的"不可思议"，旨在以"不可思议"辨析、探究不可知的内涵和主旨。

综观严复的思想不难发现，他习惯于将不可知称为"不可思议"，并通过对"不可思议"的诠释论证不可知的真谛。对此，严复辨析道：

> "不可思议"四字，乃佛书最为精微之语。……夫"不可思议"之云，与云"不可名言"、"不可言喻"者迥别，亦与云"不能思议"者大异。假如人言见奇境怪物，此谓"不可名言"。又如深喜极悲，如当身所觉、如得心应手之巧，此谓"不可言喻"。又如居热地人生未见冰，忽闻水上可行；如不知通吸力理人，初闻地员对足底之说，茫然而疑，翻谓世间无此理实，告者妄言，此谓"不能思议"。至于"不可思议"之物，则如云世间有圆形之方，有无生而死，有不质之力，一物同时能在两地诸语，方为"不可思议"。此在日用常语中与所谓谬妄违反者，殆无别也。然而谈理见极时，乃必至"不可思议"之一境，既不可谓谬而理又难知，此则真佛书所谓"不可思议"，而"不可思议"一言专为此设者也。佛所称涅槃，即其"不可思议"之一。他如理学中不可思议之理，亦多有之，如天地元始、造化真宰、万物本体是已。至于物理之不可思议，则如宇如宙：宇者，太虚也；（庄子谓之有实而无夫处。处，界域也；谓其有物而无界域、有内而无外者也。）宙者，时也。（庄子谓之有长而无本剽。剽，末也。谓其有物而无起讫也。二皆甚精界说。）他如万物质点、动静真殊、力之本始、神思起讫之伦，虽在圣智，皆不能言，此皆真实不可思议者。[1]

在这里，严复凭借"不可思议"集中呈现了对不可知的理解，阐明了自己

1〔英〕赫胥黎：《天演论》，严复译，中州古籍出版社，1998，第353—354页。

不可知论的主张。这大致可以归结为四个要点：第一，"不可思议"与"不可名言""不可言喻"迥然相异。人忽然看到奇景怪物，会感觉一时找不到合适的词去描绘，这叫作"不可名言"。同样的道理，人深度悲喜时，也会有不可名状的经历，这正如轮扁技艺出神入化而不能将之用语言传递给他人（包括自己的儿子）一样。轮扁"得心应手"却又"口不能言"，这叫作"不可言喻"。严复强调指出，之所以出现"不可名言""不可言喻"的情况，是因为人对事物的属性认识不清。可以想象，随着认识的加深，这些原来"不可名言""不可言喻"者自然会变成可以名言、可以言喻者。对此，严复曾经援引《庄子·天道》篇的轮扁之事与穆勒之说相印证，将"不可名言""不可言喻"归于认识能力所限。正是在这个意义上，严复断言："昔读《庄子·天道》篇言轮人扁事，尝恍然自失而不知其理之所以然，今得穆勒言，前疑乃冰释矣。又吾闻凡擅一技、知一物而口不能言其故者，此在智识谓之浑而不晰。今如知一友之面庞，虽猝遇于百人之中犹能辨之，独至捉笔含豪欲写其貌，则废然而止。此无他，得之以浑，而未为其晰故也。使工传神者见之，则一晌之余可以背写。盖知之晰者始于能析，能析则知其分，知其分则全无所类者，曲有所类。此犹化学之分物质而列之原行也。曲而得类，而后有以行其会通，或取大同而遗其小异，常、寓之德（常德原文 essential property，即固有属性；寓德原文 accidental property，即偶有属性——引者注）既判，而公例立矣。此亦观物而审者所必由之涂术也。"[1]第二，"不可思议"与"不能思议"大相径庭。"不能思议"是说超出了人的理解和认识能力，人对之无法理解，犹如没有见过水结冰的人听说人可以在水上行走，对于不懂得万有引力的人听说地球对人有吸引力等等。在严复看来，"不能思议"受制于人之理解能力的局限，是知识不足、孤陋寡闻所致。正因为如此，通过见闻的加强，知识的增长，原来"不能思议"者将

会变得可以思议。第三，如果说"不可名言""不可言喻"受制于表达能力的话，那么，"不可思议"并非"不可名言"，而是"可以"名言——在这个意义上，"不可思议"出现的原因并非由于表达能力所限；如果说"不能思议"受制于认识能力的话，那么，"不可思议"并非由于认识能力的局限而不能认识——在这个意义上，"不可思议"出现的原因并非认识能力所限。严复强调，"不可思议"之所以"不可"思议，问题恰恰在于：如果对"不可思议"者进行思议的话，那么，其所名言者如"世间有圆形之方，有无生而死，有不质之力，一物同时能在两地"等皆违反常识。这意味着如果对"不可思议"者进行思议的话，那么，必至悖反之地。按照严复的理解，可以名言，能够思议，而言喻、思议的结果必至悖反常理，这叫作"不可思议"。第四，只要超出感觉范围——用严复的话说"谈理见极时"，必然陷入"不可思议"。正是由于这个原因，"不可思议"范围至广，佛学所讲的涅槃，哲学上的"天地元始、造化真宰、万物本体"，物理学上的宇（空间）、宙（时间）以及其他领域的"万物质点、动静真殊、力之本始、神思起讫"等等，诸如此类的问题皆属于"不可思议"。

其次，严复指出，"不可思议"的内涵"过于奥博冗长"，真的令人感到"不可"思议。

为了缓解"不可思议"带来的困境而"敷其旨"，严复举佛学涅槃的例子进一步展开论证和解释。这个例子对于理解严复的不可知论提供了难得的例证，现摘录如下：

> 涅槃者，盖佛以谓三界诸有为相，无论自创创他，皆暂时欣合成规，终于消亡。而人身之有，则以想爱同结，聚幻成身，世界如空华，羯磨如空果，世世生生，相续不绝。人天地狱，各随所修，是以贪欲一捐，诸幻都灭，无生既证，则与生俱生者，随之而尽，此涅槃最浅义谛也。然自世尊宣扬正教以来，其中圣贤于泥洹皆不著文字言说，以为不二法门超诸理解，岂曰无辨？辨所不能言也。然而津逮之功，非言不显，苟不得已而有

云，则其体用固可得以微指也。一是涅槃为物，无形体，无方相，无一切有为法。举其大意言之，固与寂灭真无者无以异也。二是涅槃寂不真寂，灭不真灭，假其真无，则无上、正偏知之名乌从起乎？此释迦牟尼所以译为空寂而兼能仁也。三是涅槃湛然妙明，永脱苦趣，福慧两足，万累都捐，断非未证斯果者所及知、所得喻，正如方劳苦人终无由悉息肩时情况。故世人不知，以谓佛道若究竟灭绝空无，则亦有何足慕！而智者则知由无常以入常存，由烦恼而归极乐，所得至为不可言喻，故如渴马奔泉，久客思返，真人之慕，诚非凡夫所与知也。涅槃可指之义如此。

第其所以称"不可思议"者，非必谓其理之幽渺难知也。其不可思议，即在"寂不真寂、灭不真灭"二语。世界何物乃为非有、非非有耶？譬之有人，真死矣而不可谓死，此非天下之违反而至难著思者耶？故曰不可思议也。[1]

据此可知，严复之所以举涅槃的例子解释、论证"不可思议"，旨在说明"不可思议"不是"其理之幽渺难知"超出了人的理解范围而"不能思议"，而是如若对之予以思议，必至违背常理之境地。明白了这一点，也就领悟了"不可思议"的真谛。

在严复的视界中，涅槃之义有三：第一，涅槃非有，因为它无形体，无方所。从这个意义上说，涅槃无异于"寂灭真无"。第二，涅槃非非有，因为它是三界诸法之相的依托，故而"寂不真寂，灭不真灭"。从这个意义上说，涅槃并非真无，因而是非非有。第三，涅槃究竟之极乐在人未得解脱之前不得知亦不得喻，正如劳苦之人无法想象闲暇休逸之乐一样。严复进一步解释说，问题的纠结之处恰恰在于：涅槃越非有，越表明其非非有；越陷于未得证果之烦恼，越呈现涅槃之乐。奥秘在于，涅槃"由无常以入常存，由烦恼而归极乐"。涅槃的

1〔英〕赫胥黎：《天演论》，严复译，中州古籍出版社，1998，第354—355页。

这种情形与马越干渴奔向甘泉的速度越快、人客居越久越归心似箭是一个道理。如此说来，既然涅槃非有，亦非非有，那么，如若对涅槃进行思议的话，必将与常理相悖。正如涅槃的真义在于"寂不真寂、灭不真灭"二语，而这对于人来说是违反常识的一样。试想，世界上岂有既非有亦非非有之物，正如世界上哪有真死而不可谓死之人？思议至此，结论只有一个：正如非有亦非非有和真死而不可谓死一样，涅槃超出了人的思议范围，是"不可思议"的。

　　基于上述认识和论证，严复对"不可思议"坚信不移，毅然决然地走向了不可知论。不仅如此，他还力图为不可知论的必然性提供论证。例如，严复宣称："此不徒佛道为然，理见极时莫不如是。盖天下事理如木之分条、水之分派，求解则追溯本源。故理之可解者，在通众异为一同，更进则此所谓同又成为异，而与他异通于大同。当其可通，皆为可解，如是渐进，至于诸理会归最上之一理，孤立无对，既无不冒，自无与通，无与通则不可解。不可解者，不可思议也。此所以毗耶一会，文殊师利菩萨首唱不二法门之旨。一时三十二说皆非，独净名居士不答一言，斯为真喻。何以故？不二法门与思议解说，二义相灭，不可同称也。其为'不可思议'真实理解。而浅者以为幽夐迷罔之词，去之远矣。"[1] 在这里，通过以涅槃为例对"不可思议"的论证，严复重申了"理见极时"莫不走向"不可思议"的观点，并进一步展开了如下论证：天下之理在于分，正如木之分条理、水之分流派一样。正因为如此，求理无非追溯本源，在追溯中通众理（异）为一同。在严复看来，这借用庄子的哲学术语表达便是"道通为一"。严复写道："今夫学之为言，探赜索隐，合异离同，道通为一之事也。"[2] 问题的关键是，在"通众异为一同"之后更进一步向前追溯，此同又变成了异，此异与其他异相通而成为更大的同。如此往复，再接着追溯，众理归于最上一理（即最大的同），此一理则孤立无对。这一孤立无对之理既然独一无二、

1〔英〕赫胥黎：《天演论》，严复译，中州古籍出版社，1998，第355页。

2《救亡决论》，《严复集》（第一册），中华书局，1986，第52页。

不可匹敌，那么，它也就没有与之贯通之物。既然无法贯通，也就无法对之进行解说。无法解说即"不可思议"，"不可思议"也就是文殊师利菩萨首倡的"不二法门"。严复强调，"不二法门"与"思议解说"势不两立，不可并称。

对于严复来说，既然超出感官范围者是"不可思议"的，那么，只能对之不去思议。议论至此，思议可思议者，不思议"不可"思议者，便成为严复的最终选择。对于何谓"不可思议"者，他如是说："大抵宇宙究竟与其元始，同于不可思议。不可思议云者，谓不可以名理论证也。吾党生于今日，所可知者，世道必进，后胜于今而已。至极盛之秋，当见何像？千世之后有能言者，犹旦暮遇之也。"[1]据此可知，严复拒绝对"宇宙究竟"以及宇宙"元始"等问题进行思议。这表明，他主张对形而上学问题不予探究，存而不论，因而表现出明显的实证主义倾向。正是在这个意义上，严复断言："是以人之知识，止于意验相符。如是所为，已足生事，（复案：此庄子所以云心止于符也。）更骛高远，真无当也。夫只此意验之符，则形气之学贵矣。此所以自特嘉尔（现在通译为笛卡尔——引者注）以来，格物致知之事兴，而古所云心性之学微也。"[2]按照他的说法，对于人类的认识、知识而言，没有经过实证的高远之论便无法确保其真实可靠——"真无当也"。正是由于这个原因，自从笛卡尔以来，学者们都热衷于各种实证科学（"形气之学"）：一边是格物致知之学方兴未艾，一边是心性之学日益式微。这成为哲学发展的一大趋势。与这一审视相映成趣，严复本人热衷于"物理学之后"的形而上学而漠视"爱智慧"的哲学。

第二节 心学归宿

严复肯定认识源于感官接触外物获得的经验，并将认识限定在感觉所给予

---

[1]〔英〕赫胥黎：《天演论》，严复译，中州古籍出版社，1998，第37页。
[2]〔英〕赫胥黎：《天演论》，严复译，中州古籍出版社，1998，第339页。

的范围之内。在接下来的论证中，他否认人对外物获得的感觉与外物相符的可知性，并藉此将感觉说成是主观自生的东西。这样一来，严复便由经验论、反映论走向以感觉主义为特征的主观唯心论，心学成为严复哲学的最终归宿。具体地说，他对心学的建构主要包括两个方面：一是否认人的感觉与外物相符的可知性，二是将感觉说成是主观自生的东西。

一、"因同果否，必不可知"

严复坚持认识是对外物的反映，肯定外物是因，认识是果。尽管他对外物与认识关系的看法是对经验论、反映论的贯彻，然而，严复却在解释认识与外物的关系时走向了不可知论。

首先，严复热衷于运用牛顿力学来解释认识的过程，以作用力与反作用力来阐释认识客体与认识主体也就是外物与我的关系以及二者之间的相互作用，甚至将人之认识的形成与陨石落地等量齐观。

对于陨石落地，严复解释说："自力学言之，则陨石之时，二体（指陨石与地球——引者注）大小虽为迥殊，而实互施摄力，不独石走趋地，地亦动而向石；特其所行之距，与体质大小作反比例，故地移至微，而石行甚远。然则石陨一果，地石二者皆为因缘，无其一者，此果不见。"[1] 依据这个分析，陨石落地是陨石与地球相互作用的结果，正如作用力与反作用力相互作用、缺一不可一样。由于陨石与地球大小悬殊，表面上看，陨石落向地球；实际情况则是，陨石趋向地球之时，地球也向陨石移动。只不过由于大小之异，地球移动慢、陨石移动快而已。在严复看来，地球与陨石的相互作用是陨石落地的原因，这与人的认识是物与我相互作用的结果道理是一样的。

进而言之，严复的这个观点脱胎于穆勒。对于认识的过程，穆勒声称：

---

1 《穆勒名学》按语，《严复集》（第四册），中华书局，1986，第 1052 页。

"即当物尘感我之时，吾之官知宜称所矣，然我之神明方且炽然起与物尘相接，自不得纯受无施；假使无施，即同冥顽，何由觉物？……总之一果之间，任分能所，所之有事正不异能；为分别者，取便说词，实则无所非能，无能非所。如言东西，别在眼位，非定相也。万化之情，无往不复，是故方其为施，即有所受。"[1] 由此可见，穆勒强调认识是物与我相互作用的结果，我积极迎接外物是认识形成的不可或缺的条件。严复对于穆勒的这个观点十分认同，并将认识产生过程中外物与我的相互作用与牛顿力学第三定律所讲的作用力与反作用力混为一谈。于是，对于穆勒的上述思想，严复在按语中写道："此段所论亦前贤所未发，乃从奈端动物第三例悟出。"[2] 按照严复的理解，在认识产生的过程中，人对于外物不是消极被动地"接受"而是积极主动地"施予"。这就是说，外物（所）与人（能）相互作用，相互施予——"无所非能，无能非所"。

其次，严复既强调先有外物这个因、后有认识这个果，又坚决否认因果之间相符。

在严复的视界中，人的认识是在外物的刺激下产生的，有了外物这个因，才有认识这个果。既然如此，人们不禁要问：作为外物的因与作为认识的果之间究竟是何关系？严复的回答是："非不知必有外因，始生内果，然因同果否，必不可知。所见之影，即与本物相似可也。抑因果互异，犹鼓声之与击鼓人，亦无不可。"[3] 对于严复给出的回答，可以从两个完全不同的方面去理解：一方面，必有外物这个前因，才有认识这个后果。这是毋庸置疑的。另一方面，因与果是否相同，超出了人的感觉范围，因而属于不可知之域。人们可以说自己所见之影与外物相似，当然也可以说因与果互异，犹如鼓声与击鼓人一样。

严复的不可知论是中西佛各种思想的杂糅，而他之所以从经验论、反映论

---

1 《穆勒名学》按语，《严复集》（第四册），中华书局，1986，第1052页。

2 《穆勒名学》按语，《严复集》（第四册），中华书局，1986，第1052页。

3 〔英〕赫胥黎：《天演论》，严复译，中州古籍出版社，1998，第339页。

走向不可知论则主要是受穆勒的影响。事实上，严复正是从穆勒的不可知论中进一步引申出自己关于认识与外物关系的论述的。据载：

> 原书："……夫后贤最重之旨，在底质之事，其有无均不可知；所可知者止于秩然之众感，过斯以往不得赞一词，其言有非也，而其言无者亦非。故虽德儒汗德，其所标举，与比格利、洛克二家无稍差殊。汗德之言性灵与物体也，至谓有自在世界，与对待世界绝殊；立纽美诺（noumenon——引者注）之名（译言净，言本体）以命万物之本体，与斐纳美诺（译言发见）之感于吾心，物所可接之形表为反对。似其意主于以可接者为幻相，而以不可接者为真体矣。然亦明言物之可知者尽于形表。……自吾人有生以后，常为气质之拘，于物本体，断无可接而知之理，则纽美诺终为神閟之事而已矣。……即言其有，亦必自其所发现者纡迴而通之，以其形表之接于吾心者而思之。顾吾心有习，欲以为无所循附延缘而不克也。是故人心一切之知，主于所发现之形表。形表者何？不可知者之所形，不可见者之所表也。……总诸家前后之所发明者如此。则吾得为学者正告曰：人心于物，所谓知者，尽于觉意；至其本体，本无所知，亦无由知。"

复按：右所紬绎，乃释氏一切有为法皆幻非实真诠，亦净名居士不二法门言说文字道断的解。及法兰西硕士特加尔出，乃标意不可妄，意住我住之旨，而《中庸》"诚者物之终始，不诚无物"之义，愈可见矣。其末段因果殊物一例，肤于谈理者往往倍之，如云种瓜得瓜，种豆得豆，据此遂谓因果当同。第不知彼所谓因者，谓瓜豆种子乎？谓种者之人乎？抑谓种者之事乎？三者任取其一，与后来瓜豆实无一相似者。若曰诚如此言，则为善者何以获善报？为恶者何以获恶报？不知此乃平陂往复之事，与名家所谓因果绝不相同；谓之因果者，常俗之用名误耳。譬如旋规作圆，有其趋左之前半规，则亦有其转而趋右之后半规，同一线也，二者会合，而圆成焉。此谓之消息可，谓前半规之左者为因，后半规之右者为果不可也。何则？屈伸存于一物，而起灭不为二事故也。噫！考理求极，恒言诚有可用之时，顾其理者常不及其棼，当者常不如其谬。此察迹正名之学，所以端于无所苟也。[1]

康德首创"物自体"概念，并注重本体与现象之分。在他看来，万物分为本体与现象，本体必不可知，现象是可知的。值得注意的是，康德并没有否认现象之域的真实性以及对现象之域认识的真实性；只是在秉持本体与现象分界的同时，以"物自体"即"自在之物"的不可知为信仰划定地盘。穆勒将康德对本体与现象的划分演绎为本体之真与现象之幻，进而突出感官所接触的现象领域的虚幻性。这样一来，穆勒似乎在说，只有感官无法接触的本体才是真实的。在此基础上，穆勒进一步指出，本体必不可知，言其有非，言其无亦非。人对现象之知充其量无非是"发现"不可知者之"形表"而已，所谓认识终究不出感觉范围。沿着这个思路，穆勒将康德的不可知论与洛克经验论中的"第二观念"、贝克莱（英国哲学家 George Berklley，严复翻译为"比格利"或"比圭黎"）的"存在就是被感知"混为一谈，在坚持万物本体必不可知的同时，将知说成是对感觉的认识。

严复赞同穆勒的上述思想，并进一步对之进行发挥和诠释，进而建构自己的不可知论。严复指出，穆勒的上述言论与佛学所讲的万法皆幻说的是一个意思，也就是笛卡尔（严复翻译为"特加尔"或"特嘉尔"）的"我思故我在"，同时也是《中庸》所讲的"不诚无物"。循着这个逻辑，严复进一步解释了认识形成过程中的因果关系：所谓因果，只是一种主观联想，作为经验有用，其实与理相悖。拿中国俗语"种瓜得瓜，种豆得豆"来说，所谓因，究竟谓瓜豆种子乎？谓种者之人乎？抑或谓种者之事乎？其中的任何一因与后来的瓜豆之

---

1 《穆勒名学》按语，《严复集》（第四册），中华书局，1986，第 1034—1035 页。

果都"无一相似者"。同样的道理，外物是认识之因，认识是外物之果；作为外物之果的认识与外物之间并无逻辑上的因果性，也无内容上的相似性。经过上述论证，严复得出结论：所谓因果，只不过是常俗之误而已。这样一来，他便通过否定因果的客观性以及二者之间的相似性或内在联系，实际上否定了作为果的认识与作为因的外物之间的相似性，进而否定了认识内容的客观性和真实性。

二、"无真非幻，幻还有真"

严复否认认识之果与外物之因相似，便意味着将认识内容与外物相剥离，进而将认识说成是主观自生的东西。在此基础上，他一面否认客观世界的真实性，一面肯定感觉是唯一的真实存在，完成了自己的心学建构。

严复将赫胥黎、穆勒以及笛卡尔等人的思想与以自在、"不可思议"为代表的佛学思想相和合，将世界说成是非真非幻的存在。在这方面，严复继承了赫胥黎的观点，并借助穆勒、笛卡尔和佛学等诸多思想进行了发挥和诠释。

可以肯定的是，严复有关世界非真非幻的观点主要是受赫胥黎的影响。众所周知，在哲学史上，赫胥黎首创不可知论（agnosticism）概念，而他的不可知论与对世界的看法息息相通。依据严复的翻译和解读，赫胥黎对世界的认识是从追溯哲学史开始的；正是在对哲学史的追溯和梳理中，赫胥黎将整个西方哲学的观点概括为"无真非幻，幻还有真"。对此，严复解释并论证说："往者希腊智者与晚近西儒之言性也，曰一切世法：无真非幻，幻还有真。何言乎无真非幻也？山河大地及一切形气思虑中物，不能自有，赖觉知而后有，见尽色绝，闻塞声亡。且既赖觉而存，则将缘官为变：目劳则看朱成碧，耳病则蚁斗疑牛，相固在我，非著物也。此所谓无真非幻也。何谓幻还有真？今夫与我接者，虽起灭无常，然必有其不变者以为之根，乃得所附而著。特舍相求实，舍名求净，则又不得见耳。然有实因，乃生相果，故无论粗为形体，精为心神，皆有其真且实者不变常存，而为是幻且虚者之所主。是知造化必有真宰，字曰上帝；吾人必有真性，称曰灵魂。此所谓幻还有真也。"[1] 依据严复的分析和解读，在赫胥黎的视界中，西方哲学从古希腊到近现代所讲的内容无非"无真非幻，幻还有真"八个大字：所谓"无真非幻"是说，天地万物不能自己呈现，必须依赖人之感觉而呈现。更有甚者，不惟人之见尽耳塞则万物色声绝灭，就连万物的声音、颜色也随着人之感官的变化而变化。对于这一点，人的眼睛疲劳时将红色看成是碧色、耳朵有病时将蚁斗误听为牛斗便是明证。这表明，事物的属性及其呈现出来的现象皆在"我"而不在物，物本身是虚幻的。所谓"幻还有真"是说，人之感官接触的现象虽然起灭无常，但是，现象的背后存在一个不变之根。尽管人若舍幻灭之相而求其根了不可得，然而，既然有实因乃生相果，那么，无论形体还是心神，背后都有一个真实而不变的本体。这个本体是真实存在的，对于万物的造化而言，这个本体就是上帝；对于人的本性而言，这个本体就是灵魂。

问题到此并没有结束，赫胥黎在总结前人思想的基础上进一步追问：既然人与外物接触形成的感觉（意）都是虚幻的，那么，此幻究竟是否有真？回答是"必不可知"——"断断乎不可得而明也"。于是，严复在《天演论》中写道：

> 前哲之说，可谓精矣，然而人为形气中物，以官接象，即意成知，所了然者，无法非幻已耳。至于幻还有真与否，则断断乎不可得而明也。前人已云舍相求实，不可得见矣，可知所谓真实、所谓不变常存之主，若舍其接时生心者以为言，则亦无从以指实。夫所谓迹者，履之所出，不当以迹为履，固也，而如履之卒不可见何？所云见"果"知"因"者，以他日尝见是"因"，从以是"果"故也。今使从元始以来，徒见有"果"，未尝见"因"，则"因"之存亡又乌从察？且即谓事止于"果"，未尝有"因"，

1〔英〕赫胥黎：《天演论》，严复译，中州古籍出版社，1998，第336页。

如晚近比圭黎所主之说者，又何所据以排其说乎？

名学家穆勒氏喻之曰：今有一物于此，视之泽然而黄，臭之郁然而香，抚之挛然而员，食之滋然而甘者，吾知其为橘也。设去其泽然黄者，而无施以他色；夺其郁然香者，而无畀于他臭；毁其挛然员者，而无赋以他形；绝其滋然甘者，而无予以他味，举凡可以根尘接者，皆襫之而无被以其他，则是橘所余留为何物耶？名相固皆妄矣，而去妄以求其真，其真又不可见，则安用此茫昧不可见者，独宝贵之以为性真为哉？故曰幻之有真与否，断断乎不可知也。

虽然，人之生也，形气限之。物之无对待而不可以根尘接者，本为思议所不可及，是故物之本体，既不敢言其有，亦不得遽言其无，故前者之说，未尝固也。

愚揣微议，而默于所不可知。独至释迦乃高唱大呼，不独三界，四生之所转，皆取而名之曰幻。其究也，至法尚应舍，何况非法？此自有说理以来，了尽空无，未有如佛者也。[1]

依据赫胥黎的分析和阐释，脚印是鞋留下的，脚印代表不了鞋。既然穿鞋的脚终归不可得见，人所能见到的只是脚所穿之鞋留下的脚印——准确地说，是鞋印，那么，人凭什么认定可以通过鞋印而认识脚呢？同样的道理，人凭什么说通过认识之果可以知道作为认识之因的外物呢？事实的真相是，人不惟对于外物终不可得见，甚至连外物是有是无（存亡）亦无从得知。对于人的认识而言，与其说外物是因，不如说未尝有因。所谓认识，与其说是人对外物属性的真实反映，不如说是人自身的感觉更为恰当。基于这种认识，赫胥黎认同贝克莱"存在就是被感知"的观点。尽管如此，他并没有举贝克莱关于苹果的例子阐明、论证自己的观点，而是援引穆勒关于橘子的例子对此进行了深入论证和阐释。

1〔英〕赫胥黎：《天演论》，严复译，中州古籍出版社，1998，第336—337页。

在穆勒看来，所谓橘子，无非是黄色、香味、圆形和甘甜四种属性的凑合而已。如果将黄色、香味、圆形和甘甜中的任何一种属性去除的话，那么，橘子将不复呈现。这就是说，橘子的存在归根结底就是人对它所形成的黄色、香味、圆形和甘甜四种感觉的集合。在这个维度上，穆勒的观点与贝克莱如出一辙。不同的是，穆勒并没有停留于此，而是进一步追问橘子的真幻问题。对于这个问题，他在将橘子的属性视为虚妄的同时，将虚妄之名相说成是人探究橘子本体的唯一凭借。在此基础上，穆勒强调，橘子之真表现为虚幻之相，最终得出了橘子之幻是否有真"断断乎不可知也"的结论。至此可见，穆勒哲学与贝克莱的最大不同之处在于，将感觉主义向前推进了一步，最终走向了不可知论。由感觉主义所推出的不可知论为感觉的主观自生预留了巨大空间和解读自由，故而为赫胥黎津津乐道。事实上，赫胥黎本人正是凭借不可知论印证感觉的主观性的。

对于赫胥黎的上述思想，严复毫无保留地予以认同。对于赫胥黎有关真幻的论述，严复更是赞叹不已："此篇（指《真幻》——引者注）及前篇（指《冥往》——引者注）所诠观物之理，最为精微。"[1] 从这个意义上说，严复转述、引用赫胥黎的观点，正是为了表达自己的思想。

三、"惟意可知，故惟意非幻"

严复无论对于赫胥黎的感觉主义还是不可知论都给予了充分肯定和高度评价，同时指出赫胥黎的思想深邃奥赜。正是由于这个原因，严复唯恐初学者不达其旨，便一面对之加以疏解和诠释，一面对之进行借题发挥。

严复对赫胥黎哲学的诠释和发挥最大特点便是在肯定世界虚幻性的基础上进而肯定意的真实性，致使意成为世界上唯一真实的存在。对此，严复借题发

---

1 〔英〕赫胥黎：《天演论》，严复译，中州古籍出版社，1998，第337页。

挥，紧接着赫胥黎的观点通过按语如是说：

初学于名理未熟，每苦难于猝喻。顾其论所关甚钜，自希腊倡说以来，至有明嘉靖、隆、万之间，其说始定。定而后新学兴，此西学绝大关键也。鄙人谫陋，才不副识。恐前后所翻不足达作者深旨，转贻理障之讥。然兹事体大，所愿好学深思之士，反复勤求，期于必明而后措，则继今观理，将有庖丁解牛之乐。不敢惮烦，谨为更敷其旨。

法人特嘉尔者，生于一千五百九十六年。少羸弱而绝颖悟。从耶稣会神父学，声入心通，长老惊异，每设疑问，其师辄穷置对。目睹世道晦盲，民智僿野，而束教圉习之士动以古义相劫特，不察事理之真实。于是倡尊疑之学，著《道术新论》（现通译为《正确思维和发现科学真理的方法论》，简称《方法论》——引者注），以剗击旧教。

曰："吾所自任者无他，不妄语而已。理之未明，虽刑威当前，不能讳疑而言信也。学如建大屋然，务先立不可撼之基，客土浮虚，不可任也。掘之穿之，必求实地。有实地乎？事基于此；无实地乎？亦期了然。今者吾生百观，随在皆妄，古训成说，弥多失真，虽证据纷纶，滋偏蔽耳。藉思求理，而诐谬之累，即起于思；即识寻真，而逃网之端，乃由于识。事迹固显然也，而观相乃互乖；耳目固最切也，而所告或非实。梦，妄也，方其未觉，即同真觉；真矣，安知非梦妄名觉，举毕生所涉之涂，一若有大魅焉，常以荧惑人为快者。然则吾生之中果何事焉，必无可疑而可据为实乎？原始要终，是实非幻者，惟意而已。何言乎惟意为实乎？盖意有是非而无真妄，疑意为妄者，疑复是意，若曰无意，则亦无疑，故曰惟意无幻。无幻故常住，吾生终始，一意境耳。积意成我，意自在故我自在，非我可妄、我不可妄，此所谓真我者也。"特嘉尔之说如此。

后二百余年，赫胥黎讲其义曰："世间两物曰我非我。非我名物，我者此心，心物之接。由官觉相，而所觉相，是意非物。意物之际，常隔一尘，物因意果，不得迳同，故此一生，纯为意境。"[1]

用不着深入探究即可发现，严复对赫胥黎思想的继承在于肯定他通过对西方哲学的考察，将西方哲学史的主旨概括为对"无真非幻，幻还有真"的论证，同时指出这是"西学绝大关键也"。严复对赫胥黎哲学的发挥和改造在于，从笛卡尔讲起，将赫胥黎视为笛卡尔哲学的传承者。这样一来，作为对赫胥黎、笛卡尔思想的和合，严复的哲学便拥有了自己的独特意蕴和思想主旨。

笛卡尔是欧洲大陆唯理论的代表，秉承迥异于英国经验论的致思方向和学术传统。正是通过对笛卡尔与赫胥黎哲学的和合杂糅，严复在以赫胥黎代表的英国经验论、感觉主义为主要因素的基础上，杂糅了笛卡尔代表的唯理论的思想要素，最终将赫胥黎所讲的幻有真否"必不可知"的不可知论转换成"唯意可知"的心学。进而言之，严复做到这一切具体分两步走：第一步，严复接受了笛卡尔"我思故我在"的立场，坚持怀疑一切的理性主义原则；接下来，通过怀疑一切，排除一切可疑者即外部的一切存在，致使世界最终只剩下了意。在严复那里，意的主要含义有二：一是感觉（feeling），二是观念（concept）。严复之所以最终将意认定为不可怀疑者，是因为他坚信意只有正确与错误之分，而无真实与虚妄之别。严复的逻辑是，假如你怀疑意为虚妄的话，那么，此怀疑亦属于意，亦是虚妄的。既然意无真实与虚妄之分，都是真实的，那么，意也就没有生灭变化，因而是恒常如一的。事实上，我之一生不过是意中之一境而已，我就是意的积累，意真实无妄证明我真实存在。第二步，严复以笛卡尔的"积意成我"观念作为"前理解"，解读赫胥黎的思想，将赫胥黎的不可知论诠释为"故此一生，纯为意境"的心学。

上述内容显示，严复的心学以赫胥黎、笛卡尔等人的思想为主要来源，同时对二者进行了和合并加以重新诠释和大胆发挥。这个过程既表明了严复对赫

---

1 〔英〕赫胥黎：《天演论》，严复译，中州古籍出版社，1998，第337—338 页。

胥黎、笛卡尔思想的和合和改造，又表明了他对两人哲学范式的深信不疑。正因为如此，在介绍、改造赫胥黎和笛卡尔的哲学，将之诠释为"惟意可知，故惟意非幻"之后，严复举"圆赤石子"的例子进一步申明、阐发了自己的观点。

严复对"圆赤石子"的解读和演绎既可以视为给笛卡尔观点所作的注脚，也可以理解为对赫胥黎思想的致敬。现摘录如下：

> 特氏此语既非奇创，亦非艰深，人倘凝思，随在自见。设有圆赤石子一枚于此，持示众人，皆云见其赤色与其圆形，其质甚坚，其数只一，赤圆坚一，合成此物。备具四德，不可暂离。假如今云：此四德者，在汝意中，初不关物。众当大怪，以为妄言。虽然，试思此赤色者从何而觉，乃由太阳，于最清气名伊脱者照成光浪，速率不同，射及石子，余浪皆入。独一浪者不入反射而入眼中，如水晶盂，摄取射浪，导向眼帘。眼帘之中，脑络所会，受此激荡，如电报机，引达入脑，脑中感变而知赤色。假使于今石子不变，而是诸缘，如光浪速率，目晶眼帘，有一异者，斯人所见，不成为赤，将见他色。（人有生而病眼，谓之色盲，不能辨色。人谓红者，彼皆谓绿。又用干酒调盐，燃之暗室，则一切红物皆成灰色，常人之面皆若死灰。）每有一物当前，一人谓红，一人谓碧。红碧二色不能同时而出一物，以是而知色从觉变，谓属物者，无有是处。

> 所谓圆形，亦不属物，乃人所见，名为如是。何以知之？假使人眼外晶，变其珠形，而为员（圆——引者注）柱，则诸员物皆当变形。

> 至于坚脆之差，乃由筋力。假使人身筋力增一百倍，今所谓坚，将皆成脆，而此石子无异馒首，可知坚性，亦在所觉。

> 赤、圆与坚，是三德者，皆由我起。

> 所谓一数，似当属物，乃细审之，则亦由觉。何以言之？是名一者，起于二事：一由目见，一由触知，见、触会同，定其为一。今手石子，努力作对眼观之，则在触为一，在见成二；又以常法观之，而将中指交于食

指，置石交指之间，则又在见为独，在触成双。今若以官接物，见、触同重，前后互殊，孰为当信？可知此名一者，纯意所为，于物无与。

即至物质，能隔阂者，久推属物，非凭人意。然隔阂之知，亦由见、触，既由见、触，亦本人心。由是总之，则石子本体必不可知，吾所知者，不逾意识，断断然矣。惟意可知，故惟意非幻。此特嘉尔积意成我之说所由生也。[1]

依据严复的解读和诠释，"圆赤石子"由圆、赤、坚、一四种属性凑合而成，离开其中的任何一种属性，"圆赤石子"都将不复存在。尽管如此，圆、赤、坚、一这四种属性都与石子本身无涉，因为它们归根结底都只不过是人的主观感觉而已。具体地说，当人接触这枚"圆赤石子"时，会产生圆、赤、坚和一等感觉，这些感觉都是人主观自生的：拿赤来说，是"光浪速率，目晶眼帘"各种条件共同作用的结果。如果有一样发生了变化，那么，人所见到的这枚石子就会"不成为赤，将见他色"。拿圆来说，如果"人眼外晶，变其珠形，而为员柱"，那么，人所见到的这枚石子便不再呈现出圆形。拿坚来说，如果"人身筋力增一百倍"，那么，"今所谓坚，将皆成脆，而此石子无异馒首"。严复总结说，圆、赤、坚并非石子所固有，充其量不过是人对石子产生的主观感觉而已，因而"皆由我起"。事实上，人对石子的所有感觉都概莫能外，不惟圆、赤、坚如此，即使是所谓一枚的"一"也不例外。这是因为，"一"亦可以呈现为"二"。所谓"一"，就是"二"。这就是说，石子之一与圆、赤、坚一样，"纯意所为，于物无与"。

经过上述诠释和论证，严复一面否认感觉具有客观内容，进而否定外物的存在；一面将感觉说成是主观自生的东西，进而凸显感觉的真实性。他坚信，"积意成我"，意真实存在，"我"才成为真实的存在。沿着这个思路，严复断

1〔英〕赫胥黎：《天演论》，严复译，中州古籍出版社，1998，第338—339页。

言："我而外无物也；非无物也，虽有而无异于无也。"[1]议论至此，严复由、经验论、反映论，中经不可知论，最终走向了心学。

四、心学特质

严复的心学建构杂糅了形形色色的学说，是中学、西学与佛学等各种思想的和合。归纳起来，就中学来说，严复奉《周易》《老子》《庄子》为哲学经典，以老子、庄子代表的道家哲学为主。就致思方向和价值旨趣而言，严复则首推英国哲学。

严复在文化观上前后判若两人，他的哲学也几经演变。饶有趣味的是，严复从物学到心学的嬗变过程再现了英国从培根开始的近代哲学到以穆勒、斯宾塞为首的现代哲学即实证主义的发展历程，因而大致浓缩了英国近现代哲学史：最初，严复从外物是感觉产生的前提出发，强调先有外物、后有认识。这令人联想到培根、霍布斯和洛克等人的经验论、反映论。接下来，严复否认人之感觉与外物相符，进而把感觉说成是主观自生的东西。这等于否定了感觉内容的客观性、真实性，也在某种程度上颠覆了经验论、反映论原则。此时的严复虽然否认感觉与外物是否相符的可知性，但是，他并没有否认由物而生的感觉的可知性、真实性，甚至将外物说成是各种感觉的复合。这带有贝克莱"存在就是被感知"的影子，严复本人也赞同贝克莱的感觉主义。再接下来，严复将可知者限定在感觉之内，宣称超出感觉的范围不可知。这与休谟的不可知论别无二致。问题在于，严复并没有停留于此，因为他杂糅康德代表的德国哲学和笛卡尔代表的法国哲学，进而一面否认本体可知，一面肯定感觉可知。这是对实证主义者穆勒、斯宾塞的致敬。严复之所以由不可知论走向心学，根本原因在于将感觉说成是世界上真正的可知之物，并由此认定只有感觉才是世界上

1《穆勒名学》按语，《严复集》（第四册），中华书局，1986，第1037页。

唯一真实的存在。严复之所以对"是实非幻者，惟意而已""惟意可知，故惟意非幻"津津乐道，正是为了申明只有意才是唯一可知的真实存在。深入剖析不难发现，严复的上述观点深受赫胥黎的影响，而赫胥黎则是不可知论这一概念的首创者。

严复的心学是中国近代心学乃至近代哲学的一部分，因而带有与生俱来的近代气质和时代特质，也与其他近代哲学家的哲学呈现出不可否认的一致性乃至相同性。在这个前提下尚须看到，特殊的学术经历和哲学理念使严复的心学个性鲜明，独树一帜，与其他近代哲学家呈现出不容忽视的不同性和差异性。为了更直观地体悟严复心学的共性与个性，最好的办法便是将之置于近代哲学中进行审视、比较和分析。

一方面，心学是中国近代哲学的主流和归宿，谭嗣同、章炳麟代表的近代哲学家都经历了从早期物学到后期心学的转变，以多变著称于世的梁启超更是由始至终恪守心学。这表明，心学是近代哲学的主流，也是近代哲学家共同的哲学归宿。从这个意义上说，严复走向心学以及以心学为归宿与其他近代哲学家的心路历程呈现出一致性。不仅如此，严复的心学具有近代哲学的时代特征和共同风尚，既与其他近代哲学家的心学拥有相同的历史背景和文化语境，又带有古代心学所未有的鲜明特色和时代特征，如在立言宗旨上服务于救亡图存、在理论来源上和合中西古今等等。

另一方面，特殊的学术经历和西学素养造就了严复哲学与生俱来的卓尔不群，致使严复的心学既带有近代心学的共性，又带有自身的鲜明个性。如果说围绕着救亡图存与思想启蒙的历史使命展开注定了严复心学的共性的话，那么，呈现出迥异于其他近代哲学家的独特意蕴和气质则展示了严复心学的个性。归纳起来，这突出表现在以下四个方面：第一，就概念界定而论，严复对心之概念具有自己的独特理解，主要侧重从感觉和观念的维度界定、理解心。他所讲的心学又称"心性之学"，与经验论、反映论息息相关，也与近代兴起的心理学（即 psychology，严复翻译为心学，或音译为"什可罗支"）密不可分。正是以心为切入点，严复揭示了古代与近代心学的区别。于是，他断言："大抵心学之事，古与今有不同者，古之言万物本体也，以其不可见，则取一切所附著而发见者，如物之色相，如心之意识而妄之，此《般若》六如之喻所以为要偈也。自特嘉尔（现通译为笛卡尔——引者注）倡尊疑之学，而结果于惟意非幻。于是世间一切可以对待论者，无往非实；但人心有域，于无对者不可思议已耳。此斯宾塞氏言学所以发端于不可知可知之分，'而第一义海'（斯宾塞《天演学》首卷）著破幻之论，而谓二者互为之根也。"[1]据此可知，严复认为，古今心学相去甚远，主要区别在于：古代心学追求形而上的本体，近代心学则以意为真，奠定在"惟意非幻"的基础之上。与这个区分互为表里，被严复奉为世界本原的心就是意，并且与现代心理学所讲的意识密切相关。正是由于这个原因，他在阐明心学的过程中不仅提到了笛卡尔、洛克、穆勒、赫胥黎和斯宾塞等众多哲学家，而且反复提到了培因。培因既是一位逻辑学家，同时也是一位心理学家，以联想派心理学声名远播，故而受到严复的推崇。心理学以感觉、意识等心理活动和心理现象为研究对象，以承认意识的真实性为前提，实验方法的运用更增加了心理的真实性乃至客观性。可以肯定的是，心理学的方兴未艾及其研究方法在一定程度上影响了严复对意为真实的判断。与此同时，严复往往将经验论、反映论与心理学直接联系起来，沿着心学的致思方向和学术意趣对感觉、心理进行诠释和发挥。例如，严复将洛克提出的观念与外物相符理解为心理学原理，并发出了如下断语："意（观念——引者注）相守例发于洛克，其有关于心学甚巨，而为言存养省察者所不可不知也。"[2]第二，就心路历程而论，严复的心学始于经验论、反映论，最大特点是强调认识开始于感觉。康有为、谭嗣同走向心学在于夸大事物的相对性，孙中山走向心学是

---

1 《穆勒名学》按语，《严复集》（第四册），中华书局，1986，第1036页。

2 《穆勒名学》按语，《严复集》（第四册），中华书局，1986，第1050页。

因为在物质与精神的二分下夸大精神的作用，章炳麟走向心学在于热衷于宇宙万物皆阿赖耶识所变。上述内容显示，严复走向心学的情形与其他近代哲学家大不相同。具体地说，他把在外物刺激下形成的感觉说成是主观自生的东西，最终由感觉主义走向心学。在此过程中，不可知论所讲的不可知的本体之域则为严复的心学建构提供了更广阔的可供发挥的空间。所有这些都使严复的心学与不可知论如影随形，也是他讲心学时除了贝克莱之外，其中时常出现赫胥黎、穆勒和斯宾塞——甚至以赫胥黎的思想为主要来源的原因所在。第三，就主体内容而论，无论严复对心的界定还是特殊的心学之路都决定了他的心学建构在近代哲学家中独树一帜，突出特征便是标榜理性、崇尚实证精神。中国近代心学具有唯意志论的色彩，主要特征便是标举情感。这也是近代哲学家的共同之处，从康有为、谭嗣同、梁启超到孙中山和章炳麟的哲学都是如此。与大多数近代哲学家对情感、意志的偏袒不可同日而语，严复强调感觉是唯一真实的存在。与此同时，严复对形而上学的侧重表明了对自然科学的崇尚，对穆勒、斯宾塞等实证主义哲学家的推崇更是使他的心学打上了实证的烙印。这些都使严复的心学呈现出有别于其他近代哲学家的鲜明特色，并通过理论来源、内容构成和哲学范式等诸多方面共同展示出来。第四，就基本形态而论，严复将意奉为世界万物的本原，建构了具有英伦范式的心学形态。严复的心学形态和范式与康有为、谭嗣同以仁为本原的仁学形态相去霄壤，与梁启超宣称"境者心造也"的唯意志论形态大相径庭，与章炳麟尊崇阿赖耶识的唯识形态天差地别。这既体现了近代心学形态的异彩纷呈，也展示了严复心学的鲜明个性和风采。

第三节　哲学旨归

严复以西学家的面目示人，以翻译家的荣耀名世。在这个前提下尚须进一步看到，严复也是一位当之无愧的哲学家。事实上，严复的哲学家身份在当时就得到认可，这一点从时人对他的评价中充分体现出来。例如，梁启超不止一次地指出：

> 严又陵（严复字又陵——引者注）哲学大家，人多知之。至其诗才之渊懿，或罕知者。[1]

> 侯官严先生（严复是福建侯官人，故有此称谓——引者注）之科学，学界稍有识者，皆知推重，而其文学则为哲理所掩。[2]

梁启超坚定不移地认为严复是哲学家，并且将严复誉为"哲学大家"。饶有趣味的是，梁启超的这两段话是从不同维度立论的，表达略有差异。尽管如此，有一点是相同的，那就是：他反复强调严复在哲学方面的名气和功劳大而显，远远超过了"诗才"和"文学"。不仅如此，梁启超将严复视为中国近代哲学的"初祖"，在《广诗中八贤歌》中云"哲学初祖天演严"。这里所说的"哲学初祖"显然不是就整个中国哲学史而言的，而是就中国近现代哲学而言的。"哲学初祖"表明，严复在梁启超的眼中就是中国近代哲学的开山，开出了中国近代的天演哲学。无独有偶，蔡元培在介绍、总结中国近现代哲学时对严复的哲学贡献赞誉甚高，以至于发出了这样的评价："五十年来，介绍西洋哲学的，要推侯官严复为第一。"[3]蔡元培对严复的评价堪称经典，也得到了学术界的普遍认同。尽管他是从"介绍西洋哲学"的角度立论的，然而，蔡元培与梁启超一样肯定严复对中国近代哲学的开创之功。梁启超、蔡元培的评价共同印证了严复的哲学家身份，也预示着严复的哲学理念和哲学建构意义非凡。总的说来，严复是哲学家既包括他人对严复的评价和定位，也包括严复对哲学的态度和贡献。

---

1 《诗话》，《梁启超全集》（第九册），北京出版社，1999，第5296页。
2 《诗话》，《梁启超全集》（第九册），北京出版社，1999，第5307页。
3 《五十年来中国之哲学》，《蔡元培全集》（第五卷），浙江教育出版社，1997，第102页。

一、对形而上学的定译

严复对西方哲学的翻译、介绍包括逻辑学代表的哲学思想，同时也包括形而上学、"内籀之术""外籀之术"和名学在内的哲学概念。堪称经典的是，严复将作为"物理学之后"的哲学翻译为形而上学，致使形而上学成为对Metaphysics 的定译，并一直沿用至今。

无论哲学概念还是哲学学科对于中国人来说都属于舶来品，中国自古并没有哲学一词。哲学一词的阙如表明，在中国传统的学科分类系统中，既没有哲学概念，也没有哲学学科。对于这一点，无论 Philosophia 代表的作为爱智慧的哲学还是 Metaphysics 代表的作为形而上学的哲学都是如此。在介绍西学的过程中，传教士为了便于中国人的接受和理解，始终力图在中学中寻求与Philosophia 或 Metaphysics 即哲学相应的名词或学科。就严复来说，使用的哲学译名名目繁多，不一而足，并不限于形而上学，而是包括性理大全、玄学、理学和大学等等。

从明末到清初乃至到近代，中国人介绍、翻译西方哲学时对哲学的译名一直都在变化之中。例如，天启癸亥（1623 年）季夏，意大利耶稣会士艾儒略著《西学凡》，"凡也者，举其椠也"。《西学凡》主要介绍欧洲大学的教育概况，其中提到了哲学（"斐录所费哑"），并将之归到了"理科"。根据《四库全书总目提要》的介绍，《西学凡》"所述皆其国建学育才之法。凡六科。所谓勒铎理加者，文科也；斐录所费哑者，理科也；默第济纳者，医科也；勒斯义者，法科也；加诺搦斯者，教科也；陡禄日亚者，道科也。其教授各有次第，大抵从文入理，而理为之纲。文科如中国之小学，理科则如中国之大学，医科、法科、教科者，皆有事业。道科则在彼法中所谓尽性至命之极也"。艾儒略的《西学凡》将西学划分为六大类，在中国首次引入了一种新的知识体系和学科分类标准。艾儒略认为，西学具体包括六个部分，即文科、理科、医科、法科、教科和道科。其中，文科主要指语言与文艺，"大都归于四种，一古贤名训；一各国史书；一各种诗文；一自撰文章议论"。理科即哲学，具体包括逻辑学、物理学、形上学、数学和伦理学五个分科。在哲学中，逻辑学为一切知识的根本，物理学、数学、形上学是理论学科的三个分支。伦理学属于实用学科，艾儒略称之为"修齐治平"之学，其中包括伦理本位的政治学。医科主要指医学，法科主要指世俗法，教科主要指教规法，道科主要指神学。显而易见，医科、法科、教科和道科都属于分门别类的专门学科。在这里，艾儒略将哲学（"斐录所费哑"）翻译为"理科"，并断言西方所讲的"理科则如中国之大学"，作为"理科"分支的伦理学为"修齐治平"之学也印证了这一点。稍加留意即可看到，艾儒略所讲的"理科"即哲学是一个大杂烩，其中不仅包括形上学，而且包括物理学、数学代表的自然科学。

Philosophia 今译为哲学，直译为爱智慧。艾儒略在《西学凡》中将 Philosophia 翻译为"理学"，同时声称"理学者，义理之大学也"。高一志在《西学》中将 Philosophia 翻译为"格物穷理"之学。除此之外，Philosophia 还被翻译为"爱智学"或"爱知学"。1631 年，来华传教的耶稣教会士傅泛济意译、李之藻达辞的《名理探》开宗明义地首论"爱知学原始"："爱知学者，西云斐录琐费亚，乃穷理诸学之总名。译名，则知之嗜好；译义，则言知也。""译名，则言探取凡物之所以然，开人洞明物理之识也。"由此不难看出，从明末作为一个学科门类进入中国开始，Philosophia 便译名丛生而始终没有固定的译名，这种情况一直持续到近代。

哲学一词是日本学者西周 1862 年发明的，用以翻译 Philosophia。在中国学者中，黄遵宪最早在 1895 年初刻本的《日本国志》中使用了哲学一词。康有为完成于 1898 年春的《日本书目志》中出现了哲学，并将哲学归入"理学门"。同年 6 月，他在上书光绪帝的《请开学校折》中介绍西方的教育及课程设置时提到了哲学，并将哲学与经学、律学和医学并列为四大学科。康有为在奏折中写道:"凡中学、专门学卒业者皆可入大学,其教凡经学、哲学、律学、医学四科。"[1]据此可知,哲学在康有为那里已经具有了学科分类之义。梁启超在戊戌维新失败后逃亡日本期间,在《新民丛报》和《清议报》上发表大量文章,使哲学在当时的报章书刊上频繁出现,对于哲学成为主流概念产生了积极影响。需要说明的是,康有为将哲学视为虚学,对哲学表现出轻视乃至轻蔑之意。梁启超对哲学的态度前后之间呈现出巨大变化,曾一度轻视哲学。蔡元培对哲学的态度与康有为、梁启超截然不同,早在维新运动期间就开始运用定译的哲学概念翻译了德国哲学家科培尔的《哲学要领》,并于1901年10—12月间撰写《哲学总论》,指出"哲学为统合之学,……以宇宙全体为目的,举其间万有万物之真理原则而考究之以为学"[2]。蔡元培的做法对于哲学概念定译后在中国的传播具有推动作用。

如果说黄遵宪、梁启超和蔡元培等人对 Philosophia 的定译和广泛使用居功厥伟的话,那么,严复则对作为物理学之后的形而上学的定译功不可没。就严复所使用的哲学译名或称谓来说,前后之间并不统一。在他的翻译和论作中,玄学、理学、神理之学、形而上学、哲学以及心性之学等等并用,在哲学概念的选择和使用上带有明显的新旧交替的痕迹。严复使用的这些哲学译名既包括对 Philosophia 的翻译,又包括对 Metaphysics 的翻译。在这个前提下尚须进一步澄清的是,理工科出身的特殊经历和学术素养使严复对作为"物理学之后"的哲学情有独钟,也将他对哲学概念的引入和名词翻译的贡献锁定在对 Metaphysics 的定译上。诚然,即便是对 Metaphysics 的译名,严复的翻译也并不统一。例如,在翻译《穆勒名学》时,严复将 Metaphysics 翻译为玄学、形而上学和理学。在《原富》中,他又将 Metaphysics 翻译为神理之学。更有甚者,严复对哲学不惟在同一部译作中的译法不统一,即使在同一段译文中也存在采

---

1 《请开学校折》,《康有为全集》(第四集),中国人民大学出版社,2007,第315页。

2 《哲学总论》,《蔡元培全集》(第一卷),浙江教育出版社,1997,第359页。

用不同译法的现象。例如，他在《穆勒名学》的按语中写道："吾闻泰西理学，自法人特嘉尔（现通译为笛卡尔、下'特'同——引者注）之说出，而后有心物之辨，而名理乃益精。自特以前，二者之分皆未精审。故其学有形气名裴辑（Physics，物理学——引者注）；有神化名美台裴辑。美台裴辑者，犹云超夫形气之学也。而柏拉图学派，至以心性之德同于有形，亚理斯大德（现通译为亚里士多德——引者注）亲受业其门，则无怪以物概之矣。"[1] 显而易见，这段按语中同时出现的"理学"和"美台裴辑"都是哲学，也就是严复侧重的形而上学。二者的英文都是 Metaphysics，严复却采用了两种完全不同的译法。总的说来，在对待哲学一词的态度上，译名、称谓的不统一暴露出严复对哲学认识的混乱和模糊，带有那个时代的鲜明印记。对于哲学的翻译，严复在后来的论作中以形而上学取代了对 Metaphysics 的其他译法或称谓。从此，形而上学成为 Metaphysics 的定译而沿用至今。

二、对哲学内涵的界定

不可否认的是，在对哲学概念的选择和翻译上，严复沿袭了明清以来的译名和用法。例如，他有时将哲学称为理学或玄学，同时又将哲学称为形而上学或神理之学。由此，严复对哲学名词的混用以及哲学概念在他那里的不确定性可见一斑。尽管如此，凭借较为系统的哲学理念，伴随着形而上学成为 Metaphysics 的定译，严复不仅在哲学一词的选择上倾向形而上学，而且在哲学概念的内涵上注重挖掘哲学与形气学对应的形上意蕴和内涵。

在西方文化语境中，哲学从古希腊开始就秉承两种不同的传统和方向：一是形而上学（Metaphysics），即西方哲学中源于亚里士多德"物理学之后"的理解；二是"爱智慧"（Philosophy），即脱胎于古希腊德尔斐神殿的"认识你

---

1 《穆勒名学》按语，《严复集》（第四册），中华书局，1986，第 1033—1034 页。

自己"的理解。这两条致思方向、意趣诉求和研究范式在现代西方哲学中渐行渐远，演绎为科学主义与人文主义两条不同的路径范式和哲学传统。严复哲学的特色以及对哲学的贡献集中表现为对形而上学的重视与坚守，恪守由亚里士多德而来的"物理学之后"的哲学传统。

严复认为，就内涵而言，哲学与形气学（物理学）相对。一言以蔽之，如果说物理学侧重形气、对待之域的话，那么，超出对待之域的则属于哲学的领地。这表明，哲学超出形气、对待之上，是形而上学。当然，哲学这个形而上学包括"心性之学"。按照柏拉图的说法，心性之德同属有形。柏拉图的弟子——亚里士多德以物概括心性之德，于是才有了"物理学之后"之名。亚里士多德的《形而上学》是后人编纂的，书名是编纂者——安得洛尼可（鼎盛年公元前 40 年）后加的。亚里士多德这些篇章的遗稿在《物理学》之后[1]，于是才有了"物理学之后"的命名。亚里士多德的《形而上学》传到中国后，曾经被翻译为《玄学》。严复本人也曾经沿用过这个译名。除此之外，严复根据《周易》的"形而上者谓之道，形而下者谓之器"，为了突出哲学超出形气的特征而把"物理学之后"翻译为"形而上学"。由此，《形而上学》成为亚里士多德的《〈物理学〉后若干卷》的定译。

尚须进一步澄清的是，严复虽然将哲学界定为形上学，但是，他对哲学的界定和理解并不排斥心性之学。正如严复所言："培根曰：'物中最大者惟人，（故中国六书大即人字。）人中最大者惟心。'故古之中西圣贤人，皆以娇心为至重之学。中之格物、致知、诚意、正心，西之哲学、名学，皆为此方寸灵台，而后有事。"[2] 按照他的说法，中国与西方哲学都"娇心"，都讲心性之学。无论在中国哲学还是在西方哲学中，心性之学都占有重要一席。尽管如此，严

---

1 全名为《〈物理学〉后若干卷》，拉丁编者省去其中的冠词而成为 Metaphysica，遂为后世各国译文所沿用，汉译为"形而上学"。

2 《论今日教育应以物理科学为当务之急》，《严复集》（第二册），中华书局，1986，第 279 页。

复对哲学的理解和阐释不是侧重心性之学，而是侧重作为"物理学之后"的形而上学。换言之，严复所讲的哲学尽管包括心性之学即"惟心论"的内容，然而，他的哲学主旨和意趣则在于形而上学。事实上，严复一再突出哲学的形上学意蕴，这一点从他对哲学译名的思考和推敲中可见一斑。严复断言："理学，其西文本名，谓之出形气学，与格物诸形气学为对，故亦翻神学、智学、爱智学。日本人谓之哲学。顾晚近科学，独有爱智以名其全，而一切性灵之学则归于心学，哲学之名似尚未安也。"[1]《穆勒名学》的西译名表显示，严复所讲的理学原文为 Metaphysics，即形而上学。对于 Metaphysics，严复将之界定、理解为"玄学，亦称形而上学"[2]。这表明，就西方哲学的传统而言，严复所讲的哲学接续了形而上学（Metaphysics）而不是爱智慧（Philosophy）的传统。综观严复的哲学可以发现，他所讲的哲学主要是形而上学，自始至终都彰显哲学超出形气的"玄学"特征。

三、对哲学地位的提升

严复哲学不仅包括对哲学概念的定译和对哲学内涵的界定，而且包括对哲学地位的定位和对哲学学科的态度。他称哲学为"出形气学"，旨在突出哲学有别于物理学即格物诸形气学。基于对哲学的这种界定、理解，严复批评说，西方使用的神学、智学或爱智学和日本翻译的哲学都不能揭示哲学的精髓——"尚未安"。原因在于，哲学的特点是超乎形气学，上述概念、称谓都没有凸显哲学的这一特质。如果说形气学指涉对待之境的话，那么，超出形气学的哲学则指向无对待之境。严复对哲学的理解和认定提升了哲学的地位，也预示了他对哲学的重视与康有为、谭嗣同和梁启超等戊戌启蒙思想家渐行渐远。

康有为在《日本书目志》中打破中国原有的经、史、子、集的四库分法，

---

[1]《穆勒名学》按语，《严复集》（第四册），中华书局，1986，第 1029 页。

[2]《穆勒名学》中西译名表，《严复集》（第四册），中华书局，1986，第 1070 页。

而采用西方的分类方法将译书归纳为十五类（门），即生理门、理学门、宗教门、图史门、政治门、法律门、农业门、工业门、商业门、教育门、文学门、文字语言门、美术门、小说门和兵书门。在这个归类中，宗教与理学、政治、法律是分别列出的，属于独立的学科，哲学、逻辑学（康有为称之为"论理学"）、心理学和伦理学则被归到了"理学门"，这一门中还包括物理学、理化学、气象学、天文学、地质学、生物学、植物学、人类学和动物学。从将哲学与包括自然科学、社会科学在内的众多学科一起归入"理学门"来看，康有为并没有将哲学作为独立的"一级学科"，当然也没有给予哲学应有的地位。更有甚者，他对哲学的态度是轻视的，甚至是贬损的。对于包括哲学在内的"理学"是什么，康有为的界定是："天欤？地欤？神明往欤？不可止沮，造化为庐，哲人同舆，沉精极思，无所不徂，穷有入无。太古之圣，勇智权与，执物徇有，泥迹多粗。中古之圣，畜物而先人居，伦理是图。后圣玄妙，舍实游虚，魂灵如如，其有怀疑，一切扫除，堕入空魔，婆罗辟支。近世物理，冥冥入微，既实又虚，开天天而游其墟。凡圣三统，轮转厥枢，额氏火教，实得理材，孔道阴阳，包尽无余，大地作者，其亦可为心游大观欤！"[1]据此可知，康有为将他的三世三统观念运用到对理学的界定之中，在将理学的递嬗轨迹归结、勾勒为太古、中古和近世（"后圣"）三个阶段的同时，从有无维度界定理学。康有为认定哲学是"虚学"，并且对作为"虚学"的哲学流露出明显的诋毁之意。在游历欧洲后，康有为仍然坚持中国在哲学方面优于西方，《物质救国论》便是这一思想的产物。当然，直到此时，康有为也没有改变对哲学的轻慢态度。对此，他提出的理由是，中国和印度是世界上哲学最发达的国家，也是最贫苦、最落后的国家，这足以证明哲学作为"虚学"无裨于国家之富强。基于这种理解，康有为公开主张，中国要学习西方也只限于学习物质文明，至

---

[1]《日本书目志》卷二，《康有为全集》（第三集），中国人民大学出版社，2007，第291页。

于哲学代表的"虚学"方面本来就是中国的长项。

梁启超的思想以多变著称于世，对哲学的态度也不例外。早年，他对哲学是轻蔑的。在《论宗教家与哲学家之长短得失》中，梁启超比较了宗教与哲学的长短得失，表现出明显的轻哲学而重宗教的思想倾向。例如，他在文中这样写道："宗教家言与哲学家言，往往相反对者也。吾畴昔论学，最不喜宗教，以其偏于迷信而为真理障也。虽然，言穷理则宗教家不如哲学家，言治事则哲学家不如宗教家，此征诸历史而斑斑者也。历史上英雄豪杰能成大业轰轰一世者，殆有宗教思想之人多，而有哲学思想之人少（其两思想并无人之虽尤多，然仅恃哲学以任者则殆绝也）。其在泰西，克林威尔，再造英国者也，其所以犯大不韪而无所避，历千万难而不渝者，宗教思想为之也。"[1] 沿着这个思路，梁启超一面向宗教表达敬意，一面对哲学进行挖苦，算计、功利也成为他鄙视哲学堂而皇之的理由。梁启超甚至声称："故真有得于大宗教良宗教之思想者，未有不震动奋厉而雄强刚猛者也。若哲学家不然，其用算学也极精，其用名学也极精，目前利害，剖析毫厘。夫天下安有纯利而无害之事？千钧之机，阁以一沙，则不能动焉。哲学家往往持此说，三思四思五六思，而天下无一可办之事矣。故曰无宗教思想则无魄力。要而论之，哲学贵疑，宗教贵信。信有正信，有迷信，勿论其正也迷也，苟既信矣，则必至诚，至诚则能任重，能致远，能感人，能动物。故寻常人所以能为一乡一邑之善士也，常赖宗教；大人物所以能为惊天动地之事业者，亦常赖宗教。"[2] 他在第一次世界大战后游历欧洲，对中国文化的立场发生转变。此时的梁启超由早年主张中学为本、西学为用，中学与西学缺一不可而转向力主东方文化，并由此踏上了弘扬国学之路。与对哲学的态度互为表里，梁启超所讲的国学以历史学为重心，无论在国学的"文献学"还是"德性学"中都没有哲学的位置。从哲学上看，此时的梁

---

1 《论宗教家与哲学家之长短得失》，《梁启超全集》（第二册），北京出版社，1999，第 762 页。

2 《论宗教家与哲学家之长短得失》，《梁启超全集》（第二册），北京出版社，1999，第 764 页。

启超所讲的东方文化侧重人生哲学，他本人习惯于称之为"德性学"（即人生哲学）。当然，"德性学"即人生哲学的定位也预示了梁启超所讲的哲学侧重爱智慧（Philosophy）而不是严复钟爱的形而上学（Metaphysics）。更有甚者，出于对哲学的轻蔑和偏见，梁启超建议写中国哲学史却不屑于使用哲学一词而称之为"中国道术史"。不难看出，梁启超无论对哲学的理解还是态度都与严复相去天壤。

从严复强调哲学"出形气学"的角度看，他所理解的哲学亦属"虚学"。对于这一点，严复将哲学翻译为"玄学"似乎提供了佐证。尽管如此，严复并没有因为哲学的"虚学"性质而将之斥为无用之学而加以轻慢、贬损，反倒因而对哲学钟爱、推崇有加。他强调："甚矣，哲学之有益于主术也。夫亚烈山达者，英主也，非德人也。其为善者，深知天下之利莫此大也。盖受教于雅里斯多德（现译为亚里士多德——引者注）深矣。厥后罗马之安敦（见《后汉书》）及奥力烈等，皆深于斯多噶之哲学。而挽近最显，无若普鲁士之伏烈大力，法兰西之拿破仑，二君皆深于哲学者。顾吾国士夫，或谓空虚，辄加訾嗷，可谓一言不智者矣。"[1]由此可见，严复承认哲学之"虚"或者沿袭哲学的"玄学"译名是从哲学有别于形气之学、属于形而上学的角度立论的，并非指康有为所讲的哲学虚玄无用。与康有为、梁启超贬斥哲学无用恰好相反，严复明确肯定哲学之用。

严复肯定哲学对于主术有益，甚至以是否具有哲学素养来衡量一个人的治世之才或政治谋略。例如，他在给友人的信中说："大总统固为一时之杰，然极其能事，不过旧日帝制时，一才督抚耳！欲与列强君相抗衡，则太乏科哲知识，太无世界眼光。"[2]严复表示袁世凯作为一国之大总统没有世界眼光，充其量不过是旧制度下"一才督抚"而已。究其根源，在于袁世凯缺少"科哲知识"。借此，严复对哲学之用的夸大可见一斑。更为重要的是，从个人兴趣来说，严

---

[1]《法意》按语，《严复集》（第四册），中华书局，1986，第968页。
[2]《与熊纯如书》，《严复集》（第三册），中华书局，1986，第624页。

复一再表示自己对哲学、历史兴趣盎然。到了晚年，他在写给熊纯如的信中这样描述自己的痛苦："还乡后，坐卧一小楼舍，看云听雨之外，有兴时稍稍临池遣日。从前所喜哲学、历史诸书，今皆不能看。"[1] 由于是写给好友的信，严复在信中畅所欲言，其中袒露了两条信息：第一，严复从前的喜好是读哲学、历史书，由此可见他对哲学的喜爱。第二，严复诉苦说，现在不看哲学书了，不是主观上不再喜欢看，而是由于身体条件等客观原因而"不能看"。这是严复在向自己平生的知音倾诉自己老病交加的痛苦——"槁木死灰，惟不死而已"，"不能看"哲学书更增加了这种苦痛和凄凉。将"不能看"哲学书说成是老病交加的痛苦之一，由此可以想象哲学在严复心目中的位置非同寻常。

四、一以贯之的哲学意趣

严复对哲学的界定、理解和态度既构成了他的哲学观，又决定了他对中西哲学的选择、取舍和研究。可以看到，在对中西哲学的选择、偏袒中，严复始终推崇侧重天道的形而上学而非侧重人道的人本哲学。

在严复的视界中，哲学作为"出形气学"主要包括三个方面的内容：一是"质、力相推"的天演哲学，二是始于"即物实测"的经验论、反映论以及由"元知"到"推知"层层累积的逻辑哲学，三是超出现象之域的不可知论。这三个方面构成了哲学的基本内容，也决定了严复对中西哲学以及经典、人物的态度评价和侧重取舍。

对于西方哲学，严复提到了众多哲学家。他最膜拜的莫过于赫胥黎、穆勒和斯宾塞。一目了然，赫胥黎、穆勒和斯宾塞都是英国哲学家。事实上，严复对西方哲学的好恶在对英国哲学的偏袒中淋漓尽致地表现出来。严复留学和生活三年的英国盛行经验论、反映论，培根、霍布斯和洛克是其中的杰出代表。

---

[1]《与熊纯如书》，《严复集》（第三册），中华书局，1986，第714页。

意味深长的是，严复并没有翻译这三位哲学家的著作，也没有侧重三人的经验论、反映论，而是对之后的不可知论情有独钟。梁启超则对培根、霍布斯倍加推崇，代表作便是《近世文明初祖两大家之学说》《霍布士学案》。《近世文明初祖两大家之学说》中的"两大家"之一就是培根，《霍布士学案》则介绍了霍布斯的学说，题目中的"霍布士"就是霍布斯。与梁启超的选择大相径庭，严复选择的英伦"三杰"分别是实证主义者穆勒、斯宾塞和《天演论》（原名《进化论与伦理学》）的原著作者——赫胥黎，而这三人都是不可知论的大家，赫胥黎更是 Agnosticism"不可知论"一词的原创者。对于德国哲学，严复看中的是黑格尔而不是康有为、梁启超推崇的康德或章炳麟顶礼膜拜的叔本华。严复作有《述黑格儿惟心论》，介绍黑格尔的哲学。在 1986 年版的《严复集》中，严复介绍西方哲学家的论文有两篇，一篇是《述黑格儿惟心论》，正面阐扬黑格尔的哲学；一篇是《〈民约〉平议》，集中抨击卢梭的社会契约论。正如《述黑格儿惟心论》反映了严复对黑格尔的膜拜一样，《〈民约〉平议》直观反映了严复对卢梭思想的深恶痛绝。康有为对康德的推崇有目共睹，无论他以星云假说探究宇宙起源还是对不可知之境的存疑都带有康德哲学的影子，《诸天讲》更是将对康德的膜拜推向了极致。至于梁启超，不仅将康德誉为"近世第一大哲"，而且作《近世第一大哲康德之学说》阐发、宣传康德的思想。章炳麟对康德特别是叔本华的推崇溢于言表，在借助两人的观点论证"俱分"进化论的同时，极力以庄子的相对观念反对黑格尔的绝对观念。严复对康德持肯定态度，并且多次提到康德的哲学。尽管如此，康德在严复哲学中的地位并不突出，严复给予康德的地位远远没有他给予的众多英国哲学家、思想家的地位高。对于法国哲学，严复提到了伏尔泰，这在近代哲学家中可谓独树一帜。当然，他提及最多也最为推崇的法国哲学家则非孟德斯鸠莫属。严复在翻译孟德斯鸠的《论法的精神》（《法意》或《孟德斯鸠法意》）的同时，作《孟德斯鸠传》宣传孟德斯鸠的生平、事迹和贡献。综观严复的思想可以看到，既翻译著作又为之作传在严复那里是绝无仅有的，孟德斯鸠的殊荣由此可见一斑。严复一面推崇孟德斯鸠，一面抨击卢梭。在近代哲学家中，就同时高度关注孟德斯鸠和卢梭而言，严复与梁启超的做法最为相似。在这个前提下尚须进一步看到，两人之间尚存在不容忽视的区别：第一，梁启超对孟德斯鸠和卢梭都推崇有加，以至于作诗云"卢孟是吾师"，故而与严复的尊孟抑卢不可同日而语。第二，梁启超作《法理学大家孟德斯鸠之学说》《卢梭学案》，对孟德斯鸠、卢梭一起予以推崇和思想解读。这与严复一面翻译孟德斯鸠的《论法的精神》、作《孟德斯鸠传》推崇孟德斯鸠的思想，一面作《〈民约〉平议》、驳斥卢梭的思想形成强烈对比。就对卢梭的抨击而言，严复的观点代表了近代哲学家的共识。稍加留意即可发现一个耐人寻味的现象，那就是：法国的笛卡尔、荷兰的斯宾诺莎和德国的莱布尼茨被誉为西方近代哲学的理性主义"三杰"。理工科出身并且崇尚理性的严复只提到了法国的笛卡尔，并没有专门介绍他的思想，对斯宾诺莎和莱布尼茨甚至由始至终都闭口不谈。法国的另一位哲学家费希特在严复那里的命运也是如此。严复的这种选择在梁启超的映衬下更显突出，梁启超曾经作《斯片挪莎学案》《菲斯的人生天职论述评》专门介绍、宣传斯宾诺莎和费希特的哲学。梁启超的《近世文明初祖两大家之学说》中的"两大家"一位是培根，另一位便是笛卡尔。在众多西方哲学家中，严复最推崇斯宾塞。正如蔡元培所说："《天演论》……又也引了斯宾塞尔最乐观的学说。大家都不很注意。……严氏（指严复——引者注）所最佩服的，是斯宾塞尔的群学。"[1] 梁启超为众多西儒作学案，惟独没有给予斯宾塞一席之地。这些都从不同维度展示了严复对西方人物的不同选择和偏袒，同时也共同凸显了严复对英国哲学的侧重。总的说来，严复对西方哲学的取舍与他的哲学理念息息相关。正如斯宾塞的综合哲学、黑格尔的绝对精神更契合严复的形而上学（Metaphysics）意趣

---

1 《五十年来中国之哲学》，《蔡元培全集》（第五卷），浙江教育出版社，1997，第 102—103 页。

和旨归一样，两人的哲学以及不可知论自然不符合爱智慧（Philosophia）的梁启超的哲学口味。

对于中国哲学，严复侧重老子、庄子代表的道家而不是孔子、孟子代表的儒家。诚然，严复晚年大声疾呼尊孔读经，转而推崇孔子、孟子以及儒家经典。尽管如此，这一时期在严复的学术生涯中时间较短，并且不是从哲学维度立论的。正因为如此，严复对中国哲学的选择、侧重与康有为、谭嗣同迥异其趣，与梁启超也不尽相同。就哲学经典而言，严复最为推崇的当属《周易》《老子》《庄子》。这是因为，他明确将《周易》《老子》《庄子》奉为中国哲学的"三书"，肯定中国哲学存在于"三书"之中。一方面，近代哲学家都试图通过解读中国经典建构自己的哲学，这一点与严复别无二致。另一方面，每一位近代哲学家对中国经典的选择、侧重乃至解读言人人殊。相比较而言，严复最为特立独行。例如，与严复的好恶南辕北辙，康有为推崇以《春秋》为首的六经和儒家经典，梁启超推崇的经典则囊括经、史、子、集。至于谭嗣同和章炳麟，对中国经典的选择和解读也与严复不可等量齐观。而这一切绝非偶然，而是带有某种必然。道理很简单，与其他近代哲学家审视、解读中国经典的情形一样，严复判断《周易》《老子》《庄子》是哲学书的标准便是自己的哲学理念、哲学意趣和哲学诉求；反过来，他所关注的哲学内容——天演哲学、始于经验论的逻辑哲学和侧重不可知论的形而上学也顺理成章地成为《周易》《老子》《庄子》的基本内容。甚至可以说，严复是依据他划定的哲学内容对《周易》《老子》《庄子》的思想进行解读、诠释和阐发的。

综上所述，基于对哲学地位和作用的提升，严复所讲的中学、西学在思想渊源、基本内容和学术结构上发生变化，哲学成为其中不可缺少的内容。正是由于这个原因，严复在介绍西学时输入了众多哲学家的思想，在解读、诠释中学时将《周易》《老子》《庄子》奉为中国哲学的"三书"。对于这一点，将严复与其他近代哲学家的哲学理念进行比较则看得更加清楚。康有为早年在《日本书目志》中一面在学科分类上让宗教成为独立一门，一面让哲学偏于一隅。在后来的《物质救国论》中，他提倡物质救国，在判定哲学属于虚学的同时，指出世界上虚学最发达的国家——中国和印度的境遇都令人堪忧。梁启超关于宗教家长于治事、哲学家长于论理而宗教超功利、哲学精于算计的观点流露出与对哲学的不屑，同时暴露出对宗教的偏袒。如果说康有为、梁启超对哲学的轻慢排除了哲学成为中国本土文化主要构成的可能性，进而为宗教成为国学的基本内容和主体形态留下了余地的话，那么，严复对哲学的界定和重视则注定了哲学在学科体系中拥有重要一席。正因为如此，严复的哲学理念和旨归对于调整中国学术的基本内容、内部结构具有不可忽视的积极意义和作用。与理工科的出身息息相关，严复侧重形而上学，在与"出形气学"的对应中凸显哲学的超形气学特质。超形气学既展示了严复迥异于其他近代哲学家的哲学理念，也与他在哲学上走向不可知论一脉相承。

第九章
语言理念与语言哲学

　　严复是著名的翻译家和西学家，对西学的介绍、宣传尤其是翻译影响了几代中国人。这证明了严复精通外文，可以对中国的语言文字也就是他所说的国文与外文进行比较，进而洞彻语言文字的奥秘。更为重要的是，无论严复对西学的介绍还是翻译都与他对语言文字的理解密不可分，并最终受制于他的文化观。正是由于这个原因，严复的语言哲学至关重要，不仅决定了他的翻译观，而且与他的文化观以及对西学和中学的态度息息相关。严复语言哲学蕴含的多重信息决定了其对于严复哲学的不可或缺，对严复语言哲学的解读、探究也随之变得意义非凡。

第一节　语言的基本问题

　　严复对语言文字格外重视，因而凸显语言文字在文化中的地位和对学术的重要作用。在对语言文字的解读和诠释上，他秉持地理语言学的理念，彰显语言的地域性，强调语言文字的世代传承和对民族精神的凝聚。在此过程中，严复既肯定语言文字的作用，又呼吁对语言文字进行规范。

一、语言的特性

严复侧重从语言的形成入手揭示语言，认为语言出于天籁之自然，完全凭借"耳熟口从"，习而自然。沿着这个思路，他指出，语言的形成和递嬗并非出于强制，而是自然演变的产物，因而带有与生俱来的地域性和民族性。从这个意义上说，所有语言皆属于"方言"。循着从地域性来透视、解读语言的思路，严复认为，地理区域不同，语言必然不同。在这方面，严复对中国地理语言学的先驱——扬雄十分推崇，原因在于扬雄关注语言形成的地理因素和自然原因。扬雄声称"言，心声也。书，心画也"，严复对此极为赞同。扬雄对语言的界定和理解是严复语言哲学的重要理论来源，也因而成为严复在论及语言问题时提及次数最多的国学人物。例如，严复在探讨中国与西方语言时多次提及扬雄，并且援引扬雄"言，心声也。书，心画也"的观点为自己的观点进行辩护。

地理语言学秉持地理学的理念侧重从地理因素入手解读语言中凝聚的各种信息，突出语言的地域性。正是由于这个原因，严复彰显地理环境在语言形成和发展中的决定作用，重视语言的民族基因和文化传承。他援引庄子和扬雄的观点解释说："杨子云曰：'言，心声也。'心声发于天籁之自然，必非有人焉能为之律令，使必循之以为合也。顾发于自然矣，而使本之于心而合，入之于耳而通，将自有其不可畔者。然则并其律令谓之出于自然可也。……文谱者，特为此于语言文字间耳。故文法有二：有大同者焉，为一切语言文字之所公；有专国者焉，为一种之民所独用。而是二者，皆察于成迹，举其所会通以为之谱。夫非若议礼典刑者有所制作颁垂，则一而已。庄周曰：'生于齐者，不能不齐言，生于楚者，不能不楚言。'小儿之学语，耳熟口从，习然而已，安有所谓法者哉！故文谱者，讲其所已习，非由此而得其所习也。"[1] 在这里，严复

---

1 《〈英文汉诂〉叙》，《严复集》（第一册），中华书局，1986，第151页。

对语言哲学的探讨援引了庄子和扬雄的思想为自己的观点进行辩护。具体地说，严复从扬雄的"言，心声也"切入，旨在强调语言是心声，语言的发出本于心，入于耳。严复之所以援引庄子的观点，是为了借助"生于齐者，不能不齐言，生于楚者，不能不楚言"[1]论证地理环境对语言的决定作用。在此过程中，严复力图从地理的角度理解语言，强调语言犹如天籁一样自然而然，绝非出于强制或命令。语言是在特定的地理环境和人文背景下世代传承而自然形成的结果，正如儿童学语"耳熟口从"、习而自然一样。基于这种认识，他强调，"文谱"（grammar，现通译为语法）是滞后的，僵化的；语言则是鲜活的，变动的。世界上所有语言的语法虽然具有共性，但是，不同国家、不同地区的语言却以个性为主。不惟各国皆有"专国"之语，即使是不同地区也都拥有各自的方言。这是因为，各国各地区的语言既然皆"耳熟口从，习然而已"，那么，无论国语还是方言都不可能是僵化、固定的语法所能包含的。道理很简单，语言既然是"耳熟口从"的天籁自然，哪有什么固定的"法"！至此可见，严复由彰显语言本于心的天籁自然、进而重视语言的地方特色，极力彰显语言的地域性。显而易见，严复的做法与扬雄对语言产生的理解和对方言的重视如出一辙，只不过在扬雄那里代表语言地域性的方言到了身处全球多元文化语境的严复那里被置换成了国文即中国语言与西文即外国语言而已。

在建构语言哲学的过程中，严复既看到了地理环境对语言的影响，又注重语言自身承载的历史信息。循着这个思路，他强调，语言作为特定地理环境和民族习俗的产物是世代传承的结果，凝聚着诸多历史和人文信息。正因为如此，离开了具体的地理环境、历史背景和文化语境，语言的语义信息尽失。对此，严复解释说："今夫读历史固莫重于其人之氏姓也，言舆地又莫切于国土

---

1 现存《庄子》并无"生于齐者，不能不齐言，生于楚者，不能不楚言"之语，贾谊的下面这段话与之颇为近似："夫习与正人居之，不能毋正，犹生长于齐不能不齐言也；习与不正人居之，不能毋不正，犹生长于楚之地不能不楚言也。故择其所耆，必先受业，乃得尝之；择其所乐，必先有习，乃得为之。孔子曰：'少成若天性，习惯自然。'"（《治安策》）

之专名也。其在本文，一举其形声，则章别源流，靡弗具焉，不独易为称而便记忆也。而于译则何如？一名之转写，辄聚佶屈钩磔雅俗互有之字以为之，少者一文，多至八九，羌无文义，而其音又终不相肖。虽有至敏强识之夫，尚犹苦之。以之阅图则溢目，以之读史则吃口，辱呫舌，前后相忘；又况名不一译，字不一音，谓能融合贯通，了然心目者，欺人而已。此非天下至难而困惫学者脑气者欤？且史乘地志，西学之粗者耳，待译而治之，其扞格不操既若此，遑问其精者哉！嗟乎！南民不可与语冰者，未有其阅历也；生瞽不足以喻日者，无可为比例也；天下言西学而云可不习其文字者，惟未之学故耳。"[1] 依据他的剖析，读历史、讲地理最重要的莫过于人名、地名。在母语中，人名、地名无论写出其形还是发出其声都会"章别源流"一同出现，既容易称呼，又便于记忆。如果翻译他国语言的话，仅人名、地名便令人眼花缭乱、苦不堪言。不惟难读难记，更不可能了然于心。作为学问之粗的历史、地理尚且如此，更遑论西学之精了。正如与南方人不可以语冰一样，未有阅历便无法理解语言文字表达的丰富内涵。基于上述分析，严复得出结论：一国之学由一国特定的文字写成，欲通其学必须先通其文字。以通西学来说，必须以通西文为下手处。如果不通西文而求西学的话，必将不仅费时，而且无效。这用严复本人的话说便是："夫求西学而不由其文字言，则终费时而无效。"[2]

进而言之，从地理的角度解读、诠释语言奠定了严复对待西方语言文字与中国语言文字的基本态度——既然语言文字是特定地理环境的产物，那么，对于不同地区、不同国家的人来说，语言文字作为世代传承的结果是天然形成的，因而具有不可替代性。循着这个思路，他强调，国文与西文是各自特定的地理环境形成的，对于其地之民来说具有不可替代性。正是由于这个原因，国文与西文不可相互替代乃至不可相互通约。不仅如此，既然国文与西文之间不

1 《〈英文汉诂〉卮言》，《严复集》（第一册），中华书局，1986，第153—154页。

2 《〈英文汉诂〉叙》，《严复集》（第一册），中华书局，1986，第152页。

可通约，那么，也就不可翻译。事实上，并不限于国文与西文的关系，不同语言文字之间不可通约，语言一旦被翻译成另一种文字便原义尽失。从这个维度上说，中国为了学习西学而翻译西书都是不得已之举，因为即使凭借西文翻译西书也难以还原真义，至于像康有为、梁启超那样以日文转译西学更是谬之千里。

分析至此，严复将各个国家、不同民族的语言文字与文化视为一个有机整体，既反对将西文置于中文之上，又反对"以国语课西学"。对于个中原因，他解释说："至欲以汉语课西学者，意乃谓其学虽出于西，然必以汉语课之，而后有以成吾学。此其说美矣，惜不察当前之事情，而发之过蚤，滨海互市之区，传教讲业之地，其间操西语能西文者，非不数数觏也，顾求其可为科学师资者，几于无有，是师难求也。欲治其业，非夙习者不能翻其书，纵得其书，非心通者不能授其业，是教之术穷也。然则大报所讥中国数十年来每设学堂，咸课洋文，今奉诏书推广，犹以聘请洋文教习为先务者，固皆有所不得已，非必自蔑国语，而不知教育之要不在语学也。且夫欧洲之编籍众矣，虽译之者多，为之者疾，其所得以灌输中土者，直不啻九牛之一毛。况彼中凭藉先业，岁有异而月更新。学者薪免瞠后之忧，必倾耳张目，旷览博闻，以与时偕极，今既不为其言语文字矣，则废耳目之用，所知者至于所译而止，吾未见民智之能大开也。又况译才日寡，是区区者将降而愈微耶。"[1]

二、语言的作用

与从地域性和文化传承的角度理解语言相一致，通过一国文字了解一国学术是严复的一贯思路和基本观点。在这个前提下，他强调，既然通晓一国学术必须凭借书写、表达这种学术、思想的语言文字，那么，翻译西学必须从西文

---

[1]《与〈外交报〉主人书》，《严复集》（第三册），中华书局，1986，第561—562页。

入手。有鉴于此，严复呼吁治西学必须直接从西文译起，并且坚决反对康有为、梁启超等人从日本文（东文）转手翻译西学的做法。对于这个问题，严复如是说："吾之为此言也，非谓教育之目，必取西文而加诸国文之上也，亦非谓西学之事，终不可以中文治也；特谓欲以中文治西学读西史者，此去今三十年以后之事。居今日而言教育，使西学不足治，西史不足读，则亦已矣。使西学而不可不治，西史而不可不读，则术之最简而径者，固莫若先通其语言文学，而为之始基。假道于逖译，借助于东文，其为辛苦难至正同，而所得乃至不足道。智者所为固若是乎！夫此时之所急者，通其术而得其情云耳。而所以通所以得之涂术，不暇校也。洎夫家通其术，人得其情，将向所谓授业解惑之师资，觇毕揣摩之编简，皆不期而自集，而不必勤求乎其外。夫而后以外国文字为一科之学可也。一切之学，治以国文，莫不可也。"[1]

深入剖析可以看到，严复在这里主要阐明了三个问题：第一，他申明，即使自己呼吁学习西文，也绝非"取西文而加诸国文之上"。原因在于，语言是心之声，文字是心之画，生活在特定地理环境之中的人用特定的语言表达情感和思想。中国人有中国人的语言，西方人亦有西方人的语言，彼此之间不可替代。第二，严复指出，语言文字是学术的根基，了解一国学术最简捷也最有效的途径便是精通这个国家的语言文字。既然如此，要精通西学，就必须先学习西文。鉴于对语言的重视，严复将语言视为西学的重要组成部分，在他所批判的对待中西学术的错误观点中就包括"学在普通，不在语言"。在严复看来，这种观点与"中学为体，西学为用"一样有害中国学术的进步，甚至"少者十年，多者数纪"。于是，他写道："夫中国之开议学堂久矣，虽所论人殊，而总其大经，则不外中学为体，西学为用也；西政为本，而西艺为末也。主于中学，以西学辅其不足也；最后而有大报学在普通，不在语言之说。之数说者，

1《〈英文汉诂〉卮言》，《严复集》（第一册），中华书局，1986，第156—157页。

其持之皆有故，而其言之也，则未必皆成理。际此新机方倪，人心昧昧，彼闻一二钜子之论，以为至当，循而用之，其害于吾国长进之机，少者十年，多者数纪。"[1]据此可知，严复认为，当时中国的教育以西学为最急，西文则是了解、通晓西学不可逾越的途径。对此，他提出了一套具体方案："总而论之，今日国家诏设之学堂，乃以求其所本无，非以急其所旧有。中国所本无者，西学也，则西学为当务之急明矣。且既治西学，自必用西文西语，而后得其真，若夫吾旧有之经籍典章未尝废也。学者自入中学堂，以至升高等，攻专门，中间约十余年耳。是十余年之前后，理其旧业，为日方长。矧在学堂，其所谓中学者又未尽废。特力有专注，于法宜差轻耳。此诚今日之所宜用也。迨夫廿年以往，所学稍富，译才渐多，而后可议以中文授诸科学，而分置各国之言语为专科，盖其事诚至难，非宽为程期，不能致也。诚知学问之事，非亲历途境者，虽喻之而不知。"[2]第三，严复强调，如果通西学不从西文入手而像康有为、梁启超那样从日文转译西学的话，那么，结果则是致命的——尽管与以西文翻译西学一样"辛苦难至"，却使西学本义尽失——"乃至不足道"。严复对康有为、梁启超的做法深恶痛绝，并且揭示了其中的原因或秘密："大抵翻译之事，从其原文本书下手者，已隔一尘，若数转为译，则源远益分，未必不害，故不敢也。"[3]基于这种认识，严复反复申明反对从日本转译西学的做法。正是在这个意义上，他不止一次地声称：

> 吾闻学术之事，必求之初地而后得其真，自奋耳目心思之力，以得之于两间之见象者，上之上者也。其次则乞灵于简策之所流传，师友之所授业。然是二者，必资之其本用之文字无疑也。最下乃求之翻译，其隔尘弥多，其去真滋远。今夫科学术艺，吾国之所尝译者，至寥寥已。即日本之

1《与〈外交报〉主人书》，《严复集》（第三册），中华书局，1986，第558页。

2《与〈外交报〉主人书》，《严复集》（第三册），中华书局，1986，第562—563页。

3《与曹典球书》，《严复集》（第三册），中华书局，1986，第567页。

所勤苦而仅得者，亦非其所故有，此不必为吾邻讳也。彼之去故就新，为时仅三十年耳。今求泰西二三千年孳乳演迤之学术，于三十年勤苦仅得之日本，虽其盛有译著，其名义可决其未安也，其考订可卜其未密也。乃徒以近我之故，沛然率天下学者群而趋之，世有无志而不好学如此者乎？侏儒问径天高于修人，以其愈已而遂信之。今之所为，何以异此。[1]

颇怪近世人争趋东学，往往入者主之，则以谓实胜西学。通商大埠广告所列，大抵皆从东文来。夫以华人而从东文求西学，谓之慰情胜无，犹有说也；至谓胜其原本之睹，此何异睹西子于图画，而以为美于真形者乎？[2]

严复始终坚持以西文翻译西学，他本人对以《进化论与伦理学》为代表的西方著作的翻译便是对这一主张的身体力行。

与此同时，出于学习西方文化的需要，尤其是为了凭借西文了解西学，严复呼吁中国人学习西文。他甚至断言，对于20世纪的中国人来说，不通西文则不能"成学"。对于这一点，严复列举了四条理由，并逐一加以说明和解释。现摘录如下："其所以必习西文者，因一切科学美术，与夫专门之业，彼族皆已极精，不通其文，吾学断难臻极，一也；中国号无进步，即以其文字与外国大殊，无由互换智识之故。惟通其文字，而后五洲文物事势，可使如在目前，资吾对勘，二也；通西文者，固不必皆人才，而中国后此人才，断无不通西文之理，此言殆不可易，三也；更有异者，中文必求进步，与欲读中国古书，知其微言大义者，往往待西文通达之后而后能之。此亦赫胥黎之言也，四也；且西文既通，无异入新世界，前此教育虽有缺憾，皆可得此为之补苴。大抵20世纪之中国人，不如是者，不得谓之成学。"[3]严复在这里明确表示，习西文是

1 《与〈外交报〉主人书》，《严复集》（第三册），中华书局，1986，第561页。

2 《与曹典球书》，《严复集》（第三册），中华书局，1986，第567页。

3 《论今日教育应以物理科学为当务之急》，《严复集》（第二册），中华书局，1986，第285—286页。

因为西方的科学美术、专门之业"极精"，只有先精通西方的语言文字，才有可能学习这些技能，促进中国学术的进步。除此之外，他认为，通西文对于了解世界大事、增长中国人的智识不可缺少。严复断言："彼治西学习西语者，固不尽为人才，亦不尽及国民之平格，然使果有人才而得为国民之秀杰者，必不出于不通西语不治西学之庸众，而出于明习西语深通西学之流，则今日之厘然可决者矣。"[1]据此可见，更为重要也最令严复对西文乐此不疲的是，通西文之后再读中国古书往往可得神解，由此可以反观、洞察中国古人的微言大义。这一点是严复呼吁习西文、通西学的主要目的，也直观流露出他学习西文和西学的理论初衷。

通西学必须从西方的语言文字入手即先习西文、通西文是严复的一贯主张，也是他与康有为、梁启超的主要分歧。为了鼓励人习西文，严复列举各国的例子反复批判当时流行的"习西文则为异族之奴隶"甚至是爱国心衰弱的表现等说法。下仅举其一斑：

> 彼谓习西文则为异族之奴隶者，其持论与此，岂有异乎？至谓国之将兴，必重国语而尊国文，其不兴者反是。此亦近似得半之说耳。夫将兴之国，诚必取其国语文字而厘正修明之，于此之时，其于外国之语言，且有相资之益焉。吾闻国兴而其文字语言因而尊重者有之矣，未闻徒尊重其语与文而其国遂以之兴也。二百余年以往，英、荷、法、德之硕师，其著书大抵不用本国之文，而用拉体诺语。此如斯平讷查（现通译为斯宾诺莎——引者注）之《外籀哲学》，虎哥觉罗挟之《战媾公法》，奈端（现通译为牛顿——引者注）之《格物宗论》，培根之《穷理新机》，凡此皆彼中之'不废江河万古流'也。顾其为书，不用本语，而当时之所以为习者，又可知已。然则必如议者之言以西文治西学者，西学将终于为西学，是

---

1 《〈英文汉诂〉卮言》，《严复集》（第一册），中华书局，1986，第155页。

必英至今无格物，德至今无哲学，法至今无公法而后可；否则所议去事实远矣。[1]

若谓习外国语者，将党于外人，而爱国之意衰歇！此其见真与儿童无以异。盖爱国之情，根于种性，其浅深别有所系，言语文字，非其因也。彼列邦为学，必用国语，亦近世既文明而富于学术乃如是耳。方培根、奈端、斯比讷查诸公著书时，所用者皆拉体诺文字，其不用国语者，以为俚浅不足载道故也。然则观此可悟国之所患，在于无学，而不患国语之不尊，使其无学而愚，因愚而得贫弱，虽甚尊其国语，直虚憍耳，又何补乎？第使其民不愚，而国以有立，则种界之性，人所同有，吾未见文明富强之国，其国语之不尊也。夫威尔士，英之一省也；巴斯克、不列颠，法之二部也，议院禁其语者，以杜言庞，如中国京师之用京语，从政之操官音，与所论大旨无涉。至谓夷灭人国，辄易语言，执事将谓国灭而后语易乎？抑谓徒尊国语，而其国遂可以不灭也？国语者，精神之所寄也；智慧者，国民之所以为精神也。颇怪执事不务尊其精神，而徒尊其精神之所寄也。[2]

严复是从地理语言学的维度切入语言的，因而极力彰显语言文字的地域性。他指出，不同民族或地区的地理环境相异，他们的语言便各自带有鲜明的地域特征。在此基础上，严复强调，不同国家、民族的语言之别只有地域之差而无高低之别，乃至并无本国语言与"外国之语言"之分。这就是说，语言的地域性并不代表排他性，各国的语言即国文与外文并非水火不容，而是可以相互补益。从西方各国的惯例来看，无论是斯宾诺莎、牛顿还是培根的著作都不是用母语而是用拉丁文也就是严复所说的"拉体诺语"写成的。事实证明，选择外文而非母语写作并没有影响他们思想的发挥，反而由于用外文写作与当时

1《〈英文汉诂〉卮言》，《严复集》（第一册），中华书局，1986，第155—156页。

2《与〈外交报〉主人书》，《严复集》（第三册），中华书局，1986，第562页。

的风尚相合而适于自然，这些著作最终都成为不朽之作。在某种程度上甚至可以说，这些用外文写作的著作之所以"不废江河万古流"，外文即拉丁文的积极作用不可抹杀。如此看来，究竟选择外文还是国文写作，关键取决于"当时之所以为习者"。分析至此，严复得出结论：是否选择母语写作与爱国心之间没有必然联系。具体地说，爱国之情根于种性，文字并非爱国的原因。智慧是国民的精神所在，语言文字是表达这种精神的。国之患并不在于国语尊与不尊，国家的富强只在于学术是否强盛。沿着这个思路，严复肯定外文对于国文具有"相资之益"。只要可以为中国起贫疗弱，哪种语言有助于载道便选择哪种语言，完全没有必要恪守国语与外语的界线。在这方面，培根、牛顿和斯宾诺莎的经历说明了一切，而他们之所以选择作为外语的拉丁语而不使用国语的一个重要原因就是其本国语言俚浅而不足载道。

三、语言的规范

严复肯定语言文字的作用是从语言文字是文化的载体，记录、传承着民族精神的角度立论的。在他看来，语言文字既寄托着情感，又凝聚着智识。为了更好地发挥语言文字的作用，必须对语言文字进行规范，其中最重要的就是厘定概念、范畴的内涵，以此确保名词、概念的确定性和准确性。如果像洪堡特所言"每一语言里都包含着一种独特的世界观"的话，那么，严复将语言直接上升到了世界观的高度，建构了自己的语言哲学。严复之所以热衷于逻辑学，除了推崇以归纳法为基础的逻辑方法之外，还关注作为语言基本单位的概念、范畴的确定性、准确性和精确性。按照他的说法，若要确保逻辑推理的客观有效，掌握正确的逻辑方法固然重要——这一点是严复格外重视归纳法和演绎法的原因所在，最根本的则是概念内涵的确定和精确。

逻辑推理以名词、概念为基本单位，对逻辑学的推崇在某种程度上决定了严复对语言文字的重视。可以看到，他极力凸显语言文字在逻辑学中的重要地位，并且援引穆勒的话为自己的观点进行辩护："无文字言说矣，于名学复何所事之有？"[1]这就是说，逻辑推理奠定在概念之上，离开了概念，逻辑推理便无从谈起，逻辑学也将不复存在。基于这种认识，严复强调，逻辑学以名词、概念为重，逻辑推理的正确必须从概念的明确、清晰入手。对此，他反复声称：

> 故其（指名学——引者注）所论莫先于名。名者言语文字也。言语文字，思之器也；以之穷理，以之喻人，莫能外焉。[2]

> 人类能力，莫重于思辨。而语言文字者，思辨之器也。求思审而辨明，则必自无所苟于其言始。言无所苟者，谨于用字已耳。[3]

语言文字是思维之器，逻辑推理奠定在概念之上。这意味着概念是逻辑学的基础，也决定了严复对名词、概念的高度重视，而这集中表现为他对定义的重视和探究。

定义属于舶来品，英文写作 definition。近代哲学家大都将 definition 翻译为"界说"，谭嗣同、梁启超等近代哲学家都是如此，严复也不例外。定义，简言之，是对概念的内涵或语词的意义进行简要而准确的描述。为了确保名词、概念的清晰性和确定性，严复提出了下定义的五条标准。这五条标准分别是："一、界说必尽其物之德，违此者其失混。二、界说不得用所界之字，违此者其失环。三、界说必括取名之物，违此者其失漏。四、界说不得用诂训不明之字，犯此者其失荧。五、界说不用'非'、'无'、'不'等字，犯此者其失负。"[4]据此可知，在严复那里，下定义的标准主要有五条：一是定义要概括事物的本质属性，二是定义不能使用被定义者，三是定义必须囊括被定义者所属的所有事物，四是定义不能用不确定的概念，五是定义不能用否定字（词）。

1　《穆勒名学》，商务印书馆，1981，第 6 页。

2　《穆勒名学》，商务印书馆，1981，第 10 页。

3　〔英〕耶芳斯：《名学浅说》，严复译，商务印书馆，1981，第 15 页。

4　《界说五例》，《严复集》（第一册），中华书局，1986，第 95—96 页。

显而易见，严复提出的这五条标准揭示了下定义的方法，其中牵涉到概念的内涵与外延以及不得使用否定词或歧义之词等。深入剖析不难发现，他下定义贯穿着一个宗旨，那就是：力图从不同角度避免概念的歧义、模糊，以期确保概念的清楚、明白。在严复看来，做到以上五条，便可以使定义走出模糊不清（混）、循环论证（环）、有失片面（漏）、令人迷惑（荧）或否定定义（负）的误区。他坚信，遵循以上五条标准给概念下定义，既有利于自己的表达，又有利于他人的理解。这是概念准确性的保障，也是思想表达和逻辑推理的基础。

进而言之，严复对概念准确性的重视和强调既是对穆勒、耶芳斯等人的观点的继承，也是针对他所剖析的中国学术状况针砭弊端的有感而发。按照严复的说法，中国哲学的概念内涵模糊，歧义丛生。即使是一些用来已经习以为常的基本概念也没有相对固定而清晰的内涵，因而让人不知所云。他对这种状况深恶痛绝，不止一次地予以揭露和批判。下仅举其一斑：

> 夫字各有义，方其用之也，固为吾意之所存。及其以之语人，无间为言为书，皆欲人之意吾意也。方吾为思，默然冥想，一若无所用于字言者。然而无相合之言与字，以为之用，虽有圣哲，殆不可以思维。至于交谈论辨，则无相当之言与字者，尤断断乎不足以喻人也。论辨之误，固亦多门。……然而人类言语，其最易失误而事理因以不明者，莫若用字而不知其有多歧之义。[1]

> 有时所用之名之字，有虽欲求其定义，万万无从者。即如中国老儒先生之言气字。问人之何以病？曰邪气内侵。问国家之何以衰？曰元气不复。于贤人之生，则曰间气。见吾足忽肿，则曰湿气。他若厉气、淫气、正气、余气，鬼神者二气之良能，几于随物可加。今试问先生所云气者，究竟是何名物，可举似乎？吾知彼必茫然不知所对也。然则凡先生所

---

1 〔英〕耶芳斯：《名学浅说》，严复译，商务印书馆，1981，第 15 页。

一无所知者，皆谓之气而已。指物说理如是，与梦呓又何以异乎！今夫气者，有质点有爱拒力之物也，其重可以称，其动可以觉。虽化学所列六十余品，至热度高时，皆可以化气。……出言用字如此，欲使治精深严确之科学哲学，庸有当乎？今请与吾党约，嗣后谈理说事，再不得乱用气字，以祛障蔽，庶几物情有可通之一日。他若心字天字道字仁字义字，诸如此等，虽皆古书中极大极重要之立名，而意义歧混百出，廓清指实，皆有待于后贤也。[1]

依据严复的分析，人类的言语、交流最忌概念歧混，含义不清。而这正是中国学术的阿基里斯之踵，因为中国哲学运用的名词、概念恰恰没有确定的含义。以中国哲学所讲的气为例，从"元气""间气""湿气"到"厉气""淫气""正气""余气"，气几乎是"随处可加"，无所不在。吊诡的是，对于这个无所不在、随口说出的气，无人能给出明确定义。更为严重的是，不惟气字，中国哲学中常用的重要概念如"心字天字道字仁字义字"皆无确定内涵。严复指出，以这种模糊不清、歧义丛生的概念为基础，不可能产生精深严确的科学哲学。分析至此，他得出结论：要振兴中国学术，必须从厘定概念，不再乱用歧义丛生的气、心、天、道、仁和义等中国古代哲学概念入手。从这个意义上说，严复引进西方的逻辑学，思考下定义的方法，具有为中国学术正"名"的强烈意图和动机。

与对名词、概念的重视一脉相承，严复强调，名词、概念对于翻译至关重要，以至于将名词奉为翻译的权舆和归宿。他声称："今夫名词者，译事之权舆也，而亦为之归宿。言之必有物也，术之必有涂也，非是且靡所托始焉，故曰权舆。识之其必有兆也，指之其必有薁也，否则随以亡焉，故曰归宿。"[2]

严复认为，正如逻辑推理要求概念明确、清晰而无歧义一样，翻译以厘定

1〔英〕耶芳斯：《名学浅说》，严复译，商务印书馆，1981，第18—19页。

2《〈普通百科新词典〉序》，《严复集》（第二册），中华书局，1986，第277页。

字义为基础，故而对字义不得马虎。基于这种认识，他在翻译西方著作时对概念一丝不苟，往往为了一个译名举棋不定而思忖数日。这是因为，中国文化具有几千年的学术传承，对于人生必需之学已有专门名词。而对于西学的重要概念，如 Right、obligation 等，中国古籍中却没有对应之词。严复写道："若谓中国开化数千年，于人生必需之学，古籍当有专名，则吾恐无专名者不止计学。名理最重最常用之字，若因果、若体用、若能所权实，皆自佛教东渐而后拈出，而至今政治家最要之字，如 Right，如 obligation，问古籍中何字足与胳合乎？学者试执笔译数十卷书，而后识正名定义惬心贵当之不易也。"[1]

严复坦言，在中国古籍中没有与西方概念对应之词的前提下，对西学的翻译要做到既符合中国人的心理习惯而容易与中国文化相对接，又不失其在西学中的本义和引申义，便显得难上加难。正是由于这个原因，严复在翻译西学的过程中，对于名词、概念反复推敲和斟酌，以求精益求精、接近原义。在这方面，他结合自己的翻译经历，以 Rights 一词为例，讲述了自己的心得和感受。对此，严复这样写道：

> 惟独 Rights 一字，仆前三年，始读西国政理诸书时，即苦此字无译，强译"权利"二字，是以霸译王，于理想为害不细。后因偶披《汉书》，遇"朱虚侯忿刘氏不得职"一语，恍然知此职字，即 Rights 的译。然苦其名义与 Duty 相混，难以通用，即亦置之。后又读高邮《经义述闻》，见其解《毛诗》"爰得我直"一语，谓直当读为职。如上章"爰得我所"，其义正同，叠引《管子》"孤寡老弱，不失其职，使者以闻"，又《管子》"法天地以覆载万民，故莫不得其职"等语。乃信前译之不误，而以直字翻 Rights 尤为铁案不可动也。盖翻艰大名义，常须沿流讨源，取西字最古太初之义而思之，又当广搜一切引伸之意，而后回观中文，考其相类，则往

1《与梁启超书》，《严复集》（第三册），中华书局，1986，第517—518页。

往有得，且一合而不易离。譬如此 Rights 字，西文亦有直义，故几何直线谓之 Right line，直角谓 Right Angle，可知中西申义正同。此以直而通职，彼以物象之正者，通民生之所应享，可谓天经地义，至正大中，岂若权利之近于力征经营，而本非其所固有者乎？且西文有 Born Right 及 God and my Right 诸名词，谓与生俱来应得之民直可，谓与生俱来应享之权利不可。何则，生人之初，固有直而无权无利故也，但其义湮晦日久，今吾兼欲表而用之，自然如久度之器，在在扦格。顾其理既实，则以术用之，使人意与之日习，固吾辈责也。至 Obligation 之为义务，（仆旧译作民义与前民直相配。）Duty 之为责任，吾无间然也。[1]

一目了然，严复对 Right 的翻译几经修改，大致经历了"权利""职""直"三个阶段。这种变化与 Right 在西方文化语境中拥有权利、适合和正确等诸多含义有关，更与严复对概念的一丝不苟密不可分。从中可见，他在翻译名词时兼顾其在西方与中国文化语境中的源流，力图在弄懂其在西方文化语境中的原初义与引申义之后反观中国文化，从而最大程度地实现中西相合。与此相印证，严复在将 Right 翻译为"权利"之后，先是改为"职"，后来又改为"直"是受到《汉书》《经义述闻》《毛诗》《管子》等中国古籍的启发和影响。这个过程直观而生动地再现了严复对名词、概念的翻译之严谨，同时也印证了他中西互释的翻译风格和读西书对于中国书可得神解的感悟。从语言哲学的角度看，严复的做法主要从两个维度展开：第一，在文化有机体的维度上，他彰显语言文字与承载文化的不可分割。第二，在地理语言学的维度上，严复关注不同语言文字凝聚的地理信息和历史传承。

上述内容显示，严复对语言文字特别关注，而他对语言的解读主要集中在语言的特性、作用与规范三个方面。这三个方面既是严复眼中语言的基本问

---

1 《与梁启超书》，《严复集》（第三册），中华书局，1986，第 519 页。

题，也构成了他的语言哲学的重要内容。在严复那里，语言的特性、作用与规范并非各不相涉，而是相互作用：语言的地域性预示着语言的民族性，承载的民族情感和文化信息使语言成为交流思想、维系情感的纽带，而这正是语言的作用和价值所在。为了使语言达到交流情感、增益智识的作用，就要对语言进行规范。只有概念明确、内涵确定，语言才能发挥应有的作用。严复特意强调，在中国近代，语言文字的规范变得更加紧迫。西学的大量东渐加剧了语言的规范化问题，而这最先体现在名词的统一上。这用严复本人的话说便是："方今欧说东渐，上自政法，下逮虫鱼，言教育者皆以必用国文为不刊之宗旨。而用国文矣，则统一名词最亟，此必然之数也。"[1]

第二节　国文与国粹

综观中国近代哲学史、思想史可以发现，严复无论对学习外文的重视还是对外语的精通都是其他近代哲学家无法比肩的。尽管如此，在大声疾呼习西文的同时，严复并没有放弃中国的语言文字也就是他所说的国文，而是将国文纳入到国粹之中，归于保存、固守之列。

一、保存国文

对于严复来说，保存国粹必须保存国文即中国的语言文字。循着文化有机体的逻辑，语言文字作为文化的载体是文化的组成部分，保存国粹必须保存记载、传承文化的语言文字。除此之外，既然语言文字是在特定环境中自然形成的，那么，地区不同，文化有别，语言文字必将大殊。中国的语言文字是中国特定地理环境的产物，作为世代传承与自然演变的结果，也是中国人表达情

1《与伍光建书》，《严复集》（第三册），中华书局，1986，第585—586页。

感、传承思想的最佳方式。严复坚信，正如中国人通西学必须从习西文开始一样，中国的语言文字作为中国文化的基石已经浸入中国人的脑髓之中。有鉴于此，中国的语言文字作为中国文化"国性"的一部分，对于中国人来说永远都不可废弃。

经过严复的解读和诠释，学习外文与保存国文不惟不矛盾，反而相互补益。基于这种思路，一面号召学习外文、一面呼吁保存国文成为他的一贯主张和做法。严复甚至断言，语言文字与国家的前途命运休戚相关，国家的兴盛从尊重本国的语言文字开始。正是在这个意义上，他宣称："吾闻国之将兴，未尝不尊其国文，重其国语，未闻反是而以兴者。且今日学堂所以进西学而跻于旧文之列者，所望其学浸假将为吾学也。使犹治之以西国之文字乎？则所谓西学者，必终于为西学。西学既日兴，则中学固日废，吾观今日之世变，中学之废，殆无可逃。顾必自吾曹为之开关延敌而助之攻，夫非与于不仁之甚者耶！……夫国学而习外国之文字者，不徒中国有此事也，故今日东西诸国之君若臣，无独知其国语者。有之，独中国耳。"[1]在严复那里，语言文字绝不仅仅是表达和书写的工具，而是具有历史、情感等多重意蕴和价值。正是由于这个原因，在中华民族身陷西方列强欺凌的多事之秋，中国的语言文字必不可废，反而要保存、固守。甚至可以说，严复大力提倡保存国文，正是针对西方列强的入侵和西学的大量东渐。

至此可见，严复提倡保存中国的语言文字即国文既包含对西文、西学的态度，又与他的语言观、文化观一脉相承。与对待国文、外文以及二者关系的态度互为表里，严复宣传、翻译西学是迫于救亡图存的需要，根本目的是借助西学"回照故林"。出于精通西学的需要，严复呼吁必须先精通西文。问题的关键是，无论西学还是西文都不是他的目的所在。严复在与梁启超的通信中阐明

---

1 《〈英文汉诂〉卮言》，《严复集》（第一册），中华书局，1986，第154页。

了自己的语言理念，其中有这样一段话：

> 窃以谓文辞者，载理想之羽翼，而以达情感之音声也。是故理之精者不能载以粗犷之词，而情之正者不可达以鄙倍之气。中国文之美者，莫若司马迁、韩愈。而迁之言曰："其志洁者，其称物芳。"愈之言曰："文无难易，惟其是。"仆之于文，非务渊雅也，务其是耳。且执事既知文体变化与时代之文明程度为比例矣，而其论中国学术也，又谓战国隋唐为达于全盛而放大光明之世矣，则宜用之文体，舍二代其又谁属焉？且文界复何革命之与有？持欧洲挽近世之文章，以与其古者较，其所进者在理想耳，在学术耳，其情感之高妙，且不能比肩乎古人；至于律令体制，直谓之无几微之异可也。若夫翻译之文体，其在中国，则诚有异于古所云者矣，佛氏之书是已。然必先为之律令名义，而后可以喻人。设今之译人，未为律令名义，闯然循西文之法而为之，读其书者乃悉解乎？殆不然矣。若徒为近俗之辞，以取便市井乡僻之不学，此于文界，乃所谓陵迟，非革命也。且不佞之所从事者，学理邃赜之书也，非以饷学僮而望其受益也，吾译正以待多读中国古书之人。使其目未睹中国之古书，而欲稗贩吾译者，此其过在读者，而译者不任受责也。夫著译之业，何一非以播文明思想于国民？第其为之也，功候有深浅，境地有等差，不可混而一之也。慕藏山不朽之名誉，所不必也。苟然为之，言庞意纤，使其文之行于时，若蜉蝣旦暮之已化。此报馆之文章，亦大雅之所讳也。故曰：声之眇者不可同于众人之耳，形之美者不可混于世俗之目，辞之衍者不可回于庸夫之听。非不欲其喻诸人人也，势不可耳。[1]

严复在信中既反驳了梁启超的语言进化论，又详细阐述了自己对语言文字的古今中外之争的看法。在他看来，语言文字是表达的工具，更是传递着情

---

1 《与梁启超书》，《严复集》（第三册），中华书局，1986，第516—517页。

感，承载着理想，后者显然是语言文字的灵魂所在。正是语言文字中传达的情感、理想证明了语言文字承载的文化具有"国性"，而这成为翻译他国文字的"前理解"。对此，严复假设："设今之译人，未为律令名义，闯然循西文之法而为之，读其书者乃悉解乎？"正如没有"前理解"便无法听懂读懂他国的语言文字一样，失去了本国文字的"前理解"，对他国语言文字的翻译是不可能的。基于这种认识，严复将中国的语言文字视为中国文化的一部分而倍加守护，故而大声疾呼保存国文。

二、国文与西文

在严复那里，既要保存国文，又呼吁学习西文。于是，处理国文与西文的关系便提上了日程。一方面，对于严复来说，国文与西文并非像康有为、谭嗣同所理解的那样作为进化的不同阶段具有高低之别而势不两立，而是作为不同地域、不同民族的文化传承可以同时存在，并行不悖。正因为如此，严复认为，保存国文、固守国粹与学习外文、精通西学圆融无碍，乃至相得益彰。另一方面，在严复的视界中，国文与西文、中学与西学的地位具有本质区别，彼此不可等量齐观。一言以蔽之，西文、西学是手段、是方法，国文、国粹才是最终价值、是根本目标。

进而言之，严复对国文与西文、中学与西学的关系认定与中国近代迫在眉睫的救亡图存和思想启蒙息息相关，更重要的是取决于他对文化"国性"的认识和彰显。既然文化具有"国性"，既然是中国文化将中国人塑造成了"中国人"，那么，只有保存国文、保守中学才能确保中国人的资格和中国的国格；否则，中国人便不配再说自己是中国人，中国也会国将不国而陷入万劫不复的深渊。正是由于这个原因，对于严复来说，学习西文、西学是光大中学的途径之一。正如精通西文之后发现西学与"吾古人"思想相合，进而坚定了他保存国粹的信心一样，严复坚信，通西文可以通西学，更关键的是可以通晓中国古人用国文传承下来的经典的微言大义。他曾经明确宣称："与欲读中国古书，知其微言大义者，往往待西文通达之后而后能之。"[1]这明白无误地证明，通过学习外文了解乃至精通外学是严复主张学习外文的目的之一，此外还有一个更为重要的目的，那就是：在利用外文通外学之后，参悟中学的微言大义。

事实上，严复不仅多次呼吁习西文，而且阐明了习西文、通外文之乐。正是在这个意义上，严复一再声称：

> 英国名学家穆勒约翰有言："欲考一国之文字语言，而能见其理极，非谙晓数国之言语文字者不能也。"斯言也，吾始疑之，乃今深喻笃信，而叹其说之无以易也。岂徒言语文字之散者而已，即至大义微言，古之人殚毕生之精力以从事于一学，当其有得，藏之一心，则为理；动之口舌，著之简策，则为词，固皆有其所以得此理之由，亦有其所以载焉以传之故。呜呼，岂偶然哉！[2]

> 自后人读古人之书，而未尝为古人之学，则于古人所得以为理者，已有切肤、精怃之异矣，又况历时久远，简牍沿讹？声音代变，则通叚难明；风俗殊尚，则事意参差。夫如是，则虽有故训疏义之勤，而于古人诏示来学之旨，愈益晦矣。故曰读古书难。虽然彼所以托焉而传之理，固自若也。使其理诚精，其事诚信，则年代国俗无以隔之。是故不传于兹，或见于彼，事不相谋而各有合。考道之士，以其所得于彼者，反以证诸吾古人之所传，乃澄湛精莹，如寐初觉，其亲切有味，较之觇毕为学者，万万有加焉。此真治异国语言文字者之至乐也。[3]

严复坚信英国逻辑学家穆勒所讲的要想深刻洞彻本国语言文字必须在通晓数国语言文字之后是不刊之论，并进一步借题发挥说：岂止语言文字，一国学

1《教授新法》，《严复集补编》，福建人民出版社，2004，第73页。

2〔英〕赫胥黎：《天演论》，严复译，中州古籍出版社，1998，第14页。

3〔英〕赫胥黎：《天演论》，严复译，中州古籍出版社，1998，第14—15页。

术也是如此，与他国语言、文化的异同互证不啻为理解语言、文化的最好办法。严复解释说，后人读古人书往往由于年代久远而难以读懂。尽管如此，如果书中所言"理诚精""事诚信"，即便年代、国俗也不能阻隔。奥秘在于，"事不相谋而各有合"，不传于此或传于彼。正因为如此，从外学所得反而可以佐证"吾古人所传"。在外文、外学的触动下，中国古书之理变得晶莹剔透，让人感觉如梦方醒，外文、外学记载也随之变得亲切有味。这便是学习外国语言文字的最大醒悟，也是学习外国语言文字的乐趣和动力所在。

与此同时，严复认为，习外文、通外学既有助于对中国语言文字的理解，又有助于洞彻语言文字的奥妙。他断言："吾闻善为学者，在即异而观其同。今夫五洲之民，苟从其异而观之，则诡制殊俗，其异不可以言词尽也。顾异者或牵乎天，或系乎地，又以相攻相感，所值之不齐，而其异乃大著。虽然，异矣，而其中常有同者，则形质不殊，而所受诸天以为秉彝者，莫不一故也。是故学者，居今而欲识古之圣人所谓达道达德者乎，则必取异民殊种，所必不可畔者而观之，所谓达之理著矣。是故彼此谣俗，古今典训，在彼有一焉为其民所传道。迨返而求诸吾国，亦将有一焉与之相当。必识夫此者多，而后能用其文字语言，以通夫吾之意思，此为学之术也，亦即所以为文字语言者也。"[1] 依据严复的分析，学术的奥秘就在于透过各国文化的差异而洞察彼此的相同之处。以五大洲各国家、各民族的文化为例，如果从差异的角度进行审视的话，看到的只是"诡制殊俗"，彼此之间的悬隔甚至连语言都无法描述。尽管如此，深入剖析不难发现，造成不同国家文化差异的根源无外乎天、地和人。明白了这个道理则会体悟到五大洲的文化是相通的，因而可以参观、互鉴。假如某一歌谣、习俗、典籍或垂训在某一民族传承，反观吾国一定会找到"相当者"。正因为此，越了解外国文化，便越能使用承载这种文化的语言文字，以这种

1《〈习语辞典集录〉序》，《严复集》（第二册），中华书局，1986，第359页。

语言文字及其承载的文化与本国语言文字以及文化参观、互释是当今学术的主要方法。沿着这个思路，严复相信，西方道术与中国道术相合，故而可以彼此印证、相互诠释。这样一来，以西学证中学便拥有了可能性和可行性，也成为严复翻译、输入西学的目的和动机之一。例如，他之所以在中日甲午海战失败后选择翻译《进化论与伦理学》，就是因为书中的"物竞天择""与天争胜"思想有助于中国的"自强保种"之事。除此之外，还有一个重要原因，那就是：赫胥黎的思想与"吾古人"思想"甚合"。正是由于这个原因，严复坚信，他翻译的《天演论》可以"反以证诸吾古人之所传"。

正如中国近代是西学大量东渐的时代一样，学习外文是近代哲学家的共识。饶有趣味的是，梁启超也表达了学习外文即日语的喜悦，并作《论学日本文之益》。他在文中写道："日本自维新三十年来，广求智识于寰宇，其所译所著有用之书，不下数千种。而尤详于政治学，资生学（即理财学，日本谓之经济学），智学，（日本谓之哲学），群学（日本谓之社会学）等，皆开民智强国基之急务也。吾中国之治西学者固微矣，其译出各书，偏重于兵学艺学，而政治、资生等本原之学，几无一书焉。夫兵学、艺学等专门之学，非舍弃百学而习之，不能名家。即学成矣，而于国民之全部，无甚大益，故习之者希，而风气难开焉，使多有政治学等类之书，尽人而能读之，以中国人之聪明才力其所成就，岂可量哉！"[1]梁启超认为，日本从明治维新开始用三十年的时间广泛翻译西学，故而迅速崛起。中国则译西书甚少，并且，所译西书偏重兵学和艺学，对于更为重要的政治学、经济学"几无一书"。他相信，学习日语之后可以通过日语转译西书，从而使中国人可以读到西学，民智必将大开。一目了然，梁启超对学习外文——日语的快乐溢于言表，而他之所乐是因为学日本文之后收获颇多，故而曰"益"。具体地说，通过学习日语可以了解日本学，更

---

[1]《论学日本文之益》，《梁启超全集》（第一册），北京出版社，1999，第324页。

可以借助日语转译、输入西学。

通过比较即可发现，严复、梁启超所讲的习外文以及习外文之乐相差悬殊：第一，两人所讲的外语具有西语与东语之分。严复所习外语指英语，梁启超所习外语指日语。第二，严复、梁启超习外文的目的和乐趣集苑集枯。梁启超像严复一样肯定通外学对于理解中学大有启发。这用梁启超本人的话说便是："畴昔所未穷之理，腾跃于脑，如幽室见日，枯腹得酒，沾沾自喜。"[1]尽管如此，从根本上说，梁启超习外文的目的还在外学，而严复习外文的目的则在中学。进而言之，两人的差异背后隐藏着深层根源。梁启超既没有像严复那样认识到文化是一个有机体并基于有机体的思路审视语言文字问题，也不像严复那样试图借助翻译西学引导人多读"中国古书"。在梁启超的视界中，习外文就是为了通外学，仅此而已；自己习日语、学西学与严复习英语、学西学是两种不同的渠道，二者之间并无高下、对错之分。于是，梁启超写道："新习得一外国语言文字，如新寻得一殖民地。虽然，得新地而不移民以垦辟之，则犹石田耳。通语言文字而不读其书，则不过一鹦鹉耳。我中国英文英语之见重，既数十年，学而通之者不下数千辈，而除严又陵外，曾无一人能以其学术思想输入于中国，此非特由其中学之缺乏而已，得毋西学亦有未足者耶，直至通商数十年后之今日，而此事尚不得不有待于读东籍之人，是中国之不幸也。然犹有东籍以为之前驱，使今之治东学者得以干前此治西学者之蛊。是又不幸中之幸也。"[2]据此可知，梁启超认为，外语是学习外学的工具，学习外语就在于输入外学。他比喻说，学会一门外语就像得到一处新殖民地。如果不移民垦殖的话，新殖民地必将荒废，亦终归无用。梁启超特意强调，学习英语是为了通西学而将之输入中国，只有严复做到了这一点。深入剖析不难发现，梁启超将严复的功劳仅仅归到通过英语翻译西学上，并没有更进一步揭示严复借助翻译、

---

[1]《论学日本文之益》，《梁启超全集》（第一册），北京出版社，1999，第 324 页。

[2]《东籍月旦》，《梁启超全集》（第一册），北京出版社，1999，第 325 页。

输入西学而"回照故林"的初衷，更没有意识到借助日语转译西学导致的"语义尽失"。当然，梁启超并不像严复那样借助文化的有机体论强调学术与承载文化的语言文字不可分割。更为重要的是，梁启超将输入日本学作为习日语的终极目标，因为他认为日本已经先一步"替"中国治西学了。与梁启超的观点、目标差若云泥，严复认为，精通外文、了解外学之后反观中学，洞彻"吾古人"的微言大义，以此光大中学是精通外国语言文字之"至乐"。梁启超是清华大学国学院的四大导师之一，生前就被誉为国学大家。上述内容证明，在坚守国学上，严复与梁启超相比有过之而无不及，而严复所讲的国粹就包括中国的语言文字。

正是在习西文、通西学之后，严复坚定了国粹长存的信心。他声称："曩者吾人以西人所知，但商业耳，火器耳，术艺耳，星历耳。自近人稍稍译著，乃恍然见西人之所以立国以致强盛者，实有其盛大之源。而其所为之成绩，又有以丰佐其说，以炫吾精。于是群荥然私忧，以谓西学必日以兴，而中学必日以废。其轻剽者，乃谓旧者既必废矣，何若恝弃一切，以趋于时，尚庶几不至后人，国以有立；此主于破坏者之说也。其长厚者则曰：是先圣王之所留贻，历五千载所仅存之国粹也，奈之何弃之，保持勿坠，脱有不足，求诸新以弥缝匡救之可耳；此主于保守者之说也。……二者之为说异，而其心谓中国旧学之将废则同。虽然，自不佞观之，则他日因果之成，将皆出两家之虑外，而破坏保守，皆忧其所不必忧者也。果为国粹，固将长存。"[1]严复指出，国人从前对西学的了解只在商业、火器、术艺和星历方面，随着译书的增多才猛然发现西方之所以强盛背后有学术繁荣作为后盾。西学的确有胜于中国之处，随着国人对西方文明的了解日益加深，对中国文化的自信日损。在对待中国文化的态度上，从表面上看，出现了破坏即激进与保守两派，并且两派的观点殊异。从实质上

1《〈英文汉诂〉卮言》，《严复集》（第一册），中华书局，1986，第 156 页。

看，激进与保守两派的观点别无二致，那就是：都"心谓中国旧学之将废"。显然，严复对两派的观点都不认同，而是坚信中国文化作为"国粹，固将长存"。

进而言之，严复所讲的国粹就是中国人世代薪火相传的中华文化和用中国文字写成的群经，因为其中蕴涵着中国文化的"国性"。值得注意的是，他不仅将群经视为国粹的题中应有之义，而且明确地将国文纳入其中，同时一再强调中国的语言文字即"国文"皆在固守、保存之列。不仅如此，针对当时有人提出中国文字艰深、不适宜儿童学习的问题，严复针锋相对地进行了驳斥。对此，他如是说："夫群经乃吾国古文，为最正当之文字。自时俗观之，殊不得云非艰深；顾圣言明晦，亦有差等，不得一概如是云也。且吾人欲令小儿读经，固非句句字字责其都能解说，但以其为中国性命根本之书，欲其早岁讽诵，印入脑筋，他日长成，自渐领会。且教育固有缮绠记性之事，小儿读经，记性为用，则虽如《学》、《庸》之奥衍，《书》、《易》之浑噩，又何病焉？况其中自有可讲解者，善教者自有权衡，不至遂害小儿之脑力也。果使必害脑力，中国小子读经，业已二千余年，不闻谁氏子弟，坐读四子五经，而致神经瞀乱，则其说之不足存，亦已明矣。彼西洋之新旧二约，辣丁文不必论矣，即各国译本，亦非甚浅之文，而彼何曾废。且此犹是宗教家言，他若英国之曹沙尔、斯宾塞、莎士比儿、弥勒登诸家文字，皆非浅近，如今日吾国之教科书者，而彼皆令小儿诵而习之，又何说耶？"[1] 据此可见，严复承认中国群经是用古文写成的，并在这个前提下反驳了蔑经不读是苦于中国古代文字艰深的理由。他强调，对于中国人来说，汉字也就是严复所说的"吾国古文"是"最正当之文字"，因而不存在所谓的"艰深"问题；况且，读经作为"中国性命根本"从儿童时代开始，并非要求儿童对经文句句能解，关键在于让他们从小耳濡目染，养成对中国文化的热爱。与此同时，严复指出，从世界各国的惯例来看，

1《读经当积极提倡》，《严复集》（第二册），中华书局，1986，第331—332页。

无论西方通行的《圣经》还是拉丁文本皆非浅显之文，至于当时中国教科书中令儿童诵习的莎士比亚、斯宾塞和穆勒等人的文字亦非浅近。这些共同证明，对于包括儿童在内的中国人读经来说，汉字不是问题，外来的艰深文字尚且可学，中国本土的语言文字何难之有？

总的说来，为了扭转蔑经的局面而倡导人们积极读经，严复对当时蔑经的各种借口、理由加以梳理和归纳，最终归结为三种情况。他对此逐一予以反驳，并且最终落实到语言文字——国文上。严复的做法既彰显了国文在国粹中的地位和他对语言文字的重视，也印证了严复关于语言文字是为学之基的观点。议论至此，他对国文与国粹并举，将二者一起归入中国人"所当保守"之列也就成为顺理成章的事了。

第三节　语言哲学的多重意蕴

语言文字是思想的载体，也是文化的基石。严复对中国语言文字即国文的坚守从文化哲学的角度看与他认定文化具有"国性"密切相关，从语言哲学的角度看与循着地理语言学的思路审视语言不无关系。当然，严复的地理语言学旨趣受制于对文化"国性"的关注和彰显。反过来，他对语言地域性的重视从语言哲学的维度印证了文化的"国性"问题。这就是说，严复的语言哲学并不限于语言观，而是与他的文化观、国学观息息相通。出于对语言地域性的彰显，他注重文化的民族性，认识到文化具有"国性"。正是由于这个原因，输入西学、对西学造诣极深的严复最终成为了一位国学家。

一、语言文字与文化的"国性"

比较严复与康有为、谭嗣同的语言哲学可以发现一个耐人寻味的现象，那就是：以公羊学家或中学家面目示人的康有为、谭嗣同秉持文化、语言的进化主义、大同主义，设想在未来的大同社会同一语言文字，具体办法则是以西方的字母文字取代中国的象形文字。以西学家面目示人的严复不惟没有主张取消中国的语言文字，反而呼吁为中国的语言文字争得一席之地。康有为、谭嗣同的主张使汉语汉字丧失了存在的资格，两人因而迷失在世界主义的陷阱中，甚至背离了救亡图存的宗旨。严复则彰显语言文字的地域性和民族性，进而力挺、传承中国的语言文字。

综观严复思想的演变轨迹可以看到，随着他对孔子以及六经地位的提高，国文成为国粹的题中应有之义，中国的语言文字受到高度重视。从这个意义上说，严复对孔子和六经的推崇与康有为相比有过之而无不及。最简单的道理是，康有为虽然极力推崇孔子，甚至宣称"'六经'皆孔子作，百家皆孔子之学"[1]，但是，他却只是领悟孔子的微言大义而不注重研读六经的文字。更为致命的是，康有为主张大同社会同一语言文字，作为象形文字的汉字届时已经被西方的字母文字所代替。皮之不存，毛将焉附？当记载孔子六经的汉字已经不复存在，六经何在？承载孔子思想的六经已经不复存在，孔子的思想何在？康有为以及谭嗣同对汉字的态度受制于全球一体的政治规划和文化上的大同主义、世界主义，暴露出致思方向和价值旨趣上的绝对主义。就康有为来说，当然也与他将孔教视为救中国的下手处而骨子里迷恋佛教乃至道教不无关系。正因为如此，在康有为向往的大同社会，不仅同一语言文字而没有了汉字，而且岸已登矣，孔教之筏"当舍"。难怪有人惊呼，康有为提倡的孔教"貌孔夷心"，孔教从根本上说是"康教"而非孔教。

在中国近代特殊的历史背景和政治局势下，如何在世界多元文化的语境中突出中国文化的民族性、主体性成为坚守中华民族精神的迫切课题。面对康有为、谭嗣同的做法反观严复对语言文字的看法特别是对中国语言文字即国文的

1《万木草堂口说·学术源流》，《康有为全集》（第二集），中国人民大学出版社，2007，第145页。

坚守，可以更加直观地体悟其中的民族情愫和国学家的情怀。可以看到，作为西学家的严复不惟没有因为习外文而主张同化语言或取消汉字，反而呼吁在固守国粹中保存国文。通过对严复语言哲学的深入探究不难发现，外文与国文在他那里并行不悖。如果说外文与国文并行不悖证明了严复对语言文字地域性的肯定和尊重的话，那么，两相比较，他显然更推崇国文。道理很简单，这是由严复国学家的身份和诉求决定的。正如就中学与西学相比而他更推崇中学一样，严复介绍、宣传西学归根结底是为了光大中学。

问题到此并没有结束，基于语言的地域性，作为翻译家，凭借翻译西书、介绍西学而被载入史册的严复甚至宣称，对于一个人来说，乡音乡情，只有本国语言才是最适合的，由本国语言文字记载、传承的文化是人的精神命脉和情感慰藉。对于中国人来说，中国的语言文字不可须离，中国文化不可或缺。这是因为，中国文化是中国人之所以成为中国人的资格，是中国的立国根基。循着这个逻辑，他强调，凭借翻译，不能窥见他国文化的微言大义。对于其中的道理，严复作出了如下解释："昔英博士约翰孙有云：'民无论古今也，但使其国有独擅之学术，有可喜之文辞，而他种之民，有求其学术，赏其文辞者，是非习其文字语言必不可。文字语言者，其学术文辞之价值也。夫入市求物，不具价者无所得也，矧文辞之精，学术之宝贵者乎'？此其言尽之矣。又使反而观之，仲尼之述作，莫大于《易》、《春秋》，今使西人欲会其微言，考其大义，则译而求之，可乎？秦汉之文辞，屈原之《离骚》，司马迁氏之《史记》，非绝作欤？今使西人欲知其悃款之诚，赏其弔诡之观，则译而求之，得乎？"[1] 按照严复的说法，文化是一个有机体，学术思想与语言文字便属于文化的体与用。正如文化有机体的体用不可分离一样，若要学习一国之文化之体——学术，就必须通晓此种文化之用——语言文字。既然如此，以一种语言文字翻译另一种

1《〈英文汉诂〉卮言》，《严复集》（第一册），中华书局，1986，第153页。

语言文字承载的学术、文化是不可行的，不同语种的语言文字之间压根就无法翻译！严复的议论不仅将他的地理语言学的致思方向和价值意趣推向了极致，而且使人想起他翻译西方著作时的意译方式乃至以作代译。既然以一种语言文字翻译另一种语言文字承载的学术是不可能的，那么，在以汉语汉字翻译西学的过程中，执着于直译还是意译便没有了必要，甚至是否符合原义也成了多余的问题。或许正是由于这个原因，严复才在《天演论》"自序"中敢于直言不讳地宣称自己的翻译是否与原文相符"佥所不顾也"。

与翻译外国著作时的随意删节、夹译夹议甚至以作代译形成强烈对比的是，严复提倡尊孔读经时要求尊重经典之原貌，万万不可对经典"妄加删节"——儿童读经如此，大学生读经也不例外。对于师范院校的学生读经，严复同样坚持对经典"不宜删节"。对于如何读经，他的设想是："读经自应别立一科，而所占时间不宜过多，宁可少读，不宜删节，亦不必悉求领悟；至于嘉言懿行，可另列修身课本之中，与读经不妨分为两事，盖前者所以严古尊圣，而后者所以达用适时。"[1] 从中可见，在时间不多的情况下读经，严复的取舍是宁可"少读"也不可"删节"。这表明了他对群经的尊重、恪守乃至奉若神明，深层根源是经文与经义之间用与体不可分割的有机体理念。表面上看，严复对待西方著作与对待中国群经的态度反差极大，其中流露出他的良苦用心以及对中学与西学的不同态度。从文化有机体的角度审视严复的做法，这一切似乎是必然的。当然，严复的文化有机体理念与他彰显文化民族性的立场相互作用，由此汇成了独特的语言哲学。

二、语言文字与文化互鉴

循着文化有机体的逻辑和思路，严复反对通过转译输入外国文化。尽管如

---

1 《与熊纯如书》，《严复集》（第三册），中华书局，1986，第615页。

此，他并不反对通过学习外国语言文字学习外国文化。恰好相反，严复认为，习外文、通外学是有益的，也是必须的。这具体包括三个方面：第一，他指出，习外文、通外学是"通外情"的必经之路，对于中国近代的救亡图存更是必由之路。这不惟是因为只有知己知彼才能百战不殆，更重要的是洋枪洋炮是打败土枪土炮的胜利保障。第二，严复承认人类文化是一个大的有机体，各国的文化之间是相通的。他援引庄子的话语结构称之为"道通为一"，并对中国与西方文化进行互释。有鉴于此，严复指出，在习外文、通外学之后，对中国学术可得神解。第三，他认为，习外文、通外学可以对中国与西方文化进行比较，以外学为参照和借鉴，在中国与西方文化的互释中，为中国文化取长补短。

严复与梁启超、章炳麟等人一样将中国特有的语言文字视为国学的题中应有之义，故而对国文倍加珍惜。不同的是，严复对语言文字的地域性、民族性的彰显和对中国语言文字的坚守是在西文、西学的映衬下完成的，因而将中国近代哲学和文化建构全球化、多元化的历史背景和文化语境推向了极致。不仅如此，对于严复来说，正如治西学是为了以西学"回照故林"、补益国学一样，最吸引他或者说最令他感兴趣的是，通西文和西学之后，读中国书可得神解。通过对中国与西方文化的比较，严复深刻洞察到中国文化的微言大义，从中体悟出中国文化的博大精深，甚至得出了西方哲学的内容超不出《老子》第一章的"同谓之玄，玄之又玄，众妙之门"这十二个字的结论。从这个意义上说，严复对中国语言文字的提倡与梁启超、章炳麟等人专注中国的语言文字不尽相同。可以看到，以西文与中文相互对照以及将西方思想与中国典籍相互诠释成为严复解读中国经典、进行国学研究的基本特征，也成为有别于其他近代哲学家的特有方式。

在中国近代特殊的历史背景和文化语境中，中西之争与古今之争既相互独立，又相互牵涉。严复的语言观蕴含着他的国学观、文化观，同时交织着他的中学观、西学观和中西文化观。正是由于这个原因，他的语言哲学既关涉中文、中学与西文、西学的关系，又关涉文言文与白话文的关系。在这方面，严复力挺文言文而反对白话文，指出中国的语言文字经历了一个传承而演变的过程，传承越久远，积累越丰富。这表明，中国的语言文字作为历代中国人数千年智慧的结晶，寄托着中国人的情感和智识。对于中国的语言文字来说，古只代表历史悠久，而非陈旧过时之谓。正是在这个意义上，严复断言："且求语言文字之通也，岂独一字一音习其散焉者而已。往往字与音散则犹是也，而倚合参两焉，其意义乃大异。况乎一种之存，一国之立，垂数千年，则其中必有聪明睿智之民，其思虑知识，所大异于凡民者，会其声而成辞，此其文以见意。而闻者或默以识，或笔于书，而一物之精理以明，一心之深情以达，历世既多，而所积弥富，此吾文字相传之所以称古也。"[1] 按照他的说法，语言文字凝聚着文化的赓续，时代久远也就意味着经受住了时间和历史的考验。正是由于这个原因，语言文字之久寓意着古，而古并不能成为废弃的理由，反而成为倍加珍惜、发扬光大的资本。这就是说，严复在提议习西文、通西学的同时倡导保存国文，并且出于对中国语言文字中蕴涵的文化传统和智慧积累的尊重而对古文情有独钟。

更有甚者，出于捍卫古文的目的，严复以文言文翻译西书，并且反对新文化运动者提倡的白话文运动，对陈独秀、胡适和钱玄同等人的观点更是反复予以驳斥。例如，严复在写给友人的信中如是说：

> 北京大学陈、胡（指陈独秀、胡适——引者注）诸教员主张文白合一，在京久已闻之，彼之为此，意谓西国然也。不知西国为此，乃以语言合之文字，而彼则反是，以文字合之语言。今夫文字语言之所以为优美者，以其名辞富有，著之手口，有以导达要妙精深之理想，状写奇异美丽之物态耳。如刘勰云：'情在词外曰隐，状溢目前曰秀'；梅圣俞云：'含不尽之意，见于言外，状难写之景，如在目前'；又沈隐候云：'相如工为形似之

1《〈习语辞典集录〉序》，《严复集》（第二册），中华书局，1986，第358—359页。

言，二班长于情理之说。'今试问欲为此者，将于文言求之乎？抑于白话求之乎？诗之善述情者，无若杜子美之《北征》；能状物者，无若韩吏部之《南山》。设用白话，则高者不过《水浒》、《红楼》；下者将同戏曲中簧皮之脚本。就令以此教育，易于普及，而斁弃周鼎，宝此康瓠，正无如退化何耳。须知此事，全属天演，革命时代，学说万千，然而施之人间，优者自存，劣者自败，虽千陈独秀，万胡适、钱玄同，岂能刼持其柄，则亦如春鸟秋虫，听其自鸣自止可耳。林琴南辈与之较论，亦可笑也。[1]

在这里，严复阐明了自己的语言理念，即"文字语言之所以为优美者，以其名辞富有，著之手口，有以导达要妙精深之理想，状写奇异美丽之物态"。以此为标准，他历数古文的优长，其中有两点格外引人注目：第一，严复肯定中国语言文字的特性，关注语言文字传递出的言外之意，与章炳麟一样推崇中国语言文字的蕴藉义丰。第二，严复肯定语言文字的功能是"述情"与"状物"，认定文言文在这两方面都优于白话文。他举的例子是，在"述情"方面，杜甫的《北征》是执牛耳者。在"状物"方面，韩愈的《南山》独领风骚。严复强调，假如使用白话文的话，最高也不过如《水浒传》《红楼梦》那样流于通俗之物，下者则如"同戏曲中簧皮之脚本"。议论至此，结论不言而喻：文言文不可废，白话文不可取。陈独秀、胡适和钱玄同等人的做法无疑是弃周鼎而宝康瓠，结果只能是导致语言文字的退化。在此基础上，严复重申了语言之事"全属天演"，遵循优胜劣汰的法则。

饶有趣味的是，严复在这里将杜甫的《北征》与韩愈的《南山》相提并论，分别奉为中国诗歌中"述情"与"状物"的杰作，与谭嗣同对中国诗文的鉴赏具有异曲同工之妙。谭嗣同写道："宋人以杜之《北征》，匹韩之《南山》，纷纷轩轾，闻者惑焉。以实求之，二诗体兴篇幅，各有不同，未当并论。夷岸于

1《与熊纯如书》，《严复集》（第三册），中华书局，1986，第 699 页。

谷，雄鸣求牡，岂有当乎？杜之《北征》，可匹韩之《赴江陵》及《此日足可惜》等诗。韩之《南山》，惟白之《悟真寺》乃劲敌耳。"[1]在谭嗣同的视界中，宋人喜欢拿杜甫的《北征》与韩愈的《南山》进行比较，这样做并不合适，结果只能在高下优劣的聚讼纷纭中令人迷惑。如果真要比较的话，应该拿韩愈的《赴江陵》《此日足可惜》与杜甫的《北征》相比，拿韩愈的《南山》与李白的《悟真寺》相比。与此同时，严复称赞杜甫的《北征》属"善述情者"之最，与梁启超称赞杜甫擅长表达情感即"表情"、进而将杜甫誉为"情圣"高度契合。

严复一面认可刘勰、沈约和梅尧臣的语言观，并且称赞司马相如、班超、班固、杜甫和韩愈等人在诗文方面的成就；一面驳斥新文化运动者的语言观，被严复点名批判的除了陈独秀、钱玄同之外，还有胡适。作为文言文与白话文之争的双方代表，严复与胡适的语言哲学势不两立。正如严复驳斥胡适提倡白话文运动一样，胡适对严复的语言哲学高度关注。例如，胡适在对"五十年来中国之文学"的回顾和总结中，特意在介绍严复翻译的《天演论》时提到了文言问题。胡适这样写道："我们在这里应该讨论的是严复译书的文体。《天演论》有'例言'几条，……当时自然不便用白话；若用白话，便没有人读了。八股式的文章更不适用。所以严复译书的文体，是当日不得已的办法。我们看吴汝纶的《天演论序》，更可以明白这种情形。……严复用古文译书，正如前清官僚戴着红顶子演说，很能抬高译书的身价，故能使当日的古文大家认为'骎骎与晚周诸子相上下'。……严复译的书，有几种——《天演论》，《群己权界论》，《群学肄言》——在原文本有文学的价值，他的译本在古文学史也应该占一个很高的地位。……这种文字，以文章论，自然是古文的好作品；以内容论，又远胜那无数'言之无物'的古文：怪不得严译的书风行二十年了。"[2]作为"文学革命"的倡导者，胡适提倡白话文。他对严译西方著作的评价也是从

1《石菊影庐笔识·思篇》，《谭嗣同全集》，中华书局，1998，第148页。

2《五十年来中国之文学》，《胡适全集》（第二卷），安徽教育出版社，2007，第274—277页。

语言——古文的角度切入的，并且道出了严复采用古文翻译西方著作与严译西学的流行之间具有内在关联。胡适没有认识到一个重要问题，那就是：严复采用文言文而没有采用白话文翻译西方著作与他对古文的偏爱一样出于保存国粹的考虑。对于严复来说，国文是国粹的一部分，故而在宜当"保守"之列。

综上所述，严复拥有自己的语言理念，建构了独特的语言哲学。与坚持文化的地域性、民族性一脉相承，他恪守语言的地域性和民族性。总而言之，在坚守语言文字的地域性、民族性的维度上，严复与康有为、谭嗣同的语言理念天差地别，而与梁启超的观点较为相近。秉持世界主义、大同主义的学术立场和致思方向，康有为、谭嗣同坚信语言文字处于进化之途，西方的字母文字作为进化的高级阶段优于中国的象形文字。循着这个逻辑，两人设想，在未来的大同社会同一语言、同化文字，基本方案是以西方的字母文字取代中国的象形文字。更有甚者，康有为提出了全球同一语言——世界语的设想和设计。严复坚守语言文字的地域性，彰显中国语言文字的民族性。这就是说，在肯定中国语言文字合法性的问题上，严复与康有为、谭嗣同的观点迥异其趣，而拉近了与梁启超之间的距离。梁启超与严复一样注重文化的民族性、地域性，进而彰显语言文字的地域性和民族性。与此同时，梁启超肯定语言文字与民族心性密切相关，并且有助于增强民族的凝聚力和向心力。或许正是由于观点相近，梁启超对严复的语言哲学推崇备至。例如，1920 年，梁启超作《清代学术概论》，在书中对严复的《英文汉诂》大加赞赏，并将之与《马氏文通》相提并论。梁启超写道："近世则章炳麟之《小学答问》益多新理解。清儒以小学为治经之途径，嗜之甚笃，附庸遂蔚为大国。……而马建忠学之以著《文通》，严复学之以著《英文汉诂》，为'文典学'之椎轮焉。而梁启超著《国文语原解》，又往往以证社会学。"[1] 梁启超肯定严复的《英文汉诂》与马建忠的《马氏文通》

1《清代学术概论》，《梁启超全集》（第五册），北京出版社，1999，第 3074 页。

是语言学的创始之作，对《英文汉诂》的评价之高可见一斑。值得注意的是，梁启超在这里提到了自己的《国文语原解》，从一个侧面印证了与严复的分歧。事实上，严复与梁启超的语言哲学存在不容忽视的差异，故而不可同日而语：第一，从学术身份来看，严复是翻译家，梁启超是社会学家。不同身份决定了两人循着不同思路审视语言，对语言的解读、诠释渐行渐远。例如，德国思想家洪堡特指出："语言仿佛是民族精神的外在表现，民族的语言即民族的精神，民族的精神即民族的语言。"严复、梁启超都肯定语言文字承载民族精神，因而彰显中国语言文字的民族性、自主性，故而与康有为、谭嗣同等人背道而驰。尽管如此，严复、梁启超对语言文字的民族性的审视和解读大相径庭。一言以蔽之，作为翻译家，严复精通外语、深谙西学，可以对中文与外文进行比较，进而从中洞悟、概括中国语言文字的独特性。正如期待通过对文字的解读作成"民族思想变迁史""社会心理进化史"一样，梁启超热衷于从历史的维度审视中国的语言文字，看中语言文字隐藏的社会信息。第二，从学术意趣来看，严复具有哲学情结，侧重从哲学的高度思考语言问题，形成了较为系统的语言哲学。梁启超好史，习惯于从历史的角度审视语言。循着哲学与史学的不同视域，严复、梁启超对语言的解读从不同维度展开。基于形而上学情结，严复侧重从本末观、道器观的高度审视语言文字：在本末的维度上，严复认定语言是末，精神是本。于是，严复写道："国语者，精神之所寄也；智慧者，国民之所以为精神也。颇怪执事不务尊其精神，而徒尊其精神之所寄也。"[1]在道器的维度上，他认为，语言是器，民族精神是道。严复断言："然则语言文字固不足以为学，然而非此欲求其所谓学者，则其势不能，此所以其道虽小，而必不可忽也。"[2]这就是说，民族精神必须依赖语言文字而存在，语言文字对于民族精神的传承功不可没，同时也与爱国情感密不可分。梁启超侧重将语言归

1《与〈外交报〉主人书》，《严复集》（第三册），中华书局，1986，第562页。

2《〈习语辞典集录〉序》，《严复集》（第二册），中华书局，1986，第358页。

为小学，因而将"文字学"归为国学中的"文献学"而不是"德性学"。对于"文字学"，梁启超设想："我们的单音文字，每一个字都含有许多学问意味在里头。若能用新眼光去研究，做成一部《新说文解字》，可以当作一部民族思想变迁史或社会心理进化史读。"[1] 据此可见，梁启超将"文字学"纳入国学视野，汉字便成了国学的题中应有之义。在他的眼中，通过中国的文字既可以写成一部"民族思想变迁史"，又可以写成一部"社会心理进化史"。如果说以中国文字书写中国的"社会心理进化史"与梁启超作《国文语原解》"以证社会学"一样彰显了他的社会学家身份和旨归的话，那么，以中国的文字书写中国的"民族思想变迁史"则印证了梁启超对中国文字凝聚中华民族精神的肯定。饶有趣味的是，无论他以中国的语言文字书写"社会心理进化史"还是"民族思想变迁史"都让文字以"史"的形式呈现，故而共同流露出梁启超的史学情结。至此可见，严复、梁启超对中国语言文字的解读、诠释和论证从不同维度展开，展示了不同的致思方向和价值意趣。大致说来，严复从横的维度展开，通过中国与西方语言文字的比较进行；梁启超从纵的维度展开，侧重语言文字的历史信息。

1《治国学的两条大路》，《梁启超全集》（第七册），北京出版社，1999，第 4068 页。

第十章
宗教理念与宗教哲学

  严复对宗教问题高度关注，不仅探讨了宗教的起源、类型和演变轨迹，而且概括了宗教的分布状况。在对世界宗教的概括中，他着重介绍了基督教及其传播，特别是基督教在华的传教历史。与此同时，严复从宗教与不可知、与道德、与科学以及与自由的关系入手，反复对宗教概念予以厘清，形成了自己的宗教哲学。严复关注宗教问题迫于基督教的强势入侵，与中国近代的救亡图存与思想启蒙密切相关。通过对宗教问题的研究，他具体分析了中国的宗教状况和中国与西方宗教的差异，断然否定通过保教可以保国保种，并且针锋相对地提出了"自强保种"的主张。严复的宗教观与他的哲学观、孔教观一脉相承，在某种程度上扭转了康有为、梁启超等人的泛宗教倾向，其中隐藏的矛盾同样令人深思。

第一节　宗教问题

  严复的有机体情结明显而执着，这表现在翻译西学上便是力求体用兼备，囊括诸多学科，其中就包括宗教学。可以看到，他翻译的西方著作在学科上涵盖进化论、经济学、逻辑学、政治学、法学、教育学和社会学等诸多领域，此外还有宗教学，也就是英国人宓克的《支那教案论》。《支那教案论》虽然并非宗教理论专著，然而，严复在按语中表达了自己对宗教的看法，与此同时，在介绍、宣传西方思想时，他对宗教多有涉猎，并且介绍了孔德、斯宾塞、亚当·斯密和孟德斯鸠等人的宗教思想。在此过程中，严复对宗教问题进行深入思考，不仅探究了宗教的起源、类型、地理分布和演变轨迹，而且在概括、梳理世界宗教时对基督教代表的西方宗教予以重点关注和探究。

一、宗教起源

在对宗教的关注中，严复追溯了宗教的起源问题。他将宗教问题纳入到社会学中予以审视，侧重从宗教与社会的关系入手揭示宗教的起源。对于宗教，严复的总体看法是："民业贵贱之分肇于智慧者为多，而始于武力者为少。智慧首争于巫医，由巫医而生君长。具有巫医滥觞而演为今日之二类人：一曰宗教家，又其一曰学术家。是二类之民至今反对，不知其至何日乃合为一途者也。夫巫医之徒皆以使物通神，弹厌呵禁为能事，旱能致雨，潦使放晴，而又有前知之验。则由是而有研究物情，深求理数之人，夫如是谓之学术家；又由是而有笃信主宰，谓世间一切皆有神权，即至生民，其身虽亡，必有魂魄，以为长存之精气者，如是谓之宗教家。宗教、学术二者同出于古初，当进化程度较浅之时范围极广，而学术之事亦多杂以宗教观念，无纯粹之宗风，必至进化程度日高，于是学术之疆界日涨，而宗教之范围日缩。二者互为消长，甚者或至于冲突，此至今而实然者也。"[1]依据严复的分析，宗教是社会分工的结果，社会分工在少数情况下始于武力，在大多数情况下则是智慧的产物，宗教便属于后者。具体地说，人类智慧的"首争者"不外乎巫医两家；在后来的社会发展和演化中，巫演变为宗教，医则演变为学术。基于上述分析，他进而指出，宗教与学术的关系是双重的：第一，宗教与学术同出一源，正如"巫医之徒皆

1《天演进化论》，《严复集》（第二册），中华书局，1986，第316—317页。

以使物通神，弹厌呵禁为能事，旱能致雨，潦使放晴，而又有前知之验"一样，"学术之事亦多杂以宗教观念"。这表明，宗教与学术的内容往往相互混杂，二者不可截然分开——这一点在人类社会初期表现得尤为明显和突出。第二，宗教与学术随着社会的进化程度日高而渐行渐远，巫术与医术以及宗教与学术判然分明，乃至相互冲突。正是由于这个原因，在文明社会，宗教与学术势不两立，二者的势力范围呈现出此消彼长之势——"学术之疆界日涨，而宗教之范围日缩"。

在宗教起源问题上，严复特别介绍了孔德和斯宾塞的观点。对此，严复这样写道：

> 然则宗教滥觞又何如？宗教起点，其存于今有二说焉。其一发于法人恭特（Comte，现通译为孔德，严复有时翻译译为恭德——引者注）；其一发于斯宾塞。二家之说皆有真理，而后说尤胜。请今先明其第一说。彼谓人之心理不能安于所不知，而必从而为之说也，又往往据己之情以推物变，故物变必神鬼之所为。而是神鬼者，又有喜怒哀乐爱恶之事，是故宗教之起，必取山川阴阳而祀之。震电风涛之郁怒，日月星慧之流行，水旱历灾之时至，彼之智不足以与其所以然也，则以为是有神灵为之纲维张主。神之于物变，犹己心志之于百为，故其祠山川、祀阴阳也，所祀所祠非山川阴阳也，祇畏其主之神而已。是说也，其所据之心理公例，所弥纶至广。凡古人之拜明神、警天变，皆可用此例以为推。且由是而知必科学日明，而后宗教日精，宗教日精由迷信之日寡也，宗教、迷信二者之不可混如此也。

> 此其说固然。然以谓一切宗教之兴皆由是道，则吾人又未敢以其义为无漏而其说为至信也。盖使即野蛮人，抑村里小民之心理而实验之，未见其于物变恒作介介之推求也。旦作夕息，鼓腹含哺，纯乎不识不知而已。问以日月之所以周流，霜露之所以时施，彼将瞠目而应曰：是之为物固如

是也。夫即两问之物变而叩其所由然，如是而不能通，乃以为是居无事而披拂之者有鬼神焉，其情如已，是其时圣哲之事也，而非所望于蚩蚩然休养生息者矣。彼以谓主变有神，而神又无形气之可接。则神鬼观念，彼必先成之于心，夫而后可举以推物变明矣。而是鬼神之观念，果何自而起欤？[1]

孔德是西方现代哲学中实证主义的创始人，与严复推崇的穆勒和斯宾塞一样是恪守不可知论的实证主义哲学家。严复肯定孔德是社会学（Sociology，严复又音译为梭休洛支或梭休罗支，意译为群学）的奠基人，并且介绍了孔德的社会学和经济学理论。严复写道："群学西曰梭休洛支。其称始于法哲学家恭德。彼谓凡学之言人伦者，虽时主偏端，然无可分之理，宜取一切，统于名词，谓曰群学。即如计学，亦恭德所指为不能独立成专科者也。"[2]据此可知，严复尽管对孔德包括社会学在内的思想是熟悉的，然而，他却没有翻译孔德的著作。与对待孔德的态度大相径庭，严复将斯宾塞的《社会学原理》翻译为《群学肄言》，对斯宾塞以天道贯通人道的哲学大全即《综合哲学体系》更是赞不绝口。事实上，孔德与斯宾塞一样是著名的社会学家，并且与斯宾塞一样将社会的存在、发展与宗教联系起来。或许是由于这个原因，严复对两人关于宗教起源的观点均表示认同，断定"二家之说皆有真理"。在这个前提下，严复偏袒斯宾塞的学说，断言斯宾塞关于宗教起源的观点比孔德略胜一筹——"后说尤胜"。

孔德认为，人类社会的形态与知识的发展互为表里，并据此将之划分为三个阶段：第一阶段是宗教，第二阶段是形而上学，第三阶段是实证主义。在社会的初级阶段，知识的有限使人不能解释各种自然现象，由此造成人对不可知之物的畏惧。为了慰藉出不可知带来的恐惧，人认为万物通神而对之顶礼膜

1 《天演进化论》，《严复集》（第二册），中华书局，1986，第317—318页。
2 《国计学甲部》（残稿）按语，《严复集》（第四册），中华书局，1986，第847页。

拜。由于此时的科学尚无力对各种自然现象作出解释，在"人之心理不能安于所不知"的情形下，宗教应运而生。这表明，宗教起源于无知。深入剖析不难发现，孔德对宗教起源的认识侧重人的心理原因，断言宗教的产生与不可知密不可分，从致思方向上看与他的实证主义哲学互为表里。孔德的这个观点与严复对宗教起源的解释若合符契，严复因而认定"此其说固然"，并将之与斯宾塞对宗教起源的看法一起归为"真理"。

与此同时，严复指出，孔德关于宗教起源的观点对是对了，却不全面。原因在于，如果像孔德那样断言宗教皆源于对不可知的恐惧——"一切宗教之兴皆由是道"的话，绝非"无漏而其说为至信"。严复进一步揭露说，孔德关于宗教起源的漏洞或不全面之处在于：对于原始人来说，大多生活在无知亦无识的状态之中，推究万物由来者充其量只是极少数人。这意味着绝大多数人并不可能具有宗教观念或宗教意识。即使就极少数具有宗教意识的人来说，他们赋予万物的神灵观念又从何而来？孔德并没有对这些问题予以解答。相比之下，斯宾塞的宗教起源说则较好地解释了这些问题。于是，严复接着写道：

> 斯宾塞之言宗教起点也则不然。彼谓初民之信鬼始于人身，身死而游魂为变实，而尚与人间之事，如是名曰精气观念 animism。乃从而奉事之，亲媚之，以析人事之福利。惟先位此而后推之为魁，为天神，而宗教之说乃兴。故宗教者，以人鬼为起点者也。然而人鬼之信又何从昉乎？曰始于以人身为有魂魄也，信人身之有魂魄，又由于生人之有梦。浅化之民以梦为非幻，视梦中阅历无异觉时之阅历也。以梦为非幻，于是人有二身，其一可死，其一不可死。又因于生理学浅，由是于迷罔失觉、诸暴疾无由区别，而不知似死真死之分。谓似死则暂死而魂返，真死则长往而魂不返，于是有橐〔来〕复招魂之事，以灵魂为不死而长存。此中国古制，一切丧礼祭仪之所由起也。
>
> 民之造像范偶而拜之者，非信是像偶为有灵也，亦谓有神灵焉主是像

偶者。则由是而有多神之教，多神而统之以一尊，则由是而有太岁，有玉皇，浸假而多神之说不足存，于是乎有无二之上帝，此读内〔旧〕新二约可以得进化之大凡者也。[1]

与孔德侧重从人的心理入手揭示宗教的起源，进而将宗教的产生归结为由于不可知而引发的心理恐惧有别，斯宾塞认为，先民的宗教观念始于对自身的认识。人起初相信死后灵魂不死，故而事奉之；之后，进一步由人死后的灵魂不死推及万物有灵，宗教意识由此而起。这就是说，宗教起于人鬼之际，正如做梦现象使先民相信人之灵魂可以离开形体而独立存在一样，原始人将人的死亡视为灵魂永远摆脱体魄而成为鬼神，这便是宗教意识的萌芽。严复认为，斯宾塞对宗教起源的解释在宗教由多神教到一神教的演变中得到了证实，因而更具有说服力。有鉴于此，尽管严复对孔德、斯宾塞关于宗教起源的观点都有肯定，然而，从根本上说，他对宗教起源的理解与斯宾塞更为接近。

上述内容显示，通过对宗教起源的探究，严复得出了三个结论：第一，他强调，宗教与不可知如影随形。人最感恐惧的不是痛苦本身，而是对未来的不可预知。人对不可知之物的畏惧与生俱来，这种恐惧甚至无法完全摆脱。循着这个思路，严复始终凸显宗教与不可知的密不可分，并试图从不可知论的角度揭示宗教产生和存在的根源。他声称："培根曰：人之畏死，犹小儿之畏空虚，非畏其苦也，畏其不可知而已。故使当前可乐，彼必不取所不可知者而尝试之也。乃至生极无憀，愿望尽绝，其趋死甘如饴耳。故老氏曰：'民不畏死。'死之不足畏，以生之无可欣。"[2]这就是说，面对不可知之境，人们只能依靠宗教来摆脱恐惧，试图凭借宗教信仰寻求心灵的慰藉。正是由于这个原因，正如生无可乐便不惧怕死亡一样，人身处快乐之中也就不可能关注不可知之事。从这

1《天演进化论》，《严复集》（第二册），中华书局，1986，第318—319页。

2《法意》按语，《严复集》（第四册），中华书局，1986，第1014页。

个意义上说，宗教的产生与不可知尤其是身陷痛苦之中密不可分，人越是恐惧、绝望，越需要宗教的慰藉。第二，严复认为，宗教与信仰相随，宗教信仰主要表现为信仰鬼神。这一观点使他对宗教的界定固定而具体，既避免了宗教的泛化，又与康有为、谭嗣同和梁启超等其他近代哲学家对宗教的界定、理解区别开来。与认定宗教与信仰如影随行息息相关，严复根据"精气为物，游魂为变"一语认定《周易》讲宗教，孔子的思想是宗教。第三，严复通过对宗教起源的探究确信，宗教皆言灵魂和死后之事，因而是不可消除的。

二、宗教类型

严复将宗教的起源、演变与社会进化、文明程度联系起来予以审视，进而判定宗教的前景堪忧。通过追溯宗教演变的历史，他得出了由低级的多神教进入到高级的一神教是宗教进化法则的结论。对于这个问题，严复如是说："有社会必有宗教，其程度高下不同，而其有之也则一。然则宗教者，固民生所不可须臾离者欤？世之以宗教为业者，必以其教主为通上帝，谓膺命受箓之家，玄符通神，不可訾议。又为之徒侣者，自受法具仪之后，必负导扬传布、度世救人之义务。盖自彼意而言之，若生人舍此一切法，皆空花无实也者，其重也如此。故其事与民群进化有绝大之关系，特较法政所以治其驱〔躯〕骸，制其行谊者，进退左右之能，殆过之而无不及，是不可不取其起点、状态而细论之耳。景教士之四出传道也，见五洲崇信樊然，不同其小同，以己之道为独挚，而其余皆外道。久之乃见异数中大有从同之点，且诸教即与己教亦有从同之点。往者犹大教以希百来为选民，耶和华独于其种有〈神〉灵降衷之事，乃最后而适美洲，见红种人亦有大神之说，则于是以为〈神〉灵之事随土有之。谓初皆一神之教，由是民种退化，渐丧本来，而后有多神以下诸教。然而最初之神理，虽于程度极低之宗教，继可认取云云。虽然此说实谬，而征诸事实，乃一无佐证之可言。一神之教决非最初，以天演眼庄〔法藏〕观之，乃在末第二级。"[1] 在他看来，只要有社会的存在，就必然有宗教。社会的进化表明，宗教会随着社会历史的发展和文明程度的提高呈现出区分。宗教演变的轨迹表明，宗教具有多神教与一神教之分，二者之间存在高下之别。换言之，多神教、一神教是两种不同的宗教类型，分属于两种不同的宗教形态。循着这个思路，严复具体介绍了宗教的不同形态，同时对宗教的种类进行区分。在此过程中，除了多神教、一神教之外，他还提到了有神教、无神教以及儒教、道教和土教等名目繁多的宗教样式和形态。

　　严复通过对世界宗教状况的概括和考察，以地理分布和演变程度为标准，对各地宗教进行区分。对此，他写道："欧洲诸教，皆起安息大食之间，一曰犹太，二曰基督，三曰摩哈穆（现通译为伊斯兰教——引者注）。而基督、摩哈穆流布最广。基督者，耶稣也，本犹太人，故因犹太旧教，起为新宗，垂二千年。其支流最众，曰希腊，曰罗马。罗马又号公教，指斥公教者，则修教也。修教有路得（Martin Luther，现通译为马丁·路德——引者注），有葛罗云（Calvin，现通译为加尔文——引者注），而行于诸国者，又各少异。此非专攻讨论，则无由知其正变沿革者矣。顾基督之流虽多，要皆以耶稣为帝子，皆信其降生杀身，以赎人类本生之罪孽者也。……雪山恒河之间，是为印度。印度有圣人曰佛，其立教以无神为本旨。故其竖义，能空诸有，而立最高之说，行于日本支那者，盖两千载矣。"[2] 在严复的视界中，欧洲存在的宗教分为犹太教、基督教与伊斯兰教，其中，基督教和伊斯兰教传播最广。基督教在二千年的流传中教派众多，都信仰耶稣基督。基督教源于犹太教，以罗马的天主教与希腊的东正教为最。罗马天主教是公教，经过宗教改革的基督教称为新教，新教以马丁·路德教和加尔文教最著名。虽然基督教、犹太教与伊斯兰教的教义各不相同，但是，三教皆属于一神教，或曰高级宗教。恒河流域的印度

1　《天演进化论》，《严复集》（第二册），中华书局，1986，第 317 页。
2　《原富》按语，《严复集》（第四册），中华书局，1986，第 910—911 页。

信奉佛教，佛教是无神教。佛教宣扬诸法性空，流传至中国和日本，已经具有两千多年的历史。严复对世界宗教分布的概括和对各种宗教的勾勒言简意赅，各个区域、各种类型的宗教皆囊括其中。可以看到，他的梳理、勾勒以地理分布与信仰对象为经纬线，依据信仰对象的不同将宗教划分为多神、一神与无神三种类型。严复对宗教类型的梳理和划分线索明朗，逻辑周延，让人对世界宗教的存在状况一目了然。

不用太多留意即可发现，严复这里的说法与前面的说法之间隐藏着一个逻辑矛盾，集中体现在对于无神论是否属于宗教的认定上。如上所述，根据对宗教起源的考察，严复判定宗教起于信仰，而宗教信仰有别于一般信仰之处便是崇拜鬼神，信仰灵魂不死。从这个意义上说，对鬼神的崇拜是宗教的本质特征，鬼神信仰或鬼神崇拜对于任何宗教都不可或缺。循着这个思路，宗教可以有多神教与一神教之分，却不可能有有神教与无神教之别。换言之，既然宗教信仰鬼神便属于有神论，既然有神论才可能成为宗教，那么，宗教类型中怎么可能出现无神论？作为无神论的佛教自然不能成为宗教。在这个前提下，严复将佛教列入对世界宗教的考察中，让人不禁心生疑窦：佛教究竟是不是宗教？依据严复的一贯看法，佛教并不主张灵魂不死，甚至压根就否认灵魂的存在。他甚至特意强调，佛教所讲的喀尔摩（karma，意译为业，又音译为羯磨或羯摩）并非指灵魂。对此，严复断言："真不主灵魂者独佛耳！其所谓喀尔摩，与其所以入涅槃而灭度者，皆与诸教之所谓灵魂者大殊。"[1]面对他的说法，人们不禁要问：诚如严复所言，既然佛教不主灵魂，那么，他为何将佛教纳入到对世界宗教的考察之中？既然严复声称宗教皆言灵魂，那么，不言灵魂之佛教缘何被他归入到宗教之中？如果佛教是宗教，作为宗教的佛教为何不崇拜鬼神乃至不言灵魂？进而言之，在严复勾勒的宗教由多神教向一神教的演变中，

1《法意》按语，《严复集》（第四册），中华书局，1986，第1016页。

佛教处于何种序列？对于诸如此类的问题，他由始至终都没有进行过解释或说明。正因为如此，严复对宗教类型的划分相互抵牾而无法自洽，特别是对佛教是否是宗教的判定始终处于矛盾之中。

三、宗教考察

严复对宗教的考察侧重基督教，尤其是追溯了基督教在华传教的历史。宗教问题之所以在中国近代备受关注，迫于基督教的强势入侵以及由此引发的中国各地教案迭起和中国人的信仰危机。

特殊的历史背景、文化语境和现实需要使严复对世界宗教的考察侧重基督教，在探究基督教的教旨演变和地理分布的基础上，将考察的重点放在基督教入华的历史上。正是在这个意义上，严复写道：

> 考基督教之来中国，最早莫如景教，远在唐朝。闻其传者乃亚洲西域人。顾至今除景教一碑而外，其流裔不可考矣。降至明季，而天主教士，忽集于斯。然其为教，并非罗马本宗，乃于路得誓反之后，一西班牙人所别倡之新派。路得者，德国撒孙尼人。于一千五百十七年十月三十一日以教皇售卖忏罪文凭，敛钱于维典堡，显揭其违背教义者凡九十五条，张布都市寺门，此为修教新宗之始。西班牙人，名罗曜拉，本为军人，以伤出伍。至一千五百二十八年，学于巴黎大校。目击旧教中衰，结合同志于一千五百三十四年创立新派，号耶稣军，以劝转信心，抵制新宗为要旨。教皇保罗第三嘉奖所为，于一千五百四十一年降敕，以罗为耶稣军上将。厘定章规，部勒机关，有修道者，有治学者，有司教育者，有理财政者。不讳谲术，而以集权蓄力，广大教派为先，成一至完团体。于一千五百五十六年死于罗马。明季来中国者，大抵皆此会人。值吾国道德学术衰敝之时，而数万里东来，其中类多俊伟深沈、行修多闻之士。明之时隽，翕然宗之。说者有谓使明勿亡，罗马一宗，且

为国教，非无因也。[1]

迨本朝入关，有二祖之好学。该会教士，侍从南斋，赏赉稠叠。星历律吕，以至图画草木诸学，其仰益睿虑尤深。而其时士夫如李安溪（李之藻，福建安溪人——引者注）、梅宣城（梅文鼎，安徽宣城人——引者注）、戴东原（戴震，字东原——引者注）、高邮王氏父子（指王念孙、王引之父子，两人是江苏高邮人——引者注），于修古经世诸学术，亦有藉新知而特辟洞壑者。故本朝经学，其根据推籀之事，足以辟易古贤，则所得于西者，为之利器耳。……故怯弱之家，向思托庇强宗，求免为他人鱼肉者，今得至便之术焉，则皈依西教是已。[2]

严复在这里追溯、回顾了基督教在华传教的历史，将之具体划分为三个阶段：第一阶段在唐朝，景教经西域传入中国，至今已经无迹可考。这是基督教在中国的初传阶段。第二阶段在明末，主要以耶稣会士的传教为主。此时的中国学术开始走向衰微，加之来华的耶稣会士大多鸿儒饱学之士，这一时期的基督教经由中国士大夫的推崇对中国学术产生了较大影响。明末传入中国的基督教主要是马丁·路德改革后的新教。第三阶段在清朝入关之后，由于二位皇帝的提倡，基督教传教的内容日益广泛，从"星历律吕"到"图画草木诸学"无所不包。与此同时，中国的士大夫如李之藻、梅文鼎、戴震和王念孙、王引之父子都对西学有所借鉴。

在此基础上，严复强调，自从鸦片战争以来，基督教在中国的传播性质发生质变，中国人信仰基督教的心态更是发生了前所未有的变化——或者仰仗基督教与洋人沆瀣一气，鱼肉乡里；或者为了寻求庇护，而皈依基督教。正因为如此，基督教给近代中国带来了巨大的消极影响，也表明基督教在中国近代的传教与唐代、明末和清初无论情形还是性质都不可同日而语。

---

[1]《论南昌教案》，《严复集》（第一册），中华书局，1986，第 188 页。

[2]《论南昌教案》，《严复集》（第一册），中华书局，1986，第 188—189 页。

基于上述考察，严复得出结论：基督教在中国近代的传教已经对近代中国社会造成了极大危害，中国人必须早日下手，谋划解决方案。对此，他痛心疾首地指出："呜呼！西人传教一事。若不早为之所，将终为吾国之大灾。但欲为之所，有所宜先事而图者：一、宜知其教之真面目真性质；二、宜知其教居今在外国所处为何等地位；三、欲吾国免此大灾，宜如何为之措注。"[1]有别于康有为的以教治教，严复提出的抵制基督教强势传入的思路以了解基督教为基础，具体办法包括"知其教之真面目真性质"与"知其教居今在外国所处为何等地位"。

与抵制基督教的目的相呼应，严复不仅介绍了基督教的缘起、教旨、分派和演变，而且对基督教在当时所处的境遇予以审视和剖析。于是，他这样写道："耶稣军天主教会，起于旧教之陵迟，而思有以恢复故业者也。故其章规，有二大义焉，曰守旧，曰专制。又以睹旧教末流之多敝，故稍出入于其间，以求团体之强立。以旧者之不学，则进之以十余载之自脩，欲其旨先入于人心，则专为国人职教育。顾所力争者，权势也。故每与政府深交，而阴谋之事以众。权固莫大于拥财，故力事经营而厚为封殖。且吾闻彼教之建言矣。曰：术无所谓善恶也，视其鹄之何如？嗟乎！此吾国逆取顺守之邪说也。譬如所求成者，在彼意以为善，则虽用至恶之术，亦可为之。惟其宗尚如此，故其众往往为人所疑恶，非偶然也。至其学术，则以取涂之隘，禁锢之严，故立数百年，无真才硕哲出于其间。若法之巴斯噶尔（Pascal）、笛卡儿（Descartes）、福禄特尔（Voltaire）诸公，皆既入其樊，已而深恶痛绝之，决然舍去，而后有立，自跻先觉之林。是以经制虽密，以宗旨之非，于人群常相攻而不相得。"[2]在这里，严复揭露的基督教的这个情况与上述介绍的耶稣会臭名昭著——"不讳谲术，而以集权蓄力，广大教派为先"相印证。不同的是，他进一步揭露说，基

---

[1]《论南昌教案》，《严复集》（第一册），中华书局，1986，第190页。

[2]《续论教案及耶稣军天主教之历史》，《严复集》（第一册），中华书局，1986，第198页。

督教的劣迹斑斑绝非偶然，而是带有必然性。奥秘在于，这一切都是由基督教的章程决定的。守旧、专制二章程先天地注定了基督教为了目的而不择手段，已经背离了宗教警恶扬善的宗旨；同时也限制了学术发展，最终导致真才硕学对之侧目。对于这一点，帕斯卡尔（Pascal，严复翻译为巴斯噶尔）、笛卡尔（Descartes，严复翻译为笛卡儿）和伏尔泰（Voltaire，严复翻译为福禄特尔）等人先入教而后叛教便是明证。

严复总结说，无论守旧还是专制都表明，基督教在中国近代的传播是不合时宜的，也将给中国带来更大的祸端。他反复论证并解释说：

> 民之于教也恒三候：曰物魃，曰人鬼，曰天神。吾国之旧，兼而用之，而于人鬼独重。自释氏西来，乃有象设。五代之际，穆护浸淫。至于今三百年，则景教盛焉。顾民之入于景也，其原因至多，大抵以国权之微，官吏士绅之蹂躏，小民附之，求以自卫，非深悦其法，而后皈依也。[1]

> 景教之入中国，至今日而大行，是其原因众矣。大抵起于教外者多，而生于教中者少也。且其教有二宗：曰天主，曰耶稣。天主，公教也。耶稣，修教也。民之入公教也常多，其附于修教也恒少。何以故？威仪盛而作用多也。夫修教固清净矣，而如吾民心德有所不及何耶？嗟呼！景教之力，其在欧美已世衰矣。顾失于西者将生于东。特虽至盛，犹不久耳！他日乱吾国者，其公教乎？此不待智者而可知者也。[2]

在严复看来，基督教的本质和斑斑劣迹已经预示了其在近代中国的传教将给中国造成巨大影响。更为严重的是，在中国国势日衰的背景下，无论官吏借基督教蹂躏百姓还是百姓借基督教自保都冲击着中国人的文化自信和身份认同，故而给中国带来极大的负面影响。与此同时，基督教越来越背离扬善惩恶的宗旨，中国人投向基督教大多由于教外原因而并非出于对基督教的信仰。这

---

1 《法意》按语，《严复集》（第四册），中华书局，1986，第1019页。
2 《法意》按语，《严复集》（第四册），中华书局，1986，第1018页。

两个方面共同证明，在中国近代横行的基督教已经发生异化，完全背离了宗教的本质。

上述内容显示，严复的宗教研究视野开阔，涉及面广，涵盖了宗教的起源、类型、演变和分布等诸多问题。不仅如此，他对欧洲、美洲、亚洲、非洲的宗教形态及宗教思想予以关注和研究，提到了包括基督教、佛教和土教在内的一神教、多神教。这些研究使严复对宗教有了更直观、更全面也更深入的了解，为他以此为参照反观中国的社会存在，洞察中国宗教状况的特殊性，进而提出解决方案提供了有利条件。

第二节　宗教概念

严复对宗教问题的关注、研究与对宗教概念的界定、厘清是同步进行的，通过辨析宗教与道德、宗教与科学、宗教与民智以及宗教与自由的关系，反复从不同角度厘清宗教概念。借此，他剖析了宗教存在的根源，并进一步透视了宗教的本质。在此过程中，严复既揭露了宗教本身不可克服的致命误区，又解释了宗教长期存在以及不可灭绝的原因。

一、宗教与道德相倚

严复认为，去恶扬善拉近了宗教与道德之间的距离。一言以蔽之，道德以求善为目标，宗教具有警恶督善的作用。这表明，宗教与道德不惟不相悖，反而可以相互作用。对此，他解释说："凡宗教之所托始，如王者之始祖焉，莫不载灵异，言感生，表圣迹，然而皆无据，贤哲难言之。自十七世纪以来，摧陷廓清，稍稍尽矣。而持世之士，方以此为大忧。盖谓使灵魂有死，天堂地狱之说，破而无余，将人心横恣，滋莫防检也。然而哲家如前之滂庞讷子（Pomponazzi，现通译为彭波那齐——引者注），后之汗德（Kant，现通译为康德——引者注）等，皆以为不然。彼谓善者，人性也。其好善恶恶之本然，固无所待于报应之居何等。藉令其人歆天堂之极乐而后为善，畏地狱之苦趣而后不为恶，此其人固已为喻利之小人，而所行不足贵矣。于是倡为道德独立之教。道德独立者，宗教虽灭，人道亦有以自存也。总之，世法莫不相倚而立者，使民质污，道德固无由独立。方独立之说不足维世，其时宗教之义，自不可破。迨民质进，而宗教义衰，则独立道德，将自有以持世而有余。"[1]依据严复的分析，宗教都"载灵异，言感生，表圣迹"，而这些被科学证实为无稽之谈。正是由于这个原因，廓清宗教流毒的呼声日益高涨。有人对此忧心如焚，担心一旦没有了天堂地狱之说，人便会无所忌惮，于是出现人人无所不为的局面。以彭波那齐、康德等人为代表的伦理家强调道德的超功利性，主张道德不应以功利为目的；如果为了功利而道德，正如因为害怕惩罚而不为恶一样，都不属于纯粹的道德境界。对于两人的观点，严复持不同意见。在他看来，纯然出于善善恶恶而为善、不为恶固然最好，然而，这充其量只能是一种理想状态，并不是所有人都能做到的。这意味着在民德低劣的状况下，宗教拥有道德无法比拟的用武之地。道理很简单，即使是因为向往天堂或者害怕地狱而不为恶也比肆无忌惮、为非作歹要好得多，这意味着宗教警恶扬善的功能不可低估。从这个意义上说，宗教与道德并非对立的，而是相互依赖的。

严复进一步指出，正是由于宗教具有警恶督善的作用，因而有人断言宗教利行不关真伪，关键在于与当时社会的政治、风俗是否相合。他强调，这种观点尽管肤浅，却包含着一个不容否认的事实，那就是：真伪决定着是非，是非与利害休戚相关。严复断言："夫宇宙有大例焉，曰必诚而后利，未有伪妄而不害者也。世有哲人，所以汲汲为学者，求理道之真耳。理道之真，所以为言行之是也。是非之判，所以为利害之分也。彼古今宗教所常有利者，以其中之

1《法意》按语，《严复集》（第四册），中华书局，1986，第1013页。

莫不有真也。而亦未尝不害者，惟其中之尚有伪也。是故学日进，则教日休。何则？伪者渐去，而真者独存也。彼谓宗教之利行，不关真伪，独视其与政俗相得与否，其所见既甚肤，而信道尤不笃。自以谓功利主义之言，而不知其实误也。"[1] 按照他的说法，自古至今，学人以求理道为鹄的，这与人的一切行为皆以功利为目标密不可分。现在的问题是，宗教中不仅有伪，而且有真。宗教之所以利人，正是因为"其中莫不有真"；正如宗教之所以害人，是因为"其中之尚有伪"一样。宗教的真伪并存表明，宗教与道德一样有助于人的功利需求。当然，宗教的存在具有警恶扬善的价值，在效果上具有警世功能。

二、宗教与科学殊途

严复认为，宗教与学术（教与学）尽管都源出智慧，然而，二者却同出一源而渐行渐远乃至势不两立。沿着这个思路，他反对教学相混，而恪守教学分离。早在发表于1895年的《救亡决论》中，严复就对教与学予以区分，旨在强调教与学是两个"判然绝不相合"的概念，彼此不可混淆。严复的这个观点一直延续到对西方著作的翻译中，可以说是他坚定不移的态度和坚守。

对于教与学的关系，严复的经典表述如下：

> 是故西学之与西教，二者判然绝不相合。"教"者所以事天神，致民以不可知者也。致民以不可知，故无是非之可争，亦无异同之足验，信斯奉之而已矣。"学"者所以务民义，明民以所可知者也。明民以所可知，故求之吾心而有是非，考之外物而有离合，无所苟焉而已矣。"教"崇"学"卑，"教"幽"学"显；崇幽以存神，卑显以适道，盖若是其不可同也。世人等之，不亦远乎！是故取西学之规矩法戒，以绳吾"学"，则凡中国之所有，举不得以"学"名；吾所有者，以彼法观之，特阅历知解积而存

---

1 《法意》按语，《严复集》（第四册），中华书局，1986，第 1016 页。

焉，如散钱，如委积。此非仅形名象数已也，即所谓道德、政治、礼乐，吾人所举为大道，而诮西人为无所知者，质而言乎，亦仅如是而已矣。[1]

今夫教之为物，与学绝殊。学以理明，而教由信起，方其为信，又不必与理皆合也。五百年以往，教力之大盛于欧也，彼皆愦然以旧新二约为古初之天语，上帝运无穷悲智，于以默示下民。凡说之与此异者，皆殄民之妖魅也。乃三百年以还，其中无实虚诬之言，在在为科学之所发覆。逮至法人革命，急进者乃悍然取全体而弃之，则当时势力之衰，入于人心之浅，可想见已。往者，吾国伪古文尚书之谳成，葆真之士，亦欲悉取其伪者而删之矣。顾有人焉，以谓所指为伪诸篇之中，有名言焉，关于世道人心甚钜，则以为宁过而存之。彼西人之于基督教也，事大类此。夫由是而言之，则五洲宗教，一涉于神灵默示之说，固无所谓其独真，而其道犹绵延不坠者，正在与人为善一言而已。[2]

显而易见，严复恪守教与学之间的区分，指出教起于信仰，指向天神之域，不必与理相合；学源于实证，旨在使人的认识与外物相合，目的在于明理。这就是说，教与学对应不同的界域，不可对二者混为一谈：教对应不可知之境，学对应可知之境。从这个意义上说，教与学拥有各自独立的领地，彼此各不相涉。与此同时，严复强调，在西方文化语境中，教与学泾渭分明，对教与学分别对待是学术昌明、社会进步的标识。基于这种理解，他大声疾呼教学分离。

出于教学分离的思路和设想，严复将哲学视为学术之基，反对亚当·斯密将自然科学奠基于宗教学之上的做法。亚当·斯密宣称："欧洲诸国学，其中所教哲学分科之程如右。略言其次，则名学第一，为入门之功课。次曰元学。三曰神理之学。凡造物真宰之朕兆，人类灵性之长存，皆于此焉讲之。四曰德行之学，彼以此为与神理之学相表里，故类分善恶，而以天堂地狱之说终之。

1《救亡决论》，《严复集》（第一册），中华书局，1986，第52—53页。
2《法意》按语，《严复集》（第四册），中华书局，1986，第1021页。

五曰物理之学，则亦言其大凡，以为五科之终而已，不能细也。”[1] 据此可见，亚当·斯密将宗教学（“神理之学”）与逻辑学、形而上学一起奉为入学之门，并在这个前提下将物理学置于宗教学之后。这与严复的观点大相径庭，故而遭到了严复的强烈驳斥。

进而言之，严复对亚当·斯密的驳斥主要出于两方面的原因：第一，就对哲学的理解而言，严复彰显哲学的形上意蕴。他之所以将哲学界定、理解为“出形气学”，旨在将哲学与自然科学即“形气学”相对应，就是为了避免哲学一词陷入神学。正是由于这个原因，严复所理解的哲学并不包括宗教哲学。第二，在严复那里，宗教学与物理学代表的自然科学各不相涉。原因在于，宗教以信仰为主，自然科学以实证为主，宗教不能作为自然科学之基。有鉴于此，对于亚当·斯密的上述说法，严复在按语中反驳说：“甚矣，教宗之说之害学术也。观其次第，惟以名学入门为有当，而莫谬于先神理之学，而以物理之学为终，异乎吾国大学之先格物致知，而终于平天下者矣。近世斯宾塞尔言学次第，亦以名数二学为始基，而格物如力质诸科次之，再进而为天文地质，所以明宇宙之广大悠久也。再进而治生学，言动植之性情，体干之部置，于以知化工之蕃变，由此而后进以心灵之学，言因习之不同，刚柔之异用。最后乃治群学，而以德行之学终焉。生今之日，为学而自禔其躬若此，庶几可谓纯备者矣。若斯密氏之所称，则学为神甫牧师者之课业。欧洲三百年以往，非神甫牧师，固未尝有学也。然而乌足以为二十稘之文明学程乎！”[2] 与亚当·斯密先宗教学而后科学的为学次第恰好相反，严复认为逻辑学是为学之门，先有自然科学，然后才有社会科学。严复特意强调，如果像亚当·斯密提议的那样将宗教学奉为入学之门的话，那么，人类文明则异化为宗教史，学术则沦为神父之专有。这个结果无疑是灾难性的，因为宗教与科学势不两立。宗教起于信仰而不

1《原富》按语，《严复集》（第四册），中华书局，1986，第904—905页。
2《原富》按语，《严复集》（第四册），中华书局，1986，第905页。

求实证，从根本上说是禁锢民智的。科学的作用和宗旨则在于开发民智，主要途径之一便是消除宗教的流毒。

三、宗教与民智、自由相悖

中国近代出现了一股宗教热，而宗教与信仰的关系则是中国近代哲学家共同关注的热门话题。在宗教与信仰的关系问题上，严复与康有为、梁启超等人一样认为宗教与信仰密不可分，故而有别于谭嗣同对宗教的界定。对于宗教，谭嗣同有二处经典表述：

> 然不论何教，皆有相同之公理二：一曰慈悲，吾儒所谓"仁"也。一曰灵魂，《易》所谓"精气为物，游魂为变"也。言慈悲而不言灵魂，止能教贤智而无以化愚顽；言灵魂而不极其诞谬，又不足以化异域之愚顽。[1]

> 然不论如何精微荒诞，皆用相同之公理二：曰"慈悲"，曰"灵魂"。不言慈悲灵魂，不得有教。第言慈悲，不言灵魂，教而不足以行。言灵魂不极荒诞，又不足行于愚冥顽梗之域。[2]

谭嗣同始终凸显宗教"化愚顽"的功能，故而认定宗教中含有"诞谬""荒诞"方面的内容。这是谭嗣同对宗教的独特界定，突出了宗教的震慑作用，同时也拉开了与包括严复在内的近代哲学家的距离。问题的关键是，尽管严复与康有为、梁启超都凸显宗教与信仰的密不可分，然而，严复秉持实证主义的立场，不是像康有为、梁启超那样对信仰和与信仰密不可分的宗教寄予厚望，而是对宗教的信仰持否定态度。在严复看来，由于假托鬼神，宗教震慑人心，妨碍人的心智发达和思想自由。正因为如此，"去宗教之流毒"成为当今教育的最大目标。正是在这个意义上，他宣称："时至今日，五洲之民，苟非最劣之种，莫不知教育为生民之最急者矣。然亦知教育以何者为最大之目的乎？教育

---

[1]《上欧阳中鹄十》，《谭嗣同全集》，中华书局，1998，第464页。

[2]《仁学》，《谭嗣同全集》，中华书局，1998，第309页。

最大之目的，曰去宗教之流毒而已。夫宗教本旨，以明民也。以民智之稚，日用之不可知，往往真伪杂行，不可致诘，开其为此，禁其为彼，假托鬼神，震慑愚智。虽其始也，皆有一节之用，一时之功，洎乎群演益高，则常为进步之沮力。"[1] 一目了然，严复在这里重申了宗教真伪并存的观点，而他强调宗教利行是就其中有真而言的，并不意味着他否认宗教由于其中有伪而害人。严复透过宗教的真伪并存和督善警恶功能力图向人昭示，宗教在民智低下、民德薄污之时具有存在的理由——由于科学对有些现象无法解释，陷于不可知之境的人出于恐惧只好诉诸宗教；由于道德没有臻于至善境界，必须凭借宗教扬善警恶的作用督人向善。尽管如此，从根本上说，宗教之伪与科学的求真精神背道而驰，亦与社会的发展和文明的进步格格不入。特别致命的是，宗教起于迷信，托于鬼神，从长远的眼光看不惟不能"明民"，反而禁锢民智。宗教既不利于人的心智发达，又有悖于学术自由和精神自由。分析至此，结论不言而喻，宗教对人之心智的禁锢、对科学的妨碍随着社会发展和文明进步越来越令人无法容忍，人类的进步呈现出科学进而宗教休的趋势。

严复认为，民权的实现程度取决于民智的水平，故而对民智十分重视。对于他来说，正如"兴民权"是改造中国的必由之路一样，"开民智"是拯救中国的三大基本纲领之一。严复认为宗教与科学相悖，故而认定宗教与"开民智"势如水火。如果说科学的宗旨和价值是"开民智"的话，那么，凭信而起的宗教则是禁锢人之心智的枷锁，并且是有悖自由的。严复认为，宗教重信仰，这一本质预示着宗教与"开民智"背道而驰，也使宗教成为学术进步的障碍。与此同时，严复被誉为中国近代自由思想的领军人物。奠定严复中国近代启蒙思想家地位的是他对西方自由思想的介绍和宣传，自由和民主也成为严复拯救中国的重要法宝。他提出的"鼓民力""开民智""新民德"的三大纲领以自由、

---

1 《法意》按语，《严复集》（第四册），中华书局，1986，第 1016—1017 页。

民主为宗旨。由此不难想象，严复宣布宗教与自由相悖之日，也就是排斥宗教之时。可以看到，严复不惟不像康有为那样试图凭借宗教激发人的热情而通过保教来保国保种，反而在对康有为立孔教为国教的抨击中坚定了"自强保种"的救亡路线。

严复对宗教概念的厘定是在宗教与道德、宗教与科学、宗教与民智和宗教与自由的关系中进行的，从根本上说对宗教与教育、科学作对立解。他甚至声称，教育的目的在于"去宗教之流毒"，教育的这一目的和宗旨使之与宗教泾渭分明、势不两立。在此过程中，严复肯定宗教在与人为善上具有积极作用，同时强调宗教与科学南辕北撤。他崇尚科学，怀抱科学救国的信念。宗教与科学的相左奠定了严复对宗教的否定态度，宗教与自由相悖则将他对宗教的否定评价推向了极致。

进而言之，严复对宗教概念的界定和厘清不仅奠定了他对宗教的态度，而且从学理上划清了教与学之间的界限。通过从不同角度对宗教概念予以界定，他对宗教存在的原因和作用的探究呈现出或肯定或否定的张力：就宗教在民德低下之时与道德相倚而言，严复对宗教存在的作用和价值给予一定程度的肯定。就宗教与学术殊途乃至相左而言，他对宗教持否定态度。总的来说，尽管严复对宗教予以一定程度的保留，然而，他对宗教的态度是否定的。从这个意义上说，严复对宗教的排斥与康有为对宗教的顶礼膜拜形成了鲜明的对照。

第三节　宗教状况

严复热衷于宗教问题归根结底不是出于个人的学术兴趣，而是迫于现实斗争的需要。他对宗教问题的关注、研究与翻译、输入西学一样围绕着救亡图存这个根本宗旨展开，以期有裨于"实政"。正是由于这个原因，严复对宗教的探讨不可能止于学理层面，也不可能只限于对世界宗教的概括或对基督教的研究。事实正是如此，以对世界宗教尤其是基督教的研究为参照，严复反观中国的宗教状况，指出中国历来政教合一，教学相混是中国之痼疾。基于这一认识，他一面对中国的宗教状况予以分析，一面坚持教与学分离的原则，反对通过保教（包括孔教在内）来保国保种。

一、中国之教的特点

严复强调，中国之教与西方之教具有本质区别，宗教信仰的差异正是基督教在中国近代社会引发教案迭起的根本原因。身处中国近代特殊的历史背景和文化语境，康有为、谭嗣同等人极力彰显中国宗教（孔教）与西方宗教（耶教）之间的一致性，进而有意无意地忽视、掩盖其间的差异性。为此，两人不约而同地将仁说成是孔教、佛教与耶教（基督教）的共同点，并从不同角度加以论证。

与康有为、谭嗣同的思路和做法迥异其趣，严复通过对世界宗教的考察，从不同角度揭示、凸显中国与西方宗教的对立。在此基础上，他将中国与西方宗教理念的区别乃至对立说成是中国近代教案频发的深层原因，并在翻译《支那教案论》时反复申明这一主题。例如，严复在《支那教案论》的按语中屡屡如是说：

> 中国以人肖天，故奉天而外，更祀众神，异所职主，犹人世天子以外，设官分职，外有公侯伯子男，内有公卿大夫士也。景教则谓上帝神灵，与形气绝不同物，无所不在，无所不知，无所不能，无所不备。故一尊而外，无庸辅佐，十诫所列，首禁像偶，生人犯此，其谴比杀盗淫妄语尤为深重。然而罗马一宗，人取耶稣法嗣中道高行至者，并列为神。又崇奉马利亚神女，并图形范像，顶礼颂赞。迨路得（现通译为马丁·路德——引者注）起而深非之，矫首厉角，攘斥觝排。英德二土，靡然从服。此波罗特斯丹一宗之所由昉也。故景教最大二派，罗马沿习为久，路

得持律较精；然即此较精之中，其教徒持论，亦往往多所牴悟（牾—引者注）。盖神道幽渺，非人能知。所以六合之外，中国圣人，存而不论，而西人固不识此意也。[1]

如西人言像偶者，乃崇奉一物，而谓有威神能为祸福者也。至孝子享亲一事，春露秋霜，陈衣列俎，乃报本追远之意，所谓事死如生，事亡如存，孝之至也，不得以像偶比。且此事人心所同然。即西人中天性肫挚者，睹遗像而兴哀，抚手泽而雪涕，室遐思迹，亦有其人，但不若中国之多仪文胜而已。至拜跪奠酹，中国宾嘉生人之礼尚尔，比之外国，犹彼之脱冠执手者然，不得以此谓遂有福田利益之思，乃概从淫祀例也。西人于中国礼俗，见其迹而不能知其心，往往类此。盖缘天姿傲慢，见吾人行事，辄以甚浅甚下之意求之，不审端由，便思补救。是何异于凤巢阿阁，而拙鸠为谋瓦缝之栖也哉？[2]

依据严复的分析，中国具有自己的宗教。这主要可以归纳为三个方面：第一，从宗教理念来看，中国宗教脱胎于天人合一，不仅同时祭天和众神，而且以人间之官职使众神分职而列。第二，从宗教类型来看，中国宗教属于多神教，除了奉天之外，还祭祀众神。第三，从宗教仪轨来看，中国礼教合一，将侍奉父母之孝归为宗教之中。基于上述分析，严复得出结论，不同的宗教理念、宗教信仰和宗教仪轨使西方人不能理解中国的宗教，往往对中国人的宗教信仰怀有偏见，由此而发生教案也就不足为怪了。

二、礼与政教合一

严复指出，宗教遵循"天演"原则，以国民的智力水平和社会的天演程度为高下。这就是说，究竟盛行哪种宗教，完全取决于国民的智力水平和社会的

1《支那教案论》按语，《严复集》（第四册），中华书局，1986，第851页。
2《支那教案论》按语，《严复集》（第四册），中华书局，1986，第851—852页。

开化程度。对于这一点，严复援引斯宾塞的观点论证并解释说："顾斯宾塞尝论之矣。教者随群演之浅深为高下，而常有以扶民性之偏。"[1]依据斯宾塞的看法，宗教随着社会进化的程度呈现出高低之别，原因在于，宗教的目的是补救"民性之偏"。严复对斯宾塞的这个观点深以为然，并由此反观中国的宗教状况，进而发出了如下断语："使宗教而不任天，则一切之宗教可以废，彼之为此言宜耳。顾自学术之能事日蒸，今乃知民智国力之高下，即在此任天任人之多寡，法令之所能为众矣，岂仅户口多寡间哉？是故弥纶造化，主宰诚不可谓无，而谓人功无取者，此亡国之民也。三百年来，宗教权力，日衰于西，正由此故。而吾国之民，上者乐天任数，下者诇鬼祷祈。此其性质，实与宗教最合。而若格格不入者，种界之见太明，而多神之旧，难为一主之新故耳！不佞尝谓吾国西教，二三十年以往，尚有极盛之时，然而势不可以甚久。凡此现象，皆即今渐著端倪者也。"[2]

与此同时，严复结合对世界宗教状况的考察指出，中国之教的具体表现是礼和三纲五常。这印证了他关于中国政教合一的说法，同时也使他认定中国之教与宗法等级互为表里，宗教对自由的禁锢突出表现在政治领域，并延续到人的日常生活之中。沿着这个思路，严复进而指出，中国之教造成的不自由以及对人之身心的钳制较之西方更甚，最终成为导致中国衰微的祸根。于是，他不止一次地断言：

> 西国言论，最难自繇者，莫若宗教，故穆勒持论，多取宗教为喻。中国事与相方者，乃在纲常名教。事关纲常名教，其言论不容自繇，殆过西国之宗教。[3]

> 欧洲之所谓教，中国之所谓礼。……乃至后世其用此礼也，则杂之以

1《法意》按语，《严复集》（第四册），中华书局，1986，第993页。

2《法意》按语，《严复集》（第四册），中华书局，1986，第1010页。

3 参见〔英〕约翰·穆勒：《群己权界论》，严复译，商务印书馆，1981。

男子之私。己则不义，而责事己者以贞。己之妾媵，列屋闲居。而女子其夫既亡，虽恩不足恋，贫不足存，甚或子女亲戚皆不存，而其身犹不可以再嫁。夫曰事夫不可以贰，固也。而幽居不答，终风且暴者，又岂理之平者哉？且吾国女子之于其夫，非其自择者也。夫事君之不可不忠者，以委赞策名，发于己也。事亲之不可不孝者，以属毛离里，本乎天也。朋友之不可不信者，以然诺久要，交相愿也。独夫妇之际，以他人之制，为终身之偿，稍一违之，罪大恶极。呜呼！……中国夫妇之伦，其一事尔。他若嫡庶姑妇，前子后母之间，则以类相从，为人道之至苦。[1]

由于将礼教说成是宗教禁锢学术、钳制自由在中国的特殊表现，严复对礼教怒不可遏。在这方面，他尤为赞成老子、庄子对礼的颠覆。例如，严复宣称："老氏庄周，其薄唐虞，毁三代，于一是儒者之言，皆鞅鞅怀不足者，岂无故哉！老之言曰：'失道而后德，失德而后仁，失仁而后义，失义而后礼。礼者忠信之薄，而乱之首也。'始吾尝倘然怃然，不知其旨之所归，乃今洞然若观火矣。礼者，诚忠信之薄，而乱之首也。虽然，礼者既如此矣，藉今更为之转语曰：失礼而后刑，则不知于治之效又何若也。民主者以德者也，君主者以礼者也，专制者以刑者也。礼故重名器，乐荣宠；刑故行督责，主恐怖也。且孔子不云乎：'道之以政，齐之以刑，民免而无耻。道之以德，齐之以礼，有耻且格。'特未若孟氏（指孟德斯鸠——引者注）之决然洒然，言君主之必无德，专制之必无礼耳。嗟呼！三代以降，上之君相，下之师儒，所欲为天地立心，生人立命，且为万世开太平者，亦云众矣。顾由其术，则四千余年，仅成此一治一乱之局，而半步未进。然则，老庄之所訾嗷者，固未可以厚非，而西人言治之编，所以烛漫漫长夜者，未必非自他之有耀也。学者观而自得焉可耳！"[2]

---

1 《法意》按语，《严复集》（第四册），中华书局，1986，第1017—1018页。

2 《法意》按语，《严复集》（第四册），中华书局，1986，第961页。

在此基础上，严复进而指出，中国宗教之所以对中国古代社会的各个领域都产生了巨大而深远的影响，是因为中国古代社会的礼集道德、法度、礼仪、习俗、历史与学术于一身。这样一来，中国古代的宗教便以礼教的面目出现，可以渗透到国家的政治举措和百姓的人伦日用之中，无孔不入，影响甚广而甚远。正是在这个意义上，严复反复宣称：

> 中国赵宋以前之儒者，其所讲者，固不外耳目践履之近者也。其形上者，往往求之老佛之书。自宋之诸儒，始通二者之邮，大明乎下学上达之情，而以谓性与天道，即见于可得闻之文章，则又痛辟乎二氏之无当。自陆王二子，主张良知，而永嘉经制之学，乃逐物破道。愈为儒教偏宗，非其所尚者矣。顾自今以西学眼藏观之，则惟宗教，而后有如是之纷争。至于学界，断断不宜有此。然则，中国政家不独于礼法二者不知辨也。且举宗教学术而混之矣。吾闻凡物之天演深者，其分殊繁，则别异暂。而浅者反是。此吾国之事，又可取为例之证者矣！[1]

> 然则吾国之礼，所混同者，不仅宗教法典仪丈习俗而已，实且举今所谓科学、历史者而兼综之矣。[2]

在这里，严复以礼为切入点揭示了中国的政教、教学乃至诸科相混，同时指出这种相混表明中国文化带有文明初级阶段的特征。不仅如此，他认定教学相混、政教合一是中国古代社会的最大特点，同时也显示了中国与西方社会的不同。

对于教学相混，严复认为，这是中国学术无法摆脱宗教羁绊的原因所在，也是中国学术与西方独立于宗教的学术自由相去甚远的根本原因。正如中国近代社会的贫弱衰微、落后挨打由于科学不兴一样，教学分离、振兴科学成为中国走向富强的希望所在。于是，他反复这样写道：

---

1 《法意》按语，《严复集》（第四册），中华书局，1986，第992页。

2 《法意》按语，《严复集》（第四册），中华书局，1986，第992页。

名、数、质、力，四者皆科学也。其通理公例，经纬万端，而西政之善者，即本斯而立。……中国之政，所以日形其绌，不足争存者，亦坐不本科学，而与通理公例违行故耳。[1]

今世学者，为西人之政论易，为西人之科学难。政论有骄嚣之风，（如自由、平等、民权、压力、革命皆是。）科学多朴茂之意，且其人既不通科学，则其政论必多不根，而于天演消息之微，不能喻也。此未必不为吾国前途之害。故中国此后教育，在在宜著意科学，使学者之心虑沈潜，浸渍于因果实证之间，庶他日学成，有疗病起弱之实力，能破旧学之拘挛，而其干图新也审，则真中国之幸福矣！[2]

对于政教合一，严复认为，这是长期的教学相混导致的中国古代社会的弊端乃至痼疾。诚然，学与政密切相关，学术是政治的基础。而这并不意味着教与政、教与学就应该合一，更不意味着政治可以钳制学术或者宗教可以禁锢学术。与中国的政教合一相去霄壤，西方历来政教分离，并且政教分离与教学分离相互促进：教学分离带来了西方的学术繁荣，学术繁荣促进了政治清明。这是西方富强的根源和文明的象征，也是中国与西方的区别所在。具体地说，西方的政治奠基在追求自由的学术之上，一理之明，一法之立，皆本着"即物实测"的原则，验诸事事物物而皆然。反观中国的情形，与西方天差地别。教学相混使中国的学术与宗教长期处于相互混杂的状态，这种局面使中国的学术始终不能脱离宗教的樊篱。结果是，由宗教与学术相混最终导致中国的政教合一，君主专制便是这种教学相混、政教合一的极端表现。

基于上述认识和分析，严复对中国的政教合一深恶痛绝，对这方面的揭露和抨击甚多。下仅举其一斑：

中国君师之权出于一，而西国君师之权出于二；中国教与学之事合而

1《与〈外交报〉主人书》，《严复集》（第三册），中华书局，1986，第559页。

2《与〈外交报〉主人书》，《严复集》（第三册），中华书局，1986，第564—565页。

为一，而西国教与学之事判而为二。且彼所谓教者，非止于孟子所云修其孝弟忠信，抑训诲诱掖，使不知者知，不能者能而已也。今西国所谓教者，其文曰：鲁黎礼整。考其故训，盖犹释氏皈依之义矣。故凡世间所立而称教者，则必有鬼神之事，祷祠之文，又必有所持受约束，而联之以为宗门徒党之众。异夫此者，则非今西人之所谓教也。故斯密（指亚当·斯密——引者注）氏此篇，首云教其所以自度，所以善其死出世之事。又其所谓师者，非止于授业解惑与夫以善教人已也。必求其似，则犹古者之巫祝，与夫汉世西域之桑门，唐史波斯火教、安息景教……其所业皆介于天人之际，通夫幽明之邮。《记》曰："礼之近人情者，非其至也。"故教之精义，起于有所不可知。然而人处两间，日与化接，虽不得其朕，而知其必有宰制之者，于是教宗之事兴焉。教宗者，所以合天人之交，通幽明之故，以达于死生之变者也。顾终以其有所不可知也，则种自为制、国自为宗，各以其意求之，而以为得其理。……西儒之教言也，以谓鬼神之德至盛，郊祀之义至精，非其专治，必滋谬误。故君师之权必分，而后民义克立，此亦本书分功之理也。若夫人心神智之用，有可以知通者，有不可以知通者。可以知通者为学，不可以知通者为教，不知区此，将不徒其学为谬悠无实也！而其教亦将以人例天，敢为妄诞之说，以自欺欺世也。[1]

盖东西二洲，其古今所以为国俗者，既相诡矣，而民主之俗，尤非专制者所习知。况中国以政制言，则居于君主专制之间；以宗教言，则杂于人鬼天神之际。而老聃、孔子之哲学，中经释氏之更张，复得有宋诸儒为之组织，盖中国之是非，不可与欧美同日而语，明矣！[2]

严复考察、分析中国的宗教状况是为了寻求中国的救亡之路，探讨保教与保国保种之间的关系。通过探究，他认定学术与宗教泾渭分明，既撇清了中国

---

1 《原富》按语，《严复集》（第四册），中华书局，1986，第910—911页。
2 《法意》按语，《严复集》（第四册），中华书局，1986，第955页。

近代社会的救亡图存与保教之间的关系，又指明了通过"开民智"来"自强保种"的救亡路线。在宗教与救亡的问题上，康有为主张立孔教为国教，期望通过保教来保国保种。这是严复所不能苟同的，故而极力予以驳斥。

严复在1898年6月连续作《有如三保》《保教余义》《保种余义》等系列文章，反复申明保教与保国保种之间并无必然关联。教不足以救国，反而害国误国。大致说来，严复的论证从历史与现实两个维度展开：第一，从历史来看，严复强调，正由于中国历来教学相混、政教合一，禁锢人的自由和心智，才导致中国近代社会的贫弱衰微、落后挨打。这足以证明，宗教不能救国，反而误国。第二，从现实来看，他指出，人作为"天演中一境"[1]是一种生物，与动植物一样处于生存竞争之中。近代中国备受西方列强的蹂躏，濒临亡国灭种的危险。只有同仇敌忾，与西方列强进行生存竞争，中国才有出路和希望。这就是说，人类社会遵循生存竞争、优胜劣汰的生物法则，保教与保国保种无关。循着这个思路，不惟孔教，一切宗教都不能救亡、保国。正是在这个意义上，严复断言："支那古语云：天道好生。吾不解造物者之必以造万物为嗜好也。其故何耶？此姑不论。但论其既好生物，则必有生而无死，而后可谓之好生。若云有生无死，则地不能容，故不容不死。不知同此一器，容积既满，则不能再加，必减其数而后可。此我等之智则然，此所以成其为局于形器之人也。若造物则当不如是，使造物而亦如是，则其智能与吾等耳，吾何为而奉之哉！今若反之曰：上天好杀。正惟好杀，故不能不生。盖生者正所以备杀之材料，故言好生则不当有死，言好杀则不能不生。同一臆测，顾其说不强于好生之说耶？吾作此说，非一人之私言也。英达尔温氏曰：'生物之初，官器至简，然既托物以为养，则不能不争；既争，则优者胜而劣者败，劣者之种遂灭，而优者之种以传。既传，则复于优者中再争，而尤优者获传焉。如此递相胜不已，则灭者日

1〔英〕赫胥黎：《天演论》，严复译，中州古籍出版社，1998，第43页。

多，而留者乃日进，乃始有人。人者，今日有官品中之至优者也，然他日则不可知矣。'达氏之说，今之学问家与政事家咸奉以为宗。盖争存天择之理，其说不可易矣。"[1] 依据他的剖析，人生存在国群之中，国群与国群之间处于生存竞争之中，保国保种也就是与妨碍自身生存的外族、外境进行生存竞争。生存竞争的方式和法则是，凭借自身的才力心思"与妨生者为斗"，胜者日昌，败者日汰。循着这个逻辑，严复强调，保国保种的途径是"自强"而不是保教。至此可见，鉴于对中国宗教状况的分析，严复沿着达尔文进化论的思路认定若要保种舍自强之外别无他途，进而确立了"自强保种"的救亡路线。"鼓民力""开民智""新民德"便是严复提出的"自强保种"的具体途径，也是他寄予厚望的拯救中国的三大纲领。

总而言之，如果说严复在抽象意义上尚对宗教的作用给予了一定程度的肯定的话，那么，具体到中国的宗教状况时，他对宗教的态度则是全盘否定的。无论抨击政教合一、教学相混是中国社会的痼疾还是痛斥礼与三纲注定了中国的不自由都表明，严复鞭挞中国宗教的致思方向始终如一，未尝改变。正是由于这个原因，严复力图使宗教与学术相剥离，同时以"自强保种"堵塞了康有为提出的以宗教也就是孔教救亡图存的渠道。

第四节　宗教哲学

上述内容显示，严复对宗教的界定和诠释既有理论探究，又有现实考虑。正因为如此，严复的宗教观与他的哲学观、孔教观和国学观息息相通，并且成为他的整个思想的组成部分。这意味着只有结合中国近代特定的历史背景、文化语境和政治局势审视严复的宗教哲学，才能对之做出客观而公允的评价。

1《保种余义》，《严复集》（第一册），中华书局，1986，第85—86页。

一、积极影响

如果说严复对名学和哲学的重视注定了他将《周易》《老子》《庄子》视为中国哲学的"三书"和国学中的"显学"的话，那么，严复对宗教的界定和阐释则在撇清宗教与学术关系的基础上，从一个侧面预示了孔教的黯淡地位。正是在宗教与学术剥离的前提下，严复扭转了康有为、谭嗣同等人以宗教作为中西学术的基本形态，进而以孔教言国学的局面。

严复关注宗教问题与中国近代社会的现实密切相关，同时也具有反对康有为以教治教、通过保教（孔教）来保国保种的意图。众所周知，早在西汉时期，司马迁就有"鲁人皆以儒教，而朱家用侠闻"（《史记·游侠列传》）的说法。这里的"儒教"与"侠闻"相对应，意思是说，正如朱家以侠士闻名于世一样，鲁国以儒学进行教化。如果说西汉时期的司马迁使用的"儒教"尚非一个名词的话，那么，东汉时期的蔡邕所使用的"儒教"一词则是一个名词，并且是在与道教、佛教对举的意义上使用的。蔡邕称赞汉桓帝朝的太尉杨秉说，"公承夙绪，世笃儒教"（《全后汉文》卷七十五）。显而易见，这里的儒教与道教、佛教一样已经是一个专属名词。魏晋南北朝以后，儒教一词广为流行。这表明，儒教一词出现时间早，用之已经习以为常。耐人寻味的是，康有为没有沿用中国人耳熟能详的儒教概念而是首创孔教概念，而他这样做的主要用意是以孔子与耶稣分庭抗礼。康有为之所以提倡孔教，主要目的是以中国本土文化抵御耶教代表的西方文化的强势入侵，具有强烈而明确的以教治教的动机。明末传入中国的基督教并不是像唐朝那样名曰景教，而是名曰耶稣教，耶稣教与基督教的其他教派一样信仰耶稣基督。不同的是，耶稣教是以教主命名的。在中国近代特殊的历史背景和文化语境下，中国文化与西方文化之争以宗教之争的面目出现，而中国宗教与西方宗教之争最终聚焦为孔教与耶教之争。在这个前提下，康有为推崇孔教，以孔子与耶稣之争的形式回应了中国与西方文化之争。孔教与儒教的最大不同是以教主命名，以孔子作为中国文化的象征和中华民族的信仰而对抗耶稣。与唐代或明末在中国的传教情形不可同日而语，特殊的历史背景和文化语境使基督教在中国近代的传教引发诸多社会问题，各地教案时有发生。亡国灭种的处境和中国人纷纷投向基督教寻求精神慰藉导致不小的信仰危机，如何提振中国人的民族自尊、文化自信和精神信仰成为迫切的现实问题。在这个意义上，保教就是保国保种。康有为、谭嗣同以孔教称谓全部中国本土文化是出于现实斗争的需要，也是救亡图存的一部分。与此同时，单就学理方面来看，由于新的学科分类尚处于尝试之中，康有为所讲的孔学、孔教以及由此而来的宗教概念模糊不清乃至歧义丛生。加之在论证孔教的过程中牵涉到孔子与先秦诸子的关系以及儒家与百家之间的关系，康有为对孔教内涵的界定和理解难免自相矛盾。这些矛盾不仅给康有为本人思想的整体性、连贯性造成冲击，而且引起他人的批评和攻击，进而影响对孔教概念的接受和认同。

在这个背景下，严复对教与学关系的厘清以及对宗教概念的界定、对宗教类型的划分和对宗教起源的追溯显得尤为重要，且意义非凡。稍加留意即可发现，严复对宗教的界定与康有为相比更为明确和清晰。如前所述，在介绍宗教时，严复强调教在西方文化语境中具有相对固定的确切内涵。这用他本人的话说便是："故凡世间所立而称教者，则必有鬼神之事，祷祠之文，又必有所持受约束，而联之以为宗门徒党之众。异夫此者，则非今西人之所谓教也。"[1] 在严复的视界中，宗教有信仰，也有教旨和仪轨，因而具有完备且严格的组织形式。显而易见，无论严复对宗教的仪轨还是组织形式的关注都划清了宗教与信仰之间的界限。除此之外，在反复从可知与不可知的角度探究宗教的起源问题时，他特意彰显了宗教信仰的排他性。严复断言："且诸宗之起，多在古初。民智方新，传闻斯信，则一切感生神异之说，布于人间。宗自谓神授种，必言

---

[1]《原富》按语，《严复集》（第四册），中华书局，1986，第910页。

天眷，于是诸教始樊然并立。同己所以事天，异者沦于永劫。所关者重，故不止于党同伐异，入主出奴已也。"[1]

严复对宗教信仰的排他性及宗教之争的凸显在一定程度上划定了信仰与宗教特别是一般信仰与宗教信仰的区别，也使他对宗教的界定与康有为的泛宗教倾向相去甚远，并且与梁启超的宗教理念迥异其趣。尽管康有为、梁启超对宗教的具体界定、理解有别，然而，两人却都归一切信仰于宗教。这样做导致了两个严重后果：第一，康有为、梁启超在界定宗教时对信仰的过度强调导致信仰与宗教相混。在这方面，梁启超比康有为走得更远。梁启超甚至将人列为信仰对象，声称对于恋爱的人来说，恋爱的对象就是彼此的宗教。对于宗教，梁启超给出的定义是："'宗教是各个人信仰的对象。'……对象有种种色色，或人，或非人，或超人，或主义，或事情。只要为某人信仰所寄，便是某人的信仰对象。……信仰有两种特征：第一，信仰是情感的产物，不是理性的产物。第二，信仰是目的，不是手段；只有为信仰牺牲别的，断不肯为别的牺牲信仰。……从最下等的崇拜无生物、崇拜动物起，直登最高等的如一神论，无神论，都是宗教。他们信仰的对象，或属'非人'，如蛇、如火、如生殖器等等；或属'超人'，如上帝、天堂、净土等等；或属'人'，如吕祖、关公、摩诃末、耶稣基督、释迦牟尼等。不惟如此，凡对于一种主义有绝对信仰，那主义便成了这个人的宗教。"[2] 第二，康有为、梁启超对中国的宗教泛泛而论，不是关注中国宗教状况的特殊性，而是比附西方宗教，以此证明中国与西方的宗教相同——在这方面，康有为、谭嗣同认定仁是孔教、基督教与佛教的共同主张便是典型的例子。深厚的西学素养使严复凭借对西学的了解界定宗教的内涵，并在此基础上对中国与西方的宗教状况、民俗信仰进行审视、比较和剖析，最终得出了中国的政治、民俗和学术与西方不同的结论。这个分析和鉴定结论使严

---

1 《原富》按语，《严复集》（第四册），中华书局，1986，第910页。

2 《评非宗教同盟》，《梁启超全集》（第七册），北京出版社，1999，第3966—3967页。

复将教学分离、政教分离视为中国的出路，也坚定了他通过介绍西学、引入西方的学术体系和教育体制，以科学救亡图存的信念。由此可见，与康有为、谭嗣同和梁启超等人的宗教哲学相比，严复的宗教哲学无论视野之宽阔还是立论之独到都是值得肯定的。当然，这些既展示了严复宗教哲学的独特气质，也是他的宗教哲学独有的意义和价值所在。

二、理论误区

不可否认的是，严复的宗教哲学具有自身无法克服的理论误区，暴露出他的宗教理念的矛盾性。这既包括宗教概念的模糊不清、对宗教态度的矛盾，又包括由此导致的对诸如孔教之类的具体宗教形态的认识和评价。

首先，就宗教的概念而言，严复使用的宗教概念新旧杂糅，并且多个概念混杂、并用。以作为名词或学科的 religion 来说，他有时称之为教，有时又称之为宗教。

教之一词中国古已有之，宗教（religion）一词则纯属西方的舶来品。严复有时使用教，有时使用宗教，却没有对二者的具体内涵或相互关系予以界定或厘清。由于教在中国本土文化中具有教化之义，他所使用的教之概念难免宗教与教化相混。值得注意的是，在抨击中国社会不自由时，严复将其根源归结为教学相混及其导致的政教相混。在考察中国的宗教状况、设计中国的救亡路线时，他批评康有为的立孔教为国教教学相混。吊诡的是，严复本人的做法在客观上与康有为类似，这一点在严复使用教这个概念时表现得尤为突出。更有甚者，在他的思想中，即使是教与教化疏离，教特指宗教或者直接使用宗教概念时，也存在着教化与宗教相混现象。例如，在反驳社会进化的根源并非只在于地理环境时，严复写道：

> 欧亚虽强分二洲，以地势论，实同一洲，非若非、美诸洲之断然不得合一者也。顾东西风气民德之异，后世学者，每推原于地利。谓其一破碎

以生交通，其一完全以生统摄。交通则智慧易开，统摄则保守斯固。自舟车利用，竞争之局宏开，于是二工之优劣短长见矣。而孟氏（指《论法的精神》的作者孟德斯鸠、下同——引者注）之论，则一切求其故于天时。至谓二洲之自由多寡，强弱攸殊，以一无温带，一皆温带之故，取其言以较今人，未见其说之已密也。总之，论二种之强弱，天时、地利、人为，三者皆有一因之用，不宜置而漏之也。顾孟氏之说，其不圆易见。即近世学者地利之说，亦未为坚。何则？……是知人为有关系矣。夫宗教、哲学、文章、术艺，皆于人心有至灵之效。使欧民无希腊以导其先，罗马以继其后，又不得耶、回诸教纬于其间，吾未见其能有今日也。是故亚洲今日诸种，如支那，如印度，尚不至遂为异种所剥灭者，亦以数千年教化，有影响果效之可言。特修古而更新之，须时日耳。[1]

一目了然，严复不同意孟德斯鸠将欧洲之强与亚洲之弱仅仅归结为地理环境的差异，而是认为孟德斯鸠从"一无温带，一皆温带"的地理环境之差异推导出欧洲与亚洲风气、民俗之差异的做法在理论上漏洞百出，不能自圆其说——"未见其说之已密也""其不圆易见"。在严复看来，孟德斯鸠的病症在于遗漏了"人为"方面的因素，而"人为"与天时、地利都对社会的存在和发展产生影响，因而"三者皆有一因之用"。在严复所讲的"人为"中，宗教与"哲学、文章、术艺"一起出现，并且置于三者之前。在这个语境中，"宗教、哲学、文章、术艺"作为"人为"与天时、地利相对应。此处的宗教不单指 religion，而是兼有统称礼义法度在内的教化之义。正因为如此，在接下来的表述中，他直接使用了"教化"一词，用以说明印度的存在状况，而印度却以宗教著称于世。由此可见，严复在这段按语中使用的宗教与教化内涵相混，彼此之间的内容互有交叉——既非截然不同的两个概念，亦非异名而同实的同

---

[1]《法意》按语，《严复集》（第四册），中华书局，1986，第981页。

一概念。这种情况暴露出严复宗教理念的模糊、混乱，同时也给后人理解严复对宗教概念的界定以及他的宗教哲学增加了一定的难度。

其次，就宗教的作用而言，严复的认识是矛盾的，有时肯定宗教的积极意义和存在价值，有时又揭露宗教的消极影响和破坏作用。

综观严复的宗教哲学可以看到，他对宗教的评价陷入矛盾的两个极端：一方面，严复强调宗教起于迷信、禁锢民智，并且与自由背道而驰。在这个维度上，他对宗教持否定态度，乃至极尽贬损之能事。另一方面，严复从不同角度对宗教的存在予以某种肯定，尤其是对佛教怀有好感乃至青睐有加。事实上，他无论对于佛教的思维缜密还是修行实践都大为折服。严复除了赞叹"宗教之多思维，殆莫若佛"[1]之外，还一再将佛教的自在与西方哲学的"庇因"（Being，今通译为存在）相提并论。更为重要的是，严复对佛教的"不可思议"更是顶礼膜拜，并以"不可思议"为中介，对佛教与西方哲学的不可知论相互诠释。正是在这个意义上，他断言："又如释氏之自在，乃言世间一切六如，变幻起灭，独有一物，不增不减，不生不灭，以其长存，故称自在。此在西文，谓之persistence，或曰 eternity，或曰 conservation，惟力质本体，恒住真因，乃有此德。"[2]

进而言之，严复对待宗教的矛盾态度在关于宗教作用的认识上彻底暴露出来：一方面，他不遗余力地抨击宗教禁锢民智，与自由相悖。另一方面，严复肯定宗教对社会的文化、稳定发挥积极作用，甚至将宗教对社会的作用与道德、法律等量齐观。在这个维度上，他指出，宗教与道德、法律一样是任何社会都不可一日所无者。这用严复本人的话说便是："道德一也，宗教二也，法律三也。是三物者，皆生民结合社会后所不可一日无者。"[3]事实上，严复不仅

---

1 《法意》按语，《严复集》（第四册），中华书局，1986，第 1014 页。

2 参见〔英〕约翰·穆勒：《群己权界论》，严复译，商务印书馆，1981。

3 《"民可使由之不可使知之"讲义》，《严复集》（第二册），中华书局，1986，第 327 页。

认为宗教与道德、法律一样对于社会不可或缺，而且强调宗教的作用在学术尚未发达之时表现得更为突出。他提出的理由是，如果没有道德、宗教之由，社会便不可能缔结；即使缔结，也不能长久。严复断言："则请首从道德以观此言（指'民可使由之不可使知之'——引者注），不佞所以先道德而后宗教者，因依最近天演学家研究，凡社会进化阶级，道德常在宗教之先。道德为物，常主于所当然，而不若学门之常主于所以然。……使必先知而后有由，则社会之散而不群久矣！"[1] 循着这个逻辑，他强调，宗教对于国民道德和教化的影响至深至远——"宗教为物，其关于陶铸风俗者，常至深远"[2]。更有甚者，严复在某些场合甚至声称，宗教对社会的作用超过了法律或政治。于是，他发出了如下断语："故其（指宗教——引者注）事与民群进化有绝大之关系，特较法政所以治其驱〔躯〕骸，制其行谊者，进退左右之能，殆过之而无不及。"[3]

再次，就宗教的去留而言，对宗教及其作用的矛盾认识使严复徘徊在宗教的去留之间不能自拔。

在严复那里，既然现代教育的宗旨是"去宗教之流毒"，既然宗教与科学势不两立、与自由背道而驰，那么，宗教随着科学日兴、自由日盛而日休便成为必然的结局。问题的纠结之处在于，他认为，宗教对于社会不可或缺。从这个意义上说，宗教与道德的存在一样与社会共始终，永远都不会有消亡之虞。这就是说，只要有社会存在，就会有宗教。更有甚者，循着严复的逻辑推演下去，宗教不惟不会随着科学的进步而休歇，反而会因为科学的扩展而日盛。道理很简单：既然不可知是必然的，宗教与不可知如影随形，那么，随着科学突飞猛进的不是宗教的终结，而是宗教的日盛。奥秘在于，科学在开拓可知之域的同时，也留下了更广阔的不知之境。很显然，科学无法解释的这片不知之境

---

1 《"民可使由之不可使知之"讲义》，《严复集》（第二册），中华书局，1986，第327页。
2 《法意》按语，《严复集》（第四册），中华书局，1986，第1014页。
3 《天演进化论》，《严复集》（第二册），中华书局，1986，第317页。

超出了科学的统辖范围而属于宗教的领地。基于这种认识，严复预言，宗教是不可能消亡的。他一再解释说：

> 前谓宗教、学术二者必相冲突。虽然，学术日隆，所必日消者特迷信耳，而真宗教则俨然不动。然宗教必与人道相终始者也。盖学术任何进步，而世间必有不可知者存。不可知长存，则宗教终不废。学术之所以穷，即宗教之所由起，宗教可以日玄而无由废。[1]

> 盖社会之有宗教，即缘世间有物，必非智虑所得通，故夫天演日进无疆，生人智虑所通，其范围诚以日广，即以日广之故，而悟所不可知者之弥多，是以西哲尝云："宗教起点，即在科学尽处。"而斯宾塞尔亦云："宗教主体在知识范围之外。"……而世间一切宗教，无分垢净，其权威皆从信起，不由知入；设从知入，即无宗教。[2]

在严复看来，宗教与学术相杀相生，学术日盛而迷信日减将直接冲击宗教的存在。尽管如此，宗教真伪并存，被科学废除的只是宗教之伪，宗教之真不会因为学术的日隆而消失。恰好相反，无论学术如何进步，世界上都会有"不可知者"存在。学术不能解释的必将诉诸宗教，这意味着宗教永远都不会消亡。基于对宗教的这一理解，严复进而将信仰自由与美术之乐直接联系在一起，说成是自由之民的最大享受和希望所在。于是，他写道："身为自繇最贵之民，故其身与子孙，常若有无穷之希望焉。他若宗教之清真，美术之微眇，其乐尤非不自繇之民所能梦见者矣！"[3] 显而易见，严复在此已经将宗教视为社会文明的标识之一，此处的宗教是在积极意义上立论的。此时的宗教在带给人以"无穷之希望"的同时，也使自身拥有了无限而光明的前途，当然也就不可能像严复自己曾经预言的那样由于科学的日盛和社会的日进而消歇。

---

1 《天演进化论》，《严复集》（第二册），中华书局，1986，第319页。

2 《"民可使由之不可使知之"讲义》，《严复集》（第二册），中华书局，1986，第327—328页。

3 《法意》按语，《严复集》（第四册），中华书局，1986，第943页。

最后，就孔教的存在而言，严复对宗教概念的混乱认识和对宗教作用的矛盾态度必然影响乃至延伸到对孔子思想的定位及评价。

三教在中国古代指儒释道，在近代则指孔佛耶。特定的历史背景和文化语境使孔教与耶教成为近代宗教的主要形态，二者也随之成为近代哲学家的宗教哲学探讨的主体内容。严复虽然不像康有为、谭嗣同和梁启超等人那样对孔教高度关注，然而，无论严复对中国宗教的关注还是康有为立孔教为国教引起的思想震动都使严复将孔教纳入视野。由此不难想象，严复宗教理念的矛盾具体到对孔教的判定上便是，有时将孔子的思想称为孔教，有时否认孔子以及儒家思想是宗教。

一方面，严复肯定孔子的思想是宗教，并言之凿凿地提交了自己的证据。他断言，宗教必言灵魂，不言灵魂也就意味着不能归入宗教之列。在这方面，严复对孟德斯鸠认为孔子不言灵魂大为不满，原因是孟德斯鸠将孔子的思想排除在宗教之外。不仅如此，为了证明孔子的思想是宗教，严复从各个角度证明孔子言灵魂。例如，他声称："孔教亦何尝以身后为无物乎？孔子之赞《易》也，曰精气为物，游魂为变。《礼》有皋复，《诗》曰陟降，季札之葬子也，曰：体魂则归于地，魂气则无不之，未闻仲尼以其言为妄诞也。且使无灵魂矣，则庙享尸祭，所焄蒿悽怆，与一切之礼乐，胡为者乎？"[1] 在这里，严复用以证明孔子思想是宗教的证据是，"孔子之赞《易》也，曰精气为物，游魂为变"。稍加比较即可发现，严复的做法与康有为以《周易》证明孔子言灵魂、孔子的思想是宗教惊人一致。按照康有为的说法，《周易》为孔子晚年所作，专言"性与天道"，是用以养魂的。正是由于这个原因，梁启超在介绍康有为的思想时特意指出，康有为认定《周易》是专言灵魂界之书。当然，严复此时以《周易》证明孔子言灵魂的思想前提是像康有为那样承认孔子的思想是宗教，故而将孔

---

1 《法意》按语，《严复集》（第四册），中华书局，1986，第 1016 页。

子的思想称为孔教。

另一方面，严复一再突出孔子的哲学思想，在肯定六经皆经孔子手定的前提下断言《周易》侧重演绎法，《春秋》侧重归纳法。即使在晚年提倡尊孔读经时，严复也不是像康有为那样将孔子奉为教主，而是以孔子作为中华文化的象征。与将孔子奉为中国文化的象征相一致，严复在写给熊纯如的信中如是说："往闻吾国腐儒议论谓：'孔子之道必有大行人类之时。'心窃以为妄语，乃今听欧美通人议论，渐复同此，彼中研究中土文化之学者，亦日益加众，学会书楼不一而足，其宝贵中国美术者，蚁聚蜂屯，价值千百往时，即此可知天下潮流之所趋矣。"[1] 在这个语境中，严复所讲的孔子思想不是在宗教的维度上立论的，因而不是将孔子的思想称为孔教乃至不是称为具有教化之义的孔子之教，而是代之以"孔子之道"。严复之所以如此称谓孔子的思想，目的在于将孔子的思想定位为"中土文化"。

尚须提及的是，严复的国学观经历了早期推崇老子、庄子代表的道家，后来转向推崇孔子代表的儒家的巨大转变。与这一心路历程一脉相承，严复对孔子以及儒家思想的态度和评价经历了先贬后褒的递嬗过程。问题的复杂恰恰在于，严复对孔教的态度与对孔子思想是否是宗教的判断之间没有必然联系，加之他对宗教作用的判断处于矛盾之中，由此导致对孔教的评价更为复杂乃至难辨。

三、个性特征

严复对宗教的矛盾态度迫于中国近代社会的政治需要和现实考量，也出于复杂的情感和心理。换言之，严复宗教哲学的特征、个性既与中国近代救亡图存的历史背景、社会环境和文化语境密切相关，又具有他个人方面的特殊

1《与熊纯如书》，《严复集》（第三册），中华书局，1986，第690页。

原因。

首先，严复具有浓郁的形而上学情结，热衷于从哲学的维度审视、探究宗教问题。可以肯定的是，他的宗教哲学与形而上学情结一脉相承。

严复的宗教哲学带有中国近代共有的时代烙印、因而尽显近代风尚。众所周知，中国近代是崇尚科学的时代，中国与西方列强之间强弱兴衰的鲜明对比使中国近代哲学家对西方以坚船利炮为代表的科学、文化艳羡不已，宗教与科学之间的巨大张力使他们对宗教怀有本能的拒斥。在这方面，主张格致救国的严复也不例外。与此同时，中国近代是一个人心思变的时代，增进精神信仰，激发中国人的民族自尊心、自信心和民族认同感比以往任何时期都显得尤为重要。在这种情形下，与信仰相关的宗教便具有了存在的必要性、合理性乃至迫切性，以至于在中国近代出现了一股不小的宗教热。除此之外，伴随着洋枪洋炮和鸦片而来的西方文化以基督教为主导意识，基督教的强势入侵引发教案迭起，同时导致中国人的认同危机、价值危机。这些强化了宗教问题的迫切性和重要性，也使宗教问题成为亟待解决的现实课题。鉴于以上种种原因，近代哲学家或者声称中国也有像西方那样的宗教，以康有为、谭嗣同为代表；或者一面公开反对以基督教为代表的宗教，一面在否认佛教是宗教的前提下推挹佛教，以梁启超、章炳麟为代表。严复的宗教哲学被打上了深深的时代烙印，带有近代宗教哲学的上述风尚和特征。这具体包括两个方面：第一，严复关注中国宗教与西方宗教的关系，只是具体看法不像康有为、谭嗣同那样彰显二者之同，而是突出二者之异而已。对于这一点，《支那教案论》的按语表现得淋漓尽致[1]。按照严复的说法，教在中国与西方文化语境中具有不同内涵，中国与西方之教存在巨大差异乃至对立。这种差异和对立引起了中国人与西方人之间的信仰冲突，最终导致中国近代社会的教案频发。第二，严复对待佛教的态度与

---

1 《支那教案论》按语，《严复集》（第四册），中华书局，1986，第849—852页。

梁启超、章炳麟等人具有相似性。

在肯定严复的宗教哲学带有鲜明的近代特征和时代风尚，故而与其他近代哲学家具有相同性、一致性的前提下尚须进一步看到，严复的宗教哲学带有两个私人化、个性化的特征，故而与其他近代哲学家迥然相异。例如，严复既不像康有为、谭嗣同那样凸显孔教、佛教和耶教的相同性、一致性，也不像梁启超、章炳麟等人那样否认佛教的宗教性而彰显佛教的入世性等等。

严复的宗教哲学与他的形而上学密不可分，不可知论的哲学底色、致思方向和价值旨趣注定了他热衷于与不可知之境密不可分的宗教。严复在哲学上恪守不可知论，对西方不可知论大家如康德、穆勒特别是赫胥黎、斯宾塞等人推崇备至。浓郁的不可知论情结先天地注定了严复对与不可知论密不可分的佛教的亲近性，而他所讲的不可知论便脱胎于佛教的"不可思议"。甚至可以说，在严复的思想中，宗教哲学与不可知论相互印证。他眼中的中国哲学"三书"——《周易》《老子》《庄子》皆与佛教具有某种撇不开的关系。一言以蔽之，《周易》《老子》《庄子》和佛教都属于不可知论，都强调可知者止于感觉而彰显宇宙本体的不可感觉性，至少都含有某种程度的宗教性。

其实，严复的哲学就是西方的赫胥黎、斯宾塞、穆勒和牛顿等人的思想，中国的《周易》《老子》《庄子》与各种宗教思想相互和合的产物。这就是说，严复分不清哲学与宗教的界限，在模糊、淡化两者的界限的前提下，对哲学与宗教相互诠释：一方面，他反复将自己认定的中国哲学"三书"——《周易》《老子》《庄子》与宗教思想相互诠释。例如，严复对《老子》与佛教相互诠释，甚至混为一谈。对于《老子·第十四章》的"是谓无状之状，无物之象，是谓恍惚"，他的评语是："老之道纪，其形容处，大类释之涅槃。"[1]再如，严复将老子的思想与基督教相提并论。对于《老子·第十六章》的"知常曰明，不知

---

1 《〈老子〉评语》，《严复集》（第四册），中华书局，1986，第 1081 页。

常，妄作凶；知常容，容乃公"，他的评语是："夫耶稣教可谓知常者矣，以其言爱仇如己。"[1] 另一方面，严复将西方灵学会的观点与《周易》《老子》和佛教的思想联系起来，肯定灵学会"所言皆极有价值"，并由此对之深信不疑。于是，他在信中如是说："查英国灵学会组织，创设于千八百八十二年一月，会员纪载、论说、见闻，至今已不下数十巨册。离奇吊诡，有必不可以科学原则公例通者，缕指难罄。然会中巨子，不过五、六公，皆科哲名家，而于灵学皆有著述行世。巴威廉 Sir William Barrett F. R. S. 于本年二月《同时评阅志》Contemporary Review 中方出一论，意以解国人之惑。谓会中所为，不涉左道，其所研究六事：一、心灵感通之事。二、催眠术所发现者。三、眼通之能事。四、出神离魂之事。五、六尘之变，非科学所可解说者。六、历史纪载关于上项者。所言皆极有价值。终言一大事，证明人生灵明必不与形体同尽。又人心大用，存乎感通，无孤立之境。其言乃与《大易》'精气为魂，感而遂通'，及《老子》'知常'、佛氏'性海'诸说悉合。"[2]

其次，严复的宗教哲学与他个人的信仰息息相通，乃至成为他晚年的心灵寄托和精神慰藉。

严复强调一切认识皆源于感觉，感觉范围之外的存在不可知，故而只能对它们存而不论。这也就等于为信仰留下了地盘。他对宗教与科学做对立观，理由便是宗教关注不可知之域，属于信仰之域；科学注重实证，属于可知之域。实证主义情结让严复坚信可知者止于感觉，而超出感觉的范围则只能诉诸信仰。于是，他的宗教哲学从两个截然不同的方向展开：一方面，严复断言宗教起于信仰，缺乏实证，故而对宗教含有微词。严复曾经留学英国，对英国的经验论、反映论和实证主义情有独钟。秉持经验论、反映论的立场和原则，他坚持一切认识都源于感觉经验。沿着这个思路，严复提倡"即物实测"，反对"心

---

1 《〈老子〉评语》，《严复集》（第四册），中华书局，1986，第 1081 页。
2 《与侯毅书》，《严复集》（第三册），中华书局，1986，第 721 页。

成之说",而他所反对的"心成之说"就包括宗教和基督教崇拜的上帝在内。例如,在评点《庄子·齐物论》篇的"夫随其成心而师之,谁独且无师乎"时,严复写道:"世人之说幽冥,宗教之言上帝,大抵皆随其成心而师之之说也。曰福善祸淫而不容,事偶而赦罪宥眚;中国之想像,则衮冕而圭璋;西人之为容,则祖裸而傅翼。凡此者,皆随其成心以为之说。至其真实,则皆无据。"[1]另一方面,由于秉持不可知论而为信仰留下地盘,严复不能割断哲学与宗教之间的联系。结果是:不可知论与宗教相互造势,致使他晚年转向信仰之境,甚至"深悟笃信"基督教的灵魂不死。严复晚年所写的信件淋漓尽致地反映了这一点,现摘录如下:

> 鄙人以垂暮之年,老病侵寻,去死不远;旧于宗教家灵魂不死之说,唯唯否否不然;常自处如赫胥黎,于出世间事存而不论 Agnostic 而已。乃今深悟笃信,自诡长存,故不觉与贤者言之觏缕如此也。心之精微,口不能尽,惟进道修慧,昭视无穷……每有极异之事,庸愚人转目为固然;口耳相传,亦不问证据之充分与否,此最误事。故治灵学,必与经过科学教育,于此等事极不轻信者为之,乃有进步。复生平未闻一鬼,未遇一狐。不但搜神志怪,一以谬悠视之;即有先辈所谈,亦反复于心,以为难信。于《丛志》鬼神诸论,什九能为驳议;惟于事实,则瞠视舌,不能复置喙耳。[2]

> 神秘一事,是自有人类未行解决问题。往者宗教兴盛,常俗视听,以为固然。然而诞妄迷信,亦与俱深,惑世诬民,遂为诟病。三百年科学肇开,事严左证;又知主观多妄,耳目难凭;由是历史所传都归神话。则摧陷廓清之功,不可诬也。然而世间之大、现象之多,实有发生非科学公例所能作解者。何得以不合吾例,憪然遂指为虚?此数十年来神秘所以渐

1《〈庄子〉评语》,《严复集》(第四册),中华书局,1986,第1107页。
2《与侯毅书》,《严复集》(第三册),中华书局,1986,第722—723页。

成专科。而研讨之人，皆于科哲至深。观察精密之士，大抵以三条发问：一、大力常住，则一切动法，力为之先；今则见动不知力主。二、光浪发生，恒由化合；今则神光焕发，不识由来。三、声浪由于震颤；今则但有声浪，而不知颤者为何。凡此皆以问诸科学者也。其他则事见于远，同时可知；变起后来，预言先决，以问哲学心理之家。年来著作孔多，而明白解决，尚所未见。故英之硕学格罗芬（Lord Kelvin）临终，谓廿世纪将有极大极要发明，而人类从兹乃进一解耳。[1]

在这里，严复强调，研究灵学"必与经过科学教育，于此等事极不轻信者为之"，带有实证主义的思维痕迹。尽管如此，正如他自己坦言，此时的严复已经改变了对神秘之事存而不论的态度。这一点从他晚年对神秘之事和西方灵学的津津乐道中即可窥其端倪。严复对"神秘之事"态度的转变和兴奋点的转移本质上是对宗教态度的转变，归根结底取决于他个人信仰的转变。当然，在严复那里，无论对宗教的态度还是信仰的转变都始终与不可知论息息相关。

综上所述，严复对宗教问题高度关注，因而成为近代宗教热的主要代表。具有形而上学情结的他对宗教与科学、宗教与道德和宗教与自由的关系兴趣盎然，既回应了中国近代的时代呼唤，又展示了自己的独特运思。与此同时，严复既不像康有为、谭嗣同那样对孔教、佛教与基督教的关系津津乐道，也不像梁启超、章炳麟那样执着于佛教不是宗教而属于国学。诚然，严复与康有为、谭嗣同、梁启超和章炳麟一样表现出对基督教的拒斥，晚年更是在孔子问题上与康有为"十同八九"。尽管如此，从总体上说，严复的宗教哲学拥有鲜明的独特意蕴和个性风采，突出表现是带有西学家的研究范式和显著特征。无论他对宗教起源、宗教类型的探究还是对孔德、斯宾塞以及其他西方思想家的宗教学说的解读都显得卓尔不群。特别值得一提的是，严复对中国宗教状况的考察

---

[1]《与俞复书》，《严复集》（第三册），中华书局，1986，第725页。

迥异于其他戊戌启蒙思想家，提出的应对中国近代宗教问题的方案和措施更是与后者渐行渐远。这一切都使严复的宗教哲学成为不可多得的独特个案，既印证了中国近代宗教问题的错综复杂和近代哲学家对待宗教的矛盾纠结，又显示了近代宗教哲学的异彩纷呈、形式多样。不仅如此，严复对中国宗教有别于西方宗教的凸显与注重文化的地域性、民族性一脉相承，并借此提出了有别于康有为试图凭借宗教力量拯救中国的救亡纲领。尚须进一步澄清的是，通过对中国与西方宗教的比较，严复彰显中国宗教的特殊性。这与他在文化观上的民族立场互为表里，同时也印证了他对文化进化法则的认定。严复宣称："凡物之天演深者，其分殊繁，则别异晢。"[1]循着这个思路可想而知，社会越文明进步，世界上存在的宗教样式也就越丰富多彩。

1《法意》按语，《严复集》（第四册），中华书局，1986，第992页。

第十一章
教育理念与教育哲学

　　个人经历、多重身份和西学素养奠定了严复教育哲学的特殊性，也只有结合中国近代的历史背景和严复的个人际遇，才能更好地理解、评价他的教育哲学。严复是中国近代著名的启蒙思想家，旨在培养有别于奴隶的国民，提高国民德、智、体三方面的素质。这一教育宗旨使他成为全民的精神导师。与此同时，严复被誉为中国近代输入西学第一人，对以进化论为代表的西学的宣传和翻译使他成为中国人的西学启蒙老师。更为重要的是，严复参与创办多所学堂，并且担任教习、总教习、总办、监督、总监督和校长等职。在此过程中，他既是身居教学一线的教师，又是教学管理者，因而拥有丰富的教学经验和成熟的教育理念。作为专门的教育家，严复曾经在多所学堂、大学管理教学，这些著名的学堂或高等学府也由此成为他施展教育理念、推进"教育改良"、实施教育实践的基地。无论多重身份还是西学素养都使严复的教育哲学在带有中国近代的时代烙印和价值诉求的同时，带有迥异于其他近代哲学家的独特意蕴和鲜明特征。正因为如此，严复的教育理念和教育哲学不仅在中国近代哲学史、教育思想史上占有重要一席，而且成为不可多得的个案。

第一节　教育理念

教育的目的是育人，教育的宗旨关乎对人的人格塑造，直接决定着将人培养成什么样的人。严复秉持"教育救国"的理念和初衷，拥有明确的教育理念。救亡图存与思想启蒙的历史背景、政治斗争和现实需要使近代哲学家对教育的宗旨格外关注，在对这个问题的津津乐道和深入思考中，他们提出了不同于古代的教育宗旨和教育目标。对于教育的宗旨，严复如是说："盖教育者，将教之育之使成人，不但使成器也，将教之育之使为国民，不但使邀科第得美官而已，亦不但仅了衣食之谋而已。"[1]如此说来，教育的宗旨并不是为了解决就业或谋取官职以解决衣食问题，而是为了使受教育者"成人"。严复所讲的"成人"具体标准和目标有二：一是"成器"，二是"为国民"。教育的宗旨和目标是教育的核心问题，严复对这一问题的认识直接决定着他对教育方针、教育方法、教育途径和教育内容等诸多问题的理解，由此汇聚成了他的教育理念。

一、"自然之教育"与"人为之教育"

严复将自己的教育理念贯彻到对教育宗旨和教育目标的设想中，进而落实到所有的教育主张之中，而这最先表现为对教育内容的厘定。与教育的宗旨在于使受教育者成为有用之才——"成器"和懂得做国民——"为国民"相对应，严复将教育的内容划分为二类：一类是"自然之教育"，旨在使人"成器"，这是培养人才的教育；另一类是"人为之教育"，旨在使人"为国民"，这是培养国民的教育。

在严复看来，教育的根本要义是育人，"教之育之使成人"是教育最根本

---

1 《教授新法》，《严复集补编》，福建人民出版社，2004，第65页。

的宗旨和最基本的目的。若要使人"成人"，必须对受教育者进行"自然之教育"。"自然之教育"与"人为之教育"相对应，侧重人与自然的关系，是旨在培养"自然"人的教育。

"自然之教育"是严复匠心独运的教育理念，是他深受西学影响的产物，并且与生存竞争的自然法则密切相关。严复深谙西学，并对借鉴西学建构自己的哲学体系乐此不疲。他的教育哲学也是如此，"自然之教育"便淋漓尽致地反映了这一点。西方哲学素有"自然"情结，早在古希腊时期，哲学家的许多著作均以《论自然》为名。例如，从阿那克西曼德、阿那克西美尼、阿那克萨戈拉、恩培多克勒、赫拉克利特到色诺芬尼等人的著作都名为《论自然》。到了近代，欧洲对自然法的膜拜有增无减，自然学派更是大行其道，席卷着政治、经济和哲学等诸多领域。对于这一点，卢梭《论人类不平等的起源和基础》中的"自然状态"和魁奈等人的重农学派以自然秩序为最高信条等等都是明证。与此同时，"自然"更是成为西方近代哲学著作的主题，从狄德罗的《对自然的解释》、霍尔巴赫的《自然体系》、摩莱里的《自然法律的真实精神》和《论自然规律的偶然性》、康德的《自然通史和天体论》、谢林的《关于自然哲学的一些概念》和《布鲁诺或论物的神性原则和自然原则——谈话录》、黑格尔的《自然哲学》到休谟的《宗教的自然史》和《自然宗教对话录》等等，同样可以列出一长串的书单。在西方哲学史上，自然语言、自然哲学、自然主义和自然宗教等等诸如此类的以自然为标榜或特色的哲学流派层出不穷。

受西学影响，严复将对自然的膜拜运用到自己的教育哲学之中，并且提出了"自然之教育"的理念。正是在这个意义上，他声称："吾人入世，与亚当正同，其始皆以自然为师，受其教育。此导师之规则，不恶而至严，顺之则吉，逆之则凶，累试必验，无一爽者。人类自古至今，所推求研究者，皆此导师之规则，大者一本，小者万殊，虽竭吾人毕生精力以学习之，有不能尽。故世界者，一学界也；地球者，一大学校也。以自然为之监督，为之教务长，有教无类，黄白棕黑，男女老少，贤不肖智愚，无一地一时，能违自然之教育者。"[1]
透过严复的这段阐释可以看到，所谓"自然之教育"，简言之，就是引导人以
自然为师。如果说地球是大学校的话，那么，自然便是学校的监督和教务长。
正因为如此，必须对人进行"自然之教育"。"自然之教育"让人明白，作为"天
演中一境"[2]，人是自然的产物，必须遵循自然法则。自然是人的行为导师，熟
稔自然导师之规则是人生存的基本前提。这就是说，人必须向自然学习，掌握
并遵循自然界的法则。这是人最基本的生存法则，也是人生在世必须要学习和
掌握的生存法则，因而是每个人都无法逃遁的必修课。事实上，人类从古到今
孜孜以求、探索研究的，说到底无非是自然这个人类导师之规则而已。

在此基础上，严复进而指出，人在接受"自然之教育"的过程中，若要掌
握自然界的生存法则，必须遵循一定的学习方法。这套方法和要领除了勤奋、
精进、谦虚和顺从之外，还包括重佐证、求自得。他坚信，人如果能够照此方
法以自然为师，必然受益匪浅；学成之后，自然将授予他文凭和学位。自然所
颁发的文凭和学位对于人来说至关重要，受用无穷；不仅足以使人成为圣人、
鸿哲，而且具有实际功用——以之治己，可使个人长寿强健；以之治国，可使
国家文明富庶。严复解释说，"自然之教育"之所以如此神奇，让人受益无穷，
奥秘在于：自然法则无所逃遁，顺之者祥，逆之者亡。这个自然法则一本万
殊，放之四海而皆准。对于"自然之教育"而言，世界是大学界，地球是大学
校，各色人种、男女老少和圣贤愚顽都是这个学校的学生。换言之，"自然之
教育"对于任何人都无法逃避，真正实现了"有教无类"。

在严复看来，自然法则用庄子的话说便是"天理"，"自然之教育"旨在遵
循自然法则也就是引导人学会"依乎天理"。只有"依乎天理"去解牛，才能
解牛无数而解牛之刀"其刃若新出于硎"。同样的道理，只有依乎自然法则，

1《教授新法》，《严复集补编》，福建人民出版社，2004，第62页。
2〔英〕赫胥黎：《天演论》，严复译，中州古籍出版社，1998，第43页。

顺从自然之导师的教诲，人才能更好地生存。从这个意义上说，遵循自然法则就是养生。人人都必须以自然为师，因为这是人的生存之道。对此，严复总结说："学于自然有道，必勤必精，必虚必顺，必重左证，必求自得。夫如是而学之，及其成也，是自然者将与之以文凭，旌之以学位。此非如吾人学校，仅畀我以一纸书而已。彼将以我为圣人，为鸿哲，用其能事，以之治己，则老寿而康强；以之为国，则文明而富庶。古今之人得此者寡，至于余众，则出入于自然规则之间，离合参半，每顺则祥，每违则殃，违之已甚，则死且亡。吾国有庄生者，其言养生也，谓庖丁解牛十九年，所解之牛无数，而其刃若新出于硎。言其所由然，不过曰依乎天理而已。天理者，即此自然学校之规则也。"[1]

对"自然之教育"的大声疾呼使严复注重智育，因为人为了生存必须掌握"自然规则"，而"自然规则"就是自然科学所发明的公理、公例。对此，他解释说："德育主于感情，智育主于思理，故德育多资美术，而智育多用科学。顾学校所课，智育常多。诚以科学所明，类皆造化公例，即不佞发端所谓自然规则。此等公例规则，吾之生死休戚视之，知而顺之，则生而休；昧而逆之，则戚且死。赫胥黎谓教育有二大事：一、以陶练天赋之能力，使毕生为有用可乐之身；一、与之以人类所阅历而得之积智，使无背于自然之规则。是二者，约而言之，则开瀹心灵，增广知识是已。然教育得法，其开瀹心灵一事，乃即在增广知识之中。"[2] 在这里，严复将人之心分为情感即他所说的"感情"与理性即他所说的"思理"两个部分，并且认为德育侧重情感教育，智育侧重理性教育。严复主张"自强保种"，对由达尔文进化论而来的生存竞争法则坚信不疑，并由此率先发起了"自然之教育"的呼吁。由于"自然之教育"所要掌握、遵循的"自然规则"即公理、公例是自然科学探索、发现的，他由此偏袒发明"自然规则"的自然科学和与自然科学密切相关的智育，甚至有以智育遮蔽乃

1《教授新法》，《严复集补编》，福建人民出版社，2004，第62页。

2《教授新法》，《严复集补编》，福建人民出版社，2004，第66页。

至代替德育之嫌。稍加留意即可发现，严复一面承认人之教育分为"开瀹心灵"与"增广知识"之两途，一面强调如果教育得法，通过"增广知识"即可以"开瀹心灵"。如此说来，既然"增广知识"的智育可以发挥"开瀹心灵"之德育的作用，那么，德育便是可以被替代的。这不仅意味着重在"增广知识"的智育优于重在"开瀹心灵"的德育，而且意味着德育是可有可无的。

进而言之，严复之所以倡导"自然之教育"，具有思想渊源与现实考量的双重根源和动机：第一，从思想渊源上说，严复深受西方学说的影响，"自然之教育"则从教育的角度将西方的自然情结发挥到了极致。第二，从现实考量上说，"自然之教育"的提出基于"自强保种"的需要，归根结底是迫于中国近代救亡图存的政治斗争和社会需要。对于严复来说，借助"自然之教育"引导受教育者以自然为师，让中国人懂得自然界的生存竞争法则无人能外。这就是说，"自然之教育"的目的是引起中国人的警觉以及对自身处境的担忧，唤醒中国人的忧患意识和"自强保种"的自觉。正因为如此，他强调，生存竞争遵循优胜劣汰的自然法则，人是否能够适者生存而成为最终的获胜者，归根结底取决于对自然法则的认识和遵循。于是，严复断言："自欧洲学说至于吾国，其最为吾人之所笃信者，莫如天演竞争之公例。'优胜劣败，天然淘汰'，几为人人之口头禅。顾诸君亦尝问言者之意，以何者为优？以何者为劣？而天然所淘汰者，果何物乎？须一答语，不欠不溢，境量分际，相合无差，吾有以知言者之不能对也。凡不背自然规则者皆优，不合自然规则者皆劣。劣则天然淘汰，终必及之。"[1] 按照他的说法，如果说达尔文进化论让人明白生存竞争、优胜劣汰无所逃遁的话，那么，判断优劣的标准则是以自然为师，符合自然法则。为了做到这一点，就必须以自然为师，实施"自然之教育"。既然个人、国家的一切生死存亡皆受制于"自然规则"，那么，掌握自然规律的"自然之

---

[1]《教授新法》，《严复集补编》，福建人民出版社，2004，第63页。

教育"为何不可或缺以及重要到何种程度也就可想而知了。

在严复那里，"自然之教育"是针对"自然人"的，故而不分种族肤色，凡为人皆应该受此教育。正是由于这个原因，"自然之教育"的内容不因国别、地域或时间而不同。问题的关键是，人生活在族群之中，必须深谙个人与族群相处之道。这表明，对于人来说，"人为之教育"与"自然之教育"一样不可或缺。人不仅要活着，而且要有尊严地活着。如果说"自然之教育"旨在教会人生存之要领的话，那么，"人为之教育"则旨在教会人活得更有尊严和意义。严复强调，自由是人的天赋权利，故而是"人为之教育"的题中应有之义。由于近代中国人的生存和自由受到了西方列强的威胁，严复所讲的"人为之教育"围绕着"自强保种"展开，始终侧重引导中国人由奴隶到国民的国民教育。

二、"血气体力""聪明智虑""德行仁义"

如果说严复所讲的"自然之教育"侧重人与自然的关系，旨在培养作为"自然人"的生存能力的话，那么，"人为之教育"则侧重人与人尤其是人与国群的关系，旨在培养作为"社会人"的国民所应具备的素质。结合中国近代的社会现实和政治需要，迫于救亡图存的刻不容缓，严复将国民教育与"自强保种"联为一体，最终将"人为之教育"演绎为对国民素质的教育。为此，他将"人为之教育"与国民教育紧密结合，试图通过"人为之教育"，借助国民教育改造中国的国民性。

严复对自由的宣传引人注目，他本人也由此成为中国近代启蒙中自由派的主要代表。严复所讲的自由侧重个人与政府的关系，故而将自由理解为国民必备的权利。在这个前提下，他十分重视国民的资格问题，强调只有具备国民之素质，才能拥有国民之资格。与此同时，严复强调，国民必须承担相应的责任，既要以爱国为最高之天职，又要"济之以普通之知识"。这表明，国民不是天生的，亦非人人都可以成为合格的国民。合格的国民是国民教育的结果，

"人为之教育"对于培养国民至关重要。有鉴于此，严复急切呼吁对国民进行素质教育和资格教育，试图通过"人为之教育"培养国民，从而使国民更好地履行自己的天职。

严复断言："盖群者人之积也，而人者官品之魁也。欲明生生之机，则必治生学；欲知感应之妙，则必治心学，夫而后乃可以及群学也。且一群之成，其体用功能，无异生物之一体，小大其异，官治相准。知吾身之所生，则知群之所以立矣；知寿命之所以弥永，则知国脉之所以灵长矣。一身之内，形神相资；一群之中，力德相备。"[1] 这就是说，群体、社会是由个人组成的，正如生物是由细胞构成的。个人组成的群体犹如一个生物有机体，个人便是构成这一有机体的细胞。正如细胞决定每个人的身体状况、寿命长短一样，国家的命脉完全取决于每个国民的素质。具体地说，国民的素质由"血气体力""聪明智虑""德行仁义"三方面构成，三者便是判断国民素质优劣的标准。三者备而国民素质必优，国家必然强盛。这用严复本人的话说便是："盖生民之大要三，而强弱存亡莫不视此：一曰血气体力之强，二曰聪明智虑之强，三曰德行仁义之强。是以西洋观化言治之家，莫不以民力、民智、民德三者断民种之高下，未有三者备而民生不优，亦未有三者备而国威不奋者也。"[2]

沿着这一致思方向和价值旨趣，严复从社会有机体论出发审视个人与群体的关系，侧重从国民素质入手分析国家的强弱兴衰。由此，他最终得出了如下结论：

> 是故国之强弱贫富治乱者，其民力、民智、民德三者之征验也，必三者既立而后其政法从之。于是一政之举，一令之施，合于其智、德、力者存，违于其智、德、力者废。[3]

---

1 《原强修订稿》，《严复集》（第一册），中华书局，1986，第17页。

2 《原强修订稿》，《严复集》（第一册），中华书局，1986，第18页。

3 《原强修订稿》，《严复集》，中华书局，1986，第25页。

欲知其合，先察其分。天下之物，未有不本单之形法性情以为其聚之
形法性情者也。是故贫民无富国，弱民无强国，乱民无治国。[1]

严复认为，既然国民是构成国家的细胞，那么，国家的强弱兴衰、前途命
运便取决于国民素质的优劣。具体地说，国民素质由力即"血气体力"、智即
"聪明智虑"和德即"德行仁义"三部分构成，三者齐备则为"真国民"；只有
由"真国民"构成的国家，才能成为富强的国家。正是在这个意义上，他声称：
"国与国而竞为强，民与民而争为盛也，非以力欤？虽然，徒力不足以为强且
盛也，则以智。徒力与智，犹未足以为强且盛也，则以德。是三者备，而后可
以为真国民。"[2]基于这种认识，严复所讲的"人为之教育"具有极强的针对性，
最终演绎为以培养"真国民"为终极标的的国民教育。就"人为之教育"的具
体内容来说，体育、智育和德育三者齐备，缺一不可。

进而言之，严复是基于社会有机体论的思路呼吁提高中国人的素质，进而
大讲国民教育的。他将人理解为"形神相资"的有机体，国民素质的提高从生
理与心理两个方面同时展开，对国民素质的教育具体包括生理教育与心理教育
两个方面：第一，就生理方面的教育而言，严复试图通过体育使国民"气体强
健"。在这方面，他注重对国民之"手足体力""血气体力"的教育，并且根
据中国民力的状况，发出了"鼓民力"的号召。严复写道："然则鼓民力奈何？
今者论一国富强之效，而以其民之手足体力为之基，此自功名之士观之，似为
甚迂而无当。顾此非佞一人之私言也，西洋言治之家，莫不以此为最急。历
考中西史传所垂，以至今世五洲五六十国之间，贫富弱强之异，莫不于此焉肇
分。……且自脑学大明，莫不知形神相资，志气相动，有最胜之精神而后有最
胜之智略。是以君子小人劳心劳力之事，均非气体强健者不为功。……饮食养
生之事，医学所详，日以精审，此其事不仅施之男子已也，乃至妇女亦莫不

1 《原强修订稿》，《严复集》，中华书局，1986，第25页。
2 《〈女子教育会章程〉序》，《严复集》（第二册），中华书局，1986，第252—253页。

然。盖母健而后儿肥，培其先天而种乃进也。"[1] 在严复看来，国民的"手足体力"是国家富强的基础，无论西方之所以盛还是中国之所以衰，皆缘于此。沿着这个思路，他得出结论：提高国民的"血气体力"最为急切，对于"民力已苶"、濒临亡国灭种之境的近代中国更是这样。在这个前提下，严复大声疾呼"鼓民力"，并将之奉为改造中国人体质的纲领。第二，就心理方面的教育而言，他提出的具体措施有二：一是凭借智育，开发民智；二是借助德育，更新国民的道德——铲除尊亲旧习，培植尚公观念。分析至此，由体育、智育和德育组成的三育成为严复进行国民教育的主要途径和内容，三育分别对应着"鼓民力""开民智""新民德"三大方针。正因为如此，对于严复来说，"鼓民力""开民智""新民德"既是救亡图存的具体方案，也是改造中国的基本纲领。

在一次讲演中，严复从另一个角度重申了体育、智育和德育的不可偏废，进而阐明了自己的教育理念。他声称：

> 古之中西圣贤人，皆以娉心为至重之学。中之格物、致知、诚意、正心，西之哲学、名学，皆为此方寸灵台，而后有事。人禽之别，贤愚之等，皆视此为之。百年来生理学大明，乃知心虽神明，其权操诸形气，则大讲体育之事。……然欲为娉心之学，则当知心如形体，有支部可言，有思理，有感情。思理者，一切心之所思，口之所发，可以是非然否分别者也。感情者，一切心之感觉，忧喜悲愉，赏会无端，揽结不尽，而不可以是非然否分别者也。以心之方面常分为二如此，故其于人也，或长于理而短于情，或长于情而短于理。……譬诸文章、论辩、书说，出于思理者也；诗骚、词赋，生于感情者也。思理善，必文理密，察礼之事也。感情善，必和说微，至乐之事也。西人谓一切物性科学之教，皆思理之事，一切美术文章之教，皆感情之事。然而二者往往相入不可径分。科学之中，大有

---

[1] 《原强修订稿》，《严复集》（第一册），中华书局，1986，第27—28页。

感情；美术之功，半存思理。而教育之事，在取学者之心之二方面而并陶之，使无至于偏胜。即不然，亦勿使一甚一亡。至于一甚一亡，则教育之道苦矣。[1]

在这里，严复对体育、智育和德育不可偏废的论述从"妙心"和"妙心之学"讲起。从语义上说，妙有赞美、夸奖之义。严复尽管没有直接表白自己"妙心"，然而，他所说的"妙心"是夸大心之作用之义，并且肯定大哲学家的哲学都是"妙心之学"则是不争的事实。更为重要的是，在肯定大哲学家的哲学都是"妙心之学"的前提下，严复的教育理念沿着"妙心"的思路展开，最终将教育归结为体育、智育和德育三个方面：第一，严复肯定，心对于人至关重要，无论是决定人在宇宙中位置的人禽之别还是决定人在社会中地位的贤愚之等皆因心而分判。正是由于这个原因，古今圣贤无不对心膜拜有加——对此，他表述为"皆以妙心为至重之学"。第二，严复强调，百年来方兴未艾的生理学昭示了一个朴素的道理，那就是：人之心虽然神明，但是，心之用能否发挥以及发挥得如何，一切皆依赖人之身体素质——对此，他表述为"其权操诸形气"。由此不难想象，若想充分发挥心之作用，不可不先认识心理与生理的关系，不可不先强身健体。换言之，为了确保心之作用的充分发挥，必须先"大讲体育之事"。体育由此而兴，并且成为一切教育的基础。第三，严复指出，正如心与形构成了人这个有机体一样，人之心本身也是一个有机体。具体地说，人之心可以划分为"思理"与"感情"两部分。其中，"思理"主宰人之理性，主管文章、写作、辩论演讲和著书立说；"感情"主宰人之情感，主管诗词歌赋。人与人之心各不相同，"或长于理而短于情，或长于情而短于理"。对于一个人来说，"长于理而短于情"者"文理密"，善于观察物理；"长于情而短于理"者则"和说微"，擅长文艺学术。就西方教育而论，"思理"属于智

---

1 《论今日教育应以物理科学为当务之急》，《严复集》（第二册），中华书局，1986，第279页。

育，"感情"属于德育。严复特意强调，尽管"思理"与"情感"的作用、分类大相径庭，然而，二者不可截然分开。原因在于，正如科学中有"情感"一样，学术中有"思理"。这种情况决定了对国民进行心之教育时，必须分别对心之"思理"进行科学教育，对心之"感情"进行美术教育。分析至此，严复得出结论：为了避免某一方面"偏胜"而确保受教育者全面发展，体育、科学教育和美术教育必须同时进行，缺一不可。由此，体育、科学教育和美术教育共同组成了三育。从严复的一贯主张来看，这里的科学教育与智育大致相当，美术教育则与德育密切相关。

就严复提出的德智体三育来说，体育历来不受重视。他将增强体质纳入教育方针，使体育成为教育的一项主要内容，并且强调体育居于基础地位。严复这样做的目的是"鼓民力"，大力提高中国人"血气体力"方面的素质。在中国近代特殊的历史背景下，关注体育，力图通过"鼓民力"增强中国人的体质，最直接也最急切的目的是强兵。依据严复的分析，一个国家的兵之强由多种原因造成，是风气、宗教、种姓、体力和教育等诸多因素合力作用的结果，最根本的原因则非"治制"莫属。对此，他分析说："夫国兵之强弱，其故多矣。持一例而概之，未有不失者也。因于风气，因于宗教，因于种姓，因于体力，因于教育，而最重者，又莫若其国之治制。吾尝见夫乡民械斗者矣，约期之日，妻勖其夫，母诫其子，黎明而起，为之庀械具饗，若非胜则无以相见者。何则？其所与战者公敌，而亦私仇也。且其死鸿毛耳，而勇往如是。国家之使民战，生则有赏，死则有名，其乐趋敌，宜相万也。乃卒多委之而去，若无与者。此其所以然之故，宁不可思而得之欤！"[1]这就是说，一个国家的强兵尽管并不是由单一原因造成的，而是与风俗、宗教、种姓、体力和教育等诸多因素密不可分，然而，归根结底取决于国家"治制"影响下的民俗。对于这一

[1]《法意》按语，《严复集》（第四册），中华书局，1986，第977页。

点，乡民械斗便是明证。借此，严复旨在说明，既然兵强取决于"治制"，那么，国家就应该通过法律、制度改良教育，将体育写进教育方针。与此同时，为了"鼓民力"，严复在重视体育的同时，提出禁止吸食鸦片和废除女子缠足两大措施。这些是为了强种保种，提高中国人的体力和体质，也是出于强兵的需要。严复认为，吸食鸦片和女子缠足是导致中国兵瘇的直接祸根，而要根除二事，国家要先进行思想灌输和观念引导，之后再施以具体操作——通过层层落实，严格监控，督促各级官员和广大民众身体力行。

尚须提及的是，严复与梁启超都讲三育，两人所讲的三育在内容上迥异其趣。这是因为，梁启超的三育由知育、情育和意育组成，到头来只是侧重心理教育。一言以蔽之，如果说梁启超基于人之心理由知情意三个部分组成而进行知情意三育的话，那么，严复则基于人之素质由体力、智力和德力组成而讲三育。正是由于这个原因，严复所讲的三育具体指体育、智育和德育，将生理教育与心理教育一起纳入教育范围。从这个意义上说，严复的三育比梁启超多了一个生理教育——至少比梁启超更关注体育。更为重要的是，对于严复来说，由德育、智育、体育构成的三育只是"人为之教育"，此外还有"自然之教育"。至此可见，严复的教育理念与梁启超相差悬殊，严复所讲的教育内容的宽泛也由此可见一斑。

总的说来，无论将教育划分为"自然之教育"与"人文之教育"还是大声疾呼"鼓民力""开民智""新民德"的三育都表明，严复的教育理念服务于中国近代社会的救亡图存与思想启蒙，既是迥异于古代的教育理念，又预示着全新的教育内容。

第二节　"开民智"之智育

严复始终强调教育贵在使受教育者心德不偏，并由此提倡德智体三育相互作用，缺一不可。在这个前提下必须看到，严复始终凸显智育。对此，他如是说："约而论之，不过谓人生世间，无论身之所处，心之所为，在在皆受治于自然之规则者。欲知此规则，有自然之教育，有人为之教育。人为教育分体、德、智三者，而智育之事最繁。以中国前此智育之事，未得其方，是以民智不蒸，而国亦因之贫弱。欲救此弊，必假物理科学为之。然欲为之有效，其教授之法又当讲求，不可如前之治旧学。道在必使学者之心，与实物径按，而自用其明，不得徒资耳食，因人学语。"[1] 诚然，严复在这里承认教育分"自然之教育"与"人为之教育"，其中的"人为之教育"又分德育、智育和体育。综观严复的教育哲学可以看到，他最为关注的还是智育。之所以下如此断语，原因有二：第一，严复强调"智育之事最繁多"，因而在三育中凸显智育。第二，他指出，无论中国的民智低下还是国家贫弱都是以往的智育造成的。严复的这个说法既将批判的矛头指向了中国古代的教育——尤其是智育"未得其方"，又将拯救中国的希望寄托在了改良教育、寻求新智育上。

一、智育改良

在严复看来，中国古代对智育的重视程度不够，讲智育的方法更是谬之千里。正因为如此，中国的智育改革势在必行。依据他的设想，中国的教育改良不仅要凸显智育，将智育置于三育之首；而且要改变智育的方法，引进全新的教育理念和人才培养模式。

首先，严复指出，智育的宗旨和作用在于开发民智，而中国古代的教育不惟不能开发民智，反倒禁锢民智。

基于全新的教育理念，严复全面审视中国古代的教育方针和教育方法，一面揭露古代教育的弊端，一面寻求解救的方案。在此过程中，他以"开民智"

---

1 《论今日教育应以物理科学为当务之急》，《严复集》（第二册），中华书局，1986，第 285 页。

为切入点和下手处，阐明了教育改良的基本思路和方法。现摘录如下：

> 其开民智奈何？今夫尚学问者，则后事功，而急功名者，则轻学问。二者交失，其实则相资而不可偏废也。……民智者，富强之原。……且中土之学，必求古训。古人之非，既不能明，即古人之是，亦不知其所以是。记诵辞章既已误，训诂注疏又甚拘，江河日下，以致于今日之经义八股，则适足以破坏人材，复何民智之开之与有耶？且也六七龄童子入学，脑气未坚，即教以穷玄极眇之文字，事资强记，何裨灵襟！其中所恃以开瀹神明者，不外区区对偶已耳。所以审核物理，辨析是非者，胥无有焉。以是为学，又何怪制科人十九鹘突于人情物理，转不若农工商贾之有时而当也。今之蒿目时事者，每致叹于中国读书人少；自我观之，如是教人，无宁学者少耳。今者物穷则变，言时务者，人人皆言变通学校，设学堂，讲西学矣。虽然，谓十年以往，中国必收其益，则又未必然之事也。何故？旧制尚存，而荣途未开也。夫如是，士之能于此深求而不倦厌者，必其无待而兴，即事而乐者也。否则刻棘之业虽苦，市骏之赏终虚，同辈知之则相忌，门外不知则相忘，几何不废然反也！是故欲开民智，非讲西学不可；欲讲实学，非另立选举之法，别开用人之涂，而废八股、试帖、策论诸制科不可。[1]

按照严复的剖析，中国古代的教育可以归结为一句话——"必求古训"，也就是因循，记诵辞章、训诂注疏无不如此。由此而来的经义八股、科举考试不惟不能开发民智，反而败坏人才。原因在于，在这种教育体制下，儿童在六七岁之时即入学背诵经典，在未能领会经书义理的前提下强行记忆。这样一来，他们既不明古人之非，又不知古人之是。这样培养出来的读书人不仅不能明辨是非，而且阔于人情物理，反倒不如农工商贾通达世理。基于这种分析，

---

1 《原强修订稿》，《严复集》（第一册），中华书局，1986，第29—30页。

严复特别强调，对于古代教育的弊端，时人多有议论，谈论时事者皆言变学校、设学堂、讲西学。这些都是必需的，却不是根本的。问题的实质在于，必须改变中国古代的教育模式和科举取士制度，废除八股、试帖和策论等选才方法。只有如此，民智才能大开，讲求西学才能奏效。沿着这个思路，他提出智育改良，将"废八股"奉为教育改良的突破口和重中之重。正是由于这个原因，严复成为第一个公开反思科举取士、提倡"废八股"的近代哲学家。

严复认为，八股取士的危害并不仅仅在于禁锢民智，妨碍"开民智"。事实上，八股之大害有三："其一害曰：锢智慧。今夫生人之计虑智识，其开也，必由粗以入精，由显以至奥，层累阶级，脚踏实地，而后能机虑通达，审辨是非。方其为学也，必无谬悠影响之谈，而后其应事也，始无颠倒支离之患。何则？其所素习者然也。而八股之学大异是。……其二害曰：坏心术。……其三害曰：滋游手。"[1]在这里，严复将八股的危害归结为三点，即"锢智慧""坏心术""滋游手"。如果说"锢智慧"表明八股取士是造成中国"民智已卑"的罪魁祸首的话，那么，"坏心术""滋游手"则表明八股取士对于中国的"民德已薄""民力已茶"难辞其咎。这是严复断言八股取士的危害"始于学术，终于国家"的证据所在，也促使他将变法维新的突破口和"教育改良"的下手处最终都锁定在了"废八股"之上。这用严复本人的话说便是："天下理之最明而势所必至者，如今日中国不变法则必亡是已。然则变将何先？曰：莫亟于废八股。夫八股非自能害国也，害在使天下无人才。"[2]依据他的剖析，八股取士的危害并不限于民智不蒸，而是对于中国之民德、民智、民力都造成了巨大戕害。可怕的是，此三者有一，便足以弱种亡国；三者交至，结果可想而知——就当时的情形而言，八股的危害已经从学术蔓延到整个国家。对此，严复痛心疾首地接着写道："固知处今而谈，不独破坏人才之八股宜除，与〔举〕凡宋

1《救亡决论》，《严复集》（第一册），中华书局，1986，第40—42页。

2《救亡决论》，《严复集》（第一册），中华书局，1986，第40页。

学汉学，词章小道，皆宜且束高阁也。即富强而言，且在所后，法当先求何道可以救亡。惟是申陆王二氏之说，谓格致无益事功，抑事功不俟格致，则大不可。……后世学者，乐其径易，便于惰窳敖慢之情，遂群然趋之，莫之自返。其为祸也，始于学术，终于国家。"[1]在严复看来，八股取士禁锢民智，陆王心学更是引导人"自师其心"。由于这条路线与西方推崇的以自然为师的"自然之教育"背道而驰，故而遭到严复的猛烈抨击。与此同时，严复指出，八股取士在使中国民智日下的同时，也使他们养成了喜欢安逸、乐于偷安的傲慢之德。既然如此，八股取士的危害"始于学术，终于国家"也就不言而喻了。

其次，严复所讲的智育改良和智育内容以引进西学进行科学教育为己任，并不意味着他主张以西文进行教学，当然更不意味着以习西文为最终目标。

诚然，严复强调，就当时的中国来说，如果想要"以中文治西学读西史"的话，那是三十年以后的事；如果承认西学不可不治、西史不可不读的话，那么，则非习西文不可。这是因为，治西学、读西史最简易便捷、最行之有效的办法莫过于先习西文，精通西国的语言文字是治西学、读西史的基础。对于其中的道理，严复进一步解释说："虽然，吾之为此言也，非谓教育之目，必取西文而加诸国文之上也，亦非谓西学之事，终不可以中文治也；特谓欲以中文治西学读西史者，此去今三十年以后之事。居今日而言教育，使西学不足治，西史不足读，则亦已矣。使西学而不可不治，西史而不可不读，则术之最简而径者，固莫若先通其语言文学，而为之始基。假道于迻译，借助于东文，其为辛苦难至正同，而所得乃至不足道。智者所为固若是乎！夫此时之所急者，通其术而得其情云耳。而所以通所以得之涂术，不暇校也。洎夫家通其术，人得其情，将向所谓授业解惑之师资，觇毕揣摩之编简，皆不期而自集，而不必勤求乎其外。夫而后以外国文字为一科之学可也。一切之学，治以国文，莫不可

---

1 《救亡决论》，《严复集》（第一册），中华书局，1986，第44—45页。

也。夫公理者，人类之所同也。"[1]深入剖析严复的论述可以看到，他对习西文、通西学的论述从两个不同的维度展开。一方面，严复指出，若要治西学必须先习西文，并且申诉了自己的理由。在他看来，习日语从日本转译西学与习西文治西学同样是先学外语，辛苦难至，两者的后果却大不相同。文义一经翻译，蕴意尽失，转译则丧失殆尽。这意味着以日文译西学不仅费时费力，而且谬之千里。与习日语从日本转译西书谬之千里相比，习西文治西学可为最佳选择。另一方面，严复强调，中国当时最急切的是"通其术而得其情"，决非以西文为鹄的，甚至可以说，习西文只是权宜之计。等到中国人对于西学"家通其术，人得其情"，备此以为"所谓授业解惑之师资"之后，便可以"觇毕揣摩之编简，皆不期而自集，而不必勤求乎其外"。这是因为，"公理者，人类之所同"。如果掌握了西方探索真理的方法，西学可以不治，西文可以不习。在这种情况下，如若治西文，将之视为外语之一专科即可。

上述内容显示，对于习西文的问题，严复的态度似乎是矛盾的。其实不然，他之所以强调通西学尤其是译西书必须习西文，针对康有为、梁启超等人由日文转译西学的做法。在严复看来，如果通外学、译西学的话，必须凭借西文进行。从这个意义上说，通西学必须先习西文。问题的关键是，习西文以至于通西学并非严复的最终目的，正如他翻译西学是为了引导人多读中国古书因而采用文言文进行、并且以意译的方式夹译夹议甚至以议代译一样。正是由于这个原因，严复指出，通不通西学并不重要，重要的是学习西学的方法，以此方法发掘中国的固有之学。这印证了严复国学家的本色，也彰显了他教育救国的理念。

再次，严复指出，智育的宗旨和作用在于开发民智，人生的第一大事就在于"炼心""积智"。

---

[1]《英文汉诂》卮言》，《严复集》（第一册），中华书局，1986，第156—157页。

按照严复的说法，人作为生物有机体由形与心（神）两部分构成，相比较而言，心更为重要。生物进化论的研究表明，人在宇宙和生物进化中的位置是由心决定的。他认为，无论是导致人猿揖别的言语还是促使人类文明进化、薪火相传的文字都是心的造作。所以，英国哲学家培根说，对于世界万物来说，人为大；对于人来说，心为大。人生在世，第一大事就是"炼心""积智"。正是在这个意义上，严复断言：

> 昔英人赫胥黎著书名《化中人位论》，大意谓：人与猕猴为同类，而人所以能为人者，在能言语。盖能言而后能积智，能积智者，前代阅历，传之后来，继长增高，风气日上，故由初民而野蛮，由野蛮而开化也。此即教学二事之起点。当未有文字时，只用口传。故中文旧训以十口相传为"古"，而各国最古之书，多系韵语，以其易于传记也。孔子言："言之无文，行之不远。"有文无文，亦谓其成章可传诵否耳。究之语言文字之事，皆根心而生，杨雄言："言，心声也；书，心画也。"最为谛当。英儒培根亦云："世间无物为大，人为大；人中无物为大，心为大。"故生人之事，以炼心积智为第一要义。炼心精、积智多者为学者。否则常民与野蛮而已。顾知炼心矣，心有二用：一属于情，一属于理。情如诗词之类，最显者中国之《离骚》。理，凡载道谈理之文皆是。然而理，又分两门：有记事者，有析理者。而究之记事之文，亦用此以为求理之资，所谓由博反约、博文约礼皆此意也。[1]

基于对心之重要性的认识，严复所讲的教育自然侧重开发心智，智育改良就是为了使人更好地"炼心""积智"。正是由于这个原因，改良后的智育侧重"炼心"与"积智"。具体地说，严复在对心的分析中将心分为情与理两部分，并且沿着情感与理性两个不同的方向展开。相比较而言，严复更为重视和突出

---

1 《西学门径功用》，《严复集》（第一册），中华书局，1986，第92—93页。

对心属于理之方面的教育，故而将智育置于三育之首。

大致说来，严复所讲的智育改良包括两个方面：第一，在教育内容上，严复注重自然科学，也就是他所讲的"物理科学"。第二，在教育方法上，严复呼吁通过接触外物而即物求知，使心"与实物径接"。由于认定这些为中国古代教育所未有，严复所讲的智育注重引进西方的教育理念和人才培养模式，并且注重西学教育和科学教育。

二、西学教育

严复集西学家、启蒙思想家和教育家于一身，他的教育思想与西学密切相关，智育尤其如此。在这方面，严复将西学纳入智育之中，对如何引进西学进行包括智育在内的教育改良进行深入思考和全面规划。于是，他不止一次地写道：

> 吾闻学术之事，必求之初地而后得其真，自奋耳目心思之力，以得之于两间之见象者，上之上者也。其次则乞灵于简策之所流传，师友之所授业。然是二者，必资之其本用之文字无疑也。最下乃求之翻译，其隔尘弥多，其去真滋远。今夫科学术艺，吾国之所尝译者，至寥寥已。即日本之所勤苦而仅得者，亦非其所故有，此不必为吾邻讳也。彼之去故就新，为时仅三十年耳。今求泰西二三千年孳乳演迤之学术，于三十年勤苦仅得之日本，虽其盛有译著，其名义可决其未安也，其考订可卜其未密也。乃徒以近我之故，沛然率天下学者群而趋之，世有无志而不好学如此者乎？侏儒问径天高于修人，以其愈己而遂信之。今之所为，何以异此。[1]

> 至欲以汉语课西学者，意乃谓其学虽出于西，然必以汉语课之，而后

1《与〈外交报〉主人书》，《严复集》（第三册），中华书局，1986，第561页。

有以成吾学。此其说美矣，惜不察当前之事情，而发之过蚤，滨海互市之区，传教讲业之地，其间操西语能西文者，非不数数觏也，顾求其可为科学师资者，几于无有，是师难求也。欲治其业，非夙习者不能翻其书，纵得其书，非心通者不能授其业，是教之术穷也。然则大报所讥中国数十年来每设学堂，咸课洋文，今奉诏书推广，犹以聘请洋文教习为先务者，固皆有所不得已，非必自蔑国语，而不知教育之要不在语学也。且夫欧洲之编籍众矣，虽译之者多，为之者疾，其所得以灌输中土者，直不啻九牛之一毛。况彼中凭藉先业，岁有异而月更新。学者薪免瞠后之忧，必倾耳张目，旷览博闻，以与时偕极，今既不为其言语文字矣，则废耳目之用，所知者至于所译而止，吾未见民智之能大开也。又况译才日寡，是区区者将降而愈微耶。若谓习外国语者，将党于外人，而爱国之意衰歇！此其见真与儿童无以异。盖爱国之情，根于种性，其浅深别有所系，言语文字，非其因也。彼列邦为学，必用国语，亦近世既文明而富于学术乃如是耳。……然则观此可悟国之所患，在于无学，而不患国语之不尊，使其无学而愚，因愚而得贫弱，虽甚尊其国语，直虚憍耳，又何补乎？[1]

在这里，严复重申了"教育之要不在语学"以及学习西学"最下乃求之翻译"的观点，却还是出于开发民智的初衷将西学教育纳入到教育改革之中。具体地说，严复对中国的教育提出了如下部署：对于国家的学堂来说，当务之急在于西学；要想治西学，必须用西文西语。对于这样做的原因，他给出了如下解释："总而论之，今日国家诏设之学堂，乃以求其所本无，非以急其所旧有。中国所本无者，西学也，则西学为当务之急明矣。且既治西学，自必用西文西语，而后得其真，若夫吾旧有之经籍典章未尝废也。学者自入中学堂，以至升高等，攻专门，中间约十余年耳。是十余年之前后，理其旧业，

---

1 《与〈外交报〉主人书》，《严复集》（第三册），中华书局，1986，第561—562页。

为日方长。矧在学堂，其所谓中学者又未尽废。特力有专注，于法宜差轻耳。此诚今日之所宜用也。迨夫廿年以往，所学稍富，译才渐多，而后可议以中文授诸科学，而分置各国之言语为专科，盖其事诚至难，非宽为程期，不能致也。诚知学问之事，非亲历途境者，虽喻之而不知。独有一言，敢为诸公豫告：事功成否，恒视其所由之术，而不从人意为转移，若必拂理逆节以为之，则他日学堂，自无成效。"[1]这是严复对中国教育的总体规划，归纳起来，牵涉内容较多。择其要者，大端有五：第一，中国最急切的是本所无者，具体地说就是西学。第二，尽管西学最急，然而，中学万不可废。第三，学生从中学开始直至大学的十年间，攻读专业之学，以备中国之需。第四，如此方法推行二十年，在西学稍丰、译才渐多之后，再考虑用中文讲授诸学，同时分别设立各国语言为专科。第五，事功成败不以人的意志为转移，关键在于方法。对于中国的教育以西学为急以及如何引进西学来说，尤为如此。在这个前提下，严复进而对西学如何走进课堂进行深入思考，提出了一套具体方案。下仅举其一斑：

一、中学堂课西文西学，宜用中国人。（洋人课初学西文，多不得法。）高等洎专门诸学，宜用洋教习。若人众班大，则用华人为助教。

一、小学堂，有中学教习，无西学教习；中学堂，中西学教习并有之；高等学堂，有西学教习，无中学教习。至于专门，则经史文词诸学，列于专科，此其大经也。[2]

值得注意的是，为了开发民智，严复倡导西学，并由于认定西学为中国所本无而肯定"西学为当务之急"。尽管如此，他并没有因为提倡西学而废弃中学。同样，为了治西学，严复急切呼吁学习西文，却没有放弃国文。恰好相反，他强调："方今欧说东渐，上自政法，下逮虫鱼，言教育者皆以必用国文

1《与〈外交报〉主人书》，《严复集》（第三册），中华书局，1986，第562—563页。

2《与〈外交报〉主人书》，《严复集》（第三册），中华书局，1986，第564页。

为不刊之宗旨。而用国文矣，则统一名词最亟，此必然之数也。"[1]受制于这一理念，为了强化国学、国文教育，严复建议小学只学中学、中文，从中学起开始习西文、学西学，这样做是让儿童从小沐浴国文的熏陶。不仅如此，小学课堂学国文，只有中国教师而无外国教师；中学尽管中国、外国教师并有，并且开始习西文、学西学，然而，授课的教师则是中国人；即使是到了大学阶段，专业虽然用外国教师，但是，若人多则必辅以中国教师。严复对中国教师的看重颇有深意，不唯从管理角度立论，而是具有使受教育者从小学到大学皆不离国学、国文的用意。

严复本人精通西文，对于习西文的必要性、重要性更能感同身受。正因为如此，他重视西文的学习，并从四个方面阐释了这个问题。严复说道："其所以必习西文者，因一切科学美术，与夫专门之业，彼族皆已极精，不通其文，吾学断难臻极，一也；中国号无进步，即以其文字与外国大殊，无由互换智识之故。惟通其文字，而后五洲文物事势，可使如在目前，资吾对勘，二也；通西文者，固不必皆人才，而中国后此人才，断无不通西文之理，此言殆不可易，三也；更有异者，中文必求进步，与欲读中国古书，知其微言大义者，往往待西文通达之后而后能之。此亦赫胥黎之言也，四也；且西文既通，无异入新世界，前此教育虽有缺憾，皆可得此为之补苴。大抵二十世纪之中国人，不如是者，不得谓之成学。"[2]依据严复的分析，西文之所以不可不习、不可不通，原因有四：第一，西方的科学美术和专门之学极精，不精通西方的语言文字，便无法精通这些领域的学术；不学习这些领域的西学，中国学术便不可能臻于西方的境界。在这方面，严复坚决反对康有为、梁启超等人从日本转译西学的做法，他独创的名学、"内籀之术""外籀之术"等译名更是将对从日本转译西学译名的抵制推向了极致。第二，中国停滞落后，主要原因在于中国与各国文

1《与伍光建书》，《严复集》（第三册），中华书局，1986，第585—586页。

2《论今日教育应以物理科学为当务之急》，《严复集》（第二册），中华书局，1986，第285—286页。

字悬殊，语言不通，不能与各国互通知识。只有精通西国文字，才能知晓五洲大事。第三，通西文者未必皆人才，然而，从发展趋势上看，不通西文者断断不能成为人才。通西文是中国人才之必备素质，也是智育改革的内容之一。第四，通西文是促进中学发达的手段，无论是中学之进步还是为了读"中国古书"而通晓微言大义，都"往往待西文通达之后而后能之"。有了这四点理由，严复对习西文如何重视以及将西文抬到何等高度都可以理解了。事实正是如此，在罗列了上述理由之后，他进一步补充说，精通了西文，便等于进入了一个新世界。对于20世纪的中国人来说，不通西文"不得谓之成学"。至于中国古代教育的所有缺憾，也可以借助习西文、通西学而补救了。由此可见，西学、西文是严复所讲的智育的主要内容，习西文、通西学也由此作为他针对中国古代教育的弊端而提出的智育改良的具体方案。

在西学教育中，严复多次疾呼培养翻译人才。这是大学分科、培养专业人才的需要，更是深入了解西学、研究西学的需要。按照他的一贯主张，治西学之良法是深入其国其地，直接耳濡目染；如若不能，退而求其次便是读其书，再后才是译其书。其中的奥秘在于，只要经过翻译，文义已经大失；如若转译，更是与本义相隔万里，甚至造成危害。正是由于这个原因，严复拒绝曹典球建议他转译西书的做法，并在信中解释说："足下慨近世学者轻佻浮伪，无缜密诚实之根，思欲补其缺愚，使引入条顿之风俗，此诚挚论。顾欲仆多择德人名著译之，以饷国民。第仆于法文已浅，于德语尤非所谙。间读汗德（康德——引者注）、黑格尔辈哲学及葛特（歌德——引者注）论著、伯伦知理（波伦知理——引者注）政治诸书，类皆英、美译本，颇闻硕学者言，谓其书不逮原文甚远。大抵翻译之事，从其原文本书下手者，已隔一尘，若数转为译，则源远益分，未必不害，故不敢也。颇怪近世人争趋东学，往往入者主之，则以谓实胜西学。通商大埠广告所列，大抵皆从东文来。夫以华人而从东求西学，谓之慰情胜无，犹有说也；至谓胜其原本之睹，此何异睹西子于图画，而以为美于真形者乎？俗说之詿常如此矣！"[1] 对于严复来说，既然不欲转译而必须直接以其语译其学——其实，这已经是迫不得已而求其次了，那么，要治西学、通西学，务必先习西文，培养译书之才。

三、科学教育

严复历来重视学与术的区别，对西学的理解亦是如此，并由此导致他在教育哲学领域对西学的不同侧重。严复声称："今世学者，为西人之政论易，为西人之科学难。政论有骄嚣之风，（如自由、平等、民权、压力、革命皆是。）科学多朴茂之意，且其人既不通科学，则其政论必多不根，而于天演消息之微，不能喻也。此未必不为吾国前途之害。故中国此后教育，在在宜著意科学，使学者之心虑沈潜，浸渍于因果实证之间，庶他日学成，有疗病起弱之实力，能破旧学之拘挛，而其于图新也审，则真中国之幸福矣！"[2] 由此可见，此时的严复对西学的态度已经大变，集中体现就是恪守政论与科学之辨。在他的视界中，科学是政论之基础，离却科学，政论便无法洞察天演消息；政论易而有骄嚣之风，科学难而大多朴茂之意。正是由于这个原因，中国人对于西学往往取政论而舍科学。严复严正指出，这种本末倒置的做法是极为危险的，中国今后的教育必须矫正这种做法，转而注重科学教育。

严复不仅深信"科学救国"，而且秉持"教育救国"的理念。正因为如此，他将科学纳入教育之中，注重科学教育，智育则集中反映了严复这方面的设想。他提出的智育改革的基本精神就是将科学引入教育之中，凸显科学教育。这具体包括两个方面：第一，在教学内容上，严复提议将各种自然科学作为必修课。对于各种学科之间的关系，他的看法是："是故欲为群学，必先有事于诸学焉。不为数学、名学，则吾心不足以察不遁之理，必然之数也；不为

1《与曹典球书》，《严复集》（第三册），中华书局，1986，第567页。

2《与〈外交报〉主人书》，《严复集》（第三册），中华书局，1986，第564—565页。

力学、质学，则不足以审因果之相生，功效之互待也。名数力质四者之学已治矣，然吾心之用，犹仅察于寡而或荧于纷，仅察于近而或迷于远也，故必广之以天地二学焉。盖于名数知万物之成法，于力质得化机之殊能，尤必藉天地二学，各合而观之，而后有以见物化之成迹。名数虚，于天地征其实；力质分，于天地会其全，夫而后有以知成物之悠久，杂物之博大，与夫化物之藩变也。"[1]据此可知，严复认为，以数学、力学、物理学、天文学、地理学和生物学为代表的自然科学是为学之基，故而将这些学科作为必备的知识而引入课堂。第二，在教育方法上，他注重引导学生走出书斋，向自然学习。这样做的目的除了学习自然法则、掌握自然科学知识之外，还有一个更为重要的目的，那就是：引导受教育者"即物实测"，训练以归纳、演绎等逻辑方法为主的科学方法和思维推理水平。于是，严复声称：

> 且其教子弟也，尤必使自竭其耳目，自致其心思，贵自得而贱因人，喜善疑而慎信古。其名数诸学，则藉以教致思穷理之术；其力质诸学，则假以导观物察变之方，而其本事，则筌蹄之于鱼兔而已矣。故赫胥黎曰："读书得智，是第二手事，唯能以宇宙为我简编，民物为我文字者，斯真学耳。"[2]

在严复那里，对于科学教育来说，掌握科学方法比学习科学内容更为重要。智育的目的就是引导国民养成科学方法，凭借科学方法来求理、穷理。严复提倡的科学方法奠基于逻辑学的归纳法之上，以"即物实测"为致思方向和基本原则。这套方法的具体操作和途径是走出书斋，以宇宙、社会为课堂，读自然这本大书，以自然为师。正是在这个意义上，严复反复申明：

> 大抵学以穷理，常分三际。一曰考订，聚列同类事物而各著其实。二曰贯通，类异观同，道通为一。考订或谓之观察，或谓之演验。观察演

---

1 《原强修订稿》，《严复集》（第一册），中华书局，1986，第17页。
2 《原强修订稿》，《严复集》（第一册），中华书局，1986，第29页。

验，二者皆考订之事而异名者。盖即物穷理，有非人力所能变换者，如日星之行，风俗代变之类；有可以人力驾御移易者，如炉火树畜之类是也。考订既详，乃会通之以求其所以然之理，于是大法公例生焉。此大《易》所谓圣人有以见天下之会通以行其典礼，此之典礼，即西人之大法公例也。中西古学，其中穷理之家，其事或善或否，大致仅此两层。故所得之大法公例，往往多误，于是近世格致家乃救之以第三层，谓之试验。试验愈周，理愈靠实矣，此其大要也。[1]

吾人为学穷理，志求登峰造极，第一要知读无字之书。倍根言："凡其事其物为两间之所有者，其理即为学者之所宜穷。所以无大小，无贵贱，无秽净，知穷其理，皆资妙道。"此佛所谓墙壁瓦砾，皆说无上乘法也。赫胥黎言："能观物观心者，读大地原本书；徒向书册记载中求者，为读第二手书矣。"读第二手书者，不独因人作计，终当后人；且人心见解不同，常常有误，而我信之，从而误矣，此格物家所最忌者。而政治道德家，因不自用心而为古人所蒙，经颠倒拂乱而后悟者，不知凡几。诸公若问中西二学之不同，即此而是。又若问西人后出新理，何以如此之多，亦即此而是也。而于格物穷理之用，其涂术不过二端。一曰内导；一曰外导。此二者不是学人所独用，乃人人自有生之初所同用者，用之，而后智识日辟者也。内导者，合异事而观其同，而得其公例。粗而言之，今有一小儿，不知火之烫人也，今日见烛，手触之而烂；明日又见鑪，足践之而又烂；至于第三次，无论何地，见此炎炎而光，烘烘而热者，即知其能伤人而不敢触。且苟欲伤人，且举以触之。此用内导之最浅者，其所得公例，便是火能烫人一语。其所以举火伤物者，即是外导术。盖外导术，于意中皆有一例。次一案，二一断，火能烫人是例，吾所持者是火是案，故

1 《西学门径功用》，《严复集》（第一册），中华书局，1986，第93页。

必烫人是断。合例、案、断三者，于名学中成一联珠，及以伤人而人果伤，则试验印证之事矣。故曰印证愈多，理愈坚确也。名学析之至细如此，然人日用之而不知。须知格致所用之术，质而言之，不过如此。特其事尤精，因有推究精微之用，如化学、力学，如天、地、人、动、植诸学多内导。至于名、数诸学，则多外导。学至外导，则可据已然已知以推未然未知者，此民智最深时也。[1]

显而易见，严复凸显智育，目的是开发心智。与其说他重视智育是在灌输知识，毋宁说是在教授方法。这从一个侧面印证了严复的教育哲学与启蒙哲学和西学密切相关，理论初衷是通过逻辑学的引进培养科学精神和科学方法而不是唯西学马首是瞻。正是出于对西方逻辑方法和科学精神的情有独钟，严复呼吁即物穷理，以期改变中国古代因循古人垂训、轻归纳而重演绎的思维模式和逻辑方法。他强调，借助逻辑方法逐层积累建构思想体系是西方的为学途径和方法，这套讲求实证的科学方法在求知方向和原则上与中国学术迥异其趣，也是西方新理迭出且颠簸不破的秘诀所在。

基于上述认识，严复特别重视逻辑方法，将逻辑方法视为寻求科学知识和精神自由的利器。对于这个问题，可以从以下两个方面去理解：第一，严复认为，始于归纳法的逻辑方法引导人以心与外物相接，这样的认识源于直接经验而具有了颠簸不破的真理性、可靠性和客观性。对此，他写道："方其始也，必为其察验，继乃有其内籀外籀之功，而其终乃为其印证，此不易之涂术也。'内籀'东译谓之'归纳'，乃总散见之事，而纳诸一例之中。……'外籀'东译谓之'演绎'。外籀者，本诸一例而推散见之事者也。自古学术不同，而大经不出此二者。科学之中，凡为数学，自几何以至于微积，其中内籀至少，而外籀独多。至于理、化、动、植诸科，则内籀至多，而外籀较少。"[2]第二，有了归纳法

1《西学门径功用》，《严复集》（第一册），中华书局，1986，第93—94页。

2《论今日教育应以物理科学为当务之急》，《严复集》（第二册），中华书局，1986，第280页。

的可靠前提，由个别推出一般，再由一般推出个别，便可以在归纳法与演绎法的相互作用中建构逻辑缜密、体用完备的学术体系。这样既避免了"自师其心"的闭门造车而出门难以合辙的舛谬，又杜绝了以古人重训诂为不刊之论的盲目顺从。更为重要的是，在这种风气之下，国家的一切政令、法度皆本诸"即物实测"的原则，先验诸事事物物而皆然，之后再定为不易，自由精神由此而成。

基于这种认识，严复大声疾呼智育改良，力图借鉴西方向外求知求理、推崇归纳方法的科学精神纠正中国古代教育讲究训诂甚至"自师其心"的内求路线，因而致使科学教育成为智育的主要内容。他提倡科学教育，就是为了引导人走进自然，凭借"即物实测"和以归纳法为核心的科学方法自己去求知、求理。在严复看来，这套方法孕育了不盲从的怀疑精神和注重实证的科学精神，既是中国的教育历来所缺乏的，又是西方的命脉所在——是富强的基础，也是自由的根基。

上述内容显示，严复所讲的智育注重西学，并由注重西学教育而最终演绎为重视科学教育。他确信，开启民智，"非讲西学不可"。对于严复来说，"西学"不仅包括西方的科学知识和逻辑方法，而且包括西方的教育体制和教育理念；"讲西学"的具体办法是改变中国古代向经典中求知的做法，引导学生走出书斋，以宇宙为书简，以民物为文字，读自然、社会之大书，以此增长受教育者劳心、劳力等各方面的知识和能力。在凸显智育的过程中，严复非常注重科学教育。这是对中国古代教育观念的根本颠覆，主要目的就是养成学生尊重科学、崇尚科学的精神。

严复对教育的地位和作用格外关注，充分认识到了教育是关乎国计民生的大事。在这个前提下，迫于中国日益深重的民族危机，他将拯救中国的纲领锁定在"鼓民力""开民智""新民德"上。严复之所以这样做，旨在借助德智体三育提高中国人的素质，为中国疗贫起弱瘳愚。在此过程中，为了突出智育，他将教育的最大目的说成是去除宗教之流毒。严复宣称："时至今日，五洲之民，苟非最劣之种，莫不知教育为生民之最急者矣。然亦知教育以何者为最大之目的乎？教育最大之目的，曰去宗教之流毒而已。夫宗教本旨，以明民也。以民智之稚，日用之不可知，往往真伪杂行，不可致诘，开其为此，禁其为彼，假托鬼神，震慑愚智。虽其始也，皆有一节之用，一时之功，洎乎群演益高，则常为进步之沮力。"[1]在他的视界中，教学殊途，相去霄壤。一言以蔽之，宗教主信，科学贵疑。这意味着科学与宗教势不两立，科学的进步就在于肃清宗教的蒙昧。严复解释说，宗教出现之初，具有启迪民众愚昧的初衷。而随着社会文明程度的提高，宗教的副作用日益暴露出来。并且，社会越是文明，宗教对民智的禁锢便表现得越突出。有鉴于此，为了开发民智，他将去除宗教之流毒说成是教育之最大目的。这反映了严复对"开民智"和智育的重视，也从一个侧面证明了他所讲的智育侧重科学教育。

第三节　"新民德"之德育

综合考察严复的教育哲学可以看到，他对智育最为凸显，对德育最为用心。在严复的视界中，中国历来所讲的教育均注重德育。正是由于这个原因，德育成为中国古代教育的重中之重，也顺理成章地成为教育的基本内容。严复不仅断言中国"民德已薄"，而且将之说成是中国国民素质低下和甲午海战失败的原因。在这个前提下，他一面对传统的德育展开批判，提出德育改革的方针；一面大声疾呼"新民德"，进行德育重建。

一、德育改良

在提出德智体三育并重之时，严复就宣称："至于新民德之事，尤为三者

---

1 《法意》按语，《严复集》（第四册），中华书局，1986，第 1016—1017 页。

之最难。"[1] 他之所以特意强调"新民德"之德育"最难"，主要基于两点考虑：第一，严复指出，德育讲究身体力行，必须经历长期反复之教化。正因为如此，"新民德"不是一蹴而就的，而是要耳濡目染，养成习惯，方能取得成效。对于这一点，他以西方的教化情况为例论证并解释说："今微论西洋教宗如何，然而七日来复，必有人焉聚其民而耳提面命之，而其所以为教之术，则临之以帝天之严，重之以永生之福。人无论王侯君公，降以至于穷民无告，自教而观之，则皆为天之赤子，而平等之义以明。"[2] 同样的道理，中国的德育要想奏效，必须经过长期的引导、磨练。正是由于这个原因，"新民德""最难"。第二，在严复看来，道德观念的养成需要长时间的习惯浸染，必须花大力气进行是各国通例。更有甚者，如果说道德教育的特点注定了其原本就比其他教育难的话，那么，中国的教育状况和现实则使德育难上加难。这是因为，中国古代的教育以德育为主，首在重"尊亲"。由于这种教育在中国由来已久，"尊亲"观念已经成为礼俗。要想扭转古代德育的教育模式和根深蒂固的"尊亲"观念，非花大力气进行"教育改良"不可。具体地说，旨在"新民德"的德育包括除旧与布新两个方面，由于中国的德育多了一个先改变原本旧教育的步骤和操作，故而比智育、体育更难。

严复认为，"教育改良"具体到德育上主要是"尚公"，其最高标的则是"新民德"。民德之新在于"尚公"，也就是改变中国古代德育"首尊亲"之旧俗。基于对中国教育现状的审视和"新民德"的需要，严复主张"教育改良"，并且将德育的宗旨概括为"尚公"。严复解释说，"尚公"是就个人而言的。从国家的角度说，德育的宗旨亦可以概括为"尚私"，即尚本国之"私"。"新民德"对每个国民的道德要求从两个不同的维度展开：一是在个人与国群的维度上，放弃一己之私而共公其国，这便是"尚公"；二是在本国与外国的竞争中而各

1《原强修订稿》，《严复集》（第一册），中华书局，1986，第30页。

2《原强修订稿》，《严复集》（第一册），中华书局，1986，第30页。

私其国,这便是"尚私"。对于列强环视的近代中国而言,德育的首要目的在于使每一位中国人都能够自觉地"各私中国"。这用他本人的话说便是:"是故居今之日,欲进吾民之德,于以同力合志,联一气而御外仇,则非有道焉使各私中国不可也。"[1] 严复强调,身处生存竞争中的个人依赖国群而自保,尤其是在中华民族的生存危机和民族危机空前深重之时,个人与国家命运的休戚相关表现得尤为突出。如果说"自强保种"是中国的必由之路的话,那么,"自强保种"落实到对每个中国人道德素质的具体要求上便是"各私中国"。这样一来,"各私中国"作为"新民德"的必然要求成为德育之宗旨——"尚公"的具体贯彻,也成为中国近代对国民进行道德教育的基本宗旨和主体内容。

进而言之,严复将"首尊亲"视为中国与西方教育的最大区别,并通过中西之间的强弱对比得出了"首尊亲"是导致近代中国贫弱衰微、落后挨打的根本原因的结论。对于中国与西方教育之差及其导致的风俗、文化之别,严复如是说:"西之教平等,故以公治众而贵自由。自由,故贵信果。东之教立纲,故以孝治天下而首尊亲。尊亲,故薄信果。然其流弊之极,至于怀诈相欺,上下相遁,则忠孝之所存,转不若贵信果者之多也。"[2] 在此,他阐明了两个基本观点:第一,中国与西方的教育具有原则区别。一言以蔽之,西方之教推崇平等,中国之教尊崇纲常。第二,更为重要的是,中国与西方的不同教育理念导致了相去天壤的后果:重平等的西方教育"以公治众",在"尚公"的宗旨下引导国民养成自由品格;尊纲常的中国教育"以孝治天下",恪守"尊亲"原则,上下相欺,导致公信力丧失。由此观之,"尚公"是西方的富强之源和文明之征,也是中国之所缺。鉴于这个分析,严复指出,"尚公"不仅与中国古代的道德和纲常、政治相悖,而且是凝聚民族精神、培养爱国观念的法宝。沿着这个思路,他将德育改良的矛头直接指向了"尊亲",并将"尚公"奉为新道德

---

1 《原强修订稿》,《严复集》(第一册),中华书局,1986,第 31 页。
2 《原强修订稿》,《严复集》(第一册),中华书局,1986,第 31 页。

的宗旨，以此改变中国古代的"尊亲"原则。在严复看来，借助德育之"尚公"而"新民德"是振兴中国的希望所在，"尚公"应该成为新德育的宗旨和德育改良的枢要。

对于严复来说，从古代的"尊亲"到近代的"尚公"不仅是德育宗旨的改良，而且是德育内容的改良。问题的关键是，他设想的德育改良并不限于此。可以看到，严复所讲的教育改良除了包括教育宗旨和内容的改变之外，还包括教育方法、讲授方法的变革。他申明，尽管自己凸显智育，大声疾呼西学教育和科学教育，然而，这并不是为"物理科学游说"，甚至并非为西学代表的"新学游说"。原因在于，新学固然为当日中国之"最急"，而教育的要义则在于使被教育者"心德不偏"，全面发展。正是由于这个原因，如果教育者在进行教育时率尔操觚，尽弃其旧而惟谋其新的话，同样危害匪浅。这要求教育者必须具有长远眼光、全局意识，并且能够处理好古今中外各种学术之间的关系。

既然如此，如何处理古今中外各种学术之间的关系？又如何改良德育讲授的方式方法呢？对于这些问题，严复提出了如下主张：

虽然，不佞今夕之谈，非为物理科学游说，且非为新学游说。新学固所最急，然使主教育者，悉弃其旧而惟新之谋，则亦未尝无害。盖教育要义，当使心德不偏。故所用学科，于思理、感情、内外籀，皆不可偏废。中国旧学，德育为多，故其书为德育所必用。何况今日学子，皆以更新中国自期。则譬如治病之医，不细究病人性质、体力、习惯、病源，便尔侈谈方药，有是理乎？姑无论国粹、国文，为吾人所当保守者矣。故不佞谓居今言学，断无不先治旧学之理，经史词章，国律伦理，皆不可废。惟教授旧法当改良。诸公既治新学之后，以自他之耀，回照故林，正好为此。譬如旧说言必有信，见利思义，不过指人道之当然，未明其所以必然之故也。今则当云是二者，无异自然之公例。一人窃取财物，招摇撞骗，其必害无利，与投身水火同科，必溺必焚，盖无疑义。程伊川云："饿死事小，失节事大。"今使深明群学之家讲之，自见此事为一身计，为一家计，为社会计，为人种计，皆饿死为佳，不可失节。（失节不必单就女子边说。）大抵古今教育不同，古之为教也，以从义为利人苦己之事，必其身有所牺牲，而后为之。今之为教，则明不义之必无利，其见利而忘义者，正坐其人脑力不强而眼光短耳。此德育教授新法之大略也。[1]

严复的这番建议表明，他设想的"教育改良"落实到德育上有四个要点：第一，就德育的方案来说，新教育并非抛弃中国原有的教育内容而另起炉灶。恰好相反，治西学是为了以西学滋养、培植中学。这用严复本人的话说便是"回照故林"。第二，就德育的内容来说，"断无不先治旧学之理"，"国律伦理""皆不可废"。第三，就德育的方法来说，必须对古代德育进行改良，改良除了包括教育内容外，还包括教育方法。对此，他称之为"惟教授旧法当改良"。具体方法是，在学习西学之后，以西学印证中学。从这个意义上说，德育不是不讲中国古代的德育，而是转换讲德育的方式方法——不仅像古代那样强调"人道之当然"，而且借助西学让人"明其所以必然之故"。第四，就德育的实施来说，正如医生给人治病要先研究病人各方面的具体情况，然后对症施药一样，中国的"教育改良"要结合国民的素质和古代教育的病候辨证施治。严复强调，古今的教育方法不同，古代教育力图让人深信从义而利是苦己之事，人必须做出牺牲才能为之；当今教育则昭示人们，不义则终不得利，见利忘义是目光短浅的行为。古今教育方法的不同指明了中国进行教育改革的方向，也对德育的讲授方法提出了全新的思路和要求。

二、"德育重于智育"

从 1895 年发表《论世变之亟》《原强》《辟韩》《原强续篇》《救亡决论》

---

[1]《论今日教育应以物理科学为当务之急》，《严复集》（第二册），中华书局，1986，第 284—285 页。

等政治论文开始，严复就一直将西方文化视为文明的象征，故而大声疾呼以西方为师改造中国。第一次世界大战的时间之长、破坏之大给严复极大刺激，促使他深刻反思西方文明的本质，思想发生巨大转变。在思想发生转变之后，严复的教育理念也随之发生转变。这直接影响到他对德智体三育关系的认识，具体表现是从凸显智育转而推重德育。严复断言："处物竞剧烈之世，必宜于存者而后终存。考五洲之历史，凡国种之灭绝，抑为他种所羁縻者，不出三事：必其种之寡弱，而不能强立者也；必其种之暗昧，不明物理者也；终之必其种之恶劣，而四维不张者也。是以讲教育者，其事常分三宗：曰体育，曰智育，曰德育。三者并重，顾主教育者，则必审所当之时势而为之重轻。是故居今而言，不佞以为智育重于体育，而德育尤重于智育。"[1]《论教育与国家之关系》原载于 1906 年 1 月 10 日，由此可见，此时的严复基于生存竞争、优胜劣汰的思路拟定教育方针的大方向没有变，将导致国种灭绝的原因归结为中国人的体之寡弱、智之暗昧与德之恶劣三个方面没有变，甚至将教育救国说成是体育、智育与德育"三者并重"的观点也没有变。在这个前提下可以发现，他不再像戊戌维新时期那样极力凸显智育，而是转向"德育重于智育"，因而对德育殚精竭虑。自此开始，严复一直将德育置于首位，后来转向提倡尊孔读经更是将对德育的重视推向了极致。

严复解释说，教育者务必根据具体的政治环境和社会需要调整体育、智育和德育之间的关系，在结合政治局势和社会环境而认清三者轻重缓急的基础上，摆正它们的位置。在这个前提下，他强调，就当时中国的时势而言，"智育重于体育，而德育尤重于智育"。接下来，严复着重阐明了"德育尤重于智育"的理由，并且从一个侧面道出了自己调整教育方针以及德育与智育关系的原因。正是在这个意义上，他说道：

---

1 《论教育与国家之关系》，《严复集》（第一册），中华书局，1986，第 166—167 页。

何以言德育重于智育耶？吾国儒先有言，形而上者谓之道，形而下者谓之器。夫西人所最讲、所最有进步之科，如理化，如算学总而谓之，其属于器者九，而进于道者一。且此一分之道，尚必待高明超绝之士而后见之，余人不能见也。故西国今日，凡所以为器者，其进于古昔，几于绝景而驰，虽古之圣人，殆未梦见。独至于道，至于德育，凡所以为教化风俗者，其进于古者几何，虽彼中夸诞之夫，不敢以是自许也。惟器之精，不独利为善者也，而为恶者尤利用之。浅而譬之，如古之造谣行诈，其果效所及，不过一隅，乃自今有报章，自有邮政，自有电报诸器，不崇朝而以遍全球可也，其力量为何如乎？由此推之，如火器之用以杀人，催眠之用以作奸，何一不为凶人之利器？今夫社会之所以为社会者，正恃有天理耳！正恃有人伦耳！天理亡，人伦堕，则社会将散，散则他族得以压力御之，虽有健者，不能自脱也。此非其极可虑者乎？且吾国处今之日，有尤可危者。往自尧舜禹汤文武，立之民极，至孔子而集其大成，而天理人伦，以其以垂训者为无以易，汉之诸儒，守阙抱残，辛苦仅立，绵绵延延，至于有宋，而道学兴。虽其中不敢谓于宇宙真理，不无离合，然其所传，大抵皆本数千年之阅历而立之分例。为国家者，与之同道，则治而昌；与之背驰，则乱而灭。故此等法物，非狂易失心之夫，必不敢昌言破坏。乃自西学乍兴，今之少年，觉古人之智，尚有所未知，又以号为守先者，往往有末流之弊，乃群然怀鄙薄先祖之思，变本加厉，遂并其必不可畔者，亦取而废之。然而废其旧矣，新者又未立也。急不暇择，则取剿袭皮毛快意一时之议论，而奉之为无以易。[1]

严复在此阐明了五个主要观点，从不同维度共同证明"德育尤重于智育"：第一，形而上者谓之道，形而下者谓之器。道指天理、人伦，器指科学技术。

---

[1]《论教育与国家之关系》，《严复集》（第一册），中华书局，1986，第167—168页。

社会的存在依赖天理、人伦得以维系，离不开形而上之道。这决定了德育对于社会存在的不可或缺乃至对于维系社会的至关重要。第二，西人所讲、所长属于器者九，属于道者一。正因为如此，无论形而上之道还是德育抑或有助于教化风俗者，皆非西方所长。第三，没有形而上之道和德育作为根基，器的单方长进是极为可怕的。这是因为，器既可以为善、利人，也可以为恶、害人。第四，中国历来注重形而上之道，尧舜禹汤文武都重视天理、人伦，孔子更是集其大成。这显示了中国对德育的重视，也证明了德育是中国教育的优长。第五，被中国奉为形而上之道的天理、人伦是自然选择的结果，已经在中国传承了几千年——"大抵皆本数千年之阅历而立之分例"。由于经历了历史的考验，颠扑不破，作为形而上之道的天理、人伦拥有超越时空的普适性，顺之则治而昌，背之则乱而灭。议论至此，严复总结说，如果像"今之少年"那样以西学对之取而废之的话，那么，新学未立，旧学已废，后果则不堪设想。

严复的上述分析从哲理与现实两个不同维度展开，通过对中国与西方的比较共同指向了同一个结论。议论至此，中国的德育向何处去已经毋庸赘言。于是，对于当时的教育，严复提议："则不如一切守其旧者，以为行己与人之大法，五伦之中，孔孟所言，无一可背。"[1]与这个建议一脉相承，他主张将孔子、孟子的言论写进小学教科书，一如从前将《四书集注》奉为科举考试的教科书一样全国奉行。这用严复本人的话说便是："颁审既定，举国奉行，若吾国前者《四书集注》。既为功令之事，何取更求改良，其物转瞬已陈，无日新之自力。"[2]

对于严复来说，明确了德育在教育中首屈一指的地位和德育的内容之后，德育的方法便提到了议事日程。他强调，由于德育关乎人之善恶和社会之福祉，每个人都存在接受道德教育的问题。不仅如此，道德教育要趁早，必须从

---

1 《论教育与国家之关系》，《严复集》（第一册），中华书局，1986，第168页。
2 《论小学教科书亟宜审定》，《严复集》（第一册），中华书局，1986，第201页。

小学生抓起。在这方面，对小学教科书审定问题的思考便集中反映了严复关于小学德育的设想，直观呈现了他的德育改良理念。现摘录如下：

> 而德育之事，虽古今用术不同，而其著为科律，所以诏学者，身体而力行者，上下数千年，东西数万里，风尚不齐，举其大经，则一而已。忠信廉贞，公恕正直，本之脩己以为及人，秉彝之好，黄白棕黑之民不大异也。不大异，故可著诸简编，以为经常之道耳。夫智育之为教也，贵求其所以然，如几何然。使徒诏学者以半员之内藏角必为矩形，是未足也。必为之原始要终，而能言其所以然之故。否则，虽知犹不知也。若夫德育之事则不然。德育修身诸要道，固未尝无其所以然，第其为言也深，其取义也远，虽言之，非成童者之所能喻也。而其为用又至切，使必待知其所以然，而后守而行之，则其害已众矣。则不如先著其公例，教其由之而所以然之故，俟年识臻焉，而后徐及之之为得也。是故五洲德育之为教，莫不取其种族宗教哲学之公言类纂之，而有教科书之设。今者小学之师资，其程度高者必寡，以其食之不称事，能者不居。能者不居，故未足神明乎规矩，则必有所受之成训，使据之以教人，其能事乃差足以相及。故曰中学以下，不仅德育，即智育亦不可无教科书也。[1]

严复尽管认为德育至难，古今方法各不相同，然而，他还是归纳出其中的相同之处。这具体包括三个方面：第一，严复在此提出道德的准则，号召受教育者身体力行。第二，他认为，"忠信廉贞，公恕正直，本之脩己以为及人，秉彝之好"为各个种群所共举，是人类共同遵守的道德律令。第三，严复洞察到了道德教育的特殊性，强调道德教育的方法与其他教育不同。为了阐明德育的具体方法，严复以智育为参照，通过与智育的比较突出德育的特殊性。他指出，智育贵疑，"智育之为教也，贵求其所以然"。这表明，智育的方法是存疑

1《论小学教科书亟宜审定》，《严复集》（第一册），中华书局，1986，第200—201页。

求解。德育贵在诚心恪守，故而必须"知其所以然，而后守而行之"。这表明，德育的方法是先导之以观念，然后循之而行。正是由于德育必须先信后行，所以，各国的德育莫不着重培养信德，并为此选取宗教哲学之公言编纂德育教科书。沿着这个思路，严复主张，对于小学教育而言，正如智育要有教科书一样，德育也要有教科书。不仅如此，小学生的德育教科书不可或缺，中国亟待编写和审定小学生的德育教科书。

第四节　幼儿教育与女子教育

与"自然之教育"旨在培养"自然人"的教育一脉相承，严复在大声疾呼"自然之教育"的同时，强调"自然之教育"从儿童入手。正是由于这个原因，他对"自然之教育"的提倡以幼儿教育为切入点，并且转化为对幼儿教育的高度重视和关注。与此同时，受进化论和社会有机体论的影响，严复认为，种与种、国与国处于生存竞争之中，而竞争的胜败遵循优胜劣汰的原则，归根结底取决于构成这一群体的个体素质的高低。如果说国家之盛衰强弱取决于国民素质之优劣的话，那么，国民素质的优劣则并非与生俱来的而是后天教育的结果。这用他本人的话说便是："夫一国一种之盛衰强弱，民为之也。而民之性质，为优胜，为劣败，少成为之也。国于天地，数千百年，一旦开关，种与种相见，而物竞生焉，每大为其外者之所齮齕。"[1]既然国民之素质全拜后天教育所赐，在少年时期既已养成，那么，必须在国民素质尚未养成之时趁早施以教育。基于这种认识，严复对幼儿教育以及与幼儿教育密不可分的家庭教育极为关注，并且由幼儿教育、家庭教育而重视女学和女子教育。

1《〈蒙养镜〉序》，《严复集》（第二册），中华书局，1986，第254页。

一、幼儿教育

严复认识到了幼儿教育的重要性，进而急切呼吁教育要从幼儿开始。在为《蒙养镜》所作的序中，他集中阐发了这方面的思想。《〈蒙养镜〉序》并不长，全文如下：

> 昔者九方歅以子綦之子梱也为祥，而子綦索然出涕曰："吾未尝为牧而牂生于奥，未尝好田而鹑生于宎，若勿怪何耶？"由此言之，一切法莫大于因果。子弟之德，堂构之美，夫非偶然而至者，灼灼明矣。故谢安之妇，尝怪其夫之不教子。安曰："吾尝身自教之。"斯宾塞曰："子孙者汝身之蜕影也。"伤今之人，日为乾没无已之事，而望其子以光明；日为膻鲜不涓之事，而望其子以高洁。汝以为不汝知也耶？又大误也。且私之甚者，其视所生，亦草芥然，无几微痒痛之相涉，涅伏瞀乱，喜怒变常。夫如是乃默而祝曰：天地不偏覆载，吾黄人神明之子孙，宜日进而与一世抗也。此何异取奔蜂以化藿蜀，用越鸡以伏鹄卵。一或有之，则一切天演之说，皆可焚也。然则家庭教育，顾不重耶！
>
> 且国弱种困，则有深望于后之人，此不独吾今日之事然也。彼欧西诸邦，莫不如此。吾尝读英洛克氏、法卢梭氏诸教育书，见其和蔼恺恻，大异平日反对政府之文辞。然皆大声疾呼，谓非是则国种决灭。德之最困，莫若十八、十九两世纪之交，而教育哲家，如佛队、汗德诸公遂出。兹编撒氏之作，亦于其时者也。顾其作意，所与诸家异者，彼以为多言其反，将正者自明。此犹庄周以非指喻指，非马喻马，而齐桓公亦云仲父教我以所善，不若教我以所不善。[1]

《蒙养镜》被誉为"家庭教育第一编"，作者是德国的撒瓦士曼，于1906

---

[1]《〈蒙养镜〉序》，《严复集》（第二册），中华书局，1986，第255页。

年出版。日本学者大村仁大郎编述，桐城人吴燕来译补。严复为其作序的正是吴燕来译补版本的《蒙养镜》。严复在序中反复申明，父母是子女最好的老师，子女的品格源于父母施予的家庭教育。正如种瓜得瓜、种豆得豆一样，家庭教育与子女的成长之间存在必然的因果关系，父母的言传身教是养成孩子人格的根本原因。在这方面，中国的谢安和英国的斯宾塞深谙其道。严复特别指出，对于具有亡国灭种之忧的国群来说，亟需后人重振河山，幼儿教育也由此成为国家的希望所在，故而显得尤为重要和急迫。正是由于这个原因，深谋远虑的大思想家、大哲学家大都对幼儿教育极为关注，并且倾注了极大热情。拿洛克和卢梭来说，不仅热衷于儿童教育，对儿童教育投入了巨大精力；而且善于根据儿童的特点编写儿童读物，所用言语"和蔼恺恻"，与平日作为启蒙思想家针对政府发表的时政论文之尖锐激烈相去天壤。可以作为证据的还有，18、19世纪之交是德国最为困顿的时期。也正是在这一时期，出现了康德（1724—1804）、费希特（1762—1814）等热衷于幼儿教育的大哲学家和大教育家。康德有过9年家庭教师的经历，费希特也做过家庭教师，并著有《对德意志人民的讲演》（1808年）。众所周知，康德、费希特都是大学教师。两人之所以被严复选中，原因有二：一是两人都有过担任家庭教师的经历，熟悉幼儿教育；二是两人生活的时间与撒瓦士曼同时，后者的《蒙养镜》便出现在德国最为黑暗的18、19世纪之交。

进而言之，严复之所以关注幼儿教育，是因为意识到了人之教育始于幼儿时期。这决定了幼儿教育不可或缺，奠定了人之为人、群之为群的基础和方向。他指出，人在出生之初，"盲然受驱于形气"，一切皆靠自然本能行事，与禽兽无异。是后天的教育使人由蒙昧而开明，与禽兽渐行渐远，而这一切都是从幼儿教育开始的。按照严复的说法，由于接受了幼儿教育，人从与禽兽无异而渐渐有了思想，由野蛮而渐入文明；借此一线"神明"，人有了是非观念；伴随着是非观念的出现和成熟，人才明白了平等，进而由"一己之自由"推及"天下之自由"。严复强调，群己之权界无论对于个人还是对于社会都至关重要，不仅是自由之圭臬，而且是人之合群、进化的基础。正是在这个意义上，严复写道："草昧之未开也，童幼之未经教育也，盲然受驱于形气，若禽兽然，顺其耆欲，为自营之竞争。浸假而思理开明，是非之端稍稍发达，乃知有同类为一己之平等。所谓理想，所谓自由，所谓神明，（三者实为同物）非其一身之所独具也，乃一切人类之所同具，而同得于天赋者（此老氏所谓知常）。由是不敢以三者为己所得私。本一己之自由，推而得天下之自由，而即以天下之自由，为一己之自由之界域、之法度、之羁绁。盖由是向者禽兽自营之心德，一变而为人类爱群之心德，此黑氏所谓以主观之心通于客观之心 Objective mind。客观心非他，人群之所会合而具者也。（案：客观心即吾儒所谓道心。）"[1] 这就是说，个人之所以立，人群之所以成，人类之所以文明进步，凡此种种皆由于人接受后天的教育使然，而这一切的起点是幼儿教育。结论至此，严复对幼儿教育的大声疾呼、连篇累牍也就可以理解了。

问题到此并没有结束，小学教育是幼儿教育的延续，与幼儿教育密切相关。与对幼儿教育的认识和重视一脉相承，严复重视小学教育。其中，他关于编写、审定小学教科书的思考便流露出这一致思方向和价值旨趣。例如，对于小学教育从何入手，教科书的编写如何审定，严复具有自己的思考和设想。于是，他反复申明：

> 孔子曰："少成若天性。"而西儒洛克亦曰："人类上智下愚而外，所以成其如是者，大抵教育为之，故教育之所成者，人之第二性也。"古今圣智之人，所以陶铸国民，使之成为种性，而不可骤迁者皆所以先入之道得耳。欧洲久讲教育之国，莫不于小学之教科书，尤兢兢焉。[2]

> 大《易》曰："蒙以养正，圣功也。"此言何谓也？以余观之，盖言惟

---

1 《述黑格儿惟心论》，《严复集》（第一册），中华书局，1986，第210—211页。

2 《论小学教科书亟宜审定》，《严复集》（第一册），中华书局，1986，第201页。

圣哲之人而后知为养蒙之事而已。故斯宾塞有言："非真哲家，不能为童稚之教育。"夫童子之心灵，其萌达有定期，而随人为少异，非教者之能察，其不犯凌节躐等之讥寡矣。是故教育者，非但曰学者有所不知，而为师者讲之使知；学者有所未能，而为师者示之使能也。果如此，则大宇长宙之间，其为事物亦已众矣，师又安能事事物物而教之。即使教者至勤，而学者又极强识，然而就傅数年，尽其师之能事，而去师之日，计其知能，亦有限已，何则？讲者虽博，而所未讲者固无由知；示者虽多，而所未示者固未由能也。嗟乎！此教鹦鹉沐猴之道耳，而非教人之道也。教人之道奈何？人固有所受于天之天明，又有所得于天之天禀。教育者，将以瀹其天明，使用之以自求知；将以练其天禀，使用之以自求能；此古今圣哲之师，所以为蒙养教育之至术也。孟子曰："引而不发，跃如也。"孔子曰："举一隅必以三隅反。"夫非是之谓乎？[1]

与注重"自然之教育"相互印证，严复强调，教育不是矫正人性而是因循人性之自然。这用他本人的话说便是，"教育者，将以瀹其天明，使用之以自求知；将以练其天禀，使用之以自求能"。沿着这个思路，既然教育因循人的自然天性而来，那么，教育就必须在人的天性未泯之时开始，因而必须从幼儿做起。基于上述理解，严复对幼儿教育提出了更高的要求：第一，幼儿教育的特点对幼儿教师提出了更高要求，只有深谙人之本性的大哲学家才能把握教育之旨，领悟教育之要，从而因势利导开启童智。换言之，既然幼儿教育旨在"瀹其天明""练其天禀"，那么，则非圣哲不能承担起幼儿教育的重责大任。第二，幼儿教育的特点对幼儿教育的方法提出了特殊要求。一言以蔽之，予渔而非予鱼才是童蒙教育之正途。这意味着幼儿教育的方法不是知识的灌输，而是方法、技能的训练和养成。换言之，包括幼儿教育、小学教育在内的未成年

<hr />

1 《论小学教科书亟宜审定》，《严复集》（第一册），中华书局，1986，第199—200页。

教育以开发智力为主导,最忌讳禁锢思维。在严复看来,教育的原则在于因循人性,主要目的是开瀹天明和训练天禀,教育所成就者使之成为"人之第二性"。由此说来,幼儿教育的地位和意义非常重大,故而不可小觑。正因为如此,古今圣哲都对小学教科书的编写极为重视,这其中蕴含着人之成人乃至"陶铸国民"之道。

诚然,无论是幼儿教育、家庭教育还是女子教育都不是严复的专利,甚至不是严复最先提出的。恰好相反,这些是近代哲学家共同关注的话题,故而成为这一时期的共识。尽管如此,严复所讲的幼儿教育、家庭教育和女子教育与同时代其他近代哲学家的观点呈现出明显区别。其中,最大的不同之处在于,无论严复所讲的幼儿教育、家庭教育还是女子教育都与"自然之教育"密不可分,甚至成为"自然之教育"的组成部分。

二、女子教育(家庭教育)

在严复看来,无论"自然之教育"还是"人为之教育"从顺序上看都与女子密不可分,故而离不开对男女关系以及人类进化的认识和理解。对于其中的道理,他论证并解释说:"窃谓中国不开民智、进人格,则亦已耳。必欲为根本之图,舍女学无下手处。盖性无善恶,长而趋于邪者,外诱胜,而养之者无其术也。顾受教莫先于庭闱,而勖善莫深于慈母,孩提自襁褓以至六七岁,大抵皆母教所行之时;故曰必为真教育,舍女学无下手处。"[1] 依据严复的分析,对于中国近代的社会而言,如果说"开民智、进人格"是根本之途的话,那么,无论是"开民智"还是"进人格"都应该从女子教育即女学入手。沿着这个思路,他甚至得出结论:女学是中国近代一切教育的基础,没有女学的教育则不是"真教育"。严复的这个说法将女学的地位推向了无以复加的高度,也流露

1《代甥女何纫兰复旌德吕碧城女士书》,《严复集》(第三册),中华书局,1986,第589页。

出对女学的高度重视和开展女学的心急如焚。严复之所以对女学极为重视，是因为他认为女子在教育中的地位首屈一指，所有教育都离不开女子的参与。具体地说，人性原本并无善恶之分，无论是人之为善还是作恶，都是后天的引导、教育使然。而人接受教育大多在家庭之中，从襁褓至六七岁接受的教育主要来自母教。这就是说，母教对于儿童的影响是决定性的，人之为善得益于慈母之教。他进而指出，如果说国民教育必须从儿童抓起的话，那么，女子则在儿童教育和家庭教育中占有举足轻重的地位，发挥了重要乃至决定性的作用。

值得提及的是，斯宾塞因循自然的致思方向让严复注重儿童教育，斯宾塞强调天演即自然进化的观点则让严复关注由微见著，并且从中领悟到女子在家庭教育中的至关重要。严复宣称：

> 且治进化之学，则观物必于其微。每恨常俗之人有见于显，无见于幽。须知无论何级社会，女权本皆极重，观于中西历史，则大变动时，必有女子为之主动之力，此治史学所同认也。即如吾国目前之事，岂非全出前清孝钦之手。姑〔故〕女子教育，所不可不亟者，一曰妃〔配〕偶关系，二曰遗传关系，而最后则有生计关系。凡此皆社会极大问题，而皆操诸粥粥群雌之手，故西谚有曰："旋乾转坤即是握动儿篮之手。"又曰："世界可趋光荣，可趋黑灭，而导引之人，必女非男。"夫女权谛而言之，其大如此而无知者，乃日出以与男子争于事业之场，此无异主人见奴仆之有功，而攘臂褰裳，欲代其役，不悟其争之也，正所以缩小之耳。[1]

据此可见，严复对女子教育极为重视，甚至将社会进化以及解决国计民生问题的希望都寄托于女子教育。在他看来，中西历史共同证明，大凡在历史重大关头或社会大变动时期，必有女子作为其中的主动力。这是史学家所公认的，即使深受"男尊女卑""夫为妻纲"禁锢的中国也不例外。以中国为例，

1《天演进化论》，《严复集》（第二册），中华书局，1986，第313页。

女子的作用有目共睹。一个不争的事实是，中国当时的局势便与慈禧太后即严复所说的"前清孝钦"关系重大。他进而指出，女子成为社会的主动力带有必然性，因为女子决定家庭关系、种族遗传和社会生计等重大问题。也正是由于这个原因，西方流行"旋乾转坤即是握动儿篮之手""世界可趋光荣，可趋黑灭，而导引之人，必女非男"等谚语。

严复对女子作用的认识提升了女子在家庭和社会中的地位，同时也凸显了女子在教育中的作用。这使对于女子的教育刻不容缓，也奠定了女子教育的方向。可以看到，他所讲的女子教育便从家庭关系、种族遗传和社会生计这三个不同的维度展开。

1. 家庭关系

严复指出，男女关系兹事体大，不仅决定家庭内部的关系，而且决定社会的风俗、礼节，进而影响人类社会的文明进步和历史进程。正因为如此，无论是从家庭和睦还是从社会文明的角度看，都应该对女子进行教育。事实上，他不仅呼吁让女子与男子一样接受教育，而且主张将男女关系以及由此而来的家庭关系作为女子教育的基本内容。

严复提倡女子教育，是针对中国的现实情况有感而发的。正是由于这个原因，严复所讲的女子教育既与他对中国女子处境的同情密切相关，又包含他对中国教育改革的思考。通过对中国与西方的比较，严复深切认识到了中国女子的悲惨处境。于是，他写道："欧洲之所谓教，中国之所谓礼。……乃至后世其用此礼也，则杂之以男子之私。己则不义，而责事己者以贞。己之姜媵，列屋闲居。而女子其夫既亡，虽恩不足恋，贫不足存，甚或子女亲戚皆不存，而其身犹不可以再嫁。夫曰事夫不可以贰，固也。而幽居不答，终风且暴者，又岂理之平者哉？且吾国女子之于其夫，非其自择者也。夫事君之不可不忠者，以委贽策名，发于己也。事亲之不可不孝者，以属毛离里，本乎天也。朋友之不可不信者，以然诺久要，交相愿也。独夫妇之际，以他人之制，为终身之偿，稍一违之，罪大恶极。呜呼！……中国夫妇之伦，其一事尔。他若嫡庶姑妇、前子后母之间，则以类相从，为人道之至苦，过三十年而不大变者，虽抉吾眼拔吾舌可也。"[1] 在严复看来，女子在中国深受礼教之苦，遭遇了非人的对待。由于"夫为妻纲"以及由此导致的男女不平等，夫以礼钳制其妇，社会以礼法钳制女子。在这种观念和习俗的浸染下，夫一方可以妻妾成群，妇一方却只能从一而终。更有甚者，女子即使在夫亡而贫老无依、性命不保之时，也不能再嫁。这是极不公平的，有悖公理人伦。女子教育的目的就是让女子认识到自己遭受的不公平对待和男女不平等的危害，进而自觉维护自身的权利。

在此基础上，严复进而指出，男女关系在家庭中主要表现为夫妻关系。夫妻关系是最基本的家庭关系，也是家庭关系的核心。夫妻关系的不平等并不限于夫与妻之间的关系，而是由夫妻不平等、男女不平等进一步引发家庭内部嫡庶姑妇、前子后母之间的种种不平等，并由此导致诸多家庭矛盾。这表明，女子的地位不惟关涉女子自身，也并非限于夫妻之间，而是关系到整个家庭的和睦相处以及社会的安定和谐。分析至此，结论不言而喻：无论是为了提高女子的地位还是为了维护家庭的和睦和社会的稳定，女子教育都势在必行。

更有甚者，严复强调，男女不平等使女子成为受害者，最终男子也不能幸免。对于这一点，他以一夫多妻制为例，具体阐明了其中的道理："中国多妇之制，其说原于《周易》，一阳二阴，由来旧矣。顾其制之果为家门之福与否，男子五十以后，皆能言之。大抵如是之十家，其以为苦境者殆九。而子姓以异母之故，貌合情离，甚或同室操戈，沿为数世之患；而吾国他日大忧，将在过庶，姑勿论也。虽然，欲革此制，必中国社会出于宗法之后，而后能之。否则无后不孝之说，鲠于其间，一娶不育，未有不再求侧室者也。其次，则必早婚

---

1 《法意》按语，《严复集》（第四册），中华书局，1986，第 1017—1018 页。

俗变，男子三十，而后得妻。否则，乾运未衰，而坤载先废。三则昏嫁之事，宜用自由，使自择对。设犹用父母之命，媒约（妁——引者注）之言，往往配非所乐，乌能禁别择乎！四则女子教育，必为改良。盖匹合之后，寡女必多，非能自食其力，谁为养之？窃谓多妇之制，其累于男子者为深，而病于女子者较浅。使中国旧俗未改，宗法犹存，未见一夫众妻之制之能遂革也。"[1] 依据严复的剖析，一夫多妻制的家庭十之九深陷苦境之中，矛盾丛生，危机四伏。例如，由于并非一母所生，兄弟之间并无手足之情，貌合神离，甚至同室操戈。这样的家庭在沿为数世之后，则有"过庶"之患。在此基础上，严复指出，宗法社会是一夫多妻制存在的土壤，若革除这种婚姻制度，不仅需要社会制度的变革，而且需要通过教育改变各种观念。为此，严复提出了如下设想：第一，废除孟子的"不孝有三，无后为大"（《孟子·离娄上》）之说。只要有无后不孝观念存在，一夫一妻制便无法维持长久。这是因为，一旦妻子不育或无子，男子便会再娶。第二，革除早婚习俗，规定男子在三十岁之后方可娶妻成家。第三，倡导婚姻自由。如果男子不能自由选择配偶，一切听从父母之命、媒妁之言的话，那么，由于所娶之妻并非自己心仪之人，男子便会再娶。第四，改良女子教育。在一夫多妻制之下，一男子要养活多名女子（妻妾）——这也是严复认定男子深受一夫多妻之苦的主要证据；在实行一夫一妻制之后，一男子只养活一名女子（妻），这意味着许多女子无法再靠男子养活。在这个情况下，许多女子必须靠自己养活，因而亟待对女子进行教育。通过女子教育可以使女子学会自强自立，并且教会她们各种谋生技能，让她们能够自食其力。

借助上述阐释，严复旨在申明女子教育的必要性和迫切性，无论是女子在家庭中的特殊地位还是与男子的关系都指向了女子教育的至关重要、不可或缺。就中国而言，女子的处境及其危害更是使女子教育的紧迫性不言而喻。

1《法意》按语，《严复集》（第四册），中华书局，1986，第980页。

2. 种族遗传

中国人原以"天朝大国"自居，之所以从近代开始逐步认识到中国的落后源于西方列强的入侵——确切地说，是由于中国在鸦片战争、甲午战争等一系列西方列强对中国发动的侵略战争中的惨败。对于近代的中国人来说，中国与西方的关系是文明之间的对决，也是种与种、国与国之间的优劣比拼。在这种特殊的历史背景、文化语境和政治局势之下，严复关注人种的优劣和种群的进化问题，并由此凸显女子素质对于种族遗传的决定作用。在此过程中，他将素质教育纳入到女子教育之中，以期通过提高女子的素质，提高整个中华民族的国民素质。依据严复的说法，国民"血气体力"方面的生理素质与人种、民族的生理遗传密切相关，亦与后天的生存环境、社会环境息息相通——无论从哪个方面来看，均与女子密不可分。因此，若要提高国民素质，必须从提高女子的素质入手，大力普及、强化女子教育。

通过对世界各国的考察，严复得出了如下认识："民俗淫佚，其蔽必偷。而男女身材，必日趋于短小。此察于英法二民之异，而略可见者。中国吴越今日之妇女，几无一长身者，而日本之民尤甚，凡此皆有以致之者矣。故吾谓东方婚嫁太早之俗，必不可以不更。男子三十，女子二十，实至当之礼法，诚当以令复之，不独有以救前弊也，亦稍已过庶之祸。英法德之民，方当兵时，或犹在学校中，皆不娶。即学成之后，已治生矣，亦必积赀有余，可以雍容俯畜而教育二三子女俾成立者，而后求偶。此所以其业常有成，而门户之声不坠，其国民之自束有远虑如此。若夫吾民，则酿资嫁娶有之矣。不独小民积畜二三十千钱，即谋娶妇也。即阀阅之家，大抵嫁娶在十六七间。男不知所以为父，女未识所以为母，虽有儿女，犹禽犊耳。"[1]在他的视界中，国民的身体素质与民风、礼俗密切相关，是民风、礼俗共同造就的结果。对于这一点，英法

1《法意》按语，《严复集》（第四册），中华书局，1986，第987页。

两国人的身材差异即是明证。就中国而论，吴越之女子身材矮小，甚于日本。导致东方人身材矮小的根本原因是婚嫁礼俗，也就是早婚早育。事实上，早婚早育是造成中国"民力已荼"的原因，并且与中国的"民智已卑""民德已薄"皆不无关系。严复以英、法、德等西方国家为例阐释说，这些国家的男子在服兵役或念书期间皆不成家，在学业有成并且积累了一定的经济基础，足以养家糊口、教育子女时，方才娶妻生子。正因为如此，西国之民学业有成，具有独立精神，并且能够给子女提供良好的教育。中国的情形则正相反，受早婚早育观念的影响，无论有无经济实力，男子十六七岁就已经娶妻生子。更有甚者，早婚对于男子而言并不只限于经济问题。事实上，中国早婚的男子不仅本身无经济能力养家糊口，而且不知如何为人父。中国之女子亦是如此，自然不能承担起教育子女的重担。基于这种认识，严复对中国的早婚早育之俗深恶痛绝，大声疾呼"婚嫁太早之俗，必不可以不更"，同时主张推延婚嫁年龄。具体地说，他提出的适婚年龄是：男子三十，女子二十。在严复那里，无论是早婚早育的危害还是晚婚晚育的道理都应该是女子必须明晓的，也由此成为女子教育的必修课。

严复认为，就一个人的教育来说，必须从幼儿时期开始；就整个国家或群体教育的顺序来说，则必须从女子教育入手。正是由于这个原因，他宣讲社会进化从夫妻关系的进化讲起，并且将社会进化与女子教育和种族遗传问题直接联系起来。对此，严复如是说：

> 然则顺序为言，不得不略及男女夫妇之进化。……人类男女之伦，始杂乱繁多，而后教化日高，乃渐专一而匹合。……当为原人之时，必然无别，而后则或多夫焉，多妻焉，而渐归于匹合。夫匹合之为善制，鄙人固无异辞，特其渐进之序，察之事实，则不如此。盖匹合不独为浅化之民所多有，乃至下级生类每有然者，而于禽鸟则尤多见，虽鸠挚而有别，即吾国旧学早有知之者矣。总之，按最〈近〉学者所调查言之，则杂乱无别，

人类为极少之俗，而匹合发现极早，不必甚高之教化而后然。若夫多妻多夫及他种族合制度，则依所居之外缘牵系而发生，譬如丁口之间有所偏重，多妻因于少男，多女〔夫〕缘于少女。而匹合之制所以最善者，以其最便家庭教育之故，即吾国多妻之制，往往为新学家所深诟，然而西国主持其说者亦不乏人，即在西洋诸国大抵莫不行匹合矣，而自由结婚之余，亦未尽离苦趣。夫妇道苦，由是而二弊生焉，一日不事嫁娶，一日轻为离异。前之弊中于生齿；后之弊中于所生，故至今论者尚纷然无所折中。鄙人今日所以及此者，盖变法之后，人人崇尚欧、美之风，俯察时趋，所破坏者，似首在家法。顾破坏之而国利民福，其事宜也；若破坏矣，而新旧之利两亡，尚冀诸公凛其事之关系重大，自种族之进退视之，则慎以出之可耳。[1]

依据严复的分析，纵观人类历史可以发现，男女关系始于杂居，之后才随着文明的教化而趋于匹合，再后由男女匹合衍生出一夫多妻、多夫一妻和一夫一妻等各种婚姻制度。借此追溯，他旨在证明，面对各不相同的婚姻制度，不得以一夫一妻制为文明标志。对于这个问题，严复提出了两个理由：第一，从生物进化的角度说，匹合并不只属于高级生物，低级生物既已匹合，尤其以禽鸟为最。既然生物进化遵循由低级向高级的进化阶梯，那么，以禽鸟为最的匹合便不属于高级之列。第二，从人类社会的角度说，匹合发生的时间极早，不待高度文明才有。正如一个社会究竟采取一夫多妻制还是多夫一妻制主要取决于当时当地的男女比例一样，婚姻制度的选择"依所居之外缘牵系而发生"。严复强调，对于女子来说，必须明白这些道理。女子教育的目的是让她们懂得，判断婚姻制度的善恶标准是最便于家庭教育。尤其值得一提的是，尽管严复对西方文明羡慕不已，然而，涉及到家庭教育问题，他还是对西方的一夫一

1 《天演进化论》，《严复集》（第二册），中华书局，1986，第310—311页。

妻制提出反思，而对中国的一夫多妻制给予了一定程度的肯定。

进而言之，对家庭教育的重视促使严复重视女子教育，因为他认为教育以"顺序为言，不得不略及男女夫妇之进化"。这个观点展示了严复关注家庭教育、女子教育的思路，同时也印证了他关于女子在家庭关系和子女教育中发挥不可替代的作用的观点。按照严复的说法，体力上、生理上的巨大差异使女子与男子之间拥有了与生俱来的角色分工，这种天然的分工让女子承担起家庭教育的责任。为了使女子在家庭中更好地承担起子女教育的重担，必须先让女子接受教育。沿着这一思路，女子教育被提到了议事日程，并且成为教育成败的关键。

与此同时，严复认为，即使是为了巩固一夫一妻制，也必须加强女子教育。对于其中的道理，他解释说："虽然谓女子智育必与女性相妨，亦非极挚之论。盖使斟酌得宜，转于女子之体力、神明为其利而无其害。一种之进化，其视遗传性以为进退者，于男女均也。且后此社会，必由匹合。而欲处家和顺，女子教育亦在必讲之一论。夫男子既受完全教育，长成求偶，其为满志，必不仅在形容醜好之间，假使秀外而不慧中，则色衰爱弛，又将属适他人，以求相喻相知之乐，而正〔匹〕合之制乃尔不牢。"[1] 在这里，严复坚持男女对于种群进化的作用是相同的，并且肯定一夫一妻制是社会文明的必然归宿。在这个前提下，他强调指出，女子对于家庭氛围和家庭关系的作用更为重要，即使是一夫一妻制的稳固与否同样与女子受教育的程度大有关系。具体地说，一夫一妻制能否长久，关键取决于男女两性的相悦相知。男子在受教育之后，择偶的标准和要求便会相应提高——不仅考虑相貌的美丑，而且在意情感的相投。不难想象，男子若只是以貌取人，贪恋美貌而娶一位金玉其外败絮其中的女子为妻的话，那么，男子必然会在女子年老之时因为女子色衰而爱弛，由此又将

---

[1]《天演进化论》，《严复集》（第二册），中华书局，1986，第312—313页。

另觅新欢。这样一来，势必导致一夫一妻制的不牢固、不稳定。若要杜绝这种局面，最行之有效的办法就是加强女子教育。进行女子教育既可以提高女子素质，又可以使之在嫁为人妻之后，避免年老色衰而爱弛之忧。这表明，女子教育既是确保一夫一妻制长久稳定之举，也是维护女子权益之策。

在此基础上，严复进而指出，女子具有天然的亲和力，是维系家庭、种群的凝聚力所在，女子受教育的程度、水平和内容决定了家庭、家族乃至整个种群的兴衰。于是，他接着说道："惟是进化以今日阶级而言，其智育实有制限。制限维何？即因其形体大成，别有大用之故。夫精神本于体力，而女子体力，以经数言逊于男子，此学者所共知。诸公尝治物理之学，则知力量功效，有效实储能之分。效实之力易见，储能之力难知。然不可谓其非力量而无关系。故女子以生生为天职，其力以储能为多；而男子之力见于事功，固多效实。又近时生理家谓女子能事主于翕聚，而男子能事则在发施。女子有翕聚功能，种族乃有蕃衍继续之效，而既有此项重大功用，自不能复竞于效实发施之功。是故使具女体者，而成于女体，如大《易》所谓'坤作成物'，自不能与男子竞于开物发业之场。其必骛此者，是谓违天，是谓丧其女性。夫以女而丧其女性，亦未必遂成男也。"[1] 据此可见，严复肯定女子与男子具有不同的作用，并且从物理学、生理学两个不同的角度进行了剖析：第一，从物理学的角度看，男子与女子的"力量功效"具有"实效"与"储能"之分——如果说男子之作用在于"实效"的话，那么，女子之作用则在于"储能"。严复特意解释说，尽管"储能"的作用不如"实效"的作用显而易见，然而，不可否认"储能"对于"力量功效"的价值。正因为如此，女子的作用不可抹杀，更不可低估。第二，从生理学的角度看，女子善于"翕聚"，男子长于"发施"。严复指出，与女子的生生之天职一样，女子之"翕聚"对于种群的繁衍作用巨大。既然女子的长项

1《天演进化论》，《严复集》（第二册），中华书局，1986，第313页。

在于"翕聚",那么,便不应该再对女子求全责备,要求她们像男子一样长于"发施"。

总的说来,严复重视女学,提倡女子教育,主要目的有二:一是呼吁普及女子教育,提高女子受教育的程度和女子的权利;二是让女子认识自己在人类进化、社会发展和家族繁衍中的作用,摆正自己的位置,以便更好地发挥自己的作用。

3. 社会生计

严复认为,将人与禽兽区别开来的是学问,学问对于每个人都是必要的。这意味着人人都有受教育的必要,人人也都有受教育的权利。在这个意义上,他对女学十分赞同,肯定女子应该接受教育,并且与男子一样拥有受教育的权利。严复断言:"初不知所谓学问者,即人所以异于禽兽之处。名既为人,即当学问,不以男女而异也。区区识数字,何足奇乎?"[1]由此可见,他所讲的女子接受教育不只是包括让女子识字,增长见识;而是包括更多的内容和要求,如让女子懂得自己的权利、义务,学会独立自主,养成自强人格等等。例如,严复宣称:"故使国中之妇女自强,为国政至深之根本;而妇女之所以能自强者,必宜与以可强之权,与不得不强之势。禁缠足、立学堂固矣,然媒妁之道不变,买妾之例不除,则妇女仍无自立之日也。"[2]在他看来,培养女子自强不息不是一句空话,而必须落到实处,从赋予女子可以自强之权与营造女子不得不自强之势两个方面入手,双管齐下,全面统筹。这使在法律上赋予女子与男子一样的自由之权、废除包办婚姻和卖妾置妾之律等势在必行,也使废除女子缠足、提高女子的身体素质,以便使她们更好地自食其力、行使繁衍后代之职与禁止吸食鸦片一样成为中国变法图强的必由之路。而这一切都使设立女子学堂,让女子普遍接受教育成为题中应有之义。

---

1 《论沪上创兴女学堂事》,《严复集》(第二册),中华书局,1986,第468页。
2 《论沪上创兴女学堂事》,《严复集》(第二册),中华书局,1986,第469页。

透过严复的上述阐发和论证，女子教育成为国民教育之缩毂。这印证了女子教育之重要，并且预示着女权的亟待提升。在他看来，中国女子不如男子不是天生如此，而是后天的人为使然。中国历史上对待女子的做法极不人道，一面"待之以奴隶，防之以盗贼"，一面又"责之以圣贤"。这种做法不仅使女子痛苦不堪，而且殃及男子乃至整个中国。对此，严复不止一次地揭露说：

> 中国妇人，每不及男子者，非其天不及，人不及也。自《烈女传》、《女诫》以来，压制妇人，待之以奴隶，防之以盗贼，责之以圣贤。为男子者，以此为自强之胜算。不知妇人既不齿于人，积渐遂不以人自待。其愚者犷悍无知，无复人理；其明者亦徒手饱食，禁锢终身，而男子乃大受其累矣。泰西妇女皆能远涉重洋，自去自来，故能与男子平权。我国则苦于政教之不明，虽有天资，无能为役。盖妇人之不见天日者久矣。[1]

> 夫中国之礼俗，固以严男女之防为一大事者也。……今我国律法，其严十倍于欧人。其无事也，防之若此其周；其既事也，刑之若此其酷，而犹冒白刃以试之。……又如泰西之俗，男女自行择配，亦为事之最善者。[2]

严复坦言，男女平权并非易事，不惟中国存在严重的男女不平等，即使是首创男女平权的西方，从目前情况来看，男女平权的实现尚不知何日。现实的情况是，西方的妇女也不能与男子平权，只不过由于中西之间的文野之分，男女不平等在中国与西方的表现形式不同而已。一方面，严复指出，男女不平等在中国与西方的表现大不相同。一言以蔽之，男女不平等在中国这样的不开化之国表现为欺凌弱者，在西方那样的开化之国表现为保护弱者。另一方面，严复承认中西各国均存在着男女不平等的事实。一个明显的证据是，无论在哪国，女子都是弱者，也就是被不平等对待的对象。这用他本人的话说便是："男女平权之说，创自西人，而自今日观之，则此说之行，不知何日？我国暨

1《论沪上创兴女学堂事》，《严复集》（第二册），中华书局，1986，第468—469页。
2《论沪上创兴女学堂事》，《严复集》（第二册），中华书局，1986，第469—470页。

突厥、印度、波斯诸国之妇女，其烦冤纤抑不待言矣。即欧洲之妇女，惟无妾一事，实胜泰东，其余则仍与男子不平等也。上不为伯里玺天德，中不为议员，下不为军士，不过起居饮食，威仪进止之间，男子均优待之耳。盖同一不平等之待法，不开化之国，则欺凌弱者；而开化之国，则保护弱者也。嗟呼！雌雄牝牡之不齐，人及非人，莫不若此，其由来远矣，岂一朝一夕之力所能改哉！"[1]在这里，严复承认男女不平等的现实由来已久，决非一朝一夕即可改变。值得一提的是，严复尽管认定男女平权至难，然而，他还是从"出门晋接"与"自行择配二事"入手推进男女平权，并将兴办女学、提高女子受教育的程度作为女子与男子平权的前提条件。正是在这个意义上，严复设想："是故妇女之出门晋接，与自行择配二事，实为天理之所宜，而又为将来必至之俗。而以今日之俗论之，则皆无能行之理。然则此俗又何以行乎？仍不外向所言，读书阅世二者而已。大家妇人非不知书，而所以不能与男子等者，不阅世也。娼家之女，日事宴游，而行事又若此其狼藉者，不读书也。二者兼全，则知天下之变，观古今之通，有美俗而无流弊矣。"[2]依照他的设想，通过兴办女学，让女子普遍接受教育，便可以使女子一面增长知识，知书达理；一面阅世，了解人情世故。这样一来，女子就可以与男子一样走出家门而投身社会，乃至周游世界了。届时，女子参加工作、参政议政、自由与男子交往以及自由选择配偶等等问题的解决也就水到渠成了。

第五节　教育哲学的意义与误区

严复的教育哲学带有强烈的目的性，始终围绕着中国近代救亡图存的社会现实和政治斗争展开，不仅与他的启蒙思想一样秉持"自强保种"的立言宗旨，

---

1 《论沪上创兴女学堂事》，《严复集》（第二册），中华书局，1986，第471页。
2 《论沪上创兴女学堂事》，《严复集》（第二册），中华书局，1986，第470页。

而且本身就是启蒙思想的一部分。这是理解、评价严复教育哲学的前提，他的教育哲学的利弊得失皆与此息息相关。

一、特色和价值

正如特殊的学术经历和深厚的西学素养使严复的启蒙思想个性鲜明、影响深远一样，严复的教育哲学独具特色、意义非凡。

首先，严复的教育理念和教育哲学奠定在达尔文进化论的基础之上，是对生存竞争、适者生存的回应。

如果说围绕着救亡图存的宗旨展开，受制于中国近代特殊的历史背景和政治斗争，作为时代诉求是近代启蒙思想家的教育哲学的共同点的话，那么，"自然之教育"则显示了严复迥异于其他近代哲学家的教育理念和诉求。这集中表现在如下几个方面：第一，在教育哲学的建构上，严复的思想以达尔文进化论、斯宾塞的社会有机体论为理论前提。第二，在教育宗旨的设定上，他在提高国民素质的同时，倡导以自然为师，熟稔、掌握"自然规则"。第三，在教育内容的侧重上，严复注重西学和自然科学。对于这一点，无论他所讲的"人为之教育"之母版、科学教育、自由教育还是智育的内容都是明证。

众所周知，进化论系统输入中国是从严复开始的，以他翻译的《天演论》[1]为标志。事实上，严复早在 1895 年提出德智体三育方针、呼吁"废八股"之时，就已经介绍了达尔文的进化论。可以说，严复是基于进化论的致思方向和价值旨趣来审时度势，确立"自强保种"的救亡路线和纲领，并由此形成自己的教育理念和教育哲学的。对于这一点，从他对达尔文的进化论的介绍和评价中便可见一斑。严复写道："达尔文者，……垂数十年，而著一书，曰《物种探原》（现通译为《物种起源》——引者注）。自其书出，欧美二洲几于家有其

1《天演论》的原著名为《进化论与伦理学》，是英国哲学家赫胥黎的讲演集。

书，而泰西之学术政教，一时斐变。论者谓达氏之学，其一新耳目，更革心思，甚于奈端氏之格致天算，殆非虚言。……其书之二篇为尤著，西洋缀闻之士，皆能言之；谈理之家，摭为口实，其一篇曰物竞，又其一曰天择。物竞者，物争自存也；天择者，存其宜种也。意谓民物于世，樊然并生，同食天地自然之利矣。然与接为构，民民物物，各争有以自存。其始也，种与种争，群与群争，弱者常为强肉，愚者常为智役。"[1] 由此可见，严复对达尔文的进化论赞誉甚高，肯定《物种起源》的影响决非仅限于生物学，而是对西方的学术、政治和教育等诸多领域都产生了巨大而深刻的影响。值得注意的是，严复强调达尔文的进化论的意义和价值不仅在于令人耳目一新，而且在于引发了思维方式和价值观念的变革。达尔文的进化论引起的思想革命如此之大，以至于超过了牛顿力学。这也正是达尔文及其学说在欧美思想家中备受推崇的根本原因。具体地说，《物种起源》引起轰动的内容集中在生存竞争即"物竞"和适者生存即"天择"。"物竞""天择"表明，生存竞争、适者生存是生物的自然法则，种与种、群与群的生息繁衍无一能逃其外。对于这一法则，生物如此，人类亦概莫能外。这是因为，"动植如此，民人亦然。民人者，固动物之类也"[2] 借助达尔文的进化论，严复的用意不仅在于让人明白人的生存法则，而且在于让人洞察中国的危险处境。正是在这个前提下，严复提倡"自然之教育"，反复呼吁人必须以宇宙为学校，走向自然这一大课堂，读自然这本大书。"自然之教育"具有双重动机和目的：第一，旨在使受教育者深谙自然法则，在生物竞争中学会生存法则。第二，通过"即物实测"开瀹心智，加强对人的"聪明智虑"教育。

其次，斯宾塞对严复教育哲学的影响首屈一指，表现在方方面面，教育哲学则将严复对斯宾塞的顶礼膜拜推向了极致。

---

1 《原强修订稿》，《严复集》（第一册），中华书局，1986，第15—16页。
2 《原强修订稿》，《严复集》（第一册），中华书局，1986，第16页。

如果说达尔文的进化论帮助严复确立了"自强保种"的救亡路线和方向的话，那么，斯宾塞的社会有机体论则促使严复最终将"自强保种"的基本原则和具体方法确定为提高中国人的素质，即"鼓民力""开民智""新民德"。在严复那里，前者属于"自然之教育"，后者属于"人为之教育"——质言之，侧重国民教育。进而言之，严复之所以将中华民族"自强保种"的希望寄托于提高国民德智体三方面的素质，将"鼓民力""开民智""新民德"奉为改造中国的三大纲领，是因为受斯宾塞社会有机体论的影响。可以看到，严复对斯宾塞顶礼膜拜，斯宾塞对严复的影响远非包括达尔文在内的其他西方哲学家、思想家可以企及。一个明显的例子是，早在1895年的《原强修订稿》中，严复在对达尔文的进化论进行简要介绍之后，便隆重推出斯宾塞及其学说，并且誉之为"真大人之学"。正是在这个意义上，严复写道："斯宾塞尔者，亦英产也，与达氏同时。其书于达氏之《物种探原》为早出，则宗天演之术，以大阐人伦治化之事。号其学曰'群学'，犹荀卿言人之贵于禽兽者，以其能群也，故曰'群学'。夫民相生相养，易事通功，推以至于刑政礼乐之大，皆自能群之性以生。……殚毕生之精力，五十年而著述之事始蒇。其宗旨尽于第一书，名曰《第一义谛》，通天地人禽兽昆虫草木以为言，以求其会通之理，始于一气，演成万物。继乃论生学、心学之理，而要其归于群学焉。夫亦可谓美备也已，……故学问之事，以群学为要归，唯群学明而后知治乱盛衰之故，而能有修齐治平之功。呜呼！此真大人之学矣！"[1]

简而言之，严复对斯宾塞的介绍可以归结为四点：第一，他强调斯宾塞在达尔文的《物种起源》发表之前就提出了自己的学说。严复在此一反人们通常所说的斯宾塞将达尔文的进化论运用到社会历史领域，进而提出社会有机体论的说法。严复的这个观点流露出对斯宾塞的推崇，既为斯宾塞社会有机体论的

---

[1]《原强修订稿》，《严复集》，中华书局，1986，第16—18页。

原创性正名，又是符合事实的。第二，严复赞同斯宾塞"宗天演之术""大阐人伦治化之事"的致思方向和价值旨趣。严复对斯宾塞将生物进化法则运用到社会历史领域的创举赞叹不已，在推崇斯宾塞的综合哲学的过程中，对第一原理赞不绝口。第三，严复肯定斯宾塞的思想博大精深、体系完备，以社会学（"群学"）为"要归"。第四，严复强调斯宾塞的社会学以及对社会治乱盛衰根源的探究奠定在生理学、心理学之上，故而对个人与群体的关系和社会历史的分析鞭辟入里，钩玄索隐。总之，斯宾塞基于生物进化论而来的社会学（"群学"）揭示了人类历史治乱盛衰的根源，具有修身、齐家、治国和平天下的功效。基于如此分析和评价，严复将斯宾塞的思想誉为"真大人之学"。这一评价在严复对中外古今哲学家、思想家的评价中属于罕见，流露出对斯宾塞的极度崇拜。

其实，早在 20 世纪初，蔡元培就看出了严复最服膺的是斯宾塞，所以在介绍严复的哲学时特意指出："《天演论》……又也引了斯宾塞尔最乐观的学说。大家都不很注意。……严氏（指严复——引者注）所最佩服的，是斯宾塞尔的群学。"[1] 综合考察严复的思想可以看到，蔡元培的评价可谓深中肯綮。斯宾塞对严复的影响无所不在，从哲学上的不可知论到循着社会有机体论的思路解剖个人与群体的关系无不如此。严复的教育哲学同样深受斯宾塞的影响，甚至可以说，严复的教育哲学将斯宾塞对他的决定性影响表现得淋漓尽致。

其一，在不同时期，严复的教育理念和教育哲学大不相同，提倡的教育内容亦随之进行大幅度调整。尽管如此，他基于社会有机体论的致思方向和价值旨趣审视中国的教育状况、提出改革教育主张的做法并未改变，教育内容始终恪守大而全的"有机体"原则。

严复是第一个提出德智体全面发展的中国近代启蒙思想家，而他的德智体

---

1 《五十年来中国之哲学》，《蔡元培全集》（第五卷），浙江教育出版社，1997，第 102—103 页。

全面发展的理念源于人是形神兼备的有机体。就德智体三育的关系来说，严复强调，体育、智育和德育相得益彰，缺一不可。这是因为，人德智体三者皆备，乃为"真国民"，乃为全人。正是基于这一认识，他提出了"鼓民力""开民智""新民德"的三大主张，作为"自强保种"、改造中国的基本纲领。严复大声疾呼教育改革，旨在将中国人培养成德智体全面发展的"完人"，就是针对中国古代重德育而轻体育、智育的偏颇。

问题到此并没有结束，正如基于社会有机体论提出德智体三育并重，大力提倡"鼓民力""开民智""新民德"一样，在晚年导扬中华民族的立国精神、提倡尊孔读经时，严复仍然念念不忘有机体论。此时的他这样写道："无机之物，则有原子，有机之体，则有细胞，原子细胞，皆为么匿。么匿一一皆有相吸相拒之二力者含于其中，此天之所赋也。相吸力胜者，其么匿聚而成体，相拒胜甚者，其么匿散而消亡。国者有机之体也；民者，国之么匿也；道德者，其相吸力之大用也。故必凝道德为国性，乃有以系国基于苞桑。即使时运危险，风雨飘摇，亦将自拔于艰难困苦之中，蔚为强国。"[1]这表明，斯宾塞的社会有机体论对严复的影响是由始至终的，无论严复的思想如何变化，对有机体的笃信从未改变。

其二，社会有机体论促使严复以有机体的思路建构教育哲学体系，思考教育内容。

由于将中西文化各自视为一个有机体，严复既呼吁保全中西文化的体用，又从有机体的高度包容中西学说。严复提出的教育方案既不是全面引进西学而尽弃中学，亦不是中学为体西学为用；而是在充分尊重、融合中西的前提下，统通新旧、苞全中西，形成中西和合的新的有机体。对此，他本人称为"阔视远想，统新故而视其通，苞中外而计其全"。正是在这个意义上，严复写道：

---

1 《导扬中华民国立国精神议》，《严复集》（第二册），中华书局，1986，第342页。

一国之政教学术,其如具官之物体欤?有其元首脊腹,而后有其六府四支;有其质干根荄,而后有其支叶华实。使所取以辅者与所主者绝不同物,将无异取骥之四蹏,以附牛之项领,从而责千里焉,固不可得,而田陇之功,又以废也。晚近世言变法者,大抵不揣其本,而欲支节为之,及其无功,辄自诧怪。不知方其造谋,其无成之理,固已具矣,尚何待及之而后知乎,是教育中西主辅之说。特其一端已耳。

然则今之教育,将尽去吾国之旧,以谋西人之新欤?曰:是又不然。英人摩利之言曰:"变法之难,在去其旧染矣,而能择其所善者而存之。"方其汹汹,往往俱去。不知是乃经百世圣哲所创垂,累朝变动所淘汰,设其去之,则其民之特性亡,而所谓新者从以不固,独别择之功,非暖姝囿习者之所能任耳。必将阔视远想,统新故而视其通,苞中外而计其全,而后得之,其为事之难如此。[1]

其三,严复历来重视教师队伍的建设,对于师范教育尤为重视,而他对师范教育的思考则再次印证了对斯宾塞的推崇。

严复在给好友熊纯如的信中对于教师队伍的建设如是说:"吾弟在赣主持教育,所论以师范为重,诚为知本之谈。但此举为广造善因,抑或流传谬种,全视培此师范者之何如,不可不审也。读经自应别立一科,而所占时间不宜过多,宁可少读,不宜删节,亦不必悉求领悟;至于嘉言懿行,可另列修身课本之中,与读经不妨分为两事,盖前者所以严古尊圣,而后者所以达用适时。宗法之入军国社会,当循途渐进,任天演之自然,不宜以人力强为迁变,如敬宗收族固矣,而不宜使子弟习于倚赖;孝亲敬长固矣,而不宜使耄耋之人,沮子孙之发达。今夫慈善事业,行之不解其道,则济人者或至于害人。西哲如斯宾塞等,论之熟矣,顾今日慈善之事犹不废也。士生蜕化时代,一切事殆莫不

1《与〈外交报〉主人书》,《严复集》(第三册),中华书局,1986,第559—560页。

然，依乎天理，执西用中，无一定死法，止于至善而已！"[1]在信中，严复称赞熊纯如主持教育以师范为重，抓住了教育的根本；同时语重心长地指出，师范教育对于教育有多重要，师范教育的后果就有多微妙——究竟是广造善因还是流传谬种，全系乎对师范教师的培养。有鉴于此，严复强调，师范教育不可不慎，基本原则便是遵从斯宾塞提出的任由天演，全面权衡。从大的方面来说，新旧观念因循天演程度而定，并且遵循渐变原则。从小的方面来说，任何举措都应该具有全局意识，整体把握。例如，对于读经应该重视，别立一科，然而，不可过多。在读经过程中，既要保持群经原样不可删节，又不宜占时过多而影响他学。值得注意的是，严复在论述中援引了斯宾塞的观点。其实，不用过多探究即可发现，严复的这些观点都是受斯宾塞的影响。

严复之所以不遗余力地宣传达尔文的进化论，宣讲生物进化，是因为他坚信：生存竞争、适者生存适用于自然界和人类社会，既是动植物的生存法则，也是判断一切政治、教育的优劣标准。严复断言："达尔文曰：'物各竞存，最宜者立。'动植如是，政教亦如是也。"[2]在这个前提下，严复之所以对斯宾塞推崇备至，是因为斯宾塞将生存竞争的天演法则运用于社会历史领域——这一做法与严复相契合，不仅比达尔文侧重自然界的生物进化更切合中国的实际需要，而且让严复领悟了个人组成群体之道和国家盛衰之谜。正因为如此，严复对斯宾塞以生物进化法则阐明社会历史之治乱兴衰的致思方向十分钦佩，对社会有机体论的推崇更是无以复加。总的说来，正是在达尔文的生物进化论、斯宾塞的社会有机体论的指引下，严复提出了德智体三育的教育方针，并且展开了教育哲学的建构。

再次，严复的教育哲学始终围绕着"自强保种"的主题和宗旨展开，以自己的方式回应了中国近代的救亡图存与思想启蒙。

---

1 《与熊纯如书》，《严复集》（第三册），中华书局，1986，第615页。
2 《原强修订稿》，《严复集》（第一册），中华书局，1986，第26—27页。

严复的教育哲学紧扣中国近代救亡图存的时代主题，秉持"自强保种"的立言宗旨。这促使严复选择了达尔文、斯宾塞的学说。换言之，严复之所以选择达尔文进化论和斯宾塞的社会有机体论展开自己的教育谋划，是迫于中国近代特殊的历史背景、文化语境和现实需要，受制于当时社会特殊的生存状况和政治斗争。严复曾经语重心长地写道："自力学之理而明之，则物动有由，皆资外力。今者外力逼迫，为我权借，变率至疾，方在此时。智者慎守力权，勿任旁夺，则天下事正于此乎而大可为也。即彼西洋之克有今日者，远之亦不过二百年，近之亦不过五十年已耳，则我何为而不奋发也耶！"[1] 严复借助牛顿力学的第一定律和第二定律指出，物体由静至动以及运动速度的快慢都依赖外力的推动，人类社会也遵守这个定律。严复的潜台词是，西方列强对中国的逼迫也给中国带来了奋发的机遇。通过奋发自强，中国不仅可以保种保国，而且可以像西方那样经过二百年甚至五十年的奋发而成为强国富国。

基于上述认识，借鉴西方经验，引进西方的教育理念和教育模式展开救亡之路，建构教育哲学成为严复的努力方向和不懈追求。具体地说，由于认定国民素质由"血气体力""聪明智虑""德行仁义"三方面构成，他提出的"自强保种"的救亡路线和提高中国人素质的计划从民力、民智和民德三个方面入手。严复明确指出"鼓民力""开民智""新民德"是中国的救亡之本，与三者相比，其他措施充其量只是标而已。本治则标治，舍本求末则一无所成。这意味着"鼓民力""开民智""新民德"是中国的必由之路，舍此之外，别无良方。有鉴于此，严复将"鼓民力""开民智""新民德"奉为改造中国的三大纲领，具体贯彻到教育思想上便是体育、智育和德育三育并重的教育方针。对于这个问题，严复的论证从正反两个方向展开：在正的方面，他肯定西方之所以富强，是因为其国之民德智体素质皆优。这用严复本人的话说便是："顾彼民

---

1 《原强修订稿》，《严复集》（第一册），中华书局，1986，第 27 页。

之能自治而自由者，皆其力、其智、其德诚优者也。"[1]在反的方面，严复指出，中国的贫弱是中国人素质低下造成的。分析至此，严复成为中国近代第一个提出德智体全面发展的人，德智体的三育并重也随之成为严复教育哲学的基本内容和主要特征。

上述内容显示，严复对教育的关注和重视是热切而持久的，对教育的规划和设想是多维度且全方位的。这其中既包括"自然之教育"，又包括"人为之教育"；既包括教育理念，又包括教育实践。对于这一切，严复运筹帷幄，事无巨细。正因为如此，严复教育哲学的理论贡献和现实意义均不可低估。就严复的教育理念来说，从教育宗旨、教育方针到教育内容无不围绕着救亡图存与思想启蒙的现实需要和政治斗争展开，旨在全面提高中国人的素质。在这方面，严复关注教育与人格、国格的关系，在国民教育中凸显对中国人的人格和国格的培养，以便更好地服务于"自强保种"的生存竞争和政治形势。就严复的教育实践来说，从教育体制的引进、教育方针的改革到教科书的审定和教师队伍的建设都没有逃过严复的视野，故而皆被纳入其中。

二、缺陷和误区

在肯定严复教育哲学的积极影响和巨大贡献的同时应该看到，严复的教育理念带有新旧杂糅的性质。就他的教育哲学来说，除了具有这一时期与生俱来的历史局限和时代烙印之外，还带有他本人的特殊印记和理论误区。

首先，严复的教育哲学与他本人的其他思想乃至整个戊戌启蒙思想一样，带有某种不可遏止的过屠门而大嚼的快意。这具体表现为许多主张充其量只限于口头而缺少实践操作，更遑论身体力行了。

就严复本人的思想而论，流于空谈的缺陷表现得极为突出，他的教育哲学

---

1 《原强修订稿》，《严复集》（第一册），中华书局，1986，第27页。

也是如此。例如，为了"鼓民力"，严复将体育纳入教育之中。不可否认的是，严复对体育的呼吁不仅具有开新之功，而且由此显示了与康有为、谭嗣同和梁启超等其他戊戌启蒙思想家不同的教育理念和宗旨。针对中国"民力已荼"[1]、"其种日偷"的严峻形势，严复大声疾呼提高中国人的体质。在这方面，他将吸食鸦片说成是导致中国人种日偷的罪魁祸首，从而极力反对吸食鸦片。对于吸食鸦片的危害，严复揭露并解释说：

> 故中国礼俗，其贻害民力而坐令其种日偷者，由法制学问之大，以至于饮食居处之微，几于指不胜指。而沿习至深，害效最著者，莫若吸食鸦片、女子缠足二事，此中国朝野诸公所谓至难变者也。然而夷考其实，则其说有不尽然者。今即鸦片一端而论，则官兵士子，禁例原所未用。假令天子亲察二品以上之近臣大吏，必其不染者而后用之，近臣大吏各察其近属，如是而转相察，藩臬察郡守，郡守察州县，州县察佐贰，学臣之察士，将帅之察兵，亦用是术焉，务使所察者，人数至简，以期必周。如是定相坐之法而实力行之，则官兵士子之染祛。官兵士子之染祛，则天下之民知染其毒者必不可以为官兵士子也，则自爱而求进者必不吸食。夫如是，则吸者日少，俟其既少，然后著令禁之，旧染渐去，新染不增，三十年之间可使鸦片之害尽绝于天下。……夫变俗如是二者，非难行也，不难行而不行者，以为无与国是民生之利病而已。而孰知种以之弱，国以之贫，兵以之窳，胥于此焉阶之厉耶！是鸦片、缠足二事不早为之所，则变法者，皆空言而已矣。[2]

严复在这里历数鸦片之害，从中不难看出，他对鸦片危害的剖析深入而激烈，戒烟的措施坚定而坚决。依据严复的分析，中国人的体力荼、"种日偷"由来已久，甚至可以说已经病入膏肓，积重难返。尽管这种局面是各种原因造

---

1 《原强修订稿》，《严复集》（第一册），中华书局，1986，第21页。
2 《原强修订稿》，《严复集》（第一册），中华书局，1986，第28—29页。

成的，然而，最使中国人深受其害的则莫过于吸食鸦片和女子缠足二事。这是导致中国种弱、国贫和兵瘠的罪魁祸首。若谋求保国保种、富国强兵，必须先从禁止吸食鸦片和废除女子缠足着手。由此可见，早在1895年认定"民力已茶"造成了中国的落后和贫困，进而提倡"鼓民力"，立志对国民进行"血气体力"教育之时，严复就将禁止吸食鸦片、废除女子缠足作为两大措施，甚至断言离开二者，中国的一切变法都将流于空谈。更为重要的是，严复提出了禁止吸食鸦片的措施，并且确信依照此法实行，"三十年之间可使鸦片之害尽绝于天下"。令人颇感意外甚至震惊不已的是，与对鸦片危害的清醒认识和深恶痛绝形成强烈对比的是，严复本人对鸦片痴迷不已，欲罢不能，以致终身遭受鸦片之苦。颇具讽刺意味的是，严复预期的三十年已经接近了，他依然对吸食鸦片深陷其中，作为鸦片的受害者身心备受折磨。这一点在严复晚年写给朋友的信中表露无遗，下仅举其一斑：

> 复回京后，于新历十二月初旬，又一病几殆，浑身肌肉都尽，以为必死矣，嗣送入协和医院，经廿二日而出，非曰愈也，特勉强可支撑耳。但以年老之人，鸦片不复吸食，筋肉酸楚，殆不可任，夜间非服睡药尚不能睡。嗟夫！可谓苦已！恨早不知此物为害真相，致有此患，若早知之，虽曰仙丹，吾不近也。寄语一切世间男女少壮人，鸦片切不可近。世间如有魔鬼，则此物是耳。[1]

> 复近所以与鸦片脱离者，非临老忽欲为完人，缘非如此，则稠痰满肺右部，凝结不松，无从为治故耳。刻虽尚有不快，然叩庇稍差，俟百日以后，若尚如此，当行复吸也。[2]

与哲学等其他学科相比，教育更注重实践性和操作性。作为教育者更应该在教育实践中知行合一，身体力行自己的教育主张。仅就严复提倡的废除吸食

1　《与熊纯如书》，《严复集》（第三册），中华书局，1986，第704页。

2　《与熊纯如书》，《严复集》（第三册），中华书局，1986，第705页。

鸦片而言，一面是对禁止吸食鸦片的振振有词、奋力高呼，一面是对吸食鸦片的沉迷其中、欲罢不能。这将严复教育哲学的理论与现实脱离暴露得淋漓尽致。

其次，严复教育哲学的缺失和误区带有中国近代社会转型时期新旧交替的性质，与旧教育体制的废除与新教育体制的待兴密不可分。这在某些地方表现为新旧思想杂糅的混乱和矛盾，在某些地方又带有青黄不接的属性和特点。

诚然，中国近代的教育哲学及启蒙哲学都带有生与俱来的新旧杂糅的混乱和矛盾，这些特点既然属于共性，就决非仅限于严复一人，当然也不应该苛求他一个人。在这个前提下，不可否认的是，严复教育哲学的矛盾和误区除了带有中国近代的共性之外，还带有他本人独有的个性。换言之，严复教育哲学的缺陷和误区有些是由他个人的原因造成的，与他本人特有的思想矛盾息息相关。例如，严复赞成女学，认为女子拥有与男子一样的受教育权利。女子接受教育，可以识文断字，增长见闻。不仅如此，他提倡女学与赞同女权一脉相承。尽管如此，受制于对自由的态度，严复对女权的态度是矛盾的，这种矛盾反过来导致他对女学的矛盾态度。在这方面，严复一面提倡女学和女权，一面赞成"女祸"论，甚至用欧洲政事为"女祸"论提供新的证据。他写道："中国女祸烈矣！而欧洲尤然。大抵一战之兴，一朝之覆，无不有女子焉，为之执枢主重于其间。近古之事，如法路易十五之彭碧多、都巴丽，路易十六之马利安他涅，皆会成革命之局者也。而俄罗斯前之加达林，与今之达格玛，其致祸之烈，尤所共见者矣。"[1]"女祸"论滥觞于周代，早在明末就遭到李贽等早期启蒙思想家的批判。近代启蒙思想家中鲜有为"女祸"论张目者，严复的做法可谓"另类"，并且影响到他所讲的女学和女权问题。再如，严复率先对中国的

---

1 《法意》按语，《严复集》（第四册），中华书局，1986，第980页。

科举取士予以审视和反思，早在 1895 年发出了"废八股"的第一声呼吁。尽管如此，他本人却具有浓郁的科举情结。由于深感"出身不由科举，所言多不见重"[1]，严复先后在 1888 年、1889 年、1893 年三次参加乡试，均不第。更有甚者，在写给同乡的诗中，严复表达了自己的怀才不遇，并且将原因归结为学习西学而没有参加科举考试。诗中云："四十（此诗作为 1892 年，严复生于 1854 年，虚岁三十九岁——引者注）不官拥皋比，男儿怀抱谁人知？……平生贱子徒坚顽，穷途谁复垂温颜？当年误习旁行书（横向书写的英文——引者注），举世相视如氂蛮（洋人——引者注）。"[2]据此可见，严复不仅多次参加科举考试，而且在没有考取的情况下一再后悔自己误入西学并且被西学所误。

可以作为证据的还有，严复突出智育的地位和作用，而他所讲的智育以科学教育为主。在这个意义上，严复对鬼神迷信痛加鞭挞，并将教育的宗旨界定为铲除宗教之流毒。与此相互矛盾的是，他在晚年痴迷于鬼神怪诞之事，对宗教宣扬的灵魂之事津津乐道。于是，严复在信中不止一次地写道：

> 每有极异之事，庸愚人转目为固然；口耳相传，亦不问证据之充分与否，此最误事。故治灵学，必与经过科学教育，于此等事极不轻信者为之，乃有进步。复生平未闻一鬼，未遇一狐。不但搜神志怪，一以谬悠视之；即有先辈所谈，亦反复于心，以为难信。于《丛志》鬼神诸论，什九能为驳议；惟于事实，则瞠视舌，不能复置喙耳。[3]

> 神秘一事，是自有人类未行解决问题。往者宗教兴盛，常俗视听，以为固然。然而诞妄迷信，亦与俱深，惑世诬民，遂为诟病。三百年科学肇开，事严左证；又知主观多妄，耳目难凭；由是历史所传都归神话。则摧陷廓清之功，不可诬也。然而世间之大、现象之多，实有发生非科学公例

1 《与四弟观澜书》，《严复集》（第三册），中华书局，1986，第 731 页。

2 《送陈彤卣归闽》，《严复集》（第二册），中华书局，1986，第 361 页。

3 《与侯毅书》，《严复集》（第三册），中华书局，1986，第 722—723 页。

所能作解者。何得以不合吾例，憪然遂指为虚？此数十年来神秘所以渐成专科。而研讨之人，皆于科哲至深。观察精密之士，大抵以三条发问：一、大力常住，则一切动法，力为之先；今则见动不知力主。二、光浪发生，恒由化合；今则神光焕发，不识由来。三、声浪由于震颤；今则但有声浪，而不知颤者为何。凡此皆以问诸科学者也。其他则事见于远，同时可知；变起后来，预言先决，以问哲学心理之家。年来著作孔多，而明白解决，尚所未见。故英之硕学格罗芬（Lord Kelvin）临终，谓廿世纪将有极大极要发明，而人类从兹乃进一解耳。[1]

严复对鬼神、灵魂、"神秘一事"的态度与对宗教二重性的认识密切相关，这些反过来影响到他对智育以及教育的理解和态度。于是，诸如此类的矛盾言论接踵而至。

严复的上述种种表现和矛盾表明，即使是为了快意，某些主张充其量只限于理论，到头来只能是无法兑现的空头支票，他也是吝啬的。进而言之，严复之所以连空头支票也不愿多开，是由于认为教育兹事体大，不仅关涉人心之所向，而且影响乃至决定国家之存亡，故而不可不慎。其始也简，其毕也巨。正是由于这个原因，严复认为，对于自己的言论要慎重，即使是不涉及具体操作而仅限于言论，造成思想混乱或躁动也是极为危险的。

最后，严复教育哲学的急功近利预示着教育内容的偏袒，最终引起教育理念的偏差。

尽管严复基于有机体论的思考反复强调教育应该使受教育者心德不偏，全面发展，然而，不可否认的是，他的教育理念是不健全的，至少是有缺失的。总的说来，科学、智育多，心德、趣味少。一个明显的事实是，在严复所列举的名目繁多的西学科目中，没有文学、美术和宗教的位置。与着重从

1《与俞复书》，《严复集》（第三册），中华书局，1986，第725页。

"××之用"的角度切入有关，严复讲求专门之学，以培养有用人才为鹄的。应该说，这在中国近代是必须的，对于纠正中国古代教育的偏颇具有积极意义，并且特别具有救亡图存的功用和价值。问题的关键是，有些学科因为并无实际之用或"专门之用"，可谓"无用之大用"，故而被严复拒之门外。他的上述分析暴露出其教育理念和教育内容侧重实用，是不全面的。诚然，严复晚年的教育哲学发生转变，开始注重没有"专门之用"的形而上之道。在对于形而上之道的界定中，他指出形而上之道关乎道德人伦、民风教化，同时对西学属器者九、属道者一含有微词。尽管此时的严复具有如此认识，然而，他的教育理念偏于器则是不争的事实，由旨在培养有用之才的教育宗旨而来的教育内容亦是如此。

严复对"专门之用"和科学教育的热衷与他的科学救国理念互为表里，他所讲的教育观念、教育内容和人才培养模式时时流露出科学情结。与严复相似，谭嗣同的教育理念和内容也具有尚实情结，实学在谭嗣同那里具体指各种洋务和军工技术。与谭嗣同相比，严复所讲的科学不仅指技能，而且指方法。严复将前者称为术，将后者称为学。以当下的学科分类和术语审视之，谭嗣同重工科，严复则在重工科的同时更重理科。从这个意义上说，严复的教育理念和教育哲学与谭嗣同相比更为全面。尽管如此，工科出身的严复表现出明显的重理轻文倾向，这势必对他的教育理念带来影响。

严复信奉科学救国的理念，同时恪守教育救国。在他那里，科学救国与教育救国并不矛盾，二者相互作用、相得益彰，是一而二、二而一的关系：一方面，科学救国使严复对教育投入极大热情，并将科学精神注入到教育理念之中，注重以自然科学为主的智育。另一方面，严复的教育哲学不仅服务于教育救国的初衷，而且是科学救国的一部分，由始至终贯彻着他的科学理念。正因为如此，严复不仅将大量的自然科学作为教学内容，而且注重凸显科学精神和科学方法的培养。与对自然科学和科学精神的推崇备至形成强烈反差的是，他对人文学科的漠视。一个明显的例子是，综观严复宣传、翻译和提倡的西学不难发现，他始终侧重社会科学而轻视人文科学。这些反映到教育理念和教育内容上便是，严复对人文教育的关注明显不足，并且很少论及艺术或趣味教育。对于这一点，拿严复的教育哲学与梁启超、蔡元培和梁漱溟等人的思想进行比较则看得更加清楚。诚然，严复提到了美术教育，并且肯定美术教育旨在愉悦情感。尽管如此，他是以"科学"的眼光审视中国的美术教育的，其中的科学情结浓郁而彻底。不仅如此，就严复的整个教育哲学来说，对于美术教育仅限于此处提及而已，并无具体措施或相应的教育内容。

综上所述，近代哲学家肩负着救亡图存与思想启蒙的双重历史使命，严复也不例外。从思想启蒙的角度看，近代哲学家作为全民的精神导师和思想引领者都是教育家。在这方面，严复与其他近代哲学家——康有为、谭嗣同、梁启超、章炳麟和孙中山等人别无二致。不同的是，严复学贯中西，并且做过北洋水师教习和北京大学（京师大学堂）校长。对西学的熟稔使严复的教育哲学极富启蒙性，无论是以"废八股"为代表对中国旧式教育的抨击还是对西方教育体制、学科设置和人才培养模式的引进都富有轰动效应，引起了学术界、教育界乃至全社会的极大震动。大学校长等职使严复可以从教育管理的角度审视教育问题，高屋建瓴，标本兼顾，从大的宗旨、方针着眼，从小的措施、方法入手，对教育的思考内容之宽广、之缜密无人可及。严复率先对旧式教育提出挑战，一面大声疾呼"废八股"，一面热情洋溢地倡导新式教育，大力引进西方的教育理念和教育模式，同时大声疾呼对全民进行德、智、体三育。1905年清帝颁诏废除在中国实行了一千多年的科举取士制度，而废除科举的第一声是严复在1895年喊出的。时至今日，德智体全面发展成为教育界的共识，而这一理念也是严复在1895年率先建构的。严复是提出"废八股"的第一人，也是在中国提倡德智体全面发展的第一人。单凭这两点，严复对中国教育的贡献便功莫大焉，如何肯定严复教育哲学的价值都不为过。同样毋庸讳言的是，严复的教育理念并非尽善尽美，最大缺陷除了近代教育哲学所共有的急功近利之外，便是重理性教育而轻情感教育，故而显得科学教育有余而趣味教育不足。

第十二章
《周易》诠释与周易哲学

　　严复是具有哲学情怀和形而上学情结的哲学家，并将《周易》和《老子》《庄子》一起誉为中国哲学的"三书"。这直观反映了他对《周易》的推崇备至，也大致框定了对《周易》的定性和解读。与此同时，由西学转向中学的特殊经历、贯通中西的学术素养铸造了严复特殊的哲学理念和哲学范式，也为他的《周易》研究创造了得天独厚的有利资源和优越条件。即使在翻译、介绍西学时，严复也没有为了宣传西学而搁置中学而是热衷于中西互释。可以看到，他对西学的翻译和提倡以中学加以疏导、解读，甚至可以说是以宣传西学的形式诠释、印证了中学。就国学经典来说，严复对《周易》《老子》《庄子》"三书"倍加推崇，"三书"经常出现在他的译作中。正是由于这个原因，严复尽管没有像对待《老子》《庄子》那样对《周易》进行集中评注，然而，他对《周易》高度关注并多有阐发。对《周易》的解读和诠释成为严复哲学观、国学观的组成部分，并且直观地展示了他的国学研究有别于其他近代哲学家的学术素养和理论特质。

第一节　对《周易》的定位和哲学诠释

　　严复具有自觉的哲学意识和深切的哲学情怀，他的国学研究便以哲学作为基本内容，对《周易》的解读、诠释更是如此。严复肯定《周易》《老子》《庄子》是中国哲学的代表作，对《周易》的审视是从哲学的角度切入的。正是在这个意义上，他声称："中国哲学有者必在《周易》、《老》、《庄》三书，晋人酷嗜，决非妄发。"[1] 在这里，严复将《周易》和《老子》《庄子》一起誉为中国哲学的"三书"，对《周易》的奉若神明可见一斑。更为重要的是，将《周易》誉为中国哲学的"三书"之一表达了他对《周易》的推崇，也在一定程度上框定了对《周易》内容、性质的认定。《周易》讲哲学、属于哲学书是严复对《周易》的基本认定，而这大致框定了严复解读、诠释《周易》的基调。正是循着《周易》是哲学书的思路，他侧重对《周易》的哲学思想进行挖掘和诠释，力图全方位地呈现《周易》的哲学面貌。在此过程中，严复一面将《周易》与《老子》《庄子》和六经代表的中国本土文化相互观照，一面对《周易》与西方哲学尤其是穆勒名学、赫胥黎和斯宾塞等人的不可知论以及德谟克利特的原子论、牛顿力学、黑格尔哲学等形形色色的哲学观点相互诠释。正是由于这个原因，严复在解读《周易》内容的同时，为《周易》注入了全新的哲学内涵和多元的文化要素。

一、中国哲学的代表作

就严复对《周易》的审视、解读和诠释而言，最先面对的是《周易》的定性问题。原因在于，《周易》在中国古代经典中占有显赫地位，甚至被誉为"五经之首"。在漫长的中国古代社会，解读、注疏《周易》的著作层出不穷。不同时代、不同学派的哲学家从不同角度揭示《周易》的内容，在解读范式上形成了象数派与义理派之争。中国近代是第一次全面梳理、解读中国传统文化的时代，不同哲学家对包括《周易》在内的国学典籍进行全新审视和解读，最先遇到的便是对经典的定性问题。严复对国学经典的解读也是如此，对《周易》

1《与熊季廉书》，《严复集补编》，福建人民出版社，2004，第243页。

的审视、解读当然概莫能外。

首先，在对《周易》内容的认定上，严复承认《周易》含有宗教成分。

严复肯定《周易》含有宗教成分，并在这个前提下将《周易》与《诗》《礼》一起证明孔子的思想是宗教。对此，他这样写道："且孔教亦何尝以身后为无物乎？孔子之赞《易》也，曰精气为物，游魂为变。《礼》有皋复，《诗》曰陟降，季札之葬子也，曰：体魂则归于地，魂气则无不之，未闻仲尼以其言为妄诞也。且使无灵魂矣，则庙享尸祭，所焄蒿悽怆，与一切之礼乐，胡为者乎？故必精而言之，则老子之说吾不知，而真不主灵魂者独佛耳！……至孟（指孟德斯鸠——引者注）谓景教主灵魂不死之说，而独违其弊，则尤不知所言之何所谓也。"[1] 依据严复的解读和分析，《周易》所讲的"精气为物，游魂为变"证明了孔子相信灵魂不死——"何尝以身后为无物"。这既证明了孔子的思想是宗教，又证明了《周易》的内容包含宗教成分。在包含宗教成分方面，《周易》与《诗》《礼》别无二致。

更有甚者，与承认《周易》言灵魂密切相关，严复将《周易》的内容与西方的灵学直接联系起来。晚年的严复笃信灵学，在介绍西方灵学会的观点时联想到《周易》，并将《周易》所讲的"精气为物，游魂为变，是知鬼神之情状，与天地相似，故不违"（《易·系辞上》）概括为"精气为魂，感而遂通"，进而与灵学的内容混为一谈。他在信中写道："查英国灵学会组织，创设于千八百八十二年一月，会员纪载、论说、见闻，至今已不下数十巨册。离奇吊诡，有必不可以科学原则公例通者，缕指难罄。然会中巨子，不过五、六公，皆科哲名家，而于灵学皆有著述行世。巴威廉 Sir William Barrett F. R. S. 于本年二月《同时评阅志》Contemporary Review 中方出一论，意以解国人之惑。谓会中所为，不涉左道，其所研究六事：一、心灵感通之事。二、催眠术所发

---

[1]《法意》按语，《严复集》（第四册），中华书局，1986，第 1016 页。

现者。三、眼通之能事。四、出神离魂之事。五、六尘之变，非科学所可解说者。六、历史纪载关于上项者。所言皆极有价值。终言一大事，证明人生灵明必不与形体同尽。又人心大用，存乎感通，无孤立之境。其言乃与《大易》'精气为魂，感而遂通'，及《老子》'知常'、佛氏'性海'诸说悉合。而嵇叔夜形神相待为存立，与近世物质家脑海神囿之谈，皆堕地矣。"[1]据此可知，严复将灵学的内容归纳为"心灵感通""出神离魂"等六事，并且肯定灵学所言的六事"皆极有价值"。在此基础上，严复将灵学所言六事概括为灵魂不死，他称之为"人生灵明必不与形体同尽"，由此推演出"人心大用，存乎感通，无孤立之境"。值得注意的是，严复肯定西方灵学研究的这些内容与《周易》所讲的"精气为物，游魂为变"和"寂然不动，感而遂通"等等说法相契合。从这个意义上说，他对《周易》的解读彰显其中的宗教意蕴，甚至难免将之引入神秘之境的嫌疑。严复深信灵魂不死，并由此扬言嵇康的"形神相待"和当时科学家对脑的研究不攻自破。基于这种认识，晚年的严复对《周易》作神秘解，对书中的"精气为物，游魂为变，是知鬼神之情状，与天地相似，故不违"更是奉若神明。

其次，尽管严复肯定《周易》的内容含有宗教乃至神秘成分，然而，他并不像康有为那样突出《周易》的宗教属性，以至于将《周易》定位为宗教书。就严复的一贯主张和总体看法而论，他倾向于将《周易》定位为哲学书。

严复不仅将《周易》奉为中国哲学的代表作，誉之为中国哲学的"三书"之一；而且侧重从不同角度挖掘、探究《周易》的哲学内容，从多个维度共同凸显、印证《周易》的哲学属性和定位。可以作为佐证的是，他明确宣称："大《易》则有费拉索非之学。"[2]此处的"费拉索非"是英文 philosophy 的音译，就是"爱智慧"之哲学。这也从一个侧面证明，将《周易》视为哲学书是严复的

---

1 《与侯毅书》，《严复集》（第三册），中华书局，1986，第721页。

2 《保教余义》，《严复集》（第一册），中华书局，1986，第85页。

一贯观点。稍加比较即可发现，严复尽管将《老子》《庄子》与《周易》一样说成是中国哲学的代表作而统称为"三书"，然而，就定性或内容来说，他更为凸显《周易》的哲学性质。在对《周易》是哲学书的定性上，严复除了直接肯定《周易》"有费拉索非之学"之外，还将《周易》定性为"因果之书"。相比较而言，他没有特意将《老子》《庄子》定性为哲学书，对两书的评注和内容挖掘也涵盖诸多哲学之外的其他内容。

严复对形而上学情有独钟，侧重从"物理学之后""出形气学"的维度界定、理解哲学。他对《周易》内容的解读、诠释与这一哲学理念和意趣旨归互为表里，在印证《周易》是哲学书的同时，或者以《周易》阐明自己的哲学主张，或者援引《周易》为自己的哲学观点辩护。例如，严复循着形而上学的逻辑强调哲学热衷于对宇宙"第一因"的探索，于是便认定《周易》对宇宙"第一因"乐此不疲，并且给出了正确答案。具体地说，对于宇宙的"第一因"即世界万物由何而来的问题，《周易》给出的答案是太极，而这个回答正中严复下怀。对此，他解释说："此段所指之自然公例，即道家所谓道，儒先所谓理，《易》之太极，释子所谓不二法门；必居于最易最简之数，乃足当之。后段所言，即《老子》为道日损，《大易》称易知简能，道通为一者也。"[1] 依据严复的分析，太极是《周易》对宇宙"第一因"的探索和解答，《周易》所讲的太极与老子所讲的道、儒家所讲的理和佛学所讲的不二法门同义。正因为如此，太极不惟证明了《周易》对宇宙"第一因"的回答与道家、儒家、佛学相比毫不逊色，同时奠定了《周易》以太极推演万物的生成论和宇宙论。正是在以太极为开端的逻辑推演中，《周易》借助太极—四象—八卦—万物的逻辑结构建构了一套完备的哲学体系。在严复看来，由太极之一到象之四再到卦之八最后到物之万表明，《周易》勾勒的由太极之一到物之万的演变运用的是演绎法，并

---

1 《穆勒名学》按语，《严复集》（第四册），中华书局，1986，第 1051 页。

将世界的存在和发展说成是一个变易的过程。议论至此，天演哲学、逻辑哲学以及不可知论成为《周易》哲学的主体内容。

二、天演哲学

严复指出，《周易》推演了宇宙从简单到复杂的进化模式，那便是从太极之一到庶物之万。他断言："《周易》八卦，皆常住因之代表也。作《易》者以万化皆从此出，则杂糅错综之以观其变。故《易》者，因果之书也。虽然，因而至于八，虽常住，乃非其最初。必精以云，是真常住者惟太极已。"[1]依据严复的解读和诠释，《周易》是讲"因果之书"，哲学体系的建构范式主要是由因推导出果，借助因果关系演示世界万物错综复杂的变化。他解释说，尽管《周易》的推演凭借八卦进行，以八卦作为"常住因"，然而，八卦并非"最初"之因。从根本上说，太极才是真正的"常住因"即"真常住者"。沿着这个思路，严复强调，只有太极才是《周易》的"第一因"。换言之，太极是《周易》哲学的核心范畴乃至第一范畴，《周易》推演世界万物的模式是，以太极为开端推演出八卦，再由八卦推演出万物。从表面上看，《周易》以八卦为因，以万物为果。从根本上说，《周易》以太极为因，以万物为果。逻辑很简单，《周易》所讲的"真常住者"是太极而不是八卦，八卦归根结底是从太极这个"第一因"中推演出来的。

基于上述分析，严复得出结论：《周易》勾勒的世界万物的生成模式与天演论认为世界是进化的、进化的轨迹"始于简易，终于错综"如合符契。对于由简入繁的进化轨迹，严复在《天演论》的按语中从宇宙天体的演变、动植物的进化、人类个体的变化与社会形态的变革等各个方面进行了论证和描述。现摘录如下：

1《穆勒名学》按语，《严复集》（第四册），中华书局，1986，第1052页。

所谓由纯之杂者，万化皆始于简易，终于错综。日局始乃一气，地球本为流质，动植类胚胎萌芽，分官最简。国种之始，无尊卑、上下、君子小人之分，亦无通力合作之事。其演弥浅，其质点弥纯，至于深演之秋，官物大备，则事莫有同，而互相为用焉。

所谓由流之凝者，盖流者非他，（此"流"字兼飞质而言，）由质点内力甚多，未散故耳。动植始皆柔滑，终乃坚疆；草昧之民，类多游牧；城邑土著，文治乃兴，胥此理也。

所谓由浑之画者，浑者怃而不精之谓，画则有定体而界域分明。盖纯而流者未尝不浑，而杂而凝者又未必皆画也。且专言由纯之杂，由流之凝，而不言由浑之画，则凡物之病且乱者，如刘柳元气败为痈痔之说，将亦可名天演。此所以二者之外，必益以由浑之画而后义完也。物至于画，则由壮入老，进极而将退矣。人老则难以学新，治老则笃于守旧，皆此理也。[1]

尚变是近代哲学家的共识，每个人对世界变化轨迹的理解、勾勒和评价却迥然相异：第一，就进退而言，仅承认退化就有四种不同观点：一是"用进废退"，以康有为为代表，认为人不思进取便会退化成猿猴，并臆断云南深山老林中的猿猴便是古代被贬官员的后代。章炳麟早期也有类似观点，断言深水中的鱼虾长期不用眼睛而退化为瞽鱼瞽虾。二是先退后进，以谭嗣同为代表，提出了先逆三世、后顺三世的"两三世"说。三是进中有退，也就是大进而小退，以梁启超和孙中山为代表，将历史变化的轨迹描述成曲折的上升。四是进退抵消，以章炳麟为代表，1906 年之后坚信善与恶、苦与乐同时进化，提出了著名的"俱分"进化论。与上述近代哲学家的观点大相径庭，严复坚信，天演的法则是只进不退，这一法则无论对于自然界、人类社会还是个人来说都无一例

---

1 〔英〕赫胥黎：《天演论》，严复译，中州古籍出版社，1998，第 59 页。

外。第二，就简繁而言，近代哲学家的观点针锋相对，最终形成了由繁入简与由简入繁两大阵营。康有为、谭嗣同主张进化的轨迹是由繁缛到简捷，声称大同社会同一语言文字、同一文化和同一宗教便因循这一思路而来。严复、梁启超、孙中山和章炳麟属于另一阵营，坚信进化的轨迹是由简入繁。在这方面，严复深受斯宾塞的影响，肯定生物界和人类社会都呈现出由不完备到完备的进化过程。第三，就后果而言，章炳麟循着"俱分"进化的思路，声称"进化之实不可非，进化之用无所取"，否认进化可以将人类带入至善至美之境，甚至作《五无论》公开宣扬退化、设计退化的步骤。大多数近代哲学家确信世界越进化越美好，康有为、谭嗣同推出了大同社会，孙中山提出了民权时代。严复是进化论系统输入中国的第一人，在对社会进化的勾勒中相信人类拥有美好的未来。更为重要的是，他将自己的进化理念融入到《周易》中，以此解读、建构和诠释《周易》的天演哲学。严复对进化的上述理解与对《周易》天演哲学的解读相互印证，因而可以视为他对《周易》的独特诠释。

严复对天演法则的认定和对天演轨迹的描述使世界万物的生成、演变与《周易》的宇宙生成模式不谋而合，进而认定《周易》以"太极生两仪，两仪生四象，四象生八卦，八卦……"推演了世界由简至繁的进化过程。不仅如此，在他的眼中，就连《周易》所讲的宇宙万物变易的动力也与天演法则如出一辙。严复断言："此篇（指《天刑》篇——引者注）之理，与《易传》所谓乾坤之道鼓万物而不与圣人同忧，《老子》所谓天地不仁，同一理解。老子所谓不仁，非不仁也，出乎仁不仁之数，而不可以仁论也。斯宾塞尔著《天演公例》，谓教学二宗皆以不可思议为起点，即竺乾所谓'不二法门'者也。"[1]按照他的说法，天演的过程可以概括为"质、力相推，相济为变"，世界万物都是在力的作用下演进的。力是进化的动力，万物之所以进化以及进化至何种境地归根结底取

1〔英〕赫胥黎：《天演论》，严复译，中州古籍出版社，1998，第303页。

决于力。在这方面，《周易》讲一阴一阳之谓道，用乾坤、阴阳两种力量解释世界万物的生成和演变与天演论将世界万物的进化机制概括为"质、力相推"异曲同工。

众所周知，进化论作为舶来品系统输入中国归功于严复，而他对进化的界定、理解是"自然"进化。基于这种理解，严复将进化论翻译为"天演"论，旨在强调世界以及万物的进化是自然而然的过程——万物之所以进化、之所以进化到如此地步，完全是自身"质、力相推"的结果，并不是上帝的创造。这用他本人的话说便是："造物立其一本，以大力运之。而万类之所以底（同'抵'——引者注）于如是者，咸其自己而已，无所谓创造者也。"[1] 既然万物的产生和进化"咸其自己而已"，也就没有上帝的创造，当然也非出于上天的好生之德，这就是《老子》书中所讲的"天地不仁，以万物为刍狗"。

经过严复的上述解读和诠释，进化论与《周易》的宇宙观若合符契：从自然进化看，进化论否认上帝的创造与《周易》的乾坤之道相互契合；从进化动力看，"质、力相推"表明进化论将进化视为万物内部吸引力与排斥力相互作用的结果，与《周易》以乾坤、阴阳作为进化动力别无二致；从进化轨迹看，进化论证明世界进化的过程始于简易、终于错综，这无异于《周易》由太极、八卦推演六十四卦以至于无穷；从进化结果看，进化论强调世界正在进化之途，万物总是处于进化、完善之中，与《周易》终于《既济》《未济》两卦不谋而合。除此之外，《易传》起于男女，终于父子、君臣的人伦构架不啻为斯宾塞基于个人组成群体的社会有机体论。

问题到此并没有结束，鉴于对进化论的理解以及对《周易》天演哲学的揭示，严复认为中国的天演学说在周秦时期就已经肇端，并且通过对包括《周易》在内的中国哲学与西方进化论的相互诠释建构《周易》的天演哲学。于是，他

---

1 〔英〕赫胥黎：《天演论》，严复译，中州古籍出版社，1998，第42页。

不止一次地断言：

> 天演学说滥觞于周秦之间，中土则有老、庄学者所谓明自然。自然者，天演之原也。征之于老，如云"天地不仁，以万物为刍狗"。征之于庄，若《齐物论》所谓"寓庸因明"，所谓"吹万不同，使其自己"；《养生主》所谓"依乎天理、薪尽火传"。谛而观之，皆天演之精义。而最为深切著名者，尤莫若《周易》之始以乾坤，而终于既未济。至泰西希腊，则有德谟吉来图（现通译为德谟克利特——引者注）诸公，其学说俱在，可以覆案。虽然，今学之见于古书，大抵茫茫昧昧，西爪东麟，无的然画然之可指，譬犹星气之浑然。故天演之称为成学专科，断于十九世纪英国之达尔文为始。达尔文独以天演言生理者也，而大盛于斯宾塞尔。斯宾塞尔者，以天演言宇宙一切法者也。[1]

> 通此二家（指达尔文和斯宾塞——引者注）之说，而后进化天演可得而言。……必欲远追社会之原，莫若先察其么匿之为何物。斯宾塞以群为有机团体，与人身之为有机团体正同。人身以细胞为么匿，人群以个人为么匿。最初之群，么匿必少。言其起点，非家而何？家之事肇于男女，故《易传》曰："有男女然后有夫妇，有夫妇然后有父子，有父子然后有君臣，有君臣然后有上下，有上下然后礼义有所错。"此吾国之旧说也，而亦社会始有之的象也。[2]

在严复的视界中，天演学说滥觞于中国的周秦之际。老子、庄子都强调"明自然"，而所谓"明自然"就是天演哲学。对于这一点，《老子·第五章》的"天地不仁，以万物为刍狗"，《庄子·齐物论》篇的"寓庸因明""吹万不同，咸其自己"、《庄子·养生主》篇的"依乎天理""薪尽火传"等等都是明证。在肯定先秦诸子特别是老子、庄子深谙天演学说的前提下，严复强调，对于天

1《进化天演》，《严复集补编》，福建人民出版社，2004，第135页。
2《进化天演》，《严复集补编》，福建人民出版社，2004，第136—137页。

演学说之精义最为深切著明者，则非《周易》莫属。《周易》以《乾》《坤》二卦始，以《既济》《未济》二卦终。这种安排隐藏着天演之精义，旨在强调世界进化是一个永无止境的过程。始于《乾》《坤》、终于《既济》《未济》既呈现了《周易》的天演哲学，又展示了《周易》的逻辑哲学。

与此同时，严复指出，西方的天演学说在古希腊时期出现端倪，至于形成学科则在 19 世纪的英国，始于达尔文，盛于斯宾塞。其中，达尔文侧重以天演法则解释生物进化，斯宾塞则将天演法则运用于包括生物、自然和社会在内的一切领域之中——严复称之为"以天演言宇宙一切法"。尽管达尔文、斯宾塞的进化思想各有侧重，然而，两人的致思方向和价值旨趣则完全一致。循着天演哲学的思路，一切都由么匿组合而成，人身以细胞为么匿，人群以个人为么匿。人群之初，么匿必少，起点在于家庭，家庭始于男女，这与《周易》所讲的"有男女然后……，然后……，然后……，然后……，然后……"的顺序若合符契。如此说来，《周易》由太极推演出世界万物的模式，以自然界定进化的思维方式，以乾坤、阴阳对进化动力的理解和对个体与群体关系的界定等等都与天演哲学不约而同，因而与西方的天演哲学大家——达尔文、斯宾塞的观点别无二致。正是由于这个原因，《周易》的思想在严复的眼中与赫胥黎的《进化论与伦理学》、斯宾塞的社会有机体论是相通的。

值得注意的是，严复对《周易》与西方天演学说的互释除了提到进化论巨擘——达尔文和斯宾塞之外，还提到了古希腊哲学家——德谟克利特。这是因为，德谟克利特首次在哲学上提出原子学说，由此在哲学史上拥有重要一席。他认为，世界万物的始基是原子，而原子是不可再分的。在严复看来，不可再分的原子无异于无穷小，从无穷小的维度看，原子与《周易》奉为宇宙"第一因"的太极并无区别。如此说来，原子既是德谟克利特对世界"第一因"的回答，又表明了他的回答与《周易》如出一辙。

三、逻辑哲学

严复援引培根的观点将逻辑学奉为"一切法之法，一切学之学"，表现出明显的泛逻辑倾向。这不仅表明严复对逻辑学作用的夸大，而且预示了他注重逻辑哲学。事实正是如此，严复一面大力宣传、输入西方的逻辑哲学，一面深入挖掘、彰显中国本土的逻辑传统和资源。在此过程中，他肯定《周易》擅长逻辑哲学，《周易》的哲学体系建立在逻辑推理之上。

严复认为，《周易》的哲学以太极为宇宙"第一因"，先由太极推演出四象，再由四象推演出八卦，最后由八卦推演出万物。由太极推演出万物表明，《周易》遵循由太极这个公例推导出万物即个别的法则，《周易》的逻辑哲学侧重演绎法。严复突出逻辑学的地位和作用，将逻辑方法视为观察宇宙和认识世界的基本方法。他之所以推尊《周易》，与认可《周易》的逻辑哲学密不可分。事实上，严复在将《周易》定位为哲学之书的同时，将《周易》定位为"因果之书"。这用他本人的话说便是："《周易》八卦，皆常住因之代表也。作《易》者以万化皆从此出，则杂糅错综之以观其变。故《易》者，因果之书也。"[1] 据此可见，在严复的视界中，《周易》由太极、八卦建构的宇宙生成模式是运用逻辑方法本着由因到果的逻辑推演出来的，这证明了《周易》是"因果之书"。

"因果之书"的定位极大地彰显了《周易》的逻辑哲学，也印证了严复对中国逻辑哲学的认定和评价。例如，他在介绍、引进西方的逻辑方法时指出，逻辑推理的基本方法是归纳法和演绎法——严复分别翻译为"内籀之术""外籀之术"，同时指出西方重归纳法，中国重演绎法。在这个前提下，他认定《周易》的逻辑哲学侧重演绎法，淋漓尽致地展示了中国哲学的思维方式和价值旨趣。对此，严复反复声称：

---

1 《穆勒名学》按语，《严复集》（第四册），中华书局，1986，第 1052 页。

《大易》所言之时、德、位皆品也，而八卦、六爻所画、所重皆数也。其品之变依乎其数，故即数推品，而有以通神明之德，类万物之情。此易道所以为外籀之学也。[1]

《大易》言，道之至者也，执数以存象，立象以逆意。意有时而不至，而数则靡所不该；立六十四卦、三百八十四爻，而奇偶之变尽。故以数统理，若顿八紘之网以围周陆之禽，彼固无从而遁也。《周易》以二至矣，而太元则以三，皆绝作也。潜虚以五，则用数多而变难穷矣。夫以二准阴阳，阴阳亦万物所莫能外者也。以三准上中下，上中下万物有或外之者矣。至以五准五行，五行者言理之大诟也；所据既非道之真，以言万物之变，乌由诚乎？（天地五行，开口便错。）[2]

由此可见，严复肯定《周易》遵循演绎法，并进一步揭示《周易》演绎法的原则是"以数统理"。依据他的解读和诠释，在注重演绎法的问题上，无论《周易》以八卦、六爻解释时、德、位的"即数推品"还是"执数以存象"都是明证。

进而言之，如果说严复对《周易》关于太极是万物本原的回答、对世界由简单到复杂的推演和对自然进化的凸显等诸多方面的内容都持肯定态度乃至盛赞有加的话，那么，他对《周易》注重演绎法的逻辑哲学则既有肯定，又有否定。对于这个问题，可以从两个不同的方面去理解：第一，就归纳法与演绎法的关系来说，严复肯定演绎法的作用，认为演绎法与归纳法都是逻辑推理的必要方法，对于即物穷理缺一不可。在这个前提下，他强调，两相比较，归纳法是根基。这是因为，演绎法赖以推理的前提是归纳法提供的，离开归纳法由个别上升到一般的推理，演绎法即使推理过程无误，亦不能保障推理结果的正确。从这个意义上说，《周易》由太极推演阴阳而演绎成八卦，再由八卦推演

---

1 《穆勒名学》按语，《严复集》（第四册），中华书局，1986，第 1048 页。
2 《穆勒名学》按语，《严复集》（第四册），中华书局，1986，第 1048 页。

六十四卦，最后由六十四卦进一步推演出三百八十四卦是离开归纳的推理，不能保证前提的真实性，故而不"诚"。第二，就对中国与西方文化的比较来说，严复对演绎法含有微词。他指出，中国学术无实、无用，根本原因之一在于过分倚重演绎法而忽视归纳法。循着这个逻辑，严复一面将陆王心学代表的中国哲学说成是"心成之说"，一面大声疾呼"即物实测"，以此使中国学术走出远离自然、闭门造车而无法出门合辙的困境。与此同时，他高度赞扬朱熹今日格一物，明日格一物，格得多了豁然贯通的格物说，将之誉为中国归纳法的代表而推崇备至。分析至此，便不难想象严复对《周易》演绎法的态度了。

上述内容显示，严复认定《周易》富含逻辑哲学，并侧重从演绎推理的角度解读、诠释《周易》逻辑哲学的理念和内容。事实上，《周易》注重逻辑哲学在他看来并非偶然，而是带有某种必然性。原因在于，严复秉持实证主义的逻辑路径和哲学理念，强调一切认识都源于"元知"即感觉经验，推理的作用不可或缺。《周易》作为"因果之书"，必然注重逻辑推理。从这个意义上说，严复判定《周易》是中国哲学的"三书"特别是"因果之书"之日，也就是肯定《周易》注重逻辑推理之时。确定的是《周易》必然讲逻辑，不确定的只是哪种逻辑方法而已。在对《周易》逻辑哲学的阐释中，严复着重揭示了《周易》逻辑哲学的演绎方法。

四、不可知论

严复对《周易》哲学内容的解读和诠释都折射出他自己哲学的影子，对《周易》不可知论的揭示也不例外。赫胥黎是哲学史上第一个使用不可知论（agnosticism）的哲学家，斯宾塞也是一位不可知论者。受两人思想的影响，严复本人在哲学上秉持不可知论，并借助《周易》《老子》《庄子》、赫胥黎、穆勒和斯宾塞的哲学思想与佛学的"不可思议"相和合阐发不可知论。在严复的视界中，《周易》与赫胥黎、斯宾塞哲学思想的一致性不仅包括天演哲学，而且包括不可知论。事实上，严复认定《周易》的哲学属于不可知论，并在挖掘、诠释《周易》哲学内容的过程中，反复从不同维度共同彰显不可知论的内容。在此基础上，他将自己的哲学意趣和对不可知论的理解注入到《周易》之中，从而推动了《周易》的内容转换和现代化。

受英国经验论、反映论的影响，严复肯定认识来源于人的感官接触外物获得的直接经验。与此互为表里，他重视"元知"，推崇"即物实测"。受不可知论的影响，严复坚持"可知者止于感觉"，强调感觉范围之外的存在是不可知的。依据他本人的界定，不可知之物包括"天地元始、造化真宰、万物本体"和"万物质点、动静真殊、力之本始、神思起讫"。一目了然，严复对不可知范围的厘清、划界注定了将太极奉为"第一因"、以力推演万物的《周易》属于不可知论之列。这就是说，严复无论将《周易》的太极与道家所讲的道、儒家所讲的理和佛学所讲的不二法门相提并论还是将《周易》的乾坤、阴阳与牛顿力学所讲的力等量齐观都在一定程度上框定了《周易》的哲学思想属于不可知论。

与对《周易》哲学属于不可知论的认定一脉相承，严复在阐释自己的不可知论时连篇累牍地援引《周易》作为证据为自己的观点提供辩护。例如，他在《穆勒名学》的按语中这样写道：

培因《名学》之论词蕴也，承穆勒氏之说，而废其所谓自在者。曰：凡词含自在之义者，多隐括楄简而不可见。至于谛而析之，则未有不尽于并著、相承二者。如云"某所有私会在焉，将以图不轨"者，意谓当此之时，有一种人合群以谋其私也。此其义甚繁，然析之则亦不过并著与相承二者而已。又如云"駉騵不存"，此犹云有一种兽，前之见于某所者，今也则亡，而为其地所不出者。此虽不用"存"字，义亦自见也。又如云"格物畴人于以太有无尚所聚讼"，然此无异言光热诸力映射空中，须否以太以为傅附也。此其词虽云有无，犹云因果耳。又如言问上帝有无，实问宇宙第一原因，与其时时监观主宰之事。此虽言有无，又因果也。故曰自在一门虽不设可也。培因又谓类分万物，设最大一门使无所不冒者，亦为虚设。盖天下惟对待可言，而人心经异而后有觉。今名家所谓庇音，以统凡有名之物者，果何物耶？盖一言其物为无对，即无可言，而莫能指。故言无对、太极，而犹设言诠者，其于言下已矛盾矣。此吾所谓对待公例者也。穆勒曰：培因之立万物对待公例也，吾无间然。顾其云吾心生一正觉，必待他一正觉与为相形，而后有觉，则未敢谓然也。盖人心之觉固不待二有、二正而后形，但一有一无，或一正一负，斯可见矣。故郝伯思（霍布斯——引者注）言：使吾心仅有一觉境绵延无尽，则浸假必至于无所觉知。然使少间，则不必别易他境，其觉固自若也。此如觉热，不必即变而入寒，但使中间有两无所觉之一境，即可还复觉热。此其言是也。太极、庇音之对待为无物，以无对有，政亦可觉，此亦人心之所有事者也，何以言其虚设而矛盾乎？又如自在一论，虽常可以因果、并著为言，然自在实与因果、并著有异。盖培因之意以自在为无可言，故遂以此伦为可废。然"在"实与"有"同义，既有矣，斯能为感致觉，既感既觉，斯有可言，何可废乎？昔者德儒希格尔（黑格尔——引者注）亦以不知此义，遂谓太极、庇音既称统冒万物，自不应有一切形相德感，至使有著不浑；如无一切形相德感，则太极、庇音，理同无物。以统摄群有之名为等于无，文义违反至于如此，此其弊正与培因等耳。复案《易》言太极无极，为陆子静所不知，政亦为此。朱子谓非言无极无以明体，非言太极无以达用，其说似胜。虽然，仆往尝谓理至见极，必将不可思议。故诸家之说皆不可轻非，而希格尔之言尤为精妙。[1]

这段按语显示，严复在以《周易》为自己辩护的过程中，将《周易》的思想与古今中外多种不可知论进行互释、杂糅。具体地说，他介绍了培因、穆勒

---

[1]《穆勒名学》按语，《严复集》（第四册），中华书局，1986，第 1038—1040 页。

在自在问题上的分歧，同时结合霍布斯、黑格尔、陆九渊和朱熹等中西哲学家的思想阐明了自己的主张。严复在按语中论述的"庇因"是英文 Being 的音译，意为是、有或存在。按语中的自在即本体，英文是 Noumenon，严复有时音译为"纽美诺"。本体在西方哲学的语境中与现象相对，并非就指不可知，亦不特指自在。显而易见，严复对本体加入了自己的"前理解"，同时以《周易》所讲的太极、西方哲学所讲的"庇因"（Being）对本体加以界定和诠释。自在原本是佛学术语，指真如恒常、不生不灭，故而有别于世界万法因缘凑合的假相。当严复用佛学所讲的自在翻译本体时，就已经注定了对不可知论的倾斜。这是因为，他将本体等同于康德所讲的隐藏在现象背后的"自在之物"，而"自在之物"就属于不可知之域。在此基础上，严复又将本体与佛学的自在混为一谈，进而为他以佛学的"不可思议"阐发、论证不可知论搭建津梁。

被梁启超誉为"近世第一大哲"的康德将世界划分为现象与本体两个方面，并将本体称为"物自体"或"自在之物"。在此基础上，康德指出，人只能认识现象，而不能认识本体，本体即"自在之物"是不可知的。康德的不可知论对整个西方近现代哲学都产生了至深至远的影响，赫胥黎以及作为实证主义创始人的穆勒、斯宾塞都深受康德哲学的影响，并且成为坚定的不可知论者。严复不仅对赫胥黎、斯宾塞等人的不可知论情有独钟，而且将不可知的"自在之物"或"物自体"与佛学所讲的自在相提并论，进而用"不可思议"诠释、论证不可知论。在上述论证中，对于培因与穆勒之间的分歧，严复显然站在了穆勒的一边，极力为穆勒的不可知论辩护。按照严复的说法，穆勒讲"自在之物"是为了探究宇宙存在的"第一因"，既然哲学以探究"第一因"为意趣，那么，旨在探究宇宙"第一因"的自在便不可取消。严复特意强调，自在虽然没有形象，是无形而超验的，但是，这并不意味着自在不存在。事实上，自在是真实存在的，自在之"在"就是"有"，就是存在即 Being。经过严复的诠释，"自在之物"是对宇宙"第一因"的回答，既因其真实存在而不可取消，又因其无形超验而不可感知。

严复进而指出，自在的存在、作用正如《周易》的太极无极之说[1]：称太极为了强调其真实存在，称无极则为了突出其作为宇宙本体而不可混同一物。他由此确信，太极表明《周易》在哲学上笃信不可知论，正如不可知论认定"自在之物"无形超验一样。在此过程中，严复称赞朱熹借助"无极而太极"对太极的体用之分，而不赞同陆九渊认为在太极之上加无极无异于床上叠床、屋上架屋的观点。尚须提及的是，严复历来对黑格尔（严复翻译为黑格儿）推崇备至，专门作《述黑格儿惟心论》对黑格尔的哲学予以推崇。严复对黑格尔的极力推崇在梁启超、章炳麟等大多数中国近现代哲学家都对康德、叔本华大力推崇——特别是章炳麟激烈反对黑格尔绝对精神的映衬下更显突出，并且独树一帜。尽管如此，由于黑格尔反对太极，严复在此对之予以批判。这从一个侧面印证了严复对"无极而太极"的认可，也将他对形而上学的青睐推向了极致。北宋周敦颐作《太极图说》，声称"无极而太极"，朱熹继承此说，并用无极与太极解释作为世界万物本原的"一理"与作为万物之理的"万理"之间的关系。严复肯定《周易》就已经讲太极无极，并从体用维度予以诠释。在这个问题上，他只提到了朱熹、陆九渊，并对两人的争议站到了朱熹一边，却始终都没有提及周敦颐。

总的说来，严复对《周易》的定性与对《周易》内容的挖掘相互作用，可以说是一个过程的两个方面。前者为后者指明了方向，后者则为前者提供了印证。上述内容显示，严复从天演哲学、逻辑哲学和不可知论三个方面共同揭示了《周易》的哲学内容，这些内容反过来印证了他对《周易》是哲学书的定性。综观近代哲学家的《周易》观可以看到，在对于《周易》的定性上，可谓言人人殊。大致说来，康有为将《周易》定位为宗教书，借此证明作《周易》的孔子是宗教家。谭嗣同将《周易》定位为变易之书，凭借乾卦的六爻推导出人类

---

[1] 《周易》讲太极而不讲无极，严复却认定《周易》讲无极太极，明确肯定"《易》言太极无极"。显而易见，这是严复对《周易》的误读或过度诠释。

历史演变的"两三世"说。梁启超将《周易》归入国学要籍之中,并将之定位为占卜书。严复则侧重从哲学的维度定性和解读《周易》,既与他本人的哲学情结相互印证,又与其他近代哲学家渐行渐远。

第二节　在中学中的视界圆融

如上所述,严复对《周易》的定性和阐发表明,他是将《周易》置于全球多元文化的视界中进行审视、解读的,热衷于对《周易》与西学和佛学的参观、互释。尽管如此,《周易》毕竟是国学经典,严复对《周易》的提及在大多数情况下都是在中国哲学的视界内进行。通过《周易》与诸多国学人物和国学经典的互释,他淋漓尽致地展示了《周易》在中国哲学中的视界圆融。综观严复视界中的《周易》不难发现,他对《周易》哲学的审视、解读和诠释并不是在封闭的体系中进行的,而是习惯于将《周易》与诸多国学人物和国学经典的思想相互观照。特别是在对《周易》与六经、《老子》《庄子》思想的相互诠释中,严复将《周易》在中国哲学中的视界圆融发挥到了极致。

一、对《周易》与孔子的思想以及六经相互观照

近代哲学家尽管对《周易》的推崇是一致的,然而,他们对《周易》作者的认定却存在分歧。在这个问题上,严复将《周易》说成是孔子所作,并且提出了如下论证和解释:"今夫六艺之于中国也,所谓'日月经天,江河行地'者尔。而仲尼之于六艺也,《易》、《春秋》最严。司马迁曰:'《易》本隐而之显,《春秋》推见至隐。'此天下至精之言也。始吾以谓本隐之显者,观《象》、《系辞》以定吉凶而已;推见至隐者,诛意褒贬而已!及观西人名学,则见其于格物致知之事,有内籀之术焉,有外籀之术焉:内籀云者,察其曲而知其全者也,执其微以会其通者也;外籀云者,据公理以断众事者也,设定数以逆未然者也。

乃推卷起曰:'有是哉! 是固吾《易》、《春秋》之学也。迁所谓本隐之显者,外籀也;所谓推见至隐者,内籀也。其言若诏之矣。'二者即物穷理之最要涂术也,而后人不知广而用之者,未尝事其事,则亦未尝谙其术而已矣!"[1] 严复的这段议论先天地注定了他对《周易》的解读离不开孔子以及六经:就前者而言,严复坦言自己对《周易》的解读与对《春秋》的解读一样深受司马迁的影响;就后者而言,严复将六艺也就是六经归功于孔子,是在将《周易》视为六经的组成部分的前提下解读《周易》的。

深入剖析严复的这段议论即可发现,他对《周易》的审视、解读和阐发包括四个要点:第一,对于《周易》的作者问题,严复将《周易》与《春秋》代表的国学经典连为一体,统称"六艺"。这表明,他认定《周易》与六经密不可分,是儒学经典,并且说成孔子所作。严复的这个审视维度与他将《周易》《老子》《庄子》组成的三玄奉为中国哲学的"三书"迥异其趣,也直观呈现了严复解读《周易》的多元维度、视界圆融。第二,对于《周易》的地位问题,严复指出,孔子在六经中对《周易》《春秋》"最严",借此凸显《周易》与《春秋》的内在关联。这既提升了《周易》在六经中的地位,又拉近了《周易》与《春秋》之间的关系。第三,对于《周易》的内容问题,严复赞同司马迁对《周易》"本隐而之显"的认定,同时借助西方的逻辑哲学认定《周易》注重"外籀之术"即演绎法。第四,对于《周易》的价值问题,严复强调,《周易》的"外籀之术"是"即物穷理"的主要途径,而后人却没有认识到书中的价值,因而没有对之进行过多的发挥。这一点与严复对《周易》是"因果之书"的判断互为表里,也从一个侧面印证了他对《周易》是哲学书的判定。

至此可见,严复对《周易》的审视与康有为既有相同之处,又有不同之处。两人的相同之处有二:一是将《周易》归入六经之中,二是在六经中拉近《周易》

---

1 〔英〕赫胥黎:《天演论》,严复译,中州古籍出版社,1998,第15页。

与《春秋》的关系。具体地说，严复与康有为一样将《周易》与《春秋》一起视为孔子所作，并且突出两者在六经中的特殊地位。与严复指出孔子在六经中对于"《易》、《春秋》最严"类似，康有为强调孔子对《周易》《春秋》"择人而传"，对《诗》《书》《礼》《乐》则"日以教人"。在肯定《周易》《春秋》在六经以及在孔子思想中至关重要的基础上，严复、康有为都对《周易》与《春秋》予以区分，强调不可对二者的内容、地位等量齐观。

在肯定严复、康有为视界中的《周易》最为相似的前提下尚须进一步看到，两人推崇《周易》的初衷天差地别，对《周易》内容的具体认定也随之大相径庭。这具体包括两个方面：第一，从关注《周易》的初衷来看，康有为提升《周易》在六经中的地位或强调《周易》对孔子思想的不可或缺是为了证明孔子的思想是宗教、孔子是教主。为了达此目的，康有为先要证明孔子讲宗教，因而将《周易》界定为专讲天道也就是梁启超所说的灵魂界之事的宗教书。严复青睐《周易》出于为中国哲学正名的需要，旨在证明中国有哲学，无论西方哲学所讲的天演哲学、逻辑哲学还是形而上学，中国哲学皆一应俱全。这一点与他一面断言《周易》《老子》《庄子》是中国哲学的代表作，一面声称西方哲学不出《老子》书中的十二字、《庄子》的天演哲学早于西方"二千余岁"说的是一个意思。第二，从《周易》与《春秋》的关系来看，康有为、严复推崇《周易》的初衷在某种程度上决定了对《周易》的不同对待，也预示了对《周易》与《春秋》关系的不同认定。一言以蔽之，康有为推崇《春秋》，严复标举《周易》。康有为断言《周易》讲天道，《春秋》主人道。在此基础上，他声称，《春秋》是六经的金钥匙，故而为六经之"至贵"，因为孔教是人道教。与将《周易》界定为哲学书息息相关，严复指出，《周易》侧重演绎法，《春秋》侧重归纳法，二者都关注格物、致知之事，都注重逻辑推理的方法。按照他的说法，格物、致知最基本的方法是归纳法和演绎法，归纳法是由个别推出一般，演绎法是由一般推出个别。《周易》由象、系辞来推演吉凶，属于演绎法；《春秋》由具体事件推演出微言大义，属于归纳法。在《周易》与《春秋》的对照中，严复既肯定《周易》与《春秋》都重视逻辑推理的基本方法，又以演绎法与归纳法区分了二者的不同。这就是说，严复将《周易》《春秋》都归入逻辑哲学的范畴，同时也没有像康有为那样刻意对二者在孔学中的地位高低予以深究。当然，就严复的重视程度而言，《周易》远非《春秋》可比。与对《周易》的高度关注互为表里，严复发掘的《周易》的哲学内容并不限于演绎法代表的逻辑哲学，同时还有天演哲学、形而上学和不可知论等诸多内容。

除了《春秋》之外，严复还将《周易》与《诗经》《尚书》直接联系起来，一起作为自己立论的证据。例如，《支那教案论》原书曰："究之中国之道德礼义，则绝不缘神道设教而生。"[1] 对此，严复在按语中写道："《书》言皇降，《诗》言秉彝，董子曰：道之大原出于天，则中国言道德礼义，本称天而行，但非由教而起耳。今之所谓教者，国异家殊，乃鬼神郊祀之事。汉文所问贾生，即此事也，则又若先明道而后能立教。故西士鲁拉士金亦言，有诚而后有政教，非有政教而后立诚也。至《易·系》所云神道设教一语，张清恪解谓阴阳不测之谓神，一阴一阳之谓道，是为的诂，非释、道、回、景诸教宗所得据也。"[2] 显而易见，严复的这段议论既是对中国与西方宗教的比较，也是对中国宗教特殊性的凸显。在他的论证中，《周易》与《诗经》《尚书》代表的儒家经典一起出现，同时出现的还有汉初的贾谊和西汉大儒——董仲舒代表的儒家学者。

就《周易》与六经相提并论来说，严复提及较多的除了《春秋》，便是《诗经》。奥秘在于，严复从逻辑哲学的角度界定、诠释《周易》，注定了《周易》与《诗经》的密切相关。既然《周易》是"因果之书"，那么，《周易》的思想便由推理呈现出来。既然《周易》要通过逻辑推理表达思想，那么，《周易》便离不开概念、判断和修辞表达。这注定了《周易》离不开语言的表达，也意

1《支那教案论》按语，《严复集》（第四册），中华书局，1986，第849页。

2《支那教案论》按语，《严复集》（第四册），中华书局，1986，第849页。

味着《周易》注重修辞问题。《诗经》作为中国第一部诗歌总集浓缩了中国古代语言哲学的精华，就连孔子教育自己的儿子——孔鲤都强调"不学《诗》，无以言"（《论语·季氏》）。于是，《周易》与《诗经》在语言哲学领域相遇了，故而被严复相提并论。这用他本人的话说便是："出于口者曰语言，笔之于篇曰文字，而通谓之辞，辞者以所达人心之意者也。故孔子曰：'辞达而已矣。'《易》曰：'修辞立其诚。'"[1] 在严复看来，《诗经》用孔子的话说就是修辞学。在这方面，"不学《诗》，无以言"（《论语·季氏》）与《论语》所讲的"辞达而已矣"（《论语·卫灵公》）、《周易》所讲的"修辞立其诚"都是一个意思。这表明，《诗经》侧重语言哲学，探究的核心问题是如何运用言辞进行表达。《诗经》对语言表达的关注与《周易》对逻辑推理的注重在显示二者均为语言哲学代表作的同时，拉近了彼此之间的距离。

与此同时，鉴于对《周易》《诗经》的如此界定和认识，严复在翻译西学的过程中往往以《周易》《诗经》为楷模，力求信达雅，对名词、概念更是格外慎重。据他本人披露：

> 穷理与从政相同，皆贵集思广益。今遇原文所论，与他书有异同者，辄就谫陋所知，列入后案，以资参考。间亦附以己见，取《诗》称"嘤求"、《易》言"丽泽"之义，是非然否，以俟公论，不敢固也。如曰标高揭已，则失不佞怀铅握椠，辛苦迻译之本心矣。[2]

康有为一面宣称"'六经'皆孔子作"[3]，一面以《春秋》作为六经之金钥匙对孔子的思想一以贯之。无独有偶，严复将六经都视为孔子的思想，并且从不同角度展示《周易》与六经在内容上的相贯相通。他的做法在证明孔子思想具有内在一致性的同时，既从一个侧面表明了《周易》具有其他五经无可比拟的

---

1 《英文汉解》，《严复集》（第二册），中华书局，1986，第286页。
2 〔英〕赫胥黎：《天演论》，严复译，中州古籍出版社，1998，第27—28页。
3 《万木草堂口说·学术源流》，《康有为全集》（第二集），中国人民大学出版社，2007，第145页。

丰富性、包容性和圆融性，又提升了《周易》在六经中的地位。由此反观严复的思想，上文中贾谊、董仲舒和《孟子》《论语》的出现以及与《周易》的互释也就顺理成章了。

在严复那里，《周易》与四书五经和儒家人物的参观、互释不一而足。下仅举其一斑：

> 《易》曰："修辞立诚。"子曰：辞达而已。又曰："言之无文，行之不远。"三者乃文章正轨，亦即为译事楷模。故信、达而外，求其尔雅。此不仅期以行远已耳，实则精理微言，用汉以前字法、句法，则为达易；用近世利俗文字，则求达难。[1]

> 何孟氏（指孟德斯鸠——引者注）此言之似吾六经也！尝谓西士东来，其耆硕好学，莫如明季与国初之耶稣会人。而欧人于东籍最稔者，莫若前两棋之法国，如孟德斯鸠，如福禄特尔（今通译为伏尔泰——引者注），及当时之狄地鲁诸公，其著作俱在，可覆案也。《易》曰："亡其亡，系于苞桑。"《传》曰："外宁必有内忧。"《孟子》曰："出无敌国外患者国恒亡。"此固历史之公例也。岂徒见之于古而已，即今欧美诸国之所以强，而文明支那之所以弱而愚暗者，舍虑亡自满之心，有他故哉？[2]

显而易见，严复习惯于将《周易》与《论语》《孟子》和作为"春秋三传"之一的《左传》等儒家经典相提并论。其中，第一段议论中的"子曰：'辞达而已矣'"出自《论语·卫灵公》，"言之无文，行之不远"则出自《左传》的"志有之，言以足志，又以足言。……言而无文，行而不远"（《左传·襄公二十年》）。第二段议论在援引《孟子》的"出则无敌国外患者，国恒亡"（《孟子·告子下》）的同时，援引了《左传》的"惟圣人能外内无患。自非圣人，外宁必有内忧"（《左传·成公十六年》）。值得一提的是，《左传》同时出现在严复的

---

1 〔英〕赫胥黎：《天演论》，严复译，中州古籍出版社，1998，第27页。
2 《法意》按语，《严复集》（第四册），中华书局，1986，第957—958页。

这两段议论中，呈现的具体内容相去甚远，却都与《周易》相互印证：在第一段议论中，严复以《左传》佐证《周易·乾卦》的"修辞立其诚"，旨在展示《周易》与《左传》在修辞问题上的相通；在第二段议论中，严复从国家的内外关系讲政治，彰显了《周易》与《左传》政治理念的契合。《左传》又名《春秋左氏传》或《左氏春秋》，是儒学经典，被尊奉为十三经之一。严复对《周易》与《左传》的多次并提既从一个侧面印证了《周易》在六经中与《春秋》的关系最为密切，也生动再现了《周易》在儒学维度上的视界圆融。

与《周易》在儒学维度上的视界圆融相一致，严复对《周易》的解读牵涉到诸多儒家人物——除了孔子、孟子、贾谊和董仲舒之外，还包括周敦颐。例如，严复断言："《周易》以善继性，……周茂叔曰：'诚无为，几善恶'，皆至言也。"[1]

二、对《周易》与《老子》《庄子》相互诠释

严复尽管将《周易》视为孔子所作，然而，他在多数情况下——特别是在阐释哲学问题时不是将《周易》与《春秋》及四书五经相提并论，而是习惯于将《周易》与《老子》《庄子》联系在一起。可以看到，在翻译西学或阐释自己的哲学观点时，严复更多的是对《周易》与《老子》《庄子》相提并论。对于这一点，严复将《周易》与《老子》《庄子》一起誉为中国哲学的"三书"便是明证。不仅如此，在评点《老子》《庄子》的过程中，他将对《周易》与《老子》《庄子》的互释表现得淋漓尽致。

首先，严复在评注《老子》的过程中不时提到《周易》，进而对《周易》与《老子》的观点进行互释。

在《〈老子〉评语》中，严复连篇累牍地提到《周易》。事实上，《周易》在《〈老子〉评语》中出现的频率极高，与《老子》思想的相通、相同之处更是比比皆

---

1 《〈老子〉评语》，《严复集》（第四册），中华书局，1986，第 1078 页。

是。下仅举其一斑：

同字逗，一切皆从同得玄。其所称众妙之门，即西人所谓Summum Genus，《周易》道通为一，太极、无极诸语，盖与此同。（此批在"此两者，同出而异名，同谓之玄。玄之又玄，众妙之门"二句上。）[1]

凡读《易》、《老》诸书，遇天地字面，只宜作物化观念，不可死向苍苍搏搏者作想。苟如是，必不可通矣。如遇圣人，亦只宜作聪明睿智有道之人观，不必具汉、宋诸儒成见。若四灵为物，古有今无，或竟千世不一见也。（此批在"天长地久。天地所以能长且久者，以其不自生，故能长生。是以圣人后其身而身先，外其身而身存"数句上。）[2]

《周易》以善继性，《老子》以善几道。周茂叔曰："诚无为，几善恶"，皆至言也。（此批在"水善利万物而不争，处众人之所恶，故几于道"句上。）

道固无善不善可论。微分术言，数起于无穷小，直作无观，亦无不可，乃积之可以成诸有法之形数。求其胎萌，又即在无穷小之内。此道之所以尽绝言蹊也。（此批在"居善地，心善渊，与善仁，言善信，正善治，事善能，动善时"一句上。）[3]

此章之义，同于《大易》之谦卦。（此批在"古之所谓曲则全者，岂虚言哉"句上，系总评二十二章者。）[4]

上述评语显示，严复眼中的《周易》与《老子》存在诸多相同之处，彼此思想的相近相似、相通相合反映在方方面面。择其要者，大端有四：第一，严复肯定《周易》所讲的太极与《老子》所讲的玄以及"众妙之门"同义，以此证明它们都与西方哲学中的Summum Genus同义。Summum Genus直译为"至根"，也就是严复常说的宇宙"第一因"。在这个维度上，他认定《周易》《老子》

---

1 《〈老子〉评语》，《严复集》（第四册），中华书局，1986，第1075页。
2 《〈老子〉评语》，《严复集》（第四册），中华书局，1986，第1078页。
3 《〈老子〉评语》，《严复集》（第四册），中华书局，1986，第1078页。
4 《〈老子〉评语》，《严复集》（第四册），中华书局，1986，第1084页。

都热衷于对宇宙"第一因"的探讨，因而都属于哲学著作。第二，严复强调，《周易》《老子》所讲的"天地"概念并不局限于"苍苍搏搏"之天地，而是具有"物化"之义。至于两书中的其他概念——如"圣人""四灵为物"等亦可以作如是观。在这个维度上，他认定《周易》与《老子》的哲学理念如出一辙，甚至连表达哲学理念的话语结构都高度契合。第三，严复指出，《周易》《老子》对人性、善恶的理解若合符契。原因在于，《周易》以善继性，《老子》以善几道，都将性、善视为不断生成的过程。依据他的分析和解读，《周易》《老子》之所以对性、善的认识别无二致，是因为二者建立在相同的哲学理念之上。具体地说，在对万物由来的回答上，《周易》之太极和《老子》之道均强调万物同出一门，故而《老子》书中的"天地"概念只可作自然演化解，绝无有形之天或主宰之天的意思。正是由于这个原因，在《周易》《老子》中，世界的由来和万物的演化均起于无穷小，形数皆为无穷小之积。第四，严复认为，《周易》与《老子》的思维方式不谋而合，都在物极必反、"反者道之动"中领悟处世原则的低调和曲全。在这方面，《老子·第二十二章》宣称"曲则全，枉则直。……夫惟不争，故天下莫能与之争"，与《周易》的《谦》卦通过"天道亏盈而益谦，地道亏……"告诫君子谦虚、谦让异曲同工。经过严复的这番解读和诠释，《周易》与《老子》的哲学从核心范畴、思维方式到价值理念、处世哲学都一一相合。

其次，在严复那里，《庄子》与《周易》的密切性和相通性与《老子》相比有过之而无不及。

正是在《周易》与《庄子》的互读中，严复发现了《庄子·达生》篇的价值，指出对于《庄子》一书应该从《达生》篇入手予以解读。与此相一致，他在《庄子·达生》篇的题目上写下了这样的评语："全篇明顺可解，读庄者且当从此等入手。"[1] 读《庄子》之所以要从《达生》篇入手，是因为此篇对人之生

---

1 《〈庄子〉评语》，《严复集》（第四册），中华书局，1986，第 1131 页。

命现象的剖析"明顺可解"，领悟此篇便可以使人走出"物有余而形不养"的误区，进入"与天合一而非人"的境界。进而言之，严复之所以认定《庄子·达生》篇有如此之奥妙，因而对《庄子》全书具有提纲挈领之效，秘密在于将《庄子》与《周易》联系起来进行解读。

具体地说，严复以《周易》的"精气为物，游魂为变"来解释《庄子·达生》篇的"合则成体，散则成始"，于是得出了如下结论："叶石林曰，物有余而形不养者，声色臭味是也。形不离而生亡者，枯槁沉溺之过，而反以自瘠者也。不以能弃事为贵，必知事本无而不足弃，则无以役于外，而形不劳。不以能遗生为难，必知生本不足遗，则无累于内，而精不亏。形全而精复，二者合而与天为一。则区区滞于人者，何足言哉！夫然，则不独善其生而已，虽死可也。故继言合则成体，《易》所谓精气为物者是也；散则成始，《易》所谓游魂为变者是也。生则自散移之于合而成体，死则自合移之于散而成始，是谓能移，与天合一而非人也。"[1]据此可见，严复对《庄子·达生》篇的解读以"物有余而形不养"为切入点，并将这句话解读为人如果沉溺于声色臭味便会"形不离而生亡"，进而引导人通过无役于外而形不劳达到"无累于内，而精不亏"的境界。而人一旦臻于这种境界，便可以与天合一。严复指出，庄子旨在告诉人"事本无而不足弃""生本不足遗"，人若领悟了这个道理，便可以超越生死。在严复看来，《周易》的"精气为物，游魂为变"说的就是这个意思。其中，"精气为物"是讲"合则成体"，"游魂为变"是讲"散则成始"。这就是说，人之生"自散移之于合而成体"，死则"自合移之于散而成始"，故而与天合一。

与此同时，严复还以《周易》解读《庄子》内篇，用《周易》之《乾》卦将《庄子》内篇的《德充符》《大宗师》《应帝王》在内容上链接为一个整体。正是在这个意义上，他写道："由是群己之道交亨，则有德充之符焉。处则为大宗师，

---

[1]《〈庄子〉评语》，《严复集》（第四册），中华书局，1986，第1131页。

《周易》见龙之在田也。出则应帝王，九五飞龙之在天也，而道之能事尽矣。"[1]
深入剖析不难发现，严复是从群己关系的角度解读《庄子》内篇的，并沿着这
个思路认定《德充符》篇讲群己之道，《大宗师》篇讲处世哲学，《应帝王》篇
讲出仕之道。按照他的说法，《庄子》这三篇所讲的内容都是《周易》关注的
问题，甚至都可以归结到《乾》卦之中。具体地说，《庄子》的《德充符》《大
宗师》《应帝王》分别对应《乾》卦的"元亨利贞""见龙在田"和"飞龙在天"。

问题到此并没有结束，严复对《周易》与《庄子》的互释为他的《〈庄子〉
评语》打上了厚重的易学痕迹，甚至成为他解读《庄子》的特色和亮点之一。
正因为如此，曾克耑在为严复的《〈庄子〉评语》作序时特意凸显了这一点。
曾克耑先是指出庄子与孔子一样忧时救世，接着便将《庄子》书中的内容与《周
易》相互比附，并将这一切都说成是严复的独到见解。现摘录如下：

> 庄生之书何为而作也？曰：庄生盖忧世之深，用世之急，而思有以拯
> 其敝，挽其危，其用心，视孔释无二致也。而洞玄破的，说激于洙泗，巧
> 譬曲喻，语妙于竺乾。乌乎！斯义也，严子几道其知之矣。其言曰，庄知
> 义命之不可违，则述人间之世，待群己之已得，则有德充之符，处则为大
> 宗师，《周易》见龙之在田也，达则为应帝王，《周易》飞龙之在天也。然
> 则庄非出世之学也，彼其睹祸乱之相寻，民生之多艰，盖尝蒿目而深痛
> 之，拨乱反正，世以期倡仁义之圣人，然圣人之利天下也几何？大盗之
> 积，辜人之号，何其言之深痛警切也。然则庄其无术以终拯之欤？曰：是
> 不然。彼其以人心之拘虚囿时也，则以逍遥广之，以世间美恶是非之无定
> 也，则以天倪和之，薄禄利则有腐鼠之吓，斥争战则有蛮触之喻，齐生死
> 则有旦暮之说，举世所冀乐畏恶者，摧剥而荡涤之务尽，则天下尚复有可
> 慕羡争攘之事乎？[2]

1《〈庄子〉评语》，《严复集》（第四册），中华书局，1986，第 1104 页。

2《〈庄子〉评语》序，《严复集》（第四册），中华书局，1986，第 1148 页。

在曾克耑看来，《庄子》是忧时救世之书，庄子对于危世忧心忡忡，全力救世的初衷堪比孔子和释迦牟尼。更为难能可贵的是，庄子洞彻玄理，说理透彻胜过孔子；庄子善于比喻，妙语联珠胜过释迦牟尼。严复深谙《庄子》的精髓，因而没有将《庄子》视为出世之书。尚须肯定的是，曾克耑特别赞同严复将《庄子》与《周易》联系起来，以《周易》的《乾》卦解读《庄子》内篇的《人间世》《德充符》《大宗师》的做法。曾克耑在《〈庄子〉评语》序中的评价可谓肯綮之论，从中可以反观《庄子》与《周易》在严复视界中的密切关系以及严复解读《庄子》的特殊视域和运思。

上述内容显示，在严复的视界中，《周易》的圆融性、包容性极高。就他所举的例子而言，不仅与《春秋》《诗经》《尚书》代表的六经、《论语》《孟子》代表的四书以及孔子、贾谊、董仲舒和周敦颐等儒家人物同时出现——这与严复判定《周易》为孔子所作密不可分；而且与《老子》《庄子》相互诠释——这与他认定《周易》《老子》《庄子》是中国哲学的"三书"息息相关。可以肯定的是，无论严复解读、诠释《周易》的儒家视界还是道家视界都在中学的视野内进行，对《周易》与《老子》《庄子》的互释则使《周易》作为中国哲学的"三书"之一而拥有了代表中学与西学对接的意蕴。《周易》特有的圆融性、包容性基于其思想内容的丰富性和可被诠释的巨大空间，同时离不开严复的高度关注、全新解读乃至过度诠释和借题发挥。

第三节　与西学的相互诠释

严复无论在翻译西学还是在评注中学的过程中都不忘进行中西互释，并将这一致思方向和价值意趣运用到对《周易》的解读和诠释中。于是，他一面展示《周易》在中国哲学视野中的视界圆融，一面热衷于对《周易》与西学进行互释。众所周知，严复13岁就进入福州船政学堂学习英语，之后又留学英国三年。特殊的教育背景和学术经历使他精通外语、熟悉西学，尤其深谙英国哲学和文化。严复的英语优势和西学素养在戊戌启蒙思想家中尤显突出，在使他有能力通过英文翻译、输入西学的同时，也为他以西学解读中学提供了得天独厚的优越条件。严复对《周易》的解读和诠释在充分展示、发挥他的西学优势的同时，淋漓尽致地反映了以西学解读中学的致思方向和诠释范式。

一、形而上学

严复将《周易》奉为中国哲学的"三书"之一，前提是肯定中国有哲学，《周易》是讲哲学之书。这样一来，哲学便作为主体内容对于《周易》至关重要，不仅决定了严复对《周易》的定性，而且决定了他对《周易》的青睐。总的说来，严复赞叹不已的《周易》哲学主要包括两方面的内容：一是以太极作为世界本原对宇宙"第一因"的探讨和回答，二是以太极—四象—八卦推演世界万物的天演哲学。《周易》这两个方面的内容通过严复对《周易》与西学的互释展开，以西学的视角审视《周易》也由此成为严复解读、诠释《周易》哲学不可或缺的维度。

严复将《周易》与《老子》《庄子》并誉为中国的三大哲学著作，肯定魏晋玄学家（"晋人"）对这三部著作的解读"决非妄发"。这意味着他是循着有无之辨的玄学思路和意趣审视《周易》的，对《周易》"谓之道"的"形而上者"情有独钟。事实正是如此，严复认可《周易》将太极奉为世界万物本原的做法，同时认定《周易》之太极就是西方哲学津津乐道的"第一因"。他宣称："《周易》谓之太极，佛谓之自在，西哲谓之第一因，佛又谓之不二法门。万化所由起讫，而学问之归墟也。"[1]严复认为，"第一因"解释了世界万物的由来和归宿问题，因而是哲学的根本问题即"学问之归墟"。《周易》不仅用太极对哲

---

1 《〈老子〉评语》，《严复集》（第四册），中华书局，1986，第 1084 页。

学的根本问题予以解答，而且与西方哲学、佛学的回答是一致的。这就是说，以太极作为世界万物的本原表明了《周易》是哲学书，也证明了《周易》所讲的哲学与西方哲学和佛学相似相通。基于这种认识，严复在翻译西方名著时不时对西方哲学家的思想与《周易》进行诠释。

达尔文的《物种起源》1859 年甫一出版，中国人就知道了达尔文进化论。尽管如此，达尔文学说系统传入中国则是严复的功劳，严复也因而被誉为中国近代输入进化论的第一人。意味深长的是，严复介绍、宣传的进化论并不以达尔文的生物进化论为重心，而是倾心赫胥黎、斯宾塞对世界和人类社会的进化及其进化原因的探究。一个不争的事实是，严复在翻译、输入进化论时选择的是赫胥黎和斯宾塞的著作，而不是出版较早的达尔文的《物种起源》。《天演论》的原著是赫胥黎的演讲集——《进化论与伦理学》，《群学肄言》的原著是斯宾塞的《社会学原理》。不仅如此，严复最为膜拜的西方人物是斯宾塞，早在 1895 年首次向国人介绍达尔文、斯宾塞的进化论时就赞誉斯宾塞的天演学说为"真大人之学"。严复之所以推崇赫胥黎、斯宾塞，既与两人在哲学上秉持不可知论密切相关，又与赞成两人的天演哲学密不可分。严复对赫胥黎、斯宾塞的进化论各有侧重，欣赏赫胥黎重视人在进化中的作用而"与天争胜"的思想，青睐斯宾塞从"第一原理"推演出人类社会的天演哲学。"第一原理"即力学原理，是斯宾塞"综合哲学"的基础。在严复看来，斯宾塞从"第一原理"中推演人类社会的做法是"贯天地人而一理之"，与《周易》贯通天、地、人三才一样拥有恢宏的形上构架。基于这种理解，严复对斯宾塞的天演哲学佩服得五体投地。不仅如此，经过严复的诠释，斯宾塞、赫胥黎的进化论更接近《周易》的天演哲学。

有鉴于此，严复在揭示《周易》的形而上学和天演哲学时将之与达尔文、赫胥黎和斯宾塞等西方进化论大家的思想相互诠释，而始终以斯宾塞的进化论为重心。在此过程中，严复特别喜欢将《周易》的思想与斯宾塞的社会有机体论以及天演哲学相提并论。正是在这个意义上，他断言："有斯宾塞尔者，以天演自然言化，著书造论，贯天地人而一理之，此亦晚近之绝作也。其为天演界说曰：'翕以合质，辟以出力，始简易而终杂糅。'而《易》则曰：'坤，其静也翕，其动也辟。'至于全力不增减之说，则有自疆不息为之先；凡动必复之说，则有消息之义居其始，而《易》不可见、乾坤或几乎息之旨，尤与热力平均，天地乃毁之言相发明。此岂可悉谓之偶合也耶？"[1]在严复看来，作为实证主义哲学家，斯宾塞将自然界的生物进化法则应用到社会历史领域提出了社会有机体论。斯宾塞由天体演化到生物进化再到人类进化的天演哲学就是《周易》所讲的天、地、人三才之道，至于斯宾塞运用牛顿力学原理将天演界定为"质、力相推"、由简入繁的进化过程恰恰就是《周易》所讲的阴阳消息和由太极之一到天地之二，再到四象、八卦、万物的推演过程。

因为对天演哲学情有独钟，严复甚至拥有了"天演严""严天演"的雅号。如果说严复的天演哲学包括宇宙万物的演变与人类社会的进化两个方面的话，那么，他对世界演变的论证则是通过《周易》与西学的互释进行的。就严复的解读来说，如果说"与天争胜"的赫胥黎侧重人类社会的进化的话，那么，斯宾塞的"第一原理"则指向了宇宙的进化。正因为如此，在严复对《周易》与西方哲学的互释中，热衷于对《周易》以天、地、人三才之道为首的形而上学与斯宾塞的综合哲学进行互释。

二、牛顿力学

严复对牛顿力学兴趣盎然，并极力拉近《周易》与牛顿力学代表的西方近代自然科学之间的关系。严复就读于福州船政学堂，毕业于英国皇家海军学院。工科的专业训练为他打下了坚实的自然科学功底，也让他深谙包括牛顿力

---

1 〔英〕赫胥黎：《天演论》，严复译，中州古籍出版社，1998，第15—16页。

学、数学和各种机械学在内的自然科学，并运用自如。就对《周易》的解读和诠释来说，严复将数学、物理学知识纳入其中，更是将《周易》与牛顿力学直接联系起来。在此过程中，他尤为喜欢以牛顿力学的三大定律解读、诠释《周易》的内容。

基于对《周易》的熟稔，严复在翻译、介绍西学时，往往援引《周易》进行疏导，以便在《周易》的沟通下让国人更好地理解西学。例如，《穆勒名学》原书曰："本形数而推者，其所得终不出于形数；欲徒从形数而得他科之公例者，其道莫由也。"对此，严复写下了这样的按语："此为科学最微至语，非心思素经研练者读之未易猝通。其谓从形数而推者所得不出形数，尤为透宗之论。学者每疑其言，而谓果如此云，则格物之力学，其术几无往不资形数，又如《周易》，正以形数推穷人事，岂皆妄耶？不知力学所以得形数而益精者，以力之为物固自有形数之可言；一力之施也有多寡之差，有方向之异，有所施之位点，故直线可为一力之代表，而一切形数公例皆可为力公例，则二者同其不摇矣。此易见者也。至于《周易》，其要义在于以畸偶分阴阳；阴阳德也，畸偶数也。故可以一卦爻为时、德、位三者之代表，而六十四卦足纲纪人事而无余。由此观之，穆勒之言固无可议也。"[1] 严复认定《周易》是"因果之书"，同时强调《周易》注重演绎法。这样一来，《周易》便成为逻辑推演的著作，也先天地注定了《周易》与穆勒逻辑学的亲缘性。基于这种理解，在肯定穆勒"本形数而推者，其所得终不出于形数"为"透宗之论"，并且坦言这个观点并不被学者认同的前提下，严复依然义无反顾地力挺穆勒，并且以《周易》为穆勒辩护。严复的基本思路是，将形数引入《周易》，进而肯定《周易》的推理奠定在物理学和数学之上。

尚须提及的是，被严复拿来与《周易》一起作为证据为穆勒辩护的物理学

---

1 《穆勒名学》按语，《严复集》（第四册），中华书局，1986，第 1051—1052 页。

主要是牛顿力学。这意味着《周易》不仅与穆勒的逻辑学相通，而且与牛顿力学契合——与前者相比，严复对后者的论证更多。在他的思想中，《周易》与牛顿力学同时出现并非偶然而属必然。这是因为，严复以及其他近代哲学家如康有为等人都习惯于将作用力与反作用力理解为吸引力与排斥力，进而宣称作为宇宙始基的原始星云由于内部吸引力与排斥力的相互作用而不断凝聚和爆裂，从而分裂为恒星、行星和卫星，地球出现之后便上演了由无机物到有机物、由低级生物到人类的进化。循着这个逻辑，世界的进化离不开力。对于作为世界主宰和进化动力的力究竟是什么，康有为推崇吸引力，并将吸引力称为"爱力""热力""涨力"或"不忍之心"，进而与仁、博爱相提并论。与康有为迥异其趣，严复由吸引力与排斥力联想到《周易》之乾坤、阴阳以及两种力量的相互作用。于是，严复一面断言"万物皆对待"，一面从对待的角度界定、理解气和《周易》所讲的乾坤、阴阳。他指出，气有对待，分出阴气与阳气，其中的"清刚之气"就是以太；力也有对待，呈现出阴阳。这拉近了讲一阴一阳之道的《周易》与牛顿力学尤其是第三定律即作用力与反作用力定律之间的距离。上述按语中用以与《周易》一起为穆勒辩护的主要是牛顿力学第三定律，严复表述为"一力之施也有多寡之差，有方向之异，有所施之位点，故直线可为一力之代表"。除此之外，不难看出，他在此处所说的"一力之施也有多寡之差，有方向之异，有所施之位点，故直线可为一力之代表"讲到了力之存在和力之大小，颇有牛顿力学第一定律和第二定律的意味。

当然，在牛顿力学三大定律中，被严复拿来与《周易》互释最多的则非第三定律莫属。除了上面所举的例子外，他在《穆勒名学》中写下的这段按语也证明了《周易》与牛顿力学第三定律的相合。现摘录如下：

> 原书："即如陨石，以力理言，石之摄地与地之摄石正同，孰分能所？即当物尘感我之时，吾之官知宜称所矣，然我之神明方且炽然起与物尘相接，自不得纯受无施；假使无施，即同冥顽，何由觉

物？……总之一果之间，任分能所，所之有事正不异能；为分别者，
取便说词，实则无所非能，无能非所。如言东西，别在眼位，非定相
也。万化之情，无往不复，是故方其为施，即有所受。"

　　复按：此段所论亦前贤所未发，乃从奈端动物第三例悟出。学者必具
此法眼，而后可以读《易》。[1]

　　依据严复的解读和诠释，穆勒所讲的认识主体（能）与认识客体（所）的
相互依赖可以理解为牛顿力学第三定律，也就是严复所说的"奈端动物第三例"
所讲的作用力与反作用力之间的相互作用。在这个前提下，严复称赞穆勒用牛
顿力学第三定律解释感觉的形成极富创意，发前人所未发，同时强调这一思想
的端倪就蕴涵在中国的《周易》之中。

　　至此可见，在严复那里，《周易》与牛顿力学同时出现并非个案，而是时
常如此。就具体内容来说，牛顿力学的三大定律尽在其中。例如，严复从不同
角度论证牛顿力学第一定律即在没有外力的作用下动者恒动、静者恒静与《周
易》的观点不谋而合。下面即是一例："夫西学之最为切实而执其例可以御蕃
变者，名、数、质、力四者之学是已。而吾《易》则名、数以为经，质、力
以为纬，而合而名之曰《易》。大宇之内，质、力相推，非质无以见力，非力
无以呈质。凡力，皆乾也；凡质，皆坤也。奈端动之例三，其一曰：'静者不
自动，动者不自止；动路必直，速率必均。'此所谓旷古之虑。自其例出，而
后天学明、人事利者也。而《易》则曰：'乾其静也专，其动也直。'"[2] 在这里，
严复先是将西学最为切实有用而又作为基本原理的学科归结为四科——名、
数、质、力，然后断言《周易》囊括了名、数、质、力四科。具体地说，《周
易》以名、数为经，以质、力为纬。在此基础上，他明确肯定《周易》与牛顿
力学第一定律相合，前提是循着天演哲学的致思方向将世界及其进化说成是

1 《穆勒名学》按语，《严复集》（第四册），中华书局，1986，第1052页。
2 〔英〕赫胥黎：《天演论》，严复译，中州古籍出版社，1998，第15页。

"质、力相推"的结果，同时将力界定为《周易》之乾、将质界定为《周易》之坤。正是由于这个原因，严复在这里不单单肯定《周易》与牛顿力学相合，而是以二者为代表证明中学与西学相合，乃至《周易》囊括全部西学。逻辑很简单，"西学之最为切实而执其例可以御蕃变者，名、数、质、力四者之学是已"，《周易》则将名、数、质、力四学囊括其中，一网打尽——"名、数以为经，质、力以为纬，而合而名之曰《易》"。事实上，并不限于牛顿力学三大定律——甚至并不限于牛顿力学，《周易》与西学相合是必然的。原因在于，严复认定全部西学——从名、数到质、力都包括在《周易》之中。严复给予《周易》的这个结论使人不禁联想到他关于西方哲学不出《老子》十二字[1]的断语，二者共同彰显了严复国学家的本色。

严复对《周易》思想的解读、诠释从中学与西学两个不同的方向展开，给《〈老子〉评语》作序的曾克耑对严复思想的介绍和评价印证了这一点。曾克耑写道："自泰西之说入中国，国人初仅以形下之学目之，以为仅工制器械而已，以为仅能窥天测地而已。迨侯官严氏起，广译其书，而后知其于吾《易》、《春秋》之教，《大学》、《中庸》之精义，无二致焉。其所译书既时引吾儒之说疏通而沟贯之，……严子尝言，必博通译鞮之学，而后可读吾儒先之书，往往因西哲之启迪而吾说得以益明。吾于是知象山之说（指陆九渊提出的'东海西海有圣人出，此心此理同'——引者注）之不可易，而严氏生千载后乃能躬践之也，岂非豪杰之士哉！"[2]据此可知，中西互释是严复解读中国典籍的特色，也是他习西文、通西学的意外收获。正如他在解读中学如《老子》《庄子》时融入西学要素一样，严复在翻译西学时以《周易》疏导与诠释西学。正是在中学与西学互释的过程中，他通过《周易》与中学和《周易》与西学两个方面的相

---

1 严复在《老子·第1章》"同谓之玄，玄之又玄，众妙之门"句旁写下了这样的评语："西国哲学所从事者，不出此十二字。"（《〈老子〉评语》，《严复集》（第四册），中华书局，1986，第1075页）

2《〈老子〉评语》序，《严复集》（第四册），中华书局，1986，第1103页。

互参照解读、阐释了《周易》的思想。

综上所述，在严复那里，《周易》的出现频率之高、内容涉猎之广足以令人震惊。与此相一致，他对《周易》的审视、解读和诠释最大程度地呈现了《周易》内容的丰富性、开放性和圆融性。众所周知，中国古代典籍大都具有"定向"性，如《春秋》《论语》《孟子》《大学》《中庸》属于儒家经典，《老子》《庄子》属于道家经典，《墨子》则属于墨家经典。凡此种种，不一而足。《周易》却为儒家、道家和墨家所共享，由此形成了三易之说。这个事实在证明《周易》内容丰富性的同时，也预示了解读《周易》的自由度和开放性。正是由于这个原因，不同时代的思想家受制于各自的学术立场和意趣诉求往往将《周易》的内容限定在某一学派的范围之内。古代哲学家如此，和《老子》《庄子》并称"三玄"与"五经之首"的不同称谓尽显道家与儒学对《周易》的定性、解读迥异其趣。近代哲学家对《周易》的审视也是如此。例如，康有为将《周易》锁定在儒家的范围之内，不惮其烦地证明《周易》为孔子所作。梁启超紧随其后，认定《周易》是儒家经典。与康有为、梁启超等其他近代哲学家的视域、观点大相径庭，严复在肯定《周易》出于孔子的同时，力图呈现《周易》与儒家、道家的融合，在展示《周易》开放性、圆融性和包容性的同时，也从不同维度呈现了《周易》内容的丰富性、广博性和多变性。不仅如此，严复对《周易》推崇备至，无论在翻译西学还是在解读中学的过程中都喜欢让《周易》参与其中。而严复之所以这样做，是因为他认定《周易》是中国哲学的代表作，并且对《周易》的哲学高度认可。稍加留意即可发现，严复对《周易》哲学思想的解读和诠释——从讲自然进化的天演哲学到注重演绎的逻辑哲学再到探究宇宙"第一因"的形而上学以及不可知论都与他本人的哲学主张高度契合。甚至可以说，严复对《周易》的解读过程从根本上说也就是赋予《周易》全新内容的过程。问题的关键是，与这种高度关注和顶礼膜拜形成强烈反差的是，他对《周易》并没有进行系统的研究或诠释，甚至没有像对待《老子》《庄子》那样进行过较为集中的点评。这种情况的出现原因固然是多方面的，或许是出于"《周易》终无通诂"[1]的顾虑亦未可知。可以肯定的是，由于没有系统阐释或专门著作，严复对《周易》哲学的解读、阐释往往流于只言片语，有感而发，并且以发挥为主，训诂、考据很少。这种自由发挥式的解读方式和研究范式决定了他对《周易》哲学思想的挖掘往往想象、臆断多于实证。一个明显的证据是，严复在《周易》的阳一横、阴两横中推出了一夫多妻制。他断言："中国多妇之制，其说原于《周易》，一阳二阴，由来旧矣。"[2]这虽然属于个别现象，但也暴露出严复解读《周易》的随意性和主观性。这个现象的出现固然与严复对《周易》缺少系统研究有关，同时也从一个侧面反映了他在探讨问题时对《周易》的时常提及。

---

1 《与熊纯如书》，《严复集》（第三册），中华书局，1986，第 634 页。
2 《法意》按语，《严复集》（第四册），中华书局，1986，第 980 页。

第十三章
《老子》诠释与老子哲学

严复拥有全球多元的文化视野，敏锐地感觉到春秋战国时期是人类文明的"轴心时代"。当然，得天独厚的学术经历和西学素养使他有条件将中学置于全球多元文化的背景下进行审视，同时将之与其他异质文化进行比较。于是，严复写道："合全地而论之，民智之开，莫盛于春秋战国之际：中土则孔、墨、老、庄、孟、荀以及战国诸子，尚论者或谓其皆有圣人之才；而泰西则有希腊诸智者，印度则有佛。"[1] 透过这段话可以解读到一个重要信息，那就是：与康有为、谭嗣同、梁启超和章炳麟等其他近代哲学家一样，严复推崇先秦时代和先秦诸子。在严复所推崇的先秦诸子以及国学中，老子和道家占有至关重要的位置，这在 1918 年之前表现得尤为突出和明显。正因为如此，不了解严复对《老子》的解读和诠释，也就无法深刻把握他的老学观和哲学观。

第一节　对老子思想的诠释

严复在国学观上表现出明显的道家情结，因而对老子格外青睐。事实上，他推崇老子的过程就是对老子的思想予以解读、诠释和重新发现的过程。在严

---

1 〔英〕赫胥黎：《天演论》，严复译，中州古籍出版社，1998，第273页。

复那里，对老子的推崇和对老子思想的阐发互为表里、相互促进。正是由于这个原因，可以说对老子的推崇促使他对老子的思想予以探究和诠释，也可以说通过研读《老子》而对老子思想有了新发现，于是更坚定了对老子的崇尚。这意味着严复对老子思想的解读、诠释至关重要，无论对于把握他本人的思想还是透视老子在近代哲学中的命运都意义非凡。

一、内容丰富的哲学思想

严复对哲学兴味盎然，因而将倾慕的目光投向了老子。严复对《老子》的青睐与他本人的哲学情结密切相关，也使他十分关注老子的哲学思想。从根本上说，严复之所以在浩如烟海的国学典籍中推重《老子》，是因为认定《老子》与《周易》《庄子》一样是中国哲学的代表作。他宣称："中国哲学有者必在《周易》、《老》、《庄》三书，晋人酷嗜，决非妄发。"[1] 这就是说，如果中国有哲学的话，那么，必定存在于《老子》和《周易》《庄子》这三部经典之中。依据这个判断，老子是哲学家。严复对形而上学情有独钟，并在这个前提下基于宇宙"第一因"而对老子及《老子》哲学从不同角度予以解读和诠释。在中国近代哲学家中，较早也较为全面挖掘、诠释老子的哲学思想者则非严复莫属。

首先，在严复的视界中，老子热衷于探究宇宙"第一因"。这是严复判断老子是哲学家的必要条件和主要依据，也在一定程度上注定了他对老子的推崇备至。

对于严复来说，老子致力于探究宇宙的"第一因"。如果说对宇宙"第一因"的探究证明了老子热衷于哲学的话，那么，对宇宙"第一因"的回答则使老子成为备受推崇的哲学家。原因在于，严复认为，哲学最基本的问题是探究宇宙万物的始基，令所有哲学家津津乐道、孜孜以求的便是宇宙的"第一因"

1《与熊季廉书》，《严复集补编》，福建人民出版社，2004，第243页。

（Summum Genus）问题。作为哲学家，老子对"第一因"问题乐此不疲，并且给出了自己的回答。在严复看来，老子将道作为宇宙的"第一因"，对道的诠释、言说旨在论证世界万物的由来。正是对宇宙"第一因"的探究展示了老子哲学的卓然不群，也使中国哲学拥有了与西方哲学相同的哲学诉求和意趣。正是在这个意义上，严复不止一次地断言：

> 同字逗，一切皆从同得玄。其所称众妙之门，即西人所谓 Summum Genus，《周易》道通为一，太极、无极诸语，盖与此同。（此批在"此两者，同出而异名，同谓之玄。玄之又玄，众妙之门"二句上。）[1]

> 以道为因，而不为果。故曰，不知谁之子。使帝而可名，则道之子矣，故又曰众甫。众甫者，一切父也，西哲谓之第一因。（此批在"吾不知谁之子，象帝之先"二句上。）[2]

依据严复的解读和诠释，老子哲学中作为宇宙"第一因"的道是一种无对待、超言绝象的存在，与无极、太极和自在等概念同义。严复解释说，老子使用了许多名词来描述道的属性或作用。例如，为了说明道的存在和作用，老子用了"神""不死"等字眼。这些字眼只用来描述道的属性（他称之为"道之德"），并非指道是神或道具有主宰之义，与灵魂不死更是不搭界。正因为如此，绝不应该凭借"神""不死"等字眼就对老子之道作基督教的上帝解。事实上，严复一面试图撇清老子哲学与基督教之间的关系，一面极力拉近老子哲学与佛学之间的距离。严复强调，老子对道的描述就"无状之状，无物之象"来说，与佛经所讲的涅槃类似。对此，严复一而再、再而三地论证并剖析说：

> 以其（指道——引者注）虚，故曰谷；以其因应无穷，故称神；以其不屈愈出，故曰不死。三者，皆道之德也。然此犹是可名之物，故不为根。乃若其所从出者，则真不二法门也。（此批在"谷神不死，是谓玄牝。

1 《〈老子〉评语》，《严复集》（第四册），中华书局，1986，第 1075 页。
2 《〈老子〉评语》，《严复集》（第四册），中华书局，1986，第 1077 页。

玄牝之门，是谓天地根"句上。）[1]

有可视，有可听，有可搏；使其无之，将莫之视，莫之听，莫之搏矣。夷、希、微之称，乌由起乎？然则道终不可见、不可闻、不可搏乎？曰：可！惟同于夷、希、微者能之。前有德国哲家谓耶和华之号，即起于老子之夷、希、微，亦奇论创闻也。[2]

老之道纪，其形容处，大类释之涅槃。（此批在"是谓无状之状，无物之象，是谓恍惚"一句上。）[3]

对于近代的中国人来说，哲学无论作为概念还是作为学科都是舶来品。中国近代哲学家所使用的哲学一词虽然从日本的西周那里转译而来，但是，其真正源头则可以追溯到作为西方哲学家园的古希腊哲学。早在古希腊时期，西方哲学就已经拥有"爱智慧"（philosophy）与"形而上学"（metaphysics）两种不同的表达和样式，这在后来演绎为人文主义与科学主义两种不同的哲学流派，彼此之间的话语系统、研究范式和哲学形态泾渭分明。显而易见，轮船制造和航海专业出身的严复秉承形而上学的传统和范式界定哲学，因而侧重滥觞于亚里士多德的从对世界的好奇即"物理学之后"的角度界定、理解哲学。沿着这个思路，严复强调哲学的根本任务和主旨在于探究宇宙的"第一因"，进而将道说成是老子对宇宙"第一因"的探究和回答。这奠定了严复解读、发挥老子哲学的致思方向和主旨意趣，也在一定程度上决定了他对老子哲学的评价以及对中国与西方哲学关系的审视。

其次，严复在肯定老子是哲学家的基础上，进而判断老子的哲学属于不可知论。如果说认定老子是哲学家在某种程度上决定了他对老子青睐有加的话，那么，认定老子的哲学属于不可知论则是严复对老子哲学顶礼膜拜的主要

---

1 《〈老子〉评语》，《严复集》（第四册），中华书局，1986，第 1077 页。
2 《〈老子〉评语》，《严复集》（第四册），中华书局，1986，第 1080 页。
3 《〈老子〉评语》，《严复集》（第四册），中华书局，1986，第 1081 页。

原因。

　　严复认为，无论学术还是宗教皆起于不可知，因为人最惧怕的不是死亡而是不可知。老子的"民不畏死"道出了人生最大的恐惧，这一领悟使老子参透了不可知论的精髓。对此，严复解释说："培根曰：人之畏死，犹小儿之畏空虚，非畏其苦也，畏其不可知而已。故使当前可乐，彼必不取所不可知者而尝试之也。乃至生极无憀，愿望尽绝，其趋死甘如饴耳。故老氏曰：'民不畏死。'死之不足畏，以生之无可欣。"[1]据此可见，如果说奉道为世界本原表明老子与西方哲学家一样探究万物的由来，热衷于宇宙"第一因"，因而奠定了老子哲学家的身份的话，那么，对道的诠释则决定了老子哲学的性质和形态。

　　严复指出，老子所讲的"大音希声，大象无形"旨在强调道是"大音""大象"，专门用以彰显道与一般声音、现象的区别。这用严复本人的话说便是："大音过乎听之量，大象逾乎视之域。"[2]依据他的分析，"大音"超越人之听觉，"大象"超越人之视觉。老子之所以用"大音""大象"称谓道、描述道，就是为了凸显道不可道、不可名的特征。基于上述分析和理解，严复得出结论，老子宣称"大音希声，大象无形"旨在强调道属于不可知之域。这就是说，老子的哲学属于不可知论——质言之，老子尊奉的作为世界万物本原的道是不可知的，他的道本论就是不可知论。

　　依据严复的解读，老子将道奉为宇宙"第一因"，同时突出作为宇宙"第一因"的道与万物之间的区别。为此，老子一面强调道无对待、无生灭，一面指出万物有对待、皆变化（严复称之为"迁流"）。基于这种认识，严复对《老子》写下了这样的评语：

　　　　形气之物，无非对待。非对待，则不可思议。故对待为心知止境。（此批"故有无相生，难易相成，长短相较，高下相倾，音声相和，前后

1《法意》按语，《严复集》（第四册），中华书局，1986，第1014页。
2《〈老子〉评语》，《严复集》（第四册），中华书局，1986，第1093页。

相随"句。）¹

　　有象之物，方圆是也；有物之物，金石是也；有精之物，草木虫人是也。以夷、希、微之德，而涵三有。甚真，故可观妙；有信，故可观徼；为一切之因，而有果可验。物之真信，孰逾此者？（此批在"惚兮恍兮，其中有象；恍兮惚兮，其中有物；窈兮冥兮，其中有精；其精甚真，其中有信"数句上。）²

与此同时，对于道，老子的描述是："寂兮寥兮，独立不改，周行而不殆，可以为天下母。"（《老子·第三十九章》）在严复看来，老子之所以这样描述道，是为了彰显道与万物之间的区别，同时也证明了老子所讲的道"不生灭，无增减，万物皆对待，而此独立；万物皆迁流，而此不改"³。循着这个逻辑，严复从道与万物的区别中进一步引申出老子的两个重要的哲学观点：第一，万物可以言说，而道不可言说。关于这一点，严复在总评《老子·第四章》时在篇首如是说："此章（指《老子·第四章》——引者注）专形容道体，当玩'或'字与两'似'字，方为得之。盖道之为物，本无从形容也。"⁴这是严复对《老子·第四章》的总体评价，也是他对老子之道的基本判定。第二，万物可知，而道不可知。关于这一点，严复议论颇多，故而写下了多条评注。下仅举其一斑：

　　十四章言道体。此章（指十五章——引者注）强容得道之士。（此批在"古之善为士者，微妙玄通，深不可识。夫唯不可识，故强为之容"句上。）⁵

　　其物本不可思议，人谓之道，非自名也。（此批在"吾不知其名，字之曰道"句上。）⁶

1《老子〉评语》，《严复集》（第四册），中华书局，1986，第 1076 页。
2《老子〉评语》，《严复集》（第四册），中华书局，1986，第 1083 页。
3《老子〉评语》，《严复集》（第四册），中华书局，1986，第 1085 页。
4《老子〉评语》，《严复集》（第四册），中华书局，1986，第 1077 页。
5《老子〉评语》，《严复集》（第四册），中华书局，1986，第 1081 页。
6《老子〉评语》，《严复集》（第四册），中华书局，1986，第 1085 页。

严复借助评注强调，老子所讲的无并非指道本身不存在，而是指道不可知即"不可识"。依据严复的剖析，道"不可思议"，属于不可知之域。老子之道的"不可思议"与不可认识作为道无对的表现是一个问题的两个方面，原本就密不可分。沿着这个思路，严复评注曰："常道，常名，无对待故，无有文字言说故，不可思议故。"[1] 他特意指出，老子既肯定道真实存在，又强调道无形无象。老子这样做是为了借助道的超言绝象凸显道作为世界万物的本原与万物之间的区别，并非意味着道不存在。例如，对于老子所讲的"天下万物生于有，有生于无"（《老子·第四十章》），严复解释说："无，不真无。"[2] 依据他的剖析，老子所讲的道之无是无言无象之义，只是表明道与具有对待的万物有别而绝非指道不存在。

再次，严复认为，老子基于宇宙"第一因"展开的哲学建构拥有一套系统的逻辑方法，老子的哲学方法是建立在归纳法之上的演绎法。

严复断言，老子所讲的"为学日益"是归纳法，他翻译为"内籀之术"；老子所讲的"为道日损"是演绎法，严复翻译为"外籀之术"。依据他的认识，演绎法若要保证推理的正确必须以归纳法为基础，因为演绎法之所以能够"日损"，前提是有了作为支撑和基础的归纳法的"日益"。沿着这个思路，严复对"为学日益，为道日损"（《老子·第四十八章》）的评语是："日益者，内籀之事也；日损者，外籀之事也；其日益也，所以为其日损也。"[3] 同样循着老子哲学是演绎法的逻辑，严复将《老子·第四十七章》的"其出弥远，其知弥少"与西方逻辑学中的演绎法直接联系起来进行解读。他指出，演绎法是由公理推出个别，故而"弥少"。这里的"少"并非指减少欲望或知足之类，因而不可将此处的"弥少"与《老子·第四十六章》的"罪莫大于可欲，祸莫大于不知足。

---

1 《老子》评语，《严复集》（第四册），中华书局，1986，第 1075 页。
2 《老子》评语，《严复集》（第四册），中华书局，1986，第 1093 页。
3 《老子》评语，《严复集》（第四册），中华书局，1986，第 1096 页。

咎莫大于欲得，故知足常足矣"作对立观。于是，严复断言："出弥远，知弥少，不可与上文作反对看。作反对看，其义浅矣。其知所以弥少者，以为道固日损也。夫道无不在，苟得其术，虽近取诸身，岂有穷哉？而行彻五洲，学穷千古，亦将但见其会通而统于一而已矣。是以不行可知也，不见可名也，不为可成也，此得道者之受用也。"[1]依据严复的解读，老子之道是由归纳法得出来的公理、公例，故而具有执一御万的作用。这就是说，道完全可以作为演绎法的前提，并且可以从道这个前提中推导出正确的个别结论。对于老子哲学来说，由于有了道这个演绎法的公理、公例，对于个别事物的认识不必皆通过直接经验或耳闻目睹，而完全"不行可知也，不见可名也，不为可成也"。基于这种认识，严复在品读《老子》时一次又一次地写下了这样的评语：

无不至。（此批在"大曰逝"句上。）[2]

不反则改，不反则殆，此化所以无往不复也。（此批在"逝曰远，远曰反"句上。）[3]

其不可致诘恍惚若是。然非此不能执古道以御今有，亦不能知古始矣。[4]

一者，天下之至少；而亦天下之至多。（此批在"是以圣人抱一，为天下式"一句上。）[5]

众所周知，严复被誉为中国近代系统输入西方逻辑学的第一人，并在翻译西方著作时侧重逻辑学。在他翻译的八大西学著作中，逻辑学就占了两部，这是绝无仅有的。严复之所以重视逻辑学，是因为他认为中国与西方哲学、文化的最大区别就体现在逻辑方法上。一言以蔽之，西方哲学重归纳，而中国哲学

1 《老子》评语，《严复集》（第四册），中华书局，1986，第 1095 页。
2 《老子》评语，《严复集》（第四册），中华书局，1986，第 1085 页。
3 《老子》评语，《严复集》（第四册），中华书局，1986，第 1085 页。
4 《老子》评语，《严复集》（第四册），中华书局，1986，第 1081 页。
5 《老子》评语，《严复集》（第四册），中华书局，1986，第 1083 页。

重演绎。不同的逻辑方法和思维方式既造成了中国与西方文化的诸多差异，也成为导致中西强弱兴衰悬殊的原因之一。循着这个思路，严复抨击中国古代学术大都属于"心成之说"，并且对《周易》的演绎法含有微词，对陆王心学特别是王守仁心学的鞭挞更是令人瞩目。

尚须进一步澄清的是，严复并不反对演绎法，只是强调演绎法离不开归纳法。在他看来，老子所讲的道、儒家所讲的理以及《周易》所讲的太极都是中国哲学重演绎的例证。例如，在翻译穆勒的演绎法时，严复说道："此段所指之自然公例，即道家所谓道，儒先所谓理，《易》之太极，释子所谓不二法门；必居于最易最简之数，乃足当之。后段所言，即《老子》为道日损，《大易》称易知简能，道通为一者也。"[1] 问题的关键是，尽管严复承认演绎法是不可或缺的逻辑方法，然而，他强调演绎法必须以归纳法为基础；尤其是演绎法所依据的前提必须是通过"即物实测"得出的一般结论，才能保证演绎前提的正确性。如果离开归纳法，演绎的前提则沦为"心成之说"。即使推理过程无误，可以言之成理，也无法保证推理结论的正确。严复将演绎法翻译为"外籀之术"，并且指出演绎法的推理原则是执公理而御万事，即从一般公理推出个别结论。对于逻辑推理来说，归纳法与演绎法相得益彰，二者都不可或缺。在这个前提下，严复却对《周易》的演绎法不以为然。究其原因，不是他对其中的演绎法本身不满而是认为《周易》中的演绎法缺少归纳法作为前提保障和逻辑支撑。与对待《周易》演绎法的态度截然不同，严复对老子的演绎法格外青睐。可以看到，严复一面强调老子的哲学依重演绎法，一面指出老子所讲的演绎法从归纳法中得出。沿着这个思路，严复不惟没有对《老子》的演绎法怀有不满，反而赞誉有加。在这方面，他不止一次地宣称：

执古二语，与《孟子》求故同一义蕴，科哲诸学皆事此者也。吾尝谓

1 《穆勒名学》按语，《严复集》（第四册），中华书局，1986，第 1051 页。

老子为柱下史，又享高年，故其得道，全由历史之术。读执古御今二语益信。（此批在"执古之道，以御今之有。能知古始，是谓道纪"二句上。）[1]

　　夫孟德斯鸠之学之成也，犹吾国古之李耳、司马迁，非纯由诸思想也。积数千年历史之阅历，通其常然，立之公例。故例虽至玄，而事变能违之者寡。[2]

依据严复的解读和分析，老子所讲的道是基于"日益"的归纳法得出来的，这使道作为公理、公例具有了无可置疑的正当性和权威性。正因为道放之四海而皆准，所以不仅适用于自然界，而且适用于人类社会。由于老子所讲的道适用于人类社会，老子对人类社会的审视高瞻远瞩，也由此成为历史学家。严复强调，历史学家的身份使老子与中国的司马迁、西方的孟德斯鸠一样基于对历史事实的考查，积累数千年的阅历推演出公理、公例。老子推演出来的道这个公理、公例简易至玄，却是颠扑不破的真理。

与此同时，严复指出，老子的演绎法运用到社会历史领域与黑格尔的历史哲学殊途同归。对于这个问题，他进行了两方面的论证：第一，严复认为，老子与黑格尔秉持相同的哲学理念，两人的历史哲学基于相同的致思方向和思维方式。具体地说，老子所讲的道与黑格尔所讲的绝对精神异名而同实，都是绝对抽象的公理。两人的历史哲学的思路不谋而合，都可以概括为先由历史事实推出一般公理，然后将一般公理奉为宇宙"第一因"，反过来推演出世界万物。对于这一点，严复提出的证据是，老子声称"执古之道，以御今之有。能知古始，是谓道纪"，而这两句话在黑格尔那里就是历史哲学。第二，严复认为，老子哲学奠定在史学之上。显而易见，严复的这个认定拉近了老子与黑格尔之间的距离。严复一直坚持史学与哲学密不可分，相得益彰。历史哲学便是史学与哲学结合的最佳样式和形态。不仅如此，正如大史学家成就大哲学家一样，

---

1 《〈老子〉评语》，《严复集》（第四册），中华书局，1986，第1081页。

2 《法意》按语，《严复集》（第四册），中华书局，1986，第963页。

大哲学家往往是大史学家。在这方面，出身史官的老子便是杰出代表。正是在这个意义上，严复不止一次地如是说：

> 古史之最以文辞称者，亦由闳识孤怀，见微知著，其理关于哲学。……如老子，如史迁，其最著者。[1]

> 吾闻西师有言：一二百年以前，欧洲几无信史可用。史之可信，大概不过百年。是故当时政治大家，如郝伯思（现通译为霍布斯——引者注）、如洛克、如孟德斯鸠等，皆以盖世哲家。[2]

如果说严复对历史与哲学密切关系的彰显在中学中拉近了老子与司马迁之间的距离的话，那么，在西学中则拉近了老子与黑格尔之间的关系。第三，严复认为，老子和黑格尔都精通历史辩证法，对历史进化轨迹的描述异曲同工。严复指出，老子描述的作为世界万物本原的道派生世界万物的过程呈现出客观、主观、主客观合一的运动轨迹，并在解读《老子·第二十三章》时反复突出这一点。于是，严复在此章的评语中一再声称：

> 道者同道，德者同德，失者同失，皆主客观之以同物相感者。（此批在"故从事于道者，道者同于道；德者同于德；失者同于失"句上。）[3]

> 信不足者，主观之事；有不信者，客观。（此批在"信不足焉，有不信焉"一句上。）[4]

经过严复的解读和诠释，老子与黑格尔都讲历史辩证法并不是偶然的，而是带有某种必然性。奥秘在于，两人都深谙辩证法，因而都洞察到了相反相成的道理。正是由于这个原因，无论老子之道还是黑格尔之绝对精神都包含了人类历史演变的三部曲。

综观严复的哲学思想不难发现，他一贯对老子与黑格尔的辩证法相互印

---

[1]《政治讲义》，《严复集》（第五册），中华书局，1986，第1244页。
[2]《政治讲义》，《严复集》（第五册），中华书局，1986，第1250页。
[3]《〈老子〉评语》，《严复集》（第四册），中华书局，1986，第1084页。
[4]《〈老子〉评语》，《严复集》（第四册），中华书局，1986，第1084页。

证，彼此观照：一方面，严复在点评《老子》时联想到黑格尔，老子之道于是与黑格尔的绝对精神一样成为了宇宙的"第一因"。另一方面，严复在解读、诠释黑格尔哲学的过程中，将黑格尔的思想与老子相提并论。例如，严复在《述黑格儿惟心论》一文中这样写道："黑格儿（现译为黑格尔——引者注）曰：民族朝代相传，以后者受前之文物，此历史之相生名学也（Dialectics of History）。夫相生名学，（黑氏之言名学也，谓理之相克者恒相生，近而譬之，如警察之法愈严，将奸宄之术亦愈出。老子所言，大抵皆此等名学。）于寻常理想，着人心思想天演之情态耳。而于历史则著世界思想天演之情态。然则依黑氏之名义，此无异云寻常名学，乃主观心之名学，而历史为客观心之名学。二者所论，异者特在外缘，至所明之理趣，所用之涂术，故无少异。人心之进化也，悬意观念相续，前之偏狭而黮暗者日退，后之溥博而条理者益臻。万物之进化也，形象官品相续，前之混沌不精者日远，后之井画分理者日滋。是二者既如此，历史之进化何为独不然？其为进也，人心之观念，渐而著于事物名迹之中，纠合经纬，日就月将，缉熙光明，相与趋于人类之终局而已。是故其为物也，为心意之玄冥，而哲人收视之所独见可也；为物体之粲著，而森列于上天下地之间亦可也；或相与组织鸠合，而成历史递嬗之国家。三者为物至殊而其进化之情，所以隤然沛然，相与趋于无对之皇极为归墟者，其秩序浅深，不可丝毫紊也。夫理者，史之内精也。此所以为客观之心，而与主观之心为对待也。"[1] 在阐释黑格尔将人类社会的历史解释为绝对精神正、反、合的运动即"历史之相生名学"（Dialectics of History）时，严复提到了老子的思想并不令人感到意外。就严复本人所举的例子——"如警察之法愈严，将奸宄之术亦愈出"而论，与老子的"绝圣弃智，民利百倍；绝仁弃义，民复孝慈；绝巧弃利，盗贼无有"（《老子·第十九章》）颇为类似。尽管如此，这并不是问题的本质

---

[1]《述黑格儿惟心论》，《严复集》（第一册），中华书局，1986，第215页。

所在。更深层的原因在于，严复认定老子与黑格尔的致思方向如出一辙。正因为如此，在严复那里，老子的"反者道之动"常被理解为道之变化轨迹——初、中、终的三部曲，这在形式上与黑格尔所讲的绝对精神的正、反、合之否定之否定呈现出奇妙的契合。

总而言之，严复认为，作为哲学家的老子热衷于探究宇宙的"第一因"，并在对宇宙"第一因"的探索和论证中走向了不可知论，最终以演绎法为主要逻辑方法建构了自己以道为宇宙"第一因"的哲学体系。在严复看来，这意味着老子哲学不惟并不逊色于西方哲学，反而早于甚至高于西方哲学。基于这种认识和评价，严复在读到《老子》的"同谓之玄，玄之又玄，众妙之门"时，情不自禁地写下了这句著名的话："西国哲学所从事者，不出此十二字。"[1] 按照他的说法，西方哲学的核心超不出《老子·第一章》的这十二个字，西学哲学的内容充其量也超不出老子哲学的范围。对于老子与西方哲学的关系，严复既肯定二者的相近相通，又指出了彼此之间的差异。他对《老子·第一章》的这个评价不仅阐明了中国哲学与西方哲学的关系，而且将对老子的顶礼膜拜推向了极致。

二、开宗周秦的天演学说

严复认为，天演学说即进化论与不可知论密切相关，甚至可以说，天演学说本身就是不可知论的一部分。严复之所以作如是断语，是因为他认为天演的起点、动力皆属于不可知的范围，只有参透了不可知的奥秘，才有可能洞察天演学说。循着这个逻辑，严复在对天演学说的审视中，关注老子的天演学说，并予以高度评价。

首先，严复奉老子为天演学说的始祖，并在这个前提下将老子与庄子和

1《〈老子〉评语》，《严复集》（第四册），中华书局，1986，第1075页。

《周易》的思想一起纳入到中国本土的天演学说之中。

严复意识到了先秦时期是中国文化的"轴心时代",因而对先秦诸子格外关注,对他们的天演学说更是赞叹不已。正是在这个意义上,严复宣称:

> 天演学说滥觞于周秦之间,中土则有老、庄学者所谓明自然。自然者,天演之原也。征之于老,如云"天地不仁,以万物为刍狗"。征之于庄,若《齐物论》所谓"寓庸因明",所谓"吹万不同,使其自己";《养生主》所谓"依乎天理、薪尽火传"。谛而观之,皆天演之精义。而最为深切著明者,尤莫若《周易》之始以乾坤,而终于既未济。至泰西希腊,则有德谟吉来图诸公,其学说俱在,可以覆案。虽然,今学之见于古书,大抵茫茫昧昧,西爪东鳞,无的然画然之可指,譬犹星气之浑然。故天演之称为成学专科,断于十九世纪英国之达尔文为始。达尔文独以天演言生理者也,而大盛于斯宾塞尔。斯宾塞尔者,以天演言宇宙一切法者也。[1]

严复的这段议论既展示了对老子天演学说的解读,又借此厘清了老子在中国天演学说中的地位。这具体包括三个方面:第一,严复认为,中国的天演学说滥觞于先秦,老子、庄子是其中的代表。第二,严复强调,天演学说作为一门独立的学科("成学专科")始于 19 世纪的英国。这意味着中国的天演学说开世界之先河,同时也表明老子的天演学说只是发端而没有像达尔文的学说那样形成系统的学说和专门的学科。第三,在对西方始于 19 世纪的天演学说的论证中,严复肯定达尔文的创始人地位,却膜拜斯宾塞的天演学说。原因在于,达尔文只是("独")以天演言生物而已,斯宾塞则以天演"言宇宙一切法"。正是由于这个原因,斯宾塞将天演学说运用到人类社会领域,也使天演学说"大盛"。了解了严复对斯宾塞学说的顶礼膜拜,再回过头来看他将老子的思想与斯宾塞的学说相提并论,也就不难想象严复对老子天演学说的推崇备至了。

---

1 《进化天演》,《严复集补编》,福建人民出版社,2004,第 135 页。

稍加留意即可看到，严复在上述议论中断言老子是中国天演学说的始祖，提交的证据是老子声称"天地不仁，以万物为刍狗"。综观严复的思想不难发现，他的确对出自《老子·第五章》的这句话极为赞赏，将之奉为中国天演学说的开宗语，甚至肯定老子的这句话浓缩了达尔文进化论的全部思想。沿着这个思路，对于"天地不仁，以万物为刍狗；圣人不仁，以百姓为刍狗"，严复反复写下了这样的评语：

> 天演开宗语。（此批在"天地不仁，以万物为刍狗"一句上。）[1]

> 此四语括尽达尔文新理。至哉！王辅嗣。（此批在"天地不仁，以万物为刍狗；圣人不仁，以百姓为刍狗"一句上。）[2]

依据严复的解读，声称"天地不仁，以万物为刍狗；圣人不仁，以百姓为刍狗"表明，老子不仅为天演学说开宗，而且洞彻了天演的真相。与对老子天演学说的服膺一脉相承，对于《老子·第十五章》的"孰能浊以静之徐清？孰能安以久动之徐生"，严复评注曰："浊以静之徐清，安以久动之徐生。天演真相万化之成由此。"[3]依据严复的这个解读，老子在洞彻天演真相的基础上，正确揭示了世界万物的演化。或者说，正是由于洞彻了天演的真谛，老子才能够揭示世界万物的演化。

其次，严复将进化翻译为天演，天演论也由此成为进化论在中国近代的普遍称谓。事实上，他如此翻译进化含有深意，就是为了突出进化为"自然进化"之义。对进化的这一界定和理解先天地注定了严复眼中的进化论与崇尚自然的老子思想的契合。

严复指出，老子奉为宇宙本原的道与自然同义。对于老子来说，"道即自然"[4]。在这个前提下，严复强调，老子所讲的道以及《老子》中的天地等概念并

1 《老子》评语，《严复集》（第四册），中华书局，1986，第 1077 页。
2 《老子》评语，《严复集》（第四册），中华书局，1986，第 1077 页。
3 《老子》评语，《严复集》（第四册），中华书局，1986，第 1081 页。
4 《老子》评语，《严复集》（第四册），中华书局，1986，第 1085 页。

非主宰之义，而是自然而然之义。正是在这个意义上，严复不止一次地断言：

> 形气之合，莫不毁者。天下有自生之物而长生者乎？此采精炼神之家
> 所不待攻而其说破也。凡读《易》、《老》诸书，遇天地字面，只宜作物化
> 观念，不可死向苍苍搏搏者作想。苟如是，必不可通矣。如遇圣人，亦只
> 宜作聪明睿智有道之人观，不必具汉、宋诸儒成见。若四灵为物，古有今
> 无，或竟千世不一见也。（此批在"天长地久。天地所以能长且久者，以
> 其不自生，故能长生。是以圣人后其身而身先，外其身而身存"数句上。)[1]

> 如老氏之自然，盖谓世间一切事物，皆有待而然，惟最初众父，无
> 待而然，以其无待，故称自然。此在西文为 self—existence，惟造化真宰，
> 无极太极，为能当之。乃今俗义，凡顺成者皆自然矣。[2]

经过严复的解读和诠释，老子作为天演学说的先驱深谙天演之道，甚至与
天演学说的巨擘——斯宾塞一样将天演法则运用到人类社会领域，提出了社会
有机体论。依据严复的解读，老子所讲的"天下神器"翻译为西语就是"社会
有机体"的意思。沿着这个思路，对于《老子·第二十九章》的"将欲取天下
而为之，吾见其不得已。天下神器，不可为也。为者败之，执者失之"数句，
严复解释并评价说："天下非不可为也，知其神器，由袭明之术，斯可为矣；反
因通之道，则败失从之矣。老子以天下为神器，斯宾塞尔以国群为有机体，真
有识者，固不异人意。"[3]分析至此，严复既肯定老子发明了社会有机体论，又
使社会有机体论成为他将老子与斯宾塞的思想相提并论的又一个理由。

事实上，严复眼中的天演学大家——从赫胥黎到斯宾塞都是不可知论者。
具体到老子哲学来说，严复肯定老子的哲学属于不可知论也就意味着深谙不可
知之道的老子具备了参透天演学说的哲学资质和有利条件。更为重要的是，在

---

1 《〈老子〉评语》，《严复集》（第四册），中华书局，1986，第1078页。
2 《群己权界论》译凡例，《严复集》（第一册），中华书局，1986，第133页。
3 《〈老子〉评语》，《严复集》（第四册），中华书局，1986，第1087页。

严复的视界中，老子的天演学说更接近斯宾塞：斯宾塞的综合哲学体系从"第一原理"讲起，借助"第一原理"即力进一步引申出生物学原理即天演学说。老子的哲学遵循相同的天演逻辑，从道开始，借助道的不可知引申出天演学说。这样一来，完全可以将老子与斯宾塞的思想相互对照加以理解。在严复看来，如果说庄子与赫胥黎的思想相类似的话，那么，老子的思想则与斯宾塞相仿佛。循着这个逻辑，严复在翻译《天演论》的《天刑》篇时通过按语指出："此篇之理，与《易传》所谓乾坤之道鼓万物而不与圣人同忧，《老子》所谓天地不仁，同一理解。老子所谓不仁，非不仁也，出乎仁不仁之数，而不可以仁论也。斯宾塞尔著《天演公例》，谓教学二宗皆以不可思议为起点，即竺乾所谓'不二法门'者也。"[1]

三、形式多样的民主思想

严复在解读、诠释老子思想的过程中始终突出民主的主题，不仅使追求民主成为老子思想的题中应有之义，而且全面挖掘了老子民主思想的内容。经过严复的解读和诠释，从无为而治的民主政治到自由、平等，从与孟德斯鸠的英雄所见略同到与卢梭思想的高度契合——凡此种种共同证明，老子的民主思想内容丰富，形式多样，各种形态一应俱全。

首先，在严复的视界中，老子追求民主政治，甚至可以说是中国民主第一人。

严复认为，老子具有草根意识，重视贱、下。老子将贱、下奉为根本和基础，流露出民主思想的端倪。更为重要的是，老子提倡的自然法则运用到政治领域就是"听民自谋"，无为而治。"听民自谋"是老子政治哲学的宗旨，表明老子的政治思想是不折不扣的"民主主义"。对此，严复一而再、再而三地解释说：

1〔英〕赫胥黎：《天演论》，严复译，中州古籍出版社，1998，第303页。

以贱为本，以下为基，亦民主之说。（此批在"故贵以贱为本，高以下为基"一句上。）[1]

纯是民主主义。读法儒孟德斯鸠《法意》一书，有以征吾言之不妄也。（此批在"天下有道，却走马以粪；天下无道，戎马生于郊"一句上。）[2]

取天下者，民主之政也。（此批在"圣人不积，既以为人己愈有，既以与人己愈多。天之道，利而不害。圣人之道，为而不争"数句上。）[3]

对《老子》的评注显示，严复始终强调，老子在治国方略上崇尚自然无为，向往无为而治，同时肯定老子的这些观点和理念与西方启蒙思想家提出的"听民自谋"的政治理念同义。基于这种理解，严复将老子的政治思想概括为"民主主义"，并且断言老子的"民主主义"与西方启蒙思想大家——孟德斯鸠的主旨大体相同。

其次，在肯定老子追求民主的基础上，严复进而指出，自由、平等是老子民主思想的主要内容。在挖掘老子自由、平等思想的过程中，严复对老子与孟德斯鸠、黑格尔等西方哲学家的思想进行互释。

严复认为，自由、平等是老子民主思想的核心，老子所讲的自由、平等具体指人皆有与生俱来的天赋之权。老子的民主理念、自由观念与黑格尔对自由的理解别无二致，因为老子哲学中的"知常"概念与黑格尔所讲的"理想""自由"和"神明"同义。按照严复的说法，"理想""自由"和"神明"这三个概念在黑格尔那里异名而同实，是同一种存在。这用严复的话说便是，"三者实为同物"，质言之也就是老子所讲的"知常"。对此，严复论证并解释说："草昧之未开也，童幼之未经教育也，盲然受驱于形气，若禽兽然，顺其者（嗜——引者注）欲，为自营之竞争。浸假而思理开明，是非之端稍稍发达，乃知有同类

---

1 《〈老子〉评语》，《严复集》（第四册），中华书局，1986，第1092页。
2 《〈老子〉评语》，《严复集》（第四册），中华书局，1986，第1095页。
3 《〈老子〉评语》，《严复集》（第四册），中华书局，1986，第1099页。

为一己之平等。所谓理想，所谓自由，所谓神明，（三者实为同物，）非其一身之所独具也，乃一切人类之所同具，而同得于天赋者（此老氏所谓知常）。"[1] 依据严复的剖析，老子追求自由，并且与黑格尔一样认为自由是天赋的，因而承认每个人生而具有自由之权。不仅如此，老子关于人人具有自由之权的主张可以在他对"人主"概念的界定、理解上得到印证。在老子的思想中，"人主"一词并不是指君主或国君，而是指一国之国民。一国之民皆拥有国家主权，故而称为"人主"。严复强调，老子的这一观点与孟德斯鸠等人宣称国家主权归全体国民所有说的是一个意思。循着这个思路，严复在《老子·第三十章》的"以道佐人主者，不以兵强天下"一句上写道："人主，凡一国之主权皆是，不必定帝王也。故孟德斯鸠谓伐国非民主事，藉使为之，适受其敝。何则？事义相反，不两存也。"[2]

在此基础上，严复进而指出，老子不仅追求自由、向往平等，而且建构了一个自由、平等的理想世界。老子心目中的太平盛世就是自由、平等的世界，《老子》书中的许多话语甚至概念都不啻为自由、平等宣言。例如，对于老子所讲的"往而不害，安、平、太"，严复解读并借题发挥说："安，自由也；平，平等也。"[3]

总的说来，严复对老子自由、平等思想的诠释从两个不同的方向展开：一面指出老子从正面提倡民主，呼吁人的自由；一面强调老子从反面抨击对自由的禁锢，无论对儒家仁义的看法还是对礼法的抨击都是围绕着自由的宗旨展开的。严复认为，宗教属于信仰之域，与自由相悖。这是由宗教的性质决定的，在西方就是如此，在中国尤甚。由于中国历来政教相混、教学相混，宗教在禁锢人的自由方面远远甚于西方。对于中国古代社会来说，三纲、礼法就相当于

---

1 《述黑格儿惟心论》，《严复集》（第一册），中华书局，1986，第 210—211 页。
2 《老子》评语，《严复集》（第四册），中华书局，1986，第 1087 页。
3 《老子》评语，《严复集》（第四册），中华书局，1986，第 1090 页。

宗教在西方国家所起的作用。循着这个逻辑，严复肯定老子对儒家仁义和礼法的抨击对于宣传自由发挥了巨大作用，在这一点上与孟德斯鸠提倡民主、自由情形类似。正是基于这一认识，严复在《法意》的按语中多次援引老子的言论与孟德斯鸠的思想相互对接和诠释。

再次，严复强调，老子梦萦魂牵的民主社会是未经文明洗礼的自然状态，在某种程度上带有排斥现代文明的思想倾向和理论特征。

严复认为，老子崇尚自然，表现在治国理念上便是主张因循民之本性而治。这既流露出老子返璞归真的价值意趣和政治诉求，又在某种程度上决定了他所向往的自由、平等和民主境界是没有进入文明社会的原始状态——当然，老子的这一致思方向和价值理念与孟德斯鸠等人所讲的近代的民主政治如出一辙。对于这一点，深入品读孟德斯鸠的《论法的精神》和老子的《道德经》（《老子》）自有体会。不仅如此，严复借助老子的"道常无为，而无不为。侯王若能守之，万物将自化"进一步发挥并引申说："老子言作用，辄称侯王，故知《道德经》是言治之书。然孟德斯鸠《法意》中言，民主乃引用道德，君主则用礼，至于专制乃用刑。中国未尝有民主之制也。虽老子亦不能为未见其物之思想。于是道德之治，亦于君主中求之；不能得，乃游心于黄、农以上，意以为太古有之。盖太古君不甚尊，民不甚贱，事与民主本为近也。此所以下篇八十章，有小国寡民之说。夫甘食美服，安居乐俗，邻国相望，鸡犬相闻，民老死不相往来，如是之世，正孟德斯鸠《法意》篇中所指为民主之真相也。世有善读二书者，必将以我为知言矣。"[1]

孟德斯鸠被誉为法理学大家，让他声名远播的主要贡献是将法划分为自然法与人为法。孟德斯鸠认为，自然法是人类社会建立之前就存在的法律，那时的人处于平等状态；人为法则是人类社会建立之后创立的，又可以进一步划分

---

[1] 《〈老子〉评语》，《严复集》（第四册），中华书局，1986，第1091页。

为政治法与民法。孟德斯鸠（1689—1755）同时代的哲学家如德国的莱布尼茨（1646—1716）、法国的伏尔泰（1694—1778）等人都对遥远的中国充满好奇，并且将中国想象成东方乐土。孟德斯鸠却对中国多有微词，在《论法的精神》中批判了中国的君主专制。无论孟德斯鸠对自然法的弘扬还是对中国专制的抨击都使严复对他佩服得五体投地，故而一面将孟德斯鸠视为老子的同调，一面称赞老子率先描述了孟德斯鸠在《论法的精神》中梦寐以求的民主境界。

在严复的视界中，老子、孟德斯鸠都向往人类社会之前的自然状态。老子追求的民主之治没有贫富差距，《老子》中描述的"小国寡民"便是这种民主之治的理想境界。于是，严复在"虽有舟舆，无所乘之；虽有甲兵，无有陈之；使人复结绳而用之。甘其食，美其服，安其居，乐其俗。邻国相望，鸡犬之声相闻，民至老死不相往来"（《老子·第八十章》）数句上批注曰："此古小国民主之治也，而非所论于今矣。"[1] 在这里，严复认定老子向往民主之治，《老子》描述的"小国寡民"的理想国充分体现了民主之治，这种民主治道下的百姓之所以甘其食，美其服，一切都怡然自得，奥秘在于这里没有贫富差距。与此同时，严复指出，老子向往的这种民主不同于今日之状，与当今社会的贫富悬殊更是背道而驰。议论至此，严复既为老子抵制贫富差距的先天之明顶礼膜拜，又为贫富差距导致的恶果忧心忡忡。当然，严复对《老子》思想的这一解读使老子的思想拥有了现实的温度和实践的维度，由此拉近了老子思想与现实社会的距离。

在此基础上，严复无论在点评《老子》还是在翻译《论法的精神》的过程中都不忘提到老子消除贫富差距的主张，由此突出老子思想的民主精神和价值诉求。例如，对于《老子》的"服文采，带利剑，厌饮食，财货有余，是谓盗夸，非道也哉"，严复评注曰："今之所谓文明，自老子观之，其不为盗夸者，亦少矣。此社会党、虚无党之所以日众也。"[2] 与此相呼应，在《法意》的按语中，严

1《老子》评语，《严复集》（第四册），中华书局，1986，第1099页。
2《老子》评语，《严复集》（第四册），中华书局，1986，第1097页。

复写下了这样一段话："欧美之民，其今日贫富之局，盖生民以来所未有也。富者一人所操之金钱，以兆计者，有时至于万亿，而贫者旦暮之饔飧，有不能以自主。往昔民生差贫，或且谓机器与铁轨行，人人将皆有生事之可操，生业将皆有倍称之获，衣食足而民欢虞，比户可封之俗，刑措不用之风，非难致也。乃不谓文明之程度愈进，贫富之差数愈遥，而民之为奸，有万世所未尝梦见者。此宗教之士，所以有言，而社会主义所以日盛也。此等流极，吾土惟老庄知之最明，故其言为浅人所不识。不知彼于四千余年之前，夫已烛照无遗矣！"[1]

如果说肯定老子追求民主使严复的老学观与康有为、谭嗣同和梁启超等人相去甚远的话，那么，对老子主张消除贫富差距，在思想上倾向于社会主义的论断更是使严复对老子思想的阐发在近代哲学家中独树一帜、与众不同。综合考察严复以及近代哲学家的思想可以发现，一方面，严复将作为西方新学说的社会主义思想与孔子、孟子代表的中国古代思想家提出的"不患寡而患不均"（《论语·季氏》）、井田制度等联系起来，既体现出对传统文化的创新解读和内容转化，又表现出与康有为、梁启超和章炳麟等近代哲学家的一致性。另一方面，严复并没有像康有为那样将这些思想归结为孔子、孟子等儒家人物的思想，也没有像梁启超那样突出墨子思想的社会主义性质，而是一再彰显老子思想与社会主义之间的关系。依据严复的剖析和诠释，反对贫富差距证明老子的主张与社会主义（严复称之为"社会党"）和无政府主义（严复称之为"虚无党"）之间是相通的，也从一个侧面证明老子预见到了诸如贫富差距悬殊之类的现象是现代社会的病症。在严复看来，老子对儒家仁义、礼法的抨击以及对智慧的反思都流露出这方面的预见和担忧。与此一致，严复赞同《老子·第十八章》"大道废，有仁义。智慧出，有大伪"的观点，并且以欧洲的形势为老子的这一观点进行辩护。严复断言："近世欧洲诈骗之局，皆未开化之前所无有者。"[2]

---

1 《法意》按语，《严复集》（第四册），中华书局，1986，第986页。
2 《〈老子〉评语》，《严复集》（第四册），中华书局，1986，第1082页。

同样的道理，在评点《老子·第十七章》的"太上，下知有之；其次亲而誉之；其次畏之；其次侮之"时，严复如是说："将亡之国，民无不侮其政府者，英之察理、法之路易是已。"[1]

最后，严复认为，老子的民主思想以及对自由、平等的理解与斯宾塞、孟德斯鸠尤其是卢梭等人的思想相似乃至相同。

按照严复的一贯说法和理解，崇尚自然拉近了老子与斯宾塞之间的思想距离，斯宾塞天演学说的精神实质就是"任天"。对于这一点，通过斯宾塞与赫胥黎天演学说的比较可以看得更加清楚。与此同时，严复指出，斯宾塞与赫胥黎的天演学说相同者十之八九，不同之处集中在一点，那就是：斯宾塞"主任天"，赫胥黎"主人治"。对此，严复比较说："于上二篇，斯宾塞、赫胥黎二家言治之殊，可以见矣。斯宾塞之言治也，大旨存于任天，而人事为之辅，犹黄老之明自然而不忘在宥是已。赫胥黎氏他所著录，亦什九主任天之说者，独于此书非之如此，盖为持前说而过者设也。"[2]依据这个分析，在天演学说方面，赫胥黎与斯宾塞一个"主任天"，一个"主人治"。这是两种截然不同的致思方向和价值意趣。对于两人来说，这种差异既体现在天演学说中，又贯彻到政治领域。严复进而指出，如果说任天治在天演学说上拉开了斯宾塞与赫胥黎之间的距离的话，那么，这一思想主旨则使斯宾塞在政治上与中国的黄老之术（严复有时称之为"黄老之道"）走到了一起。严复将黄老之术的思想主旨概括为"明自然而不忘在宥"，也先天地注定了老子与以"主任天"为主、同时辅以人事的斯宾塞的政治思想在精神实质上的高度契合。值得一提的是，"明自然"是严复对老子哲学的一贯认定。早在1895年，严复就发出了如是断言："老之道，其胜孔子与否，抑无所异焉，吾不足以定之。至其明自然，则虽孔子无以易。"[3]不难看出，

---

1 《〈老子〉评语》，《严复集》（第四册），中华书局，1986，第1082页。

2 〔英〕赫胥黎：《天演论》，严复译，中州古籍出版社，1998，第104页。

3 《辟韩》，《严复集》（第一册），中华书局，1986，第33页。

严复对老子的"明自然"与斯宾塞的"主任天"的概括拉近了两人之间的距离。

严复进而指出，老子心驰神往的民主而自由的自然状态与法国启蒙思想家卢梭乐此不疲的自然状态绝似。这一点既拉近了老子与卢梭之间的距离，又彰显了老子思想的自由、民主诉求，故而被严复津津乐道。可以看到，无论在介绍卢梭思想还是在点评《老子》时，严复都对这一点念念不忘。于是，他一而再、再而三地宣称：

> 卢梭奋笔为对，其说大似吾国之老庄。[1]

> 中国老庄明自然，而卢梭亦明自然。明自然，故皆尚道德而恶礼刑。彼以为民生而有困穷苦痛者，礼刑实为之祸首罪魁焉。[2]

> 文明之进，民物熙熙，而文物声名，皆大盛，此欲作之宜防也。老子之意，以为亦镇之以朴而已。此旨与卢梭正同，而与他哲家作用稍异。(此批在"化而欲作，吾将镇之以无名之朴"一句上。)[3]

依据严复的解读，老子向往民主是必然的，老子哲学与民主诉求具有先天的亲和性。奥秘在于，老子"明自然"，而"明自然"必然崇尚慈悲而恶拒礼刑。具体地说，老子认为百姓生而疾苦，并且将礼刑视为导致百姓疾苦的病魅祸首。正是由于这个原因，黄老之道最适合民主之用。基于这种理解，严复写在《老子·第十章》"明白四达，能无为乎？生之畜之，生而不有，为而不恃，长而不宰，是谓玄德"之上的评语是："夫黄、老之道，民主之国之所用也，故能长而不宰，无为而无不为；君主之国，未有能用黄、老者也。汉之黄、老，貌袭而取之耳。君主之利器，其惟儒术乎！而申、韩有救败之用。"[4]因循同样的逻辑，对于《老子·第十章》的"载营魄抱一，能无离乎？专气致柔，能婴儿乎？涤除玄览，能无疵乎？爱民治国，能无知乎？天门开阖，能为雌乎？明

1《〈民约〉平议》，《严复集》(第二册)，中华书局，1986，第333页。

2《〈民约〉平议》，《严复集》(第二册)，中华书局，1986，第334页。

3《〈老子〉评语》，《严复集》(第四册)，中华书局，1986，第1091页。

4《〈老子〉评语》，《严复集》(第四册)，中华书局，1986，第1079页。

白四达，能无为乎"数句，严复的评注是："凡六问，皆前后相救之言。如爱民治国矣，而能无用智。天门开阖由我而能为雌。明白四达而能无为。如此，其爱民治国出于诚心，其为雌乃雄之至，其无为乃无不为也。"[1]

基于上述分析和理解，严复甚至得出结论："老子者，民主之治之所用也。"[2] 严复的这个结论使老子成为中国民主思想的代言人，同时肯定了老子的思想最适用于民主之治。与对老子以及老子思想的这种定位和理解一脉相承，严复一再为老子思想注入现代民主理念，借此拉近老子与现代社会之间的关系。下仅举其一斑：

> 试读布鲁达奇《英雄传》中《来刻谷士》一首，考其所以治斯巴达者，则知其作用与老子同符。此不佞所以云，黄老为民主治道也。（此批在三章篇首，系总评三章者。）[3]

> 此章（指第十一章——引者注）言"玄"之用，以"无"为用。近人颇尚中央集权之政策，读《老子》知惟以"虚"受物，以"无"为用者，乃能中央集权也。（此批在十一章篇首，系总评十一章者。）[4]

值得注意的是，严复视界中的哲学是广义的，对老子哲学思想的解读和诠释也是宽泛的。他的下面说法即表明了这一思想倾向："以下三章，是老子哲学与近世哲学异道所在，不可不留意也。今夫质之趋文，纯之入杂，由乾坤而驯至于未济，亦自然之势也。老氏还淳返朴之义，独驱江河之水而使之在山，必不逮矣。夫物质而强之以文，老氏訾之是也。而物文而返之使质，老氏之术非也。何则？虽前后二者之为术不同，而其违自然，拂道纪，则一而已矣。故今日之治，莫贵乎崇尚自由。自由，则物各得其所自致，而天择之用存其最宜，太平之盛可不期而自至。（此批在十八章文字上，系总评该章

1 《〈老子〉评语》，《严复集》（第四册），中华书局，1986，第1079页。
2 《〈老子〉评语》，《严复集》（第四册），中华书局，1986，第1092页。
3 《〈老子〉评语》，《严复集》（第四册），中华书局，1986，第1076页。
4 《〈老子〉评语》，《严复集》（第四册），中华书局，1986，第1079—1080页。

与十九章、二十章者。)"¹严复的这段评语批注在《老子·第十八章》上，实际上是对《老子》第十八章、第十九章和第二十章的总评，故而文字较长，涉猎的内容也较多。其中的一个细节是，严复的审视、解读和诠释从哲学即"老子哲学"与"近世哲学"比较的角度切入，明白无误地将自由和民主思想都归结为老子思想的题中应有之义，并且一起归入"老子哲学"这一范畴。依据这个标准，严复阐释的老子思想的上述三个方面皆可以归于哲学范围。之所以如此，具体原因有二：一是民主思想被严复明确归入了"老子哲学"的范围，二是天演学说在严复看来本身就是不可知论的一部分，因而无可置疑地属于哲学。

除此之外，严复还发现了老子哲学的更多内涵，具体涉及到老子思想的方方面面，涵盖了诸多领域的内容。就严复提到的老子法天、"明自然"来说，还具有价值取向、行为方略等其他维度和意蕴。例如，严复一再强调，老子的法天、无事皆指不存成心，不固执己见。这表现在思想方法上是因循自然，表现在治国安民上便是"听民自谋"。于是，他一再断言：

法天者，治之至也。(此批在"天地之间，其犹橐籥乎"一句上。)²

虽有开创之君，栉风沐雨，百战苦辛，若汉高、唐太之开国，顾审其得国之由，常以其无事者，非以其有事者也。若夫秦、隋之君，所以既得而复失者，正欠此所谓无事者耳。诚哉！有事不足以取天下也。(此批在"取天下常以无事，及其有事，不足以取天下"一句上。)³

对于严复来说，内容的宏富预示了老子哲学的深远影响。事实正是如此，严复关注老子对中国哲学的影响，从三国时期的诸葛亮到宋明理学家都在其中。于是，严复在《老子·第二十六章》的"虽有荣观，燕处超然"一句上批

---

1 《〈老子〉评语》，《严复集》(第四册)，中华书局，1986，第1082页。
2 《〈老子〉评语》，《严复集》(第四册)，中华书局，1986，第1077页。
3 《〈老子〉评语》，《严复集》(第四册)，中华书局，1986，第1095—1096页。

注曰:"蜀相《诫子书》二语:'非淡泊无以明志,非宁静无以致远'。盖得诸老。"[1] 更有甚者,严复认为,宋明理学之前在哲学上都受老子思想的影响,并非只有诸葛亮传承了老子的衣钵。这用严复本人的话说便是:"中国赵宋以前之儒者,其所讲者,固不外耳目践履之近者也。其形上者,往往求之老佛之书。自宋之诸儒,始通二者之邮,大明乎下学上达之情,而以谓性与天道,即见于可得闻之文章,则又痛辟乎二氏之无当。"[2] 依据这个剖析,宋代之前的中国哲学深受老子的影响,形而上学更是成为老子的天下。宋明理学出现之后,情况发生了根本性的变化,因为宋明理学家往往痛诋佛老。值得注意的是,严复并没有就此否认老子对宋明之后的影响,而是指出老子与孔子的思想一样在宋明之后以另一种形态出现,因而在作为教学相混产物的中国哲学中大行其道。正是在这个意义上,严复写道:"盖东西二洲,其古今所以为国俗者,既相诡矣,而民主之俗,尤非专制者所习知。况中国以政制言,则居于君主专制之间;以宗教言,则杂于人鬼天神之际。而老聃、孔子之哲学,中经释氏之更张,复得有宋诸儒为之组织,盖中国之是非,不可与欧美同日而语,明矣!"[3] 在严复的视界中,宋明理学不仅继承了孔子的思想,而且传承了老子的衣钵。这表明,老子哲学在中国产生了长久而重大的影响,宋明理学的独尊从一个侧面证明了老子在中国古代社会中的影响力。

透过严复对老子思想的阐发、诠释可以发现,他是在全球多元文化的视界圆融中审视、解读和诠释老子思想的,并为老子思想注入了前所未有的新意蕴、新内涵。这直观地呈现出严复对老子思想全方位、多维度的解读和诠释,既体现了他对《老子》的喜爱有加,又反映出他研究老子的用功之巨和思考之细。更为重要的是,严复对老子哲学家的身份定位尤其是对老子自由、平等和

---

1 《〈老子〉评语》,《严复集》(第四册),中华书局,1986,第1086页。

2 《法意》按语,《严复集》(第四册),中华书局,1986,第992页。

3 《法意》按语,《严复集》(第四册),中华书局,1986,第955页。

民主思想的解读在观念上颠覆了近代哲学家对老子的评价，无论对老子的地位认定还是思想诠释都具有不容低估的意义和价值。这是因为，与严复同为戊戌启蒙思想家的康有为、谭嗣同和梁启超都曾经对老子极尽贬损之能事，谭嗣同甚至从未认可过老子的任何思想。在以康有为、梁启超为代表的近代哲学家那里，老子是以反对民主、专制暴政的面目示人的。在这个问题上，康有为的观点极具代表性。他指出，孔子的思想以仁为宗旨，老子的思想以不仁为宗旨；孔子之仁追求自由、平等、博爱和民主，老子之不仁则推崇严刑酷法，开二千年暴政之先河。与康有为等人的观点针锋相对，严复肯定老子追求民主，甚至将老子奉为中国古代民主思想的先驱和代表。诚然，五四新文化运动者如胡适等人也持这种观点。尽管如此，在近代哲学家中，肯定老子追求自由、民主的代表则首推严复。

尚须提及的是，严复对老子思想的解读和诠释主要通过对《老子》的点评或翻译西学的按语呈现出来，难免随意、零散而缺少完备的体系。就《〈老子〉评语》来说，在形式上不脱中国古代的注疏、考据模式，并非严格意义上的学术著作。这在某种程度上限制了严复对老子思想的深入阐释和系统发挥。与此同时，正如诸多作序者所言，《〈老子〉评语》带有论战的性质，并且侧重自由、平等和民主的现实宣传。正是由于这个原因，《〈老子〉评语》像严复的翻译著作那样拥有裨益于"实政"的现实维度和实践关怀，同时也带有明显的近代特征和历史局限。

第二节　《老子》的多重视野

在严复那里，对老子思想的诠释与对《老子》的解读同步进行，甚至可以说，是一个过程的两个方面。一个不争的事实是，尽管严复对老子思想的解读、诠释和发挥并非只限于《〈老子〉评语》，然而，《〈老子〉评语》却是研究严复《老子》观和老学观的基本文本。这是因为，他并没有专门研究或阐发老子思想的论作，也没有系统诠释《老子》的学术著作。正因为如此，从形式上看，严复解读、诠释老子思想的代表作是《〈老子〉评语》，而《〈老子〉评语》显然并不是严格意义上的学术研究著作。这个事实雄辩地证明，严复对老子思想的解读和诠释侧重对《老子》文本的疏导，《〈老子〉评语》以注疏、评注和导读为言说方式乃至注释范式——显然，这也是严复解读、诠释老子思想的主要范式。评语的方式带有与生俱来的特点，特点之中除了灵活等优点之外，也包括无法克服的自身缺陷。例如，与专题研究相比，评注带有零星散漫、不成系统甚至难以深入等缺陷。正是由于这个原因，评语的方式先天地注定了严复没有对老子包括哲学思想在内的各方面思想进入深入研究和系统诠释，同时没有对老子的哲学概念进行深入阐发，当然也缺乏对《老子》核心主题的提炼和诠释。与此同时，不可否认的是，评注的方式拥有较大的自由度和灵活性，可以不求自成体系、主题连贯或思想深刻，而只是依据自己的学术意趣和价值诉求对书中感兴趣的章、句、词、字进行"取便发挥"。就严复对《老子》所作的评语或评注来看，每段大多在一、二十字左右，最多也不过百字，短的则仅有几个字。严复在对《老子》每段字数不多的评语中容纳了各式各样的思想要素，提到的中西学说、人物和事件林林总总，包罗万象。《〈老子〉评语》在全面呈现严复老学观以及中学观的同时，淋漓尽致地展示了严复的西学素养和哲学理念，同时也将他审视、解读《老子》的多维视界发挥到了极致。就严复解读《老子》的视界来说，除了道家视域以及与庄子比较之外，西学、佛学和儒学是严复审视、解读和评价《老子》最重要的维度，与三者的互释也成为严复解读《老子》、诠释老子思想不可缺少的组成部分。严复本人具有道家情结，对《老子》的解读具有道家维度，尤其是热衷于老子与庄子、《老子》与《庄子》的对读和互释。这方面的内容在下一节的《老子与庄子》中专门探讨，在此不再赘述。

一、西学视界

严复具有深厚的西学素养，这影响了他对老子思想的审视和对《老子》的解读。换言之，严复的老学观深受西学的影响，西学视界是他审视、解读和诠释《老子》的基本维度之一。严复本人的哲学、文化建构秉持中西互释的原则和范式，他的《〈老子〉评语》和老学观也概莫能外。具体地说，严复将中西互释的范式运用到对《老子》的解读、诠释之中，与西学互释成为他审视老子、评注《老子》的基本维度和重要方式。一方面，在翻译西方著作时，严复习惯于以老子的思想加以疏导，这一点在《孟德斯鸠法意》代表的译作中表现得尤为明显和突出。另一方面，严复热衷于以西学为参照解读和诠释国学经典和诸子思想，以此推动传统文化的内容转换和现代化。在阐发、诠释《老子》以及老子思想的过程中，严复喜欢将老子的思想与西学相互印证，《〈老子〉评语》便是典型的代表。

早在翻译西方名著时，严复就秉持中西互释的原则和范式，援引老子的思想加以疏导和诠释。在《〈老子〉评语》中，他同样贯彻了这一原则，以西学反观、审视《老子》，并对老子的思想与西学进行互释。可以看到，在以西学解读、印证老子思想的过程中，严复提及、援引的西方学说、人物名目繁多、五花八门，牵涉到的内容从哲学到自然科学，再到包括自由、平等、民主和进化思想在内的启蒙思想等等，可谓是应有尽有，一应俱全。这一点在严复对老子思想的阐释中已经明显地体现出来。

除此之外，尚有许多前面没有提到的内容。例如，就与老子思想相似的西方哲学家来说，严复提到了黑格尔、孟德斯鸠、赫胥黎和斯宾塞，此外还提到了德国的不可知论者——康德。尽管严复一再判定老子的哲学属于不可知论，并且反复提揭《老子》不可知论方面的内容，然而，严复将康德与《老子》的思想相提并论与不可知论无关，而是聚焦老子之道与康德的善恶观。严复之所以这样做，理由是《老子·第三十八章》的思想与康德对善恶的理解大致相同。基于这种认定，严复在总评《老子·第三十八章》时写道："此章大旨，谓仁义与礼不足为用，而待道而后用之。此其说，与德儒汗德（即 Kant，现在通译为康德、下同——引者注）所主正同。汗德谓一切之善，皆可成恶，惟真志无恶。德者，道散而著于物者也。"[1] 再如，就自然科学来说，被严复搬来为老子的思想作注脚的，除了达尔文、赫胥黎和斯宾塞等人的进化论（严复称为天演学说）之外，还包括以物理学、数学为首的自然科学。在物理学中，严复首推牛顿力学和以太说，于是将之用于对《老子》的解读和诠释中。在《老子·第二十六章》的评语中，他不止一次地写下了这样的话：

> 二语乃物理公例，执道御时，则常为静重者矣。（此批在"重为轻根，静为躁君"句上。）

> 以静重自处者，自有此验。（此批在"是以圣人终日行，不离辎重"句上。）[2]

在严复的视界中，老子精通力学原理，因而让力学原理反复在《〈老子〉评语》中出现。对于老子深谙力学真谛，严复提交的证据是《老子·第九章》的"持而盈之，不如其已。揣而梲之，不可长保"。依据严复的解读和诠释，老子说这些话旨在强调："持而盈之，冲虚之反也；揣而梲之，静重之反也。"[3] 在严复看来，老子的上述观点奠定了他的思想与牛顿力学的亲缘性。除此之外，严复还用西方近代物理学所讲的以太概念解释被老子奉为世界万物本原的道，在将道和以太都视为宇宙"第一因"的前提下肯定老子之道与物理学所讲的以太异名而同实。于是，他在《老子·第四十三章》的"无有入无间"一句上批注曰："无有入无间，惟以太耳。"[4] 依据这个解读，老子在尊奉宇宙"第一

1《〈老子〉评语》，《严复集》（第四册），中华书局，1986，第1092页。
2《〈老子〉评语》，《严复集》（第四册），中华书局，1986，第1086页。
3《〈老子〉评语》，《严复集》（第四册），中华书局，1986，第1079页。
4《〈老子〉评语》，《严复集》（第四册），中华书局，1986，第1094页。

因"的基础上以无称道，进而断言"有生于无"。老子的这个观点隐含着数学的微分理念，强调世界是一个由无形之道演变为有形之万物的过程。与对《老子》的这一解读和认识互为表里，严复直接用数学中的微分理论解读《老子》，并在《老子》中找到了相关证据。具体地说，他认为，《老子·第八章》阐明了微分起于无穷小的原理，于是对于《老子·第八章》的"居善地，心善渊，与善仁，言善信，正善治，事善能，动善时"给予了如是诠释和评价："道固无善不善可论。微分术言，数起于无穷小，直作无观，亦无不可，乃积之可以成诸有法之形数。求其胎萌，又即在无穷小之内。此道之所以尽绝言蹊也。"[1]

至此可见，老子的思想在严复的中西互释中发挥了重要作用，同时也表明与西学互释是他审视、解读《老子》的基本维度之一。如果说严复在翻译西方著作时以中学加以疏导的目的是以《老子》《庄子》《周易》代表的中国经典为《进化论与伦理学》（他翻译为《天演论》）、《论法的精神》（严复翻译为《孟德斯鸠法意》或《法意》）进行导读的话，那么，严复在诠释中学时习惯于与西学相互印证则旨在以各种各样的西方思想充实包括《老子》在内的中国经典以及国学内涵。严复之所以这样做，旨在通过将自由、平等、民主和进化等近代价值理念注入其中，推动包括《老子》以及老子思想在内的中国传统文化的内容转换和现代化。与这一理论初衷息息相关，在以西学审视、解读《老子》以及老子思想的过程中，严复提到了西方的形而上学、天演哲学、启蒙哲学和自然科学，反复从不同维度共同展示、论证《老子》以及老子思想与西学的相近相通。更有甚者，严复认为，老子与基督教一样讲灵魂不死，提交的证据是老子讲"知常"，而所谓的"知常"依据严复的解读就是灵魂不死[2]。经过严复的上述解读和诠释，《老子》以及老子的思想无所不包，几乎囊括了西学的所有门类。

---

[1]《〈老子〉评语》，《严复集》（第四册），中华书局，1986，第1078页。

[2]《〈庄子〉评语》，《严复集》（第四册），中华书局，1986，第1115页。

　　总而言之，得天独厚的西学素养为严复对《老子》以及老子思想的解读、诠释提供了有利条件，也为他的《老子》观和老学观打上了鲜明的西学印记。诚然，中西互释以及中学、西学与佛学的视界圆融是近代哲学有别于古代哲学的基本特色，因而并不限于严复，近代哲学家的中学观即国学观以及对国学经典和国学人物的解读都带有这种时代特征。在这个前提下，尚有两个问题亟待澄清：第一，在中西互释的过程中，近代哲学家对中学的选择、侧重相去甚远。康有为一面极力强调墨学特别是孔学与西学相近相通，一面对老学与西学的相近相通三缄其口。谭嗣同肯定孔教、墨教和耶教都讲仁，却对老子思想与西学的关系未置一词。梁启超从宗教学、逻辑学、政治学和社会学等多个学科和不同维度反复对墨子的思想与西学进行互释，同时将孔子代表的儒家思想与西方哲学直接联系起来建构宇宙未济东方仁学的人生观。除此之外，他还将众多国学人物的思想以及学说与西学相互观照，却对老子提及不多。与康有为、谭嗣同和梁启超等人相比，严复在对中学与西学互释的过程中侧重道家，故而选择了《老子》和《庄子》作为国学经典。深入剖析可以发现，选择何种国学经典和国学人物与西学互释既受制于近代哲学家各自的哲学观，又反映了他们的文化观。对于近代哲学家来说，与西学互释的，也就是他们推崇的。从这个意义上说，《〈老子〉评语》以及《〈庄子〉评语》流露出严复的道家情结。第二，严复热衷于中西互释，与西学互释的中学以道家为主，老子以及《老子》是其中的主力军。这就是说，在严复的思想中，对《老子》以及老子思想与西学的互释明显比对孔子代表的儒学人物或以《春秋》代表的儒家经典多。一言以蔽之，以西学反观《老子》是严复解读、诠释《老子》以及老子思想的最大特色，也因而成为他的老学观的亮点之一。后续的事实反复证明，严复的这一做法反响强烈，也收到了良好的效果。无论熊元锷、夏曾佑还是曾克耑在为《〈老子〉评语》作序时都不约而同地对这一点予以充分说明和极力彰显，并且都给予了高度评价。

二、佛学视界

在严复的视界中，老子所讲的道与佛学所讲的自在、不二法门是一个意思，从根本上说都可以归结为对宇宙"第一因"的称谓。基于这种理解，严复对老子的"有物混成，先天地生"给予了如是解读和诠释："老谓之道，《周易》谓之太极，佛谓之自在，西哲谓之第一因，佛又谓之不二法门。万化所由起讫，而学问之归墟也。"[1]对于中国近代的学术界来说，哲学尚应归于舶来品之列——既属于新兴概念，又属于新兴学科。而无论作为新兴概念还是作为新兴学科，哲学的内涵和地位都尚未达成共识，甚至可以说是待定的。这给了严复选择的空间和发挥的自由，他借此开拓了一条独特的哲学之路。总的说来，严复不是像梁启超等人那样将哲学定位为"爱智慧"（philosophy），而是侧重从"物理学之后"（metaphysics）的角度界定哲学，因而极力彰显哲学中的形而上学的意蕴和内涵。

沿着这个思路，严复强调，哲学的基本问题是探究世界万物之后的"第一因"。这使对世界万物本原的回答变得至关重要，也成为他评判哲学的基本依据。可以看到，老子凭借道对宇宙"第一因"的探讨和回答是严复称赞老子是哲学家的前提，也奠定了他对老子哲学的推崇备至。更为重要的是，在严复看来，老子之道、佛学之自在证明，老子、佛学对宇宙"第一因"的津津乐道如出一辙，对宇宙"第一因"的回答别无二致。原因在于，无论道还是自在皆无对待、不增不减、不生不灭。在这个意义上，将二者视为同一存在未尝不可。对此，严复解释说："老氏之自然，盖谓世间一切事物，皆有待而然。惟最初众父，无待而然，以其无待，故称自然。此在西文为 Self-existence。惟造化真宰，无极太极，为能当之。乃今俗义，凡顺成者皆自然矣。又如释氏之自在，

1《〈老子〉评语》，《严复集》（第四册），中华书局，1986，第 1084 页。

乃言世间一切六如，变幻起灭，独有一物，不增不减，不生不灭，以其长存，故称自在。此在西文谓之 Persistence，或曰 Eternity，或曰 Conservation，惟力质本体，恒住真因，乃有此德。"[1]依据他的解读，老子之道、佛学之自在异名而同实，因而都可以翻译为 Persistence、Eternity 或 Conservation。循此逻辑和思路，严复最终得出两点认识：第一，老子之哲学、佛学与西方哲学相近，老子之道、佛学之自在与西方哲学家所讲的"力质本体，恒住真因"同义。第二，无论老子推崇的道还是佛学所讲的自在都是不可知的，二者证明老子哲学和佛学是相同的，都属于不可知论的范围。

　　问题到此并没有结束，在肯定老子哲学和佛学都属于不可知论的前提下，严复将二者一起引向神秘之境。例如，在介绍西方的灵学会时，他将老子的思想和佛学直接联系起来与灵学所讲的内容相提并论。对此，严复发出了如下断语："查英国灵学会组织，创设于千八百八十二年一月，会员纪载、论说、见闻，至今已不下数十巨册。离奇吊诡，有必不可以科学原则公例通者，缕指难罄。然会中巨子，不过五、六公，皆科哲名家，而于灵学皆有著述行世。巴威廉 Sir William Barrett F. R. S. 于本年二月《同时评阅志》Contemporary Review 中方出一论，意以解国人之惑。谓会中所为，不涉左道，其所研究六事：一、心灵感通之事。二、催眠术所发现者。三、眼通之能事。四、出神离魂之事。五、六尘之变，非科学所可解说者。六、历史纪载关于上项者。所言皆极有价值。终言一大事，证明人生灵明必不与形体同尽。又人心大用，存乎感通，无孤立之境。其言乃与《大易》'精气为魂，感而遂通'，及《老子》'知常'、佛氏'性海'诸说悉合。"[2]依据严复的剖析，老子所讲的"知常"和佛学所讲的"性海"都是不可知的，都将人引向不可知之域。这就是说，老子哲学与佛学一样属于不可知论，并且都带有某种神秘色彩。不仅如此，严复指出，老子所

---

1 《群己权界论》译凡例，《严复集》（第一册），中华书局，1986，第133页。

2 《与侯毅书》，《严复集》（第三册），中华书局，1986，第721页。

讲的"知常"、佛学所讲的"性海""妙明"与《周易》的"精气为物，游魂为变"和"寂然不动，感而遂通"（严复表述为"精气为魂，感而遂通"）一样肯定精神的奇妙精微、绝对永恒。这既彰显了老子哲学和佛学共同的心学旨归，又表明二者的哲学与基督教宣扬的灵魂不死同一意趣。可以作为证据的是，在读到《庄子》的"仲尼曰，死生亦大矣"一段时，严复评注并解释说："即以下所云'心未尝死'，即老子所谓知常，佛所谓妙明，耶稣所谓灵魂不死。"[1]

在此基础上，严复进一步指出，老子哲学与佛学不惟主旨相同，甚至连思维方式和价值旨趣也十分相似。对于这一点，二者对无、少的诠释和表达提供了最佳注脚。正是在这个意义上，严复不止一次地声称：

> 少多二语，开下抱一。老之用在少，而释之用在无。（以上均批在"曲则全，枉则直；窪则盈，敝则新；少则得，多则惑"数句上。）[2]

> 老言无死；佛说无生。（此批在"盖闻善摄生者，陆行不遇兕虎，入军不被甲兵。兕无所投其角，虎无所措其爪，兵无所容其刃。夫何故？以其无死地"数句上。）[3]

综观严复的思想不难看到，他对佛学的理解侧重有宗而不是空宗——对于这一点，无论严复对佛学自在的兴趣益然还是对"性海""妙明"的高度关注都是明证——当然，他对佛学的侧重和解读是基于"物理学之后"的哲学意趣进行的。与对佛学的这一侧重、理解密不可分，严复从无而不是从空的角度界定、理解佛学，自然而然地拉近了佛学与以道为无的老子哲学之间的距离。正是在这个前提下，严复进而宣布，老子和佛学都从无的角度理解生死问题，因而在人生观和价值观上趋于一致。与这一认识互为表里，严复在解读、诠释《老子》的过程中不时将老子的思想与佛学联系起来，从而使佛学视界成为他

---

1 《庄子》评语，《严复集》（第四册），中华书局，1986，第1115页。
2 《老子》评语，《严复集》（第四册），中华书局，1986，第1083页。
3 《老子》评语，《严复集》（第四册），中华书局，1986，第1096页。

审视、解读《老子》不可或缺的重要维度和视界。

三、《周易》及儒学视界

严复习惯于将《老子》与《周易》《庄子》联系在一起，统称为中国哲学之"三书"。这样一来，他对《老子》与《周易》进行观照乃至互释也就顺理成章了。正是由于这个原因，《周易》视界也成为严复解读《老子》以及老子思想的重要维度。在严复看来，老子之道就是《周易》所讲的太极。具体地说，道、太极不仅与佛学的自在一样是对宇宙"第一因"的探究，而且对宇宙"第一因"给予了相同的回答——从根本上说，老子尊奉的作为宇宙"第一因"的道就是语出《周易》的太极，道与太极同为一物。肯定道与太极同为一物是严复对《老子》与《周易》的思想相互诠释、相提并论的前提，也大致框定了他从《周易》的维度审视老子、解读《老子》的致思方向和诠释范式。

严复进而指出，道、太极表明，老子和《周易》奉为宇宙"第一因"的存在如出一辙，从宇宙"第一因"中推演世界万物的思维模式别无二致。在这方面，老子之道和《周易》之太极都属于"公例"。以"公例"为宇宙"第一因"进行推理表明，《老子》和《周易》都运用演绎法建构哲学体系。沿着这个思路，严复将《老子》和《周易》视为中国哲学演绎法的典型代表。对此，严复解释说："道，太极也，降而生一。言一，则二形焉。二者，形而对待之理出，故曰生三。夫公例者，无往而不信者也。使人之所教，而我可以不教，或我教而异夫人之所教，凡此皆非公例可知。非公例，则非不易之是非，顺之必吉，违之必凶者矣。是故居今之言事理也，视中西二俗，所不期然而合者。不期然而合，必其不可叛者矣。下此，中然而西否，或西然而中否，皆风俗之偶成，非其至矣。"[1]综观严复的思想可以发现，他一再强调老子擅长逻辑学，老子所讲

---

1 《〈老子〉评语》，《严复集》（第四册），中华书局，1986，第 1093 页。

的逻辑学与《周易》哲学一样属于演绎法。这段议论为他的这个观点提供了注脚，同时也拉近了《老子》以及老子思想与《周易》之间的距离。

按照严复的说法，《老子·第四十二章》的"道生一，一生二，二生三，三生万物"与《周易》的"《易》有太极，是生两仪。两仪生四象，四象生八卦。八卦定吉凶"属于相同的哲学建构，因为二者遵循相同的逻辑推理，都是由一至多，也就是都由一个公理推导出个别结论；道、太极皆是公理也就是他所说的"公例"，故而"无往而不信"。循着这个逻辑，严复得出结论：如果说寻找宇宙"第一因"表明《老子》《周易》与西方哲学的致思方向是一致的，同时也证明了二者都是哲学著作的话，那么，老子和《周易》对于宇宙"第一因"的回答则带有中国哲学的鲜明特质和印记。原因在于，道、太极在表明老子和《周易》都倚重演绎法的同时，也先天地注定了老子哲学与《周易》的亲缘性。在严复的视界中，老子和《周易》在哲学领域的相同之处除了共同注重演绎法之外，还包括恪守不可知论。严复多次指出《老子》和《周易》在哲学上都属于不可知论，对老子思想与佛学不可知论相近相通的论证就牵涉到了《周易》。

值得一提的是，严复认定孔子是《周易》的作者，这意味着他强调老子与《周易》相通也就等于承认老子与孔子的思想相近相通。不仅如此，严复还直接对老子与孔子以及儒家思想相提并论，进行互释。例如，严复在《老子》的"强行者有志"中读出了积极有为和凌云壮志，并将之与孔子、孟子代表的儒家追求道义的志向直接联系起来。于是，严复发出了如下评价：

> 惟强行者为有志，亦惟有志者能强行。孔曰："知其不可而为之"。孟曰："强恕而行"。又曰："强为善而已矣"。德哲噶尔第曰："所谓豪傑者，其心目中常有一他人所谓断做不到者"。凡此，皆有志者也。中国之将亡，坐无强行者耳。（此批在"强行者有志"句上。）[1]

---

[1] 《老子》评语，《严复集》（第四册），中华书局，1986，第 1089 页。

在此基础上，严复进一步弥合老子与孔子、孟子以及周敦颐等人的思想界线，借此证明老子与孔子等人代表的儒家思想在关于生死的人生观、求善的价值观上完全一致。下仅举其一斑：

> 苟知死而有其不亡者，则夭寿一耳。故曰："朝闻道，夕死可矣。"甚矣！人不可不识，不可不求此，死而不亡者也。（此批在"死而不亡者寿"句上。）[1]

> 《周易》以善继性，《老子》以善几道。周茂叔曰："诚无为，几善恶"，皆至言也。（此批在"水善利万物而不争，处众人之所恶，故几于道"句上。）[2]

在论证老子与儒家思想具有内在一致性的过程中，严复特意提到了《老子·第二十二章》。可以看到，严复在评注《老子》时对这一章格外重视，从《周易》《中庸》到大儒——朱熹皆在他对这一章的评注中不期而至。对于《老子·第二十二章》，严复给出的总体评价是："此章之义，同于《大易》之谦卦。（此批在'古之所谓曲则全者，岂虚言哉'句上，系总评二十二章者。）"[3]不仅如此，他在《老子·第二十二章》的开章便评注曰："曲，一部分也；举一部分，则全体见矣。故《中庸》曰，其次致曲。天下惟知曲之为全者，乃可以得。故西人重分析之学，朱晦菴亦言大处不行，终由小处不理也。"[4]

无论对于严复本人还是对于《老子》来说，严复以《周易》《中庸》等国学经典和孔子、孟子、周敦颐、朱熹等儒家人物的思想解读《老子》的做法都意义非凡。对于这个问题，可以从以下两个方面去理解：第一，从对于严复思想意义的角度看，《老子》与儒学的互释架设了他的早期思想通往后期思想的桥梁。众所周知，严复的思想以1918年为界，前后之间变化巨大，以至于判

---

1 《老子》评语，《严复集》（第四册），中华书局，1986，第1090页。
2 《老子》评语，《严复集》（第四册），中华书局，1986，第1078页。
3 《老子》评语，《严复集》（第四册），中华书局，1986，第1084页。
4 《老子》评语，《严复集》（第四册），中华书局，1986，第1083页。

若两人：就对中西文化的侧重而言，他在 1918 年之前以宣传、翻译西学为主，1918 年之后以挺立中学为主。就对中国文化的侧重而言，严复的早期思想以老子、庄子代表的道家思想为主，晚期以孔子、孟子代表的儒家思想为主。从这个意义上说，严复对《老子》与儒家思想相通的解读和彰显既展示了《老子》的儒学维度，又从一个侧面奠定了他从早期转向晚期的思想连贯性和相通性。第二，从对于《老子》意义的角度看，《〈老子〉评语》展示了严复思想的独特气质，在戊戌启蒙思想家中尤为显得卓尔不群。严复审视《老子》的儒学视界既直观呈现了《老子》内容的开放性、多元性和圆融性，又展示了他的《老子》观以及老学观迥异于同时代哲学家的独树一帜。与严复同时代的近代哲学家——如康有为特别是谭嗣同、梁启超等人绝口不提《老子》与儒学的内容相通，更遑论像严复那样对《老子》与诸多儒学经典和儒学人物的思想进行互释了。康有为对《老子》以及老子与孔子的关系乐此不疲，连篇累牍地声称老子作为孔子后学只得孔学之"一端""一体"，并且对《老子》流露出明显的贬损之意。正是在这个意义上，康有为一而再、再而三地宣称：

> 老子之学，只偷得半部《易经》。[1]
>
> 《易》言刚柔，老只有一个柔字。[2]
>
> 老子之学，得孔子之一端。[3]

康有为认定老子的思想既不出孔学的范围又低于孔子的思想，并且将老子以及《老子》的时间后移。他断言："虽《老子》、《管子》亦皆战国书，在孔子后，皆孔子后学。"[4] 显而易见，康有为认定《老子》是隶属于孔子思想的，并在这个前提下对《老子》极尽贬损之能事。甚至可以说，康有为对《老子》以及老子思想的提及和阐发都围绕着彰显孔子权威这个终极目的展开。与康有为的立

---

1 《万木草堂口说·学术源流》，《康有为全集》（第二集），中国人民大学出版社，2007，第 144 页。
2 《万木草堂口说·易》，《康有为全集》（第二集），中国人民大学出版社，2007，第 156 页。
3 《万木草堂口说·学术源流》，《康有为全集》（第二集），中国人民大学出版社，2007，第 138 页。
4 《桂学答问》，《康有为全集》（第二集），中国人民大学出版社，2007，第 21 页。

言宗旨相去霄壤，严复对《老子》与儒学相通的解读、诠释是在老子的思想独立于孔子、《老子》与儒家经典平等对话的前提下进行的。正因为如此，严复以《周易》以及儒学视界审视《老子》的做法在揭示《老子》内容的丰富性、多面性、包容性和圆通性的同时，既彰显了《老子》的独立地位，又提升了《老子》的价值和意义。

《〈老子〉评语》借助对《老子》的解读既凝聚了严复的哲学理念、文化意趣和政治诉求，又在从不同维度展示老子思想内容的同时，反击了包括康有为、谭嗣同和梁启超在内的其他近代哲学家对老子的负面评价，因而直观再现了戊戌启蒙思潮内部的分歧。康有为、谭嗣同和梁启超对老子的态度、评价并不完全相同，对老子的批评呈现出激烈与温和之别。大致说来，谭嗣同是近代哲学家中最激进的排老派，对老子思想由始至终都持否定态度；康有为对老子的思想以否定为主，却对老子养生方面的思想流露出难以按捺的好感；梁启超对老子的评价可以分为两个阶段，早年受康有为的影响而抨击老子的思想贻害中国，后来则将老子和孔子、墨子一起誉为中国文化的"三圣""三位大圣"而倍加推崇。尽管如此，梁启超与康有为、谭嗣同都对老子的思想发出过严厉批判，并且都将中国近代社会的贫困衰微归咎于老子的政治、经济或哲学思想。总的说来，康有为、谭嗣同和梁启超不是将老子说成是中国几千年暴政的始作俑者，就是将老子说成是陷近代中国于万劫不复深渊的罪魁祸首。面对三人对老子的谴责、攻击和鞭挞，严复竭尽全力为老子辩护，而这一切主要是通过《〈老子〉评语》完成的。有鉴于此，《〈老子〉评语》无论在严复的哲学观中还是在中国近代哲学史、老学史上都拥有重要的一席之地。

第三节　老子与庄子

上述内容显示，严复审视《老子》的维度是多元的，老子的思想在严复的视界中是开放的，故而与西学、佛学和儒学代表的中学息息相通，尤其是与从哲学、自然科学、民主思想到基督教在内的西学皆如合符契。在这个前提下，尚须进一步澄清的是，对于严复来说，综观古今中外，老子与庄子的思想相似度最高。当然，老子的思想与西学、佛学和儒家代表的诸多思想相合和与庄子思想相合并行不悖，或者说是老子与庄子思想的共同点。除此之外，老子与庄子之间还存在诸多只属于两人共有而其他先秦诸子乃至古代哲学家所没有的共同主张和相同之处。正是由于这个原因，严复不仅习惯于对老子与庄子的思想进行比较，而且热衷于对两人的思想进行互释。

一、老子与庄子思想比较

严复认为，庄子的思想源于老子，两人的思想大同小异。正因为如此，严复对老子与庄子的思想比较在某种程度上演绎为对两人思想相同点的展示或证明。在严复的视界中，老子和庄子思想的相同、相似之处不胜枚举，抛开具体观点或细枝末节不论，仅精神实质和思想主旨的相同就在各个领域和诸多方面共同体现出来。

首先，在哲学观上，严复指出，老子和庄子都崇尚自然。

严复认为，《老子》《庄子》书中所讲的天地并不是指鬼神之主宰，而是指万物之自化。这用严复本人的话说便是："老庄书中所言天地字面，只宜作物化看，不必向苍苍搏搏者著想。"[1]依据严复的解读，老子、庄子都从自然的角度界定道，对道的理解如出一辙。不仅如此，两人一样彰显道的超言绝象性。例如，庄子认为道"终日视之而不见"，就是《老子·第十四章》的"视之不见名曰夷，听之不闻名曰希，搏之不得名曰微"。基于这种认识，严复在《庄子·知北游》篇的"终日视之而不见"一段上批注说："此老子之夷、希、微

---

1 《〈庄子〉评语》，《严复集》（第四册），中华书局，1986，第1130页。

也。"[1]严复的这个批注、解读旨在强调，老子和庄子对世界本原的认识别无二致，对道的理解同样高度契合。

在此基础上，严复反复以庄子的名言观解读、诠释老子在《老子·第三十四章》中对道与名的界定以及对二者关系的阐释。于是，他反复写下了如是评语：

> 大道，常道也。常道，无所不在。左右之名，起于观道者之所居。譬如立表，东人谓西，西人谓东，非表之有东西，非道之可左右也。（此批在"大道氾兮，其可左右"句上。）[2]

> 大小之名，起于比较，起于观者。道之本体，无小大也。语小莫破，语大无外，且无方体，何有比较？一本既立，则万象昭回。所谓吹万不同，咸其自己。使自为大，谁复为之小哉！（此批在"常无欲，可名于小；万物归焉而不为主，可名为大"句。）[3]

依据严复的解读，在道与言的关系问题上，老子与庄子的看法完全相同。严复进而强调，两人的这个相同之处非常重要，不仅成为道家的基本主张，而且彰显了道家思想的独特气质和神韵。正是由于这个原因，老子、庄子在道与言的关系问题上的一致性通过与儒家、墨家和法家观点的比较显得更为明显而突出。对此，严复特意强调："太史公《六家要旨》（指《论六家要指》——引者注），注重道家，意正如是。今夫儒、墨、名、法所以穷者，欲以多言求不穷也。乃不知其终穷，何则？患常出于所虑之外也。惟守中可以不穷，庄子所谓得其环中，以应无穷也。夫中者何？道要而已。"[4]这就是说，从儒家、墨家、名家到法家都"欲以多言求不穷"，只有道家以无言"应无穷"。在以无言"应无穷"方面，庄子所讲的"得其环中"最解其味，而这与老子、庄子代表的道

---

1 《〈庄子〉评语》，《严复集》（第四册），中华书局，1986，第1137页。
2 《〈老子〉评语》，《严复集》（第四册），中华书局，1986，第1090页。
3 《〈老子〉评语》，《严复集》（第四册），中华书局，1986，第1090页。
4 《〈老子〉评语》，《严复集》（第四册），中华书局，1986，第1077页。

家对道以及对道与言之关系的界定和理解密不可分。

其次，在价值观上，严复认为，老子、庄子秉持相同的价值取向和人生追求，并且通过与儒家思想的泾渭分明突出两人观点的一致性。

杨朱主张"为我"是严复的基本观点，既是他判断杨朱与庄子是同一人的证据，又使严复对老子含有微词。尽管如此，严复更为关注庄子的"为我"思想与老子的密切度和一致性。在解读《庄子》时，严复借助对《庄子·庚桑楚》篇的评语集中阐明了这个问题。现摘录如下：

> 庄周即不为杨朱，而其学说，则真杨氏为我者也。故《庚桑楚》之所欲得者，全其形生而已，而南荣趎所愿闻于老聃者，卫生之经而已。即其初见之为问，其所苦于智仁义者，则愁我躯也，愁我身也，愁我己也。由此言之，则师弟之所谓至德要道，嫥嫥于为我，不亦既著矣乎！且不仅是篇为然，盖其所言，莫不如是。是以残生伤性，等伯夷于盗跖。而黄帝之问于广成子也，虽求至道之精，将以养人民，遂群生，而广成子且訾以质残，不足以与于至道，独问治身何以长久，而后蹶然善之。是故极庄之道，则圣人生天行，死物化，去知与故，循天之理，于以无天灾，无物累，无人非，无鬼责而已。至于儒墨所谓仁义，则指为不安性命之情，而为桀跖嚆矢者矣。孔曰，杀身成仁；孟曰，舍生取义；则为其道之所薄，而以为殉名，非不仁义也。以仁义之不及于道德，而使天下大絯也。是故杨之为道，虽极于为我，而不可訾以为私。彼盖亲见人心之偾骄，而民于利之勤，虽以千年之礼法，祗以长伪而益乱，则莫若清静无为，翛往伺来，使万物自炊累也。（此批系总评全篇。）[1]

据此可知，在总评《庄子·庚桑楚》全篇时，严复指出，"为我"是老子思想的题中应有之义，并被庄子和杨朱发挥到了极致。这就是说，在标榜"为我"

1《〈庄子〉评语》，《严复集》（第四册），中华书局，1986，第1141页。

上，庄子与老子相同。例如，对于《庄子·天下》篇的"关尹老聃闻其风而悦之"一段，严复的评语是："为我之学，固原于老。"[1]这表明，严复认定老子是"为我"思想的首创者。这意味着庄子、杨朱提倡"为我"便与老子的思想具有渊源关系。在这个前提下，严复极力彰显庄子所讲的"为我"与老子的一致性。

依据严复的解读和分析，正如老子、庄子之所以主张"为我"与对仁义的理解息息相关一样，而两人无论对仁义的理解还是对仁义的态度都完全相同。一言以蔽之，老子、庄子都抨击儒家的礼法，都将儒家的礼法视为致乱之源，或戕害人生之首。这用严复本人的话说便是："老氏庄周，其薄唐虞，毁三代，于一是儒者之言，皆鞅鞅怀不足者，岂无故哉！老之言曰：'失道而后德，失德而后仁，失仁而后义，失义而后礼。礼者忠信之薄，而乱之首也。'始吾尝傥然怃然，不知其旨之所归，乃今洞然若观火矣。礼者，诚忠信之薄，而乱之首也。虽然，礼者既如此矣，藉今更为之转语曰：失礼而后刑，则不知于治之效又何若也。民主者以德者也，君主者以礼者也，专制者以刑者也。礼故重名器，乐荣宠；刑故行督责，主恐怖也。且孔子不云乎：'道之以政，齐之以刑，民免而无耻。道之以德，齐之以礼，有耻且格。'特未若孟氏之决然洒然，言君主之必无德，专制之必无礼耳。嗟呼！三代以降，上之君相，下之师儒，所欲为天地立心，生人立命，且为万世开太平者，亦云众矣。顾由其术，则四千余年，仅成此一治一乱之局，而半步未进。然则，老庄之所訾警者，固未可以厚非，而西人言治之编，所以烛漫漫长夜者，未必非自他之有耀也。"[2]据此可见，无论庄子与杨朱是否为同一人，严复都极力突出庄子与老子思想的一致性，即使对杨朱"为我"的认定也不例外。正因为如此，严复在翻译孟德斯鸠的《论法的精神》时，对老子和庄子并提而不是像康有为那样对老子与杨朱或像蔡元培那样对庄子与杨朱并提。

---

1 《〈庄子〉评语》，《严复集》（第四册），中华书局，1986，第1147页。

2 《法意》按语，《严复集》（第四册），中华书局，1986，第961页。

再次，在政治观上，严复认为，老子、庄子皆向往民主之治，对民主境界和自由、平等的理解完全一致。

严复指出，老子、庄子在哲学上对自然的崇尚预示了两人在政治上追求自由、平等和民主思想的一致性。奥秘在于，老子、庄子在哲学上推崇的自然表现在政治和人类社会领域便是无为而治，任民自化。在这方面，严复一再强调庄子主张自由、平等，与老子的观点高度契合。对于这个问题，严复在评注《庄子·应帝王》篇时借题发挥说："此篇言治国宜听民之自由、自化，故狂接舆以日中始之言为欺德。无名人之告殷阳曰，顺物自然，而无容私焉，而天下治矣。老聃告阳子居曰，明王之治，功盖天下，而似不自己，化贷万物，而民弗恃。……凡国无论其为君主，为民主，其主治行政者，即帝王也。为帝王者，其主治行政，凡可以听民自为自由者，应一切听其自为自由，而后国民得各尽其天职，各自奋于义务，而民生始有进化之可期。"[1] 基于这种理解，严复乐此不疲地对老子与庄子的思想相提并论，并在这个前提下对两人的思想与孟德斯鸠、卢梭等人的启蒙思想相互诠释。

上述内容显示，在严复的视界中，老子与庄子思想的相同性不是细枝末节的，而是根本性的。这是因为，以上三个方面的内容正是严复所认定的老子和庄子思想的主体内容。早在翻译西方著作或宣传西学时，严复便习惯于老子与庄子对举，用以疏导孟德斯鸠等人的思想。对于这一点，《孟德斯鸠法意》按语中老子、庄子对礼的抨击便是明证。对于严复来说，老子与庄子思想的一致性并不限于对礼的抨击，甚至并不限于某一方面或具体观点，而是更为根本的思想主旨、致思方向和价值旨趣的相同相通，故而具体观点每每相同乃至相同点颇多。其中，最明显的一点是，老子与庄子的为学次序相同，这使《老子》第一、二、三章的内容在先后次序上与《庄子》的首三篇也就是《逍

遥游》《齐物论》《养生主》完全相同。基于这种认识，严复在总评《庄子》第一、二、三篇时，开宗明义地指出："《南华》以《逍遥游》为第一，《齐物论》为第二，《养生主》为第三；《老子》首三章亦以此为次第。盖哲学天成之序也。人惟自知拘虚，大其心，扩其目，以观化，而后见对待之物论无不可齐，而悟用力最要之所在也。"[1] 既然如此，老子与庄子的思想之间相同点多多也就顺理成章了。

二、老子与庄子思想互释

在肯定老子、庄子思想相似乃至相同的前提下，严复热衷于对两人思想进行互释。正如《〈老子〉评语》中大量援引庄子的观点一样，在《〈庄子〉评语》中，老子的观点成为主要证据。于是，以庄释老与以老释庄相互印证成为严复解读、诠释《老子》《庄子》或老子和庄子思想的靓丽风景。

一方面，严复喜欢以庄子解读、注释老子的思想，这方面的例子在《〈老子〉评语》中比比皆是。下仅举其一斑：

《南华·养生主》一篇，是此章（指二十七章——引者注）注疏。其所以善行、善言、善数、善闭、善结，皆不外依乎天理。然何以能依天理，正有事在也……

吉凶生乎动。与《南华·养生主》旨意正同。（此批在"出生入死。生之徒十有三，死之徒十有三，人之生，动之死地亦十有三。夫何故？以其生生之厚"数句上。）[2]

庄子曰："作始也简，将毕也钜。"（指《庄子·人间世》篇的"其作始也简，其将毕也必巨"——引者注）足与此章（指《老子·六十四章》——引者注）相发明，皆物理历史之公例也。（此批在"为之于未有，治之于

未乱。合抱之木，生于毫末；九层之台，起于累土；千里之行，始于足下"
数句上。)[1]

《庄》曰因明，《老》曰袭明。因即袭也。(此批在"常善救物，故无弃物。
是谓袭明"句上。)[2]

汉阴丈人不取桔槔，则有什伯之器而不用者也。(此批在"小国寡民，
使有什伯之器而不用"句上。)[3]

稍加留意即可发现，严复的以庄释老宏观透视与个案发微相结合。以上述
评注为例，前三段评注侧重《老子》《庄子》的宏观之篇章，后两段评注则侧
重两书的具体之观点。如果说寻找庄子的思想与《老子》书中的某一句话或某
一观点相契合并不难，难的是证明《庄子》整篇的思想就是发挥《老子》的某
一观点而来。更有甚者，庄子的观点可以与《老子》的观点相互"发明"，如
第三段引文所示。这在展示严复以庄释老关注宏观维度的同时，也提升了《庄
子》的地位。除了认定《庄子》的某篇是对《老子》思想的发挥之外，严复还
断言《庄子》的某一观点是对《老子》整章的具体发挥。对于这一点，《老子·第
十三章》与庄子思想的关系即是明证。于是，严复宣称："此章乃杨朱为我，
庄周养生之所本。(此批在十三章篇首，系总评十三章者。)"[4]

另一方面，严复对于以老子的思想解读庄子同样乐在其中。无论严复的老
子与庄子并提应对西方思想还是以庄解老都奠基在同一个前提之上，那就是：
确信老子与庄子的思想相通相同。正是由于这个原因，严复老庄互释的这个习
惯和做法从对《老子》的解读一直延续到对《庄子》的解读。于是，老子和《老
子》一而再、再而三地出现在《〈庄子〉评语》中。下面的例子在《〈庄子〉评
语》中绝非个案：

1《〈老子〉评语》，《严复集》(第四册)，中华书局，1986，第1097页。

2《〈老子〉评语》，《严复集》(第四册)，中华书局，1986，第1086页。

3《〈老子〉评语》，《严复集》(第四册)，中华书局，1986，第1098页。

4《〈老子〉评语》，《严复集》(第四册)，中华书局，1986，第1080页。

吾读此篇（指《庄子·人间世》篇——引者注），未尝不废书而叹也。夫庄生《人间世》之论，固美矣。虽然，尽其究竟，则所言者，期于乘物而遊，托不得已以养中，终其天年而已。顾吾闻之，人之生于世也，俛仰上下，所受于天地父母者至多，非人类而莫与。则所以为万物之灵者，固必有其应尽之天职，由是而杀身成仁，舍生取义之事兴焉。此亦庄生所谓不可解于心，无所逃于天地之间者，岂但知无用之用，远祸全生，遂为至人已乎？且生之为事，亦有待而后贵耳。使其禽视兽息，徒曰支离其德，亦何取焉。此吾所以终以老庄为杨朱之学，而溺于其说者，未必无其蔽也。观于晋之夷甫平叔之流，可以鉴矣。（此系总评全篇）[1]

一开口便说其杂多而扰，此与《庚桑楚》篇，老子一见南荣趎便说，人何与人偕来之众，意正相发。（此批在"夫道不欲杂，杂则多"一段上。）[2]

屈大均曰，心从知而得，知之外无所谓心也。常心从心而得，心之外无所谓常心也。知即心，心即常心，大抵圣愚之分在知不知，知即有物皆心，不知即有心皆物。庄生之齐物，亦齐之于吾心尔。知心之外无物，物斯齐矣。屈氏所言，乃欧西惟心派哲学，与科学家之惟物派大殊，惟物派谓此心之动，皆物之变，故物尽则心尽，所言实凿凿可指，持惟心学说者，不可不深究也。（此批在"以其知，得其心"一段上。）[3]

在这里，严复反复以老子的思想注解、诠释庄子的观点，贯彻了以老释庄的解读范式和理论意趣。深入分析和思考可以发现，严复的以老释庄与以庄释老呈现出原则区别，故而不可对二者等量齐观。原因在于，在以庄释老的过程中，严复强调庄子的观点甚至《庄子》的整篇都是对老子某一观点的发挥。在以老释庄的过程中，严复有时以《老子》的整章与庄子的观点互释。这从一个

1《〈庄子〉评语》，《严复集》（第四册），中华书局，1986，第 1109 页。

2《〈庄子〉评语》，《严复集》（第四册），中华书局，1986，第 1109—1110 页。

3《〈庄子〉评语》，《严复集》（第四册），中华书局，1986，第 1115 页。

侧面表明，严复始终认定老子在前、庄子在后，庄子是老子后学。正因为如此，尽管严复有时声称庄子与杨朱是同一个人，然而，他对庄子与老子关系的认定有别于对杨朱与老子关系的认定。具体地说，借助庄子对《老子》思想的发挥，严复坐实了庄子是老子后学，因而堵塞了庄子像杨朱那样出现在老子之前的可能性。

严复对老子、庄子思想的比较、互释在近代哲学家中独树一帜，故而显得与众不同，也因而具有重要意义。大致说来，严复始终侧重老子与庄子思想的相同性，而不是像康有为尤其是章炳麟那样侧重老子与庄子思想的差异性。严复之所以认定老子与庄子的思想大旨相同、并且可以互释，一个重要的逻辑前提是肯定庄子是老子后学，庄子在继承老子思想的基础上对道家思想进行阐扬。这样一来，老子与庄子同为道家，并且具有渊源关系，彼此之间思想相近乃至相同便成了预料之中的事。由此可以设想，假如严复像康有为特别是谭嗣同等人那样将庄子说成是孔子后学甚至是孔学嫡派的话，那么，庄子与老子思想的相同性将无从谈起。一言以蔽之，在严复的视界中，庄子作为老子后学总是以道家的立场进行思考。对于这一点，《庄子·天下》篇提供了最佳注脚。严复断言："此篇（指《庄子·天下》篇——引者注）所列而论之方术，曰墨翟、禽滑釐，曰宋钘、尹文，曰彭蒙、慎到、田骈，曰老聃、关尹，终乃自叙。虽然，春秋战国方术之多，不减古欧之希腊。庄生独列此四五者，其大者则周孔，小者则史谈之六家，岂其所取，必与己为类，而有其相受递及者欤？不然，其言固不足以尽当时之道术明矣。"[1]

严复往往以道家称谓、解读庄子的思想，对《庄子·天下》篇的定性与康有为差若云泥。这是因为，康有为将庄子定位为孔子后学，故而将此篇界定为庄子为了推崇孔子、颠簸老子之作。与康有为肯定庄子颠簸老子截然相反，严

---

[1]《〈庄子〉评语》，《严复集》（第四册），中华书局，1986，第 1147 页。

复始终彰显庄子的道家立场。对于《庄子》书中的"老聃曰，小子少进"一段，严复评注说："此皆道家想当然语，其说已破久矣，读者不可为其荒唐所笼罩也。"[1]一目了然，严复在这里所讲的"道家"赅老子和庄子言。

第四节 《〈老子〉评语》的反响

《〈老子〉评语》从开始写作到衰辑出版一直备受关注，夏曾佑、熊元锷和曾克嵩先后为之作序，足以证明其在当时的反响。三人所作的序从不同角度生动再现了时人对《〈老子〉评语》的高度关注和评价，也从一个侧面印证了《〈老子〉评语》的开拓性和创新性。透视、分析这些序既有助于直观了解《〈老子〉评语》在当时的反响，又有助于透过当时的历史背景、文化语境深刻体会其学术意义和理论价值。

一、夏曾佑之序

夏曾佑与戊戌志士交往甚密，学术切磋较多。与此同时，他对严复的思想也比较熟悉。不知是否出于这个原因，夏曾佑为《〈老子〉评语》所作之序在三序之中最长。原文如下：

> 神洲古籍，皆托物以言理，六艺是已。师法既失，则传其物，而遗其理。自后汉以至国初，所谓闻人，其所学，与周秦之六艺奚若？与前汉之六艺又奚若？今日一一可度数也。今之谈者，以为六艺之说，文曲旨隐，特在口耳，不恃竹素，故经红休之乱，而涂径遂迷，若举理而不托物者，将毋经久而不泪？然考《老子》书二篇，言理而不托物者也，而自古及今，其说之纷呶，则倍蓰于六艺焉。韩非受学于孙卿，孙卿受学于子弓之

---

1 《〈庄子〉评语》，《严复集》（第四册），中华书局，1986，第1129页。

徒，子弓受学于孔子，孔子受学于老子，相去裁五六传，非又最服膺于老子。《解老》、《喻老》二篇，为古今注老之最朔，而所言已与庄周大不同，于是老子遂为名法家之初祖。汉兴，盖公黄生之伦，其学不知其所从出，而以黄老自号，因缘际会，遂成显学。于是老子又为黄帝之大宗。顾其时犹与安期、羡门之流，不并席而坐也。自桓帝以老子与浮屠并祠，而老子乃有为大神之渐。光和中，梅瑟之法入于震旦。张角因之立太平道，以符祝为人治病，教病者叩头思过，因以符水饮之。愈者，则云此人信道。其或不愈，则为不信道。张陵为五斗米道，法亦如角，而加使人习《老子》五千文以充奸令，为鬼吏。元魏寇谦之自言，神瑞二年十月乙卯，忽遇天神乘云驾龙，导从百灵仙人、玉女、左右侍卫，集止嵩岳，称太上老君受己丹法，于是老子又为道教之教宗。而较三张稍后，魏晋之间，文章之士，颇以放旷自逋，名之曰老庄，与道教同时而大异，于是老子又为名士之职志。自是以来，托于老子而自见者，殆千百家，而大旨不越是四者。异哉！举理而不托物者，其说之纷呶若是之甚也！若欲从而定其是非，非大愚其孰为之！

老子既著书之二千四百余年，吾友严几道读之，以为其说独与达尔文、孟德斯鸠、斯宾塞相通。尝为熊季廉说之，季廉以为是。曾佑闻之，亦以为是也。于是客有难者曰：严几道是，则古之人皆非矣。是必几道之学，为二千数百年间所未有而后可。其将何以立说？应之曰：君亦知流略之所从起乎？智识者，人也；运会者，天也。智识与运会相乘而生学说，则天人合者也。人自圣贤以至于愚不肖，其意念无不缘于观感而后兴。其所观感者同，则其所意念者亦同。若夫老子之所值，与斯宾塞等之所值，盖亦尝相同矣。而几道之所值，则亦与老子、斯宾塞等之所值同也。此其见之能相同，又奚异哉！

老子生古代之季，古之世，称天以为治。主宰前定之义，原于宗教，而达于政治，凡在皆然也。周之制，凡天下之学，能为语言文字所持载者，无不集于史。老子既居其极备以观其全，复值其将弊而得其隙，沈思积验，而恍然有得于其所以然之故。其所言者，皆其古来政教之会通也。斯宾塞等生基督宗教之季，基督之教，称天以为治，主宰前定之义，原于宗教，而达于政治，均与老子之时同。而英、法之制，凡为语言文字所能持载者，与为非语言文字所能持载者，皆备于学，则又过于周之史。斯宾塞等既居其极备以观其全，复值其将弊而得其隙，沈思积验，而恍然有得于其所以然之故，其所言者，亦其古来政教之会通也。几道既学于西方，而尽其说。而中国之局，又适为秦汉以后一大变革之时，其所观感者与老子、斯宾塞同。故吾以为即无斯宾塞，而几道读《老子》亦能作如是解。而况乎有斯宾塞等以为之证哉！故几道之谈《老子》之所以能独是者，天人适相合也。即吾说引而伸之，作惟证几道之说之所以是，亦可以证古人之说之所以非。盖古人之说，无不有所观感而兴，惟其所观感者，与老子时异耳。七王之季，攻战不休，非束湿无以用众。而又惩于韩、魏、赵氏、田氏、吕不韦、李园之祸，淫于李悝、商君、申不害之说，故有刑名之学。汉承秦弊，反秦之道，乃足自存，故有黄老之学。魏武原出宦官，绝儒生，恶气节。司马氏因之，益以自危。为所猜者，无胡越之可走，则惟有自汙以求免而已，故有老庄之学。西汉神话与经说合，东汉神话与经说分。神话无归，故有道教之学。其间世变虽亟，而于政教之大纲，则初无所变易。故生其间者，不能如老子之时之深远，而各守一偏曲之见以为宗极。非其人之不及几道，其天与人不相值也。言及此，而曾佑之以几道为是，古人为非，非理之至确者哉！兹季廉将刊其书以公于世，因为述其大义如此。[1]

品读、概括夏曾佑为《〈老子〉评语》所作的序，可以大致归纳出以下三

1 《〈老子〉评语》序，《严复集》（第四册），中华书局，1986，第 1099—1101 页。

个方面的内容。

首先，夏曾佑指出，《老子》的表达方式极为独特，以至于给后世对《老子》的解读和诠释造成了困惑。

夏曾佑一面肯定中国古籍如六艺等皆托物言理，一面强调《老子》言理而不托于物。不托物而言理的言说方式使《老子》的表达抽象蕴藉，也因而造成了后人对《老子》的解读歧义丛生。沿着这个思路，夏曾佑将历史上对《老子》的解读归纳、划分为四种不同的类型：第一，战国末期的韩非等人作《解老》《喻老》，老子因而成为名法家之始祖。第二，西汉初年，盖公、黄生等人的学说以黄老自号，老学成为"显学"，老子也随之被奉为"黄帝之大宗"。第三，佛教传入中土之后，老子与释迦牟尼并祠，老子的思想也随之与宗教相混。张角、张陵和寇谦之等人都借助老子的名义创教或传教，老子因而成为道教的教主。第四，魏晋名士放浪形骸，隐遁山林，好言老庄。在这种背景下，老子也随之成为玄学名士标榜的圣人。

夏曾佑总结说，从古至今，假托老子而自见者不下百家千家，归纳起来，不外乎以上四种情况。在此基础上，他强调指出，从前解老的四种情况表面上看来相去甚远，从实质上看却都没有洞察到老子之"宗极"。正是由于这个原因，其论虽异，却都没有抓住老子思想之精髓，故而皆为非。

其次，在排斥前人解老的基础上，夏曾佑肯定严复找到了解读《老子》的正途。

在夏曾佑看来，严复找到了解读《老子》的正确方法，因而对《老子》的解读、诠释至确。这是因为，严复将老子的思想置于西学的视域之下，直接与达尔文、孟德斯鸠和斯宾塞的思想相参照，以西方思想疏发老子之旨。

夏曾佑进一步解释说，严复之所以这样做，可谓是天人相合——既是环境使然，又有严复个人方面的原因。以老子与斯宾塞为例，两人思想的基本内容"皆其古来政教之会通也"，"若夫老子之所值，与斯宾塞等之所值，盖亦尝相同矣"。正是由于这个原因，如果说"老子生古代之季，古之世，称天以为治。主宰前定之义，原于宗教，而达于政治，凡在皆然"的话，那么，"斯宾塞等生基督宗教之季，基督之教，称天以为治，主宰前定之义，原于宗教，而达于政治，均与老子之时同"。这表明，天人际会促成了老子与斯宾塞思想的相通相合，严复的难能可贵之处恰恰在于洞察到了这一点，因而能够抓住老子思想的精髓。正因为严复抓住了老子思想的精髓，所以，《〈老子〉评语》才能够发"二千数百年"所未发。

再次，夏曾佑强调，解老、注老者在历代都不乏其人，只有严复对《老子》的解读是达诂、的解。

夏曾佑认为，严复所处的中国近代社会与老子、斯宾塞之世相同，这拉近了严复与老子、斯宾塞之间的距离，也使严复能够对两人的思想感同身受。正是由于这个原因，严复可以审时度势，在以斯宾塞的思想印证《老子》的过程中借题发挥，阐发自己的思想。在夏曾佑看来，即使没有斯宾塞，严复读《老子》"亦能作如是解"，斯宾塞的作用只是催发了严复的灵感而已。

总而言之，依据夏曾佑的说法，由于《老子》文本的特殊性，后人皆不解其味，以至于使一部老学史异化为一部对老子思想的误读史。中国近代特殊的历史背景、文化语境和时代需要选择严复成为揭示《老子》本旨的第一人——当然，严复也没有辜负时代的选择和历史的重托。凭借《〈老子〉评语》，严复拨云见日，一扫前人对老子的误解，使老子的思想终得以真面目示人。从这个意义上说，严复功莫大焉，《〈老子〉评语》发前人所未发，意义和价值自然不容低估。

二、曾克嵩之序

除了夏曾佑之外，曾克嵩也为严复的《〈老子〉评语》作了序。曾克嵩之序如下：

吾尝以象山"东海西海有圣人出，此心此理同"之言，为瞻瞩高远，迈他宋儒远甚，而以为未尽圣人之出也。岂惟东西海，百世而上，百世而下，此心此理盖无不同也。识不能贯东西万里，学不足综上下千古，其何足以言道术之全之真之微哉！自俗师陋儒出，囿于时，拘于虚，奋其私智，逞其臆说，道术乃扞格而不通，迂滞而不可说者，非一日矣。芒乎？芴乎？其将忍此以终古乎？其亦有超绝之士，通古今之邮，极东西之变，以绾其枢机者乎？其诸千百世乃一遇之乎？非吾所得而知也。然自佛法入中国，而唐宋诸儒多以吾儒之说通之，有以为似《易》、《论语》者矣。有以之著复性书者矣，有以之阐性理之学者矣。

自泰西之说入中国，国人初仅以形下之学目之，以为仅工制器械而已，以为仅能窥天测地而已。迨侯官严氏起，广译其书，而后知其于吾《易》、《春秋》之教，《大学》、《中庸》之精义，无二致焉。其所译书既时引吾儒之说疏通而沟贯之，复以其暇乎《老子》而评点之，又时时引西儒之说以相证明，然后知老子真南面君人之术，而非导引清谈权谋之说也。严子尝言，必博通译鞮之学，而后可读吾儒先之书，往往因西哲之启迪而吾说得以益明。吾于是知象山之说之不可易，而严氏生千载后乃能躬践之也，岂非豪杰之士哉！

余独有慨于老子之说，既蒙昧两千余岁，得严氏而后发其真，严氏一人之力不足以发之，犹必藉泰西往哲之说以发之，则东西道术之有待于疏通证明之亟也。如此而吾国经典为俗师陋儒所窜乱，暴君贼子所假借，以惑世诬民者不知其几何也，安得严子复生而一一辨证疏通之邪！不通古今，不足以言通贯；不通中外，不足以言融汇，非甚易事也。严氏往矣，其所发正仅《老子》而已，而吾经典之待发明者又不知其几何也。[1]

---

1 《老子》评语》序，《严复集》（第四册），中华书局，1986，第1102—1103页。

一目了然，曾克耑的序以陆九渊的"东海有圣人出焉，此心同也，此理同也。西海有圣人出焉，此心同也，此理同也。南海北海有圣人出焉，此心同也，此理同也。千百世之上有圣人出焉，此心同也，此理同也。千百世之下有圣人出焉，此心同也，此理同也"（《陆九渊集卷三十三·象山先生行状》）为切入点。这个做法表明，他的序基于一个"前理解"，那就是：中国与西方学术思想相通。沿着这个思路，曾克耑指出，佛学从天竺传入中国之后，国人以各种思想、采取各种形式对之进行疏通、格义。西方思想传入中国之后，国人也像当年对待佛学那样对之予以疏通、解读。尽管如此，在严复之前，国人始终走不出将西学视为形下之学的思想偏见和理论误区。这使国人对待西学仅以工艺技巧视之，只是看中其"窥天测地"的实用价值。正是严复扭转了这一局面，在介绍、翻译西学时将之与《周易》《春秋》《大学》《中庸》直接联系起来。他的做法让国人懂得西方除了工艺技巧之外，还有《周易》《春秋》之教化和《大学》《中庸》之精义。在这个前提下，曾克耑肯定严复对《老子》的点评价值非凡，并且从两个不同的方面进行了阐释和说明：第一，与翻译西书时援引中学加以疏导、贯通相一致，严复在评点《老子》时援引了西方的学术思想相互发明，证明了中国与西方学术的相通、相合。第二，严复援引西学解读《老子》使他获得了对老子思想的真解，不仅为老子洗刷了清谈误国的罪名，而且让人体悟到了老子思想是真正的民主政治——"真南面君人之术"。一言以蔽之，严复的解读既还原了老子思想的真貌，又揭示了老子思想的精髓。

依据曾克耑的分析，中国与西方学术的互释是必然的，老学与西学互释与历史上中国本土文化与佛学传入时与儒家、道家思想的互释别无二致。正因为如此，在西学刚传入中国之时，国人便开始将之与中国本土文化相对接。严复有别于前人或时人的卓越贡献在于，在中西互释时将老子的思想与西学相对接。严复的做法在为老子正名的同时，也改变了人们对西学的肤浅认识和蔑视态度。

三、熊元锷之序

熊元锷之序别开生面，从成书过程的角度介绍了《〈老子〉评语》的由来，进而给出了自己的评价。他之所以这样做，既有特殊原因，又有得天独厚的条件。熊元锷即熊季廉，是严复的得意门生。熊元锷将严复批注的《老子》以《侯官严氏评点老子》为题在日本出版，为《〈老子〉评语》的出版立下了汗马功劳。1901 年，熊季廉、熊育锡出版严复的第一本文集——《侯官严氏丛刻》，严复的感激之情溢于言表。他写诗曰："就中爱我最真挚，屈指先数南昌熊。"诗中的"南昌熊"就是指熊季廉，因为熊季廉是南昌人，故而严复对他有"南昌熊"之称。

与严复的师生之谊和密切交往使熊元锷非常熟悉严复的思想，与《〈老子〉评语》的诸多渊源则使他更了解《〈老子〉评语》形成的具体背景和文化语境。正因为如此，熊元锷在《〈老子〉评语》的序中如是说：

> 先生为芟薙十九，而以己意列其眉。久之，丹黄殆遍，以王辅嗣妙得虚无之旨，其说亦间有取焉。受而读之，大喜过望。……后复请先生附益千数百言。……并为之叙曰：老子者，阅世久而富于经验之人也。其所言，悉得于天道、人事、物理之会通，吾国哲学之滥觞也。其文奥，其恉微。古今注者，虽百千家，大率窈冥幻诡，益令读者堕烟雾，甚且为神仙妖妄之说，不可致诘。近世论稍稍异，忧时之士，恫宗国颠危，求其故而不得，则一归咎于老子。摭拾一二疑似，资其剿剥，一时从风，无持异说者。余尝窃窃然疑之。夫《道德经》，仅为周秦诸子之一而已。考古者时一燔怨心换成巾，孰与四子、五经家绘户诵，就如论者言，恐承今日末流之弊者，在彼不在此，况所剿剥，固未尝达老子本恉也哉！论者既拘于虚，而为偏曲之词，闻者复黜其实，而循盲从之轨，斯亦异矣。且吾国人为论，不察理道之真。不仅此也，一说之兴，一义之立，不必密合情事，

但与其民智相得，皆风施一时，所向披靡。耳食之徒，且不审立说持义者之用意，而亦嚣嚣然鼓唇攘臂，若非此不足彰其好道之诚，见义之勇也者。所谓清议，所谓舆评，大氐皆此。此习既成，求其学术去伪崇真，思想进而愈上，难已。愿读是书者，纡神澄虑，去其所先成于心，然后知原书自经评点，字字皆有着落，还诸实地。正无异希世瑰宝，久瘞荒山，一经拭磨，群知可贵。[1]

依照熊元锷的说法，老子的思想是中国哲学的滥觞，《老子》是中国哲学的宝典。令人痛惜的是，《老子》文字深奥、主旨精微，历代注家均未能达其大旨。历数历史上的解老著作，或者使读者如坠五里雾中，或者将老子思想演绎为"神仙妖妄之说"。随着时代的变迁，近代对老子思想的解读与古代相比发生了巨大转变。尽管如此，近代哲学家与当代解老者一样不能对老子思想鞭辟入理、深中肯綮，而是走向了另一种误区，最终将中国的亡国灭种之灾归咎于老子。熊元锷总结说，上述现象的出现具有相同的根源，质言之，都是未达老子本旨、未察理道之真的缘故。严复秉持"去伪崇真"的原则评点《老子》，尽去前人的"心成之说"，对《老子》所作的注释"字字皆有着落，还诸实地"。至于严复解读《老子》"着落""实地"的实际内容为何，熊元锷并未作出具体说明。不过，从上下文推测应指严复针对"时人"对《老子》的误读。所谓"时人"即"忧时之士"，实际所指则是梁启超。

深入剖析熊元锷为《〈老子〉评语》所作的序可以看到，他的重点不像夏曾佑那样梳理古代解老的"历史"，而是着眼于现实。这用熊元锷本人的话说便是："近世论稍稍异，忧时之士，恫宗国颠危，求其故而不得，则一归咎于老子。"[2] 不仅如此，熊元锷无心比较严复对《老子》的解读、评注与前人的差异、不同，而是有意凸显严复的公允、精准。这就是说，熊元锷的目的不仅在

---

1 《〈老子〉评语》序，《严复集》（第四册），中华书局，1986，第1101—1102页。

2 《〈老子〉评语》熊元锷序，《严复集》（第四册），中华书局，1986，第1101—1102页。

于阐明《〈老子〉评语》的创新性、独特性和开拓性，而且在于论证它的正确性、正当性和权威性。有鉴于此，熊元锷参与到对于老子评价的争论之中，从逻辑上驳斥时人将中国近代的贫困衰微归咎于老子的观点。对此，熊元锷提出的理由是：老子是诸子之一，《老子》（又称《道德经》，熊元锷采用了这个称谓）远没有像四书五经那样达到家弦户诵的普及程度。既然如此，如果说非要将中国近代社会的贫弱衰微、落后挨打归咎于传统文化的话，那么，也应该是指责孔子以及儒家的经典误国而不应该只是将批判的矛头指向老子或《老子》。由此可见，熊元锷在老子观上与严复是一致的，严复对这一点也颇为受用，因而在《〈老子〉评语》中多次援引熊元锷的观点作为自己的奥援。更为重要的是，严复本人非常看重《〈老子〉评语》，因为它带有论战的性质，可以借助对《老子》的解读和发挥暗中批驳梁启超代表的其他近代哲学家对老子的贬损。梁启超在《论中国学术思想变迁之大势》中曾经将老子说成是导致中国贫困衰微的罪魁祸首，因而与严复对老子的解读和评价截然相反。一目了然，面对严复与梁启超之间的分歧，熊元锷是站在严复一边的，尤其是被他批评的"忧时之士"让人不禁联想到梁启超。众所周知，"忧时客"便是梁启超的笔名。

上述内容显示，三位为《〈老子〉评语》作序的作者持有的立场各不相同，立论的角度更是大相径庭：夏曾佑回顾、追溯了中国几千年的老学史，曾克耑侧重严复中西文化的圆融和互释，熊元锷则主要从《〈老子〉评语》的写作过程切入。问题的关键是，三人从不同起点出发，最终却殊途同归——对《〈老子〉评语》的赞扬至高是相同的。深入比较、分析夏曾佑、曾克耑和熊元锷之序不难发现，三人对于《〈老子〉评语》的认识在以下几个方面达成了共识：第一，强调严复对《老子》的解读得老子思想之真解。第二，肯定严复纠正了人们关于老子思想贻害无穷的认识。第三，赞同严复反对将中国的贫困衰微归咎于老子。其中的任何一条都展示了严复对老子思想的创新解读，证明了《〈老子〉评语》对老子思想的解读既与古人有别，又针对当时人们对老子的诽谤有感而发。从这个意义上说，夏曾佑、曾克崇和熊元锷所作的三个序形象而生动地再现了《〈老子〉评语》在当时的影响。稍加留意即可发现一个饶有趣味的现象，那就是：三位作者所作的序皆有一种顾左右而言他的意味。一个明显的事实是，夏曾佑、曾克崇和熊元锷都大讲特讲《〈老子〉评语》的前提、背景或意义，却极少对《〈老子〉评语》本身的内容挖掘或具体论述。例如，曾克崇指出严复为老子辩护，却没有具体说明《〈老子〉评语》在哪些方面、通过什么内容或凭借什么方式为老子正名。再如，熊元锷肯定严复对《老子》的评注是达诂、的解，却没有援引《〈老子〉评语》中的具体例子进行解释、论述或证明；认定老子的思想是中国哲学的滥觞，之后便没有了下文。当然，即使是文字最长的夏曾佑之序，也带有这种共同特征。

第五节 老学观

通过对老子思想的向内发掘和与西学互释，严复完成了对老子哲学的解读和诠释。严复对《老子》的解读和对老子思想的诠释具有迥异于古代哲学的鲜明特征和近代风尚，因而与其他近代哲学家的老学观带有不可否认的一致性或相同性。在这个前提下尚须进一步看到，严复无论对《老子》的解读还是对老子思想的诠释都极富个性，不仅显示了与其他近代哲学家的差异，而且表明严复老学观的理论意义和创新价值不容低估。这一点从时人为《〈老子〉评语》所作的序中已经充分体现出来。综观严复的思想可以发现，他对《老子》及老子思想的解读和诠释在很多方面独辟蹊径，因而显得卓尔不群。事实上，严复的许多观点就是针对同时代的其他近代哲学家对老子的理解和评价有感而发的。正是由于这个原因，通过严复与其他近代哲学家的比较，可以更加清楚地看到也更深刻地体悟严复老学观的独特神韵和意义价值。

一、推动老子思想的内容转换

综合考察、探究严复对老子思想的解读和诠释不难发现，他的老学观拥有鲜明的近代特征和时代烙印。这集中表现为以西学为参照系和推动器，展开对老子思想的崭新诠释和内容转换。

严复的老子研究是从多个维度同时展开的，既有对《老子》文本的解读，又有对老子与先秦诸子以及中国本土文化的比较、观照。其中，最富特色、最为重要同时也最能体现近代风尚和严复学术素养的则是老子与西方文化的互释——严复对老子的形而上学、天演哲学的阐发如此，对老子以自由、平等和民主为核心的启蒙哲学的揭示也不例外。

严复对老子以及道家思想与西方思想的相通互释乐此不疲，这一点在近代哲学家中显得特立独行。诚然，近代哲学家都热衷于以西学解读先秦诸子的思想。问题的关键是，他们选择的与西学互释的具体国学人物大不相同。例如，康有为执着于孔子思想与西学的相近相通，同时肯定墨子思想与西学高度契合，偏偏对老子与西学的关系避而不谈。在康有为的视界中，儒家的思想与以自由、平等和民主为核心的西方启蒙思想相合，即使是西方的心理学、逻辑学、政治学和法学等等也都是孔子思想的题中应有之义。墨家的思想与西方的基督教和自然科学相通，墨子更是与耶稣"绝似"。总之，在康有为找到的与西方思想相通相合的先秦诸子中，老子始终都不在场。梁启超将先秦诸子置于全球多元文化的视域下，在不同场合提到了孔子、孟子、墨子、杨朱和庄子等先秦诸子的思想与西学的相通，对老子思想与西学的相通却没有太多提及。相比于西学，梁启超更为关注的显然是老子思想与佛学的相通，这一点通过《老子哲学》充分体现出来。章炳麟对老子思想的探究主要是在国学的框架内进行的，老子与西方思想比较或互释从来都没有被纳入视野。

与其他近代哲学家相比，严复极为凸显老子思想与西学的相通相合。在解读和诠释老子思想的过程中，他对老子与西学的对接是全方位的，从哲学上的不可知论到以进化论、物理学为首的自然科学，再到自由、平等、民主代表的启蒙哲学和政治哲学，足见领域之多，范围之广。不仅如此，被严复请来与老子互释或比较的西方哲学家、思想家从达尔文、赫胥黎、斯宾塞到康德、黑格尔，再到孟德斯鸠和卢梭，人数之多，分量之重，远非他人所及。

与以西学解读老子的思想一脉相承，严复直接以英语或西方哲学术语注释《老子》文本。例如，对于《老子·第三十二章》的"道常无名，朴虽小，天下莫能臣也"，严复评注说："朴者，物之本质，为五蕴六尘之所附。故朴不可见，任汝如何所见所觉，皆附朴之物尘耳。西文曰萨布斯坦希。"[1]引文中的"萨布斯坦希"，英文是 Substance。严复将 Substance 音译为"萨布斯坦思"，现在通常翻译为本体、本质。显而易见，"萨布斯坦思"与严复在其他场合用以解释老子之道的庇因（being）一样是纯然的西方哲学术语。

以西学解读《老子》、诠释老子思想是由严复对老子的崇尚态度决定的，更是凭借着深厚的西学底蕴实现或完成的。中国近代是西学大量东渐的时代，也是第一次对中国本土文化特别是先秦时期的诸子百家进行解读和辨疏的时代。严复的老子研究就是在这种历史背景和文化语境下展开的。以西学为参照解读先秦诸子，为中学注入西学要素，促进传统文化的内容转换和现代化是中国近代的时代要求，也是近代哲学家的共同做法。在中国近代特殊的历史背景和现实环境下，鉴于西方的船坚炮利和国富民强，近代哲学家对西方文化羡慕不已，证明中学与西学相通在某种程度上便意味着为中学的合理性和正当性正名。张扬中国文化的自主性和权威性既是激发中华民族抵御外侮的自信心、自尊心的现实需要，也是在中国近代特殊的历史背景下为中华民族寻找精神家园的时代使命。正因为如此，中国近代是全球多元文化并存的时代，近代哲学家

---

1 《〈老子〉评语》，《严复集》（第四册），中华书局，1986，第1089页。

对先秦诸子的诠释都具有全球视野，因而都是在中学、西学和佛学的视界融合中进行并展开的。在这方面，从严复、康有为、谭嗣同、梁启超到孙中山、章炳麟，所有近代哲学家都概莫能外。从这个意义上说，严复以西学诠释老子的思想是近代的时代风尚使然，与其他近代哲学家的价值旨趣和致思方向别无二致。在这个前提下，有两点应该引起注意：第一，深厚的西学素养使严复对中学与西学的互释在近代哲学家中独领风骚，尤其是对老子思想与西学的互释无论深度还是广度都在近代哲学家中无人望其项背。第二，严复始终在中西互释中极力彰显老子思想与西学的相似、相通和相同之处，与推崇孔子的康有为极力证明孔子、孟子代表的儒家思想与西学相合集苑集枯，与梁启超侧重墨家思想与西学的相合同样天差地别。

进而言之，严复竭尽全力地突出老子与西学的相通性既是出于推崇老子的需要，也是为老子思想注入近代西方的价值理念，推动老子思想的内容转换所必须的。从这个意义上说，肯定老子思想与西学相似、相通是严复提升老子地位、进而给予老子高度评价的理论前提。

二、彰显老子的哲学家身份

严复让老子以哲学家的身份示人，甚至让老子哲学成为中国哲学的典范。这一点至关重要，在某种程度上决定了严复对《老子》文本的解读和诠释老子思想的基本方向。凸显老子的哲学家身份既奠定了严复对老子的高度评价，又显示了严复老学观的鲜明个性。如果说严复以西学为参照解读《老子》、诠释老子思想作为近代风尚体现了与其他近代哲学家的一致性的话，那么，将老子定位为哲学家则显示了严复老学观有别于同时代哲学家的独树一帜。

首先，严复具有浓郁的哲学情结，曾经多次表白自己平生最爱哲学。他之所以心仪《老子》，原因之一便是青睐老子哲学的形上意蕴和神采；反过来，严复也将自己的哲学理念和哲学主张赋予老子，并且为老子的思想注入西方哲学的要素。

严复在解读《老子》时对老子的哲学思想兴趣盎然，并且将《老子》与《周易》《庄子》一起奉为中国哲学的"三书"。这为他的中国与西方哲学互释奠定了基础，也预示了严复的中西哲学互释以老子思想为主要内容。正是在老子思想与西学互释的过程中，他一面极力彰显中国与西方哲学的相合相通，一面反复证明中国有哲学，中国的哲学远远早于西方。这些都印证了严复对老子的膜拜，西方哲学不出《老子·第一章》之"十二字"的论断更是将他对老子的推崇表达得淋漓尽致，无以复加。严复的这些观点和做法提升了老子在中国哲学以及世界哲学中的地位，同时也使老子当仁不让地成为中华文化第一人。

分析至此，有两点尚须进一步澄清：第一，严复对庄子推崇备至，在某些场合或某些问题上对庄子的评价甚至超过了对老子的评价。尽管如此，严复本人始终没有明确对老子与庄子的思想一比高下，这一点与章炳麟迥异其趣；更遑论直接将庄子置于老子之上了，这一点与康有为、谭嗣同渐行渐远。可以明确的是，严复始终将庄子归为老子后学，对庄子的推崇也是在老庄都属于道家的前提下进行的。正是由于这个原因，严复与康有为、谭嗣同和章炳麟对庄子的推崇以及对老子与庄子关系的认识具有本质区别。在学术归属上，康有为明确断言"庄子在孔子范围，不在老子范围"[1]，同时强调庄子颠簸老子而推崇孔子。在这个前提下，康有为对庄子的推崇成为推崇孔子的一部分，也使庄子拥有了令老子自叹弗如的地位。与康有为的思路迥异其趣，严复始终将庄子归为道家，对庄子的推崇与康有为不可同日而语——不惟不冲击老子的地位和权威，反而在某种意义上证明了老子以及道家的巨大影响。与康有为相比，章炳麟与严复的老学观更为接近。这不仅严复、章炳麟都表现为将老子、庄子一同归入道家，而且表现为两人都对老子包括哲学思想的青睐。问题的关键是，章

---

1 《万木草堂口说·诸子》，《康有为全集》（第二集），中国人民大学出版社，2007，第180页。

炳麟首推庄子，在老子与庄子的比较中彰显两人思想之异，进而偏袒庄子。诚然，严复也表现出对庄子的明显偏袒。尽管如此，他在偏袒庄子的同时不忘凸显老子的优先性。一句西方哲学不出《老子》书中的十二个字既肯定了老子哲学对西方哲学的超迈，也使老子哲学在中国哲学中的首屈一指成为不言自明之义。更何况严复承认庄子是老子后学，也不提及庄子与老子思想的差异。正因为如此，严复对庄子的推崇不惟不冲击老子的权威，反而从一个侧面印证了老子的权威。第二，严复的心路历程经过了巨大转变，严复的思想以1918年为界划分为前后两个时期，在不同时期对老子的态度存在明显差异。一言以蔽之，严复早年尊崇道家，尊奉《周易》《老子》《庄子》为经典；晚年尊崇孔子，尊奉儒家的四书六经（对于四书五经，严复统称之为"群经"）为经典。可以肯定的是，严复即使在晚年倡导尊孔读经，那也是出于培养中国人的"国性"的需要。此时的严复尽管将孔子视为中国文化的象征，然而，他却很少拿孔子的思想与西学进行比较，更没有像对待老子的哲学或庄子的天演学说那样肯定孔子的思想远远早于西方。更为重要的是，即使提倡尊孔读经，严复也没有像康有为那样为了提升孔子的地位而打压老子。综合上述情况可以得出结论，即使把严复晚年的思想加进来综合考虑，严复视界中的老子是中国哲学第一人也是毋庸置疑的。

其次，严复对老子哲学家身份的凸显与对老子的正面评价之间具有因果关系，并且共同显示了严复老子观的独特性。

中国近代是第一次全面对中国传统文化进行梳理、解读的时代，诸子的身份定位和百家之间的关系成为焦点话题。就对老子的身份确证而论，康有为、谭嗣同倾向于将老子定位为政治家，无论康有为将申不害、韩非说成是老学之嫡传还是谭嗣同断言老子的柔弱尚俭之术乱中国都可以做如是观。并且，两人都是在否定意义上发出论断的——这一点与严复肯定老子追求自由、平等和民主差若云泥。至于康有为，对老子的论及更多，如将老子归为孔子后学、声称老子创立以不仁为宗旨的老教等等。康有为之所以将老子说成是孔子后学，旨在强调老子得孔学之"一端""一体"，目的是通过打压老子来提升孔子的地位和权威。在这个前提下，康有为承认孔子是哲学家——尽管不应该只将孔子限定为哲学家，却对老子的哲学家身份只字未提。至于康有为声称老子创立老教，是为了反衬孔教之仁，同时也印证了标榜不仁之老子以严刑酷法桎梏百姓，成为几千年暴政的始作俑者。当然，这一点也印证了老子在康有为那里的政治家身份。

值得一提的是，梁启超作《老子哲学》，借助佛学对老子的哲学思想予以阐发和诠释，《老子哲学》也成为阐发老子哲学的代表作。相比之下，梁启超作《孔子》《墨子学案》《子墨子学说》，并没有以"哲学"为题对孔子、墨子思想的集中阐发或诠释。这些现象似乎表明，梁启超侧重老子的哲学家身份，事实并非如此。道理很简单，梁启超并没有像严复那样突出老子的哲学家身份，无论梁启超的《老孔墨以后学派概观》还是《先秦政治思想史》都将老子与孔子、墨子并列为中国文化的"三圣""三位大圣"而不是定位为哲学家。当然，梁启超也没有像严复那样对道家情有独钟或对老子格外垂青——即使在将老子排在首位的《老孔墨以后学派概观》中亦是如此。

与康有为、谭嗣同相比，章炳麟对老子的哲学家身份颇为关注，并在对老子与孔子、墨子的比较中指出老子以哲学胜。在这个前提下尚须看到，章炳麟只是肯定老子的哲学比孔子、墨子略胜一筹，并没有否认孔子、墨子是哲学家——或者说，他同时将老子与孔子、墨子一起视为哲学家。正因为如此，章炳麟对老子哲学的肯定与严复专门凸显老子的哲学家身份之间具有本质区别。更为重要的是，章炳麟在肯定老子以哲学胜的同时，指出墨子以道德胜。这样一来，与其说章炳麟推崇老子哲学，不如说他凭借老子哲学、墨子道德一起攻击孔子，从而达到贬损儒家的目的。

反观近代哲学家的做法，可以更为深切而直观地感受严复对老子哲学的推崇。如果说他以西学审视、诠释老子思想是时代使然的话，那么，看中老子的哲学家身份而突出老子的哲学思想则出于严复个人的情感好恶和学术意趣。

三、为老子正名

如果说严复对老子哲学家身份的肯定流露出对老子的青睐有加的话，那么，他对老子自由、平等和民主思想的解读、发挥则淋漓尽致地展示了对老子的顶礼膜拜。严复对《老子》的解读和对老子思想的阐发围绕着一个共同的初衷展开，那就是：不遗余力地为老子正名。必须明确的是，严复对老子思想的解读和诠释除了出于他本人的学术兴趣之外，还迫于外界环境的影响。对于这一点，严复曾经语重心长地如是说："自西学东渐以来，甚为浅学粗心人所疑谤，每谓孔术胚胎专制，此为明证，与老氏'国之利器不可以示人'一语同属愚民主义，与其平日所屡称之'诲人不倦'一语矛盾参差，不可合一，此其说甚似矣。特自不佞观之，则孔子此言，实无可议，不但圣意非主愚民，即与'诲人不倦'一言，亦属各有攸当，不可偏行。"[1] 在这里，严复是一起为老子和孔子鸣冤的，反对将老子、孔子的思想贬斥为愚民主义。深入分析不难发现，严复的这段议论重心在于为老子辩护。这是因为，在当时的情形下，康有为、谭嗣同等人将批判的矛头指向老子而对孔子推崇有加，康有为更是反复断言自由、平等和民主都是孔子思想的题中应有之义而老子开二千年愚民之先河。正是由于这个原因，针对康有为、谭嗣同等人的反老言论，严复为老子的辩护更多。更为重要的是，梁启超作《论中国学术思想变迁之大势》，在其中对老子发出了如下声讨："老子既以破坏一切为宗旨，而复以阴险之心术、诡黠权谋佐之，故老学之毒天下不在其厌世主义，而在其私利主义。魏、晋崇老，其必至率天下而禽兽，势使然也。"[2] 显而易见，梁启超同意康有为提出的老子崇尚

---

1 《"民可使由之不可使知之"讲义》，《严复集》（第二册），中华书局，1986，第326—327页。
2 《论中国学术思想变迁之大势》，《梁启超全集》（第二册），北京出版社，1999，第594页。

刑罚暴政的观点，同时还指出老子悲观厌世，并且极为自私，以至于导致"率天下而禽兽"的局面。康有为、谭嗣同和梁启超等人对老子的污化是严复所无法接受的，为老子的思想辩护特别是揭示老子思想的自由、平等和民主内容因而成为他作《〈老子〉评语》的目的所在。这就是说，严复的老学观具有极强的目的性、针对性和论战性，针对时人对老子的误解和抨击有感而发，因而拥有明显的为老子伸张正义的意图。

首先，严复从立言宗旨上为老子正名，竭尽全力地驳斥康有为等人关于老子的思想以不仁为宗旨的观点。

康有为出于推崇孔子的目的而贬损老子，并且凸显孔子与老子思想的势不两立。为此，他一面断言老子的思想以不仁为宗旨，一面声称孔子的思想以仁为宗旨。这是康有为的基本主张，也是他将老子视为孔子的死敌，进而大力鞭挞的根本原因。康有为揭露说，老子反对礼，自私为我、坏心术和桎梏万民等等都源于其不仁的立教宗旨。正是在这个意义上，康有为连篇累牍地宣布：

> 凡圣人立教必有根本，老子以天地为不仁，孔子以天地为仁，此宗旨之异处。[1]

> 诸教皆有立教之根本。老子本以天地为不仁，以万物为刍狗，此老子立教之本。故列、杨传清虚之学，则专以自私。申、韩传刑名之学，则专以残贼。其根本然也。孔子本天，以天为仁人，受命于天，取仁于天。凡天施、天时、天数、天道、天志，皆归之于天。故《尸子》谓：孔子贵仁。孔子立教宗旨在此。[2]

> 老子曰：天地不仁，以万物为刍狗。圣人不仁，以百姓为刍狗。孔子以仁为道，故有不忍人之政。孟子传之，由拨乱至于太平，仁之至，则人人自立而大同。老子以不仁为道，故以忍人之心行忍人之政。韩非传之，

---

1 《春秋董氏学》卷六，《康有为全集》（第二集），中国人民大学出版社，2007，第389页。

2 《春秋董氏学》卷六，《康有为全集》（第二集），中国人民大学出版社，2007，第375页。

故以刑名法术督责钳制，而中国二千年受其酷毒。[1]

孔子之教，其宗旨在仁，故《论语》有"依于仁"一条。《吕氏春秋》言孔子贵仁。自老子始倡不仁之学，故其《道德经》中，天地不仁，以万物为刍狗。圣人不仁，以万姓为刍狗。其教旨与孔子大相反。故向来中国教旨只仁与不仁而已。孔教尚仁，故贵德贱刑。老子主不仁，故后学申、韩之徒贵刑贱德。……为老子之学者全是能忍，能忍便是不仁。孔子谓仁为天心从春生起，老子言天地不仁从冬杀起，生杀亦天地自然之理。西人考之，一百分中，生人直九十四分，死人直六分，生人远多于杀人，孔教则胜于老子矣。[2]

由此可见，康有为指责老子的思想以不仁为宗旨，主要乃至唯一的证据就是"天地不仁，以万物为刍狗。圣人不仁，以百姓为刍狗"（《老子·第五章》）。他在利用这段话抨击老子的过程中，将"不仁"理解为没有不忍人之心——康有为称之为有忍、残暴。在此基础上，康有为将老子与申不害、韩非等法家人物的思想直接联系起来，一面肯定申不害一派是"流派甚繁"的老子后学中的嫡派，一面谴责老子开中国愚民专制，证据也是"天地不仁"四语开出了刑名之学。

严复与康有为一样彰显"天地不仁，以万物为刍狗。圣人不仁，以百姓为刍狗"在老子思想中的重要性，却沿着另一条思路对这段话给予了与康有为截然相反的解读和诠释。具体地说，严复不是将老子所讲的"不仁"理解为残忍或有忍，反而从中解读出了"大爱"。循着他的思路和逻辑，"仁不仁之数"出于天演的法则，因而是宇宙间不可逃遁的公理。从这个意义上说，老子断言"天地不仁""圣人不仁"道出了生存竞争的玄机，故而总括了达尔文生物进化论的要旨。正是基于这种解读和认识，严复力主老子宣讲仁爱，同时指出老子

---

1 《孟子微》，《康有为全集》（第五集），中国人民大学出版社，2007，第415页。

2 《南海师承记·讲仁字》，《康有为全集》（第二集），中国人民大学出版社，2007，第227—228页。

追求的仁爱以公、容为原则，在中国与墨家的"兼爱"相同，在西方与基督教的"爱仇如己"相似。沿着这个思路，严复在《老子》的"知常曰明，不知常，妄作凶；知常容，容乃公"数句上批注曰："夫耶稣教可谓知常者矣，以其言爱仇如己。"[1]

基于对老子仁爱思想的界定和认同，严复特别反对康有为谴责老子的思想以不仁为宗旨的做法。与彰显老子与庄子同道、道家与儒家对举的思路一脉相承，严复认为，老子和庄子所理解的仁义相同，而与孔子代表的儒家相反。在此基础上，严复承认老子抨击儒家的仁义、礼法，却没有因此断言老子反对仁义。对于其中的道理，严复解释说："老庄之所谓仁义，煦煦孑孑者也，与孔孟所谓仁义大殊。必推极而言之，即韩愈之博爱行宜，亦恐有未尽也。夫煦煦孑孑之仁义，其终几何不伪；故曰，唯且无诚；既无诚矣，则未有不为禽贪者器；既为禽贪者器矣，则方其始用，其利天下不过一觊，而贼天下可以无穷，驯至人与人相食，其言不为过也。"[2]依据严复的剖析，抛开老子与儒家所讲的仁义孰是孰非不论，有一点是不争的事实，那就是：老子和庄子所讲的仁义与儒家的理解存在分歧，故而才抨击之。老子的做法表明，他不赞同儒家所讲的仁义，而这并不代表老子一味地反对仁义。恰好相反，抨击儒家仁义的举动证明老子也主张仁义，只是对仁义的理解有别于儒家而已，所以才由于对仁义的理解与儒家悬殊而产生分歧。

其次，严复从不同角度驳斥老子思想违背民主的说法，甚至针对老子思想是愚民主义的观点而针锋相对地将老子的政治哲学定位为"民主主义"。

在严复之前，近代哲学视界中的老子是以反对自由、平等和民主政治的面目出现的——这一点在康有为等人那里更为明显。在康有为看来，如果说孔子倡导自由、平等和民主政治的话，那么，老子则是妨碍自由、平等的大敌和专

1《〈老子〉评语》，《严复集》（第四册），中华书局，1986，第1081页。

2《〈庄子〉评语》，《严复集》（第四册），中华书局，1986，第1141页。

制暴政的祸首。谭嗣同极力推崇平等，成为最早在本体哲学领域系统论证平等的近代哲学家。他提倡的平等与庄子的思想密不可分，却与老子毫不相干。谭嗣同断言："故常以为二千年来之政，秦政也，皆大盗也；二千年来之学，荀学也，皆乡愿也。惟大盗利用乡愿；惟乡愿工媚大盗。二者交相资。"[1]问题的关键是，尽管谭嗣同将中国的暴政之首认定为荀子，然而，他的一句"李耳之术之乱中国"还是让老子与中国在近代的落后衰微脱不了干系。梁启超对老子"以破坏一切为宗旨"的公开谴责和鞭挞包括老子心术阴险、厌世自私，而这些都意味着老子思想与自由、平等和民主格格不入。即使到了与严复一样具有"道家情结"的章炳麟那里，追求自由、平等的典范是庄子而不是老子——无论是"经国莫若《齐物论》"还是"逍遥者，自由之义；齐物者，平等之旨"[2]都是以庄子思想为主体内容或者说典型代表展开的。相比之下，章炳麟对老子的自由、平等和民主思想很少问津。

　　了解了近代哲学家对老子思想的认定，可以更加深切而直观地感受到严复对老子自由、平等和民主思想的彰显及其意义。在严复看来，自由、平等和民主思想不是孔子创立的儒家的专利，而是老子、庄子代表的道家的一贯主张；甚至可以说，追求自由、平等和民主的主力军是老子、庄子代表的道家。严复强调，老子追求自由、平等和民主，这些构成了老子启蒙哲学的主要内容。经过严复的解读和诠释，自由、平等和民主思想在老子启蒙哲学中占有最大比例。例如，严复在《〈老子〉评语》中重点申述老子的民主思想，并且利用各种机会反驳他人对老子愚民、违背民主的指责。严复批注在"古之善为道者，非以明民，将以愚之。民之难治，以其智多。故以智治国，国之贼；不以智治国，国之福。知此两者，……是谓玄德。玄德深矣远矣，与物反矣，乃至大顺"上的文字是："老之为术，至如此数章，可谓吐露无余者矣。其所为，若与'物

　　1《仁学》，《谭嗣同全集》，中华书局，1998，第337页。
　　2 刘琅主编：《诸子略说》，《精读章太炎》，鹭江出版社，2007，第116页。

反'，而其实以至'大顺'。而世之读《老》者，尚以愚民訾老子，真痴人前不得说梦也。"[1]

通过严复的诠释和阐扬，老子的思想并不像康有为等人揭露的那样与追求自由、平等的民主思想背道而驰，反而成为中国古代自由、平等和民主思想的代表。在这方面，严复将老子的思想概括为"民主主义"，老子也因而成为中国古代最伟大、最具有代表性的"民主主义"哲学家。在严复的视界中，老子的自由、平等和民主思想内容丰富，形态多样；与西方近代的自由、平等和民主观念若合符契，无论孟德斯鸠还是卢梭的启蒙思想都是老子启蒙哲学的题中应有之义。更为重要的是，就老子与孔子的比较而言，严复更侧重对老子自由、平等和民主思想的发掘。严复这样做是为了给老子正名，旨在彻底颠覆康有为等人有关孔子追求自由、平等和民主而老子的思想违背自由、平等和民主的观点。

再次，严复竭尽全力地抨击康有为为首的近代哲学家提出的老子倚重刑名法术、桎梏百姓的观点。

康有为认为，孔子之仁包括以孝悌为核心的伦理规范、以井田制度为基础的经济措施和以仁政为举措的行政方案，在治国安民上注重礼乐教化，反对刑名法术；与孔子之仁不共戴天，老子以不仁为宗旨，集中表现是自私为我，反映在政治哲学领域就是倚重严刑酷法，桎梏百姓。严复并不否认老子谈法，并在评注《老子》时多次提到这方面的内容。正是在这个意义上，严复不止一次地断言：

> 熊季廉曰："法者，有所范围而不可过之谓"。洵为破的之诂，惟如此解法字方通。(此批在"人法地，地法天，天法道，道法自然"一句上。)[2]
> 此章（指三十一章——引者注）精旨，在今战时公法，中西人之所实

1《老子》评语，《严复集》（第四册），中华书局，1986，第1097页。

2《老子》评语，《严复集》（第四册），中华书局，1986，第1085页。

行者，非迂谈无实用之言也。此章与孟德斯鸠《法意》论攻兵一篇，其旨正同。（此批系总评三十一章者。）[1]

依据严复的分析，老子所讲的法是法则之义，而不是康有为等人所理解的法家的刑名法术之义，自然与崇尚严刑峻法的法家以及专制暴政扯不上关系。恰好相反，老子对法的理解与世界公法接轨，因而与法理学大家孟德斯鸠英雄所见略同。孟德斯鸠是法国著名的启蒙思想家，他的法学理论作为启蒙思想的一部分是保障自由、平等和民主的有力武器。严复肯定老子之法与孟德斯鸠的法学理念相合是为了凸显老子之法的民主意蕴，旨在强调老子之法并不会导致专制暴政。

与此同时，严复是中国近代宣传自由思想的代表人物。在为老子正名的过程中，严复不忘从保障自由的角度为老子之法辩护。在对自由的界定上，严复不同意梁启超将自由理解为"自由之德"，而是将自由理解为行动上的"自由之权"。为了彰显这一点，严复特意将自由写作"自繇"，以示自由是一种实实在在的权利。沿着这个思路，他声称，自由的核心是在立法上规定国民与政府的权限，将穆勒的《论自由》（On Liberty）翻译为《群己权界论》便体现了这一理论初衷。在这个前提下，严复强调，老子的思想中不惟没有任何桎梏国民、高压暴力的迹象，反而由于重视法、在立法上为保障国民的自由之权提供了法律支撑。

严复对老子自由、平等和民主思想的挖掘旨在扭转康有为等人基于老子依靠酷刑峻法桎梏百姓而断言老子的思想违背民主的局面，在一定程度上消解了老子在近代哲学视界中的负面形象和消极评价。一个明显的证据是，在严复之后，近现代哲学家鲜有攻击老子桎梏百姓或有悖民主者。

最后，面对康有为等人拉近申不害、韩非与老子的关系而指责老子开中国

---

1 《〈老子〉评语》，《严复集》（第四册），中华书局，1986，第1088页。

几千年暴政之祸端的做法，严复针锋相对地淡化老子与申不害、韩非代表的法家人物之间的关系，对老子与申不害、韩非之间的传承关系更是三缄其口。

中国近代是重法的时代，在翻译、输入西学时较早关注法学方面的著作即印证了这一点，严复对西学的翻译就包括孟德斯鸠的《论法的精神》在内。与此同时，近代哲学家着力挖掘中国本土文化的法学资源，严复对老子思想的解释和诠释就包括法在内。问题的关键是，严复在对老子之法的阐释中，一面从积极方面强调老子的法学理念与孟德斯鸠如出一辙，一面从消极方面撇清老子与申不害、韩非代表的法家人物的渊源关系。

严复的做法既显示了对老子思想的独特理解，又反驳了康有为等人对老子之法的抨击。具体地说，康有为指责老子以不仁为宗旨，重要理由之一在于崇尚刑名酷法是老子思想的本质，申不害和韩非代表的法家是对老子这方面思想的阐发。循着这个逻辑，康有为将申不害、韩非说成是开中国二千年暴政的始作俑者，同时强调申不害、韩非一派的思想从老子的"天地不仁，以万物为刍狗；圣人不仁，以百姓为刍狗"而来。更有甚者，康有为一面指出"老子后学，流派甚繁"，一面强调申不害一派是老学之嫡派。这样一来，通过提高申不害在老学中的地位证明刑名法术在老子思想中的显赫地位，康有为最终将老子说成是中国二千年暴政的罪魁祸首。正是在这个意义上，康有为一而再、再而三地断言：

> 刑名本于老子，则文帝亦老子后学也。[1]
>
> 郅都（酷吏——引者注）严酷，致行法不避贵戚，是申、韩后学。[2]
>
> 《酷吏传》所载诸人，深文刻酷，皆刑名家也，故列为申、韩后学，即为老子后学。[3]

---

1 《孔子改制考》卷六，《康有为全集》（第三集），中国人民大学出版社，2007，第76页。
2 《孔子改制考》卷六，《康有为全集》（第三集），中国人民大学出版社，2007，第77页。
3 《孔子改制考》卷六，《康有为全集》（第三集），中国人民大学出版社，2007，第78页。

在严复那里，与老子具有学术传承关系者不过三人，分别是黄帝、杨朱和庄子；其中并不包括被康有为认定为老子嫡传的申不害，也没有被康有为说成是把老子之不仁发挥到极端的韩非。尽管如此，严复并没有因为申不害在康有为那里连累了老子而刻意回避老子与申不害的联系，而是将两人一起与司马迁的思想相提并论。与康有为截然相反，严复不是将老子以及申不害说成是暴政的罪魁祸首，而是一并视为中国民主思想的代表和先驱，并且肯定两人皆主张"听民自谋"。对此，严复论证并解释说："生于其政，害于其事。此五洲国史，可遍徵以知其然者也。是故后之政家，金谓民之生计，祇宜听民自谋，上惟无扰，为祸已多。而一切上之所应享，下之所宜贡者，则定之以公约。如此，则上下相安而以富。史迁、申、老之言曰，善者因之，其次利导之，其次教诲之，其次整齐之，最下与之争。又曰，此岂有政教发徵期会哉！各劝其业，乐其事，若水之趋下，日夜无休时，不召而自来，不求而民出之。岂非道之所符，而自然之验耶？其丁宁反复之意，可谓至明切矣！"[1]依据严复的分析，不论老子还是申不害都与司马迁一样秉持"听民自谋"的治国方针，两人不惟不像康有为抨击的那样桎梏百姓、专制高压，反而成为倡导民主思想的典范。严复尽管没有将申不害直接说成是老子思想的传人，然而，他却肯定老子与申不害的政治主张相同。当然，与对老子倡导民主的认定相一致，严复肯定申不害向往民主政治。这样一来，严复也就从后学的角度堵塞了康有为借助申不害代表的法家论证老子崇尚刑名法术而反对民主的可能性。

四、反击时人对老子的污名化

如果说以西学为参照是近代诸子学的时代特征，彰显老子哲学家的身份体现了严复的学术意趣的话，那么，他对老子民主思想的凸显则直接与中国近代的

---

1 《原富》按语，《严复集》（第四册），中华书局，1986，第 879 页。

社会现实联系在一起，带有为老子正名之意图。事实上，严复的老学观既包括对老子思想的解读和诠释，又包括对老子的态度和评价。就对老子的态度评价来说，严复不仅自己对老子顶礼膜拜，而且坚决反对康有为、谭嗣同和梁启超为首的近代哲学家将中国近代社会的贫困衰弱归咎于老子的做法。甚至可以说，严复对老子思想的诠释尤其是为老子正名就是为了反对时人对老子的污名化。

康有为、谭嗣同是近代哲学家中的倒老派，让老子为中国近代社会的贫困衰微、落后挨打负责是两人的共识。康有为从老子不仁妨碍了孔子提倡的自由、平等和大同的实现入手，谴责老子使中国陷入万劫不复的深渊。谭嗣同的一句"李耳之术之乱中国"使老子成为中国的第一罪人，对老子的抨击与康有为相比有过之而无不及。谭嗣同认为，对于中国近代社会的贫困衰微、落后挨打来说，老子难辞其咎。正是在这个意义上，谭嗣同一再宣称：

> 天行健，自动也。天鼓万物，鼓其动也。辅相裁成，奉天动也。君子之学，恒其动也。吉凶悔吝，贞夫动也。谓地不动，昧于历算者也。《易》抑阴而扶阳，则柔静之与刚动异也。夫善治天下者，亦岂不由斯道矣！夫鼎之革之，先之劳之，作之兴之，废者举之，敝者易之，饱食煖衣而逸居，则惧其沦于禽兽；乌知乎有李耳者出，言静而戒动，言柔而毁刚！[1]

> 西人之喜动，其坚忍不挠，以救世为心之耶教使然也。又岂惟耶教，孔教固然矣；佛教尤甚。曰"威力"，曰"奋迅"，曰"勇猛"，曰"大无畏"，曰"大雄"，括此数义，至取象于师子。言密必济之以显，修止必偕之以观。以太之动机，以成乎日新之变化，夫固未有能遏之者也！论者闇于佛、老之辨，混而同之，以谓山林习静而已，此正佛所诋为顽空，为断灭，为九十六种外道，而佛岂其然哉！乃若佛之静也，则将以善其动，而遍度一切众生。更精而言之，动即静，静即动，尤不必有此对待之名，故

---

1 《仁学》，《谭嗣同全集》，中华书局，1998，第 320 页。

夫善学佛者，未有不震动奋历而雄强刚猛者也。[1]

谭嗣同在价值观上尚动而对静深恶痛绝，在政治观上主张公平竞争，追求时效，鼓励消费。在这个前提下，他一面将动说成是孔学和佛学的基本主张，一面将老子说成是倡导柔弱、静止和尚俭的典型。沿着这个思路，谭嗣同将中国军事上的落后与经济上的衰微都归咎于老子思想的蛊惑，进而对老子大加鞭挞。

在老子崇尚柔静上，梁启超早期有过与谭嗣同类似的观点，并且就此对老子展开批判。不仅如此，梁启超将尚静与中国国民素质的低劣直接联系起来，从更深层次上揭露老子对中国社会造成的严重危害。例如，严复提倡"鼓民力"，梁启超也提出了提高"民力"的主张，并且将进取冒险、强勇任侠说成是"新民"必备的气质和品格。不同的是，严复提倡"鼓民力"旨在提高中国人的身体素质，主要办法是废除妇女缠足与禁止吸食鸦片。梁启超提倡"民力"是为了鼓动中国人的进取冒险和强勇任侠精神，旨在改造中国人性格上的柔弱和忍让。更有甚者，梁启超认为，柔弱、忍让是中国人的劣根性，国民的这些劣根性与老子思想的影响密切相关。基于这种认识，梁启超对老子进行了如下讨伐："痛乎！有老氏者出，言静而戒动，言柔而戒刚，乡曲之士，给饘粥，察鸡豚，而长养子孙，以之自足，而苟视息焉，固亦术之工者矣。乌知乎天子术焉，士大夫术焉，诸侯王术焉！卒使数千年来，成乎似忠信似廉洁，一无刺无非之乡愿。天下言学术则曰宁静，言治术则曰安静，处事不计是非，而首禁更张，躁妄喜事之名立，百端由是废弛矣。"[2]梁启超认为，正是老子的静柔观念渗入到中国人的骨髓，流毒甚深，最终将中国人塑造成了这个模样："以强勇为喜事，以冒险为轻躁，以任侠为大戒，以柔弱为善人，惟以'忍'为无上法门。……忍奴隶所不能忍之耻辱，忍牛马所不能忍之痛苦，曾不敢怒目攘臂

1《仁学》，《谭嗣同全集》，中华书局，1998，第321页。

2《说动》，《梁启超全集》（第一册），北京出版社，1999，第175页。

而一与之争。"[1]一目了然，梁启超认定中国人的奴性是老子思想导致的，故而将老子作为尚静尚柔的反面教材。在这方面，梁启超指责老子的观点导致言静戒动、言柔戒刚的国民性格和社会风气，对中国的学术、治术和为人处世等各个方面都造成了恶劣影响，最终导致中国近代社会的贫困衰微、落后挨打。

严复承认老子重视柔弱，表面上看与谭嗣同、梁启超的观点具有某种相似性。问题的关键是，严复反其道而行之，在老子崇尚的柔弱中读出了坚强，故而不能容忍包括谭嗣同、梁启超在内的其他近代哲学家对老子重柔弱的理解尤其是鞭挞。具体地说，严复在肯定老子重视柔弱的前提下，进而强调老子并没有将柔弱奉为最终价值。原因在于，老子在价值旨趣和行为方略上"贵因"，"贵因"便是以不凝滞为贵，将事物看作一个由柔弱变坚强的过程。这表明，老子善于从变化的角度审时度势，重视柔弱的作用，因而能够在面对祸福时防微杜渐，表现出高瞻远瞩的前瞻性。基于这种理解，严复在《老子·第五十二章》的"塞其兑，闭其门，终身不勤。开其兑，济其事，终身不救。见小曰明，守柔曰强"数句上批注曰："人之于祸，而常至于不救也，其始则为之造因，其后则狃祸以为无害。使见之于小，而自守以柔，乌由殆哉！轻敌将丧其宝，故守柔。"[2]经过严复的解读和诠释，老子"贵因""守柔"不是以柔为贵，也不是崇尚柔弱；而是让人随缘而变，不要固执己见。在严复的视界中，除了《老子·第五十二章》之外，《老子·第四十九章》的"圣人无常心，以百姓心为心"说的也是这个道理。对于这句话，严复解读并评注说："圣人有常道，无常心。常心与因明之用，常相反也。"[3]与上述理解一脉相承，严复对于《老子·第七十六章》反复写下了这样的评注：

老之道贵因，贵不凝滞，惟柔弱者能之。（此批在"人之生也柔弱，

1 《新民说》，《梁启超全集》（第二册），北京出版社，1999，第711页。
2 《〈老子〉评语》，《严复集》（第四册），中华书局，1986，第1096页。
3 《〈老子〉评语》，《严复集》（第四册），中华书局，1986，第1096页。

其死也坚强。万物草木之生也柔脆，其死也枯槁"句上。）[1]

柔弱者，方死方生，故常生；坚强者，不死不生，故全死。（此批在"故坚强者死之徒，柔弱者生之徒"句上。）[2]

依据严复的解读和分析，"贵因"与老子的其他主张——如法天、自然等在精神实质上是一致的。归纳起来，老子所讲的"贵因"具体包括两方面的含义：第一，从积极方面说，"贵因"指根据外部环境采取应对措施。这是适者生存的必然法则，顺之者胜，逆之者败。这用严复本人的话说便是：

夫不得已，岂独用兵然哉？凡事至不得已而后起而应之，则不中理亦寡矣。[3]

俄日之战，俄之所以败者，以取强也；日之所以胜者，不得已也。顾不得已前，尚有无数事在，非不知雄而守雌者所可藉口也。（此批在"果而勿矜，果而勿伐，果而勿骄，果而不得已，果而勿强"句上。）[4]

第二，从消极方面说，"贵因"就是反对"强梁"。在严复看来，老子认为"强梁"违背了法天、自然的原则，没有好下场，故而对"贵因"非常重视。严复在《老子》第四十二、四十三章的评语中反复申明了这一点：

强梁者不得其死，公例之一，自古皆然，故可以为教父。（此批在"强梁者不得其死，吾将以为教父"句上。）[5]

承上章（指四十二章——引者注）"强梁者不得其死"，而反言之。（此批在"天下之至柔，驰骋天下之至坚"一句上。）[6]

总的说来，严复在肯定并且申明老子"贵因"的前提下特意强调，老子由

1《老子》评语，《严复集》（第四册），中华书局，1986，第1098页。
2《老子》评语，《严复集》（第四册），中华书局，1986，第1098页。
3《老子》评语，《严复集》（第四册），中华书局，1986，第1087页。
4《老子》评语，《严复集》（第四册），中华书局，1986，第1088页。
5《老子》评语，《严复集》（第四册），中华书局，1986，第1094页。
6《老子》评语，《严复集》（第四册），中华书局，1986，第1094页。

于"贵因"看到了事物的变化，重视万物的产生和发展过程。这表明，老子既看到了柔弱的作用又不以柔弱为贵，而是坚信柔弱必将走向强盛。正是由于这个原因，老子在处理事情时秉持辩证的态度，既可以在事态没有扩大之前思考后果——由于"不敢"而远离鲁莽；又可以在不利中看到有利——最终在"不敢"中走向大勇。循着这个逻辑，严复借助"勇于敢则杀；勇于不敢则活。此两者，或利或害"（《老子·第七十三章》）之语进一步发挥说："遵养时晦，犯而不校，得情哀矜，凡此皆勇于不敢者也。天下有不敢而勇者，其勇大矣！"[1]按照严复的说法，老子追求的大勇就是"不敢"之勇，与借助"贵因"对"强梁"的反对具有异曲同工之妙。

更为重要的是，与确信老子追求"不敢"之勇的大勇一脉相承，严复在老子之道中读出了坚强、尚武等精神内涵。例如，严复借助"物壮则老，是谓不道，不道早已"（《老子·第三十章》）一句论证并发挥说："不道之师，如族庖之刀，不折则缺，未有不早已者也。中国古之以兵强者，蚩尤尚已。秦有白起，楚有项羽，欧洲有亚力山大，有韩尼伯，有拿破仑，最精用兵者也。然有不早已者乎？曰好还，曰早已。老子之言，固不信耶！至有始有卒者，皆有果勿强而不得已者也。今中国方欲起其民以尚武之精神矣。虽然，所望他日有果而已，勿以取强也。"[2]经过严复的解读，老子不仅讲坚强，而且因为洞彻始终而找到了走向坚强、臻于大勇的方法。除此之外，对于《老子·第二十八章》的"知其雄，守其雌，……知其白，守其黑，……知其荣，守其辱"，严复也作如是观，于是写下了这样的评语："守雌者，必知其雄；守黑者，必知其白；守辱者，必知其荣。否则，雌矣，黑矣，辱矣，天下之至贱者也，奚足贵乎？今之用《老》者，只知有后一句，不知其命脉在前一句也。"[3]在这里，严复肯

---

1 《〈老子〉评语》，《严复集》（第四册），中华书局，1986，第 1098 页。

2 《〈老子〉评语》，《严复集》（第四册），中华书局，1986，第 1088 页。

3 《〈老子〉评语》，《严复集》（第四册），中华书局，1986，第 1087 页。

定坚强、自主和大勇是老子思想的本义，同时强调两相比较，老子更重视"知其雄"而非"守其雌"，以此证明"知其雄"才是老子思想的命脉所在。严复进而指出，恰恰由于没有认识到这一点，导致人们对老子的误解。导致误解的病症在于，人们往往只关注"守其雌""守其黑""知其雄""知其白"和"知其荣"，而遗忘了"守其辱"。严复特意强调，被众人遗忘的恰恰是老子所推重的，由此得出了老子贵柔、守雌的结论，而这完全是对老子思想的一种误读。既然如此，如果换一种方式审视和思考便会发现，老子对坚强、尚武以及自主的推崇无所不在。严复举例说，《老子》的"是以圣人之治，虚其心，实其腹，弱其志，强其骨，常使民无知无欲"，就是讲这些问题的。这用严复本人的话说便是："虚其心，所以受道；实其腹，所以为我；弱其志，所以从理而无所撄；强其骨，所以自立而干事。"[1]

严复的上述解读在老子之柔弱中突出了坚强乃至尚武的精神旨归，改变了人们对老子的印象；同时揭示老子重视变化，借此反驳了老子守静的观点。严复对老子天演哲学的诠释以及老子是天演学说始祖的结论更是使老子主静无从谈起，从而在理论上反驳了对同时代哲学家老子这方面的谴责。

谭嗣同之所以断言"李耳之术之乱中国"，主要证据有二：一是柔静，二是尚俭。对此，他写道："李耳之术之乱中国也，柔静其易知矣。若夫力足以杀尽地球含生之类，胥天地鬼神以沦陷于不仁，而卒无一人能少知其非者，则曰'俭'。"[2]据此可知，谭嗣同认为老子主张柔静、推崇节俭，并且贻害无穷。严复极力反驳老子柔弱、尚静，却承认老子尚俭。从这个维度看，严复对老子哲学的内容认定与谭嗣同的区别集中反映在对老子柔弱、尚静的认定上。更为重要的是，严复在肯定老子尚俭的前提下，对老子的这一主张做出了与谭嗣同截然相反的评价。可以看到，严复一面肯定以俭为宝是道家——当然也是老

---

1 《老子》评语，《严复集》（第四册），中华书局，1986，第 1076 页。
2 《仁学》，《谭嗣同全集》，中华书局，1998，第 321 页。

子的基本主张,一面突出俭在经济中的作用,并且援引英国经济学家——亚当·斯密的观点为老子的尚俭进行辩护。对此,严复如是说:"道家以俭为宝,岂不然哉!乃今日时务之士,反恶其说而讥排之,吾不知其所据之何理也。斯密言,俭者,群之父母。虽然,但俭不足以当之也。所贵乎俭者,俭将以有所养,俭将以有所生也。使不养不生,则财之蟊贼而已。乌能有富国足民之效乎!"[1]由此可见,严复与谭嗣同一样关注老子的尚俭主张,给予的评价却与谭嗣同相去霄壤。经过严复的论证,老子的尚俭之术由谭嗣同口中的祸国殃民之罪魁祸首变成了富国足民之制胜法宝。

上述内容显示,经过严复的阐发和诠释,老子的思想不惟不与近代的民主思想和价值观念相悖,反而成为中国自由、平等和民主思想之滥觞。这样一来,老子思想无论对于中国近代社会的救亡图存还是思想启蒙都具有不可否认的积极作用,因而在呼吁自由、平等和民主的近代应该大行其道。基于这种理解,严复坚决反对以康有为、谭嗣同以及梁启超为首的近代哲学家有关老子的思想祸国殃民、违背民主,对于中国近代社会的贫弱衰微难辞其咎等种种攻击和指责。

五、严复与老子的近代视界

严复对老子总体上是肯定的,甚至可以说给予了老子高度评价。尽管如此,这并不意味着严复对老子盲目崇拜,对老子的所有观点都照单全收。事实上,严复曾经对老子的一些具体观点提出过质疑乃至批判。例如,对于《老子·第二十章》的"绝学无忧"一语,严复批注曰:"绝学固无忧,顾其忧非真无也;处忧不知,则其心等于无耳。非洲鸵鸟之被逐而无复之也,则埋其头目于沙,以不见害己者为无害。老氏绝学之道,岂异此乎?"[2]严复指出,老子

---

1 《原富》按语,《严复集》(第四册),中华书局,1986,第878页。

2 《〈老子〉评语》,《严复集》(第四册),中华书局,1986,第1082页。

所讲的"绝学无忧"是无视现实的表现——道理很简单，绝学固然可以无忧，却并不表明忧真的不存在。对于忧，正确的办法不是像老子那样无视忧的存在而是正视忧，并设法加以解决。再如，严复认定杨朱与庄子是同一个人，同时指出杨朱的"为我"之说源于老子，因而对老子的思想提出批评。无论严复对庄子与杨朱是同一人的论断是否站得住脚，无论严复对老子主张"为我"的批判是否公正，有一点则是不争的事实，那就是：与批判相比，严复对老子的肯定和推崇是主流。在严复对老子思想的解读、诠释和发挥中，盛赞、青睐是主旋律，微词尤其是批判充其量只是"小插曲"，甚至不足以引起人们的注意。给人留下深刻印象的是，严复对老子思想的推崇备至以及为老子正名的不遗余力。

更为重要的是，综观近代哲学不难发现，严复给予老子的礼遇是其他近代哲学家所不曾有过的，由此而来的老子在严复思想中的地位之高是老子在其他近代哲学家那里不可企及的。康有为断言"百家皆孔子之学"，老子成为孔子后学；并且，老子作为"一曲之士""只偷得半部《易经》"，故而只得孔学之"一端""一体"。这决定了老子的地位与孔子相去甚远，即使在孟子、荀子甚至庄子面前也相形见绌。更有甚者，康有为认定老子之学的不仁宗旨以及依赖刑名法术的治国之术成为坏心术的罪魁祸首，进而让老子为中国二千年的暴政负责。有鉴于此，康有为对老子持否定态度，致使老子在大多数情况下是作为孔子的对立面出现的，故而成为康有为批判的靶子。谭嗣同在与康有为一样将中国本土文化归为孔学、借此抬高孔子地位的同时，对老子大加鞭挞，"李耳之术之乱中国"更是将他对老子的否定评价推向了登峰造极的地步。与康有为、谭嗣同对老子的深恶痛绝相比，梁启超将老子与孔子、墨子一起誉为中国文化的"三圣""三位大圣"，并对老子哲学予以阐发，对于老子的地位和贡献给予了一定程度的肯定。尽管如此，梁启超对老子提出了诸多批评，给予老子以及老子开创的道家的最高地位是与儒家、墨家三足鼎立，而不是像严复那样在提倡尊孔读经之前一直对老子以及道家情有独钟。以多变著称于世的梁启超无论在思想历程的哪个阶段均没有道家情结，在后来作为国学的"德性学"中更是流露出强烈的孔学或曰儒学情结，因而表现出由原来推崇老子、孔子、墨子为"三圣"而转向独尊孔子的思想倾向。于是，孔子及儒学与佛学一起成为国学中的"显学"而被奉为东方文化的代表，老子的思想也随之被边缘化。章炳麟与严复一样偏袒道家，对道家的推崇无疑提升了老子的地位。在这个前提下，有两点尚须进一步予以澄清：第一，章炳麟关于墨子的道德远非孔子、老子可比的说法隐含着对老子的微词，令老子的地位大打折扣。第二，章炳麟热衷于对老子与庄子的思想进行比较，通过比较突出两人思想的差异。在他推崇的道家中，庄子的光彩远远胜于老子。考察其他近代哲学家的观点之后，再回过头来反观严复对老子思想的解读和对老子地位的界定可以真切地感受到严复浓郁而炽热的"老子情结"。

第十四章
《庄子》诠释与庄子哲学

严复不止一次地表示自己具有哲学情结，对哲学思想的情有独钟溢于言表。而他眼中最主要的中国哲学经典只有三部，《庄子》便位列其中。这用严复本人的话说便是："中国哲学有者必在《周易》、《老》、《庄》三书，晋人酷嗜，决非妄发。"[1]声称中国哲学"必在"《周易》《老子》《庄子》之中流露出严复思想的道家倾向，也使《庄子》与《周易》《老子》一样备受推崇。事实上，严复对《庄子》的喜爱从多个方面共同呈现出来，远非《周易》《老子》可比。一个最明显的事实是，严复没有对《周易》进行集中诠释或评注，却对《老子》和《庄子》予以批注，这便是《〈老子〉评语》和《〈庄子〉评语》。更为重要的是，比较《〈老子〉评语》与《〈庄子〉评语》不难发现，《〈庄子〉评语》在字数上明显多于《〈老子〉评语》。与其说这是偶然的巧合，不如说流露出严复对《庄子》的偏袒和喜好。作为近代国学视界中第一部研究《庄子》的著作，《〈庄子〉评语》的意义不容低估。康有为有《读庄子天下篇》，章炳麟有《齐物论释》。二者都是对《庄子》篇章的解读，并非像《〈庄子〉评语》那样是对《庄子》全书的解读和诠释。其实，不论是对庄子的身份还是对庄子的思想，严复都有不同于同时代其他近代哲学家的独到见解。有鉴于此，严复的庄学观不仅是他的

---

[1]《与熊季廉书》，《严复集补编》，福建人民出版社，2004，第243页。

国学研究的组成部分，而且成为把握严复思想不可缺少的重要环节。

第一节 严复对庄子的青睐与庄子对严复的影响

严复对庄子的喜爱溢于言表，多次在与朋友的通信中表白自己喜读《庄子》。例如，他不止一次地在信中写道：

予生平喜读《庄子》。[1]

平生于《庄子》累读不厌。[2]

据此可以想见，正因为严复对《庄子》百读不厌，于是才有了《〈庄子〉评语》。可以看到，严复不仅多次表白自己喜读《庄子》，而且道出了其中的原因。严复之所以喜读《庄子》既与《庄子》的思想内容相关，又与《庄子》的文采表达相关。喜读《庄子》表明了严复对庄子的特有情感和格外青睐，也使庄子在严复的思想中占有举足轻重的地位：一方面，庄子的思想给严复以深刻影响，这种影响无论是就全面还是深刻而论都远非《周易》《老子》所及。另一方面，严复热衷于对庄子的思想予以解读和阐发，以庄子为理论武器阐明自己的思想主张。

一、思想的深刻性和逻辑性

严复之所以喜欢品读《庄子》，出于对书中思想的认可乃至赞叹。在一再告诉朋友自己对《庄子》累读不厌的同时，他不禁道出了其中的原因。正是在这个意义上，严复断言："平生于《庄子》累读不厌，因其说理，语语打破后壁，往往至今不能出其范围。其言曰：'名，公器也，不可以多取；仁义，先王之蘧庐也，止可以一宿，而不可以久处。'庄生在古，则言仁义，使生今日，则当

---

1 《与熊纯如书》，《严复集》（第三册），中华书局，1986，第608页。

2 《与熊纯如书》，《严复集》（第三册），中华书局，1986，第648页。

言平等、自由、博爱、民权诸学说矣。庄生言：'儒者以诗书发冢。'而罗兰夫人亦云：'自由，自由，几多罪恶假汝而行。'甚至爱国二字，其于今世最为神圣矣。然英儒约翰孙有言：'爱国二字有时为穷凶极恶之铁炮台。'可知谈理伦人，一入死法，便无是处。"[1] 在严复看来，《庄子》思想深刻，论理入木三分。正是由于这个原因，《庄子》的思想具有穿越时空的魅力，在当今世界仍然具有警世作用。特别是庄子对名、仁义的反思印证了今人对平等、自由和民权的滥用，庄子所讲的"儒者以诗书发冢"与罗兰夫人临刑前喊出的"自由，自由，几多罪恶假汝而行"和约翰逊的"爱国二字有时为穷凶极恶之铁炮台"惊人一致。沿着这个思路，严复得出结论：庄子已经悟出了哲学大义，认识到无论探究道理还是辨梳人伦都不能拘泥于死法。《庄子》的《齐物论》《养生主》等篇都是庄子哲学的精华，只要对这些篇中的思想深思熟虑，不必再向西方外求哲学。这用严复本人的话说便是："故吾尝谓中国学者，不必远求哲学于西人，但求《齐物》、《养生》诸论，熟读深思，其人已断无顽固之理，而于时措之宜，思过半矣。"[2]

严复不止一次地明确表示自己喜爱哲学，他的哲学情结有目共睹。严复对庄子哲学的欣赏从一个侧面印证了庄子是哲学家，也预示了严复的哲学以庄子的思想为主要来源。严复所讲的哲学在大多数情况下不是侧重 philosophy（爱智慧）而是侧重 metaphysics（形而上学）。对哲学的这种理解在某种程度上注定了严复热衷于逻辑学，而他眼中的庄子就是一位逻辑学大师。严复对庄子的这个认定不是指庄子专门讲逻辑学，而是指庄子具有逻辑和哲学素养，说理论道遵循颠扑不破的次序。《庄子》的内七篇更是逻辑周延，自成体系。严复对庄子思想的体系即为学之次第十分折服，不厌其烦地加以推崇和引申。下仅举其一斑：

---

1 《与熊纯如书》，《严复集》（第三册），中华书局，1986，第 648 页。
2 《政治讲义》，《严复集》（第五册），中华书局，1986，第 1254 页。

尝谓内七篇秩序井然，不可梦乱。何以言之？盖学道者，以拘虚、笃时、束教、囿物为厉禁，有一于此，未有能通者也。是故开宗明义，首告学者必游心于至大之域，而命其篇曰《逍遥遊》。《逍遥遊》云者，犹佛言无所住也，必得此而后闻道之基以立。

其次，则当知物论之本齐，美恶是非之至无定，曰寓庸，曰以明，曰因是，曰寓诸无竟，曰物化，其喻人也，可谓至矣。

再进则语学者以事道之要，曰《养生主》。《养生主》者，非养生也，其主旨曰依乎天理，是故有变境而无生灭，安时处顺，薪尽火传，不知其极。

然而人间不可弃也，有无所逃于天地之间者焉，是又不可以不讲，故命曰《人间世》。一命一义，而寓诸不得已，是故庄子者，非出世之学也。

由是群己之道交亨，则有德充之符焉。处则为大宗师，《周易》见龙之在田也。出则应帝王，九五飞龙之在天也，而道之能事尽矣。[1]

《南华》以《逍遥游》为第一，《齐物论》为第二，《养生主》为第三；《老子》首三章亦以此为次第。盖哲学天成之序也。人惟自知拘虚，大其心，扩其目，以观化，而后见对待之物论无不可齐，而悟用力最要之所在也。（此批在二章篇首，系总评一、二、三章者。）[2]

依据严复的分析，庄子说理鞭辟入里，深中肯綮，与庄子思想的内在逻辑密不可分。与这个说法一脉相承，严复在对《庄子》的解读中将内篇作为一个整体加以诠释，致使各篇在言说内容和理论宗旨上一以贯之。于是，他这样写道："德充符进于人间世，人间世乘物而游，尚有作用。至德充符，则德不形，而物自最之矣。此篇（指《德充符》——引者注）扼要在'才全德不形'一语。犹《逍遥游》之无待，《齐物论》之和以天倪，《养生主》之依乎大理，《人间世》

1《〈庄子〉评语》，《严复集》（第四册），中华书局，1986，第1104页。

2《〈老子〉评语》，《严复集》（第四册），中华书局，1986，第1076页。

之乘物而游。"[1] 严复既看中思想的深刻性，又注重思想的逻辑性。庄子哲学对二者兼而有之，故而受到严复的热切追捧。

二、文采和表达的绝妙

严复服膺庄子的思想，同时也倾慕庄子的文笔。他之所以喜读《庄子》，文字也是一个重要原因。于是，品味、鉴赏文字成为严复阅读《庄子》的一大乐趣。与此相印证，他在《庄子》的许多篇章都写下了关于文采、文笔和表达方式的评语，并且不吝溢美之词。例如，严复在《庄子·达生》篇的"今汝饰知以惊愚"一句上批注曰："庄文中亦少此种辣快之笔。"[2] 对于《庄子·胠箧》篇的"善人不得圣人之道不立，跖不得圣人之道不行"一句，他的评语是："此等处最犀利。"[3] 对于《庄子·徐无鬼》篇"庄子送葬"一段，严复评注说："庄此等文最可爱，不独其罕譬也，思理之来，若由天外。"[4] 同样，对于《庄子·天地》篇，严复不止一次地提到了文字问题。下仅举其一斑：

> 造句奇警如此。（此批在"溟涬然弟之哉"句上。）[5]

> "孝子不谀"以下，箴世人之移于俗，义较浅显，而文特票姚，读庄者宜从此等处入手。（此批在"孝子不谀其亲"一段上。）[6]

更为重要的是，严复对庄子文字的评语很多是针对全篇的。例如，他称赞《庄子·骈拇》篇说："庄生最工设喻，以之剽击儒墨，其词锋殆不可当。"[7] 对于《庄子·天运》篇，严复情不自禁地写道："是好文字。"[8] 除此之外，他认定

1《庄子》评语，《严复集》（第四册），中华书局，1986，第1114—1115页。
2《庄子》评语，《严复集》（第四册），中华书局，1986，第1133页。
3《庄子》评语，《严复集》（第四册），中华书局，1986，第1123页。
4《庄子》评语，《严复集》（第四册），中华书局，1986，第1140页。
5《庄子》评语，《严复集》（第四册），中华书局，1986，第1128页。
6《庄子》评语，《严复集》（第四册），中华书局，1986，第1128页。
7《庄子》评语，《严复集》（第四册），中华书局，1986，第1120页。
8《庄子》评语，《严复集》（第四册），中华书局，1986，第1129页。

《庄子·胠箧》篇妙趣横生，布局绝妙，对此篇的喜爱更是无以复加。严复称赞道："通篇如一笔书，有掉臂游行之乐，此庄文之疏通者，故世多诵之。其来无端，最为佳构。"[1]

《〈庄子〉评语》中总结《庄子》全篇文字的例子俯拾即是，除了《庄子·胠箧》篇之外，尚有对《骈拇》《养生主》《达生》诸篇的文学或表达方面的评注。严复这样写道：

> 庄文如此篇（指《养生主》——引者注），可谓文从字顺者也。（此批在"为之四顾，为之踌躇满志"一段上，系评论全篇之意。）[2]

> 全篇明顺可解，读庄者且当从此等入手。（此批在"达生第十九"题目上。）[3]

与对《庄子》文字的品读、欣赏密不可分，严复多次提及《庄子》的遣词造句和表达方式问题。例如，他对《大宗师》篇的评点是：

> 庄子文中，多用游字。自首篇之名《逍遥游》以下，如"游于物之初"，"游于物之所不得遁"，"游乎天地之一气"，"游于逸荡恣睢转徙之涂"，"此所游已"，"圣人有所游"，"乘物以游心"，"入游其樊"，"游刃"，"游乎尘垢之外"，"游乎四海之外"，"游方之外"，"游方之内"，"游无何有之乡"，"游心于淡"，"游于无有"，"而游无朕"。（此批在"故圣人将游于物之所不得遁而皆存"一句上。）[4]

> 自"夫道有情有信"以下，至"而比于列星"止，数百言皆颂叹之词。（此批在"夫道有情有信"一段上。）[5]

进而言之，严复对《庄子》的欣赏、解读由文字表达上升到了体裁问题，

1《〈庄子〉评语》，《严复集》（第四册），中华书局，1986，第1122页。
2《〈庄子〉评语》，《严复集》（第四册），中华书局，1986，第1109页。
3《〈庄子〉评语》，《严复集》（第四册），中华书局，1986，第1131页。
4《〈庄子〉评语》，《严复集》（第四册），中华书局，1986，第1117页。
5《〈庄子〉评语》，《严复集》（第四册），中华书局，1986，第1117页。

对书中寓言的言说方式尤为关注。例如，对于《庄子·山木》篇的"今处昏上乱相之间"一段，严复指出："此段自是寓言，断无当人君之前，而斥言昏上乱相也者，以谓贾祸，犹未也。贤者之所以自达者，固如是夫，殆不然矣。"[1]再如，他批在《庄子·寓言》篇的"孔子行年六十而六十化"一段上的文字是："前以云蘧伯玉，此以云孔子，夫亦寓言而已，未必其为事实也。"[2]

至此可见，严复对《庄子》文采的关注和欣赏是多视角、全方位的——从文字的精准，表达的顺畅，文风的辣快犀利，到设喻的巧妙，寓言等体裁的选择，再到具体字、词、句的运用等等，无不被他纳入视野。其中，严复的有些评语是批在《庄子》的某个句子上的，如"庄文中亦少此种辣快之笔"一语批在《庄子·达生》篇的"今汝饰知以惊愚"一句上，有些评语则批在某段上——当然，更多的则是对通篇的评语。例如，严复对《养生主》《骈拇》《胠箧》《天地》《天运》《达生》等篇的评价都是针对全篇的，批注涵盖了《庄子》的内、外、杂诸篇。这些都反复证明、印证了严复对庄子文笔的艳羡和服膺。

三、从思想内容到表达方式

与其他近代哲学家——尤其是与戊戌启蒙思想家相比，严复的身份较为特殊。这是因为，严复既是思想家，又是翻译家：就作为思想家的严复来说，他的思想从哲学观念、民主政治到自然科学都可以看到庄子的影子；作为中国近代西学第一人，严复的思想无疑是中西结合的产物；在严复的思想建构和中西互释中，庄子首当其冲——庄子的思想是他疏导西学的资鉴，同时也成为他论证中学先于西学的证据。严复的哲学如此，他对平等、自由和民主思想以及进化论代表的自然科学的解读、论证也不例外。就作为翻译家的严复来说，他反对像康有为、梁启超等人那样从日本转译西方思想，而是呼吁以西文直接翻译

1《〈庄子〉评语》，《严复集》（第四册），中华书局，1986，第1134页。
2《〈庄子〉评语》，《严复集》（第四册），中华书局，1986，第1145页。

西学。严复翻译的西方著作如《天演论》等在当时一版再版，盛况空前，创造了洛阳纸贵的神话。严复的译作之所以引起了强烈的社会反响，除了在内容上针砭时弊，"有裨于实政"，契合中国近代救亡图存与思想启蒙的社会需要之外，翻译风格、文字表达也是其中的重要原因。胡适就发现了这一秘密，不仅以《天演论》为例阐明了这个问题，而且将严复的西学翻译和文学思想纳入"近五十年来的中国文学"之列。可以肯定的是，给严复的翻译风格以决定性影响的非庄子莫属。拿最著名的《天演论》来说，庄子的影响显而易见，俯拾即是。例如，《天演论》开篇云："赫胥黎独处一室之中，在英伦之南，背山而面野。槛外诸境，历历如在几下。乃悬想二千年前，当罗马大将恺彻未到时，此间有何景物？计惟有天造草昧，人功未施。其借征人境者，不过几处荒坟，散见坡陀起伏间，而灌木丛林，蒙茸山麓，未经删治如今日者，盖无疑也。怒生之草，交加之藤，势如争长相雄。各据一抔壤土，夏与畏日争，冬与严霜争，四时之内，飘风怒吹，或西发西洋，或东起北海，旁午交扇，无时而息。上有鸟兽之践啄，下有蚁蟓之齧伤，憔悴孤虚，旋生旋灭，菀枯顷刻，莫可究详。是离离者亦各尽天能，以自存种族而已。数亩之内，战事炽然，疆者后亡，弱者先绝，年年岁岁，偏有留遗，未知始自何年，更不知止于何代。苟人事不施于其间，则莽莽榛榛，长此互相吞并，混逐蔓延而已，而诘之者谁耶？"[1]对于本篇的这段文字及风格，贺麟的评价一语中的："特别似《庄子》。"[2]事实证明，贺麟此言不虚。

事实上，严复对庄子的文笔顶礼膜拜，对庄子的模仿也并不限于《天演论》开篇的第一段文字。稍加留意即可发现，严复对庄子的语言心慕手追，因而总是有意无意地模仿庄子的表达方式和话语结构，致使庄子的影响无处不在。这一点对于严复的翻译作品如此，对于他的思想表达更为突出。在严复那里，有

1〔英〕赫胥黎：《天演论》，严复译，中州古籍出版社，1998，第41页。
2《严复的翻译》，载《东方杂志》1925年11月号。

些句子可能并不是直接援引庄子的原话，却脱胎于庄子，因而带有明显的化庄子语言而来的模仿痕迹。这一点在严复为德国的教育家——撒耳士曼的《蒙养镜》中文版所作的序中淋漓尽致地表现出来。现摘录如下：

> 昔者九方歅以子綦之子梱也为祥，而子綦索然出涕曰："吾未尝为牧而牂生于奥，未尝好田而鹑生于宎，若勿怪何耶？"由此言之，一切法莫大于因果。子弟之德，堂构之美，夫非偶然而至者，灼灼明矣。故谢安之妇，尝怪其夫之不教子。安曰："吾尝身自教之。"斯宾塞曰："子孙者汝身之蜕影也。"伤今之人，日为乾没无已之事，而望其子以光明；日为腼鲜不涓之事，而望其子以高洁。汝以为不汝知也耶？又大误也。且私之甚者，其视所生，亦草芥然，无几微痒痛之相涉，涅伏瞀乱，喜怒变常。夫如是乃默而祝曰：天地不偏覆载，吾黄人神明之子孙，宜日进而与一世抗也。此何异取奔蜂以化藿蠋，用越鸡以伏鹄卵。一或有之，则一切天演之说，皆可焚也。然则家庭教育，顾不重耶！
>
> 且国弱种困，则有深望于后之人，此不独吾今日之事然也。彼欧西诸邦，莫不如此。吾尝读英洛克氏、法卢梭氏诸教育书，见其和蔼恺恻，大异平日反对政府之文辞。然皆大声疾呼，谓非是则国种决灭。德之最困，莫若十八、十九两世纪之交，而教育哲家，如佛队、汗德诸公遂出。兹编撒氏（指《蒙养镜》的作者撒耳士曼——引者注）之作，亦于其时者也。顾其作意，所与诸家异者，彼以为多言其反，将正者自明。此犹庄周以非指喻指，非马喻马，而齐桓公亦云仲父教我以所善，不若教我以所不善。[1]

在此，严复阐明了幼儿教育的重要性，并将幼儿教育主要理解为家庭教育。按照他的说法，幼儿教育源自父母，主要在家庭中进行：从小处说，父母的教育是因，儿童的成长、成才是果；从大处说，儿童教育是因，国家强盛是

---

[1]《〈蒙养镜〉序》，《严复集》（第二册），中华书局，1986，第255页。

果。这便是西方国家和中外有识之士都重视幼儿教育即家庭教育的原因所在。为了证明自己的观点，严复援引了西方的洛克、卢梭、斯宾塞和生于十八、十九世纪之交德国最困难时期的费希特（Fichte，1763—1814，严复翻译为佛对或佛特）、康德（Kant，1724—1804，严复翻译为汗德）等人的观点作为证据。严复在此提到的这些思想家、哲学家都非常重视教育，在这里不期而遇理所当然。除此之外，他援引的谢安之语涉及到教子问题，亦在情理之中。值得注意的是，《蒙养镜》是探讨教育的，严复借题发挥的主题也是中国应该重视教育，与他提出的改造中国的三大纲领之一——"开民智"一脉相承。正因为如此，洛克、卢梭、费希特、康德、斯宾塞和谢安的出现带有一定的必然性，至少是可以理解的。意味深长的是，严复让庄子出现在《〈蒙养镜〉序》中，并且成为主角：序从庄子的寓言始，以庄子的论断终。

众所周知，庄子崇尚天然素朴，自然无为，与教育本不相涉；甚至可以夸张地说，庄子是排斥教育的。对于庄子来说，无论向往人的率性而为，回归天然朴素、绝仁弃智的原始状态，还是体悟超言绝象的道，"独与天地精神往来"，都是一个无知、去知的过程。依据庄子的理解，教育属于人为、刻意的范畴，与天然朴素背道而驰。从这个意义上说，教育不惟不需要，反而与儒家提倡的仁义、礼法一样成为戕害人之本性，使人伤生害性的罪魁祸首。严复明知这一切，还是在论及教育时想起了庄子，并且让庄子在《〈蒙养镜〉序》中出现的次数和作用远远超过了他所提及的所有中外思想家或哲学家。

在《〈蒙养镜〉序》中，严复将《庄子·齐物论》篇的"以指喻指之非指，不若以非指喻指之非指也；以马喻马之非马，不若以非马喻马之非马也"与撒耳士曼的"多言其反，将正者自明"相提并论，借此阐发了自己的观点。在援引斯宾塞的思想时，严复将其翻译为"子孙者汝身之蜕影也"。严复的这个翻译使人不禁想起了《庄子·知北游》篇的那句名言："子孙非汝有，是天地之委蜕也"。至于其中的"汝以为不汝知也耶？"和"取奔蜂以化藿蜀，用越鸡以伏鹄卵"，都与《庄子》中的文字相似度极高。更有甚者，严复关于儿童教育的观点以《庄子·徐无鬼》篇中的故事为逻辑主线展开，故事的版本与严复的改编之间不蚩天渊。对于这一点，回顾一下原版的故事即可一目了然。

据《庄子》载：

> 子綦有八子，陈诸前，召九方歅曰："为我相吾子，孰为祥。"九方歅曰："梱也为祥。"子綦瞿然喜曰："奚若？"曰："梱也，将与国君同食以终其身。"子綦索然出涕曰："吾子何为以至于是极也？"九方歅曰："夫与国君同食，泽及三族，而况父母乎！今夫子闻之而泣，是御福也。子则祥矣，父则不祥。"子綦曰："歅，汝何足以识之。而梱祥邪？尽于酒肉，入于鼻口矣，而何足以知其所自来！吾未尝为牧而牂生于奥，未尝好田而鹑生于宎，若勿怪，何邪？吾所与吾子游者，游于天地，吾与之邀乐于天，吾与之邀食于地。吾不与之为事，不与之为谋，不与之为怪。吾与之乘天地之诚而不以物与之相撄，吾与之一委蛇而不与之为事所宜。今也然有世俗之偿焉？凡有怪征者必有怪行。殆乎！非我与吾子之罪，几天与之也！吾是以泣也。"无几何而使梱之于燕，盗得之于道，全而鬻之则难，不若刖之则易。于是乎刖而鬻之于齐，适当渠公之街，然身食肉而终。（《庄子·徐无鬼》）

显而易见，被严复拿来进行演义、展开论证的这个故事原本并不是探讨教育的，与父母对子女的教育问题更是风马牛不相及。故事的主角——子綦就是《庄子·齐物论》篇中那位隐机而叹"吾丧我"的南郭子綦，以齐物的态度处世，对包括梱在内的八个儿子皆"游与天地"。严复之所以援引子綦之语——"吾未尝为牧而牂生于奥，未尝好田而鹑生于宎，若勿怪何耶？"，旨在说明一切皆受因果律的支配。这用他本人的话说便是，"由此言之，一切法莫大于因果"。一目了然，严复的这个结论与南郭子綦的原意并不相干。南郭子綦的原意是说，未尝放牧，屋子的西南角却有羊；不去狩猎，屋子的东南角却有鹑

鹑，岂非咄咄怪事？事实上，不惟南郭子綦的这句话并非探讨因果问题，这个
故事由始至终也不关因果的事。严复在此想要申述的却无非是一个有关教育的
因果问题："子弟之德，堂构之美，夫非偶然而至者，灼灼明矣"。借此，他旨
在传达这样一个教育理念：父母是孩子最早、最好的老师，一个人的命运与其
所受的教育尤其是家庭教育密不可分。一言以蔽之，一个人的命运和作用与他
受到的家庭教育之间存在着无法逃遁的因果关系。十分奇怪的是，被严复用以
证明自己观点的梱被致残、贩卖而又终身食肉的命运与他所受的家庭教育之间
并无任何联系。甚至可以说，梱的命运与其父亲的一贯追求和他自身所受的教
育南辕北辙，至少其间没有任何必然的因果关系。透过这个故事，严复对庄子
思想的过度诠释以及演义成分之大可见一斑，也从一个侧面反映出严复对《庄
子》的熟稔和喜欢程度——因为爱不释手，烂熟于心，所以运用、发挥起来得
心应手。

分析至此，反观严复的《〈蒙养镜〉序》可以说，与庄子能够扯上关系的，
充其量不过《庄子·齐物论》篇的"以指喻指之非指，不若以非指喻指之非指也；
以马喻马之非马，不若以非马喻马之非马也"。诚然，这句话显然也不是谈教
育的，更不是讲教育以身教为主或教育的因果关系的。尽管如此，这句话毕竟
探讨了名言关系问题，与撒耳士曼"多言其反，将正者自明"的教育理念都表
现出某种轻视言的倾向。从另一角度看，严复在说理论事时之所以无论庄子是
否讲过这方面的问题都拿庄子说事，骨子里浸透的还是对庄子的膜拜和对《庄
子》的喜爱。

说理鞭辟入里与表达妙笔生花，仅此一项已属千古难遇，更何况《庄子》
兼而有之，难怪严复对之酷爱致极、痴迷不已。一方面，严复对庄子的哲学思
想和为学次序佩服得五体投地，借助庄子阐释自己的观点便成为最寻常不过的
事。因此，在谈论时事、分析当时的社会问题时，严复习惯于以庄子为奥援为
自己辩护。例如，严复对中西之间的差异如是说："盖东西二洲，其古今所以

为国俗者，既相诡矣，而民主之俗，尤非专制者所习知。况中国以政制言，则居于君主专制之间；以宗教言，则杂于人鬼天神之际。而老聃、孔子之哲学，中经释氏之更张，复得有宋诸儒为之组织，盖中国之是非，不可与欧美同日而语，明矣！学者必扩其心于至大之域，而后有以读一世之书，此庄生所以先为逍遥之遊，而后能齐其物论也。"[1]另一方面，严复惊艳庄子的表达妙不可言，在针砭、讥讽时弊时多次借用庄子的妙语、隽语。例如，严复在揭露时人为蝇头小利不惜挺而走险乃至置他人、群体利益于不顾时这样写道："今之人，嚣嚣然自谓被文明教育，以转移中国为己任者，亦至众矣。顾吾从旁徐察其所为，则一命之得失，一财之有无，虽其实至琐屑不足道，皆不惜重跰协息以争之。不能得，则挟其众势，号曰团体。阴险叵测，名曰运动。但己之有获乎，虽置人于至危所不顾。呜呼！亡国之民，莫不如此。彼方以是为争存，而不知其与庄生之豕蝨同道。可哀也已！"[2]再如，严复在行文中喜欢引用《庄子》书中的典故，下面引文中对《庄子·徐无鬼》篇"牧马小童曰：夫为天下者，亦奚以异乎牧马者哉？亦去其害马者而已矣"的运用即属此例："今赫胥氏但以随其自至当之，可谓语焉不详者矣。至谓善恶皆由演成，斯宾塞固亦谓尔。然民既成群之后，苟能无扰而公，行其三例，则恶将无从而演，恶无从演，善自日臻。此亦犹庄生去害马以善群、释氏以除翳为明目之喻已。"[3]至此可见，《庄子》时常出现在严复的论作中。这既体现了严复对庄子的崇拜，又反映了《庄子》对严复的影响。

耐人寻味的是，严复将《周易》《老子》《庄子》一起奉为中国哲学的三大经典，却只对《老子》和《庄子》进行了评注。深入剖析、比较不难发现，严复对《老子》与《庄子》的态度和评价含有深意。最明显的证据是，严复从来

1　《法意》按语，《严复集》（第四册），中华书局，1986，第 955 页。

2　《法意》按语，《严复集》（第四册），中华书局，1986，第 1013 页。

3　〔英〕赫胥黎：《天演论》，严复译，中州古籍出版社，1998，第 422—423 页。

都没有对《老子》有过文风、表达方面的赞美，对老子思想的推崇也只限于肯定其出现得早，在时间上占了优势。无论严复断言《老子·第一章》的"同谓之玄，玄之又玄，众妙之门"十二字囊括了西方哲学的范围即"不出"这十二个字，还是肯定《老子·第五章》的"天地不仁，以万物为刍狗"成为天演学之滥觞都是这个意思。对于《庄子》，严复的表达与对《老子》的表达大不相同，故而不可同日而语。这是因为，严复在对《庄子》的文字不吝溢美之词的同时，多次赞扬庄子论理透彻，《庄子》中的思想具有跨越时空的魅力。正是由于这个原因，除去文笔不算，单就思想来说，老子只是讲得早，庄子讲得早——作为老子后学自然在时间之早上无法与老子相比，却足以傲示西人，《庄子》内七篇和《庄子·至乐》篇"种有几"所讲的天演论比西方早二千余年便是明证；更重要的是讲得好——在这方面，老子也只能甘拜下风，更遑论其他先秦诸子了。对《庄子》的态度评价先天地决定了严复将解读《庄子》和诠释庄子的过程最终演变为不折不扣的朝圣之旅。

第二节　庄子的学术身份和归属

在中国近代，严复是将庄子视为老子后学、归为道家的主要代表人物之一。正因为如此，严复对庄子地位和身份的看法与康有为、谭嗣同和梁启超等人迥异其趣。综观严复的思想可以发现，他有关庄子身份的观点有两点非同寻常：一是庄子与老子的关系，二是庄子与杨朱的关系。这两点意义重大，不仅显示了严复与同时代其他哲学家的不同主张，而且奠定了他本人对庄子思想的诠释和评价。

一、庄子与老子

无论将庄子归为老子后学还是对庄子与老子并提的传统都源远流长，早在西汉时期，司马迁在《史记》中就将庄子归入老子后学，并在《老子韩非列传》中指出《庄子》的《渔父》《盗跖》《胠箧》等篇就是专门攻击儒家思想的。在秦汉之后的漫长古代社会中，无论魏晋玄学还是宋明理学均将庄子视为老子同调，对两人的推崇或贬损大都是一同进行的。这意味着魏晋玄学、宋明理学都未对庄子与老子的思想进行区别，也注定了两人在古代社会中的密不可分。正是由于这个原因，老子和庄子的命运在几千年的中国历史上休戚相关，一荣俱荣，一损俱损。老庄并提的传统在近代发生了天翻地覆的变化，这不仅表现为庄子不再是老子后学，而且表现为老子、庄子的命运呈现出极大反差。中国近代是西学大量东渐的时代，更是第一次全面审视中国本土文化的"学术源流"和诸子百家关系的时代。近代哲学家对先秦诸子的关系以及对中国本土文化源流的理解存在着明显分歧，焦点在于老子与孔子争席。问题的关键是，无论尊孔还是尊老，近代哲学家都对庄子表现出浓厚兴趣，甚至推崇备至。这自然造成了庄子在思想上高于老子，在身份上与老子疏远的局面。随之而来的是，在中国近代，老子后学不再是庄子的唯一身份或学术归属，庄子甚至成为老子的批判者。于是，庄子与老子的关系成为热门话题，也成为聚讼纷纭的敏感话题。

康有为有时将庄子归为老子后学，有时又将庄子归为孔子后学，并特意强调庄子不是老子后学。如此一来，老子与庄子的关系处于微妙之中，而康有为有关作为孔子后学的庄子颠簸老子的说法更是造成了庄子与老子关系的紧张。到了谭嗣同那里，庄子的唯一身份是孔子后学，并且是"孔氏之嫡派""孔氏之真传"。这样一来，庄子便完全脱离了与老子的关系。梁启超虽然坚定地认为庄子是老子后学，但是，他宣称关尹是老学正宗，杨朱是老学中的大家。这样一来，梁启超便使庄子处于老学的别传之列，庄子的地位急骤下降，甚至在老学中变得可有可无。梁启超的思想以多变著称于世，他的观点彼此之间相去甚远，却都在有意无意之间疏远了庄子与老子的关系。与康有为、谭嗣同和梁启超疏离庄子与老子的关系截然相反，严复坚决地把庄子归到了老子麾下，同时使庄子成为老学中的"显学"。更有甚者，从严复认定杨朱与庄子是同一人的角度说，庄子乃是老子的唯一后学。对于这一点，严复老庄并提就是最好的证据。

尚须进一步澄清的是，除了谭嗣同从未老庄并提之外，近代哲学家都曾经老庄并提。在这个前提下尚须看到，严复将庄子与老子并提的做法传达出有别于其他近代哲学家的思想主旨和意趣诉求。具体地说，康有为在老庄并提的同时，亦老杨并提。更有甚者，鉴于杨朱之学在战国时期的势力和影响，康有为以杨学指称老学，杨朱的这一殊荣显然是庄子无法比拟的。与康有为的做法和意图相去甚远，严复只是老庄并提。除了庄子之外，严复没有将其他国学人物与老子并提。诚然，严复曾经不止一次地将老子与黄帝联系在一起，并将两人的思想合称为黄老之道或黄老之术。这一语境中的黄帝与传说中的三皇五帝不同，是假托的人物；退一步说，即使是真实人物，黄帝生活的时间也先于老子千百年，故而不可能成为老子后学。不仅如此，康有为、梁启超将众多国学人物归为老子后学，庄子则被淹没在其中。例如，康有为声称老子后学"流派甚繁"，将申不害、韩非等先秦诸子都说成是老子后学，并且指定为老学嫡派。梁启超视界中的老子后学在人数上同样阵营庞大，仅就《老孔墨以后学派概观》而论就多达几十人。与康有为、梁启超的做法形成强烈对比的是，严复视界中的老子后学只有庄子和杨朱两人，更何况他认定庄子与杨朱是同一人。严复对老子后学阵营的缩小印证了庄子对于老子学说的重要性，既从一个侧面展示了庄子地位的提升，又为严复的老庄并提及老庄互释提供了前提条件。

问题到此并没有结束，在将庄子归为老子后学的前提下，严复进一步凸显庄子与儒、墨诸家的分歧，以此彰显庄子与老子思想的相同性和一致性。无论在评注《老子》还是《庄子》时，他都牢记这一点。例如，在品读《老子》时，严复写道："太史公《六家要旨》，注重道家，意正如是。今夫儒、墨、名、法所以穷者，欲以多言求不穷也。乃不知其终穷，何则？患常出于所虑之外也。惟守中可以不穷，庄子所谓得其环中，以应无穷也。"[1] 同样，在评注《庄子》的过程中，对于《庄子·胠箧》篇的"圣人生而大盗起"一段，严复写下了这样的评语："太史公所谓剽剥儒墨，即谓此等。"[2] 并不限于此，严复还为庄子"剽剥儒墨"的论点找到了其他证据。对此，他明言声称："老庄之所谓仁义，煦煦孑孑者也，与孔孟所谓仁义大殊。必推极而言之，即韩愈之博爱行宜，亦恐有未尽也。夫煦煦孑孑之仁义，其终几何不伪；故曰，唯且无诚；既无诚矣，则未有不为禽贪者器；既为禽贪者器矣，则方其始用，其利天下不过一觇，而贼天下可以无穷，驯至人与人相食，其言不为过也。"[3] 由此可见，与认定庄子是老子后学、属于道家息息相关，严复同意司马迁关于庄子颠覆孔子的观点。

总而言之，严复对庄子的审视和归属带有两个与众不同的鲜明特点：第一，严复始终将庄子与老子联系在一起，这一点与康有为、谭嗣同将庄子归为孔子后学天差地别。第二，严复极力提升庄子在老学中的地位，这一点与梁启超在老子众多的后学中将庄子边缘化迥然相异。

二、庄子与杨朱

与为中华民族寻找精神家园的理论初衷和学术意趣一脉相承，近代哲学家热衷于先秦哲学，对先秦诸子青睐有加。在对先秦诸子的关注中，他们大都关注杨朱，并且共同表现出提升杨朱地位的思想倾向。从严复、康有为、梁启超到蔡元培、冯友兰，许多近现代哲学家都对杨朱兴趣益然，并且都不遗余力地凸显杨朱的重要性。冯友兰甚至别出心裁地提出杨朱为道家开山说，也将对杨朱地位的拔高推向了极致。在这种背景下，严复对杨朱的关注亦属顺理成章。

1《老子》评语，《严复集》（第四册），中华书局，1986，第 1077 页。
2《庄子》评语，《严复集》（第四册），中华书局，1986，第 1123 页。
3《庄子》评语，《严复集》（第四册），中华书局，1986，第 1141 页。

不同的是，严复始终突出杨朱和庄子思想的相同性，乃至认定二者是同一人。正是由于这个原因，严复对杨朱的关注成为他的庄学观的一部分。

对于庄子与杨朱的关系，严复多次从不同角度予以界定和解说，彼此之间具有一定出入。大致说来，不外乎以下两种情况：

1. 极力证明杨朱就是庄子

众所周知，杨朱又名阳子、杨子居，在《庄子》中多次出现。不知是否与此相关，严复在评注《庄子》时多次提到杨朱。更为重要的是，严复十分关注庄子与杨朱的关系问题，并竭力证明二者为同一人。例如，严复在《庄子·在宥》篇的评语中反复强调：

> 此乃杨朱为我，三摩地正法眼藏。尝谓庄子与孟子世当相及，乃二氏从无一言，互为评骘，何耶？颇疑庄与杨为叠韵，周与朱为双声，庄周即孟子七篇之杨朱。（此批在"敢问治身，奈何而可以长久"一段上。）

> 郭注云，人皆自修而不治天下，则天下治矣！故善之也。此解深得庄旨，盖杨朱学说之精义也。何则？夫自修为己者也，为己学说既行，则人人皆自修自治，无劳他人之庖代。世之有为人学说也，以人类不知自修自治也。使人人皆知自治自修，则人人各得其所，各安其性命之情。孟子诋杨，其义浅矣。（此批在"故我修身千二百岁矣"一段上。）[1]

> 庄周吾意即孟子所谓杨朱，其论道终极，皆为我而任物，此在今世政治哲学，谓之个人主义 Individualism。至于墨道，则所谓社会主义 Socialism。（此批在"我守其一，……而人皆以为有终"一段上。）[2]

上述评注共同显示，严复认定杨朱即庄子的理由大端有三：第一，从时间上看，庄子与孟子的生存时间大致相当，两人却从未对对方进行过评价。何以会出现这种怪现象？答案在于，杨朱与庄子是同一人，孟子对杨朱的谩骂即是

---

[1] 《〈庄子〉评语》，《严复集》（第四册），中华书局，1986，第 1125 页。
[2] 《〈庄子〉评语》，《严复集》（第四册），中华书局，1986，第 1126 页。

对庄子思想的评价。第二，从音韵学上看，庄子与杨朱的名字极易混淆。庄子（Zhuangzi）与杨朱（Yangzhu）都是双声、叠韵，读音相似。这也造成了孟子之误，将庄周误说成了杨朱。第三，从思想上看，庄子思想的主旨与杨朱之学精义相同，都是个人主义，即 Individualism。个人主义与社会主义相反，墨子思想的主旨是社会主义，这也与孟子在诋毁杨朱时将墨子与杨朱一起纳入视野相互印证。

杨朱即庄子的说法最早出自日本学者，在中国近现代哲学中颇有市场，赞同者大有人在。除了严复之外，直到五四时期的蔡元培仍然持有此说。面对他人的质疑以及胡适等人的不同意见，蔡元培在接受记者的提问时依然坚持自己的观点。对此，他的解释是："杨朱为庄周，是我个人的臆说，我的详考尚未脱稿，当然赞成者极少。胡适之先生沿习旧说，认为有杨朱其人，是胡君的自由。读者自决之而已。"[1]

庄子特立独行，愤世嫉俗。他的思想极具个性，与个人主义的旨趣、诉求似有某些相合之处。至于庄子的思想以及他关于养生、尊生和尽天年的思想是否可以像严复理解的那样归结为"为我"，则不是不证自明或不言自明的，故而需要进一步证明。事实上，《庄子》的名篇《齐物论》一开头就提出了"吾丧我"的命题。从追求"丧我"的角度看，与其将庄子的思想归结为"为我"，不如说归结为"无我"更为恰当。在这方面，从谭嗣同、梁启超到章炳麟都不约而同地彰显庄子的"无我"思想，显然比严复更接近庄子思想的本意。

进而言之，严复将庄子的思想归结为"为我"分两步走，或者说，离不开两个先决条件：一是将庄子与杨朱视为同一人，二是将孟子抨击杨朱"为我"作为主要证据。孟子关于杨朱的思想具有两段经典的介绍和表述，现摘录如下：

> 杨朱、墨翟之言盈天下。天下之言，不归杨，则归墨。杨氏为我，

---

1 《杨朱与庄周二人乎抑一人乎》，《蔡元培全集》（第四卷），浙江教育出版社，1997，第486页。

是无君也；墨氏兼爱，是无父也。无父无君，是禽兽也。(《孟子·滕文公下》)

杨子取为我，拔一毛而利天下，不为也。墨子兼爱，摩顶放踵利天下，为之。(《孟子·尽心上》)

孟子这两段议论的侧重点并不相同，却一致言之凿凿地肯定杨朱"为我"，并且在这个前提下将杨朱与墨子对举。接下来的问题是，对于严复来说，既然被孟子认定为"为我"而被诋毁为"禽兽"的杨朱就是庄子，那么，庄子主张"为我"便不言而喻了。

静下心来深入分析将会发现，严复指证庄子与杨朱是同一人的证据出自孟子对杨朱的攻击，这恰恰在时间上排除了庄子与杨朱是同一人的可能性。孟子、庄子都是战国中期人，生活的时间几乎重合——准确地说，生卒时间均相差三年。在庄子生前，他的思想并没有产生像孟子所描述的那种影响。孟子生活在邹国，庄子生活在宋国，相距如此遥远，很难想象庄子的思想在当时的条件下能够如此远播，乃至生前即被孟子所知，更遑论鉴于庄子的影响而攻击之了。在这方面，严复提出的"尝谓庄子与孟子世当相及，乃二氏从无一言，互为评骘，何耶？"的疑问恰恰是一个不存在的伪问题。退一步说，即使按照严复的说法，庄子与孟子"互为评骘"，也应该既有孟子对庄子也就是他认定的杨朱的评骘，也有庄子对孟子的评骘似乎更符合逻辑。现在的问题是，果真如严复推测的那样孟子对杨朱的诋毁是对庄子的评骘，那么，反过来，庄子对孟子的评骘何在？令人百思不得其解的是，以讽刺、挖苦为能事的庄子提到了众多的先秦人物，为什么偏偏对一再抨击自己的孟子未置一词？这与他对终身引为知己，并未对自己发表任何不敬言论的惠施的屡屡攻击相去霄壤，显然不符合庄子的性格。更为有力的证据是，《庄子·天下》篇"遍议诸子"，却不见孟子的踪影。无论此篇出自庄子还是庄子后学之手，对于论敌——如果孟子像严复所讲的那样"评骘"庄子的话，为何三缄其口？

或许是看到了"世当相及"应相互评骘与不见庄子对孟子有任何说辞之间的矛盾，同样认定庄子与杨朱是同一人的蔡元培试图弥补严复的逻辑漏洞，让庄子在时间上早于孟子。蔡元培对庄子即杨朱进行了如下论证："庄子盖稍先于孟子，故书中虽诋儒家而不及孟。而孟子之所谓杨朱，实即庄周。古音庄与杨、周与朱俱相近，如荀卿之亦作孙卿也。孟子曰：'杨氏为我，拔一毫而利天下不为也。'又曰：'杨朱、墨翟之言盈天下，杨氏为我，是无君也。'《吕氏春秋》曰：'阳子贵己。'《淮南子·泛论训》曰：'全性保真，不以物累形，杨子之所立也。而孟子非之。'贵己保真，即为我之正旨。庄周书中，随在可指。如许由曰：'余无所用天下为。'连叔曰：'之人也，之德也，将旁礴万物以为一世也。蕲乎乱，孰弊弊焉以天下为事，是其尘垢粃糠，犹将陶铸尧、舜者也。孰肯以物为事。'其他类是者，不可以更仆数，正孟子所谓拔一毛而利天下不为者也。子路之诋长沮、桀溺也，曰：'废君臣之义。'曰：'欲洁其身而乱大伦。'正与孟子所谓杨氏无君相同。"[1]这段议论是蔡元培对于庄子即杨朱的集中论证，从时间与思想两个不同的方向展开：第一，从时间上看，蔡元培承认严复所说的庄子、孟子生存时间大致相当，并在这个前提下进行了调整，修改为庄子的生存时间"稍先于"孟子。蔡元培之所以将庄子的时间移到孟子之前，是为了摆脱庄子诋毁儒家却没有涉及孟子这一困境，以此寻求逻辑上的自洽。第二，从思想上看，蔡元培依据孟子对杨朱"为我"的概括和评价以及《吕氏春秋》《淮南子》等古代典籍对杨朱思想的描述按图索骥到《庄子》中寻找与之相似的观点。

孟子的生卒时间是公元前 372—公元前 289，庄子的生卒时间是公元前369—公元前 286。一目了然，两人生活在世界上的时间几乎重合，并且是孟子早于庄子，而不像蔡元培所推测的那样庄子"稍先于"孟子。从这个意义上

---

1 《中国伦理思想史》，《蔡元培全集》（第一卷），浙江教育出版社，1997，第 493 页。

说，蔡元培与严复一样没有解决面对孟子的一再攻击，为什么庄子一直保持缄默这一棘手问题。更为重要的是，深入分析蔡元培对庄子与杨朱思想相同性的论证不难看出，他对庄子"为我"的论证缺少说服力。其中，最明显的硬伤在于，结论先于证据。就蔡元培所列举的内容来看，分为先后两个部分：前半段侧重从各家的记载中概括杨朱（包括阳子）的思想，后半段则侧重在《庄子》书中"按图索骥"，寻找与前半段相符合的内容；在前半段中，蔡元培指出"贵己保真，即为我之正旨"，所依据的参考文献是《吕氏春秋》和《淮南子》。众所周知，这两部书历来被视为杂家的经典，对诸子百家的综罗就包括庄子在内，更何况有人提出两书尤其是《淮南子》是道家的著作——从近代起，梁启超等人就持此说。时至今日，这种观点仍然十分流行。退一步说，即使《淮南子》属于杂家，至少在杂糅百家时以道家为主。有鉴于此，并不能排除《吕氏春秋》《淮南子》的作者以庄子的贵己、保真思想理解杨朱的可能性。更何况蔡元培论述的两段之间本意即不相同，至于同为一人更是不知所云——除了像严复一样指出庄 zhuang 与杨 yang、周 zhou 与朱 zhu 俱读音相似之外，并无其他新的证据。而蔡元培作为佐证的荀卿读孙卿，其中的荀 xun 与孙 sun 只表示 x 可读为 s，既证明不了 zh 可以读为 y，也证明不了 ou 可以读为 u。

2. 突出庄子与杨朱思想的一致性

严复将庄子视为老子后学，并且一再从老子后学的角度反观庄子以及庄子与杨朱的关系。可以肯定的是，严复视界中的老子显得形单影孤，后学廖廖。与康有为、梁启超将众多先秦诸子以及秦汉人物都归入老子后学迥然不同，严复提及的老子后学除庄子外，仅有杨朱。在严复看来，杨朱主张"为我"即证明了他是老子后学。严复断言："为我之学，固原于老。孟子谓其拔一毛利天下而不为，固标其粗，与世俗不相知之语，以为诟厉，未必杨朱之真也。"[1]

---

1 《〈庄子〉评语》，《严复集》（第四册），中华书局，1986，第 1147 页。

相同的老学渊源先天地注定了庄子与杨朱思想的相通性乃至相同性，庄子、杨朱同出老学——并且在老学中仅此两人拉近了庄子与杨朱之间的距离。不仅如此，严复在《老子》文本中为两人找到了共同的思想源头。具体地说，严复将庄子和杨朱的思想与《老子·第十三章》的内容相提并论。于是，他在总评《老子·第十三章》时在篇首如是说："此章乃杨朱为我，庄周养生之所本。"[1]在这里，严复肯定庄子与杨朱的思想都源于老子，并具体指出了二者皆以《老子·第十三章》为理论源头。

既然严复明确肯定庄子、杨朱的思想皆发端于《老子·第十三章》，那么，无论为了把握庄子、杨朱的思想还是梳理两人的关系，都有必要先回顾一下此章的内容。众所周知，《老子·第十三章》原文如下："宠辱若惊。贵大患若身。何谓宠辱若惊？宠为上，辱为下。得之若惊，失之若惊，是谓宠辱若惊。何谓贵大患若身？吾所以有大患者，为吾有身；及吾无身，吾有何患！故贵以身为天下，若可寄天下。爱以身为天下，若可托天下。"显而易见，老子在《老子·第十三章》中讲述了两个问题：宠辱与得失。而这两个问题都与身有关，由于有身，宠辱皆惊，得失皆惊。老子旨在强调，人之所以有大患，症结在于有身，有身固有大患。

比较严复与老子的思想不难发现，严复对《老子·第十三章》的解读具有一个迥异于老子的突出特点，那就是：严复在解读中抛开宠辱不谈而只讲身，进而将身等同于我。在此基础上，他以身为中介点，进而对杨朱与庄子的思想等量齐观：第一，严复将杨朱的"为我"解释为贵身而不贵天下，进而称之为"自私"。第二，严复将庄子的养生理解为养身、养形，进而等同于尊生和尽天年。在此基础上，严复极力凸显"宠辱若惊"与"有身"的密切相关，淡化乃至遮蔽庄子养神与养形并重乃至侧重养神的价值追求。在这方面，严复将被他

---

1 《〈老子〉评语》，《严复集》（第四册），中华书局，1986，第 1080 页。

用以彰显庄子"真杨氏为我者也"的《庄子·庚桑楚》篇的要义理解、归纳为"全其形生而已","愁我躯也,愁我身也,愁我己也"便是典型的例子。沿着这个思路,严复在自贵其身上找到了杨朱与庄子思想的契合点。严复的做法既流露出他以"为我"为切入点和主线索解读庄子养生思想的理论导向,又成为他突出杨朱与庄子思想相同性的理论前提。

值得注意的是,《老子·第十三章》并不赞同"宠辱若惊"。"宠辱若惊"的原义是宠、辱皆惊,即得宠、为上而荣惊,失宠、为下而辱也惊。与老子反对"宠辱若惊"如出一辙,庄子的人生座右铭恰恰是"宠辱不惊"。如此说来,严复对庄子的界定和概括与庄子的思想意趣和主旨南辕北辙。老子在此讲的是只有不以身为贵,托身于天下,才能避免宠辱皆惊。与老子思想的本义截然相反,严复认定《老子·第十三章》追求"宠辱若惊",进而将庄子的养生思想说成是对老子这一思想的发挥。事实上,在竭尽全力突出庄子与杨朱思想相通、相同的过程中,严复强调庄子是杨朱后学而非相反。这一界定符合严复确定庄子的思想源于杨朱,是对杨朱"为我"思想的发挥的逻辑。

更为重要的是,在严复的视界中,庄子与杨朱思想的一致性并不限于作为老子后学对老子思想的发挥。退一步说,即使并不庄子就是杨朱本人,严复依然肯定庄子的思想继承了杨朱之学的衣钵,《庄子·庚桑楚》篇就是最好的证明。严复写在《庄子·庚桑楚》全篇的评语是:"庄周即不为杨朱,而其学说,则真杨氏为我者也。故《庚桑楚》之所欲得者,全其形生而已,而南荣趎所愿闻于老聃者,卫生之经而已。即其初见之为问,其所苦于智仁义者,则愁我躯也,愁我身也,愁我己也。由此言之,则师弟之所谓至德要道,娓娓于为我,不亦既著矣乎!且不仅是篇为然,盖其所言,莫不如是。是以残生伤性,等伯夷于盗跖。而黄帝之问于广成子也,虽求至道之精,将以养人民,遂群生,而广成子且訾以质残,不足以与于至道,独问治身何以长久,而后蹶然善之。是故极庄之道,则圣人生天行,死物化,去知与故,循天之理,于以无天灾,无物累，无人非，无鬼责而已。至于儒墨所谓仁义，则指为不安性命之情，而为桀跖嚆矢者矣。孔曰，杀身成仁；孟曰，舍生取义；则为其道之所薄，而以为殉名，非不仁义也。以仁义之不及于道德，而使天下大綫也。是故杨之为道，虽极于为我，而不可訾以为私。彼盖亲见人心之偾骄，而民于利之勤，虽以千年之礼法，祗以长伪而益乱，则莫若清静无为，翛往侗来，使万物自炊累也。"[1]在严复看来，《庄子·庚桑楚》篇"为我"的主张昭然若揭，"婍婍于为我，不亦既著矣乎！"甚至可以说，庄子的所有思想都是对杨朱"为我"思想的发挥——"盖其所言，莫不如是"。对于这一点，严复列举了大量的证据——"残生伤性，等伯夷于盗跖。而黄帝之问于广成子也，虽求至道之精，将以养人民，遂群生，而广成子且訾以质残，不足以与于至道，独问治身何以长久，而后蹶然善之。是故极庄之道，则圣人生天行，死物化，去知与故，循天之理，于以无天灾，无物累，无人非，无鬼责而已。至于儒墨所谓仁义，则指为不安性命之情，而为桀跖嚆矢者矣"，涉及的内容十分广泛。只是面对这些人们不禁要问："为我"真的具有如此内涵吗？换言之，庄子的这些观点真的都在标榜"为我"吗？严复关于杨朱和庄子的思想源于《老子·第十三章》的观点是理解严复这一思路的重要路标。

依据严复的解读和诠释，庄子对杨朱思想的继承和发展比比皆是，并不限于《庄子》的《庚桑楚》篇。可以看到，受制于庄子之学源于杨朱特别是庄子的所有思想都是对杨朱"为我"观点的发挥的思维路径和立场，严复在总评《庄子·人间世》篇时指出："吾读此篇，未尝不废书而叹也。夫庄生《人间世》之论，固美矣。虽然，尽其究竟，则所言者，期于乘物而遊，托不得已以养中，终其天年而已。顾吾闻之，人之生于世也，俛仰上下，所受于天地父母者至多，非人类而莫与。则所以为万物之灵者，固必有其应尽之天职，由是

---

[1]《〈庄子〉评语》，《严复集》（第四册），中华书局，1986，第1138页。

而杀身成仁，舍生取义之事兴焉。此亦庄生所谓不可解于心，无所逃于天地之间者，岂但知无用之用，远祸全生，遂为至人已乎？且生之为事，亦有待而后贵耳。使其禽视兽息，徒曰支离其德，亦何取焉。此吾所以终以老庄为杨朱之学，而溺于其说者，未必无其蔽也。观于晋之夷甫平叔之流，可以鉴矣。"[1] 严复在这里沿着庄子是杨朱后学，发挥了杨朱的"为我"思想的思路，将庄子尊生、养生和尽天年的人生追求、处世态度皆纳入"为我"之中，进而从自私"为我"的角度把握庄子的人生观和价值观。与此相呼应，严复在《庄子·人间世》篇的"是皆修其身以下伛拊人之民"一段上评注曰："徒修其身者，必不足以动物，而且为好名之所摘。"[2]

应该说，以杨朱的"为我"思想解读、诠释《庄子》是严复审视、诠释乃至评价庄子思想的基本维度之一。正是基于这个"前结构"和"前理解"，他才发现庄子所有的思想都可以归结为对杨朱"为我"思想的发挥。不同的是，严复在此一反从前视杨朱、庄子为老子后学的做法，转而声称"吾所以终以老庄为杨朱之学"。严复的这个说法一反常态，也特别耐人寻味，不啻在说：与其将杨朱和庄子一样归入老子后学，倒不如将庄子连同老子一起归入杨朱后学。议论至此，严复对庄子与杨朱关系的探究不仅没有解开杨朱与庄子究竟是一人还是两人的谜团，反而又出现了关于杨朱的另一个谜团：杨朱与老子究竟谁是谁的后学？杨朱与庄子究竟是一人还是两人关涉杨朱与庄子的关系，杨朱与老子究竟谁是谁的后学则关涉杨朱与老子的关系，对于厘定道家的源头也更为根本。

进而言之，严复对庄子与杨朱关系的认定在一定程度上决定了对庄子思想的透视和把握，最终影响到对庄子的评价——特别是否定评价。归根结底，这一切都与严复侧重庄子与杨朱思想的相同性，从而认定庄子主张"为我"息息相关。上述内容显示，严复的证据不在于庄子的观点本身，而在于杨朱主张

---

1 《〈庄子〉评语》，《严复集》（第四册），中华书局，1986，第 1109 页。

2 《〈庄子〉评语》，《严复集》（第四册），中华书局，1986，第 1110 页。

"为我"。如果将庄子与杨朱的思想相剥离，则很难得出庄子主张"为我"的结论。这一点通过严复与梁启超思想的比较更为直观、充分地体现出来。

在中国近代，关注杨朱者不乏其人，对杨朱怀有好感和推崇者同样大有人在。在这个前提下尚须看到，在近代哲学家中，肯定杨朱的思想是个人主义，墨子标榜社会主义，杨朱与墨子的思想截然相反者主要是严复和梁启超两个人。基于杨朱与墨子思想的截然相反，梁启超作《子墨子学说》，主要目的是对抗杨朱。于是，梁启超在《子墨子学说》开篇就指明了这一点："今举中国皆杨（指杨朱、下同——引者注）也。有儒其言而杨其行者，有杨其言而杨其行者。甚有墨（指墨子、下同——引者注）其言而杨其行者，亦有不知儒不知杨、不知墨而杨其行于无意识之间者。呜呼！杨学遂亡中国！杨学遂亡中国！今欲救之，阙惟墨学，惟无学别墨而学真墨，作《子墨子学说》。"[1] 由此可见，梁启超对杨朱与墨子的思想作对立观与严复别无二致，对杨朱思想贻害无穷的揭露[2] 与严复相比有过之而无不及。进一步深入比较可以看到，梁启超与严复的不同之处在于：梁启超对杨朱的理解只限于杨朱本人的思想，而不像严复那样将庄子视为杨朱思想的传承者乃至同一人，甚至并没有从与老子的关联入手解读或评价杨朱的思想。结果是：由于从未指认杨朱与庄子是同一人，梁启超对杨朱的评价只关系到杨朱本人而不牵连庄子乃至老子，庄子的思想与杨朱的"为我"无关，乃至与杨朱恰好相反——一个主张"为我"，一个高扬"无我"，彼此之间针锋相对，势不两立。分析至此，与严复一再断言庄子主张"为我"天差地别，梁启超将庄子的思想主旨定位为"无我"。

回顾、追溯中国近现代哲学史可以看到，只有严复和蔡元培认定庄子主张"为我"，而两人则异口同声地肯定庄子与标榜"为我"的杨朱是同一人；与将

---

1 《子墨子学说》，《梁启超全集》（第六卷），北京出版社，1999，第3158页。

2 梁启超的思想以多变著称于世，对杨朱思想的解读和评价也不例外。这主要表现为他有时对杨朱的为我思想大加鞭挞，有时又对之竭力称赞。

庄子思想的主旨定位为"为我"相反，没有认为庄子与杨朱是同一人的近代哲学家则不约而同地突出庄子思想的"无我"意蕴和旨趣。谭嗣同、梁启超和章炳麟都是这方面的代表。"为我"乎？"无我"乎？对一个人思想的解读呈现出如此大的反差，除却近代哲学家视界中的庄子，尚有何人！

尚须进一步澄清的是，近代哲学家对杨朱的高度关注乃至地位提升是一致的，动机或初衷却相去霄壤。总的来说，不外乎两种情况：一种是为了打击，以康有为为代表；另一种是为了标举，以梁启超为代表。康有为一面老庄并提，一面老杨并提，乃至以杨朱在战国中期引起孟子的攻击反证杨朱之学在当时的影响以及对老学的贡献，甚至以杨学代称老学。问题的关键是，康有为对庄子的推崇同样溢于言表，这使庄子与杨朱在老学中的地位成为一个悬案。与康有为迥异其趣，严复始终在老子后学的框架内审视庄子的身份归属、提升庄子的地位，并且在道家的框架内阐发庄子的思想。这样一来，庄子在康有为那里由于五种身份而引发的是否是老子后学的问题、在梁启超那里是否是老学中的"显学"等问题都不再成其为问题。尽管如此，严复在破除庄子与老子关系谜团的同时，又设置了另一个谜团，即庄子与杨朱究竟是一个人还是两个人？这个问题是严复庄学观的基本问题之一，不仅在某种程度上决定着严复对庄子思想的解读、诠释和发挥，而且关涉严复对庄子的评价。有鉴于此，曾克耑在为严复的《〈庄子〉评语》作序时集中阐明了这个问题。上述内容显示，严复认为庄子与杨朱是同一人，并借此将"为我"说成是庄子的主张。当然，严复的这个观点又引发了与梁启超的分歧。原因在于，梁启超赞同"为我"，严复反对"为我"。

第三节　对庄子哲学思想的诠释

严复对庄子的关注、推崇与对庄子思想的创新性阐发和诠释息息相关，甚至可以说，二者是一个过程的两个方面——在推崇中诠释，诠释反过来加大了推崇。就严复对庄子思想的解读和诠释来说，最大特点——或者说，有别于前人之处便是凭借深厚的西学素养审视庄子的思想，并由此为庄子的思想注入不可知论、进化论、自由、平等和民主等诸多前所未有的思想内容，借此推动庄子思想的内容转换和现代化。

一、形而上学

严复具有哲学情结，Metaphisics 的形而上学定译便归功于严复。与对哲学的情有独钟一脉相承，哲学成为严复审视《庄子》、解读庄子思想的重要参数。在严复的眼中，《庄子》是中国哲学的经典，不仅字字珠玑，文笔优美，而且蕴涵丰富的哲学资源。庄子是中国的大哲学家，庄子的哲学思想形态多样，从不可知论、经验论、天演哲学到心学应有尽有，足以与众多西方哲学家相媲美。

首先，严复具有哲学情结，对不可知论情有独钟，故而极力挖掘、诠释庄子哲学的不可知论。

严复本人的哲学以不可知论为主体内容，并且以不可知论为标准来判断和理解哲学。事实上，严复正是以不可知论为标准审视庄子的，与不可知论息息相关在某种程度上决定了严复对庄子思想的青睐。这就是说，严复是以不可知论为切入点来解读、诠释庄子的思想的，这使严复对庄子思想的诠释在近代哲学家中卓尔不群。严复之所以一再突出庄子的哲学思想，并将《庄子》奉为中国哲学的"三书"之一，隐藏的前提是庄子的哲学是不可知论。可以看到，严复之所以认定庄子是哲学家，主要理由是《庄子》讲不可知论。为此，严复在《庄子·则阳》篇的"可不谓大疑乎"一句上批注曰："大疑，即欧西科学家所谓之 Agnosticism。"[1] 由此可见，严复认为，庄子所讲的"大疑"与赫胥黎首创

---

[1] 《〈庄子〉评语》，《严复集》（第四册），中华书局，1986，第 1143 页。

的不可知论如合符契，并由此证明庄子的哲学思想与西方不可知论哲学家——赫胥黎、斯宾塞和穆勒等人的哲学旨归完全相同。借此，严复断定庄子是不可知论者，庄子的哲学属于不可知论。这个认定反过来促使严复从不可知论的角度解读、诠释庄子的思想，也使不可知论成为庄子哲学的主要内容。

严复的不可知论与实证主义密切相关，坚持可知者止于感觉，超出感觉范围者必不可知，至于感觉与外物是否相符，也属于不可知之域。在这个框架、背景之下，严复肯定庄子深得不可知论之精髓。基于上述理解，严复对庄子的不可知论进行了深入诠释和挖掘，并在《庄子》中找到了诸多文本依据。正是在这个意义上，严复一而再、再而三地断言：

> 所萌所由，以生所为，使皆不可见，可见者，可行已信之迹也。（此批在"日夜相代乎前，而莫知其所萌"一段上。）[1]

> 丘里之言非道……（此批在"此之谓丘里之言"一段上。）[2]

> 鸡鸣狗吠，事之至近者，其为莫为，其为或使，且不可知。（此批在"鸡鸣狗吠"一句上。）[3]

> 夫居处饮食男女，乃事之至切近者，而孰为正，尚各是所是，各非所非，而不可知如此。则吾向所谓知者，安非其不知，而所谓不知者，安知其非知邪！（此批在"庸讵知，吾所谓知之，非不知邪"一段上。）[4]

依据严复的解读和分析，作为不可知论者，庄子认为，宇宙本原——道超言绝象，是不可知的；不惟道不可知，事物的本体也超出了人们认识的范围。在庄子看来，即使像对"鸡鸣狗吠"这样的至近之事，求其"所萌所由"亦不可知。严复进一步指出，可知者只限于"可见"之迹，庄子所讲的"心止于符"就是认定超过感觉者必不可知。

---

1 《〈庄子〉评语》，《严复集》（第四册），中华书局，1986，第1106页。
2 《〈庄子〉评语》，《严复集》（第四册），中华书局，1986，第1143页。
3 《〈庄子〉评语》，《严复集》（第四册），中华书局，1986，第1143—1144页。
4 《〈庄子〉评语》，《严复集》（第四册），中华书局，1986，第1108页。

基于这种理解，严复在翻译赫胥黎和穆勒的著作的过程中热衷于阐发其中的不可知论，并且屡屡提到庄子的"心止于符"。例如，严复在《天演论》的按语中这样写道："非不知必有外因，始生内果，然因同果否，必不可知，所见之影，即与本物相似可也。抑因果互异，犹鼓声之与击鼓人，亦无不可。是以人之知识，止于意验相符。如是所为，已足生事，（复案：此庄子所以云心止于符也。）更骛高远，真无当也。"[1] 严复认为，人们认识的都是感觉可以接触到的有对待的现象，至于本质"必不可知"。庄子的不可知论就持这种观点，《庄子·齐物论》篇的"非彼无我，非我无所取"一段话就是专门探讨这个问题的。沿着这个思路，严复对这段话的批注是："彼是对待之名词，一切世间所可言者，止于对待，若真宰，则绝对者也。"[2] 循着这个思路，对于《庄子·知北游》篇的"所以论道，而非道也"一句，严复引申说："道与论道，截然两事。"[3]

在严复看来，庄子对宇宙的解释表明庄子肯定世界是不可知的，最能浓缩庄子不可知论旨趣的是庄子对宇、宙两个概念的界定。对此，严复在表述自己的不可知论时如是说："至于物理之不可思议，则如宇如宙：宇者，太虚也；（庄子谓之有实而无夫处。处，界域也；谓其有物而无界域、有内而无外者也。）宙者，时也。（庄子谓之有长而无本剽。剽，末也。谓其有物而无起讫也。二皆甚精界说。）"[4] 更有甚者，严复将庄子的"子孙之论"也纳入到不可知论的框架内加以解读，在"未有子孙而有子孙，可乎？"（《庄子·知北游》）一句上批注曰："谓子孙自无而有，尚隔一尘。天地若同宇宙，则其物固为不可思议，亦不得云自无而有，若其义如此易了，何须词费乎？"[5]

其次，严复肯定庄子是经验论者，从而断定庄子强调通过接触自然获得

---

1 〔英〕赫胥黎：《天演论》，严复译，中州古籍出版社，1998，第339页。

2 《〈庄子〉评语》，《严复集》（第四册），中华书局，1986，第1106页。

3 《〈庄子〉评语》，《严复集》（第四册），中华书局，1986，第1137页。

4 〔英〕赫胥黎：《天演论》，严复译，中州古籍出版社，1998，第354页。

5 《〈庄子〉评语》，《严复集》（第四册），中华书局，1986，第1137页。

认识。

严复的不可知论源于英国哲学，秉持经验论传统，主张一切认识皆源于经验。受英国经验论的影响，严复反对"心成之说"，强调一切认识都源于感官接触外物获得的直接经验。这样一来，接触外物、向自然学习便成为获得知识的基本途径。在这方面，严复对洛克等人大声疾呼读自然这本大书深有同感，同时强调这一原则就蕴涵在庄子的哲学思想中。严复提供的证据是，庄子所讲的养生、"依乎天理"就是引导人遵循"自然学校之规则"。对此，严复解释并论证说："学于自然有道，必勤必精，必虚必顺，必重左证，必求自得。夫如是而学之，及其成也，是自然者将与之以文凭，旌之以学位。此非如吾人学校，仅畀我以一纸书而已。彼将以我为圣人，为鸿哲，用其能事，以之治己，则老寿而康强；以之为国，则文明而富庶。古今之人得此者寡，至于余众，则出入于自然规则之间，离合参半，每顺则祥，每违则殃，违之已甚，则死且亡。吾国有庄生者，其言养生也，谓庖丁解牛十九年，所解之牛无数，而其刃若新出于硎。言其所由然，不过曰依乎天理而已。天理者，即此自然学校之规则也。"[1]

在肯定庄子是经验论者的前提下，严复以直接经验与间接经验训诂、解读庄子的"接知""谟知"概念，以期进一步为庄子哲学注入经验论的内涵。严复宣称："案接知、谟知出《庄子》，接知者直接之知，谟知者间接之知。"[2] 经过严复的解读和诠释，庄子成为恪守经验论的哲学家。在此基础上，严复将庄子的哲学思想与穆勒的思想联系在一起，让庄子在经验实证的路上走得更远。穆勒认为："万物固皆意境，惟其意境而后吾与物可以知接，而一切之智慧学术生焉。故方论及于万物，而明者谓其所论皆一心之觉知也。"对于穆勒的这个观点，严复通过按语解释并引申说："案观于此言，而以与特嘉尔（即笛卡尔——引者注）所谓积意成我，意恒住故我恒住诸语合而思之，则知孟子所

　1《教授新法》，《严复集补编》，福建人民出版社，2004，第62页。

　2〔英〕斯宾塞：《群学肄言》，严复译，商务印书馆1981，第68页。

谓'万物皆备于我'一言，此为之的解。何则？我而外无物也；非无物也，虽有而无异于无也。然知其备于我矣，乃从此而黜即物穷理之说，又不可也。盖我虽意主，而物为意因，不即因而言果，则其意必不诚。此庄周所以云心止于符，而英儒贝根（即培根——引者注）亦标以心亲物之义也。"[1] 在严复看来，穆勒的观点与庄子所讲的"心止于符"都标榜"以心亲物"，故而在哲学路径和意趣上别无二致。循着这个逻辑，严复用《庄子·天道》篇所讲的轮扁"得之于手而应于心，口不能言"来解释穆勒的思想，最大程度地彰显庄子哲学的实证旨趣。正是在这个意义上，严复在《穆勒名学》的按语中这样写道："昔读《庄子·天道篇》言轮人扁事，尝恍然自失而不知理之所以然，今得穆勒言，前疑乃冰释矣。又吾闻凡擅一技、知一物而口不能言其故者，此在智识谓之浑而不晰。今如知一友之面庞，虽猝遇于百人之中犹能辨之，独至捉笔含豪欲写其貌，则废然而止。此无他，得之以浑，而未为其晰故也。使工传神者见之，则一晌之余可以背写。盖知之晰者始于能析，能析则知其分，知其分则全无所类者。曲有所类，此犹化学之分物质而列之原行也。曲而得类，而后有以行其会通，或取大同而遗其小异，常、寓之德（常德即 essential property，译为固有属性；寓德即 accidental property，译为偶有属性——引者注）既判，而公例立矣。此亦观物而审者所必由之涂术也。"[2]

再次，严复认定庄子的哲学不是物学，而是心学。

借用严复的话语结构，物学即"科学家之惟物派"，也就是唯物论；心学即"欧西惟心派哲学"，也就是主观唯心论。对于心学，严复有时理解为心理学，并将心理学即 psychology 音译为什可罗支，有时意译为心学。例如，他断言："什可罗支之为心学。"[3] 总的说来，严复肯定庄子的哲学属于心学既指心

1《穆勒名学》，商务印书馆，1981，第 69 页。

2《穆勒名学》按语，《严复集》（第四册），中华书局，1986，第 1046 页。

3《穆勒名学》按语，《严复集》（第四册），中华书局，1986，第 1028 页。

理学，又指主观唯心论。

严复指出，尽管必有外因（物），始生内果（意），然而，果同因否，必不可知。换言之，认识与外物是否相符，是不可知的，因为这超出了感觉的范围。更有甚者，由于"意物之际，常隔一尘"，人们感觉到的并非事物的真实情状，而永远都只能是感觉。严复将感觉翻译为意（feeling），并且宣称"惟意可知，惟意非幻"。由于将意（feeling）奉为宇宙间唯一真实的存在，严复最终走向了心学。与此相联系，严复指出，庄子的哲学是心学即主观唯心论。他在《庄子·德充符》篇的评语中一再重申这个问题，现摘录如下：

> 审乎无假，不与物迁，知得其心也。命物之化，而守其宗，以其心，得其常心也。（此批在"以其心，得其常心"一句上。）[1]

> 屈大均曰，心从知而得，知之外无所谓心也。常心从心而得，心之外无所谓常心也。知即心，心即常心，大抵圣愚之分在知不知，知即有物皆心，不知即有心皆物。庄生之齐物，亦齐之于吾心尔。知心之外无物，物斯齐矣。屈氏所言，乃欧西惟心派哲学，与科学家之惟物派大殊，惟物派谓此心之动，皆物之变，故物尽则心尽，所言实凿凿可指，持惟心学说者，不可不深究也。（此批在"以其知，得其心"一段上。）[2]

> 心未尝死，所谓得其常心。（此批在"而心未尝死者乎"一句上。）[3]

稍加留意即可发现，严复的解读抓住了"常心"概念，并以此为切入点将庄子所讲的心界定为"常心"，进而夸大心即"常心"的真实恒常。沿着这个思路，严复进而指出，庄子所讲的"常心"与"心未尝死"同义，共同表示心的绝对永恒。从这个意义上说，庄子所讲的"心未尝死"，"即老子所谓知常，佛所谓妙明，耶稣所谓灵魂不死"[4]。显而易见，严复以"常心"为切入点，将

1《庄子》评语，《严复集》（第四册），中华书局，1986，第1115页。
2《庄子》评语，《严复集》（第四册），中华书局，1986，第1115页。
3《庄子》评语，《严复集》（第四册），中华书局，1986，第1115页。
4《庄子》评语，《严复集》（第四册），中华书局，1986，第1115页。

庄子的"心未尝死"与老子的"知常"、佛教的"妙明"和基督教的"灵魂不死"相提并论。经过严复的解读和发挥，庄子的心学拥有了最大的包容性，不仅与同为道家的老子的思想相似，而且与佛学、西学相似。与此同时，庄子的心学也拥有了丰富的内涵，既具有"知常""妙明"之认知智慧，又具有"灵魂不死"之宗教教义。

严复在解读和诠释庄子心学内容的过程中，对其中的"灵魂不死"格外关注。他指出，《庄子·养生主》篇所讲的"以神遇而不以目视，官知止而神欲行"和"指穷于为薪，火传也，不知其尽也"都是宣扬"灵魂不死"的，故而与英国灵学家的观点若合符契。正因为如此，严复在阐释自己的观点、评价西方学术时最先想到了庄子这方面的论述。对于这个问题，严复在写给侯毅的信中如是说："游魂为变之事，不必死后乃然，亦不必赢病之躯而后有此。尝有少年，在家与其父弹球，罢后困卧，梦至旧游人家，值其围坐，乃报名说事，告以一日所为。后时查询，一一符合。由此而言，则入乩者政不必已死之神鬼。而古所谓离魂，与修炼家所谓出神，皆可离躯壳而有独立之作用。夫生前既有独立之作用，则死后之不随形骸俱化，灼灼明矣。须知此事皆吾先德所已言，惟复于当下所见，混沌模糊，今始分明斩截而已。近而举之，如庄子谓官知止而神欲行，及薪尽火传诸说，与英国巴威廉所云'吾身神灵无穷，而心脑之所发现有限'。譬如虹彩七光，其动浪长短，存于碧前赤后者，亦皆无尽；而为功于大地者，较之七光所为，尤为极巨。惟限于六尘者，自不足以见之耳。虽世变日蕃，脱有偶合，则亦循业发现，此如无线电恋占光线，其已事也。"[1]

与认定庄子的哲学是心学互为表里，严复在解读庄子的哲学时习惯于为其注入心学意蕴。例如，他批在《庄子·田子方》篇"明乎礼义而陋乎知人心"一段上的文字是："夫既不知人心矣，则一切之进退从容谏导，祇以形谍成光，

而无当于振我，苟知其心，则目击道存，虽无容声可也。"[1] 除此之外，严复在
《庄子·在宥》篇的评语中反复彰显庄子哲学的心学意蕴。下仅举其一斑：

> 此谓其物虽若淖约，柔而实至刚强，此数语皆写心状，郭注谬。（此
> 批在"淖约柔乎刚强"一句上。）[2]

> 所以不可撄。（此批在"偾骄而不可系者，其唯人心乎"一句上。）[3]

在解读、挖掘庄子心学意蕴和内涵的过程中，为了最大程度地为庄学注入
心学内容，严复将庄子的齐物论纳入到心学体系之中。为此，他将齐物论分为
齐物与齐论两个部分进而区别对待，一面指出物有不齐，一面强调论可以齐。
正是在这个意义上，严复在《〈庄子〉评语》"齐物论第二"的题目上写道："物
有本性，不可齐也。所可齐者，特物论耳。"[4] 在此基础上，严复进而强调，庄
子对本来不齐之物作齐之论表现出明显的心学旨归和诉求。

与此同时，严复指出，庄子的心学秉承经验论的致思方向和价值旨趣，故
而反对"心成之说"。依据他的说法，认识是对外物的反映，先有外物而后有
认识；外物是因，认识是果。基于这种认识，严复反对天赋观念或先验论，赞
同洛克的"白板"说。在这个前提下，严复肯定庄子坚持经验论立场，《庄子》
内七篇拥有一个共同的宗旨和主题，那就是：反对先验论。沿着这个思路，严
复将庄子的哲学与英国经验论的代表——洛克的思想相提并论，在介绍、阐发
洛克的"白板"说时直接援引庄子的哲学观点进行疏解、互释。例如，严复断
言："意（feeling——引者注）相守例发于洛克，其有关于心学甚巨，而为言
存养省察者所不可不知也。心习之成，其端在此；拘虚束教，囿习笃时，皆此
例所成之果。而《庄子》七篇，大抵所以破此例之害者也。"[5] 依据严复的说法，

---

1 《〈庄子〉评语》，《严复集》（第四册），中华书局，1986，第1135页。
2 《〈庄子〉评语》，《严复集》（第四册），中华书局，1986，第1125页。
3 《〈庄子〉评语》，《严复集》（第四册），中华书局，1986，第1125页。
4 《〈庄子〉评语》，《严复集》（第四册），中华书局，1986，第1105页。
5 《穆勒名学》按语，《严复集》（第四册），中华书局，1986，第1050页。

洛克坚持感觉是对外物的反映，为心学做出了巨大贡献。这是因为，心习之成发端于"存养省察"，因而必须强调感觉是对外物的反映。在这方面，庄子与洛克同调，《庄子》内七篇都是反对"心成之说"的。

进而言之，被严复津津乐道的庄子反对"心成之说"具有两方面的寓意，因而从两个不同方向展开：第一，从积极方面说，严复认为，庄子之所以反对"心成之说"，是为了"虚以待物"。严复将庄子反对"心成之说"与"虚以待物"联系起来，在《庄子·人间世》篇的评语中不厌其烦地申明这一主题。于是，他连篇累读地说道：

> 言其术成于己，而于物不谋，故曰师心，于下下虚以应物相应。（此批在"犹师心者也"一句上。）[1]

> 此则教以一志，教以虚以待物，而前此回之自言，端而虚，勉而一，则以为不可，何耶？此处之虚一，将以为心齐。回之虚一，将以为谏法。（此批在"敢问心齐"一段上。）

> 著眼在"虚以待物"四字。（此批在"气也者，虚而待物者也"一句上。）[2]

第二，从消极方面说，严复认为，庄子反对"心成之说"，是为了抵制各种各样的天赋观念或先验论。在严复的视界中，庄子所反对的"心成之说"包括一切没有经过经验实证的观念和学说，其中就有基督教所宣扬的上帝。例如，严复在点评《庄子》时写下了这样的心得："世人之说幽冥，宗教之言上帝，大抵皆随其成心而师之之说也。曰福善祸淫而不容，事偶而赦罪宥眚；中国之想像，则衮冕而圭璋；西人之为容，则袒裸而傅翼。凡此者，皆随其成心以为之说。至其真实，则皆无据。"[3]与认定庄子反对各种天赋观念相一致，严复借助《庄子·知北游》篇的"物物者与物无际"一段发挥说："物物者非物，此最要义。

---

1 《〈庄子〉评语》，《严复集》（第四册），中华书局，1986，第1111页。
2 《〈庄子〉评语》，《严复集》（第四册），中华书局，1986，第1111页。
3 《〈庄子〉评语》，《严复集》（第四册），中华书局，1986，第1107页。

故西教像人为真宰，哲家以其观念为最稚也。而中国唐之刘、柳言天，且谓其好恶赏罚，与人意殊，是特不可知耳。以为同人，固可以非；以为异人，亦未必是。夫孰从而决之？"[1]

最后，严复强调，庄子的人生法则和行为方式是"依乎天理"，主张因循自然。

按照严复的说法，"心成之说"是闭门造车而不管出门是否合辙，这种臆造、武断的做法与因循自然背道而驰；庄子反对"心成之说"，提倡"依乎天理"就是呼吁人们因循自然。严复认为，《庄子·养生主》篇是庄子因循自然思想的集中反映，庄子在此篇中提出的养生秘诀就是因循自然。除了"依乎天理"之外，无论"曰天也，非人也"还是"安时而处顺"都极好地表达了因循自然的原则。正是在这个意义上，严复在《庄子·养生主》篇的评语中一而再、再而三地断言：

分明是人，乃说是天，言养生之知其不可奈何，而安之若命。（此批在"曰天也，非人也"一句上。）[2]

上既言知其不可奈何而安之若命矣，而不以人贼天，又养生者之所当知，故以泽雉不蕲畜乎樊中，继右师天介之后。（此批在"泽雉十步一啄，百步一饮，不蕲畜乎樊中"一句上。）

安时处顺，是依乎天理注脚。（此批在"安时而处顺"一句上。）[3]

与对《庄子·养生主》篇因循自然主题的提揭相互印证，严复对《庄子·骈拇》篇的解读也围绕着这个中心展开。正因为如此，他在评语中不止一次地如是说：

任其性命之情，即《养生主》所云"依乎天理"。（此批在"任其性命

---

1 《〈庄子〉评语》，《严复集》（第四册），中华书局，1986，第1136—1137页。

2 《〈庄子〉评语》，《严复集》（第四册），中华书局，1986，第1108—1109页

3 《〈庄子〉评语》，《严复集》（第四册），中华书局，1986，第1109页。

之情而已矣"一句上。) [1]

闻彼见彼，属其性于物者也。自闻自见，任性命之情者也。（此批在"非谓其闻彼也，……自见而已矣"一段上。) [2]

在严复的视界中，既然因循自然、"依乎天理"是庄子哲学的意趣主旨和行为准则，那么，便不可能只限于《庄子》的《养生主》《骈拇》两篇，而应该作为一以贯之的主线体现在《庄子》的各篇之中。事实正是如此，严复在评注《庄子》时，在其他各处都发现了这方面的内容。下仅举其一斑：

放德而行，循道而趋，即《养生主》篇所谓依乎天理。（此批在"夫子亦放德而行，循道而趋"一句上。) [3]

无为，只是顺理。（此批在"夫虚静恬淡寂漠无为者"一句上。) [4]

不谋，接时生心也；不斲，审乎无假也；无丧，视所一也；不贷，不益生也。（此批在"圣人不谋"一段上。) [5]

这些评语共同显示，经过严复的诠释，庄子因循自然、"依乎天理"的思想寓意丰富，内容广泛。归纳起来，这主要包含安时处顺、循道、顺理和无为等多重含义，具有可供解读、诠释和自由发挥的广阔空间。下面的内容显示，在严复看来，无论庄子的天演哲学还是以自由、平等和民主为核心的政治哲学都是对这一原则的运用，或者说，无不贯穿着因循自然、"依乎天理"的原则。事实上，严复不只是将《庄子》与《老子》《周易》一样视为中国哲学的代表，而是将《庄子》奉为中国哲学的最好代表，将庄子誉为中国最伟大的哲学家。正是在这个前提下，严复发出了如下赞叹："呜呼！拘于墟，囿于习，束于教，人类之足以闵叹，岂独法制礼俗之间然哉？吾国圣贤，其最达此理者，殆无有

1 《〈庄子〉评语》，《严复集》（第四册），中华书局，1986，第1121页。
2 《〈庄子〉评语》，《严复集》（第四册），中华书局，1986，第1121页。
3 《〈庄子〉评语》，《严复集》（第四册），中华书局，1986，第1129页。
4 《〈庄子〉评语》，《严复集》（第四册），中华书局，1986，第1128页。
5 《〈庄子〉评语》，《严复集》（第四册），中华书局，1986，第1116页。

过于庄生。即取其言，以较今日西国之哲家，亦未有能远过之者也。故其著说也，必先为逍遥之游，以致人心于至广之域，而后言物论之本富，非是之生于彼此。"[1]

二、天演哲学

严复认为庄子道生万物的观点与西方达尔文、赫胥黎和斯宾塞等人所讲的生物进化论如出一辙，同时认定庄子的进化思想内容完备，思想精到，并在这个前提下对庄子的天演哲学进行多维透视和诠释。

首先，严复肯定，庄子在对世界万物的理解上坚信一切皆进化而来。正是这一界定使严复在《庄子》中发现了进化的轨迹和法则。

在评注《庄子》的过程中，严复不禁一次又一次地发出了这样的解读和感慨：

> 一气之转，物自为变。此近世学者所谓天演也。(此批在"夫吹万不同，而使其自己也"一段上。)[2]

> 道之妙，在一而能易。(此批在"出于道而不谋"一句上。)[3]

> 所谓能移。(此批在"故万物一也"一段上。)[4]

严复指出，庄子关于道生万物的哲学就是西方思想家所讲的生物进化论，因而用"变""易"和"移"等天演哲学的语词解读庄子所讲的道以及万物的变化。循着这个逻辑，严复在《庄子·至乐》篇的"种有几"一段上写道："此章所言，可以之与挽近欧西生物学家所发明者互证。"[5]

依据进化论的观点，人由进化而来。这用严复本人的话说便是："人为天

---

1 《法意》按语，《严复集》(第四册)，中华书局，1986，第987—988页。

2 《〈庄子〉评语》，《严复集》(第四册)，中华书局，1986，第1106页。

3 《〈庄子〉评语》，《严复集》(第四册)，中华书局，1986，第1126页。

4 《〈庄子〉评语》，《严复集》(第四册)，中华书局，1986，第1136页。

5 《〈庄子〉评语》，《严复集》(第四册)，中华书局，1986，第1130页。

演中一境。"[1]在严复看来，庄子深谙此道，因而多次指出人是进化的产物。对于这一点，严复言之凿凿，提供的证据不一而足。下仅举其一斑：

> 此《达生》篇所谓，合则成体，散则成始。精而言之，则人之生也，其质常聚，其力常散。死则反是。（此批在"聚则为生"一段上。）[2]

> 此天演论所谓，吾为弱草，贵能通灵。（此批在"眇乎小哉"一句上。）[3]

> 叶石林曰，物有余而形不养者，声色臭味是也。形不离而生亡者，枯槁沉溺之过，而反以自瘠者也。不以能弃事为贵，必知事本无而不足弃，则无以役于外，而形不劳。不以能遗生为难，必知生本不足遗，则无累于内，而精不亏。形全而精复，二者合而与天为一。则区区滞于人者，何足言哉！夫然，则不独善其生而已，虽死可也。故继言合则成体，《易》所谓精气为物者是也；散则成始，《易》所谓游魂为变者是也。生则自散移之于合而成体，死则自合移之于散而成始，是谓能移，与天合一而非人也。（此批在"物有余而形不养者有之矣"一段上。）[4]

依据严复的解释，世界万物都是进化的产物，人自然概莫能外。"质力相推，相济为变"是宇宙进化的法则，人的进化也遵循这一法则。人之生"其质常聚，其力常散"既表明人与万物的相互联系，又预示了人由弱小到强大的演变，这便是庄子所讲的"眇乎小哉"。在这个前提下，严复结合《周易》所讲的"精气为物，游魂为变"，凭借对生死的诠释解读庄子关于人之天演的思想。

其次，严复断言，庄子笃信进化论，并且将世界的进化理解为自然而然的过程。

严复将进化论（Evolution）翻译为天演论含有深意，旨在强调进化是一个自然演变的过程，紧扣达尔文进化论的自然选择主题。问题的关键是，严复将

1〔英〕赫胥黎：《天演论》，严复译，中州古籍出版社，1998，第43页。
2《〈庄子〉评语》，《严复集》（第四册），中华书局，1986，第1136页。
3《〈庄子〉评语》，《严复集》（第四册），中华书局，1986，第1116页。
4《〈庄子〉评语》，《严复集》（第四册），中华书局，1986，第1131页。

自己对进化的理解倾注到对庄子思想的解读和诠释之中，肯定庄子所讲的因循自然就是主张进化是一个自然进化的过程。基于这种认识，严复在挖掘、诠释庄子的进化思想的过程中，一再突出其中的因循意蕴，并将这一点说成是庄子和老子哲学的共同主张。例如，严复在评注《老子》时如是说："《庄》曰因明，《老》曰袭明。因即袭也。"[1] 在严复看来，庄子曰"因"，老子曰"袭"。事实上，"因"即是"袭"，二者同义。"因""袭"表明，庄子和老子都主张天演的自然而然，并非外力或强力所为。除此之外，严复在《庄子》中找到了证明庄子主张自然进化的证据，认为《庄子·秋水》篇的"井蛙不可以语于海者"一段表达了庄子思想的这一主题和旨趣。于是，严复写下了这样的评语："拘虚、笃时、束教，三者皆学道之厉禁。拘虚者，所处之地不同也；笃时者，所处之时不同；束教者，所受范之外缘异也。井蛙夏虫，曲士之智，皆知其一不知其二者也。"[2]

进而言之，严复将进化论翻译为天演论的具体目的有二：一是强调进化就是自然演进的过程，故而重视人对外部环境的因循即适者生存；二是强调进化没有主宰，是自身演化的结果。他断言："老庄书中所言天地字面，只宜作物化看，不必向苍苍搏搏者著想。"[3] 依据严复的解读，庄子将世界万物和人都看作是自然演化的结果，因而反对上帝的创造或主宰。基于这种认识，对于《庄子·齐物论》篇的"终身役役，而不见其成功"一句，严复借题发挥说："夫终身役役，而不见其成功，不独人道有如是也，而造物尤然。日月之经天，江河之行地，寒暑之推迁，昼夜之相代，生之万物以成毁生灭于此区区一丸之中。其来若无始，其去若无终，问彼真宰，何因为是，虽有大圣，莫能答也。夫事必有所薪至，而后有是非利害之可言，而吾生芒乎若是。然则世间一切

---

1 《〈老子〉评语》，《严复集》（第四册），中华书局，1986，第1086页。

2 《〈庄子〉评语》，《严复集》（第四册），中华书局，1986，第1130页。

3 《〈庄子〉评语》，《严复集》（第四册），中华书局，1986，第1130页。

法，尚安有是非邪正之可言乎？虽然，自其终极而言之，固无彼是而寓诸庸，则又有彼是向背之可论矣。庸者，常也，用也。夫脉，常人每分七十六至，而病热者百至。百至与七十六至，无是非善否之可言也，顾以反常，而医者变色。北行者不南辙，而缘木者非求鱼。南辙与缘木，非过也，顾以北行以求鱼则大谬。前之所以非，非于反常；后之所以非，非于失用。故曰：寓诸庸也。"[1]在严复的视界中，"终身役役，而不见其成功"极好地表达了庄子关于人生以及万物没有主宰的思想。这句话旨在强调，人与万物一样来无始、去无终，一切全凭道的造化。

再次，严复认为，庄子的天演哲学奠基于道，并由此将进化的轨迹界定为由简入繁。依据严复的解读和诠释，庄子宣称道生万物即是讲自然进化的，庄子所讲的道的变化就是自然进化。

严复对庄子天演哲学的解读和理解与他本人的进化理念相契合，对进化轨迹的阐释集中体现了这一点。近代哲学家承认进化的思想方向是一致的，对进化轨迹的理解却相去甚远。归纳起来，大致可以划分为三种模式：第一种化繁为简，以康有为、谭嗣同为代表。两人断言进化的轨迹是由繁杂到简捷，举凡语言文字、衣服饮食等所有文化观念无不如此，大同社会同一语言便基于这一理念。第二种分别对待，以梁启超为代表。可以看到，梁启超一面肯定语言文字遵循由繁入简的进化法则，一面强调世界万物和人类社会则越进化越高级，构造越复杂。第三种由简入繁，以严复为代表。毫无疑问，严复对进化轨迹的理解比较接近达尔文进化论的本义，严复本人完全赞同斯宾塞将进化的轨迹概括为"始于简易，终于错综"。

问题到此并没有结束，严复基于对进化轨迹的理解诠释庄子的天演哲学，甚至将斯宾塞的"始于简易，终于错综"与庄子的"其作始也简，其将毕也必巨"

1 《〈庄子〉评语》，《严复集》（第四册），中华书局，1986，第1107页。

（《庄子·人世间》）混为一谈。于是，他写道："且学之演也，常作始于简，成终于繁。而教之神也，又先为其分，而后期于合。是故西哲有言：自古及今，凡人类之理想，如银铛然，无一环而特起；又若纲目然，必联系而相资。此诚见其会通而不刊之论也已。"[1] 在严复看来，对天演轨迹的界定至关重要，直接决定着对天演哲学的理解和建构。庄子的"其作始也简，其将毕也必巨"是对天演轨迹的绝好表述。正因为如此，庄子不啻为最早窥见天演奥秘的人。沿着这个思路，严复对庄子的"其作始也简，其将毕也必巨"非常重视并格外青睐，多次从不同角度予以解读和诠释。下仅举其一斑：

> 庄子曰："作始也简，将毕也钜。"足与此章（指《老子·第六十四章》——引者注）相发明，皆物理历史之公例也。（此批在"为之于未有，治之于未乱。合抱之木，生于毫末；九层之台，起于累土；千里之行，始于足下"数句上。）[2]

> 作始也简，将毕也巨，乃人事造因一公例。所造之因虽微，而将来所结之果乃至不可测。（此批在"其将毕也必巨"一句上。）[3]

进而言之，按照严复的说法，庄子对进化过程"其作始也简，其将毕也必巨"的理解引申出两个问题：一是因果律，二是因微果巨。对于严复来说，因果律不可逃遁，因微果巨则更为令人警醒，故而对因不可忽视。于是，严复在"其作始也简"一句上写道："以下又推论事变之不可知，今日所种之因虽微，而其结果可以至巨，观于吾国金陵、天津诸条约，皆成今日绝大厉阶，可以悟其言之无以易。"[4]

复次，严复指出，庄子不仅对天演的轨迹进行了正确的勾勒，而且深刻洞彻了生物进化的竞争法则。

1《书〈百科全书〉》，《严复集》（第二册），中华书局，1986，第251页。

2《〈老子〉评语》，《严复集》（第四册），中华书局，1986，第1097页。

3《〈庄子〉评语》，《严复集》（第四册），中华书局，1986，第1113页。

4《〈庄子〉评语》，《严复集》（第四册），中华书局，1986，第1112—1113页。

近代哲学家赞同进化是相同的[1]，对进化动力的理解却言人人殊。在对进化动力的理解上，严复让庄子与自己站到了一起，并且与其他近代哲学家渐行渐远。大致说来，在对进化动因的理解上，康有为求助于不忍人之心，将好仁而恶暴视为人的本性，进而说成是人类进化、共进大同的动力。梁启超肯定竞争是进化的动力，断言"竞争者，进化之母也"。章炳麟将意志说成是进化的动力，提出了"物苟有志，强力以与天地竞，此古今万物之所以变也"的著名论段。孙中山声称"物种以竞争为原则"，同时强调人类以互助为原则。严复认为，生存竞争适用于整个世界，从无机物到人类社会都概莫能外。不仅如此，严复眼中的庄子宣传进化，并且是在生存竞争中讲进化的。正是在这个意义上，严复批注在《庄子·应帝王》篇的"且鸟高飞，以避矰弋之害"一段上的文字是："自夫物竞之烈，各求自存以厚生。以鸟鼠之微，尚知高飞深穴，以避矰弋熏凿之患。人类之智，过鸟鼠也远矣！岂可束缚驰骤于经式仪度之中，令其不得自由、自化？故狂接舆谓其言为'欺德'，谓'其于治天下也，犹涉河凿海〔涉海凿河〕而使蚊负山也。'"[2]

事实上，严复不仅热衷于对庄子的天演哲学进行解读和诠释，而且借此阐明了自己的中西文化观。在严复的视界中，中国的天演哲学源远流长，以老子、庄子和《周易》为代表，庄子是其中的佼佼者。对此，严复解释说："天演学说滥觞于周秦之间，中土则有老、庄学者所谓明自然。自然者，天演之原也。征之于老，如云'天地不仁，以万物为刍狗'。征之于庄，若《齐物论》所谓'寓庸因明'，所谓'吹万不同，使其自己'；《养生主》所谓'依乎天理、薪尽火传'。谛而观之，皆天演之精义。而最为深切著名者，尤莫若《周易》之始以乾坤，而终于既未济。至泰西希腊，则有德谟吉来图诸公，其学说俱

<hr />

1 章炳麟 1906 年后反对进化，并且在此基础上公开鼓吹退化。章炳麟的做法在近代哲学家中属于个案，更何况他在 1906 年之前与其他近代哲学家一样热情高歌进化。

2《〈庄子〉评语》，《严复集》（第四册），中华书局，1986，第 1118—1119 页。

在，可以覆案。虽然，今学之见于古书，大抵茫茫昧昧，西爪东麟，无的然画然之可指，譬犹星气之浑然。故天演之称为成学专科，断于十九世纪英国之达尔文为始。达尔文独以天演言生理者也，而大盛于斯宾塞尔。斯宾塞尔者，以天演言宇宙一切法者也。"[1]

严复的这段议论从中国与西方两个方面阐明了天演哲学的状况，共同凸显了庄子天演哲学无与伦比的意义和价值：第一，就中国本土来说，严复认定"天演学说源于周秦"，提交的证据包括老子、庄子和《周易》。这一点与他将《老子》《庄子》《周易》奉为中国哲学的"三书"一脉相承。在论证"三书"与天演学说的关联时，严复多次提到《老子·第五章》的"天地不仁，以万物为刍狗"表明进化是自然过程，并不存在上帝的主宰。至于《周易》，天演学说"最为深切著明者"，非始于《乾》《坤》二卦，终于《既济》《未济》二卦莫属。问题的关键是，严复认为，无论与老子还是《周易》相比，庄子的天演思想都更为系统，对这方面的思想表达得更为充分。正是由于这个原因，严复在论证过程中，提到了《庄子·齐物论》篇的"寓庸因明""夫吹万不同，而使其自己也"和《庄子·养生主》篇的"依乎天理""指穷于为薪，火传也"。一目了然，严复对《庄子》的提及在数量和份量上明显超过了对老子以及《周易》的提及。第二，就西方思想来说，严复提到了古希腊的德谟克利特（Demokritos，约公元前 460—公元前 370，严复翻译为德谟吉来图）。德谟克利特是古希腊著名哲学家，也是原子论者。更为重要的是，德谟克利特同时也是一位生物学家。这一点似乎远非老子或庄子可比。意味深长的是，严复在介绍德谟克利特的天演思想时，却与反复强调老子、庄子以及《周易》"皆天演之精义"迥然不同，因而用了"茫茫昧昧，西爪东麟"之语，并作出了"无的然画然之可指，譬犹星气之浑然"的评价。基于对德谟克利特天演学说的如

---

1 《进化天演》，《严复集补编》，福建人民出版社，2004，第 135 页。

此评价，严复提出天演学说在西方的出现是近代的事，作为专门之学，始于达尔文，斯宾塞集其大成。达尔文只是将自然进化用于生物进化之中，斯宾塞才将进化视为宇宙间的普遍法则。显而易见，严复赞同斯宾塞的观点，不仅表明他对天演论的理解并不限于生物界，而是贯穿整个宇宙即天演论在严复那里属于哲学，而且暴露了他赞同周秦天演学说的端倪。

事实正是如此，比较、分析严复对中国与西方天演学说的评价可以看到，严复极力突出庄子对进化论的卓越贡献。在严复看来，并不限于《齐物论》和《养生主》，庄子在内七篇都讲进化。这既证明了《庄子》内七篇是中国进化学说的翘楚，也表明了庄子是推崇天演哲学的哲学家。更为重要的是，庄子的天演哲学不仅在中国出类拔萃，而且足以傲视全球。仅就时间而论，庄子的进化论就早于西方二千多年。这用严复本人的话说便是："庄子于生物功用变化，实已窥其大略，至其细琐情形，虽不尽然，但生当二千余岁之前，其脑力已臻此境，亦可谓至难能而可贵矣。"[1] 严复虽然承认庄子对于天演哲学只是"窥其大略"，对于"细琐情形"并"不尽然"，但是，他却以庄子的思想证明了中国已经在西方"二千余岁之前"洞悉了生物进化的秘密。更有甚者，严复在断言《庄子》的内七篇都讲进化、远远早于西方近代自然科学的前提下，肯定庄子的天演哲学是"至精之说"。显而易见，严复的下面这个说法重申了这一主张："大抵七篇之中，皆近古天演家至精之说也。"[2]

最后，值得注意的是，进化论对于严复来说并非专指生物学，从本质上说更具有世界观和方法论的意义，因而被严复奉为观察宇宙社会、处理现实问题的科学方法。他所推崇的赫胥黎、斯宾塞等人都是从生物进化的角度剖析人类社会的，斯宾塞的社会有机体论便是这一理念的极致表达。这也是严复的思路，当然，严复也将这一思路运用到对庄子天演哲学的解读和理解上。在严复

---

1 《庄子》评语，《严复集》（第四册），中华书局，1986，第1130页。

2 《法意》按语，《严复集》（第四册），中华书局，1986，第988页。

看来，庄子因循由天演而社会的思路，由因循自然而提出了民主思想，与赫胥黎和斯宾塞等人的思路完全一致。

严复认为，因循自然的原则影响到了庄子的价值观和政治观。在庄子那里，由于一切皆处于天演之途，因而没有固定的良法，一切宪法和制度皆视国民、风俗的具体情况而定，适合者即良法。正是在这个意义上，严复声称："斯宾塞《群学肄言·政惑》篇言，宪法甚高，民品甚卑，则将视其政俗相暌之程度，终于回循故辙而后已。立法虽良，无益也。夫以卑劣之民品，而治以最高之宪法，即庄所谓，'取猿狙而衣以周公之服'，彼必龁啮挽裂尽去而后慊者也。"[1]

严复进而指出，与恪守因循的致思方向和价值旨趣相一致，庄子不偏执一端，一切皆因循自然，因而从来都不主张绝对的是与非。对此，严复评点《庄子·齐物论》篇时不止一次地指出：

> 盖名立而后是非形。夫既曰指马矣，而又以为非指马，则必有名是而实非者焉。欲明其名是而实非，则与其举是以相绳，不若纠非之易喻。且名立而犹有是非之争者，物谓之而然故也。既系之于物谓矣，则是非初未定也。（此批在"以指喻指之非指，不若以非指喻指之非指也"一段上。）[2]
>
> 物论齐乎因是，是非休乎天钧，此篇（指《齐物论》——引者注）之大旨也。（此批在"无适焉，因是已"一句。）[3]

对比严复与庄子的思想可以看到，经过严复的解读和诠释，庄子的思想不仅与严复本人对进化的理解如出一辙，而且囊括了严复所有的进化主张，从恪守进化到进化是自然演化的过程，再到对进化轨迹的勾勒和对进化动力的理解无不如此。如此说来，庄子可谓是严复的千古知音，难怪他

---

[1]《〈庄子〉评语》，《严复集》（第四册），中华书局，1986，第 1129 页。

[2]《〈庄子〉评语》，《严复集》（第四册），中华书局，1986，第 1107 页。

[3]《〈庄子〉评语》，《严复集》（第四册），中华书局，1986，第 1108 页。

对庄子情有独钟。

三、政治哲学

在严复那里，进化论关涉中国的前途、命运，不仅与迫在眉睫的救亡图存息息相关，而且与自由、平等密切相关。具体地说，严复宣传自由的理论武器就是斯宾塞提出的社会有机体论，而社会有机体论的理论基石则是进化论。这预示着作为天演哲学滥觞的庄子思想中先天地包含着自由、平等和民主思想在内的政治哲学。

首先，严复将庄子天演哲学的思想主旨说成是因循自然，进而声称这一价值取向在社会历史和政治领域则表现为"纯任天放"，向往没有经过文明洗礼的自然状态。

严复沿着因循自然、"纯任天放"的思路解读、挖掘庄子的思想，提出的证据不一而足。下仅举其一斑：

> 此篇（指《庄子·马蹄》——引者注）以纯任天放为主，乃前篇（指《庄子·骈拇》——引者注）馀义。同言削性侵德之非，而前主修己言，此主及物言。（以上两段系总评全篇。）[1]

> 庄生之意以谓，使仁义而为人情，则行之宜愈乐，而诱然同然，皆生皆得。乃今不然，以是知其非性命之正，而为道德之骈枝也。（此批在"故意仁义其非人情乎"一句上。）[2]

> 此篇（指《庄子·骈拇》篇——引者注）宗旨在任性命之情，而以仁义为赘，先以形喻，次以官喻。故曰，不独手足有骈枝也，而聪明道德亦有之。凡此，皆失其性命之情者也。

> 此篇（指《庄子·骈拇》篇——引者注）之义，亦明自然。（以上二

---

1 《〈庄子〉评语》，《严复集》（第四册），中华书局，1986，第1121—1122页。
2 《〈庄子〉评语》，《严复集》（第四册），中华书局，1986，第1120页。

批系总评全篇）[1]

在此基础上，严复进而指出，庄子理想中的自然状态与追求自然的法国启蒙思想家卢梭的启蒙思想不谋而合。众所周知，卢梭作《论人类不平等的起源和基础》，在书中揭示了人类社会之前的"自然状态"，并将这种"自然状态"说成是平等状态。庄子向往的"至德之世"以及对仁义礼法的抛弃类似于没有进入文明洗礼的原始社会。或许正是由于这个原因，严复多次将庄子的思想与卢梭相提并论。可以看到，无论是在评介卢梭的思想还是在评注《庄子》、解读庄子的思想时，严复均乐此不疲地对庄子与卢梭的思想进行互释。

一方面，在介绍卢梭的社会契约论或评价卢梭思想的过程中，严复联想到庄子。于是，严复不禁一次又一次地发出了如下断语：

卢梭奋笔为对，其说大似吾国之老庄。[2]

中国老庄明自然，而卢梭亦明自然。明自然，故皆尚道德而恶礼刑。

彼以为民生而有困穷苦痛者，礼刑实为之祸首罪魁焉。[3]

在严复看来，卢梭奋笔疾书作《社会契约论》，书中的观点与庄子以及老子的观点类似。这是因为，庄子以及老子追求"自然"，卢梭亦然。"明自然"便心仪没有经过文明洗礼的"道德"状态而疾恶礼刑，故而将人类的困顿痛苦都归咎于礼刑。这些成为庄子与卢梭的共识。

另一方面，在评注《庄子》的过程中，严复联想到西方思想，并在其中提到了卢梭。例如，对于庄子的"故君子不得已而临莅天下，莫若无为"（《庄子·在宥》），严复评注说："法兰西革命之先，其中有数家学说正复如是。如 Laisser Faire et Laisser Passer，（译言放任放纵。）乃其时自然党人 Quesnay 契尼（号欧洲孔子。）及 Gournay 顾尔耐辈之惟一方针可以见矣。不

---

1 《〈庄子〉评语》，《严复集》（第四册），中华书局，1986，第1119页。

2 《〈民约〉平议》，《严复集》（第二册），中华书局，1986，第333页。

3 《〈民约〉平议》，《严复集》（第二册），中华书局，1986，第334页。

独卢梭之摧残法制，还复本初，以遂其自由平等之性者，与庄生之论为有合也。"[1] 当然，严复的这段议论是在评注《庄子》时发出的，故而并没有提及老子，而是只将庄子思想与卢梭相提并论。这也从一个侧面印证了庄子在严复的视界中与卢梭的思想更为接近。

其次，严复指出，庄子所讲的因循自然就是因循人的本性，实行民主政治，给予国民充分的自由、平等之权。而这些都是庄子向往的"无为而治"的题中应有之义。

依据严复的说法，庄子建构了以自由、平等和民主为核心的政治哲学，自由、平等和民主思想构成了庄子政治哲学的核心内容。具体地说，庄子的政治哲学集中反映在《庄子·应帝王》篇中。沿着这个思路，对于《庄子·应帝王》篇，严复一而再、再而三地批注曰：

> 此篇（指《应帝王》——引者注）言治国宜听民之自由、自化，故狂接舆以日中始之言为欺德。无名人之告殷阳曰，顺物自然，而无容私焉，而天下治矣。老聃告阳子居曰，明王之治，功盖天下，而似不自己，化贷万物，而民弗恃。郭注云，夫无心而任乎自化者，应为帝王也。此解与挽近欧西言治者所主张合。凡国无论其为君主，为民主，其主治行政者，即帝王也。为帝王者，其主治行政，凡可以听民自为自由者，应一切听其自为自由，而后国民得各尽其天职，各自奋于义务，而民生始有进化之可期。[2]

> 自夫物竞之烈，各求自存以厚生。以鸟鼠之微，尚知高飞深穴，以避矰弋熏凿之患。人类之智，过鸟鼠也远矣！岂可束缚驰骤于经式仪度之中，令其不得自由、自化？故狂接舆谓其言为"欺德"，谓"其于治天下也，犹涉河凿海〔涉海凿河〕而使蚊负山也。"（此批在"且鸟高飞，以避矰弋

1《庄子》评语，《严复集》（第四册），中华书局，1986，第1124—1125页。

2《庄子》评语，《严复集》（第四册），中华书局，1986，第1118页。

之害"一段上。)[1]

　　而民弗恃，最关治要。今所谓去其倚赖心也，必使其自喜而弗恃，而后治化，有上行之可期。(此批在"化贷万物，而民弗恃"一段上)[2]

　　此段亦言治国宜顺自然，听其自由，不可多所干涉之意。(此批在"南海之帝为儵……七日而浑沌死"一段上。)[3]

　　一目了然，严复对《庄子·应帝王》篇所作的评注都围绕着自由、平等展开，区别只在于着眼全篇主题与关注具体观点而已。其中，第一段评注总体概括全篇，凸显了《庄子·应帝王》篇的议题和主旨。在对《庄子·应帝王》篇的具体评注中，严复只是选择了与自由、平等相关的内容。正因为如此，第二、第三和第四段评注只是对庄子具体观点的评注。值得注意的是，严复对《庄子·应帝王》篇的评注仅此四条，而所有评注均围绕着庄子的自由、平等思想展开。透过这些评语，严复对庄子自由、平等和民主思想代表的政治哲学的关注可见一斑。

　　循着严复的逻辑，自由、平等和民主既然是庄子政治哲学的核心，那么，这方面的内容便是庄子津津乐道的话题。正是由于这个原因，庄子的自由、平等思想俯拾即是，在严复为《庄子》写下的评语中不胜枚举：

　　上必无为而用天下者，凡一切可以听民自为者，皆宜任其自由也。下必有为为天下用者，凡属国民宜各尽其天职，各自奋于其应尽之义务也。(此批在"上必无为而用天下，下必有为为天下用"一段上。)[4]

　　化或云莫为，或云或使，犹西学之言自由与前定。季真、接子，二家当时以学派称者。(此批在"季真之莫为"一段上。)[5]

---

1 《〈庄子〉评语》，《严复集》(第四册)，中华书局，1986，第1118—1119页。
2 《〈庄子〉评语》，《严复集》(第四册)，中华书局，1986，第1119页。
3 《〈庄子〉评语》，《严复集》(第四册)，中华书局，1986，第1119页。
4 《〈庄子〉评语》，《严复集》(第四册)，中华书局，1986，第1128—1129页。
5 《〈庄子〉评语》，《严复集》(第四册)，中华书局，1986，第1143页。

挽近欧西平等自由之旨，庄生往往发之。详玩其说，皆可见也。如此段言平等，前段言自由之反是已。（此批在"阳子居南之沛"一段上。）[1]

在严复看来，庄子深谙自由、平等的大义，所讲的自由、平等基本上囊括了近代西方平等、自由的各种形态和学说，并且从自由、平等讲到了与权利、义务的关系。总的说来，严复认为，庄子的思想在西方思想家中与卢梭的思想以及对自由、平等的理解更为接近。

上述内容显示，严复热衷于将庄子的自由、平等思想与卢梭的思想相提并论，而这决定了严复对待庄子自由、平等思想的双重态度。

一方面，严复对庄子的自由、平等和民主思想十分赞同。例如，在翻译孟德斯鸠的《论法的精神》（严复翻译为《孟德斯鸠法意》，又称《法意》）时，严复多次在庄子与老子并提的前提下将庄子的思想与孟德斯鸠的思想直接对接。在这个维度上，严复不无膜拜地宣称：

老氏庄周，其薄唐虞，毁三代，于一是儒者之言，皆鞅鞅怀不足者，岂无故哉！老之言曰："失道而后德，失德而后仁，失仁而后义，失义而后礼。礼者忠信之薄，而乱之首也。"始吾尝懔然忼然，不知其旨之所归，乃今洞然若观火矣。礼者，诚忠信之薄，而乱之首也。虽然，礼者既如此矣，藉今更为之转语曰：失礼而后刑，则不知于治之效又何若也。民主者以德者也，君主者以礼者也，专制者以刑者也。礼故重名器，乐荣宠；刑故行督责，主恐怖也。且孔子不云乎："道之以政，齐之以刑，民免而无耻。道之以德，齐之以礼，有耻且格。"特未若孟氏之决然洒然，言君主之必无德，专制之必无礼耳。嗟呼！三代以降，上之君相，下之师儒，所欲为天地立心，生人立命，且为万世开太平者，亦云众矣。顾由其术，则四千余年，仅成此一治一乱之局，而半步未进。然则，老庄之所訾謷者，

---

1 《〈庄子〉评语》，《严复集》（第四册），中华书局，1986，第1146页。

固未可以厚非，而西人言治之编，所以烛漫漫长夜者，未必非自他之有耀也。学者观而自得焉可耳！[1]

> 欧美之民，其今日贫富之局，盖生民以来所未有也。富者一人所操之金钱，以兆计者，有时至于万亿，而贫者旦暮之饔飧，有不能以自主。往昔民生差贫，或且谓机器与铁轨行，人人将皆有生事之可操，生业将皆有倍称之获，衣食足而民欢虞，比户可封之俗，刑措不用之风，非难致也。乃不谓文明之程度愈进，贫富之差数愈遥，而民之为奸，有万世所未尝梦见者。此宗教之士，所以有言，而社会主义所以日盛也。此等流极，吾土惟老庄知之最明，故其言为浅人所不识。不知彼于四千余年之前，夫已烛照无遗矣！[2]

显而易见，在上述视界中，严复对庄子的思想极为推崇，肯定庄子无论对有关民主问题的论述还是对极端方法的洞察都入木三分。"彼于四千余年之前，夫已烛照无遗"的评价更是将严复对庄子的顶礼膜拜推向了极致。众所周知，老子的生存时间是约公元前571年—约公元前470年，庄子的生存时间则是公元前369—公元前286年，至今也不足三千年。理工科出身、讲究实证的严复竟然得出了庄子和老子在"四千余年之前"就已经提出天演学说的结论，与他声称庄子在《庄子》的内七篇中阐发的天演哲学早于西方"二千余岁"一样体现了对庄子哲学的推崇备至。

另一方面，严复所追求的自由除了精神自由之外，还包括行动上的权利——甚至可以说，严复更关注行动上的自由之权。为了彰显自由的权力之义，他将自由写作"自繇"，旨在凸显自由是实实在在的权利。在对积极自由的追求中，严复对庄子及卢梭崇尚的远离文明的自然状态加以批评。例如，在解读、诠释《庄子》的思想时，严复一而再、再而三地对庄子连同卢梭一起予

---

1 《法意》按语，《严复集》（第四册），中华书局，1986，第961页。

2 《法意》按语，《严复集》（第四册），中华书局，1986，第986页。

以批判：

> 此篇（指《庄子·骈拇》篇——引者注）之义，亦明自然。而所持之说，似深实浅，即果为庄书，亦其下者。（以上二批系总评全篇）[1]

> 此篇（指《庄子·马蹄》篇——引者注）持论，极似法之卢梭，所著《民约》等书，即持此义，以初民为最乐，但以事实言之，乃最苦者，故其说尽破，醉心卢氏学说者，不可不知也。[2]

> 此说与卢梭正同，然而大谬。所谓至德之世，世间固无此物。而今日非、澳诸洲，内地未开化之民，其所当乃至苦，如是而曰至治，何足慕乎？（此批在"子独不知至德之世乎"一段上。）[3]

上述评语共同证明，严复将庄子对儒家仁义礼义的抨击和庄子向往的没有经过文明洗礼的"原始状态"与卢梭的思想相提并论乃至等量齐观，一同予以批判。在此过程中，严复既有将《庄子》书中的整篇与卢梭之书互读，又有将《庄子》书中的观点与卢梭的观点互释。在将《庄子》书中的整篇与卢梭之书互读方面，严复指出，《庄子·马蹄》篇的观点与卢梭的《社会契约论》如出一辙，认为人在没有经过文明洗礼的"原始状态"下最为自由、快乐，而这是违背历史事实的。在将《庄子》书中的观点与卢梭的观点互释方面，严复认为，庄子梦寐以求的"至德之世"与卢梭心驰神往的"原始状态"别无二致。严复认定二者均"大谬"，因为考遍全世界，世间并没有此种状态的存在。恰好相反，在现今尚存在的非洲和澳洲的原始部落中，"未开化之民"的生活痛苦不堪。

除此之外，严复是第一个提出"废君主"的近代哲学家，并于1895年发表《辟韩》一文，集中对君主专制展开批判。在此文中，庄子的思想成为严复

---

1 《〈庄子〉评语》，《严复集》（第四册），中华书局，1986，第1119页。

2 《〈庄子〉评语》，《严复集》（第四册），中华书局，1986，第1121页。

3 《〈庄子〉评语》，《严复集》（第四册），中华书局，1986，第1123页。

鞭挞"君为臣纲"、斥责君主专制的理论武器。严复在《辟韩》中如是说：

> 老之言曰："窃钩者诛，窃国者侯。"夫自秦以来，为中国之君者，皆其尤强梗者也，最能欺夺者也。[1]

> 秦以来之为君，正所谓大盗窃国者耳。国谁窃？转相窃之于民而已。既已窃之矣，又惴惴然恐其主之或觉而复之也，于是其法与令蝟毛而起，质而论之，其什八九皆所以坏民之术，散民之力，漓民之德者也。斯民也，固斯天下之真主也，必弱而愚之，使其常不觉，常不足以有为，而后吾可以长保所窃而永世。嗟乎！夫谁知患常出于所虑之外也哉？此庄周所以有胠箧之说也。[2]

一目了然，严复在《辟韩》中反复引用《庄子·胠箧》篇的"窃钩者诛，窃国者侯"一语揭露君主窃国大盗的本质。第一段议论中的"老"应该为"庄"之误，这一点在第二段议论中得到了印证。在第二段议论中，严复明确指出"窃钩者诛，窃国者侯"出自《庄子·胠箧》篇，也就是他所说的庄子的"胠箧之说"。经过严复的解读和诠释，庄子的"胠箧之说"旨在反对君主专制。这既表明了提倡自由、平等是庄子启蒙哲学的题中应有之义，又为严复日后对庄子与孟德斯鸠、卢梭思想的互释提供了理论准备。

经过严复的解读和阐发，以心学和不可知论为主的形而上学、天演哲学和以平等、自由、民主为核心的政治哲学成为庄子哲学思想的主要内容。深入剖析可以发现，庄子哲学的这些内容正是严复推崇的。从这个意义上说，严复借助庄子诠释、表达了自己的哲学思想：第一，严复不止一次地表白自己喜欢哲学，他所喜爱的哲学迥异于梁启超偏袒的爱智慧而倾向于形而上学。正是由于这个原因，严复所讲的哲学是发端于亚里士多德的对世界的好奇的形上哲理，包括康德等人的不可知论，并且以英国的经验论和不可知论为主

1《辟韩》，《严复集》（第一册），中华书局，1986，第34页。
2《辟韩》，《严复集》（第一册），中华书局，1986，第35—36页。

要来源。因此，就西方哲学而论，赫胥黎、斯宾塞是严复顶礼膜拜的大家。严复之所以崇拜赫胥黎不仅是看中他推崇人治的天演哲学，而且青睐赫胥黎的不可知论，这一点在《天演论》的自序和按语中充分体现出来。穆勒和斯宾塞都是不可知论者，严复对两人倍加推崇具有深层根源。就中国哲学而论，严复将老子、庄子视为不可知论者，同时认为《周易》的哲学也属于不可知论。正因为如此，《周易》《老子》《庄子》成为严复推崇的三部中国哲学经典绝非偶然。在这个前提下尚须看到，庄子的不可知论最为完备，严复对庄子也更为推崇。在这个维度上，严复对庄子的推崇甚至胜过了老子。第二，严复是中国近代系统介绍、宣传达尔文进化论即天演论的第一人，而他认为中国的天演学说在先秦时期就已经蔚为大观。虽然《庄子》《老子》《周易》以及先秦诸子都讲天演学说，但是，庄子的天演哲学体系最为完备，《庄子》的内七篇都是讲述天演哲学的。这使严复对庄子天演哲学的推崇无以复加，尤为喜欢以庄子的天演哲学论证中国的天演论比西方早并且比西方早。第三，严复是中国近代戊戌启蒙思潮的代表人物，率先将西方的自由思想系统引入中国。他一面翻译、介绍孟德斯鸠和卢梭等人的启蒙思想，一面在中国寻找与之对接的思想，老子、庄子成为其中的代表。深入比较可以看到，严复更为偏袒庄子这方面的思想。经过严复的解读和阐发，庄子思想无论自由、平等、民主等形态之多样还是内容之丰富都是老子无法比拟的。对于这一点，《〈庄子〉评语》表现得更为明显和突出。有鉴于此，严复解读庄子思想的过程也是为庄子思想注入形而上学、天演哲学和以自由、平等、民主为核心的政治哲学的过程。正因为如此，与其说上述这些内容是庄子思想的题中应有之义，不如说是严复借助庄子阐发、伸张了自己的思想主张。从这个意义上说，正因为借助庄子可以将自己的主张、诉求表达得淋漓尽致，严复才对庄子格外青睐，推崇有加。

第四节 严复的庄子视界

与其他近代哲学家一样，严复将先秦诸子置于全球多元的历史背景和文化语境中进行审视和解读。就严复所讲的"轴心时代"来说，庄子便在其中。他断言："世运之说，岂不然哉！合全地而论之，民智之开，莫盛于春秋战国之际：中土则孔、墨、老、庄、孟、荀以及战国诸子，尚论者或谓其皆有圣人之才；而泰西则有希腊诸智者，印度则有佛。"[1] 严复的这段颇具雅斯贝尔斯"轴心时代"意味的议论与康有为、梁启超等近代哲学家的说法如出一辙。在这个前提下，有两点尚须进一步澄清：第一，与其他近代哲学家相比，严复的西学素养更厚重，对西学的阐发以及中西互释更全面也更深入。正是由于这个原因，严复对包括庄子在内的先秦诸子的解读融入了更多的西学元素。第二，与其他先秦诸子相比，庄子受到了严复的格外青睐乃至顶礼膜拜。正是由于这个原因，严复在探讨佛学或西方思想时往往最先联想到庄子。这两点预示了严复对庄子思想的解读和诠释与其他近代哲学家迥然相异，也极大地推动了对庄子思想的多维诠释和深度阐发。

一、儒学视界

如上所述，严复一再突出庄子的老子后学身份，而他是在道家与儒家相互独立的前提下对庄子进行学术归属的。正因为如此，严复给予庄子的老子后学身份与康有为声称庄子是老子后学之间具有本质区别：第一，康有为有时将庄子归为孔子后学，明确断言"庄子在孔子范围，不在老子范围"[2]。严复由始至终都没有将庄子与孔子联系在一起，而是始终将庄子归入老子的麾下，笃信庄

---

1 〔英〕赫胥黎：《天演论》，严复译，中州古籍出版社，1998，第 273 页。
2 《万木草堂口说·诸子（三）》，《康有为学术文化随笔》，中国青年出版社，1999，第 30 页。

子的道家归属。第二，康有为声称"百家皆孔子之学"，并将老子、墨子代表的先秦诸子都说成是孔子后学。在这个前提下，康有为一面将庄子归入孔子麾下，一面老庄并提。康有为的做法不仅使庄子游走于孔子与老子之间，而且模糊了道家与儒家之间的界限。严复始终恪守儒家与道家之间的界限，老子与孔子之间并无交集。正因为儒家与道家之间界限分明，严复才在思想转变时对两家的态度随之发生转变：早年推崇老子、庄子代表的道家，晚年则转向推崇孔子、孟子代表的儒家。

尽管严复恪守儒家与道家之间的界限，然而，他视界中的《庄子》是开放的。正如近代是一个多元文化视界圆融的时代一样，相对于各种学派的差异和对立而言，相通性、圆融性更容易受到近代哲学家的重视和关注。严复对庄子与儒学关系的认识也是如此。严复一再突出孔子与《周易》的联系，当他将《庄子》与《周易》一起视为中国哲学的经典时，庄子与《周易》、与孔子思想的相通、相同之处在某种程度上已经不证自明。不仅如此，严复对庄子所讲的对待作阴阳解，更是拉近了庄子思想与《周易》之间的距离。于是，他在《庄子·则阳》篇的"阴阳相照相盖相治"一句上写下了这样的评注："凡对待，皆阴阳也。"[1] 循着同样的逻辑，严复将庄子与孔子的思想联系起来，对《庄子·田子方》篇的"彼已尽矣"一语与《论语·子罕》篇的"子在川上曰：'逝者如斯夫！不舍昼夜'"相互诠释。对于《庄子》的"彼已尽矣"，严复断言："川上之叹，即此旨也。"[2] 除此之外，严复还不止一次地将庄子的思想与《中庸》以及孟子的思想相提并论。下仅举其一斑：

> 神明，犹《中庸》之诚明。（此批在"明者唯为之使"一段上。）[3]
>
> 收视返听，求放心之说。（此批在《徐无鬼》篇"以目视目"一段上。）[4]

---

[1]《庄子》评语，《严复集》（第四册），中华书局，1986，第1143页。
[2]《庄子》评语，《严复集》（第四册），中华书局，1986，第1135页。
[3]《庄子》评语，《严复集》（第四册），中华书局，1986，第1147页。
[4]《庄子》评语，《严复集》（第四册），中华书局，1986，第1142页。

诚然，严复并非认识到庄子与儒家以及孔子思想相关的第一人。在此之前，康有为、谭嗣同都注意到了这一点，并且比严复的观点更彻底：康有为明确指出庄子在"孔子范围"，庄子的思想源于孔子，得孔子自由、平等和大同思想的真传。谭嗣同更是在将孔子之学划分为"两大支"的前提下，让孟子与庄子分别担纲一支，并且宣布庄子乃孔子之真传、嫡派。值得注意的是，康有为、谭嗣同对庄子得孔子真传以及庄子与儒家思想相通的论述是在庄子是孔子后学的前提下发出的，印证了庄子的孔学身份和传承谱系。与康有为、谭嗣同的思路截然不同，严复对庄子与孔子、儒家相同性的诠释是在庄子属于老子后学、道家与儒家各自独立的前提下发出的，故而更能证明庄子思想的圆融性和开放性。

二、佛学视界

严复对庄子哲学尤其是不可知论的解读和诠释除了与西方的培根、笛卡尔、穆勒、赫胥黎和斯宾塞等哲学大师的思想相提并论之外，还包括与佛学思想的互释。与将庄子的思想与西方的不可知论相提并论一脉相承，严复认定庄子与佛学都秉持不可知论，进而模糊庄子思想与佛学之间的界限。例如，他在论证庄子的不可知论时，一再对庄子的思想与佛学相互诠释，尤其是与佛学所讲的"不可思议"混为一谈。严复肯定庄子所讲的不可知论就是佛学所讲的"不可思议"，在此基础上以佛学诠释庄子的思想。例如，循着以佛学所讲的无住解读庄子向往的逍遥的思路，严复将庄子所讲的道的变化与佛学所讲的轮回混为一谈。这样一来，经过严复的诠释，反对执著、追求无住便成为庄子和佛学的相同主旨。对于这一点，严复的论证可谓连篇累牍，不厌其烦。现摘录如下：

> 自此以下所反复者，即佛氏所谓无所住而生其心之义。佛所谓无所住者，庄所谓逍遥游也。执于小者固非，而骛于大者亦无当。故既云蜩鸠之笑鹏矣，而又言犛牛之不能执鼠。忧瓠落者，既有其蓬心，而巢一枝者，

又无所用天下也。（此批在"彼其于世，未数数然也，虽然，犹有未树也"一段上。）[1]

日新不已，所以著者，皆陈迹也。此佛所谓濯足恒河已非前水。（此批在"女殆著乎吾所以著也"一句上。）[2]

于动而知其为止，于死而知其为生，于废而知其为起，此可谓能可不可，能然不然者矣。然而不足，又非其所以，必言所以，其惟忘己乎？此犹佛之言法尚应舍，无住生心之义。（此批在"其动，止也"一段上。）[3]

佛斥一切有为法。又云，法尚应舍，何况非法，亦以有为者，莫不削性侵德故也。（此批在"法之所无用也"一句上。）[4]

与认定庄子的思想与佛学相混互为表里，对于《庄子·知北游》篇的"终身不故"一段，严复以佛学的不生不灭、不增不减、不垢不净作注脚。对此，严复写下了这样的评语："不生不灭，不增不减，不垢不净，其不故也，以其未尝新也。"[5]

庄子的思想与佛学密切相关乃至庄子是中国的佛学家是近代哲学家的共识，从康有为、谭嗣同、梁启超到章炳麟均对庄子的思想作如是观——在这方面，康有为和章炳麟的思想尤为典型：康有为在一会儿归庄子为老子后学，一会儿归庄子为孔子后学的同时，为了突出庄子思想的佛学内涵，甚至让庄子与列子独创一派，成为"中国之佛"。正是在这个意义上，康有为声称：《列子》空虚，与《庄子》近，《列子》者，中国之佛也。"[6]与康有为在学派归属上彰显庄子与佛学的密切关系迥异其趣，章炳麟着重在思想内涵上将庄子的思想佛学

---

1 《〈庄子〉评语》，《严复集》（第四册），中华书局，1986，第 1105 页。
2 《〈庄子〉评语》，《严复集》（第四册），中华书局，1986，第 1135 页。
3 《〈庄子〉评语》，《严复集》（第四册），中华书局，1986，第 1127 页。
4 《〈庄子〉评语》，《严复集》（第四册），中华书局，1986，第 1123 页。
5 《〈庄子〉评语》，《严复集》（第四册），中华书局，1986，第 1136 页。
6 《万木草堂口说·诸子》，《康有为全集》（第二集），中国人民大学出版社，2007，第 179 页。

化，被他自诩为"一字千金"的《齐物论释》更是将对庄子思想的佛学化倾向推向了极致。正是由于这个原因，《齐物论释》是对庄子的《齐物论》之"释"。而这个"释"可以理解为诠释、解释，理解为释氏之释亦未尝不可。从这个意义上说，严复对庄子思想与佛学的相互诠释是近代风气使然，并无特别之处。严复的创新之处在于，为庄子与佛学找到了新的中介和相同之处，那就是：不可知论。具体地说，对于庄子思想与佛学同在何处，康有为归结为养心，谭嗣同归结为平等，梁启超、章炳麟归结为"无我"。与上述近代哲学家对庄子与佛学相同点的解读有别，严复将庄子和佛学的思想渊源归入不可知论之中，进而对庄子所讲的道之演变与佛学的无住等量齐观。

三、西学视界

严复认为，老子后学是庄子的唯一身份。这似乎表明庄子与老子思想的相近相通之处更多。事实并非如此，在解读、诠释《庄子》思想的过程中，严复将庄子的思想与西学联系在一起比庄子与老子联系在一起还要多。这淋漓尽致地体现了庄子与西学的相通性，或许正是与西学的息息相通成为作为近代西学第一人的严复喜爱庄子的重要原因。审视、分析严复对庄子思想的解读、诠释即可发现，他所阐发的庄子思想的各个方面——从哲学到天演论代表的自然科学，再到自由、平等和民主代表的启蒙思想无一不与西学息息相通，并且每种思想都与多位西方思想家、哲学家的思想相互诠释。正是由于这个原因，与西学相合、互释成为严复解读庄子思想最突出的特征，西学视界也由此成为严复解读、诠释《庄子》最重要的维度。正因为如此，对于严复来说，庄子的思想与西学的相通、相合并不限于上述几个方面，而是包括与基督教以及其他自然科学的相通等等。综观严复的思想可以发现，他对庄子与西方思想的相互诠释比比皆是，不一而足。

值得一提的是，通过严复用自然科学解读《庄子》，庄子的思想与西方近代自然科学的相合之处俯拾即是，不胜枚举。下仅举其一斑：

> 厉风济，则众窍为虚，非深察物理者不能道。凡有窍穴，其中含气，有风过之，则穴中之气随之俱出，而成真空，医家吸入器，即用此理为制。故曰：厉风过，则众窍为虚。向解作"止"，误。（此批在"厉风济，则众窍为虚"一句上。）[1]

> 凡物之非彼非此者，曰罔两。魑魅罔两，介于人鬼物魅之间者也。问景之罔两，介乎光影明暗之间者也，此天文学者所谓暗虚者也。室中有二灯，则所成之影皆成暗虚，必两光所不及者，乃成真影。前之罔两，既非人鬼，又非物魅；后之罔两，既非明光，又非暗影；此命名之义所由起也。（此批在"罔两问景"一段上。）[2]

> 今科学中有天文地质两科，少年治之，乃有以实知宇宙之博大而悠久，回观大地与夫历史所著之数千年，真若一唤。庄未尝治此两学也，而所言如此，则其心虑之超越常人，真万万也。所谓大人者非欤！（此批在"客，大人也"一段上。）[3]

> 秋毫小矣，乃至其端，乃至其端之万分未得处一焉，此算学家所谓第三等微分也。（此批在"秋毫之端万分未得处一焉"一句上。）[4]

上述评语共同显示，被严复拿来为庄子思想作注脚的西方近代自然科学涵盖了物理学、医学、天文学、地质学和数学等诸多学科，涉及的具体内容更是林林总总，五花八门。这直观而形象地反映了严复诠释庄子的多维视界和路径，更是将严复解读、诠释《庄子》的西学视界推向了极致。

进而言之，在严复看来，庄子的思想与西方近代的自然科学相合并不是偶然的，而是带有某种必然性。奥秘在于，严复就是以西学为视角切入《庄子》

---

1 《〈庄子〉评语》，《严复集》（第四册），中华书局，1986，第1106页。
2 《〈庄子〉评语》，《严复集》（第四册），中华书局，1986，第1108页。
3 《〈庄子〉评语》，《严复集》（第四册），中华书局，1986，第1142—1143页。
4 《〈庄子〉评语》，《严复集》（第四册），中华书局，1986，第1137页。

的，故而热衷于以西方的自然科学解读庄子的思想。例如，对于被学术界习惯于搬来证明庄子思想虚幻化的《庄子·知北游》篇的"通天下一气耳"，严复通过训气为力将之实化，于是在"通天下一气耳"一句上批注说："今世科学家所谓一气常住，古所谓气，今所谓力也。"[1]这样一来，"通天下一气耳"便变成了通天下一"力"耳。借此，严复旨在强调，万物都是由进化而来的，进化的动力就是力；宇宙万物之所以进化成为现在的样子，"咸其自己而已"，归根结底都是自身内部的力作用的结果，无所谓造物者。经过严复的这番解读和诠释，庄子所讲的"通天下一气耳"成为天演哲学的一部分，并且彰显了进化的因果法则——对于宇宙万物及其进化来说，力是因，万物是果。分析至此，因果律成为庄子哲学的题中应有之义。这用严复本人的话说便是："种瓜得瓜，种豆得豆，有果必有因也。"[2]借助对庄子这一思想的解读和发挥，严复得出结论，宇宙及其万物皆由进化而来，都是"质力相推，相济为变"的结果。与这种理解和思路相一致，严复在《庄子·庚桑楚》篇的"有实而无乎处者，宇也；有长而无本剽者，宙也"一段上写道："宇宙，皆无形者也。宇之所以可言，以有形者列于其中，而后可以指似，使无一物，则所谓方向远近皆亡；宙之所以可言，以有形者变于其际，而后可以历数，使无一事，则所谓先后久暂亦亡。故庄生云尔。宇宙，即今西学所谓空间时间。空无尽处，但见其内容，故曰有实而无乎处；时不可以起讫言，故曰有长而无本剽。宇者，三前之物，故曰有实；宙者，一亘之物，故曰有长。"[3]

饶有趣味的是，严复不仅习惯于从各个方面共同彰显庄子思想与西学的内在关联和高度契合，而且喜欢直接用英语批注《庄子》。这种现象在《〈庄子〉评语》中并非个案，而是不乏其例，比比皆是。

---

1 《〈庄子〉评语》，《严复集》（第四册），中华书局，1986，第1136页。

2 《〈庄子〉评语》，《严复集》（第四册），中华书局，1986，第1143页。

3 《〈庄子〉评语》，《严复集》（第四册），中华书局，1986，第1139页。

《庄子·养生主》篇：

依乎天理，即欧西科哲学家所谓 We must live according to nature。（此批在"依乎天理"一句上。）[1]

《庄子·骈拇》篇：

与生俱生，曰性；群生同然，曰德；因人而异，曰形。骈拇枝指与生俱来，附赘悬疣，专形而然。

性＝ Nature　德＝ Essence

形＝ Accident　侈于德＝ Abnormal（此批在"骈拇枝指……而侈于性"一段上。）[2]

《庄子·天地》篇：

知＝ Inference　离朱＝ Observation

喫诟＝ Experiment

（此批在"使知索之而不得，使离朱索之而不得，使喫诟索之而不得也"一段上。）

德＝ Properium　（Property）

（此批在"物得以生谓之德"之"德"字上。）

县宇＝ Abstraction（此批在"离坚白若县宇"之"县宇"二字上。）

……

Evolution（此批在"猿狙之便，自山林来"一句上。）[3]

《庄子·达生》篇：

From practice it becomes habit, and from habit it becomes reflex action .Then the thing can be done without the least

1 《〈庄子〉评语》，《严复集》（第四册），中华书局，1986，第 1108 页。
2 《〈庄子〉评语》，《严复集》（第四册），中华书局，1986，第 1119 页。
3 《〈庄子〉评语》，《严复集》（第四册），中华书局，1986，第 1127 页。

interference of ones brain．（此批在"工倕旋而盖规距"一段上。）¹

《庄子·庚桑楚》篇：

　　移是＝relatively right（此批在"请尝言移是"一句上。）

　　……接知＝Know by intuition，谟知＝Know inference。（此批在"知者，接也；知者，谟也"一句上。）²

《庄子·天下》篇：

　　Hegelian Philosophy。（此批在"至大无外，谓之大一"一段上。）

　　希腊名家之Sophistry。（此批在"卵有毛，鸡三足"一大段上。）³

用英文批注、解读庄子思想的例子在《〈庄子〉评语》中还有很多，上面所列举的评注只不过是其中的一部分而已。很显然，严复这样做的目的与其说是在展示自己的"英语秀"，不如说是因为在他的心目中，庄子与西方的思想如此相似乃至相通，直接用英语作批注比用中文更得心应手，也更能表达庄子思想的深意。由此联想到严复早在翻译《天演论》时就津津乐道的通外文后读中国书可得神解不难想象，《庄子》是最大的受益者。通外文催发了严复对《庄子》的神解，西方思想使严复在《庄子》中发现了中国与西方哲学的相近相通。正因为如此，即使是与《老子》或者与以《周易》为首的六经相比，严复肯定与西学相通乃至以外文注释最多的也非《庄子》莫属。这直观展示了庄子与西方思想的相合，同时也从一个侧面印证了严复以西学维度解读《庄子》的至关重要。

　　上述内容显示，儒学视界、佛学视界与西学视界构成了严复审视、解读《庄子》的三个主要维度，同时也呈现了《庄子》的三个不同面向。深入分析这三个维度可以得出两点认识：第一，严复审视《庄子》的儒学视界、佛学视

---

1 《〈庄子〉评语》，《严复集》（第四册），中华书局，1986，第1133页。

2 《〈庄子〉评语》，《严复集》（第四册），中华书局，1986，第1139页。

3 《〈庄子〉评语》，《严复集》（第四册），中华书局，1986，第1148页。

界与西学视界不可等量齐观，西学视界占据了最大比重。这既展示了严复解读《庄子》的特色，也印证了严复的西学家身份和素养。第二，儒学视界、佛学视界与西学视界对于《庄子》的意义并不相同。具体地说，儒学维度淋漓尽致地展示了《庄子》的圆融性和开放性，既与严复以及近代哲学家的全球视野和多元心态相互印证，又迎合了近代哲学中西和合的时代呼唤。一方面，儒学视界、佛学视界与西学视界构成了严复《庄子》观以及庄学观的三个基本维度，也拉近了与其他近代哲学家的距离。另一方面，在这个前提下尚须看到，严复凭借儒学视界、佛学视界和西学视界对《庄子》的解读、诠释与其他近代哲学家不可同日而语：就儒学维度凸显庄子思想的开放性和圆融性来说，无论康有为还是谭嗣同都是在以孔子代表包括儒家在内的诸子百家的维度上立论的，并非像严复那样只以孔子代表儒家。就佛学维度来说，从康有为、谭嗣同到章炳麟都无一例外地拉近庄子与佛学思想的距离，与佛学互释甚至成为他们与严复一样喜好庄子的原因。尽管如此，严复所讲的庄子与佛学的相似相通的具体内容指以不可知论为核心的哲学，在康有为那里指心学，在谭嗣同那里指破对待的解构方式，在章炳麟那里指相对主义。就西学维度来说，严复所揭示的庄学内容除了启蒙思想，还有不可知论。庄子的不可知论是其他近代哲学家所不曾关注的，却被严复格外看中。不仅如此，不可知论也成为严复对庄子顶礼膜拜的原因。

第五节 庄学观

无论与中国历史上的哪个时期相比，近代都可以称得上是庄子的鼎盛期，庄子的思想在近代哲学中当仁不让地成为"显学"。如果说魏晋玄学家对庄子的推崇摆脱不了庄子受惠于老子——即使向秀、郭象嗜庄也不抑老的模式的话，那么，近代哲学家则无论对老子是褒是贬，都不影响对庄子的顶礼膜拜和推崇备至。在康有为、谭嗣同那里更是一面极力抨击老子，一面奋力推崇庄子。至于章炳麟，则在肯定老子的同时，让庄子的光辉远远超过了老子。众多近代哲学家对庄子的推崇别无二致，推崇庄子的理由或方式却大相径庭：除了不约而同地将庄子与自由、平等思想相提并论之外，他们对庄子思想的解读相去甚远，使庄子的思想呈现出丰富多彩的样式和形态。大致说来，康有为以孔释庄，谭嗣同以佛释庄，梁启超、章炳麟虽然与严复一样大体上可以归结为以老释庄，但是，两人对庄子的定位和解读却集苑集枯。具体地说，梁启超、章炳麟都将庄子归为老子后学，给予庄子的地位却相去霄壤：在梁启超那里，庄子是老子后学中微不足道的一员，始终处于边缘地带。与给予庄子的"别子"身份相一致，梁启超并没有像对待老子、孔子或墨子那样对庄子思想进行全面解读或诠释。章炳麟尽管将庄子归入老子后学——这一点与严复引为同调，并对庄子思想予以深入阐发，然而，章炳麟以佛释庄的理论初衷和治学思路与严复的区别是显而易见的。除此之外，章炳麟并没有像严复那样关注与庄子密切相关的老子思想与佛学的相同。有鉴于此，对于章炳麟来说，与佛学相近相通乃至相同是庄子思想的特质而不是老子思想的特点，甚至成为庄子与老子思想差异的具体表现。显而易见，章炳麟的这个观点与严复将与佛学相似、相同看作是庄子和老子的共同点不可同日而语。与同时代的其他近代哲学家相比，严复可谓是以老释庄的典型。严复尽管为庄子思想注入了自由、平等和民主为核心的近代西方的价值观念，然而，他所做的这一切都是在庄子与老子并提的前提下完成的。严复所讲的庄子的不可知论、天演哲学和以自由、平等、民主为代表的政治哲学与西学相通都与老子别无二致，也可以理解为两人思想的共同之处。由此可以得出结论：一方面，严复与其他近代哲学家一样对庄子思想进行了重新诠释和内容转换，尽显近代庄学的时代风尚。另一方面，他坚持以老释庄的致思方向和学术意趣，从而最大程度地接近庄子思想的原貌。

一、方法创新

综观严复对庄子思想的诠释可以发现，他的方法是多元的，视角是多维的，主流则是以老释庄。众所周知，以老释庄并非始于严复，甚至可以说是古代哲学家注老、解庄最普遍的范式。从这个意义上说，严复的以老释庄似乎并不像以西释庄那样具有创新性。尽管如此，以老释庄并不是严复解读《庄子》的唯一维度，在道家维度、儒家维度、佛学维度和西学维度的视界圆融中，严复对庄子的解读无论视角还是范式都具有不容忽视且不容低估的创新性和开拓性。

就方法创新而言，如果说以老释庄古已有之的话，那么，严复则为这一古老的诠释范式和释庄方法注入了前所未有的新内涵、新境界。这集中体现为他在拉近庄子与老子的关系以至于老庄并提的前提下始终将庄子置于全球多元文化的视域之中，从多个不同维度对《庄子》的思想予以解读和阐释，从而推动了庄子思想的内容转换和现代化。严复对《庄子》的多维解读和理论创新与庄子思想的宏阔广博、恣意汪洋息息相关，同时离不开严复立足于近代的历史背景、现实需要和文化语境对之进行的创新解读。严复对庄子的阐释往往与近代社会尤其是中国近代的社会现实直接对接，这个诠释方法和角度有助于《庄子》更好地融入到现代生活之中。正因为如此，严复这方面的评语屡见不鲜，下仅举其一斑：

> 此下孔子所言，外交家当奉为金科玉律。（此批在"凡交，近则必相靡以信"一段上。）[1]

> 传言者，原无取于迁令劝成，其所以为是，实丧之念阶之历也。实丧为厉，则已私用，即至事殆成恶，不及改矣。外交家之失败，往往以此为

---

[1]《〈庄子〉评语》，《严复集》（第四册），中华书局，1986，第1112页。

其原因之一。(此批在"无迁令,无劝成"一段上。)[1]

读此爱马之论,可知革命之世,不必皆暴君,而忤逆之家,每多慈父。(此批在"夫爱马者"一段上。)[2]

苏克拉谛之入理也,凝然柴立,瞠视不转,至于逾时。拿破仑之作战也,置地图于帐幔,其造极制胜,皆用志不分之效也。小儿为学,注意最难,唯教者知所从徐诱之,乃可渐企。至于能是,虽中材之人,势如破竹矣。此教育家秘诀也。迩日法都元帅为聂维尔,有求以提倡美术者,答曰:舍杀敌救国而外,敢以一虑他及者,鬼神鉴之。此亦可谓用志不分者矣。(此批在"用志不分"一段上。)[3]

这些评语共同显示,严复对《庄子》的点评不受时间或地域的限制,而是纵横捭阖,收放自如。总的说来,从政治外交到国家大事,从军事战争到教育、美术信手拈来,尽情驰骋。

经过严复的如此这番对接和点评,《庄子》是经典而不"古典",庄子的思想处处与现实世界相联系,难怪严复称赞借助《庄子》可以参悟人生和社会的诸多问题。例如,在点评《庄子·胠箧》篇时,严复多次联想到当时的社会问题,反复强调当今社会的困境——从科学技术的异化到工具理性膨胀导致的贫富分化,再到人类社会的科技与人文失调等等一系列问题皆在庄子的预料之中。于是,他反复写下了这样的评语:

庄生所言圣人,大都言才而不言德,故圣人之利天下少,而害天下也多。即如今之欧美,以数百年科学之所得,生民固多所利赖,而以之制作凶器,日精一日,而杀人无穷。彼之发明科学者,亦圣人也。嗟夫!科学昌明,汽电大兴,而济恶之具亦进,固亦人事之无可如何者耳。(此批在

1 《庄子》评语,《严复集》(第四册),中华书局,1986,第1113页。
2 《庄子》评语,《严复集》(第四册),中华书局,1986,第1114页。
3 《庄子》评语,《严复集》(第四册),中华书局,1986,第1132页。

"善人不得圣人之道不立"一段上。）[1]

　　呜呼！今之西人，其利器亦众矣。道德不进，而利器日多，此中国之所以大乱也。（此批在"国之利器，不可以示人"一段上。）[2]

说理透彻、针砭时弊是严复对庄子的基本评价，也是他喜爱《庄子》的主要原因之一。显而易见，严复在点评《庄子》的过程中凸显乃至强化了这些内容，同时也印证了他对庄子的评价。

二、内容关注

严复对庄子思想的解读和诠释集中在《〈庄子〉评语》中，评语这种解读方式注定了严复对庄子思想的阐发、注释是以评点的形式进行的。正是由于这个原因，就关注内容而言，严复采取的点评方式尽管不如专题研究那样深入系统，却由于对《庄子》各篇、章、节、句乃至字的评点而兼顾细节，在某种程度上达到了面面俱到的效果。这成为严复解读庄子思想的独特方式，也成为迥异于康有为、梁启超和章炳麟等其他近代哲学家的独特之处。据初步统计，除了《庄子》杂篇的《让王》《盗跖》《说剑》《渔父》之外，严复对《庄子》的其余各篇都进行了评注。具体地说，严复对庄子思想及《庄子》的研究与康有为钟情《庄子·天下》篇、梁启超侧重内七篇和《庄子·天下》篇或章炳麟热衷于《庄子·齐物论》篇呈现出明显区别。

　　与评注的解读方式息息相通，严复不仅着重解读、诠释《庄子》的思想，而且探讨了《庄子》篇章的真伪和作者问题。例如，他言之凿凿地肯定《庄子·说剑》篇的作者是战国策士，并据此声称该篇与《让王》《盗跖》《渔父》一样是伪作。这用严复本人的话说便是："世传《让王》、《盗跖》、《说剑》、《渔父》四篇为伪作，信哉；就此四篇中，以《说剑》为最无意义。其为战国策士

---

[1]《〈庄子〉评语》，《严复集》（第四册），中华书局，1986，第1122页。
[2]《〈庄子〉评语》，《严复集》（第四册），中华书局，1986，第1123页。

之流所为而羼入者，无疑也。"[1] 在严复的视界中，《庄子》三十三篇中只有《让王》《盗跖》《说剑》《渔父》四篇是伪作，因而没有对这四篇进行评注。对于《庄子》，除了这四篇之外，严复肯定其余二十九篇都出自庄子之手，并都做了批注。在此过程中，严复从文风的角度注意到了《天地》《天道》两篇的独特性。在总评两篇时，他提到了这两篇与《庄子》其他各篇在表达方式上存在着明显不同。尽管如此，严复最终还是将《天地》《天道》两篇归于庄子。正是在这个意义上，严复写道：

　　此篇（指《天地》——引者注）真庄文而明决，独异他篇。[2]

　　此篇（指《天道》——引者注）笔意驯近，不类庄文。[3]

　　除此之外，对于被视为后人所作的《庄子·天下》篇，严复同样明确了庄子的所有权。这样一来，在《庄子·天下》篇的版权问题上，严复便与康有为、梁启超走到了一起。深入分析、比较可以发现，严复与康有为、梁启超的观点并不相同，彼此之间可谓是殊途同归。对于这一点，可以从以下三个方面去理解：第一，就《庄子》的作者而言，康有为断言："通部《庄子》皆寓言，独《天下篇》乃庄语也。"[4] 与康有为的认定有别，严复不是只将《庄子·天下》篇看作是庄子所作，而是将包括《庄子·天下》篇在内的二十九篇都归功于庄子。从这个意义上说，康有为对《庄子·天下》篇情有独钟，严复对《庄子》内七篇的热情和评价甚至胜过了《庄子·天下》篇。第二，就《庄子》的主旨而言，康有为将《庄子·天下》篇的立言宗旨界定为庄子颠簸老子而推崇孔子，梁启超则将《庄子·天下》篇视为对先秦学术的总结。严复对《庄子·天下》篇主旨的概括与康有为截然相反，因为他在其中读出了庄子对老子的偏袒。与这一界定互为表里，严复在《〈庄子〉评语》"天下第三十三"的题目上写道："此

---

1 《〈庄子〉评语》，《严复集》（第四册），中华书局，1986，第1146页。
2 《〈庄子〉评语》，《严复集》（第四册），中华书局，1986，第1126页。
3 《〈庄子〉评语》，《严复集》（第四册），中华书局，1986，第1128页。
4 《南海师承记·读庄子天下篇》，《康有为全集》（第二集），中国人民大学出版社，2007，第234页。

篇所列而论之方术，曰墨翟、禽滑釐，曰宋钘、尹文，曰彭蒙、慎到、田骈，曰老聃、关尹，终乃自叙。虽然，春秋战国方术之多，不减古欧之希腊。庄生独列此四五者，其大者则周孔，小者则史谈之六家，岂其所取，必与己为类，而有其相受递及者欤？不然，其言固不足以尽当时之道术明矣。"[1]钱基博曾经指出，庄子的《庄子·天下》篇遍述诸子而独遗孔子。严复不仅提出此篇遗漏了周公和孔子这样的大家，而且指责庄子忽视了司马谈所讲的六家，并在这个前提下指责《庄子·天下》篇有失公允。这也从一个侧面印证了严复对于庄子与老子思想的渊源关系的彰显，并且显示了与梁启超的不同评价。第三，就《庄子》的定位而言，严复与康有为一样将《庄子·天下》篇视为庄子思想的"主观表达"，而不是像梁启超所认定的那样是对先秦思想史的"客观描述或总结"。

三、总体评价

在近代哲学家中，好庄、慕庄者不乏其人，严复以及谭嗣同、章炳麟甚至早年和晚年的康有为无疑都是其中的典型代表。就总体评价来说，严复对庄子的推崇无以复加，上述内容都足以证明这一点。更为重要的是，谭嗣同旨在肯定庄子是孔子后学——康有为早期亦是如此，章炳麟则在肯定庄子是老子后学的前提下推崇庄子。早年的康有为和谭嗣同都将诸子百家整合、归结为孔学一家，对庄子的推崇是在将庄子归入孔子麾下的前提下进行的。章炳麟比较孔子、老子和墨子的优劣共同流露出对这三人"本原"地位的凸显，与梁启超将老子、孔子和墨子并誉为中国文化的"三圣""三位大圣"有些类似。严复尽管对庄子与老子并提，却没有像梁启超、章炳麟那样突出庄子的老子后学身份。这个做法与严复没有像其他近代哲学家那样对中国本土文化的"学术源流"津津乐道有关，也在有意无意之中免除了将庄子置于孔子或老子之下的逻辑框

---

1 《〈庄子〉评语》，《严复集》（第四册），中华书局，1986，第 1147 页。

架和解读方式。

首先，严复对庄子的顶礼膜拜有目共睹，是近代哲学家中好庄、慕庄的杰出代表。同样不容否认的是，他对庄子的某些观点并不认同。

归纳起来，严复对庄子思想的批评主要集中在以下四个方面：第一，救亡图存的刻不容缓使严复恪守群重己轻，故而反对庄子的"为我"主张，这一点在他将庄子与杨朱视为一人或突出两人思想的一致性时就明显地体现出来。与此相一致，严复对庄子尊生、尽天年的观点难以苟同，故而在《庄子·骈拇》篇的"伯夷死名于首阳之下"一段上写道："使人类所重，而果在生，则伯夷盗跖诚可以同訾。顾人类所重，诚有甚于生者。使人人徒知求生，则天下将至于不得生，则伯夷所为，又何可议！且任其性命之情，其为说亦多端矣。夷曰，吾任吾性命之情。跖亦曰，吾任吾性命之情也，则又何道以处之。"[1] 循着严复的逻辑，如果人人都像庄子呼吁的那样重生的话，那么，便可以都以"吾任吾性命之情"为借口。这样一来，纵使可以全生，却不益于人道。原因在于，人道中还有比求生更重要的。第二，严复追求科学，主张格致救国。庄子对科技的排斥与严复对科学的崇尚格格不入，乃至不可调和。由此不难想象，严复不认同庄子对科学的态度，批评庄子排斥科学技术的主张是"过激之论"。例如，对于《庄子·胠箧》篇的"为之斗斛以量之"一段，严复借题发挥说："然而以为大盗所利用之故，谓斗斛权衡符玺不必设，设而于人事无所利焉，此又过激之论，而不得物理之平者矣。"[2] 同样的道理，严复坚决反对庄子对于机械、科技的过度反思，将庄子这方面的思想与颠扑儒家的仁义一起列为极端言论。正是在这个意义上，严复断言："绝圣弃智，大盗乃止；掊斗折衡，而民不争。有机事者，必有机心；有机心者，纯白不备。此庄周之极端语也。"[3] 严复

1《〈庄子〉评语》，《严复集》（第四册），中华书局，1986，第1120—1121页。

2《〈庄子〉评语》，《严复集》（第四册），中华书局，1986，第1123页。

3《极端语》，《严复集补编》，福建人民出版社，2004，第354—355页。

理工科出身，是近代哲学家中最为知性并且具有自然科学追求的一位。他反对走极端，并基于对卢梭以及法国大革命的过激言行的反思而对庄子提出批评。在这个前提下，严复抨击庄子言论过激是很重的。第三，在严复那里，热衷科学技术与开启民智、富国强兵密不可分。与不满意庄子对科学技术的态度一脉相承，严复反对庄子提出的无知去知、绝圣弃智等主张。对于《庄子》的"上诚好知而无道"一段，严复一针见血地驳斥说："且无论乎所言之离乎事实也，就令果然，其所谓绝圣弃智者，亦做不到。世运之降，如岷峨之水，已下三峡，滔滔而流入荆扬之江，乃欲逆而挽之，使之在山，虽有神禹，亦不能至。禹所能为，毋亦疏之瀹之，使之归海而无为氾滥之患而已。此言治者所不可不知也。"[1] 由此可见，严复不赞同庄子对知识的排斥，同时指出绝圣弃智永远也做不到。第四，进化论使严复深信生存竞争的生物法则同样适用于人类和人类社会，这注定了他对庄子反对争先、明哲保身的思想不能苟同。正是因为这个原因，严复在《庄子·刻意》篇的"不为福先"一段上评注曰："用此，则其弊将为懒放，而国以危。"[2]

其次，严复对庄子的赞誉并不限于思想，而是包括文字。正如严复对庄子的思想并非照单全收一样，他没有完全认同《庄子》的文字表达，而是对书中的某些文字或表达含有微词。

如上所述，严复对《庄子》的文字佩服得五体投地，誉之为字字玑珠，精妙绝伦。尽管如此，他偶尔也指出了庄子用词的不足之处。例如，对于《庄子·人间世》篇的"是之谓坐驰"一句，严复写道："'坐驰'二字，矛盾。言其必无是也。"[3] 再如，他批在《庄子·外物》篇的"庄周忿然作色曰，……"一段上的文字是："此言大之无当。"[4] 对于《庄子·田子方》篇的"庄子见鲁哀公"

---

1 《〈庄子〉评语》，《严复集》（第四册），中华书局，1986，第 1124 页。
2 《〈庄子〉评语》，《严复集》（第四册），中华书局，1986，第 1130 页。
3 《〈庄子〉评语》，《严复集》（第四册），中华书局，1986，第 1112 页。
4 《〈庄子〉评语》，《严复集》（第四册），中华书局，1986，第 1144 页。

一段，严复的评注是："以下皆浅沓语。"[1]

除此之外，对《庄子》的文笔、语言不吝溢美之词的严复在书中发现了晦色、费解之处。具体地说，这方面的问题集中出现在《庄子·胠箧》篇。在点评该篇时，他不止一次地写道：

> 甚么叫做"上悖日月之明，中隳四时之施"？日月四时之所为，岂人事所得干预者耶？我们古时文章，往往有此说不去处，虽百思不能通其理也。（此批在"故上悖日月之明，……中堕四时之施"一句上。）

> 山川之精，是何等事物？（此批在"下烁山川之精"一句上。）[2]

再次，值得一提的是，严复始终是在道家的框架内审视、诠释庄子的思想的。与此相一致，他所认定的庄子思想的不足之处有些针对庄子本人，有些则直指道家的理论缺陷。对于《庄子·天运》篇的"老聃曰，小子少进"一段，严复批评说："此皆道家想当然语，其说已破久矣，读者不可为其荒唐所笼罩也。"[3]

尚须进一步澄清的是，与对《庄子》的推崇备至相比，严复指出的作为庄子本人独有或道家共有的不足之处即使全部加起来也是微不足道的。就严复所批评的庄子讲求"为我"、排斥科学和生存竞争而言，他已经从不同角度予以了肯定。正是由于这个原因，与其说严复给予庄子的否定评价表明了庄子思想的两面性，不如说暴露了严复对待庄子的矛盾心态。严复将"为我"理解为个人主义，进而断言"为我"与近代的价值旨趣相合。在这个前提下，他在肯定庄子主张"为我"的过程中，一面抨击庄子的"为我"重己轻群，一面肯定"为我"中的自主、自强之义。例如，在解读《老子》的"是以圣人之治，虚其心，实其腹，弱其志，强其骨，常使民无知无欲"时，严复如是说："虚其心，所

---

1 《〈庄子〉评语》，《严复集》（第四册），中华书局，1986，第1135页。

2 《〈庄子〉评语》，《严复集》（第四册），中华书局，1986，第1124页。

3 《〈庄子〉评语》，《严复集》（第四册），中华书局，1986，第1129页。

以受道；实其腹，所以为我；弱其志，所以从理而无所撄；强其骨，所以自立而干事。"[1] 问题的关键是，就"为我"来说，严复的态度并非始终都是抵制的。严复的下面这段话流露出他的这一思想转变："往尝谓杨墨所存，不过二家之学说，且至今观之，其说于治道人心，亦未尝无一曙之用。然而孟轲氏奋毕生气力以与相持，言其祸害比诸洪水猛兽。至于情见乎辞，则曰：予岂好辩，予不得已。盖至今如闻其声焉，呜呼，岂无故哉！"[2] 据此可知，严复对杨朱思想的评价经过了一个转变过程，总体趋势则是由鞭挞转向同情乃至认同。如此一来，也就不存在由于"为我"而对庄子的排斥了。

曾经为《〈老子〉评语》作序的曾克耑也为《〈庄子〉评语》作序，并在《〈庄子〉评语》的序中对严复将庄子与杨朱视为一人、进而批判庄子"为我"的做法耿耿于怀。曾克耑就这个问题着重阐明了自己的主张，对于理解严复的观点具有借鉴价值。现摘录如下：

> 庄生之书何为而作也？曰：庄生盖忧世之深，用世之急，而思有以拯其敝，挽其危，其用心，视孔释无二致也。而洞玄破的，说澈于洙泗，巧譬曲喻，语妙于竺乾。乌乎！斯义也，严子（指严复、下同——引者注）几道其知之矣。……而严子独疑其为杨之学者，以为其所谓治身之道，若与吾儒成仁取义之义殊，世苟弃仁义而用其说，则夷甫平叔之祸将立见。乌乎！庄之遗耳目，外万物，一死生也久矣，岂若世之爱其身以有冀者哉！彼其睹衰乱之世，贼虐并作，忠义之士，虽断胆绝膺，卒于天下无救，则何若全生远害，以全吾真哉。邃古以还，世之所谓忠臣烈士夥矣，然大率为一姓死耳。就有一二殉国卫族者，然事势去，众寡殊，虽见危授命，死事至烈，所禅于家国族姓者几何，此可以发简以稽者也。且自生事繁，知术辟，技巧益，而世之日趋于机变诡诈不可止也。世愈降则

---

1 《〈老子〉评语》，《严复集》（第四册），中华书局，1986，第1076页。

2 《〈民约〉平议》，《严复集》（第二册），中华书局，1986，第333—334页。

变益奇，祸益烈，非至如庄所谓人将相食而不止。而今适其会也，而儒者乃欲称尧舜，述阳武以挽之，斯不亦远乎！儒者每矜孔子作《春秋》而乱臣贼子惧，实则元憝大猾，知空文之无足道，悍然行其素，恣其欲，孔子而后，乱臣贼子，固接迹于天下，未尝惧也。则圣人仁义之说，其于天下之利害几何，不亦较然可识乎！然则庄生之说，其可与杨朱同类而并讥之也。且庄所谓全生者，非逸其身以遗世，盖将全其真以拯世，儒之于身，则有全归之训矣，必此身修而后治平之道可行也。释之于身，疑若厌之矣，顾其所为绝欲断爱，亦所以养其身以为明见之资耳。盖必有此身此生，而后儒之仁义也，释之悲智也，乃有所托恃而程其效，何独于庄而疑之乎？严子所惧由庄之道，必流为夷甫、平叔之祸者，抑知夷甫、平叔辈之说庄，亦假仁义以说孔，貌悲智以谈释者类也，宁有契于庄之真耶！以是诟庄，吾恐庄不任也。乌乎！斯义也，严子盖始昧而终有以窥其微矣。其籀庄之卒章，乃曰，杨之为道，虽极于为我，而不可訾以为私。彼盖睹人心之愤骄，而民于利之勤，虽数千年之礼法，祇以长伪而益乱，则莫如清静无为，翛往侗来，使万物自炊累也。乌乎！庄书之闳远深微，树义至难识也。其微意孤悬于天壤，而蒙世之滋垢，亦千馀岁于兹矣。而严子生千载后乃终识之，而其始犹未能尽识，则作者之意，其真难识矣乎！彼其思遇大圣于千世之后，亦期于旦暮遇之者，而严子生千岁后，乃终有以识之，而吾乃亦于旦暮遇之，其可久秘藏而不以诏世乎！然世方以争攘为事，机诈相角，吾恐庄生之旨，严子之解，亦终悬于天壤而莫之喻，而人相食之祸，乃弥演弥烈而终莫之拯也。悲夫！[1]

曾克耑在《〈庄子〉评语》的序中先是肯定庄子的思想"闳远深微，树义至难识"，接着称赞严复深谙庄子之道，表扬严复"生千载后乃终识之"，最后

1《〈庄子〉评语》序，《严复集》（第四册），中华书局，1986，第1148—1150页。

指出严复虽然识之但"未能尽识",意即严复对庄子的思想存在着误解和误读。

曾克耑所谓"识之",具体指严复体悟到了庄子拯世的良苦用心,深明庄子作书与孔子、释迦一样出于忧世,同时认识到庄子说理透彻。正因为如此,严复能够领悟庄子思想的宗旨,对《庄子》的解读、诠释和发挥别开生面。对于这一点,曾克耑提供了如下论证和证据:"其言曰,庄知义命之不可违,则述人间之世,待群己之已得,则有德充之符,处则为大宗师,《周易》见龙之在田也,达则为应帝王,《周易》飞龙之在天也。然则庄非出世之学也,彼其睹祸乱之相寻,民生之多艰,盖尝蒿目而深痛之,拨乱反正,世以期倡仁义之圣人,然圣人之利天下也几何?大盗之积,辜人之号,何其言之深痛警切也。然则庄其无术以终拯之欤?曰:是不然。彼其以人心之拘虚囿时也,则以逍遥广之,以世间美恶是非之无定也,则以天倪和之,薄禄利则有腐鼠之吓,斥争战则有蛮触之喻,齐生死则有旦暮之说,举世所冀乐畏恶者,摧剥而荡涤之务尽,则天下尚复有可慕羡争攘之事乎?盖为天下者,必有薄天下而不为之概,而后可以治天下,粃糠尘垢,犹将陶铸尧舜,何其意量之高敻闳远乎?"[1]

与称赞严复对《庄子》已识多多形成强烈反差的是,曾克耑提到的严复对庄子的"未能尽识"的未识之处只有一件,那就是:严复认定庄子是杨朱并认定庄子极端"为我"。对此,曾克耑表述为"严子独疑其为杨之学者",同时表示并不认同严复的这个观点。不仅如此,围绕着这一话题,曾克耑阐明了三点主张:第一,从思想内容上看,庄子"遗耳目,外万物,一死生",与严复对于庄子主张"为我"的理解有所出入。第二,从理论初衷上看,庄子全生是为了"全其真以拯世",并非严复所说的自私"为我"。第三,从社会影响上看,庄子全生既然是为了"全其真以拯世",那么,庄子全生与利群以及近代的救亡图存并不冲突。曾克耑特意强调,有人为了全生、治身而置国家、群体于不

1《〈庄子〉评语》序,《严复集》(第四册),中华书局,1986,第1148页。

顾，那是假借庄子的名义，与庄子本人的思想无关。这种情况与"假仁义以说孔，貌悲智以谈释"在本质上并无不同，充其量是他人对庄子思想的滥用。正因为如此，不可将这些现象归咎于庄子，正如有人假借仁义、慈悲的名义而不可归咎于孔子、释迦牟尼一样。

曾克耑极力维护庄子的心情溢于言表，对庄子"为我"的辩护有两点应该引起注意：第一，曾克耑看到了严复在某些场合对"为我"的肯定，用他的话说即"严子盖始昧而终有以窥其微矣"。第二，曾克耑没有看到无论杨朱还是庄子的"为我"按照严复的说法皆源于老子，是老子思想的题中应有之义。这表明，在严复那里，庄子和杨朱的"为我"之说既然源于老子，便先天地带有道家基因，至少不应该让庄子一个人承担"为我"的过错。显而易见，曾克耑并没有认识到——至少并没有留意这一点。

综上所述，与其说《庄子》的瑕疵表明严复眼中的《庄子》白璧微瑕，不如说是严复对庄子爱之深、责之切更为恰当。

参考文献

王栻主编：《严复集》（共 5 册），中华书局 1986 年版。

汪征鲁、方宝川、马勇主编：《严复全集》（共十一卷），福建教育出版社 2014 年版。

〔英〕赫胥黎：《天演论》，严复译，中州古籍出版社 1998 年版。

〔英〕赫胥黎：《天演论》，严复译，商务印书馆 1981 年版。

〔英〕亚当·斯密：《原富》，严复译，商务印书馆 1981 年版。

〔英〕斯宾塞：《群学肄言》，严复译，商务印书馆 1981 年版。

〔英〕甄克斯：《社会通诠》，严复译，商务印书馆 1981 年版。

〔法〕孟德斯鸠：《孟德斯鸠法意》，严复译，商务印书馆 1981 年版。

〔英〕约翰·穆勒：《群己权界论》，严复译，商务印书馆 1981 年版。

〔英〕约翰·穆勒：《穆勒名学》，严复译，商务印书馆 1981 年版。

〔英〕耶芳斯：《名学浅说》，严复译，商务印书馆 1981 年版。

周振甫注：《周易译注》，中华书局 2001 年版。

杨伯峻注：《论语译注》，中华书局 1980 年版。

高亨：《老子正诂》，中华书局 1959 年版。

朱谦之撰：《老子校释》，中华书局 2000 年版。

毕沅校注：《墨子》，吴旭民标点，上海古籍出版社 1995 年版。

杨伯峻注：《孟子译注》，中华书局 1960 年版。

曹础基注：《庄子浅注》，中华书局 1982 年版。

王先谦解：《荀子集解》，诸子集成本，中华书局 1996 年版。

韩非：《韩非子校注》，《韩非子》校注组注，江苏人民出版社 1982 年版。

司马迁：《史记》，李全华标点，岳麓书社 1988 年版。

班固：《汉书》，岳麓书社 2008 年版。

扬雄：《法言义疏》（上下），汪荣宝注疏，陈仲夫点校，中华书局 1997 年版。

《刘禹锡全集编年校注》（全六册），陶敏、陶红雨校注，中华书局 2019 年版。

《柳宗元集》（全四册），中华书局 1979 年版。

韩愈撰：《韩昌黎文集校注》，马其昶校注，马茂元整理，上海古籍出版社 1986 年版。

朱熹撰：《朱子全书》（全二十七册），朱杰人、严佐之、刘永翔主编，上海古籍出版社、安徽教育出版社 2002 年版。

《陆九渊集》，钟哲点校，中华书局 2008 年版。

《王阳明全集》，吴光、钱明、董平、姚延福编校，上海古籍出版社 1992 年版。

慧能：《坛经校释》，郭朋校释，中华书局 2007 年版。

《华严经今译》，张新民等注释，中国社会科学出版社 2007 年版。

《康有为全集》（共 12 集），姜义华、张荣华编校，中国人民大学出版社 2007 年版。

蔡尚思、方行编：《谭嗣同全集》，中华书局 1998 年版。

张品兴等主编：《梁启超全集》（共 10 册），北京出版社 1999 年版。

章太炎讲演：《国学概论》，曹聚仁整理，上海古籍出版社 2007 年版。

章太炎：《国故论衡》，上海古籍出版社 2003 年版。

汤志钧编：《章太炎政论选集》（上下册），中华书局 1977 年版。

中国社会科学院近代史所等编：《孙中山全集》（共十一卷），中华书局 2006 年版。

蔡元培：《蔡元培全集》（共十八卷），浙江教育出版社 1997 年版。

胡适：《胡适全集》（共四十四卷），安徽教育出版社 2007 年版。

中国史学会主编：《戊戌变法》（全四册），上海人民出版社 2000 年版。

北京大学哲学系编译：《西方哲学原著选读》（上下卷），商务印书馆 1984 年版。

〔英〕培根：《新工具》，商务印书馆 1997 年版。

〔英〕洛克：《政府论》，商务印书馆 1986 年版。

〔法〕孟德斯鸠：《论法的精神》（上、下），商务印书馆 1982 年版。

〔法〕卢梭：《社会契约论》，商务印书馆 1997 年版。

〔法〕卢梭：《论人类不平等的起源和基础》，商务印书馆 1982 年版。

〔德〕康德：《纯粹理性批判》，商务印书馆 1995 年版。

〔德〕康德：《实践理性批判》，商务印书馆 1999 年版。

〔德〕康德：《判断力批判》（上下卷），商务印书馆 1996 年版。

〔德〕黑格尔：《历史哲学》，北京出版社 2008 年版。

〔英〕穆勒：《论自由》，凤凰出版传媒集团、译林出版社 2010 年版。

〔英〕穆勒：《功利主义》，中国社会科学出版社 2009 年版。

〔英〕达尔文：《物种起源》，商务印书馆 1995 年版。

〔英〕赫胥黎：《进化论与伦理学》，科学出版社 1973 年版。

北京大学哲学系编译：《十六——十八世纪西欧各国哲学》，商务印书馆 1975 年版。

〔美〕本杰明·史华兹：《寻求富强——严复与西方》，叶凤美译，江苏人民出版社 1995 年版。

王中江：《严复与福泽谕吉：中日启蒙思想比较》，中国人民大学出版社

2020 年版。

杨国荣:《实证主义与中国近代哲学》,华东师范大学出版社 2009 年版。

魏义霞:《康有为与谭嗣同思想比较研究》,人民出版社 2020 年 12 月版。

龚书铎主编:《中国社会通史》(全八册),陕西教育出版社 1996 年版。

张锡勤:《中国近代思想文化史稿》(上下册),黑龙江教育出版社 2004
年版。

李泽厚:《中国近代思想史论》,生活·读书·新知三联书店 2009 年版。

王尔敏:《中国近代思想史论》,社会科学文献出版社 2003 年版。

冯契:《中国近代哲学的革命进程》,华东师范大学出版社 1997 年版。

冒从虎、张庆荣、王勤田主编:《欧洲哲学通史》(上下卷),南开大学出
版社 2008 年版。

全增嘏主编:《西方哲学史》(上下册),上海人民出版社 2007 年版。

后　记

　　严复集多种身份于一身，既是近代哲学家、启蒙思想家，又是著名的教育家、翻译家，同时还被誉为中国近代西学第一人。多重身份展示了严复思想的多样性、丰富性和变化性，也为严复的思想研究、历史定位增加了一定的难度。难上加难的是，以西学家面目示人的严复骨子里是一位国学家、中学家，提倡科学救国（格致救国）的严复与同时代的其他近代哲学家一样对宗教问题津津乐道。除此之外，无论中国近代政治风云的波诡云谲还是思想启蒙的日新月异都在增加着严复思想研究的难度。如何在最大程度地展示严复思想丰富性、多样性和嬗变性的同时，整合严复思想的整体性、连续性和一贯性既是严复研究的难点，也是乐趣所在。严复具有执着而浓郁的形而上学情结，一再声称自己喜欢哲学。哲学是严复思想的灵魂和一以贯之的主题，为他对语言、宗教和教育等诸多问题的思考提供了致思方向和价值诉求。当然，形而上学情结决定了严复作为国学家、中学家对国学经典的认定和对中国文化的解读，同时也决定了严复作为西学家对西方思想的选择、翻译与作为戊戌启蒙思想家对西方思想的解读、诠释。从这个意义上说，严复哲学家的身份将他的翻译家、教育家、国学家、西学家和启蒙思想家的身份统一起来，并且大致框定了后者的样式和诉求。沿着这个思路，《严复哲学思想研究》聚焦严复的哲学思想，力图全面还原、呈现严复的哲学理念、致思方向和价值旨趣。具体地说，《严复哲学思想研究》将严复的思想置于中国近代哲学与戊戌启蒙思潮两个维度中予以审视和解读，结合中国近代的社会环境、文化语境与严复的人生经历、教育背景透视他的哲学理念和哲学诉求，进而从不同领域全方位、多维度地解读严复的哲学范式、哲学意趣和哲学旨归。

《严复哲学思想研究》入选 2024 年度《国家哲学社会科学成果文库》，我深感荣幸。衷心感谢各位评审专家对书稿的肯定，专家提出的修改意见和建议让我深受启发。在对书稿进行修改和完善的过程中，我认真思考了专家的意见和建议。与此同时，衷心感谢人民出版社和杜文丽编辑对《严复哲学思想研究》的推荐以及对我一如既往的支持！

《严复哲学思想研究》是我担任首席专家的国家社科基金项目的阶段性成果，书中的谫陋、舛误我会在课题的研究和今后的学习中进一步完善。

魏义霞

2025 年 2 月 8 日